W0022875

Politik erleben

Sozialkunde

Herausgegeben von Wolfgang Mattes

Erarbeitet von Karin Herzig
　　　　　　　Wolfgang Mattes
　　　　　　　Andreas Müller

Unter Mitarbeit von Anita Klein

aktualisierter Nachdruck 2010

© 2007 Bildungshaus Schulbuchverlage
Westermann Schroedel Diesterweg Schöningh Winklers GmbH
Braunschweig, Paderborn, Darmstadt

www.schoeningh-schulbuch.de
Schöningh Verlag, Jühenplatz 1 – 3, 33098 Paderborn

Das Werk und seine Teile sind urheberrechtlich geschützt.
Jede Nutzung in anderen als den gesetzlich zugelassenen Fällen bedarf der
vorherigen schriftlichen Einwilligung des Verlages.
Hinweis zu § 52a UrhG: Weder das Werk noch seine Teile dürfen ohne eine
solche Einwilligung gescannt und in ein Netzwerk gestellt werden.
Das gilt auch für Intranets von Schulen und sonstigen Bildungseinrichtungen.

Auf verschiedenen Seiten dieses Buches befinden sich Verweise (Links) auf
Internet-Adressen. Haftungshinweis: Trotz sorgfältiger inhaltlicher Kontrolle wird
die Haftung für die Inhalte der externen Seiten ausgeschlossen. Für den Inhalt
dieser externen Seiten sind ausschließlich deren Betreiber verantwortlich.
Sollten Sie dabei auf kostenpflichtige, illegale oder anstößige Inhalte treffen, so
bedauern wir dies ausdrücklich und bitten Sie, uns umgehend per E-Mail davon
in Kenntnis zu setzen, damit beim Nachdruck der Verweis gelöscht wird.

Druck 7 6 5 / Jahr 2013 12 11
Die letzte Zahl bezeichnet das Jahr dieses Druckes.

Illustrationen: Reinhild Kassing, Kassel
Umschlaggestaltung: Franz-Josef Domke, Hannover
unter Verwendung von zwei Fotos von Klaus Benz, Landtag Rheinland-Pfalz
Druck und Bindung: westermann druck GmbH, Braunschweig

ISBN 978-3-14-023825-0

Inhaltsverzeichnis

Was könnt ihr lernen im neuen Fach Sozialkunde? **8**

Der Einzelne und die Gruppe 12

1 Das Zusammenleben in der Schulklasse 20

1. Wer eignet sich als Klassensprecherin oder Klassensprecher? **22**
2. Warum müssen Regeln sein? **24**
3. Welche Klassenregeln sind vernünftig? **26**
4. Mobbing in der Schule: Eine besonders gemeine Art von Gewalt? **28**
5. Schülerinnen und Schüler entscheiden mit **30**

2 Zusammenleben in der Familie 38

1. Was bedeutet Familie für dich? **40**
2. Was sind die wichtigsten Aufgaben der Familie? **42**
3. Wie können Familien heute aussehen? **50**
4. Wie soll der Staat Familien mit Kindern fördern? **58**
5. Wie leben Familien in anderen Kulturen? **60**

3 Politik in der Gemeinde und im Bundesland 66

Teil A: Politische Beteiligung in der Gemeinde 66

1. Politik in der Gemeinde – „Was habe ich damit zu tun?" **68**
2. Welche Aufgaben haben die Gemeinden? **70**
3. Wie arbeiten Bürgermeister, Gemeinderäte und Gemeindeverwaltungen? **76**
4. Mitwirkung in der Politik durch die Wahlen zum Gemeinderat **80**
5. Demokratische Beteiligung in der Gemeinde **82**
6. Park oder Parkhaus? Ein Planspiel zur Bürgerbeteiligung in der Gemeinde **84**

Teil B: Politik in den Bundesländern 90

1. Wie stark sind die Menschen von der Politik im Bundesland betroffen? **92**
2. Föderalismus in der Diskussion: Überwiegen die Vorteile oder die Nachteile **96**

4 Umgang mit Massenmedien   **98**

1. Die Bedeutung der Massenmedien   **100**
2. Wie stark beeinflusst die Bilderwelt in den Medien unsere Sicht auf die Wirklichkeit?   **104**
3. Schüler als Chefs unterschiedlicher Fernsehanstalten: Welche Programme werdet ihr anbieten?   **108**
4. Fernsehgewohnheiten in der Diskussion   **110**
5. Die neuen Medien: Welche Chancen bietet das Internet für besseres Lernen?   **112**
6. Die dunklen Seiten der neuen Medien   **114**
7. Massenmedium Tageszeitung: Wie informieren wir uns richtig?   **120**

5 Jugend und Wirtschaft   **130**

1. Bedürfnisse haben wir viele ... was brauchen wir wirklich?   **132**
2. Wie steuert Werbung unsere Bedürfnisse?   **136**
3. Wie können wir vernünftig mit unserem Geld wirtschaften?   **138**
4. Wenn das Handy zur Schuldenfalle wird ...   **142**
5. Wie können wir die „richtige" Kaufentscheidung treffen?   **144**
6. Welche Rechte haben Jugendliche als Verbraucher?   **146**

6 Berufswahlunterricht
„Ich plane meine berufliche Zukunft ..."   **150**

1. Warum soll man die Berufswahl frühzeitig planen?   **154**
2. Was wird von den Schulabgängern erwartet?   **156**
3. Seid ihr fit für den Einstellungstest?   **162**
4. Was sind die Erfolgsstrategien im Bewerbungsverfahren?   **164**
5. Männerberufe – Frauenberufe: Ist es Zeit zum Umdenken?   **166**
6. Rollentausch: Welche Azubis würdet ihr einstellen?   **168**

7 Wirtschaft und Umwelt   **172**

1. Marktwirtschaft: Wie funktioniert das?   **174**
2. Was unterscheidet die soziale Marktwirtschaft von anderen Wirtschaftsordnungen?   **176**
3. Grundzüge des Systems der sozialen Sicherung in der sozialen Marktwirtschaft   **178**
4. Was muss erfolgreiche Wirtschaftspolitik leisten?   **180**
5. Auch Verbände machen Wirtschaftspolitik: Gewerkschaften und Arbeitgeber im Tarifkonflikt   **184**
6. Problem Nummer 1: Arbeitslosigkeit – Warum sind Lösungen so schwierig?   **188**

7. Problem Nummer 2: Umweltschutz – Wie sind Wirtschafts- und Umweltpolitik miteinander vereinbar?   192
8. Problem Nummer 3: Globalisierung – Die ganze Welt als einziger Markt   198
9. Planspiel: Arbeitsplätze kontra Naturschutz   206

8 Die politische Ordnung in der Bundesrepublik Deutschland   214

1. Wie denken Jugendliche über Politik und Demokratie?   216
2. Die Rolle der Parteien in der Demokratie   220
3. Wendet sich die Jugend von den Parteien ab?   226
4. Wahlen in der Demokratie: Welche Merkmale gehören dazu?   230
5. Das Wahlrecht zum Deutschen Bundestag: zu kompliziert?   232
6. Wie fallen im Bundestag politische Entscheidungen?   238
7. Soll das Volk in der Bundespolitik direkt mitentscheiden?   242
8. Welche Aufgaben haben die fünf wichtigsten Verfassungsorgane?   244
9. Wie kann staatliche Macht wirksam kontrolliert werden?   250
10. Gewaltbereiter Extremismus unter Jugendlichen: eine Bedrohung der Demokratie?   254

9 Recht und Rechtsprechung   258

1. Wozu brauchen wir das Recht?   260
2. Warum gelten für Jugendliche besondere Gesetze?   262
3. Recht und Kriminalität: Ursachen und Folgen von Jugendkriminalität   266
4. Jugendliche vor Gericht: eine Tat – zwei Prozesse   270
5. Strafe ist nicht alles – Wie kann man jugendliche Straftäter von weiteren Straftaten abhalten?   280
6. Wie wird die Durchsetzung der Menschenrechte in Deutschland gesichert?   282

10 Europa – Die Bedeutung und Funktion der Europäischen Union   290

1. Die Europäische Union und wir   292
2. Wie entstand der Wunsch nach der Vereinigung der Staaten Europas?   294
3. Was ist das eigentlich: die europäische Union?   298
4. Wie wird in Europa für Europa Politik gemacht?   304
5. Wie soll die Europäische Union in der Zukunft aussehen?   310

11 Friedenssicherung als Aufgabe internationaler Politik 318

1. Warum ist Friedenssicherung eine so schwierige Aufgabe? 320
2. Welchen Beitrag leisten NATO, UNO und Bundeswehr zur Friedenssicherung 324
3. Internationaler Terrorismus – eine neue Bedrohung für den Frieden? 335

Glossar 342

Register 351

Bildquellenverzeichnis 353

INFORMATION
Verzeichnis der Seiten

Gruppen, Cliquen, Außenseiter	18
Rollenerwartungen und Rollenkonflikte	19
Die Bedeutung von Regeln	25
Die Schülervertretung (SV)	33
Die grundlegende Bedeutung von Wahlen	35
Kindliche Entwicklung	43
Erziehung	46
Familien heute	52
Gleichberechtigung und Rollenverteilung	57
Gemeindeaufgaben	72
Mitwirkungsmöglichkeiten in der Gemeindepolitik	83
Aufgaben der Bundesländer	94
Die bundesstaatliche Ordnung	95
Pressefreiheit	125
Bedürfnisse und Bedarf	134
Kaufvertrag	147
Marktwirtschaft	175
Drei Wirtschaftsordnungen im Überblick	177
Sozialpolitik	179
Wirtschaftspolitik	182
Das Magische Viereck	183
Tarifautonomie	186
Arbeitslosigkeit	191
Staatliche Umweltpolitik	194
Demokratie	218
Wesensmerkmale von Politik	219
Von der Wahl zur Regierungsbildung	237
Rechtsradikalismus – Linksradikalismus	255
Rechtsordnung und Rechtsstaat	261
Strafprozess	274
Zivilprozess	278
Menschenrechte – Grundrechte	284
Gesetzgebung in der EU	309
Frieden	322

METHODENKARTEN

Methodenkarte — Verzeichnis der Seiten

Nr.	Inhalt	Thema	Seite
1	**Einzelarbeit:** Gute Heftführung	Dein Arbeitsheft als Begleiter von „Politik erleben"	10
2	**Partnerarbeit:** Partnerbriefing: Einen Text bearbeiten, zwei Texte lernen	Probleme zwischen Einzelpersonen und Gruppen	15
3	**Gruppenarbeit:** Erfolgsregeln	Familien in anderen Kulturen	63
4	Mindmap	Aufgaben in der Gemeinde	74
5	Die Texteinsammelmethode	Schwierige Zeitungstexte besser verstehen	122
6	Eine Befragung durchführen und auswerten	Wie gehen Jugendliche mit Geld um?	140
7	Arbeiten mit dem Wochenplan	Jugendliche und Berufswahl	152
8	Texte im Original lesen und verstehen	Anforderungen an Auszubildende	158
9	Schaubilder analysieren mit der „Vier-Fragen-Deutung"	Umwelt	196
10	Karikaturen interpretieren	Globalisierung	204
11	Internetrecherche: Vergleich von Webseiten	Die Selbstdarstellung der Parteien im Internet	229
12	Gesetzestexte lesen und verstehen	Der Fall Julian Berger	275
13	Präsentation von Arbeitsergebnissen in Kurzvorträgen	Der Prozess der europäischen Einigung	295
14	Beurteilung von Kurzvorträgen	Friedenssicherung durch die UNO, die NATO und die Bundeswehr	325

Liebe Schülerinnen und Schüler:
Was könnt ihr lernen im neuen Fach Sozialkunde?

Sozial heißt *gemeinschaftlich* und -kunde hat etwas mit *erkunden* zu tun. Sozialkunde heißt, dass ihr in diesem neuen Fach wichtige Fragen des Zusammenlebens der Menschen in der Gemeinschaft erkundet.

Wer gebildet sein will, sollte vieles wissen und vieles können. Etwas zu können bezeichnet man als **Kompetenz**. Nach und nach könnt ihr in diesem für euch neuen Fach wie auf einer Leiter vier Stufen von Kompetenzen erklettern:

- Lest euch die vier Kompetenzbereiche durch. (Ausnahmsweise solltet ihr dazu die Texte in den vier Kästen auf dieser Seite von unten nach oben lesen.)
- Legt eine Arbeitsmappe an. (Beachtet dazu die Methodenkarte auf der folgenden Doppelseite.)
- Gestaltet darin eine Übersicht von der Stufe Eins bis zur Stufe Vier (z. B. als erste Hausaufgabe).
- Ordnet die auf der rechten Seite aufgeführten Lernziele den jeweils passenden Kompetenzbereichen zu.

Stufe 4: *Ihr müsst kluges soziales Verhalten lernen.*
Überall, wo Menschen zusammenkommen, ob in der Schule, in der Arbeitswelt oder in der großen Politik, müssen sie lernen, sich an gewisse Spielregeln zu halten. Wer die Spielregeln kennt, kann lernen, sich in einer immer komplizierteren Welt zurechtzufinden. Für sich selbst lernt man so eigenverantwortliches Handeln und Durchsetzungsvermögen. Im Umgang mit anderen lernt man Rücksichtnahme, Respekt und Toleranz. Zusammengenommen bezeichnet man diese Fähigkeit als **Sozialkompetenz**.

Stufe 3: *Ihr müsst lernen, euch gut auszudrücken.*
Im Leben ist es von großem Vorteil, wenn man sein Wissen, seine Gedanken und Gefühle sprachlich gut ausdrücken kann. Das ist eine Voraussetzung dafür, dass man in politischen Fragen mitreden kann. Im neuen Fach könnt ihr trainieren, wie man seine Meinung mit klugen Argumenten unterstützt, wie man anderen angemessen zuhört und wie man fair diskutiert. Diese dritte Stufe des Lernens bezeichnet man als **Kommunikationskompetenz**.

Stufe 2: *Ihr müsst eure Fähigkeiten erweitern.*
Man muss über eine Reihe von Fähigkeiten verfügen, um am gesellschaftlichen Leben aktiv teilnehmen zu können. Z. B. sollte man in der Lage sein, einen schwierigen Text aus dem Wirtschaftsteil einer Zeitung zu verstehen. Man sollte teamfähig sein, sich selbst und eine Sache gut vor anderen präsentieren können. Wer diese und andere Fähigkeiten erwirbt, hat etwas ganz Wichtiges für sein Leben gelernt. Um euch darin zu unterstützen, gibt es die Methodenkarten in diesem Buch. Sie helfen euch beim Erklimmen der zweiten Stufe des Lernens: Sie heißt **Methodenkompetenz**.

Stufe 1: *Ihr müsst euch zu vielen Themen grundlegendes Wissen erarbeiten.*
Ohne grundlegendes Wissen läuft nichts: weder in der Schule, noch im Beruf. Um neues Wissen langfristig zu speichern, ist es wichtig, dass man es so weit wie möglich selbstständig erarbeitet. Dieses Buch wird euch dabei unterstützen. Zum grundlegenden Wissen gehört auch, dass man Zusammenhänge zwischen verschiedenen Informationen erkennt, Wichtiges von Unwichtigem zu unterscheiden lernt, Richtiges von Falschem.
Wer diese Fähigkeiten erwirbt, hat die erste wichtige Stufe des Lernens erreicht und besitzt **Informations- und Urteilskompetenz**.

TRAININGSPLATZ

Ordnung schaffen – Methode: Einzelarbeit

Welcher Lernbereich passt zu welcher der vier Kompetenzstufen?

Hier lernt ihr ein regelmäßig wiederkehrendes Element dieses Buches kennen, dem wir den Namen *Trainingsplatz für selbstständiges Lernen* gegeben haben. Diese Trainingsplätze enthalten unterschiedliche Inhalte und Arbeitsaufträge, ihre Funktion ist aber stets ähnlich:
Sie sollen von den Schülerinnen und Schülern weitestgehend selbstständig bearbeitet werden. Je nach Inhalt wird Einzel-, Partner- oder Gruppenarbeit empfohlen. Die Uhr oben rechts gibt an, welcher Zeitraum ungefähr notwendig erscheint, um die Arbeit gut zu erledigen.
Für die Bearbeitung dieses ersten Trainingsplatzes wird Einzelarbeit empfohlen, z. B. als Hausaufgabe, mit der ihr die erste Seite eures Arbeitsheftes für das neue Fach schön gestaltet.

- Legt eine Übersicht über die vier Lernbereiche Informations-, Methoden-, Kommunikations- und Sozialkompetenz an und fügt die 8 Fähigkeiten in die Bereiche ein, in die sie eurer Ansicht nach hineingehören. Die Formulierungen könnt ihr kürzen.
- Bearbeitet vorher die Methodenkarte „Gute Heftführung" auf der folgenden Doppelseite.

Hausaufgabe	Datum:
Buch, Seite 9 Trainingsplatz über Kompetenzen	
Stufe 1 • •	**Stufe 2** • •
Stufe 3 • •	**Stufe 4** • •

---

1 Kenntnisse besitzen über die Aufgaben der Schülervertretung in der eigenen Schule

2 Plakate gestalten können, welche andere Schüler über die Ergebnisse deiner Arbeit informieren

3 Mitschülern gegenüber von Texten berichten können, die man selbst durchgearbeitet hat

4 sich in einem Vorstellungsgespräch um einen Ausbildungsplatz mit guten Umgangsformen präsentieren können

5 seine Meinung in einer Diskussion gut begründen können

6 informiert sein über die Aufgaben eines Bürgermeisters und über die Arbeit in einem Gemeinderat

7 Interviews mit Mitschülern und Erwachsenen durchführen können

8 im Umgang mit anderen fair und tolerant gegenüber anderen Meinungen sein

METHODENKARTE 1

Hier findet ihr die erste von zahlreichen Methodenkarten in diesem Buch. Diese Karten solltet ihr nach und nach aufmerksam durchlesen und euch in einem zweiten Schritt daraus das notieren, was euch besonders wichtig erscheint und was ihr in Zukunft bei der Anwendung der Methode immer beachten wollt.

Gute Heftführung

Thema: Dein Arbeitsheft als Begleiter von „Politik erleben"

Worum geht es?

„Politik erleben" enthält zahlreiche Fragen und Arbeitsaufträge, die schriftlich zu erledigen sind. Dafür und für weitere Eintragungen, die sich aus dem Unterricht ergeben, solltest du ein Arbeitsheft anlegen, das du über den Verlauf des gesamten Jahresunterrichts sorgfältig und regelmäßig führen wirst. Dein Arbeitsheft wird so zu einem Begleiter dieses Buches werden.

Warum ist gute Heftführung wichtig?

⇒ **Erstens für dich selbst**
Wenn du alle Aufgaben und Arbeitsergebnisse übersichtlich und ordentlich in einem Heft dokumentierst, wirst du über eine hervorragende Arbeitsgrundlage verfügen, mit der du den Unterrichtsstoff wiederholen und dich auf Überprüfungen vorbereiten kannst.
Ein zweiter Grund ist aber noch entscheidender: Während des Aufschreibens lernst du auf eine sehr intensive Art und Weise. Je mehr Mühe du dir bei dieser Arbeit gibst, desto intensiver wirst du alles behalten, was du selbst in das Heft eingetragen hast. Das Bild von der schön gestalteten Seite wird sich ganz tief in deinem Gedächtnis eingraben. Der Prozess des sorgfältigen Aufschreibens ist mindestens ebenso wichtig wie das vorzeigbare Ergebnis. Mit einer guten Heftführung erzieht man sich selbst zu einer guten Arbeitshaltung.
Dieser Lerneffekt stellt sich allerdings nur ein, wenn du das Heft regelmäßig und parallel begleitend zum Unterricht führst. Hefte, die kurz vor einem Abgabetermin unter Zeitdruck zusammengestellt werden, verursachen nur Stress, aber keine Lerneffekte.
Noch etwas: Gute Heftführung macht Spaß! Schüler, die sich einmal dazu aufgerafft haben, ein schönes Arbeitsheft zu führen, erzählen immer wieder, dass ihnen die Heftführung Freude macht und dass sie ganz stolz auf ihr vorzeigbares Ergebnis sind.

⇒ **Zweitens für deine Lehrer, Eltern und andere Personen**
Ein gut geführtes Heft ist wie eine persönliche Visitenkarte. Es zeigt deinen Lehrern und deinen Eltern, wie fleißig und interessiert du arbeitest und lernst. Es kann zu einer Benotung herangezogen werden, weil es den Prozess und das Ergebnis deiner ganz persönlichen Leistung widerspiegelt. Darin liegt für dich eine besondere Chance. Jede Schülerin und jeder Schüler ist dazu befähigt, ein

ordentliches Heft zu führen, und kann dadurch seine Noten verbessern.
Die Heftführung sagt viel aus über die Person, die dafür verantwortlich ist. Schmutzige, nachlässig und unvollständig geführte Hefte weisen darauf hin, dass das Lernen nicht ernstgenommen wird und dass die Person auch in anderen Dingen nachlässig ist. Das ist der Grund, warum die Gestaltung der Mappen von Bewerbern um Lehrstellen oft den Ausschlag für die Entscheidung geben, wer den Ausbildungsplatz erhält und wer nicht.

Wie führt man ein gutes Heft?
10 Regeln:

1. Wann immer ihr im Unterricht mit einem neuen Kapitel aus diesem Buch beginnt, schlägst du eine neue Seite in deinem Heft auf. Du notierst den Titel der Unterrichtsreihe in Form einer großen Überschrift auf der neuen Seite.

2. Wenn Fragen und andere Arbeitsaufträge aus „Politik erleben" schriftlich zu beantworten sind, solltest du immer die Fragen und die dazugehörige Seitenzahl über den Antworten in deinem Heft notieren. Besonders anschaulich wird dein Heft, wenn du Fragen und Antworten in unterschiedlichen Farben notierst (z. B. in schwarz und in blau).

3. Das Heft muss äußerlich einen guten Eindruck machen, Name und Schuljahr werden deutlich lesbar platziert. Man kann einen schönen Einband entwerfen und achtet dabei auf eine ansprechende und sauber ausgeführte Gestaltung.

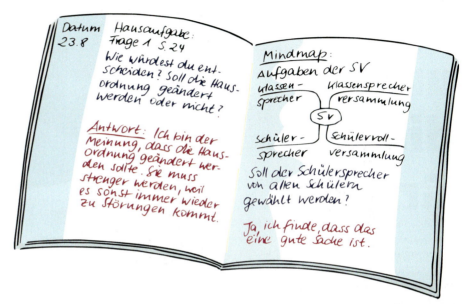

4. Das Heft muss ordentlich, mit Sorgfalt und übersichtlich geführt werden. Bemühe dich stets um eine gut lesbare Schrift und um sauberes Zeichnen.

5. Das Heft wird regelmäßig und immer parallel zum Unterricht geführt.

6. Wenn zusätzlich zu den Materialien im Buch Arbeitsblätter ausgeteilt werden, sollten sie an den Stellen eingeheftet oder eingeklebt werden, an denen sich auch alle anderen Eintragungen zu diesem Thema befinden.

7. Jede Eintragung wird mit einem Datum und mit dem Hinweis versehen, ob sie als Schularbeit oder als Hausaufgabe angelegt wurde.

8. Deine Heftführung wird besonders interessant werden, wenn du zu den einzelnen Themen selbst auf die Suche nach weiteren Materialien gehst, z. B. indem du passende Fotos, Zeitungsartikel und anderes mehr hinzufügst. Hefte nur solche Zusatzmaterialien ein, die du auch bearbeitet hast.

9. Besonders ansprechend wirkt ein Heft, wenn mit mehreren Farben gearbeitet wird. Allerdings sollte man die Farbgestaltung nicht übertreiben.

10. Wichtig ist, dass die geführten Hefte im Laufe eines Schuljahres nicht gewechselt werden. Deshalb ist es besser, ein weiches Ringbuch anzulegen, das man über einen langen Zeitraum führen kann. So kann dich dein Sozialkundearbeitsheft sogar bis zum Abschluss der zehnten Klasse begleiten.

Heftkrankheiten

- ◆ Unvollständigkeit
- ◆ Flecken Schmutz
- ◆ Schmierereien
- ◆ Eselsohren
- ◆ Durcheinander
- ◆ Abgerissene Seiten
- ◆ Plötzliches und unerklärliches Verschwinden

Der Einzelne und die Gruppe

Schulleben in Gruppen
Klassengemeinschaft, Schulgemeinschaft

Freizeit
Freunde, Cliquen, Vereine

Menschen gehören verschiedenen Gruppen an. Besonders für Jugendliche scheint das Leben in der Gruppe eine große Bedeutung zu haben. Manche Gruppen hat man sich selbst ausgesucht. In manche ist man nicht freiwillig hineingeraten. Manche Gruppen sind einem sehr wichtig, andere weniger. Viele Gruppenzugehörigkeiten haben positive Einflüsse auf die Entwicklung eines Menschen, andere gelten als gefährlich. Welchen Eindruck vermitteln dir die Fotos über die Bedeutung von Gruppen für Jugendliche? Wie wichtig sind welche Gruppen für dich?

Gefährliche Gruppen
Hooligans suchen die Gewalt.

Gruppen in der Arbeitswelt
Azubis lernen in Teams.

Menschen brauchen andere Menschen, weil ...

Wie wäre das, wenn man auf einer Insel lebte, möglichst unter südlicher Sonne, mit einsamen Stränden, Palmen, alleine mit sich und der Natur? Vielleicht habt ihr euch das schon einmal vorgestellt. In dem Buch des amerikanischen Autors Scott O'Dell „Insel der blauen Delphine" wird das Leben eines einzelnen Menschen alleine auf einer Insel vorgestellt. Lest den Ausschnitt aus dem Buch und versetzt euch dabei in die Situation des Mädchens. Worunter leidet es? Worauf hofft es? Was macht ihm Angst?

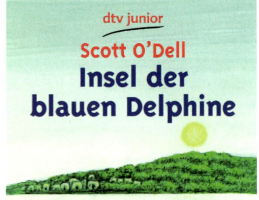

Ein junges Mädchen lebt mit seinen Eltern und seinem Stamm auf einer von Kormoranen und Seeelefanten bevölkerten Insel. Als fremde Otterjäger auf die Insel kommen, muss der ganze Stamm fliehen. Nur das Mädchen bleibt zurück. Lange Zeit hofft es, dass die Mitglieder ihres Stammes zurückkommen, um es zu holen. Achtzehn Jahre verbringt es allein auf der Insel. Das Buch beruht auf einer wahren Begebenheit. Das Mädchen lebte von 1835 bis 1853 auf einer Insel in der Nähe Kaliforniens. Schließlich wurde es entdeckt und kam zurück zu den Menschen. Das Buch von Scott O'Dell erhielt den deutschen Jugendbuchpreis.

Der Sommer ist die beste Zeit auf der Insel der blauen Delphine. Die Sonne scheint am wärmsten, und die Winde wehen sanfter, bisweilen aus dem Westen, manchmal aus dem Süden. Das Schiff konnte nun jeden Tag zurückkommen. Ich verbrachte diese Zeit meist auf dem Felsblock, den Blick nach Osten gerichtet, nach der Richtung, wo das Land lag, das meine Leute aufgesucht hatten. Ich schaute und schaute hinaus aufs Meer, das nirgends ein Ende nahm.
Einmal sah ich in der Ferne etwas, das ich für ein Schiff hielt. Aber ich täuschte mich. Ein Wasserstrahl schoss in die Luft, ich wusste, dass es ein Walfisch war. Außer diesem Walfisch gab es in jenem Sommer nichts mehr zu sehen. Mit dem ersten Wintersturm hörte die Hoffnung auf. Wenn das Schiff der weißen Männer nach mir ausgeschickt worden wäre, so hätte es in der guten Jahreszeit kommen müssen. Jetzt blieb mir nichts übrig, als zu warten, bis der Winter vorbei war. Wer weiß, vielleicht dauerte es noch länger.
Mit einem Mal fühlte ich mich sehr verlassen. Ich dachte daran, wie viele Sonnen über dem Meer auf- und niedergehen würden, während ich mutterseelenallein auf dieser Insel lebte. Es war ein ganz neues und beängstigendes Gefühl. Bisher hatte ich ja stets gehofft, das Schiff werde irgendwann zurückkommen, wie Matasaip gesagt hatte. Jetzt musste ich diese Hoffnung begraben. Ich war allein. Allein. Ich aß wenig, und wenn ich schlief, träumte ich von schrecklichen Dingen.
Der Sturm kam aus dem Norden. Er warf mächtige Wellen gegen die Insel, und die Winde waren so stark, dass ich nicht länger auf dem Felsen schlafen konnte. Ich nahm meine Seegrasbündel und schichtete sie am Fuße des Steinblocks auf. Und damit die wilden Hunde mich in Ruhe ließen, zündete ich ein Feuer an, das die ganze Nacht hindurch brannte. So verbrachte ich fünf Nächte.

(Aus: Scott O'Dell, Insel der blauen Delphine, dtv-junior, München 2002, deutsch von Roswitha Plancherel-Walter, S. 48/49, © Walter-Verlag, Olten/Freiburg)

1. Versuche einmal, dir vorzustellen, du müsstest für lange Zeit alleine auf einer Insel leben: Bei welchen Tätigkeiten und in welchen Situationen würdest du besonders spüren, dass dir andere Menschen fehlen?

2. Menschen brauchen andere Menschen, weil ...
Sammelt und notiert möglichst viele Gründe.

METHODENKARTE 2

Methodenkarte

Partnerbriefing: Einen Text bearbeiten, zwei Texte lernen

Thema: Probleme zwischen Einzelpersonen und Gruppen

Partnerbriefing: Was ist das?

Partnerbriefing ist eine spezielle Form der Partnerarbeit. Man arbeitet zunächst einzeln und informiert sich dann gegenseitig über das, was man erarbeitet hat. Der englische Ausdruck „Briefing" bedeutet, einen Partner mit Informationen zu versorgen. Die Aufgabe des Briefings übernehmen die Partner abwechselnd.
Auf den folgenden Doppelseiten werden zwei Fälle und zwei Informationstexte vorgestellt, die sich zur Einübung der Methode gut eignen. Jeder der Partner bearbeitet einen Text, um dann dem Partner gegenüber den Inhalt mit eigenen Worten zusammenzufassen.

Warum ist das wichtig?

Die Methode verbessert das Verständnis schwieriger Texte. Man trainiert, den Inhalt eines Textes mündlich gut verständlich wiederzugeben. Man übt das konzentrierte Lesen, das gute Sprechen und das gute Zuhören. Ein weiterer großer Vorteil der Methode besteht darin, dass man nur einen Text zu lesen braucht, um über zwei Texte informiert zu sein.

Wie macht man das?

Erster Schritt: Bildung der Partnerschaften
Die beiden Fälle bzw. Texte auf den folgenden Seiten werden auf Partner A und Partner B aufgeteilt. Sollte die Schülerzahl ungerade sein, wird eine Dreiergruppe gebildet.

Zweiter Schritt: Textbearbeitung in Einzelarbeit
Jeder liest nun seinen Text zweimal. Beim zweiten Lesen wird der Text in Abschnitte untergliedert. Man fertigt einen Stichwortzettel als Merkhilfe an. Dieser Zettel hilft, dem Partner gegenüber den Inhalt des eigenen Textes mündlich zu berichten.

Dritter Schritt: Briefing mit festen Regeln
Runde 1: Partner A und B sitzen einander gegenüber. Auf das Startzeichen hin fasst Partner A seinem Partner B gegenüber den Inhalt seines Textes in gut verständlichen Sätzen zusammen. Anschließend hat Partner B die Gelegenheit, Fragen zu stellen (z. B. über Unverstandenes). Partner B fasst dann den Bericht von Partner A zusammen. Für die Berichte und für die Zusammenfassungen sollte jeweils eine feste Zeit vereinbart werden (z. B. vier und zwei Minuten).
Runde 2: Mit umgekehrter Rollenverteilung und mit dem Bericht über den zweiten Text wird nun genauso verfahren wie in der Runde 1.

Vierter Schritt: Planung eines Ergebnisvortrags
Gemeinsam überlegen die Partner, welche Zusammenhänge und welche Unterschiede zwischen den beiden Texten bestehen. Sie bereiten einen Ergebnisvortrag in der Form eines mündlichen Berichtes vor. Hier eignen sich dazu besonders gut die beiden Texte über Rollen, Gruppen, Cliquen und Außenseiter auf den Seiten 16 und 17.

Fünfter Schritt: Vortrag vor der Klasse
Dazu gibt es eine leichte und eine schwierige Variante. In der leichten Form stellt jeder der beiden Partner den Text vor, den sie oder er selbst bearbeitet hat. In der schwierigen (aber sehr lernintensiven Form!) fasst jeder der Berichtenden den Text des Partners zusammen. Zu zwei Höraufträgen gibt es Rückmeldungen aus der Klasse an die Vortragenden:
- Waren die wichtigsten Informationen aus den Texten im Vortrag enthalten?
- Haben die Vortragenden gut präsentiert?

Partnerbriefing, Übung 1: Zwei Problemfälle zum Thema: Der Einzelne und die Gruppe

Fall A:
Viktors Erfahrungen in der Rolle des Außenseiters

Mit 14 wäre Viktor fast von der Realschule geflogen. Als er uns diese Geschichte erzählt, ist er 17 Jahre alt und geht in die 10. Klasse. Er hat sich mittlerweile zu einem guten Schüler entwickelt. Das war allerdings nicht immer so. Viktor erzählt, was damals los war.

STICHWORTE — Fasse Viktors Geschichte mit eigenen Worten zusammen, sodass du sie einem Partner gut erzählen kannst.

Wir sind vor knapp vier Jahren aus einer anderen Stadt hierhergezogen, und so kam ich als Neuling in die achte Klasse der Heinrich-Heine-Schule. Irgendwie hatte ich von Anfang an Probleme mit den Mitschülern. Ich weiß eigentlich heute noch nicht genau, was ich falsch gemacht habe. Sie hatten wohl einfach beschlossen, mich zu quälen, und das zog sich über viele Wochen hin.

Der Coolste in der Klasse war Patrick. Er war schon 15 und der Anführer einer tollen Clique von fünf Jungen. Die spielten auch gemeinsam in einer Fußballmannschaft und ich hätte unheimlich gerne dazugehört. Ich weiß noch genau, als Patrick mich in einer großen Pause zum ersten Mal richtig angeredet hat. „Pass auf, Schwächling", hat er gesagt, „bei der Frings gilt ab sofort Meldeverbot im Unterricht. Hast du kapiert?" Frau Frings war damals unsere Englischlehrerin. Bis dahin hatte ich mich bemüht, gut mitzuarbeiten. Aber damit war jetzt Schluss. Ich meldete mich nicht mehr und kassierte prompt meine erste Fünf in Englisch in einer Epochalnote. Es kamen noch viele Fünfer und Sechser hinzu. Sascha, ein guter Freund Patricks, lieh sich einmal meinen Füller aus. Das heißt, er hat ihn einfach vom Tisch weggenommen und nicht mehr zurückgegeben. Zuerst war ich sauer, aber dann doch ein bisschen stolz darauf, dass er mich überhaupt beachtete. Und das brachte mich auf eine Idee: Zuerst habe ich in einem Kaufhaus in der Fußgängerzone einen Fineliner mitgehen lassen. „Hier, schenk' ich dir!", hab' ich zu Patrick gesagt und der hat ihn auch angenommen. „Wenn du zu unserer Clique gehören willst, musst du mehr davon besorgen", gab er mir zur Antwort.

Im Klauen sah ich jetzt meine Chance, endlich dazuzugehören. Zuerst klaute ich Radiergummis, Kugelschreiber, Filzstifte und allen möglichen Kleinkram. Dann kamen teure Füller dazu. Ich versorgte Patricks Clique mit immer neuen Sachen und nicht nur die. Ich erinnere mich, dass ich ein paarmal eine Plastiktüte voll gestohlener Sachen mit in die Schule brachte und alles Mögliche großzügig an alle aus der Klasse verteilte. Das gab mir ein tolles Gefühl, obwohl ich immer noch nicht richtig dazugehörte.

Nach etwa vier Monaten flog alles auf. Eine Mutter hatte sich gewundert, woher ihr Sohn die vielen neuen Schreibartikel hatte. Sie fragte in der Schule nach. Natürlich sagten Patrick und die andern aus seiner Clique, dass sie mit der Klauerei nichts zu tun hätten. Sie hatten ja auch Recht. Mein Pech war, dass ich mit 14 bereits strafmündig war und insgesamt für über 500 Euro Sachen gestohlen hatte. Ich musste vor dem Jugendrichter erscheinen, kam aber zum Glück glimpflich davon. Die Lehrer haben mich nicht von der Schule geschmissen. Aber ich habe die Klasse gewechselt und von nun an alles anders gemacht. Heute fühle ich mich besser, weil ich weiß, dass man sich Freunde nicht erkaufen und schon gar nicht „erklauen" kann. Meinen Mitschülern rate ich, andere nicht in die Rolle des Außenseiters zu drängen. Ich habe selbst erlebt, was das für Folgen haben kann.

Fall B: Tanja im Rollenkonflikt

Tanja besucht die 8c in einer städtischen Realschule. Sie weiß nicht, ob sie nach ihren persönlichen Wünschen handeln oder die Erwartungen der Klassengemeinschaft erfüllen soll.

 Fasse Tanjas Geschichte mit eigenen Worten zusammen, sodass du sie einem Partner gut erzählen kannst.

Tanja fühlt sich wohl in ihrer Klasse und sie kommt auch gut mit ihrer Mathematiklehrerin, Frau Acker, aus. Sie weiß, dass Frau Acker von allen Schülerinnen und Schülern Fleiß und Pflichtbewusstsein verlangt und sie akzeptiert diese Erwartungen. Sie mag ihre Klassenlehrerin auch deshalb, weil diese immer ein offenes Ohr für die Sorgen und Probleme ihrer Schüler hat.

So war es auch am Montag vor zwei Wochen, als Frau Acker den Unterrichtsstoff beiseiteschob, um ein Problem mit der Klasse zu besprechen. „Mark Molitors Mutter hat mich am Wochenende angerufen, um mir mitzuteilen, dass Mark sich im Handballtraining verletzt hat. Er hat einen komplizierten Oberschenkelbruch und wird für mindestens drei Wochen im Krankenhaus bleiben müssen. Marks Eltern machen sich Sorgen. Sie befürchten unter anderem, dass Mark in Mathematik, seinem schwächsten Fach, den Anschluss völlig verlieren wird. Habt ihr Vorschläge, wie wir Mark helfen können?" Tanja hatte die zündende Idee: „Wir können für die Zeit, die Mark im Krankenhaus bleiben muss, einen Helferdienst einteilen. Jeweils zwei von uns besuchen ihn nachmittags und erklären ihm den neuen Stoff." Die meisten aus der Klasse fanden Tanjas Idee prima und der Rest der Stunde wurde damit verbracht, Schülerpaare einzuteilen und die Termine für den Besuch festzulegen. Tanja wollte mit ihrer besten Freundin Anisha zu Mark gehen und sie verpflichteten sich zum Besuch in zehn Tagen am 22. Mai. Zehn Schülerpaare waren mit einem Termin eingeteilt, sodass Mark für drei Wochen mathematisch versorgt werden konnte.

Schon nach dem ersten Besuch fand dieser es toll, dass die Klassengemeinschaft sich so intensiv um ihn kümmerte. Er freute sich nun stets auf die Besuche.

Bis zum 18. Mai ging alles gut, doch dann entstand für Tanja ein Problem: Spiderman kam in die Stadt. Im Cinemaxx, dem Großkino der Stadt, fand genau an diesem 22. Mai, nachmittags zwischen 15 und 18 Uhr die allererste Vorstellung von „Spiderman and the Vodoocat" statt, und Tanjas Onkel Max, Angestellter im Cinemaxx, schenkte seiner Nichte zwei Premierenkarten. Für Tanja war klar, dass die zweite Karte an Anisha gehen sollte. Doch dann fiel Tanja der zugesagte Termin im Krankenhaus wieder ein. „So ein Mist!", dachte sie, „Mark ist ja ein prima Kerl, aber Freikarten für die allererste Vorstellung von Spiderman, das ist schon etwas Besonderes." Was tun?

Tipps für eure Zusammenarbeit nach dem Lesen und der Zusammenfassung der Fälle A und B:

1. Warum ist es schlimm, wenn Menschen in die Rolle von Außenseitern gedrängt werden? Warum ist es manchmal schwierig, die Erwartungen einer Gruppe an das eigene Verhalten zu erfüllen? Notiert eure Gedanken zu diesen Fragen und sprecht dann gemeinsam in der Klasse darüber.

2. In Partnerarbeit könnt ihr ein Rollenspiel in Form eines Telefongespräches vorbereiten. Viktor bzw. Tanja rufen einen von euch als Freund oder als Freundin an. Sie erzählen zunächst von ihren Problemen. Dann folgt ein Beratungsgespräch über die Frage, was getan werden kann, um das Problem zu lösen.

INFORMATION

Partnerbriefing, Übung 2: Zwei Informationstexte zum Verhältnis zwischen einzelnen Personen und Gruppen

Text A: Gruppen, Cliquen und Außenseiter

1. Notiert die fünf wichtigsten Merkmale, die zu einer Gruppe gehören.
2. Erklärt die Unterschiede zwischen dem positiven und negativen Einfluss von Cliquen auf Jugendliche.
3. Findet heraus, warum die meisten Menschen Angst davor haben, in die Außenseiterrolle gedrängt zu werden.

Bedeutung und Merkmale von Gruppen

Der Mensch ist ein soziales Wesen, das von Geburt an auf die Zuwendung anderer Menschen angewiesen ist. Bei einem Neugeborenen sehen wir das ganz deutlich. Ohne das gemeinschaftliche Leben mit anderen Menschen ist es nicht lebensfähig. Dieses Grundbedürfnis nach Geborgenheit in der Gruppe bleibt ein Leben lang erhalten.

Zu den grundlegenden Merkmalen von Gruppen gehört das Zusammengehörigkeitsgefühl der Mitglieder untereinander, das auch als „Wir-Gefühl" bezeichnet wird. Innerhalb jeder Gruppe gibt es bestimmte Erwartungen an das Verhalten der Mitglieder. Solche Erwartungen nennt man Rollen. Ein wenig wie ein Schauspieler müssen alle in der Gruppe die Rollenerwartungen annehmen, wenn sie nicht riskieren wollen, ausgeschlossen zu werden. Nach außen grenzen sich Gruppen von anderen Gruppen ab. Das kann man zum Beispiel manchmal zwischen den verschiedenen Schulklassen einer Jahrgangsstufe beobachten. Gruppen haben gemeinsame Ziele und Interessen und entwickeln ihr eigenes Gruppenklima. In gut funktionierenden Gruppen fühlen sich die Mitglieder wohl und geborgen. In der Arbeitswelt spielen Gruppen eine immer größere Rolle, da viele der Anforderungen heute besser im Team als alleine gelöst werden können. Teamfähigkeit gilt daher als ein wichtiges Erziehungsziel.

Positive und negative Auswirkungen von Cliquen

Für Jugendliche haben Gruppen eine ganz besondere Bedeutung. Hier ist es meist die Clique, zu der man gehören möchte und in der man sich besonders wohlfühlt. Nach einer Repräsentativumfrage fühlen sich 70 Prozent aller Jugendlichen in Deutschland einer Clique zugehörig.

Im günstigen Fall hat die Clique positive Auswirkungen auf die Entwicklung von Jugendlichen. Hier trifft man sich zum Reden und für gemeinsame Unternehmungen. Die Clique bietet Geborgenheit, Orientierung und Trost. Sie hilft bei der Ablösung vom Elternhaus und der Suche nach einer persönlichen Identität.

Im ungünstigen Fall können Cliquen einen negativen Gruppendruck auf die Mitglieder ausüben. Dies geschieht zum Beispiel dann, wenn in der Clique einzelne Mitglieder zu Mutproben, zum Diebstahl oder zu Drogenmissbrauch aufgefordert werden. In einer Schulklasse können Cliquen auch Druck auf Schülerinnen und Schüler ausüben, die nicht dazugehören.

Außenseiter

Fast alle Jugendlichen haben Angst davor, zum Außenseiter gestempelt zu werden. Um diese Rolle zu vermeiden, sind viele sogar bereit, Dinge zu tun, die sie eigentlich gar nicht tun möchten. Man macht zum Beispiel beim Mobbing von Klassenkameraden mit, man lässt sich zum Klauen, Trinken und Rauchen überreden, obwohl man das alles eigentlich gar nicht will. So setzen sich viele einem inneren Druck aus, der aus der Angst entsteht, ausgeschlossen zu werden. Obwohl alle wissen, dass es schmerzhaft ist, wenn man zum Außenseiter gemacht wird, sind viele bereit, zu akzeptieren, dass es Außenseiter gibt. Andere fertigzumachen scheint manchen Leuten leichterzufallen als freundlich zu sein und positiv auf andere zuzugehen. Menschen, die gerne andere fertigmachen, wollen sich in der Regel selbst beweisen, dass sie etwas wert sind und Macht ausüben können. Wo die Menschen einen positiven Umgang miteinander pflegen, wird niemand zum Außenseiter gemacht, und weil es keine Opfer und keine Täter gibt, fühlen sich letztlich alle Beteiligten wohler.

---

5 Aufbauer und 5 Fertigmacher

So können Menschen sich gegenseitig aufbauen:	So können sie sich gegenseitig fertigmachen:
1. helfen	1. quälen
2. loben	2. demütigen
3. freundlich sein	3. beleidigen
4. anlächeln	4. auslachen
5. aufeinander zugehen	5. ausschließen

lesen – bearbeiten – einprägen

Text B: Rollenerwartungen und Rollenkonflikte

1. Erklärt, was man unter Rollen, Rollenerwartungen und unter Rollenkonflikten versteht.
2. Überlegt euch ein Beispiel für einen Rollenkonflikt und erklärt, warum die scheinbar einfachen Lösungen nicht immer die besten sein müssen.
3. „Schluss mit Fertigmachen!" Was kann man tun, um diese Forderung Wirklichkeit werden zu lassen? Stellt dazu eure Meinungen in der Klasse vor.

Wie Rollen entstehen

Kinder lernen im Laufe ihrer Entwicklung, sich den Erwartungen ihrer Erzieherinnen und Erzieher entsprechend zu verhalten. Ein solches Verhalten, das durch Einflüsse von außen erworben wird, bezeichnet man als Rolle. So wie Schauspielerinnen und Schauspieler übernehmen die Menschen im Laufe ihres Lebens verschiedenartige Rollen. In einer Familie können die Rollen anders verteilt sein als in einer Schulklasse, einem Verein oder in einer Clique von Freunden. Die jeweilige Rolle hängt immer davon ab, welche Erwartungen in der jeweiligen Gruppe an die einzelnen Personen gestellt werden.

Im Unterschied zu früheren Zeiten wird heute nicht mehr nur von außen bestimmt, wie man sich seiner Rolle gemäß zu verhalten hat. Jeder Mensch hat in einer demokratischen Gesellschaft auch die Möglichkeit, seine eigene soziale Rolle zu finden. Man wird nicht nur eine gute Tochter, ein guter Sohn, ein guter Schüler, Azubi oder Student, indem man alle äußeren Erwartungen erfüllt, sondern auch, indem man seine ganz eigene Persönlichkeit in diese jeweilige Rolle einbringt.

Rollenerwartungen

Rollenerwartungen nennt man die allgemeinen Vorstellungen, die man vom Verhalten von bestimmten Personen oder Personengruppen hat. In der Schule gibt es eine Reihe allgemeiner Erwartungen gegenüber dem Verhalten von Schülerinnen und Schülern. Auch Erwachsene haben Rollenerwartungen zu erfüllen. Zum Beispiel gibt es eine Summe von Vorstellungen darüber, wie gute Mütter, Väter, Ärzte, Handwerker und auch Lehrerinnen und Lehrer zu sein haben. Rollenerwartungen haben vor allem zwei Funktionen: Dem Einzelnen erleichtern sie das Leben, weil sie eine klare Orientierung dafür bieten, wie man sich in einer bestimmten Situation verhalten soll und wie nicht. Für die Gesellschaft schaffen Rollenerwartungen auch eine gemeinsame Vorstellung von der Art des wünschenswerten Zusammenlebens aller Menschen in den verschiedenen Gruppen.

Manchmal können Rollenerwartungen auch belastend sein. Das geschieht zum Beispiel dann, wenn der Erwartungsdruck zu groß wird oder wenn wir uns mit einer Rolle nicht identifizieren können. Wer zum Beispiel gegen seinen Willen zum Klassensprecher oder zur Klassensprecherin gewählt wird, wird auch Schwierigkeiten haben, die gestellten Erwartungen gut zu erfüllen.

Rollenkonflikte

Wenn verschiedenartige Rollenerwartungen auf einen einströmen, kann es zu einem Rollenkonflikt kommen. Dies ist dann der Fall, wenn die unterschiedlichen Erwartungen nicht miteinander vereinbar sind. Für Schülerinnen und Schüler entstehen Rollenkonflikte häufig, wenn schulische Erwartungen mit Freizeiterwartungen in Konkurrenz treten. Bei der Lösung von Rollenkonflikten ist zu beachten, dass die scheinbar einfachen Lösungen nicht immer die besten sind. Leicht ist es manchmal, sich den von außen gestellten Erwartungen zu entziehen und vornehmlich das zu tun, worauf man gerade Lust hat. Anstrengender kann es sein, sich selbst in die Pflicht zu nehmen und zu versuchen, Erwartungen, die in einen gesetzt werden, auch zu erfüllen. Jugendliche spüren zunehmend, dass dieser anstrengendere Weg zum Erwachsenwerden oft der erfolgreichere sein kann.

1 Das Zusammenleben in der Schulklasse

In dieser Schule werden die Schülersprecher und ihre Stellvertreter von der Schülervollversammlung gewählt. Gehört zu einer guten Schulgemeinschaft mehr als der Unterricht in den Klassen?

> Ich fühle mich wohl, wenn es klare Regeln gibt, an die sich alle halten müssen.

> Ich fühle mich wohl in der Schule, wenn die Klassengemeinschaft gut ist und wenn niemand Angst haben muss, ausgeschlossen oder gemobbt zu werden.

Was gehört für euch zum Wohlfühlen in der Schule unbedingt dazu? Sprecht darüber miteinander und sammelt eure Vorschläge.

Mit der Einschulung in die Grundschule beginnt die Schulpflicht. Sie garantiert jedem Kind und jedem Jugendlichen ein persönliches Recht auf Bildung, verpflichtet aber auch dazu, die Schule regelmäßig zu besuchen und Leistungen zu erbringen. Klar, das etwas, wozu man verpflichtet ist, nicht immer nur Spaß machen kann. Klar ist aber auch, dass es einen großen Unterschied macht, ob man sich in der Schule wohlfühlt oder ob man nur ungern oder gar mit Bauchweh hingeht.

Unter welchen Bedingungen fühlen die Menschen sich wohl, wenn sie miteinander leben, lernen und arbeiten müssen? Das ist eine Grundfrage, die im Zusammenleben der Menschen immer von Bedeutung ist.

In dem folgenden Kapitel könnt ihr diese Frage am Beispiel des Lebens in der Schule untersuchen und dabei etwas lernen über das Zusammenleben in der Gesellschaft. Zu den wichtigsten Aufgaben der Schule gehört es nämlich, die Schülerinnen und Schüler auf das Leben in der Demokratie vorzubereiten. Dazu muss man lernen, seine Rechte wahrzunehmen und seine Pflichten zu erfüllen.

Wenn ihr dieses Kapitel bearbeitet, könnt ihr

- eure Erwartungen an das Amt des Klassensprechers formulieren,
- die Bedeutung von Wahlen erklären,
- einen Lehrer bei schwierigen Entscheidungen beraten,
- die Aufgaben der Schülervertretung darstellen,
- über Maßnahmen gegen Gewalt und Mobbing beraten,
- zur Frage der Mitgestaltung des Schullebens eine begründete Meinung vertreten.

1. Wer eignet sich als Klassensprecherin oder Klassensprecher?

Das neue Schuljahr hat begonnen. Nachdem die Klasse nach den langen Sommerferien wieder zusammengefunden hat und die neuen Schülerinnen und Schüler einigermaßen bekannt sind, soll die Klassensprecherwahl stattfinden. Frau Eichhorn, die Klassenleiterin der 8a, behandelt die Wahl nicht nur als lästige Pflicht. Sie ist der Meinung, dass ein Klassensprecher wichtige Aufgaben zu erfüllen hat. Sie oder er soll in der Lage sein, die Interessen der Klasse gegenüber dem Klassenlehrer, den anderen Lehrerinnen und Lehrern und gegenüber der Schulleitung zu vertreten und zwar selbstbewusst, aber in angemessener Form.

Eine Woche vor der Wahl bittet Frau Eichhorn ihre Schülerinnen und Schüler darum, sich Gedanken zu machen und Gespräche zu führen. Wer kommt überhaupt infrage?

Starkes Team: In einer achten Klasse ist Kristina zur Klassensprecherin und Max zum Stellvertreter gewählt worden. Sie unterstützen sich gegenseitig, arbeiten zusammen und teilen sich die Aufgaben.

Christin meint:
„Ich werde Paul vorschlagen. Der ist groß und stark, sieht toll aus und wird von fast allen bewundert. Ich wäre auch gerne in seiner Clique. Er kann sich in Diskussionen gut ausdrücken. Ich glaube, das imponiert den Lehrern."

Peter denkt nach:
„Ich glaube, die Katja ist gut geeignet. Jedenfalls kann ich sie prima leiden. Sie weiß das natürlich nicht. Mir gefällt, dass sie den Mut hat, den Mund aufzumachen, wenn's mit den Lehrern Probleme gibt. Trotzdem hat sie 'ne nette Art mit Leuten umzugehen. Sie hat sich schon oft kameradschaftlich für andere Schüler eingesetzt."

Matondo ist überzeugt:
Ich werde Vadim vorschlagen. Der hat in seiner großen Familie schon oft Verantwortung für seine jüngeren Geschwister übernehmen müssen. Dem ist keine Arbeit zu viel. Außerdem kann er sich gut benehmen und hängt nicht gleich alles an die große Glocke, was man ihm erzählt. Neulich hat er mich zwar genervt, als er mich zwingen wollte, zerknülltes Papier vom Boden aufzuheben, aber solche Leute braucht man."

Tanja meint:
„Ich würd's gerne selbst machen. Ich würde mir Zeit nehmen, für die Probleme der anderen. Ich könnte helfen, Streit zu schlichten. Mir würde es auch Spaß machen, in der Klassensprecherversammlung mitzuarbeiten. Wenn man mich dort zur Schülersprecherin wählen würde, könnte ich versuchen, für unsere gesamte Schule etwas auf die Beine zu stellen.

Auch die Klassenlehrerin macht sich ihre Gedanken:
„Hoffentlich wählen meine Schülerinnen und Schüler nicht nur den schönsten, sportlichsten oder stärksten Schüler in der Klasse, sondern jemanden, der vernünftig ist und vertrauensvoll mit mir zusammenarbeiten will."

1. Welche der hier vorgeschlagenen Schülerinnen und Schüler sind eurer Meinung nach für das Amt des Klassensprechers geeignet? Nennt die Gründe.

2. Vor der eigenen Wahlentscheidung in der Klasse könnt ihr wichtige und unwichtige Eigenschaften für einen guten Klassensprecher untersuchen und dann gemeinsam eine Liste erstellen. Die Vorschlagsliste auf der nächsten Seite kann euch dabei helfen.

TRAININGSPLATZ
Trainingsplatz

Erwartungen an eine Klassensprecherin oder einen Klassensprecher

Welche Eigenschaften muss eine Klassensprecherin oder ein Klassensprecher haben?

Mithilfe des folgenden Fragebogens könnt ihr wichtige Eigenschaften für das Amt des Klassensprechers ermitteln. Arbeitet die Aussagen durch und sucht die Eigenschaften daraus aus, die ihr für das Amt des Klassensprechers für unbedingt notwendig haltet. Notiert die fünf wichtigsten Eigenschaften in euer Heft.
Die Liste sollte jeder von euch in Einzelarbeit durchgehen. Erstellt dann eine gemeinsame Aufzählung: „Was erwarten wir von guten Klassensprechern?"

Eine Klassensprecherin oder ein Klassensprecher soll ...
1. besonders stark sein.
2. für Ruhe sorgen, wenn kein Lehrer da ist.
3. sich Zeit für die Sorgen und Probleme einzelner Mitschüler nehmen.
4. Ideen zur Verbesserung der Klassengemeinschaft haben.
5. in der Klasse beliebt sein.
6. eine Klassenversammlung gut leiten können.
7. bei Streitigkeiten als Streitschlichter auftreten können.
8. schwächere Schüler besonders beschützen.
9. die Schülerinnen und Schüler ermahnen, wenn die Klasse in einem unsauberen Zustand ist.
10. mit dem Klassenlehrer sprechen, wenn in der Klasse etwas nicht klappt.
11. die Klasse über wichtige schulische Dinge informieren.
12. immer nur seine eigene Meinung vertreten.
13. in möglichst vielen Fächern ein guter Schüler sein.
14. den Klassenlehrer beim Einsammeln von Geld, Formularen usw. unterstützen.
15. auf den Klassensprecherversammlungen den Mund aufmachen.
16. immer seine Hausaufgaben gemacht haben.
17. bereit sein, sich auch außerhalb der Unterrichtszeit für die Klasse zu engagieren.
18. verschwiegen sein, wenn ihr oder ihm Mitschüler etwas anvertrauen.
19. vor allem die Meinung seiner besten Freunde vertreten.
20. die SV-Ordnung und die Hausordnung besonders gut kennen.

Auch das ist wichtig: Klassensprecherinnen und Klassensprecher beklagen sich manchmal darüber, dass sie von den übrigen Klassenmitgliedern zu wenig unterstützt werden. Alleine fühlen sie sich dann leicht auf verlorenem Posten.
- Was kann die Klasse tun, um die Klassensprecher zu unterstützen? Sammelt auch dazu eure Vorschläge.

2. Warum müssen Regeln sein?

Streit über eine neue Hausordnung für die Montessori-Schule

In der Montessori-Schule ging es bisher recht freiheitlich zu. Z. B. wurden die Klassenräume in den großen Pausen nicht abgeschlossen. Die Schülerinnen und Schüler sollten sich zwar bei schönem Wetter auf den Pausenhof begeben, in Ausnahmefällen war es aber erlaubt, den eigenen Klassenraum aufzusuchen, um dort das vergessene Pausenbrot oder eine warme Jacke zu holen. Man musste nur einen der Aufsicht führenden Lehrer um Erlaubnis fragen. Seit einigen Wochen passieren merkwürdige Dinge, die den Schulfrieden stören:
An mehreren Tagen lagen nach der Pause im Klassenraum der 6a Hefte, Bücher und Schreibmaterialien wild durcheinander auf dem Boden herum. In Schulmöbel waren tiefe Kerben eingeritzt. In der 9c fand ein Schüler seinen Zirkelkasten und eine Schülerin ihren Atlas nicht mehr.
In der Gesamtkonferenz der Schule diskutiert man nun das Problem. Auf dem Tisch liegt ein Antrag zur Änderung der Hausordnung. Am Ende der Konferenz soll darüber abgestimmt werden, ob die alte Hausordnung in Kraft bleiben kann oder durch die neue Fassung geändert werden muss.

Aus der gültigen Hausordnung:
§ 6: In den großen Pausen verlassen die Schüler in der Regel das Gebäude und begeben sich auf den Schulhof. In Ausnahmefällen dürfen sie mit Genehmigung der Aufsicht führenden Lehrer ihren Klassenraum aufsuchen. Die Klassenräume bleiben unverschlossen.

Der Vorschlag für die Neufassung:
§ 6: In den großen Pausen haben alle Schüler das Gebäude zu verlassen und sich auf den Hof zu begeben. Ausnahmen sind nicht erlaubt, jeweils zu Beginn der großen Pause schließen die Lehrer die Klassenräume ab. Am Pausenende werden diese durch die Lehrer wieder geöffnet.

Einige Beiträge aus der Gesamtkonferenz

Der Schulleiter:
„Ich möchte, dass die Jungen und Mädchen zu verantwortungsbewusstem Handeln erzogen werden. Dazu gehört auch, dass man lernt, frei zu entscheiden. Die alte Hausordnung enthält wenige Verbote und viele Freiräume. Sie kann helfen, dass wir alle uns wohlfühlen in der Schule. Ich wäre froh, wenn wir das Problem ohne Änderung der Ordnung lösen könnten."

Eine Aufsicht führende Lehrerin:
„Die Zustände in den Pausen sind unhaltbar geworden. Ständig flitzen Schülerinnen und Schüler durch das Gebäude, um irgendetwas aus den Klassenräumen zu holen. Wir dürfen Freiheit nicht mit Chaos verwechseln. Man verliert ja die Kontrolle und nachher passieren dann schlimme Sachen. Zum Schutz für uns alle sollten wir der Neufassung zustimmen."

Die Schülersprecherin:
„Ich sehe nicht ein, dass ein neues Verbot eingeführt werden soll, bloß weil sich ein paar Leute nicht an die Regeln halten. Es war wirklich angenehm, dass man in der Pause mal eben in die Klasse gehen konnte. Wir sollten die alte Ordnung nicht ändern und gemeinsam darauf achten, dass so etwas nicht mehr passieren kann."

Der Schulelternsprecher:
„Ich halte es für vernünftig, dass alle Schüler während der Pausen auf dem Schulhof bleiben. Sie sollen sich bewegen und frische Luft schnappen. Wenn keiner ins Gebäude darf, gibt's auch keine Beschädigungen, die ja letztlich wir Eltern bezahlen müssen. Zum Nutzen aller darf man beruhigt auch Verbote aussprechen. Ich bin für die Änderung der Hausordnung."

1. Wie würdest du entscheiden: Soll die Hausordnung geändert werden oder nicht?
2. Welche der vier abgedruckten Meinungen hältst du für die vernünftigste, welche gefällt dir am wenigsten?
3. **Tipp:** Rollenspiel
   Spielt die Diskussion zwischen Schulleiter, Aufsicht führender Lehrerin, Schülersprecherin und Schulelternsprecher vor der Klasse vor. Besprecht das Rollenspiel:
   • Wer hat gut argumentiert?
   • Wie fair waren die einzelnen Diskussionsteilnehmer?

INFORMATION lesen – bearbeiten – einprägen

Die Bedeutung von Regeln

1. Sammelt aus dem Text: Was sind Merkmale einer guten Hausordnung?
2. In welchen Fällen sind Sanktionen notwendig? Findet Beispiele aus dem Schulalltag.
3. Mithilfe der Überschriften in dem Karteikasten könnt ihr selbst einige kluge Regeln für eine Hausordnung formulieren.

Warum braucht man Regeln?

Menschen brauchen Regeln, um vernünftig miteinander leben zu können. Das ist so in der Familie, im Freundeskreis, im Verein und natürlich auch in der Schule. Eine Regel ist eine Vorschrift, an die sich jeder halten muss. Manchmal ärgern wir uns über Vorschriften, weil sie Verbote enthalten und damit unsere Freiheit einschränken. Andererseits schützen Verbote uns vor rücksichtslosem Verhalten anderer.

Es wäre schön, wenn sich alle Menschen an Regeln hielten, ohne dass man Strafen für die Missachtung einer Regel androhen müsste. Da wir alle keine Engel sind, ist dies leider nicht möglich. Zwangsmaßnahmen sind mitunter notwendig, um die Einhaltung der Regeln zu gewährleisten. Solche Zwangsmaßnahmen, die immer die Einsicht der davon Betroffenen fördern sollen, nennt man *Sanktionen*.

Was muss eine Hausordnung leisten?

Schulen sind dazu verpflichtet, eine Hausordnung zu beschließen. Eine gute Hausordnung soll die Interessen aller Beteiligten angemessen berücksichtigen und mit vernünftigen Regeln ein geordnetes Zusammenleben ermöglichen. Vernünftig sind Regeln immer dann, wenn sie das, was erlaubt sein darf, und das, was verboten sein muss, in ein ausgewogenes Verhältnis zueinander bringen. Allerdings gehen die Meinungen darüber, was verboten und was erlaubt sein soll, oft auseinander. Wie freiheitlich oder wie streng eine Hausordnung sein darf, hängt auch davon ab, wie vernünftig oder unvernünftig die Personen sind, für die sie gemacht wird. Eine Hausordnung wird nicht von oben verordnet, sondern sie entsteht aus der Diskussion und der Abstimmung über verschiedene Vorschläge. Wenn möglichst viele an einer Entscheidung beteiligt sind, lässt sich am ehesten gewährleisten, dass die vereinbarten Regeln von allen akzeptiert werden. In der Schule entscheidet die Gesamtkonferenz über die Einführung einer neuen oder die Änderung einer bestehenden Hausordnung. Über die Schülervertretung (SV) sind die Schülerinnen und Schüler an diesem Prozess beteiligt.

Warum beschäftigen wir uns in Sozialkunde mit Regeln?

Im sozialen Zusammenleben der Menschen steht die Frage nach den Regeln immer im Mittelpunkt. Das ist in der Schule und auch in der großen Politik so. Auch die Menschen in einem Staat müssen sich an Regeln halten, damit ein friedliches und geordnetes Zusammenleben möglich ist. Sie dürfen eine Straße nicht überqueren, wenn die Ampel Rot zeigt, müssen sich an Abmachungen und Verträge halten, dürfen keinen Diebstahl und keine Körperverletzung begehen und vieles andere mehr. Im Staat heißen Regeln *Gesetze*. Sie werden von gewählten Volksvertretern in einem Parlament verabschiedet. Die große Politik funktioniert ganz ähnlich wie die Organisation des Zusammenlebens in einer Schule. Im Fach Sozialkunde wird der Umgang mit Regeln in der Schule behandelt, weil man so lernen kann, die eigenen Rechte wahrzunehmen und die Rechte anderer zu achten.

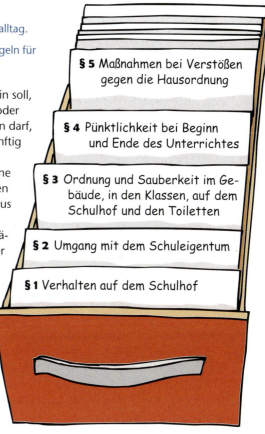

§ 5 Maßnahmen bei Verstößen gegen die Hausordnung
§ 4 Pünktlichkeit bei Beginn und Ende des Unterrichtes
§ 3 Ordnung und Sauberkeit im Gebäude, in den Klassen, auf dem Schulhof und den Toiletten
§ 2 Umgang mit dem Schuleigentum
§ 1 Verhalten auf dem Schulhof

3. Welche Klassenregeln sind vernünftig?

Lehrer Hilbig will seine Klasse zu einer guten Gemeinschaft formen

Was soll ich machen mit meiner 7d?

Das ist Lehrer Christian Hilbig. Er hat vor kurzem seine Lehrerausbildung beendet und tritt nun seine erste Stelle an. Als Klassenlehrer übernimmt er die 7d in den Fächern Deutsch und Sozialkunde. Herr Hilbig freut sich auf seine Aufgabe. Er möchte, dass sich seine 28 Schülerinnen und Schüler wohlfühlen, möglichst viel lernen und eine gute Klassengemeinschaft bilden. Nach einigen Wochen merkt er allerdings, dass das gar nicht so einfach ist. Einige Situationen verlangen schwierige Entscheidungen von ihm. Könnt ihr Herrn Hilbig beraten?

Tipp: Ihr könnt die Fälle der Reihe nach durchgehen. Ihr könnt sie aber auch erst einmal in Ruhe durchlesen. Danach wählt ihr alle zwei oder mehr Fälle aus, für die ihr nach vernünftigen Lösungen sucht.

1. Undiszipliniertes Verhalten

Von den neuen siebten Klassen in der Schule gilt die 7d als die undisziplinierteste. Einige Lehrerinnen und Lehrer beschweren sich schon bei Herrn Hilbig über die vielen Unterrichtsstörungen. Wie soll er reagieren?

A Er soll gar nicht reagieren auf das, was die anderen Lehrer sagen.

B Er soll streng durchgreifen und den Unterrichtsstörern klarmachen, dass deren Benehmen nicht geduldet wird.

C Er soll weiterhin nett und freundlich zu seiner 7d bleiben, weil so die Schüler am ehesten auch nett und freundlich werden.

2. Zu spät kommen

Schon zum dritten Mal kommen montags die gleichen drei Schüler zu spät in den Deutschunterricht von Herrn Hilbig. Jedes Mal sagen sie, sie hätten den Bus verpasst, auch diesmal. Was soll Herr Hilbig tun?

A Er soll die Entschuldigung akzeptieren und dem Vorfall keine weitere Bedeutung beimessen.

B Er soll den drei Schülern vor der Klasse ins Gewissen reden und ihnen klarmachen, dass er diese Entschuldigung in Zukunft nicht mehr akzeptieren wird.

C Er soll sie zu einem Gespräch nach dem Unterricht bitten und dabei den Schülern sagen, dass er sich mit den Eltern in Verbindung setzen wird.

3. Gewalt

Der Klassensprecher und der Stellvertreter beschweren sich bei Herrn Hilbig über den Schüler Ralf. Der bekäme beim kleinsten Anlass einen Wutausbruch und würde dann seine Klassenkameraden in den großen Pausen verprügeln. Wie soll Herr Hilbig damit umgehen?

A Er soll die Gelegenheit nutzen, um im Sozialkundeunterricht Regeln für einen fairen Umgang miteinander für die gesamte Klasse zu formulieren.

B Er soll Ralf anhören, mit ihm reden und vereinbaren, dass dieser verspricht, nicht mehr zu prügeln.

C Er soll dafür sorgen, dass Ralf in eine andere Klasse versetzt wird.

4. Noten

Christian arbeitet im Unterricht von Herrn Hilbig sehr gut mit und gibt auch gute Antworten. Er ruft aber oft dazwischen, hört seinen Mitschülern nicht zu und macht sich manchmal lustig über sie. Als die ersten Epochalnoten vergeben werden, möchte Christian unbedingt eine Eins haben. Wie soll Herr Hilbig Christian benoten?

A Er soll ihm jetzt keine Note geben. Er sollte zu Christian sagen, dass er sein Verhalten gegenüber den anderen ändern muss. Dann könne er die erwartete Eins bekommen.

B Er soll ihm eine schlechtere Note geben, weil er nicht gut zuhören kann und sich lustig über andere macht.

B Er soll ihm die Eins geben. Schließlich arbeitet Christian gut mit und gibt gute Antworten.

5. Bevorzugung

Stefanie kommt nach dem Unterricht zu Herrn Hilbig und sagt, sie hätte den Eindruck, dass sie in seinem Unterricht benachteiligt würde. Andere Schülerinnen würden immer bevorzugt behandelt. Wie soll Herr Hilbig damit umgehen?

A Er soll den Vorwurf zurückweisen, weil sonst die Schüler ständig mit Beschwerden kommen.

B Er soll Verständnis zeigen, erklären, dass ihm das nicht bewusst ist und dass er in Zukunft darauf achten wird.

C Er soll sagen, dass er zu Hause darüber nachdenken und dann wieder mit Stefanie sprechen wird.

6. Abschreiben

Bei der ersten Klassenarbeit, einem Diktat, haben Tobias und Olga, die nebeneinandersitzen, die gleichen merkwürdigen Fehler. Für Herrn Hilbig ist ziemlich klar, dass die beiden voneinander abgeschrieben haben. Was soll Herr Hilbig tun?

A Er soll das Diktat nicht bewerten und den beiden in einer Freistunde einen neuen Text als Klassenarbeit diktieren.

B Er soll den beiden eine Sechs erteilen, weil es sich um eine Täuschung handelt.

C Er soll die Sache ohne Kommentar durchgehen lassen. Schließlich ist es die erste Klassenarbeit im Fach Deutsch an der neuen Schule.

7. Verfeindete Cliquen

Nach einigen Wochen kommt die Klassensprecherin vor einer Deutschstunde zu Herrn Hilbig und sagt: „Es gibt zwei verfeindete Cliquen in unserer Klasse. Beide ärgern sich ständig und versuchen immer wieder, Streit anzufangen. Können Sie mit der Klasse reden?" Wie soll Herr Hilbig reagieren?

A Er soll seinen Unterricht ausfallen lassen und sofort mit der Klasse über das Problem reden.

B Er soll die Klassensprecherin darum bitten, eine SV-Stunde vorzubereiten, in der das Problem mit allen diskutiert werden kann.

C Er soll den Schülern am Beginn der Deutschstunde erklären, dass sie lernen müssten, solche Probleme untereinander – ohne Zutun des Lehrers – zu lösen.

1. Sucht für jeden der Fälle die eurer Meinung nach beste Lösung. Notiert sie ins Heft oder auf einem Blatt.

2. Vergleicht verschiedene Lösungsvorschläge aus der Klasse.

3. Versetzt euch in die Lage des Lehrers. Entscheidet euch für eine Lösung, von der die Mehrheit der Klasse glaubt, dass sie die klügste aus der Sicht von Herrn Hilbig ist. Das können auch andere Lösungen als die hier vorgeschlagenen sein oder eine Kombination aus mehreren Vorschlägen.

Nach der Bearbeitung der Fälle seid ihr wahrscheinlich Beratungsexperten. Wie wäre es, wenn ihr jetzt einen Brief an eine junge Lehrerin oder einen jungen Lehrer schreibt?

4. Mobbing in der Schule: Eine besonders gemeine Art von Gewalt?

Die Geschichte von Klaus

Die folgende Geschichte hat sich wirklich so zugetragen. Die Namen der Personen wurden geändert. Achtet beim Lesen auf das Verhalten von Timo, Marcel und den genannten Mädchen.
Warum quälen sie Klaus?

Klaus besucht die 8d und er hat es schon immer schwer gehabt in seiner Klasse, eigentlich schon, seit er nach dem sechsten Schuljahr vom Gymnasium zur Realschule übergewechselt war. Von Beginn an wurde er zum Außenseiter gestempelt. Nie hat er herausgefunden, was der Grund dafür war. Man sagte es ihm nicht. Er selbst vermutete, dass es an seinem Übergewicht lag. Im Sportunterricht stellte er sich oft unbeholfen an, weshalb er von den anderen ausgelacht wurde. Klaus hasste den Sportunterricht. Timo und Marcel, zwei Mitschüler aus der 8d schienen besonders große Freude daran zu haben, Klaus immer wieder zu ärgern.
Kurz vor den Sommerferien war die Klasse zum Schwimmunterricht ins Freibad gegangen. Als die 26 Jungen und Mädchen am Beckenrand auf Herrn Stüber, den Sportlehrer warteten, konnten sich Timo und Marcel einfach nicht zurückhalten. Sie gaben dem vor Kälte bibbernden Klaus einen Stoß, sodass er samt T-Shirt mit lautem Platsch ins Wasser fiel. Natürlich hatte er sofort die Aufmerksamkeit der ganzen Klasse für sich. Mit lautem Prusten schwamm er ungeübt zur Treppe. Als er aus dem Wasser steigen wollte, kamen die Mädchen Anna, Sabrina und Olesja auf die Idee, ihm das triefende T-Shirt auszuziehen. Er wehrte sich, aber es nützte nichts. Bald stand Klaus mit nacktem Oberkörper da und Timo rief in das allgemeine Gegröle hinein: „Guckt mal, wie fett der ist!" Mit hochrotem Kopf gelang es Klaus, die Flucht zu ergreifen, aber die anderen kamen jetzt immer stärker in Fahrt. Wie immer waren es Timo, der den nächsten Schritt einleitete, und Marcel, der alles mitmachte, was Timo gut fand. „Los, wir laufen ihm nach und ziehen ihm die Badehose runter." Sie fanden Klaus unter einem Baum sitzend, den Kopf auf die Oberarme gestützt, schwer atmend und heftig weinend. Weil Herr Stüber mittlerweile am Beckenrand erschienen war, ließen Timo und Marcel Klaus sofort in Ruhe. „Der Fettkloß kann überhaupt keinen Spaß vertragen", murmelte Marcel noch, während die beiden zurückschlenderten.
Am nächsten Tag kam Klaus noch wie gewohnt in die Schule, aber ab dem übernächsten fehlte er.

Und dann erfuhr die Klasse von ihrer Klassenleiterin, dass Klaus versucht hatte, sich mit Schlaftabletten das Leben zu nehmen. Zum Glück hatte seine Mutter ihn noch rechtzeitig entdeckt und ins Krankenhaus gebracht. „Die Sache im Freibad hat bestimmt nichts mit dem zu tun, was Klaus hinterher gemacht hat." Mit solchen und ähnlichen Meinungen reagierten die meisten Schülerinnen und Schüler, ganz besonders Timo, Marcel und die Mädchen, die Klaus das nasse T-Shirt ausgezogen hatten. Einige aus der Klasse fragten sich, ob zwischen dem Ereignis im Schwimmbad und dem Selbstmordversuch ein Zusammenhang bestehen könnte.

War das Gewalt, was mit Klaus passierte?
Gewalt ist, wenn jemandem etwas angetan wird oder wenn man jemanden zu etwas zwingt, was dieser auf gar keinen Fall möchte. Wenn Gewalt mit Schlägen, Verletzungen und Schmerzen verbunden ist, sprechen wir von *körperlicher Gewalt*. Daneben gibt es auch eine Form von Gewalt, die ohne Schläge auskommt und trotzdem dem Opfer erhebliche Qualen bereitet. Man spricht hier von *psychischer Gewalt*, weil sie nicht den Körper, sondern die Psyche, das heißt die Seele von Menschen schädigen oder sogar zerstören kann, besonders dann, wenn die Anwendung psychischer Gewalt wiederholt passiert.

Mobbing: Was ist das?

„Kennst du das Gefühl, Sonntagabend ins Bett zu gehen und schon ein gewisses Grauen vor dem nächsten Tag zu haben, weil du wieder in diese Klasse musst, in der eine Person ist, die alles tut, um dir den Tag zur Hölle zu machen, und du weißt, dass es deine Mitschüler mitbekommen, sich aber nichts zu sagen trauen?!"

„Was soll ich bloß tun? Ich denke in letzter Zeit immer und immer wieder daran, wie ich ES verhindern kann, und dabei bin nicht ich das Mobbing-Opfer, vielmehr eine Klassenkameradin."

Das sind nur zwei von zahlreichen Hilferufen aus dem Internet. Sie zeigen, dass der Fall Klaus kein Einzelfall ist. Fachleute gehen davon aus, dass einer von zehn Schülern in der Schule ernsthaft gemobbt wird. Davon betroffen sind Jungen und Mädchen gleichermaßen. Als besonders gefährdete Personen gelten Menschen, die sich durch eines oder durch mehrere Merkmale von der Klasse unterscheiden, zum Beispiel durch ihr Aussehen, ihre Art zu sprechen, ihre Kleidung, oder auch, weil sie sich einmal geweigert haben, an einer bestimmten Aktion teilzunehmen. Das Wort Mobben stammt aus dem Englischen. Das Verb *to mob* bedeutet so viel wie anpöbeln oder quälen. Mobbing ist mehr als ein einmaliger Streit. Es ist eine spezielle Form von Gewalt gegenüber Personen, die sich über längere Zeit hinzieht, mit dem Ziel, diese Person auszugrenzen und fertigzumachen. Mobbing geschieht in Formen direkter und indirekter Gewalt. Oft beginnt es scheinbar harmlos und die Täter reden sich gerne damit heraus, dass sie nur Spaß machen wollten. Für die Opfer ist Mobbing alles andere als harmlos. Sie empfinden Niedergeschlagenheit und Einsamkeit und leiden nicht selten unter körperlichen Schmerzsymptomen wie Übelkeit, Erbrechen, Bauchschmerzen. Experten schätzen, dass 20 Prozent der jährlichen Selbstmordversuche durch Mobbing ausgelöst werden. Auch Erwachsene sind davon betroffen.

Die Opfer sind auf Hilfe von außen angewiesen. Sie brauchen Personen, denen sie sich anvertrauen können. Hilfsmaßnahmen sollten nicht nur die Opfer im Blick haben. Sie müssen auch bei den Tätern ansetzen, ihnen muss unmissverständlich klargemacht werden, dass ihr Verhalten nicht geduldet werden kann.

Schüler erarbeiten eine „Anti-Mobbing-Verfassung"

Die Klasse 9a der Ludwig-Simon-Realschule in Trier hat sich im Rahmen eines Anti-Gewalt-Projektes intensiv mit dem Thema Mobbing auseinandergesetzt. Im Verlauf dieses Projektes entstand bei vielen Schülerinnen und Schülern der Wunsch, alles zu tun, damit Mobbing in der eigenen Schule gar nicht erst entstehen kann. Dazu erarbeiteten sie den Entwurf einer Verfassung, die sie allen Lehrern und der Öffentlichkeit vorstellten. Hier einige Auszüge:

Artikel 1: Die Würde des Menschen ist unantastbar.
Dieser Satz, mit dem die Verfassung der Bundesrepublik Deutschland beginnt, soll auch als Motto über unserer Anti-Mobbing-Ordnung in der Schule stehen. Er muss die wichtigste Richtschnur für den Umgang miteinander sein.

Artikel 2: Wir verpflichten uns,
- niemanden auf Dauer aus der Gemeinschaft auszuschließen,
- niemanden auszulachen oder auf andere Art zu benachteiligen, weil er anders aussieht, anders spricht oder sich sonstwie von den übrigen Schülern unterscheidet,
- hilfsbereit zu sein, wenn jemand, der sich von Mobbing betroffen fühlt, ein Gespräch mit uns wünscht.

Artikel 3: Konsequenzen für die Täter
- Wer Gewalt indirekter oder direkter Art gegenüber einzelnen Mitschülern anwendet, muss sofort damit aufhören und sich entschuldigen, wenn andere aus der Klasse das fordern.
- Wer nicht damit aufhört, einzelne Mitschüler zu mobben, muss mit einer Strafe rechnen ...

Informationen und Berichte von Betroffenen findet ihr im Internet, z. B. unter www.mobbing.de.

1. Versucht einmal, euch in die Situation von Klaus nach dem Vorfall im Freibad zu versetzen. Wie würdet ihr euch fühlen? Schreibt es auf und lest euch gegenseitig eure Schilderungen vor.

2. Mobbing und die Folgen für die Opfer: Notiert dazu wichtige Stichworte, die man sich merken sollte.

3. Was haltet ihr von den abgedruckten Artikeln der Anti-Mobbing-Verfassung? Diskutiert miteinander und formuliert eure eigenen Ansichten darüber, wie man Mobbing verhindern und Mobbing-Opfern helfen kann.

5. Schülerinnen und Schüler entscheiden mit

Mit den Materialien auf dieser Doppelseite könnt ihr Vorschläge für Aktivitäten der Schülervertretung sammeln und darüber nachdenken, was die SV an eurer eigenen Schule leisten kann und was ihr selbst tun könnt, um die Arbeit zu unterstützen oder selbst aktiv mitzuwirken. Lest den Bericht von der von Jessica geleiteten Versammlung, sprecht über die Ansichten zur Arbeit der SV und sucht nach möglichst sinnvollen Aktivitäten.

Die Schülervertretung tagt

Ein wenig aufgeregt ist die neue Schülersprecherin Jessica aus der 9c schon, als sie zusammen mit ihrem Stellvertreter Ramesh die erste Versammlung der Klassensprecher im neuen Schuljahr leitet. Immerhin gilt es, eine Sitzung mit 42 frisch gewählten Klassensprechern, ihren Stellvertretern und der ebenfalls neu gewählten Verbindungslehrerin Frau Zibulla ordentlich zu leiten. Heute muss die SV-Arbeit für das neue Schuljahr auf den Weg gebracht werden. Der Tagesordnungspunkt 1 lautet: Fortsetzung von Projekten aus dem vergangenen Schuljahr, Tagesordnungspunkt 2: Vorschläge und neue Ideen.

Beim Rückblick auf die Aktivitäten der SV im vergangenen Schuljahr scheint die Mehrheit der Versammelten zufrieden mit dem Erreichten. Das Schulfest vom letzten Sommer und die von der SV angeregte Pflanzaktion von jungen Bäumen auf dem Schulgelände waren bei den meisten der 600 Schülerinnen und Schüler gut angekommen. Auch der von der SV zusammen mit den Lehrern organisierte Weihnachtsbazar und die Sammlung für eine von einem Erdbeben in Pakistan zerstörte Schule werden als Erfolg gesehen. Jetzt ruft Jessica den Tagesordnungspunkt „Ideensammlung für neue Aktivitäten der SV" auf. Joshua und Petra schlagen vor, dass die Feste vom letzten Schul-

jahr auch in diesem auf jeden Fall wiederholt werden sollten. Auch soll es wieder eine Hilfsaktion geben für Kinder und Jugendliche in einem anderen Teil der Welt, denen es nicht gutgehe. In einer kurzen Diskussionsrunde wird dazu schnell Einigkeit erzielt.
Dann meldet sich Sandra aus der 9b zu Wort: „In der Zeitung habe ich gelesen, dass andere Schulen Experten aus der Arbeitswelt zu Vorträgen ab der Klasse 8 eingeladen haben, um Schülern bei der Suche nach Ausbildungsplätzen behilflich zu sein. So etwas sollten wir auch in die Wege leiten und der Gesamtkonferenz vortragen. Claudia, Klassensprecherin der 5c, meldet sich nun zu Wort und beschwert sich, dass die Unterstufe bei

den Aktionen der SV immer zu kurz komme. „Wir wollen, dass bei den kommenden Schulfesten Aktionen angeboten werden, von denen auch die unteren Klassen etwas haben, z. B. die Durchführung von interessanten Spielen, Torwandschießen und anderes mehr." Sie habe ihre Klassenkameraden befragt und alle meinten, dass die SV mehr für die Kleinen tun müsse. „Meinst du, wir hätten die Zeit und die Lust, uns mit so einem Kinderkram zu befassen?", fragt nun leicht verärgert Simon, Klassensprecher der 10b, in die Runde.

1. Welche der bereits durchgeführten und noch geplanten Aktivitäten haltet ihr für nachahmenswert, welche weniger? Begründet eure Meinung.

2. Was antwortet ihr einem Schüler wie Simon, der die Vorschläge der „Kleinen" als „Kinderkram" bezeichnet?

3. Was haltet ihr von den Meinungsäußerungen in den Sprechblasen?

TRAININGSPLATZ
Trainingsplatz

Was soll die SV tun?

Wir erstellen eine Rangliste

Tipp: Hier findet ihr eine Reihe von Dingen, die Schülervertretungen planen können. Welche davon haltet ihr für sehr wichtig, welche für einigermaßen wichtig und welche für eher unwichtig?
Erstellt eine Liste aller wichtigen Maßnahmen und setzt dabei die wichtigste auf Platz eins, die zweitwichtigste auf Platz zwei usw. Das kann man gut in Gruppenarbeit tun. Einigt euch am Ende auf eine gemeinsame Klassenliste. (Vielleicht könnt ihr sie der Klassensprecherversammlung eurer Schule zukommen lassen oder in der Schülerzeitung veröffentlichen.)

1. Ein Pausencafé organisieren
2. Projektideen für eine geplante Projektwoche entwickeln
3. Einen Flohmarkt für einen guten Zweck durchführen
4. Bei Konflikten mit Lehrerinnen oder Lehrern beraten
5. Für das regelmäßige Erscheinen einer Schülerzeitung sorgen
6. Patenschaften zwischen älteren und jüngeren Schülern organisieren
7. Bei der Planung und Durchführung eines Schulfestes aktiv sein
8. Einen Schüleraufenthaltsraum schön gestalten
9. Für Verschönerungen in den Schulfluren sorgen
10. Eine Infowand über die Arbeit der SV einrichten
11. Mithilfe der Verbindungslehrer ein SV-Seminar über Gewaltvermeidung durchführen
12. Eine Hausaufgabenhilfe von Älteren für Jüngere einführen
13. Einen Kummerkasten für die Sorgen von Schülerinnen und Schülern einrichten
14. Die Aufstellung von Getränkeautomaten fordern
15. Streitschlichter ausbilden, die in Konfliktfällen vermitteln können
16. Schulinterne Sportfeste organisieren (Tischtennis, Handball, Volleyball)
17. Pausenradio organisieren
18. Die schönsten Klassenräume prämieren
19. Die beliebteste Lehrerin oder den beliebtesten Lehrer wählen
20. Eine Fahrradwerkstatt einrichten
21. Die Ausgabe von Pausenspielen organisieren
22. Interessante Ideen für Unterrichtsthemen und Unterrichtsformen entwickeln
23. Über E-Mail Kontakte zu Partnerschulen und anderen Schulen aufnehmen
24. An der Gestaltung der Homepage der Schule mitwirken
25. Kleinen Schülerinnen und Schülern Hilfe anbieten, die von den Großen geärgert wurden

sehr wichtig
???

einigermaßen wichtig
???

eher unwichtig
???

Und was noch?

Welche rechtlichen Bestimmungen gelten für die Arbeit der SV?

Hier könnt ihr euch mit wichtigen rechtlichen Grundlagen für die Arbeit der SV vertraut machen. Ausführlich sind die rechtlichen Bestimmungen oft auch in euren Aufgabenheften abgedruckt. Schulgesetze aller Bundesländer sind mithilfe des Ländernamens und dem Suchbegriff „Schulgesetz" leicht im Internet zu finden. Hier haben wir Beispiele aus den rechtlichen Bestimmungen aus Rheinland-Pfalz und aus dem Saarland abgedruckt.

Erstellt eine Mindmap über die Arbeit der SV in der Art, wie sie auf dieser Seite angedeutet ist.
Tipp: Diese Doppelseite kann von jedem von euch selbstständig bearbeitet werden (alleine oder zu zweit), zum Beispiel in Form einer Hausaufgabe.

Aus dem Schulmitbestimmungsgesetz des Saarlandes (SchumG)
§ 24 Die Schülervertretung dient der Vertretung von Interessen der Schüler in der Schule, der Beteiligung an den schulischen Gremien sowie der Durchführung übertragbarer und selbstgewählter Aufgaben im Rahmen der Unterrichts- und Erziehungsaufgabe der Schule. Sie soll an der Planung von Einzelveranstaltungen der Schule, die der Erweiterung des Unterrichtsangebotes dienen, beteiligt werden.

Aus dem Schulgesetz von Rheinland-Pfalz in der Fassung vom 30.03.2004
§ 36 (I) Die Schülerinnen und Schüler haben das Recht, im Rahmen der durch das Grundgesetz und die Verfassung für Rheinland-Pfalz garantierten Meinungs- und Pressefreiheit Schülerzeitungen herauszugeben und auf dem Schulgelände zu vertreiben. [...] Eine Zensur findet nicht statt.

Aufgaben, Wahl und Verfahrensweise der Schülervertretungen
(Verwaltungsvorschrift des Ministeriums für Bildung, Wissenschaft und Weiterbildung Rheinland-Pfalz)

Benachteiligungsverbot
Wegen der Tätigkeit in einer Schülervertretung darf keine Schülerin und kein Schüler benachteiligt werden. Auf Antrag der Schülerin oder des Schülers ist die Tätigkeit der Schülervertretung im Zeugnis zu vermerken. [...]

Ausstattung der Schülervertretung
Die Schule stellt die für den Geschäftsbedarf der Schülervertretung erforderlichen Sachmittel im Rahmen der ihr zur Verfügung stehenden Haushaltsmittel bereit. Für die Arbeit der Schülervertretung ist nach Möglichkeit ein eigener Raum, aber in jedem Fall ein nur für die SV zugänglicher Schrank zur Verfügung zu stellen.

Schülervertretungsstunde
Die Klassenversammlung, die eine Besprechung über schulische und unterrichtliche Fragen wünscht, erhält hierzu auf Antrag eine Wochenstunde während der allgemeinen Unterrichtszeit als Schülervertretungsstunde (SV-Stunde); der Antrag ist bei der Klassenleiterin oder dem Klassenleiter zu stellen. Jede Klasse kann in der Regel einmal im Monat eine solche Unterrichtsstunde erhalten. Die Klassensprecherin oder der Klassensprecher bereitet die SV-Stunde vor und leitet sie in der Regel in Anwesenheit einer Lehrkraft, im begründeten Fall zeitweise auch ohne Anwesenheit einer Lehrkraft.

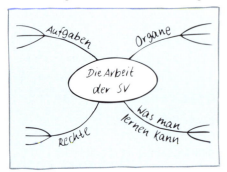

Vier Rechte der SV

Vorschlagsrecht bezieht sich auf das Recht, Kandidaten für ein Amt oder Lösungsmöglichkeiten für ein Problem vorschlagen zu können.

Anhörungsrecht betrifft das Recht, seine Meinung zu einer Sache mitteilen zu dürfen und dabei angehört zu werden.

Informationsrecht soll sicherstellen, dass man sachlich über Dinge informiert wird, die einen betreffen.

Beschwerderecht bedeutet, das man sich über einen Sachverhalt beschweren darf, ohne aus dieser Beschwerde Nachteile zu beziehen.

INFORMATION
lesen – bearbeiten – einprägen

Die Schülervertretung (SV)

1. Was kann man lernen durch die Mitarbeit in der SV?
2. „Die Mitarbeit der Schülerinnen und Schüler in der SV empfinde ich als sehr wichtig – einigermaßen wichtig – mühsam – chancenlos." Schreibt dazu eure eigene, gut begründete Stellungnahme auf und lest sie vor.
3. Betrachtet auch die Zeichnung und überlegt, wo die Grenzen der Mitwirkung durch die Schülerinnen und Schüler liegen müssen.

Wozu ist die SV da?

Die Schulgesetze aller 16 Bundesländer geben den Schülerinnen und Schülern das Recht, ihre eigenen Interessen vertreten zu können und das Schulleben mitzugestalten. Dieses Mitgestaltungsrecht wird vor allem durch die SV wahrgenommen. Nicht nur im Unterricht, sondern im schulischen Leben insgesamt sollen die Schülerinnen und Schüler mitgestalten und dabei Fähigkeiten einüben können, die man später im Berufsleben und in der Gesellschaft benötigt. Dazu gehört zum Beispiel, dass man lernt,
- in einer Gruppe mitzuarbeiten und Aufgaben zu übernehmen,
- Verhandlungsgespräche zu führen mit Personen, die eine andere Meinung haben als man selbst,
- Lösungen zu entwickeln,
- Kompromisse zu akzeptieren,
- nicht alles hinzuwerfen, wenn man sich mit einem Vorschlag nicht hundertprozentig durchsetzen konnte.

Woraus besteht die SV?

Die Schülervertretung besteht aus der Klassenversammlung, der Klassensprecherversammlung und der Schülerversammlung. Man nennt sie die Organe der SV.

→ Die Klassenversammlung besteht aus den Schülern der Klasse. Der Klassenlehrer nimmt in der Regel an der Klassenversammlung teil und informiert die Klasse über alle Angelegenheiten, die für die Schüler von Bedeutung sind.
Die Klassenversammlung hat die Aufgabe, alle Fragen, welche die Klassengemeinschaft und einzelne Schülerinnen und Schüler betreffen, zu beraten und mit dem Klassenlehrer nach Lösungen zu suchen. Sie wählt die Klassensprecherin bzw. den Klassensprecher.

→ Die Klassensprecherversammlung besteht aus den Klassensprechern aller Klassen der Schule. Sie ist für alle Fragen der Schülermitverantwortung in der Schule zuständig. Der Schulleiter unterrichtet die Klassensprecherversammlung über wichtige Angelegenheiten, die für die Gemeinschaft der Schüler von Bedeutung sind. Die Klassensprecherversammlung wählt den Schülersprecher mit bis zu zwei Stellvertretern. Außerdem wählt die Klassensprecherversammlung einen oder mehrere Verbindungslehrer. Diese haben die Aufgabe, die Schüler in Fragen der SV zu beraten und zu unterstützen.

→ Der Schülersprecher kann eine Schülerversammlung einberufen. Als Vollversammlung besteht sie aus allen Schülern der Schule. Hier können Angelegenheiten beraten werden, die für alle Schüler von Bedeutung sind.
Die Schülerinnen und Schüler haben das Recht, eine Schülerzeitung zu veröffentlichen. Dabei können sie selbst entscheiden, ob sie dies in alleiniger Verantwortung oder mit der Unterstützung eines Lehrers tun wollen. Wird die Schülerzeitung eigenverantwortlich herausgegeben, so müssen die Schüler auch die Gesamtverantwortung übernehmen.

Warum sind so wenige zur Mitarbeit in der SV bereit?

In den letzten Jahren scheint die Bereitschaft der Schülerinnen und Schüler zur Mitarbeit in der SV nachzulassen. Viele sagen: „Man kann ja doch nichts ändern." „Dazu ist mir meine Freizeit zu schade!" oder: „Die Lehrer machen ja doch, was sie wollen." Manche Schüler verspotten die SV sogar als eine unnütze Einrichtung, die nichts bewirken kann. Andererseits gibt es eine Menge erfolgreicher Projekte, welche von Schülervertretungen an verschiedenen Schulen durchgeführt werden.
Es hängt immer auch vom Engagement der Schülerinnen und Schüler ab, ob die SV erfolgreich arbeitet oder nicht.

Zur Diskussion: Soll die Schülersprecherin oder der Schülersprecher von der Versammlung der Klassensprecher oder von der Schülerversammlung gewählt werden?

Zur Bearbeitung dieses Themas sollte sich jeder von euch in die Rolle einer Klassensprecherin oder eines Klassensprechers versetzen. Ihr befindet euch in einer Sitzung der Klassensprecherversammlung und diskutiert über die Wahl des neuen Schülersprechers. Das Schulgesetz sieht dafür zwei Möglichkeiten vor.

Ihr sollt nun eine Entscheidung herbeiführen. Wofür entscheidest du dich?

Bis jetzt haben sich zwei Schüler gemeldet und folgende Meinung vertreten:

Thomas sagt:

Ich bin dafür, dass wir den neuen Schülersprecher durch die Schülervollversammlung wählen lassen. So kann jeder Schüler an unserer Schule mitentscheiden und die Kandidatin oder den Kandidaten seiner Wahl direkt wählen. Wenn alle gefragt werden und alle wählen dürfen, ist das die demokratischste Art, wie ein Schülersprecher gewählt werden kann.

A Schülersprecher oder Schülersprecherin und die Stellvertreter werden von der Klassensprecherversammlung aus ihrer Mitte gewählt.

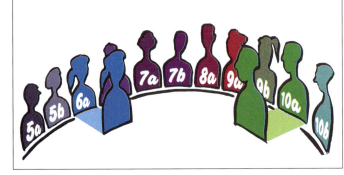

Petra meldet sich zu Wort:

Ich bin nicht sicher, dass die beste Kandidatin oder der beste Kandidat Schülersprecher wird, wenn sie oder er von allen Schülern gewählt wird. So eine Schülerversammlung kann doch leicht in einem Chaos enden. Gewählt wird dann derjenige, der die beste Show abziehen kann. Ich bin dafür, dass wir als Klassensprecherversammlung den neuen Schülersprecher und seine Stellvertreter wählen. Wir sind doch die gewählten Sprecher unserer Klassen. Wir kennen die Bewerber durch die gemeinsamen Sitzungen und können besser beurteilen, wer für die Aufgaben geeignet ist und wer nicht.

B Auf Antrag kann die Schülersprecherin oder der Schülersprecher auch von der Vollversammlung aller Schülerinnen und Schüler gewählt werden.

1. Stell dir vor: Du bist nun an der Reihe. Welche Meinung vertrittst du?

2. Spielt die Sitzung und führt am Ende eine Probeabstimmung durch.

3. Sammelt: Was spricht für die direkte Wahl des Schülersprechers und was für die Wahl durch die Klassensprecherversammlung? Lest dazu auch den Informationstext rechts.

INFORMATION
Information — lesen – bearbeiten – einprägen

Die grundlegende Bedeutung von Wahlen

1. Erklärt, welche Bedeutung Wahlen für das Leben in einer Demokratie haben.

2. Bei den beiden Möglichkeiten, die Schülersprecherin bzw. den Schülersprecher zu wählen, gibt es einmal die Form der direkten und einmal die Form der repräsentativen Demokratie. Erklärt, worin die Unterschiede bestehen.

Warum sind Wahlen wichtig?

Ohne Wahlen gibt es keine Demokratie, weil nur diejenigen politische Macht ausüben dürfen, die vom Volk gewählt wurden. Wörtlich übersetzt heißt Demokratie „Herrschaft des Volkes". In der Gemeinschaft der Schülerinnen und Schüler bildet sozusagen die Schülerschaft das Volk. Die Klassensprecherversammlung ist das „Parlament", in das jede Klasse ihre zuständigen Vertreter gewählt hat, und die gewählte Schülersprecherin bzw. der gewählte Schülersprecher und seine Stellvertreter bilden die „Regierung" der Schülerschaft.

Das Recht der Schülervertretung, bei schulischen Angelegenheiten im Namen aller Schüler mitwirken zu können, gründet sich einzig und allein darauf, dass sie aus Wahlen hervorgegangen ist. Wahlen sind die grundlegende Voraussetzung für die Rechtmäßigkeit von Herrschaft in der Demokratie.

Welche Möglichkeiten zur Wahl des Schülersprechers gibt es?

Die meisten Schulgesetze der Bundesländer sehen zwei Möglichkeiten zur Wahl des Schülersprechers vor: einmal durch die Versammlung der Klassensprecher und einmal von allen Schülerinnen und Schülern in der Schülervollversammlung. Bei der Wahl durch die Versammlung der Klassensprecher handeln diese stellvertretend für die gesamte Schülerschaft. Sie haben das Recht dazu, weil sie selbst ihr Amt durch eine demokratische Wahl erhalten haben und damit von den Schülen beauftragt sind, ihrerseits den Schülersprecher zu wählen.

Durch die Wahl des Schülersprechers durch die Schülervollversammlung wählen alle Schülerinnen und Schüler direkt ihren Kandidaten zum Schülersprecher. Im Unterschied zur Wahl durch die Klassensprecherversammlung üben hierbei die Schülerinnen und Schüler eine direkte Mitentscheidung aus. Man nennt diese Form der Mitentscheidung *direkte Demokratie*. Sie ist die älteste Form der Demokratie, die wir kennen. Die alten Griechen haben sie vor über 2500 Jahren erfunden.

Die Wahl des Schülersprechers durch die Klassensprecherversammlung nennt man *repräsentative Demokratie*, weil hierbei die gewählten Vertreter, also die Repräsentanten der Schüler, die Entscheidungen im Namen aller treffen.

Was haben Wahlen in der Schule mit der großen Politik zu tun?

Die zwei Möglichkeiten zur Wahl des Schülersprechers bzw. der Schülersprecherin zeigen zwei Formen von Demokratie, die es auch in der Politik gibt. In den Gemeinden und den Bundesländern können die Bürger unter bestimmten Umständen einen Bürgerentscheid durchführen. Sie entscheiden damit in einer Abstimmung direkt, ob zum Beispiel eine neue Straße oder ein öffentliches Gebäude gebaut werden soll. Das ist eine Form direkter Demokratie.

Bei den Wahlen zu den Landesparlamenten oder zum Deutschen Bundestag wählt das Volk die Abgeordneten, die in die Parlamente einziehen. Diese treffen dann als gewählte Repräsentanten des Volkes bis zur nächsten Wahl die politischen Entscheidungen. Diese Form der Demokratie, die in der Bundesrepublik und in anderen Demokratien am häufigsten praktiziert wird, ist die repräsentative Demokratie. Mit den beiden Möglichkeiten zur Wahl des Schülersprechers habt ihr auch zwei mögliche Formen von Demokratie kennengelernt.

MEMORY-STATION

Memory-Station

Mit den Memorystationen am Ende jedes Kapitels könnt ihr selbst testen, ob ihr das, was in der Unterrichtsreihe behandelt wurde, auch verstanden habt. Es geht darin zum einen um grundlegendes Wissen, das euch möglichst lange im Gedächtnis bleiben soll und zum anderen um grundlegende Fähigkeiten, die euch im Leben von Nutzen sein sollen und die im Laufe der weiteren Schulzeit und darüber hinaus in der Arbeitswelt von euch erwartet werden. Weil beide Bereiche wichtig sind, haben wir die Memorystationen unterteilt in wichtiges Wissen und wichtige Fähigkeiten.

Wichtiges Wissen

Station 1 — Die Bedeutung von Regeln (Seite 25)

Hier gilt es, zu jedem Anfang das passende Ende zu finden und die Aussagen richtig zu notieren.

1. Menschen brauchen Regeln, um	a. Gebote und Verbote darin ausgewogen sind.
2. Eine Regel ist eine	b. um die Einhaltung von Regeln zu gewährleisten.
3. Vernünftig sind Regeln immer dann, wenn	c. schützen aber vor Rücksichtslosigkeit anderer.
4. Sanktionen sind mitunter notwendig,	d. vernünftig miteinander leben zu können.
5. Verbote schränken das Handeln ein,	e. Vorschrift, an die jeder sich halten muss.

Station 2 — Wahlen in der Schule (Seiten 22ff.)

Finde für die Satzanfänge ein zutreffendes Ende.

1. Wenn der Schülersprecher von der Vollversammlung der Schüler gewählt wird, ist das eine Form direkter Demokratie, weil ...

2. Wenn der Schülersprecher durch den Schülerrat bzw. die Versammlung der Klassensprecher gewählt wird, ist das eine Form repräsentativer Demokratie, weil ...

3. Ohne Wahlen kann es keine Demokratie geben, weil ...

www.bildungsserver.de   +++   www.schule.de   +++   www.verantwortung.de   +++

Das Zusammenleben in der Schulklasse

Wichtige Fähigkeiten

Station 3 — **Die Schülervertretung:**
Informieren und überzeugen können (Seiten 30ff.)

Stelle dir folgende Situation vor:

In der Umgebung deines Wohnortes ist eine neue Schule eröffnet worden. Dabei hat man vollkommen vergessen, eine Schülervertretung einzurichten. Die Schulleitung hat in Erfahrung gebracht, dass du Expertin bzw. Experte für Fragen bist, die mit der SV zu tun haben. Man lädt dich ein, damit du die Schülerinnen und Schüler in dieser neuen Schule über die Aufgaben einer SV informierst und damit du sie davon überzeugst, dass sie sich für die Einrichtung einer SV starkmachen sollen.

→ Kannst du mithilfe des Merkzettels einen kurzen Vortrag vorbereiten?

Station 4 — **Wahl des Schülersprechers:**
Eine eigene Meinung formulieren und vortragen können (Seiten 22ff.)

Stelle dir weiter vor, dein mündlicher Vortrag hat großes Interesse bei den Schülern der neuen Schule ausgelöst und sie beginnen anschließend, darüber zu diskutieren, wie an ihrer Schule in Zukunft die Schülersprecherin bzw. der Schülersprecher gewählt werden soll. Drei Vorschläge stehen im Raum.

1. Er oder sie soll von der Klassensprecherversammlung gewählt werden.
2. Er oder sie soll in einer Schülervollversammlung von allen Schülerinnen und Schülern der neuen Schule gewählt werden.
3. Man soll sich beide Möglichkeiten offenhalten und von Fall zu Fall entscheiden.

Alle Augen sind auf dich gerichtet. Man erwartet von dir, dass du deine Meinung in die Diskussion einbringst. Kannst du es versuchen und deine Meinung gut begründen?

www.jugendserver.de   +++   www.sv-tipps.de   +++   www.bskportal.de   +++   www.blk-demokratie.de

2 Zusammenleben in der Familie

Welcher Meinung stimmst du zu?

„Ich glaube, die Familie ist so wichtig, dass der Staat sich mit darum kümmern muss."

„Familie? – Das ist doch meine Privatsache. Das geht den Staat gar nichts an."

„Familie? – Das ist das Wichtigste in meinem Leben." Darin sind sich die meisten Menschen einig.
Bei Umfragen unter Jugendlichen landet die Familie regelmäßig auf Platz 1 der Hitliste. Viele Jugendliche betonen, dass sie sich in der Familie vor allem geborgen fühlen. Andere legen besonderen Wert auf die Feststellung, dass die Familie ihnen bei Problemen hilft. Für eine dritte Gruppe steht der Zusammenhalt in der Familie an erster Stelle.
Familie – das ist für die meisten von uns also der Ort, wo wir geliebt werden, wo wir unsere Probleme besprechen können, wo wir Trost bei Enttäuschungen finden. Es ist aber auch ein Ort, wo gestritten wird, wo Probleme entstehen können, die das Zusammenleben erschweren, ja unmöglich werden lassen.
Vielleicht stellt ihr euch jetzt die Frage, was das Thema „Familie" in einem Politikbuch zu suchen hat. Eine wichtige Antwort auf diese Frage findet ihr im Grundgesetz der Bundesrepublik Deutschland. Dort ist im Artikel 6 unter anderem folgender Satz nachzulesen:

> „Ehe und Familie stehen unter dem besonderen Schutze der staatlichen Ordnung."

Ihr seht also, eine so persönliche Sache wie Familie hat durchaus etwas mit einer so öffentlichen Angelegenheit wie Politik zu tun.

Wenn ihr dieses Kapitel bearbeitet, könnt ihr

- erklären, welche Bedeutung die Familie für die Entwicklung von Kindern hat,
- darstellen, wie Familienstrukturen und Erziehungsstile sich ändern,
- begründen, warum die Familie unter dem besonderen Schutz des Staates steht,
- darlegen, auf welche Hilfen Familien einen Anspruch haben,
- beurteilen, wie Familien in anderen Kulturen leben.

1. Was bedeutet Familie für dich?

Das gibt mir die Familie!

Auf den nächsten Seiten könnt ihr euch Klarheit über eure Einstellungen zur Familie verschaffen und euch untereinander darüber austauschen.
Dabei helfen euch die Fotos auf der gegenüberliegenden Seite. Sie zeigen vieles, was in einer Familie wichtig sein kann.

1. Schritt: Sucht Begriffe, die zu den Bildern der gegenüberliegenden Seite passen. In unserem Begriffstopf findet ihr Anregungen, die euch dabei helfen.

2. Schritt: Stellt eure persönliche Hitliste der wichtigsten Aufgaben und Eigenschaften, die eine Familie ausmachen, zusammen. Präsentiert sie eurer Klasse.

3. Schritt: Manche Eigenschaften sind bei euren Präsentationen vermutlich häufiger genannt worden. Sie sind offensichtlich allen Familien gemeinsam oder besonders wichtig. Welche sind das? Einigt euch auf eine Klassenliste.

Vertrauen
Wenn ich Streit mit meinen Freundinnen habe oder Ärger in der Schule, kann ich immer zu meiner Mutter gehen und mit ihr darüber sprechen. Sie nimmt mich immer ernst und danach geht es mir meistens wieder besser.

Tipps: Zu den Eigenschaften, die eine Familie ausmachen, lassen sich Geschichten erzählen, Bilder zeichnen, Fotos finden und vieles mehr. Wenn ihr eine Pinnwand in der Klasse habt, dann sammelt euer Material dort. Hier könnt ihr es euren Mitschülern und Mitschülerinnen präsentieren und immer wieder darauf zurückgreifen.

A

B

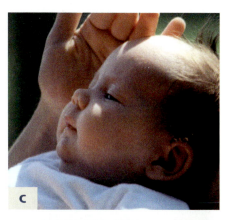
C

D

E

F

G

H

I

2. Was sind die wichtigsten Aufgaben der Familie?

Wenn gute Startbedingungen fehlen ...

Birgit Ackermann, Sozialpädagogin im Kriseninterventionszentrum Don Bosco in Luxemburg, einem Heim, das auf die Betreuung von Kindern in Notsituationen spezialisiert ist, berichtet von einem Kind, das in den ersten Jahren seines Lebens ohne elterliche Bezugspersonen aufwachsen musste.

Patricia* wurde im Alter von 4 Jahren in unser Heim aufgenommen. Ihre Eltern hatten das Kind bei einer Sozialarbeiterin abgegeben mit den Worten: „Kümmern Sie sich um das Mädchen, wir wollen es nicht mehr haben." Als das Kind im Heim ankam, wirkte Patricia sehr verstört. Sie sprach kein Wort und gab nur Laute von sich. Jeden Versuch einer Berührung wehrte sie vehement ab. Sie schrie und biss und zog sich in eine Ecke zurück.

Welche Erklärung haben Sie für das Verhalten des Kindes?
Patricia hatte die letzten zwei Jahre ihres Lebens in einem Gitterbett verbracht, auf welches die Eltern eine schwere Holzplatte gelegt hatten. In den folgenden Monaten hatten wir mehrfach Gelegenheit zu Gesprächen mit ihren Eltern. Nach unserem Eindruck waren weder die Mutter noch der Vater dazu in der Lage, eine emotionale Beziehung zu ihrem Kind aufzubauen. Sie wollten nicht, dass ihr Kind am Familienleben teilnimmt. Die Problematik bestand darin, dass sie ihrem Kind jede Art von positiver Zuwendung verweigert hatten. Patricia wurde weder in den Arm genommen, noch wurde mit ihr gesprochen oder gespielt. Die Kontakte beschränkten sich auf das Notwendigste während der Nahrungsaufnahme. Liebe war für Patricia ein Fremdwort, sie hatte sie nie erfahren.

Wie hat sich das Kind während des Aufenthaltes in Ihrem Heim entwickelt?
Auch nach etwa 8 Monaten konnte Patricia nicht mit anderen Kindern am Tisch sitzen. Der Umgang mit Messer und Gabel fiel ihr schwer. Sie aß am liebsten mit den Händen. Ihre sprachliche Entwicklung machte kaum Fortschritte. Sie beanspruchte eine Erzieherin den ganzen Tag über für sich. Sie konnte sich nie alleine beschäftigen und war in ihrer Zerstörungswut kaum zu bremsen. Mühsam lernte sie ein Minimum an sozialem Verhalten. Bis zum Alter von 8 Jahren konnte sie keine Schule besuchen. Ihr aggressives und unsoziales Verhalten verhinderten dies. Erst mit einer permanenten Betreuung war eine eingeschränkte Beschulung möglich.
Patricia lebt mittlerweile in einem Pflegezentrum in einer therapeutischen Kleingruppe und akzeptiert die Regeln im Umgang mit anderen Menschen. Nach wie vor ist sie nicht in der Lage, Dinge alleine zu erledigen. Sie ist schnell frustriert und zerstört alles, was ihr lieb ist. Sie wird auch in Zukunft auf Hilfe angewiesen sein.

* Der Name des Kindes wurde geändert. Fotos, die Kinder aus dem Heim zeigen, dürfen aus Gründen des Persönlichkeitsschutzes nicht veröffentlicht werden.

1. Fasst zuerst die Vorgeschichte von Patricia zusammen.
2. Beschreibt Patricias geistigen, sprachlichen und sozialen Entwicklungstand, als sie in das Heim eingewiesen wird.
3. Wie entwickelt sich Patricia in den folgenden Jahren?
4. Welche wichtigen Aufgaben der Familie für die Entwicklung von Kindern lassen sich aus dem Fall „Patricia" ableiten? Sprecht darüber in der Klasse.

Das Kinderheim Don Bosco

INFORMATION — lesen – bearbeiten – einprägen

Kindliche Entwicklung

1. Vier Schlüsselbegriffe im Text sind ...
Sie bedeuten ...

2. Gelegentlich wird die Sozialisation als „zweite Geburt des Menschen" bezeichnet. Kannst du erklären, warum?

3. Welche Bedingungen müssen erfüllt sein, damit jemand anderes als die Mutter die Rolle einer Bezugsperson erfüllen kann?
Diskutiert in der Klasse, inwieweit das möglich ist.

Der Mensch – ein Nesthocker
Jedes Baby, das auf die Welt kommt, ist zunächst einmal vollkommen hilflos: Es braucht die Mutter, die ihm Nahrung und Schutz gibt. Es braucht aber auch Zuwendung und Liebe seiner Eltern und der Menschen in seiner Umgebung. Anders als viele Säugetiere benötigen Menschen eine langjährige Reife- und Entwicklungszeit, bis sie selbstständig ihr Leben meistern können und zum „funktionierenden Mitglied" der Gesellschaft heranwachsen. Man nennt diesen Prozess Sozialisation.

Warum brauchen Kinder Liebe und Zuwendung?
Der Grundstein für eine erfolgreiche Sozialisation wird in den ersten Lebensjahren gelegt. In dieser Phase seines Lebens ist das Kind besonders empfänglich für Impulse seiner Umwelt. Fachleute nennen diesen Abschnitt im Leben eines Kleinkindes deshalb „sensible Phase". Hier knüpft das Kind die ersten Kontakte zu anderen Menschen. Die dabei gewonnenen Erfahrungen können bedeutsam dafür sein, wie es sich in seinem späteren Leben anderen Menschen gegenüber verhält – ob es anderen Menschen aufgeschlossen, ängstlich oder misstrauisch begegnet.
Im Idealfall vermittelt die Familie dem Kind das Gefühl, geborgen zu sein und geliebt zu werden. Man nennt dieses Gefühl Urvertrauen. Es wirkt sich positiv auf die weitere körperliche, geistige und gefühlsmäßige Entwicklung des Kindes aus. In der Zeit bis zum sechsten Lebensjahr bewirken deshalb liebevolle Zuwendung und Förderung, dass das Kind ein gesundes Selbstvertrauen entwickeln kann. Auch geistige Fähigkeiten und spezielle Begabungen entwickeln sich in den ersten Lebensjahren. So haben Wissenschaftler herausgefunden, dass Intelligenz nicht nur eine Sache der Vererbung ist. Etwa die Hälfte der Intelligenz, die man an einem 17-Jährigen messen kann, wird in den ersten vier Lebensjahren erworben.

Was ist gut für die Entwicklung des Kindes?
Untersuchungen von Kindern aus den verschiedensten Familien förderten Folgendes zutage:
- Wichtig für die Entwicklung des Kindes ist, dass sich eine Bezugsperson um das Kind kümmert.
- Wichtig ist, dass diese Person dabei liebevoll mit dem Kind umgeht.
- Wichtig ist, dass sie regelmäßig und häufig den Kontakt zum Kind herstellt.
- Wichtig ist, dass die Beziehung zur Bezugsperson über einen langen Zeitraum stabil ist.

In der Regel wird die leibliche Mutter die Bezugsperson für das Kind sein. Sie gibt ihm in erster Linie die für seine Entwicklung so wichtige Liebe und Zuwendung. Deshalb kommt ihr eine besondere Bedeutung und Verantwortung für die Entwicklung des Kindes zu. Je früher sie den Kontakt zum Kind herstellt, desto stabiler entwickelt sich ihre Beziehung, und je intensiver diese Mutter-Kind-Bindung ist, desto besser wird sich das Kind entwickeln.

Wie erzieht man ein Kind „richtig"?

Eltern versuchen, ihre Kinder durch Erziehung möglichst gut auf das Erwachsenenleben vorzubereiten.
Doch die Meinungen darüber, was wichtige Erziehungsziele sind und mit welchen Mitteln man Kinder richtig erzieht, gehen auseinander. Die beiden Fälle belegen das.

Fall A:
Darf Marie zur Grillparty?

„Warum musst du denn unbedingt zu dieser Grillparty?" Maries Mutter ist sauer. Am Mittwoch findet im Jugendtreff der Gemeinde eine große Grillfete statt und ihre Tochter Marie (13 Jahre) will auf jeden Fall dorthin gehen. Dabei hat sie am Donnerstag Schule und ausgerechnet an diesem Tag wird die letzte Mathearbeit geschrieben. Seit einer Viertelstunde streiten sich die beiden schon über dieses Problem. „Hör mir doch wenigstens ein einziges Mal zu! Ich kann mich ja dienstags gut vorbereiten, dann werde ich das Ding schon schaukeln", entgegnet Marie. „Ich kenn das doch, du vertrödelst doch immer nur deine Zeit. Nein Marie, du wirst nicht dorthin gehen. Du weißt genau, auf diese Arbeit kommt es an. Du machst, was ich sage, und bleibst zu Hause."
„Immer hast du was an mir herumzunörgeln. Ich gehe doch, denn ich habe bei allen Vorbereitungen mitgeholfen. Außerdem hast du ja keine Ahnung von Mathe – das ist doch superleicht."
„Nein Marie, Schule geht vor. Du kannst in deinem Leben noch oft genug zu Partys gehen. Kein Wort mehr, sonst kannst du am Samstag auch die Fete bei Christian vergessen." Marie bricht in Tränen aus und schreit: „Lass mich doch in Ruh'. Du hast ja keine Ahnung von mir und wie wichtig dieses Fest gerade für mich ist!" Wütend und enttäuscht knallt sie die Tür hinter sich zu …

Maries Meinung: „Ich lerne am Dienstag mit Katrin für die Arbeit. Sie ist die Beste in Mathe, die kann mir noch mal alles super erklären."

Vaters Meinung: „Du bleibst nur bis 19 Uhr auf der Fete, dann bist du am nächsten Morgen fit für die Arbeit."
Mutters Meinung: „Du willst doch schon lange ins Disneyland. In den Ferien fahren wir an einem Wochenende hin. Dafür verzichtest du auf die Grillfete."

(Nach: Bernd Werdich, in: Zeitlupe, Familie, hrsg. von der Bundeszentrale für politische Bildung, März 1999, S. 10)

**Fall B:
Florian will nicht nach Hause**

Drei junge Leute, Markus, Nadine und Sandra, kommen zufällig auf Kindererziehung zu sprechen:

Markus: Vorhin habe ich unsere Nachbarin mit ihrem kleinen Florian auf dem Spielplatz beobachtet. Als die Frau nach Hause gehen wollte, machte der vierjährige Knirps ein Riesengeschrei. Die Frau war völlig hilflos. Ich hätte dem Bengel den Hintern versohlt, damit er lernt, seinen Eltern zu gehorchen.

Nadine: So ein Quatsch! Der Kleine wollte doch nur weiterspielen. Ich hätte ihm gesagt: „O.K., du kannst jetzt noch ein wenig spielen, aber dann müssen wir nach Hause gehen." Es ist doch in Ordnung, wenn ein Kind lernt, seinen Willen durchzusetzen.

Sandra: Ein Kind zu schlagen, halte ich für absolut steinzeitlich. Allerdings muss der Kleine lernen, dass er nicht ständig machen kann, was er will. Schließlich muss er begreifen, dass man Rücksicht nehmen muss. Ich hätte ihn irgendwie abgelenkt und gesagt: „Komm, wir schauen, ob der Bäcker noch ein schönes Brot für uns hat." Wahrscheinlich hätte er sein Geschrei schnell vergessen und wäre mitgekommen.

Markus: Und so verwöhnt man die Kids und erzieht sie zu Egoisten. Die Mutter hat es ja noch nicht mal geschafft, dass der Knabe seine Förmchen aufräumt. Sie selbst hat seine Spielsachen eingesammelt. Wenn ich sein Vater wäre, hätte er seine Sachen zusammengeräumt. Wie soll ein Kind sonst einen Sinn für Ordnung entwickeln?

Nadine: Ist wahrscheinlich besser für das Kind, dass du nicht sein Vater bist. Ich finde, die Eltern können einem Kind ruhig unangenehme Aufgaben abnehmen. Wenn der Kleine dann sieht, dass man ihm hilft, entwickelt er Vertrauen zu anderen Menschen.

Sandra: Da bin ich anderer Meinung. Wie soll ein Kind Verantwortung und Selbstständigkeit entwickeln, wenn man ihm alle unangenehmen Dinge abnimmt? Ich hätte ihm ein Wettspiel vorgeschlagen: „Wer zuerst die Förmchen in den Spieleimer gesteckt hat ..."

1. Mit welchen Aussagen aus beiden Fällen stimmt ihr überein, welche lehnt ihr ab? Begründet eure Entscheidung.
2. Fall A: Welcher Meinung stimmt ihr zu? Welche anderen Kompromisse sind denkbar?
3. Fall B: Markus, Nadine und Sandra schlagen für Florian verschiedene Erziehungsmittel vor (zum Beispiel, darauf zu bestehen, dass Florian selbst aufräumt). Von diesen Erziehungsmitteln versprechen sie sich, bestimmte Erziehungsziele bei Florian zu erreichen (zum Beispiel Ordnungssinn). Listet weitere, im Text genannte Erziehungsmittel und -ziele auf.

INFORMATION — lesen – bearbeiten – einprägen

Erziehung

1. Erziehung, Erziehungsziel, Erziehungsmittel: Was bedeuten diese Begriffe?
2. Was muss eine erfolgreiche Erziehung beachten?
3. Erziehung ist eine der wichtigsten Aufgaben der Familie. Sprecht in der Klasse darüber, warum das so ist.

Warum ist Erziehung nötig?

Eltern wollen, dass ihre Kinder ihr Leben meistern und glücklich und zufrieden sind. Sie sehen die Anforderungen, die Schule und Öffentlichkeit an Kinder und Jugendliche stellen und wissen aus eigenem Erleben, was später als Erwachsene von ihren Kindern erwartet wird. Um ihr Kind darauf vorzubereiten, versuchen sie, dessen Verhalten bewusst zu beeinflussen. Das nennt man Erziehung.

Neben den vererbten Anlagen und den familiären Bedingungen, unter denen das Kind seine ersten Schritte in die Welt wagt, liefert die Erziehung durch die Eltern dem Kind also das entscheidende Rüstzeug, um sich in unserer Gesellschaft zurechtzufinden. Allerdings gibt es große Unterschiede in der Art und Weise, wie Eltern ihre Kinder erziehen.

Andere Zeiten – andere Erziehung?

Wie man seine Kinder erzieht, hat etwas damit zu tun, was man durch Erziehung erreichen möchte – also mit den Erziehungszielen. Wichtig ist heute vielen Eltern, ihre Kinder zu selbstständigen und selbstbewussten Persönlichkeiten zu erziehen, die Verantwortung übernehmen können und leistungsbereit sind.

Anders als früher versuchen heute viele Eltern, mit ihren Kindern partnerschaftlich umzugehen. Sie besprechen wichtige Erziehungsentscheidungen mit ihren Kindern, damit diese sie verstehen und akzeptieren. Es haben sich also auch die Ansichten über geeignete Erziehungsmittel verändert.

Welche Erziehung ist am erfolgreichsten?

Wissenschaftler haben herausgefunden, dass eine Erziehung, die einerseits auf Regeln setzt und andererseits liebevoll ist, die Entwicklung der Kinder am besten fördert. Man nennt sie „autoritative Erziehung". Dabei werden Regeln gesetzt, besprochen, begründet und Konsequenzen geklärt, die eintreten, wenn das Kind sich nicht an die festgelegten Regeln hält. An dieser verbindlichen Struktur orientiert sich das Kind. Die Eltern sorgen zudem durch entsprechende Angebote für eine umfangreiche Förderung ihres Kindes, damit es sich seine Welt und Lebenskultur aneignen kann.

Das beiderseitige Verhältnis ist bestimmt durch Zusammenarbeit, wobei immer klar sein muss, dass die Eltern die Verantwortung tragen und somit auch Entscheidungen alleine fällen können, wenn keine Einigung erzielt werden kann. Liebe und Achtung vor dem anderen prägen den Umgang miteinander.

Dementsprechend lässt sich bestimmen, was der Gegenpol guter Erziehung ist:
- emotionale Kälte,
- starke Lenkung,
- Missachtung,
- Respektlosigkeit und Unhöflichkeit,
- Beliebigkeit und fehlende Konsequenz,
- Unterforderung wie Überforderung.

Fünf Säulen entwicklungsfördernder Erziehung

| LIEBE | RESPEKT | FÖRDERUNG | REGELN | KONSEQUENZ |

Eindeutiges JA
- zum Kind
- zur Verantwortung und Zuständigkeit
- zur Übernahme der Mutter- und Vaterrolle

(Nach: Sigrid Tschöpe-Scheffler, Fünf Säulen der Erziehung. Wege zu einem entwicklungsfördernden Miteinander von Erwachsenen und Kindern, Grünwald Verlag, Mainz 2005)

TRAININGSPLATZ

Welche Erziehungsziele sind besonders wichtig?

Wir erstellen unsere eigene Hitliste

Mithilfe der Liste kann jeder von euch selbst ermitteln, welche Erziehungsziele für das Zusammenleben in Familie und Schule wichtig sind oder auf den Beruf vorbereiten.
Notiert diejenigen Erziehungsziele in eurem Heft, die euch persönlich wichtig erscheinen, stellt sie in der Klasse vor und begründet dabei eure Entscheidung.

	besonders wichtig	weniger wichtig
1. Ordnungsliebe		
2. Selbstständigkeit	?	
3. Warmherzigkeit		
4. Höflichkeit		
5. Fleiß		
6. Mitgefühl		
7. Sparsamkeit		
8. Mut		?
9. Kommunikationsfähigkeit		
10. Lernbereitschaft		
11. Disziplin		
12. Gemeinschaftssinn		
13. Zuverlässigkeit	?	
14. Ehrlichkeit		
15. Freundlichkeit		
16. Bescheidenheit		
17. Toleranz		
18. Rücksichtnahme		
19. Selbstvertrauen		?
20. Pünktlichkeit		
21. Verantwortungsbewusstsein		
22. Kritikfähigkeit		
23. Ausdauer	?	
24. Durchsetzungsvermögen		
25. Gehorsam		

Wie kann man Kindern helfen, wenn die Familie ihre Aufgaben nicht erfüllt?

Petra braucht Hilfe

„Schon wieder eine Fünf in Mathe!" Wütend knallt Petra ihre Schultasche auf den Küchentisch. In letzter Zeit haben ihre Leistungen in der Schule sehr nachgelassen. Kein Wunder, denn immer öfter hat sie keine Lust auf Lernen und zieht morgens durch die Geschäfte, statt in die Schule zu gehen.
„Ob Mama etwas gekocht hat?" Petra hat Hunger, ihr Magen meldet sich. Aber auf dem Herd steht nichts und im Kühlschrank findet sie nur ein paar vergammelte Wurstreste, Bierdosen und Katzenfutter vor. Also läuft sie schnell zum Kiosk an der Ecke und kauft sich eine große Portion Pommes mit Majo und eine Cola. Dass sie in einem günstigen Moment noch ein paar Schokoriegel mitgehen lässt, bemerkt der Kioskbesitzer zum Glück nicht.

„Wahrscheinlich wieder betrunken." Aus dem Nebenzimmer hört sie das leise Schnarchen ihrer Mutter. Vollständig angezogen liegt sie auf dem Bett. Die leere Flasche Rotwein daneben sagt Petra, dass sie Recht hat. Seit Papa zu seiner neuen Freundin gezogen ist, passiert, das leider immer häufiger.
„Ich halte das nicht mehr länger aus!", denkt Petra und fühlt sich hundeelend und alleingelassen. Der Vater weg, eine Mutter, die selbst nicht zurechtkommt und auch noch das schlechte Gewissen wegen des Diebstahls ... Dabei hätte sie doch so gerne eine Freundin. Trotzdem hat Petra sich in den letzten Monaten immer mehr von den anderen Kindern zurückgezogen und den Kontakt zu ihren alten Freundinnen abgebrochen. Niemand in ihrer Klasse weiß von ihren Sorgen. Sie schämt sich so wegen dieser unordentlichen Wohnung, wegen ihrer betrunkenen Mutter, wegen ihres verwahrlosten Äußeren. Längst wären neue Hosen, neue Schuhe und auch ein Besuch beim Frisör fällig, aber ihre Mutter scheint das gar nicht zu bemerken. Petra ist im letzten Jahr nicht nur in die Länge gewachsen. Richtig dick ist sie geworden. Sie kann einfach nicht aufhören zu essen, Unmengen von Süßigkeiten und Chips schlingt sie gierig hinunter. So frisst sie ihren Kummer förmlich in sich hinein.
„Alles wird sich ändern und wieder gut werden!" Schon zu oft hat Petra diese Worte von ihrer Mutter gehört. Nur geändert hat sich nichts. Alle guten Vorsätze hielten nicht lange. Spätestens dann, wenn sie sich wieder einmal erfolglos um eine Arbeitsstelle beworben hat, sitzt sie abends vor der Flasche und trinkt.
Dabei könnten sie so dringend Geld gebrauchen, denn ihr Vater unterstützt sie nur sehr unregelmäßig. „Du gibst es ja doch wieder für deinen Alkohol aus", sagt er, wenn ihre Mutter ihn um Geld bittet. „Aber mir ein paar neue Klamotten zu kaufen, das bringt er auch nicht fertig", denkt Petra wütend.
„Petra, ich finde, es ist höchste Zeit, dass wir beide uns mal in Ruhe unterhalten", nimmt die Klassenlehrerin Petra nach der Stunde zur Seite. „Hast du nach dem Unterricht noch etwas Zeit?"
„Ja, sicher", stimmt Petra zu – zwar ängstlich aber auch erleichtert. ...

(Nach einem wirklichen Fall erzählt)

Wenn Kinder Hilfe brauchen …

Nach dem Gespräch mit ihrer Lehrerin geht es Petra schon besser. Allerdings sind die eigentlichen Probleme dadurch noch nicht aus der Welt geschafft. Deshalb haben sich beide nochmals für den nächsten Tag verabredet, um gemeinsam zu überlegen, welche Spezialisten Petra und ihrer Mutter am besten helfen können.
Zu diesem Gespräch bringt Petras Lehrerin am nächsten Tag ein Faltblatt mit. Hier finden sich Kontaktadressen von staatlichen und privaten Anlaufstellen bei Familienproblemen.

Artikel 6 des Grundgesetzes (Ehe und Familie)
[…]
(2) Pflege und Erziehung der Kinder ist das natürliche Recht der Eltern und die zuvörderst ihnen obliegende Pflicht. Über ihre Betätigung wacht die staatliche Gemeinschaft.
(3) Gegen den Willen der Erziehungsberechtigten dürfen Kinder nur aufgrund eines Gesetzes von der Familie getrennt werden, wenn die Erziehungsberechtigten versagen oder wenn die Kinder aus anderen Gründen zu verwahrlosen drohen.

A Staatliche Hilfen
Jugendämter sind staatliche Einrichtungen. Du findest sie in jeder größeren Gemeinde. Ihre Telefonnummer kannst du im örtlichen Telefonbuch nachschlagen. Jugendämter sind die wichtigsten Anlaufstationen, wenn du Probleme hast. Sie bieten Beratung, wenn du Ärger mit deiner Familie hast. Sie stellen Erziehungshilfen, wenn das Zusammenleben in deiner Familie nicht klappt, wenn du zu aggressiv bist oder deine Eltern mit deiner Erziehung überfordert sind.
In schweren Fällen vermitteln sie Pflegefamilien, Heimaufenthalte oder Plätze in pädagogisch betreuten Wohngemeinschaften, wenn ein Familienrichter dies gutheißt oder anordnet.

B Private Träger der Jugend- und Familienhilfe
Neben den staatlichen Einrichtungen engagieren sich auch viele private Träger in der Familien- und Jugendhilfe. Auch hier findest du Menschen, die dir helfen.
Kinderschutz-Zentren gibt es in 24 größeren deutschen Städten. Hierhin kannst du dich wenden, wenn du Probleme mit der Familie oder der Schule hast. Alle Gespräche bleiben vertraulich. Informationen findest du im Internet unter www.kinderschutzzentren.org oder unter der Notrufnummer 0800/1 110 333.
Deutscher Kinderschutzbund
Er setzt sich in 420 Gemeinden für Kinderrechte ein. Den für dich zuständigen Kreis- oder Stadtverband findest du unter www.kinderschutzbund.de.
Pro Familia kümmert sich um sexuelle Aufklärung. Hier kannst du dich hinwenden, wenn du mit deinen Eltern nicht über Sex, Verhütung oder Probleme mit deinem Körper reden kannst. Auch bei ungewollter Schwangerschaft findest du bei Pro Familia Hilfe. Informationen findest du unter www.profamilia.de oder unter der Telefonnummer 069/639 002.

Hast du Probleme in der Schule? Auch dann helfen dir die drei genannten Internetadressen weiter. Entweder kannst du dort direkt mit Fachleuten per E-Mail dein Problem besprechen, oder du bekommst Hinweise, an wen du dich mit deinen Sorgen wenden kannst.

1. Wie kann Petra geholfen werden? Sprecht über ihre Probleme und überlegt, an wen Petra sich wenden kann, um Hilfe zu bekommen.
2. Sucht euch einen Partner oder eine Partnerin in der Klasse. Schreibt mithilfe des Faltblattes einen Dialog zwischen Petra und ihrer Klassenlehrerin, wie er am nächsten Tag stattfinden könnte. Ihr könnt das Gespräch auch im Rollenspiel nachspielen.
3. Soll der Staat eingreifen und Petras Eltern das Sorgerecht entziehen? Was sagen die Gesetze dazu?

3. Wie können Familien heute aussehen?

Vater, Mutter, Kind – so stellen sich viele eine Familie vor. Aber wenn ihr zu Besuch bei Freundinnen oder Freunden seid, stellt ihr möglicherweise fest, dass Familien ganz verschieden sein können. Es werden unterschiedliche Familien in Texten und Bildern vorgestellt. Was haben diese Familien gemeinsam? Wodurch unterscheiden sie sich? Ihr könnt euch in Gruppen aufteilen und gemeinsam die Fragen beantworten.

Beispiel Nr. 1
Caroline Hilpert (14 Jahre) findet es schön, dass sie eigentlich drei Familien hat

„Wir sind fünf Kinder in der Familie. Alle staunen, wenn ich von meiner großen Familie erzähle. Aber eigentlich habe ich etwas dick aufgetragen: Denn wir haben nicht alle dieselben Eltern. Nur mein kleiner Bruder Lars (9 Jahre) und ich sind aus der jetzigen Ehe meiner Eltern. Marc (17 Jahre) stammt aus Mutters erster Ehe, hat also einen anderen Vater. Marc lebt aber bei uns. Meine Eltern sind beide tagsüber nicht da, weil sie berufstätig sind. Mittags, wenn wir aus der Schule nach Hause kommen, essen wir Kinder immer zusammen. Meistens ist schon etwas am Abend vorbereitet worden, sodass wir nicht so viel Arbeit haben. Trotzdem gibt es manchmal Streit, wer was macht. Im Großen und Ganzen sind wir aber ein gut eingespieltes Team: Lars muss den Tisch decken, Marc und ich kochen und spülen.
Wir wohnen in einer großen Wohnung in einem schönen, alten Haus. Papa hat aus erster Ehe ebenfalls zwei Kinder: Martin (23 Jahre) ist schon erwachsen und studiert, Stefanie lebt bei

Beispiel Nr. 2: Ein gleichgeschlechtliches Paar: Familie Steinbeck hat Kim Sofie aus Vietnam adoptiert.

ihrer Mutter. Die hat inzwischen ebenfalls wieder geheiratet. Martin und Stefanie kommen oft am Wochenende zu Besuch. Sie schlafen dann in unserem Gästezimmer. Ganz schön kompliziert, unsere Familie! Richtig schwierig wird es bei Familienfesten, weil Papa Mamas Ex-Mann nicht ausstehen kann und Mamas Familie auch sauer auf ihn ist. Das nervt mich manchmal. Aber meistens bin ich froh, dass ich so viele verschiedene Verwandte habe. Bei uns ist es deswegen auch nie langweilig. Und wenn ich mal Hilfe brauche, finde ich es schön, dass ich einen schon fast erwachsenen Bruder habe. Schließlich will man ja nicht alles mit Mama oder Papa besprechen."

Beispiel Nr. 3
Oguz (15 Jahre) lebt in einer türkischen Familie

„Meine Eltern kamen 1974 nach Deutschland. Damals kannten sie sich noch gar nicht. Sie haben sich bei der Arbeit kennengelernt und haben im Jahr darauf geheiratet. Ein Jahr später kam meine Schwester Sibel auf die Welt, dann vier Jahre später meine Schwester Merve und weitere sechs Jahre später wurde ich geboren. Mein Bruder Burhan ist unser Jüngster, er ist gerade in die Schule gekommen. Meine Eltern wollten eigentlich nur ein paar Jahre in Deutschland arbeiten, ein bisschen Geld zur Seite legen und dann wieder in die Türkei zurückkehren – aber daraus wurde wie in den meisten türkischen Familien nichts. Sie blieben wegen uns Kindern in Deutschland, damit wir hier eine gute Zukunft haben. In der Türkei ist eine gute Ausbildung sehr teuer, das hätten sie nicht bezahlen können. Die Familie spielt bei uns eine ganz wichtige Rolle, vielleicht sogar die wichtigste Rolle. Der Zusammenhalt in der Familie ist viel stärker als bei deutschen Familien. Wir unterstützen uns, wenn einer Hilfe braucht. Auch die religiösen und nationalen Feiertage feiern wir zusammen – überhaupt unternehmen wir fast alles in familiärem Rahmen. Ich habe noch viele Verwandte in Deutschland, mit denen wir auch häufig etwas unternehmen. Das heißt jedoch nicht, dass ich mich immer mit meinen Eltern gut verstehe. Sie sind sehr religiös und traditionell eingestellt, was man von mir nicht behaupten kann. Da gibt es natürlich immer wieder Streit, weil ich genauso wie deutsche Jugendliche leben möchte."

Beispiel Nr. 5: Trotz ihrer drei kleinen Kinder sind beide Elternteile berufstätig.

Beispiel Nr. 4
Johanna (20 Jahre) ist bei ihrer alleinerziehenden Mutter aufgewachsen

„Meine Mama war 19, als sie schwanger wurde, mein Vater 32. Für meine Mutter war er die große Liebe, aber sie für ihn nur eine Affäre. Er fühlte sich zu jung für ein Kind und hat meine Mama während der Schwangerschaft verlassen. Meine Mutter musste mich lange mehr oder weniger zwingen, Kontakt mit ihm zu halten. Ich hatte überhaupt keine Lust, ihn zu sehen und immer das Gefühl, er will mich nicht haben. Bis ich neun war, lebte ich mit meiner Mutti, und es war ein Schock für mich, als sie ihren neuen Freund, Garry, mit nach Hause brachte. Ich dachte, der nimmt mir meine Mutter weg. Ich war richtig eklig zu ihm. An seiner Stelle hätte ich mich gehasst. Garry war aber einfach nur sehr geduldig. Zu meinem zehnten Geburtstag gab es so eine Art Schlüsselerlebnis: Ich habe von ihm eine Barbiepuppe und zwei Bibi-Blocksberg-Kassetten bekommen, über die ich mich riesig gefreut habe. [...]
Mein Verhältnis zu Garry ist im Laufe der Zeit immer enger geworden, so mit 13 oder 14 habe ich begonnen, „meine Eltern" zu sagen, wenn ich meine Mutter und ihn meinte. [...]
Wenn ich zurückschaue, muss ich sagen: Ich hatte eine glückliche Kindheit und habe nichts vermisst. Von der Mutter erzogen zu werden, die einem die ganze Zuwendung und Aufmerksamkeit schenkt, ist auf jeden Fall besser, als mit Eltern zu leben, die sich nicht wirklich lieben."

(Aus: Dana Toschner, Familienbande. In: Fluter Nr. 6, April 2003, hrsg. von der Bundeszentrale für politische Bildung, S. 6)

1. Unterschiedliche Familien – trotzdem gibt es Gemeinsamkeiten. Findet sie heraus.

2. Angenommen, du solltest zwei Wochen als Gast in einer dieser Familien wohnen: Welche suchst du dir aus? Begründe deine Entscheidung.

INFORMATION
lesen – bearbeiten – einprägen

Familien heute

1. Was versteht man unter einer Familie?
2. Was erfährst du aus dem Schaubild über Formen der Familie heute?
3. Welche Ursachen liegen dem Wandel der Familie zugrunde? Sprecht darüber in der Klasse.

Was ist eigentlich eine Familie?
Bei dem Wort „Familie" denken die meisten Menschen wohl an Ehepaare mit Kindern. Zu Recht, denn nach wie vor leben in Deutschland etwa 8 von 10 Kindern mit ihren leiblichen Eltern zusammen und bilden sogenannte „traditionelle Kleinfamilien". Auch der Staat setzt Ehe und Familie im Artikel 6 des Grundgesetzes weitgehend gleich und versteht unter Familie in erster Linie Ehepaare und deren Kinder.
Experten sagen dagegen, man muss nicht unbedingt verheiratet sein, um eine Familie zu bilden. Für sie ist es wichtig, dass Kinder vorhanden sind, dass die Elternrollen ausgefüllt werden und dass die verschiedenen Generationen unter einem Dach leben.

Wie haben sich Familien in Deutschland verändert?
Im Einzelnen lassen sich für Deutschland drei Entwicklungen feststellen:
1. Immer mehr Ehepaare entschließen sich dazu, kinderlos zu bleiben oder nur ein Kind zur Welt zu bringen. Heute werden in Deutschland nur noch 1,3 Kinder pro Familie geboren – halb so viele wie 1964. Mehr-Generationen-Familien, oft mit vielen Kindern, finden sich eher bei ausländischen Mitbürgern.
2. Die Zahl alleinerziehender Eltern nimmt stark zu. Eine Ursache für diese Entwicklung ist die steigende Zahl von Scheidungen.
3. Es kommen immer mehr Kinder unehelich auf die Welt.

Warum haben sich die Familien in Deutschland verändert?
Zum einen haben die Familien sich geändert, weil das traditionelle Rollenbild, das die Frau auf Kinder, Kirche und Küche festgelegt hat, heute so nicht mehr gilt. Immer mehr Frauen haben eine gute Ausbildung und stehen beruflich und finanziell auf eigenen Füßen. Sie sind nicht mehr vom Geld ihres Ehemannes abhängig und können deshalb frei entscheiden, welche Rolle sie ausfüllen wollen.
Zum anderen lässt sich an dem veränderten Rollenverständnis ein grundlegender Rollenwandel ablesen. Früher war die Ehe – auch dann, wenn sie schlecht lief – eine lebenslang gültige Verbindung, die vor Gott eingegangen wurde. Für die Kirche gibt es keine Familie ohne das unauflösbare Sakrament der Ehe. Aber in dem Maße, wie die Menschen in Deutschland sich an anderen Werten wie Selbstbestimmung, Gleichberechtigung und Toleranz orientieren, werden auch nichteheliche Familienformen möglich – ohne dass man zum Außenseiter in der Gesellschaft wird. Auf den Rollen- und Wertewandel reagiert schließlich die Politik. Sie schafft mit neuen Gesetzen Rahmenbedingungen für ein besseres Zusammenleben. Ein Beispiel ist das neue Scheidungsrecht, in dem die Frage, wer Schuld hat am Scheitern der Ehe, keine Rolle mehr spielt.

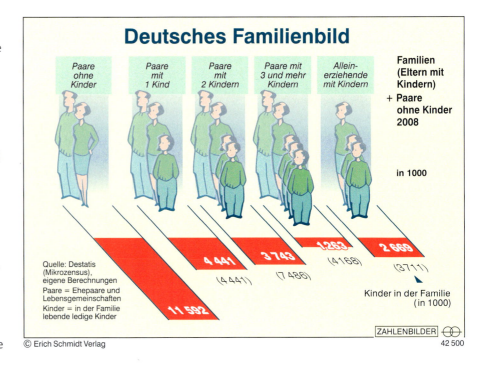

TRAININGSPLATZ
Trainingsplatz

Wie sehen Familien heute aus?

Fünfmal richtig – fünfmal falsch: Wir ermitteln zutreffende Aussagen

In den Kästchen findet ihr zehn verschiedene Aussagen über die Familie – fünf Aussagen sind richtig, fünf Aussagen sind falsch.
Schreibt die richtigen Aussagen als Merktext in euer Heft.
Tipp: Wenn ihr euch unsicher seid, dann lest auf der Informationsseite nach.

A Von einer „Familie" spricht man, wenn wenigstens ein Kind und mindestens ein Elternteil unter einem Dach leben.

B Zu einer Familie gehören mindestens drei Generationen.

C Die Rollenverteilung ist in allen Familien gleich. Die Frau kümmert sich um den Haushalt, der Mann geht arbeiten und verdient das Geld.

D Die Rollenverteilung in den Familien ändert sich. Immer mehr Frauen haben eine gute Ausbildung und streben in den Beruf.

E Die Zahl alleinerziehender Eltern nimmt in Deutschland stark zu. Eine Ursache hierfür ist die steigende Zahl der Scheidungen.

F In Deutschland lebt nur eine Minderheit der Kinder mit beiden leiblichen Eltern zusammen.

G Die Mehr-Generationen-Familie mit Kindern, Eltern und Großeltern ist in Deutschland die Regel.

H Mehr-Generationen-Familien findet man in Deutschland vor allem bei ausländischen Mitbürgern.

I In Deutschland werden immer weniger Kinder geboren. 2006 waren es nur noch halb so viele wie 1964.

J In Deutschland geht die Zahl der unehelich geborenen Kinder seit Jahren zurück.

Scheidung: Wie kommen Kinder mit dieser Situation zurecht?

Früher war es der Normalfall, dass eine Ehe ein Leben lang hielt. Heute trennen sich Ehepaare oft, wenn sie Probleme haben oder die Partner sich in ihrer Ehe auseinandergelebt haben. In Deutschland gibt es zurzeit etwa 2,5 Millionen geschiedene Mütter und Väter, die ihre Kinder alleine großziehen. Für viele Ehepaare mag die Scheidung der bessere Weg sein. Doch was bedeutet die Trennung der Eltern für die betroffenen Kinder?

Sind Scheidungskinder gegenüber anderen Kindern benachteiligt?

Helge Ulrike Hyams ist Professorin für Pädagogik, sie hat vier Kinder und sagt: „Ja!"
Remo H. Largo beantwortet die Frage mit „Nein". Er ist Professor für Kinderheilkunde und Vater von drei Kindern. [...]

Largo: Lassen Sie uns auch über die Bedürfnisse der Kinder reden: Sie können vor allem nicht allein sein. Dieses Bedürfnis lässt sich nicht mit Worten stillen, sondern nur mit Anwesenheit. [...] Daher ist für Kinder die Frage entscheidend: Ist der Vater noch verfügbar? Ist die Mutter noch verfügbar? Aber auch: Wer sonst noch? Das Bedürfnis nach Geborgenheit und Zuwendung befriedigen nicht nur die Eltern, sondern auch Großeltern oder Erzieher im Kindergarten. Dass die Betreuung des Kindes erhalten bleibt, ist die wichtigste Voraussetzung für eine Trennung. Ich kenne Familien, da war das Kind durch die Scheidung in seinem Wohlbefinden und in seiner Entwicklung überhaupt nicht beeinträchtigt. [...]

Hyams: Ich behaupte nicht, dass die traditionelle Familie die einzige Möglichkeit ist, ein Kind aufzuziehen. Aber ich kenne keine bessere Konstellation, aus vielerlei Gründen. Es ist zum Beispiel wichtig, dass ein Kind nicht mit einem Elternteil allein ist. Dann ist es diesem ganz ausgeliefert und darf nie einen ernsthaften Konflikt riskieren, weil es von der einzigen Person abgelehnt werden könnte, die es noch hat. Das führt zu großen Verlassensängsten. Außerdem identifiziert sich das Kind nicht nur mit einem Elternteil, sondern mit der Beziehung der Eltern zueinander. Es nimmt die Art, wie Vater und Mutter miteinander umgehen, tief in sich auf. Und dies prägt für später, wenn das Kind erwachsen ist, den Umgang mit dem eigenen Partner. [...]

Geo: [...] Scheidungskinder galten bislang immer als jene, die viel streiten, schlechte Leistungen bringen und Stress mit den Lehrern haben. Ist das immer noch so? Sind Scheidungskinder auf den ersten Blick zu erkennen?

Largo: [...] Kinder mittleren Alters neigen dazu, sich übermäßig anzupassen. Sie unterstützen die Mutter emotional und übernehmen deren Meinung. So fallen sie am wenigsten auf. Am deutlichsten sind die Folgen bei Pubertierenden: Jungen neigen zu Risikoverhalten, zum Beispiel zum Rasen, Mädchen zu auffälligem Beziehungsverhalten, zum Rückzug und zu Depressionen. Scheidungskinder sind jedoch auch früher selbstständig und übernehmen mehr Verantwortung. [...]

Hyams: Ich glaube, dass es einen [...] Wiederholungszwang gibt: [...] obwohl sie es nicht wollen, werden aus Scheidungskindern allzu oft Scheidungseltern. [...]

Largo: Wir haben herausgefunden, dass sich in Scheidungsfamilien, in denen es den Kindern gut geht, die Eltern gegenseitig bei der Kinderbetreuung unterstützen. Ihnen ist es gelungen, ihre negativen Gefühle zueinander weitgehend abzubauen. [...]

Geo: Wäre es [...] nicht doch besser, die Eltern blieben den Kindern zuliebe zusammen?

Largo: Wenn die Eltern es schaffen, wieder liebevoll miteinander umzugehen, ja. Aber wenn sie permanent streiten, ist es sicher keine gute Lösung. [...]

(Aus: Claus Peter Simon, Können Scheidungskinder glücklich werden? In: Geo Wissen 2004, Nr. 34, Partnerschaft und Familie, S. 116ff., Verlag Gruner und Jahr)

Drei Erfahrungen von Jugendlichen

Ich fand die Zeit vor der Scheidung meiner Eltern anstrengend: Immer nur Streitereien und Spannungen. Nach der Trennung lebte ich bei meiner Mutter. Und weil sie wieder arbeiten ging, musste ich mich um viele Dinge alleine kümmern. Ich bin dadurch früh selbstständig geworden.

Als ich erfahren habe, dass meine Eltern sich trennen, habe ich das in mich reingefressen. Ich habe mich völlig zurückgezogen – auch von meinen Freunden. Und in der Schule habe ich nur noch Stress gemacht. Das ging etwa ein Jahr so.

Als meine Mutter zum ersten Mal mit mir und meinem Bruder bei ihrem neuen Freund übernachtet hat, da habe ich erst gemerkt, was Scheidung bedeutet. Bis dahin habe ich gedacht, dass ich die Trennung ganz gut weggesteckt hätte.
Irrtum.

Lena, heute
19 Jahre alt

Jana, heute
17 Jahre alt

Moritz, heute
18 Jahre alt

1. Wodurch unterscheiden sich die verschiedenen Auffassungen im Interview? Wem stimmt ihr eher zu? Begründet eure Meinung mit Argumenten aus dem Text.

2. Drei Erfahrungen von Jugendlichen: Versetzt euch in ihre Lage und sprecht darüber.

Wie sollen die Rollen in der Familie verteilt werden?

Ein ganz alltäglicher Streit?

„Katharina, könntest du kurz die Geschirrspülmaschine ausräumen! Ich muss noch mal einkaufen gehen, anschließend schaue ich noch schnell bei Oma vorbei – sie ist krank – und bringe ihr etwas zum Essen."
„Immer ich, dazu habe ich gerade wirklich keine Lust", mault Katharina, „Sebastian könnte auch mal einspringen. Der lümmelt den ganzen Nachmittag in seinem Zimmer herum."
„Nun hab dich doch nicht so! Jungen sind doch immer so ungeschickt bei solchen Arbeiten. Die Geschirrspülmaschine hast du in ein paar Minuten ausgeräumt, Sebastian hat gestern dafür den Rasen gemäht – und neulich meinen Staubsauger repariert", ermahnt Frau Sandner Katharina. „Das würde ich ja auch gerne machen. Aber ich muss immer nur ätzend langweilige Arbeiten übernehmen, wie Wäsche zusammenlegen und Mülleimer raustragen."
„Na du bist ja schließlich ein Mädchen. Du musst das doch lernen. Wie willst du mal selbst später einen Haushalt führen – und dabei gleichzeitig noch berufstätig sein?"
„Wenn das so wird wie bei uns, dann heirate ich nie. Papi macht ja keinen Strich im Haushalt und lässt dich alles alleine machen. Du bist doch auch halbtags berufstätig. Ich sehe doch, dass du manchmal fast nicht mehr kannst." „Na, jetzt übertreibst du aber. Am Wochenende geht Max immerhin einkaufen und er kümmert sich zusätzlich um alles Finanzielle und die Versicherungen. Schließlich hat er einen sehr anstrengenden Beruf. Wenn er nach Hause kommt, ist er total ausgepumpt. Da braucht er seine Freizeit."
„Und du? Jeder braucht Freizeit." „Da dürfen wir berufstätigen Frauen nicht zu anspruchsvoll sein, es ist eben schwierig, Haushalt, Kinder und Beruf miteinander zu vereinbaren." Als Herr Sandner am Abend nach Hause kommt, spricht ihn seine Frau sofort an: „Du, Max, wir müssen alle miteinander über die Aufgabenverteilung in unserer Familie reden. So kann das nicht mehr weitergehen."

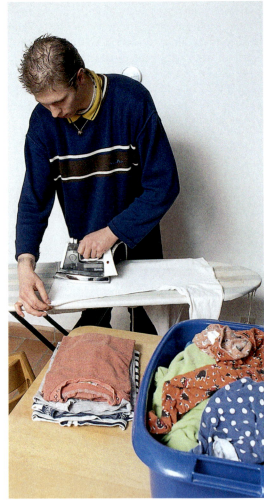

Typisch Mann?
Nein ... noch sind erst 3 % aller deutschen Männer bereit, Bügelarbeiten zu übernehmen. Hausarbeit ist trotz der zunehmenden Zahl berufstätiger Mütter immer noch weitgehend Frauensache.

1. Was hättest du an Katharinas Stelle deiner Mutter geantwortet?

2. Wer übernimmt welche Aufgaben in der Familie Sandner? Findest du diese Verteilung gerecht? Begründe deine Antwort.

3. Die Sandners haben eine Liste von Aufgaben im Haushalt zusammengestellt, die künftig neu verteilt werden sollen: Pausenbrot richten, Wäsche aufhängen, einkaufen, Müll entsorgen, Staub wischen, Geschirrspülmaschine ausräumen, Rasen mähen, Straße fegen (wöchentlich), kleinere Reparaturarbeiten im Haushalt erledigen, Auto putzen, am Wochenende Frühstückstisch decken, Meerschweinchen füttern (täglich), Käfig reinigen (wöchentlich) ... Wie sollen all diese Aufgaben gerecht verteilt werden? Diese schwierige Frage lässt sich am besten in Gruppen beantworten. Achtet darauf, dass in jeder Gruppe sowohl Jungen als auch Mädchen vertreten sind. Entwerft gemeinsam einen Plan, bei dem sich niemand benachteiligt fühlt. Eure Ergebnisse könnt ihr der Klasse präsentieren.

INFORMATION lesen – bearbeiten – einprägen

Gleichberechtigung und Rollenverteilung

1. Wie haben sich die Rollenerwartungen an Jungen und Mädchen im Laufe der Zeit geändert?

2. Wie kommt es zur Doppelbelastung von Frauen?

3. Immer mehr Frauen empfinden die Doppelbelastung als großes Problem. Nimm Stellung zu dieser Aussage.

Früher erwartete man von Mädchen, dass sie besonders ruhig, ordentlich und sauber waren, Jungen durften (oder mussten) dagegen wild und rauflustig sein. Diese Erwartungen sollten Kinder und Jugendliche auf die Anforderungen des Erwachsenenlebens vorbereiten. Deshalb achteten Eltern, Lehrer und Verwandte in ihrer Erziehung darauf, dass die Kinder ihre Rollen erfüllten. Inzwischen haben sich die Erwartungen an das Verhalten von Mädchen und Jungen geändert. Früher hielten Eltern oft eine gute Schulbildung ihrer Töchter für nicht so wichtig. Sie dachten, Mädchen sollen heiraten, Kinder bekommen und als Hausfrau die Familie umsorgen. Jungen war dagegen die Rolle des beruflich erfolgreichen Ernährers zugedacht. Mit dieser traditionellen Rollenverteilung in der Familie geben sich viele Frauen nicht mehr zufrieden. Sie fordern die Gleichberechtigung der Geschlechter und haben sie in vielen Bereichen auch schon erreicht. So besuchen Frauen heute genauso wie Männer Schulen und Universitäten und üben ihren Beruf aus. Seit 1980 hat sich beispielsweise die Zahl der studierenden Frauen verdoppelt. Sie ist heute fast so hoch wie die der Männer. In der Generation der Zwanzig- bis Dreißigjährigen haben Frauen die Männer sogar überholt: 38 von 100 Frauen in dieser Altersgruppe haben Abitur, bei den Männern sind dies nur 33 von 100.

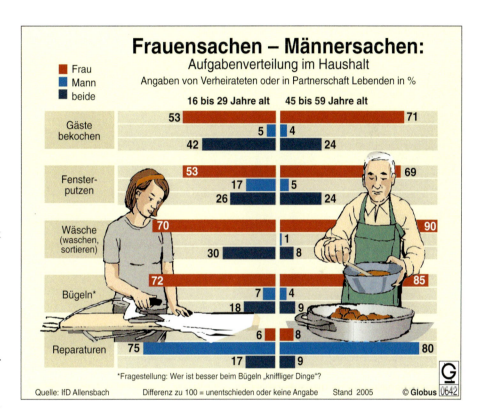

Anders als früher sind Frauen also nicht mehr nur an ihre Rolle als Hausfrau und Mutter gebunden. Trotz Kinder sind heute 6 von 10 Frauen berufstätig. Doch wer macht dann die Hausarbeit und kümmert sich um die Familie? Die Antwort lautet: die Frauen. Deshalb spricht man von einer Doppelbelastung der Frau durch Beruf und Haushalt. Seht euch dazu das Schaubild an. Es zeigt, wie die Hausarbeit in deutschen Familien genau verteilt ist.
Ihr könnt es so lesen: 90 von 100 Frauen zwischen 45 und 59 Jahren kümmern sich um die Wäsche, aber nur 1 von 100 Männern gleichen Alters tut dies ebenfalls und 8 von 100 Befragten wechseln sich dabei ab.

4. Wie soll der Staat Familien mit Kindern fördern?

Familien stehen unter dem besonderen Schutz des Staates, deshalb mischt der Staat sich ein. Er versucht durch familienfreundliche Gesetze günstige Rahmenbedingungen für Familien mit Kindern zu schaffen. Dies erleichtert es jungen Familien, sich für Kinder zu entscheiden.
Ann-Kathrin und Patrick sind solch ein junges Paar. Versetzt euch in ihre Lage und überlegt mithilfe der Bausteine staatlicher Familienpolitik, mit welchen Hilfen sie rechnen können.

Wie hilft der Staat, wenn das erste Kind kommt?

Ann-Kathrin Sauer erwartet ein Baby. „Jetzt werden wir eine richtige Familie", freut sich ihr Mann Patrick. Er erinnert sich an das entscheidende Gespräch vor einem guten Jahr. Das war kurz vor Ann-Kathrins Geburtstag ...

Ann-Kathrin: Patrick, du und ich, wir beide wollen Kinder, davon haben wir schon oft gesprochen. Ich denke, es ist Zeit, dass wir uns ganz konkret darüber unterhalten. Du weißt, dass ich schließlich nächste Woche 24 Jahre werde – ein gutes Alter, um Mutter zu werden.

Patrick: Ja, ich habe mir auch schon Gedanken gemacht. Aber ich bin mir nicht sicher ... Ich verdiene als Großhandelskaufmann zwar nicht schlecht, aber kommen wir, wenn das Kind da ist, mit einem Gehalt wirklich klar?

Ann-Kathrin: Über das Geld habe ich mir, ehrlich gesagt, noch gar nicht den Kopf zerbrochen. Was ich weiß, ist, dass ich die ersten drei Jahre, wenn das Baby noch klein ist, nicht arbeiten gehen möchte, weil unser Kind mich dann braucht.

Patrick: Du verdienst als Technikerin in eurem Softwareunternehmen fast 200 € im Monat mehr als ich. Wenn wir für so lange Zeit ganz auf dein Gehalt verzichten sollen, dann müssen wir unsere Lebensgewohnheiten ganz gewaltig ändern. Das heißt weniger Urlaub, seltener ausgehen ... Vielleicht kann ich ja auch zu Hause bleiben.

Ann-Kathrin: Das wäre auch in Ordnung. Hauptsache, einer von uns zweien ist bei unserem Kind. Aber geht das überhaupt?

Patrick: Keine Ahnung. Auf jeden Fall kommt da ganz schön was auf uns zu. Wenn ich allein an die vielen Anschaffungen für das Baby denke.
Und eine größere Wohnung brauchen wir auch. Auf Dauer wird unsere Wohnung mit ihren 68 m² für uns drei zu klein.

Ann-Kathrin: Uns drei? Noch ist das Kind nicht da. Aber du hast Recht. Allerdings kommen wir die ersten Jahre mit unserer Wohnung, so wie sie ist, klar. Die ist groß genug für uns drei. Solange das Kind klein ist, braucht es vielleicht nicht unbedingt ein eigenes Zimmer. Und später will ich auf jeden Fall zurück in meinen Beruf. Dann verdiene ich wieder mit und eine größere Wohnung zu finanzieren, dürfte dann kein Problem mehr sein. Ich glaube, meine Firma muss mir sogar meinen Arbeitsplatz freihalten, oder?

Patrick: Ja, ich glaube schon, aber ich weiß es nicht genau. Da müssen wir uns informieren. Außerdem gibt es bestimmt auch noch andere Hilfen für junge Familien ...

Staatliche Hilfen

Mutterschutz und Mutterschaftsgeld
Für Frauen, die arbeiten, gelten während der Schwangerschaft besondere Schutzvorschriften. Sie dürfen 6 Wochen vor der Geburt bis 8 Wochen nach der Geburt nicht arbeiten. Frauen genießen in der Schwangerschaft bis zum fünften Monat nach der Entbindung Kündigungsschutz.
Ihr Lohn oder Gehalt wird während der Zeit des Mutterschutzes normal weitergezahlt. Nicht erwerbstätige Frauen erhalten während der gesetzlichen Mutterschutzfristen ein Mutterschaftsgeld von maximal 210 €.

Kindergeld und Kinderzuschlag
Unabhängig vom Einkommen wird für alle Kinder bis zum 18. Lebensjahr Kindergeld bezahlt. Es beträgt für das erste und zweite Kind monatlich 184 €. Für das dritte Kind erhält die Familie 190 €. Ab dem vierten Kind gibt der Staat monatlich 215 € als Zuschuss. Für Kinder in der Ausbildung wird das Kindergeld sogar bis zum 25. Lebensjahr bezahlt. Eltern mit geringem Einkommen haben zusätzlich noch Anspruch auf einen Kinderzuschlag von bis zu 140 € für jedes Kind unter 18 Jahren (Stand 2010).

Steuerliche Freibeträge
Jeder, der arbeitet, muss auf seinen Lohn eine Steuer bezahlen. Das ist eine Abgabe, mit der der Staat seine Aufgaben finanziert. Kinder verringern diese Steuerlast.
Hat man ein Kind, dann muss man für 7.008 € seines Jahresverdienstes keine Steuern zahlen, das heißt, dass einem mehr Geld zur Verfügung steht, das man ausgeben kann.

Elterngeld
Das Elterngeld ist eine Lohnersatzleistung für Eltern, die für eine bestimmte Zeit zu Hause bleiben wollen, um sich um ihr Kind zu kümmern. Es beträgt 67 Prozent des Lohnes, aber höchstens 1.800 €. Familien, in denen sowieso nur ein Partner arbeitet, Geringverdiener und Arbeitslose erhalten 300 € im Monat.
Alle frischgebackenen Eltern haben Anspruch auf Elterngeld. Es wird für die Dauer von 12 Monaten gezahlt. Beteiligen sich die Väter an der Pflege der Neugeborenen erhöht sich der Anspruchzeitraum auf 14 Monate (Stand 2010).

Elternzeit
Eltern, die arbeiten, haben bis zum dritten Geburtstag ihres Kindes einen Rechtsanspruch auf Elternzeit. Während der Elternzeit besteht Kündigungsschutz. Teilzeitarbeit ist erlaubt. Wer von den Eltern, wann Elternzeit nimmt, bleibt diesen überlassen. Es können auch beide Eltern gleichzeitig Elternzeit anmelden. Allerdings gilt hier, anders als beim Mutterschutz: Das Gehalt oder der Lohn wird in dieser Zeit nicht weiterbezahlt.

Kinderbetreuung
Die Kommunen organisieren verschiedene Kinderbetreuungsangebote. Besonders Kindergärten und Kinderhorte erleichtern die Berufstätigkeit junger Eltern. Ab dem dritten Lebensjahr hat jedes Kind einen Anspruch auf einen Kindergartenplatz. Für den Besuch von Kinderhort und Kindergarten müssen die Eltern allerdings eine Gebühr entrichten.

1. Wie könnte das Gespräch von Ann-Kathrin und Patrick fortgesetzt werden? Informiere dich über die Bausteine staatlicher Familienförderung und schreibe den Dialog der beiden weiter.
2. Nicht nur der Staat unterstützt die Familien. In immer mehr Kommunen bilden sich „Lokale Bündnisse für Familie". Besuche die Internetseite www.familienbuendnisse.de und informiere dich, ob deine Gemeinde dabei ist und welche Unterstützungsangebote es in den Kommunen gibt.

5. Wie leben Familien in anderen Kulturen?

Keine Familie ist wie die andere. – Trotzdem haben zum Beispiel Familien aus Europa Gemeinsamkeiten, die sie von Familien aus Asien, Afrika oder Amerika unterscheiden. Wie eine Familie lebt, hängt nämlich auch von der Kultur des Heimatlandes ab. Stellt euch die drei Familien, deren Alltag auf den nächsten Seiten beschrieben wird, gegenseitig vor. Dabei teilt ihr die Arbeit am besten in Gruppen auf. Arbeitet dazu die Methodenkarte auf der Seite 63 durch. Die Übersicht kann euch als Vorlage für euren Gruppenbericht dienen. Jeder sollte sie in seinem Heft haben.

Name der Familie, Herkunftsland	1. Personen, Berufe	2. Besitzverhältnisse	3. Wie sind die Rollen in den Familien verteilt?	4. Was ist den Familien wichtig?	5. Glaubt ihr, dass die Familien mit ihrem Leben zufrieden sind?

Beispiel Nr. 1:
Familie Getu, Äthiopien

Das ist Familie Getu. Sie lebt in Äthiopien, einem der ärmsten Länder der Welt. Sie besteht aus den Eltern und ihren fünf Kindern im Alter von acht Monaten bis zu zehn Jahren.
Ihr wertvollster Besitz: Ochsen
Ihr sehnlichster Wunsch: mehr Nutztiere, Kleider zum Wechseln, besseres Saatgut, Ackergerät, Frieden im Land und in der Welt
Der Fotograf berichtet: „Es gibt hier weder fließendes Wasser noch Gas noch Elektrizität. Das Wenige, das sie hatte, hat die Großfamilie freundlich mit mir geteilt. Wenigstens dreimal pro Tag hat man mich in eines ihrer Häuser gebeten und mir Kaffee und geröstetes Getreide angeboten. Eines Abends war ich bei Getu und Zenebu zu Gast, als wir draußen jemanden rufen hörten. Ein einsamer Wanderer hatte sein Ziel vor Einbruch der Dunkelheit nicht erreicht und suchte einen Schlafplatz. Getu hieß den ‚Sonnenuntergangsgast', wie man so jemanden hier nennt, in seinem Haus und an seinem Feuer willkommen. – Tagsüber gab es zu dieser Zeit für die Männer nicht viel auf den Feldern zu tun. Nur ein Verwandter hütete das Vieh der Großfamilie. Für die Frauen allerdings gibt es keine ruhige Jahreszeit. Sie holen Wasser, kochen, säubern die Pferche, formen Dung zu Brennmaterial – und immer essen sie erst nach den Männern, trinken ihren Kaffee, wenn die Männer fertig sind. Wenn ich ausgetrunken hatte, wurde eine der Frauen herbeigerufen, mir Kaffee oder Tee nachzugießen, selbst wenn die Kanne in Griffweite stand. Das war mir immer peinlich. Am stärksten beeindruckt war ich von Getus Botschaft an die Welt. Er, der manchmal Hunger leidet, wünschte sich geradezu leidenschaftlich Frieden auf der Welt."
Bau- und Brennholz sind äußerst knapp. Deswegen sammelt Zenebu jeden Morgen Dung im Pferch und vermischt ihn mit Stroh. Ein Teil davon wird zum Verputzen der Hauswände benutzt. Auch die Kinder werden in die tägliche Arbeit mit eingespannt. Getu und Zenebu sind der Meinung, dass ihre Kinder auf lange Sicht als Bauern keine Überlebenschancen haben. Nach ihrer Überzeugung ist eine gute Ausbildung von allergrößter Bedeutung. Deshalb schmerzt es sie besonders, dass ihre Kinder nicht die örtliche Schule besuchen können. Der Unterricht ist zwar kostenlos, doch für Schulkleidung und Lernmittel müsste die Familie etwa ein Drittel ihres Jahreseinkommens aufwenden. So ist es nicht verwunderlich, dass in dieser Region, in der 10 000 Menschen leben, nur 100 Kinder die Dorfschule in Moulo besuchen.

Beispiel Nr. 2:
Familie Nguyen, Vietnam

Familie Nguyen lebt in Viet Doan in Vietnam.
Familienmitglieder: 5
Arbeitszeit pro Woche: 119 Stunden (Vater, Mutter jeweils 17 Stunden pro Tag. Urlaub gibt es nicht.) Der wertvollste Besitz: Haus (Vater), Gesundheit der Kinder (Mutter).
Der Arbeitstag beginnt für die Familie Nguyen um 6.30 Uhr. Noch vor dem Frühstück müssen die Schweine gefüttert und die Hühnereier aus den Nestern genommen werden. Dann wird das Haus aufgeräumt. Das Frühstück besteht für gewöhnlich aus Resten vom Abend zuvor: Eier, Schweinefleisch, Gemüse und Reis.
Anschließend geht Thi Canh auf ein Feld der Produktionsgenossenschaft und erntet Grünfutter. Der Morgendunst hängt noch über dem Dorf, wenn Zweitklässler Duy Hung sich um 7.30 Uhr auf den Schulweg macht. Für Thi Huong beginnt der Unterricht erst eine halbe Stunde später. Ihr bleibt noch Zeit, ihre kleine Schwester Thi Hai zum Kindergarten zu bringen. Ehe sich die Familie zum Familienfoto aufstellte, luden die Nguyens alle Mitglieder der Großfamilie und uns zu einem Festessen ein – eine ansehnliche Gästeschar, denn Duy Ha hat noch drei ältere Brüder und eine Schwester. Fünf Tabletts mit identischen Speisen wurden von den Frauen hereingebracht: Eins war für Duy Ha, dessen Mutter und seine Brüder; drei für die Frauen, Kinder und Jugendlichen und ein fünftes für Duy Has Vater und die ausländischen Gäste. Bald erfüllten fröhliches Stimmengewirr, das Surren des Ventilators und der appetitanregende Duft von gerösteten Erdnüssen, im Wok gebratenem Hühnerfleisch, frittiertem Tofu, Frühlingsrollen und Reis den Raum. Schon früh am Morgen spült Mutter Thi Canh Geschirr und wäscht Gemüse. Vater Duy Ha und die kleine Thi Hai helfen ihr dabei. In der Landkommune Phat Tich, zu der die Familie Nguyen gehört, wird Reis angebaut und verarbeitet.

Beispiel Nr. 3:
Familie Balderas, Mexiko

Familie Balderas lebt in Guadalajara in Mexiko.
Familienmitglieder: 6
Arbeitszeit pro Woche: 36 Stunden – Vater (Gelegenheitsarbeiten nicht mitgerechnet); 60 Stunden – Mutter, im Haushalt
Der wertvollste Besitz: Fernsehgerät (ganze Familie), Stereoanlage (Vater), Bibel (Mutter), Fahrrad (älterer Sohn)

Ambrosio Castillo Balderas geht gegen vier Uhr morgens zur Arbeit und ist froh, wenn er den Abend einmal mit der Familie vor dem Fernseher verbringen kann. Er ist ständig auf den Beinen. Wenn er nicht an seinem Haus baut, verdient er sich nach Feierabend noch etwas als Schweißer dazu. Tagsüber arbeitet Ambrosio auf dem Großmarkt, wo er Lastwagen mit Karotten, Chillies, Eiern und Tomaten belädt. Die Kinder besuchen die Grundschule der „Mexikanischen Helden", benannt nach einer Gruppe von Kindern, die während der Revolution von 1910 gefallen sind. Carmen ist Hausfrau. Sie ist sehr ordnungsliebend und hat mit dem Haushalt genug zu tun. Mit ihren Kindern geht sie am Sonntag zu einem Gottesdienst der Zeugen Jehovas, denen die Familie angehört. In dem von einer hohen Mauer umgebenen Hof der Familie Castillo Balderas spielt sich ein Großteil des Familienlebens ab. Dort stehen auch Ambrosios Arbeitsgeräte und Carmens Waschmaschine. Und hier gibt es das Trinkwasser aus einem Gartenschlauch, der provisorisch an eine Wasserleitung angeschlossen ist. Überdies ist der Hof für die Kinder ein sicherer Spielplatz in einer unsicheren Gegend. Cruz bespritzt gerade seine Schwestern mit einer Wasserpistole.

(Alle Beispiele aus: So lebt der Mensch, hrsg. von Peter-Matthias Gaede, Verlag Gruner und Jahr, Hamburg 2004)

METHODENKARTE 3
Methodenkarte

Erfolgsregeln für Gruppenarbeit

Thema: Familien in anderen Kulturen

Wann ist Gruppenarbeit sinnvoll?

Gruppenarbeit ist dann sinnvoll, wenn man miteinander diskutieren muss, um ein Problem zu lösen, oder wenn die Arbeit, die man erledigen muss, so anspruchsvoll und so umfangreich ist, dass man sie alleine nur mit großer Mühe bewältigen kann. In solchen Fällen ist es besser – im Leben wie in der Schule – sich mit anderen zusammenzutun, um die anstehenden Aufgaben gemeinsam in der Gruppe zu erledigen.
Allerdings: Gruppenarbeit beinhaltet nicht nur Chancen, sondern auch Risiken. Arbeitet eine Gruppe nicht gut zusammen, wird auch kein vernünftiges Gruppenergebnis dabei herauskommen. Erfolgreich wird Gruppenarbeit, wenn sich alle an bestimmte Regeln halten.

Wie wird Gruppenarbeit zum Erfolg? 10 Regeln:

1. Bildet die Gruppen so, dass jede mit etwa gleich vielen Schülerinnen und Schülern besetzt ist.
2. Richtet euren Arbeitsplatz ein, legt euer Arbeitsmaterial bereit, und zwar leise, schnell und rücksichtsvoll. Dies gilt besonders dann, wenn Tische und Stühle umgestellt werden müssen.
3. Jede Gruppenarbeit beginnt mit einer gemeinsamen Besprechung der Aufgabenstellung. Bei Unklarheiten hilft die Lehrerin, der Lehrer.
4. Jedes Gruppenmitglied verschafft sich einen vollständigen Überblick über das vorliegende Arbeitsmaterial.
5. Der Arbeitsablauf wird organisiert. Man kann sich die Arbeit teilen oder gemeinsam an der Gruppenaufgabe arbeiten. Wichtig ist, dass jeder in der Gruppe alle wichtigen Arbeitsergebnisse notiert.
6. Alle Gruppenmitglieder werden gleichberechtigt an der Arbeit beteiligt. Niemand wird ausgeschlossen und jeder gibt sein Bestes.
7. Die Gruppenmitglieder gehen rücksichtsvoll und höflich miteinander um.
8. Wenn Schwierigkeiten auftreten, versucht die Gruppe, diese zuerst einmal selbst zu lösen und ruft nicht sofort nach dem Lehrer.
9. Die Präsentation der Ergebnisse wird gemeinsam vorbereitet.
10. Während der Präsentation hören alle aufmerksam zu. Die eigenen Notizen werden zur Seite gelegt, bis man selbst an der Reihe ist.

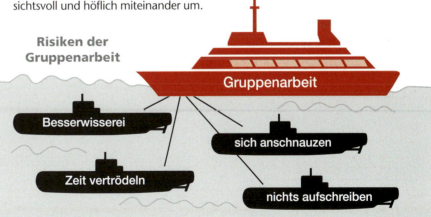

Risiken der Gruppenarbeit

Memory-Station

Wichtiges Wissen

 Station 1 — Entwicklung (Seite 43)

Du möchtest den Rollerführerschein machen. Leider reicht dein Taschengeld nicht aus. Deshalb bewirbst du dich als Babysitter. Doch ganz so einfach, wie du dir das gedacht hast, ist es nicht. Denn bevor du den Job bekommst, wollen die Eltern des Kindes sich mit dir unterhalten. Sie wollen feststellen, ob du weißt, was gut für die Entwicklung von Kindern ist. Deshalb stellen sie dir folgende Fragen:

1. Unser Kind ist in der „sensiblen Phase". Was bedeutet das?
2. Was ist gut für die Entwicklung unseres Kindes?

 Station 2 — Erziehung (Seite 46)

Stell dir vor, du machst dein Schulpraktikum in einem Kindergarten. Die Erzieherin deiner Kindergartengruppe erwartet von dir, dass du dich mit um die Erziehung der Kinder kümmerst. Sie erwartet von dir, dass du dich vorher mit folgenden wichtigen Fragen der Erziehung vertraut machst:
1. Was bedeuten die Begriffe Erziehung, Erziehungsmittel und Erziehungsziel?
2. Warum ist Erziehung nötig?
3. Wie erziehe ich erfolgreich?

 Station 3 — Familienpolitik (Seite 59)

Wie fördert der Staat die Familie?

Verfasse einen Dialog, in dem die sechs wichtigsten Bausteine der staatlichen Familienförderung vorgestellt werden.

www.familie.de +++ www.bmfsfj.de +++ www.lokale-buendnisse-fuer-familie.de +++ www.kindersache.de

Zusammenleben in der Familie

Wichtige Fähigkeiten

Station 4: Rollenverteilung in der Familie: Entscheidungen begründen

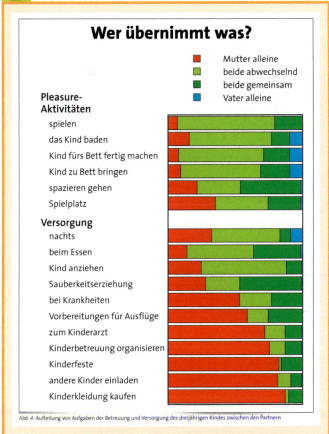

Abb. 4: Aufteilung von Aufgaben der Betreuung und Versorgung des dreijährigen Kindes zwischen den Partnern

In der Familie Schneider muss die Arbeit neu verteilt werden. Frau Schneider, die seit der Geburt ihrer heute drei Jahre alten Tochter Sandra zu Hause geblieben war, möchte nun wieder zurück in ihren Beruf als Bankkauffrau. Sie hat Glück: Ihr alter Arbeitgeber, die Städtische Sparkasse, hat ihr eine Halbtagsstelle angeboten.
Verteile die Aufgaben unter dem Aspekt der Entlastung von Frau Schneider neu und begründe deine Entscheidung überzeugend. Orientiere dich dabei an der Statistik.

Station 5: Erziehungsziele: Entscheidungen treffen

Wähle aus der nachfolgenden Liste fünf Erziehungsziele aus, die unbedingt erreicht werden müssen, um Erfolg im Leben zu haben. Begründe deine Auswahl.

1. Ordnungsliebe	13. Zuverlässigkeit
2. Selbstständigkeit	14. Ehrlichkeit
3. Warmherzigkeit	15. Freundlichkeit
4. Höflichkeit	16. Bescheidenheit
5. Fleiß	17. Toleranz
6. Mitgefühl	18. Rücksichtnahme
7. Sparsamkeit	19. Selbstvertrauen
8. Mut	20. Pünktlichkeit
9. Kommunikationsfähigkeit	21. Gemeinschaftssinn
10. Lernbereitschaft	22. Kritikfähigkeit
11. Disziplin	23. Ausdauer
12. Verantwortungsbewusstein	24. Durchsetzungsvermögen

www.kinderschutzbund.de +++ www.familie.de +++ www.bmfsfj.de +++ www.lokale-buendnisse-fuer-familie.de

3 Politik in der Gemeinde und im Bundesland

Teil A: Politische Beteiligung in der Gemeinde

Gemeinden haben viele Gesichter – vom Dorf bis zur Millionenstadt.

Was bedeutet die Gemeinde, in der ihr lebt, für euch?

Sammelt miteinander, was euch daran wichtig ist, was euch interessiert, was ihr gerne noch genauer wissen möchtet, auch was euch an eurer Gemeinde stört.

Nachdem ihr morgens aufgestanden seid, dreht ihr den Wasserhahn auf. Vielleicht schaltet ihr auch das Radio ein und andere Geräte, die Strom benötigen. Auf dem Weg zur Schule benutzen viele von euch ein öffentliches Verkehrsmittel und den Nachmittag verbringt ihr eventuell auf dem örtlichen Sportgelände oder in einem Schwimmbad, in einem örtlichen Jugendtreff oder auch in einer Leihbibliothek.

Hinter all diesen Aktivitäten stehen Leistungen, welche die Gemeinde erbringt. Ob wir uns wohlfühlen oder nicht in unserer Gemeinde, hängt ganz erheblich davon ab, wie gut sie diese Versorgungsaufgaben meistert.

In seiner Heimatgemeinde ist man zu Hause. Es kann sich dabei um ein Dorf mit zwanzig Häusern handeln oder auch um eine Stadt mit mehreren hunderttausend Einwohnern. Manchmal freut man sich, wenn z. B. das örtliche Hallenbad endlich renoviert wird, manchmal ärgert man sich auch, wenn zum Beispiel kein Geld für die Erweiterung des Jugendzentrums zur Verfügung gestellt werden kann. Immer betrifft es uns ganz persönlich, was in unserer Heimatgemeinde geschieht.

Die meisten Menschen interessieren sich für das, was vor Ort geschieht. Sie informieren sich in der örtlichen Presse, reden und diskutieren miteinander. Viele machen auch mit – in einem Verein, in einer Bürgerinitiative oder auch als Mitglied in einem Gemeinde- oder Stadtrat. Daher ist die Gemeinde der überschaubarste Bereich, in dem Politik stattfindet.

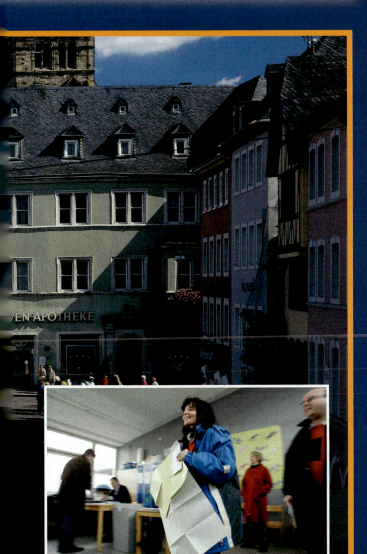

Wenn ihr das Kapitel bearbeitet, könnt ihr

- erklären, welche Rolle das Geld für die Politik einer Gemeinde spielt,
- die unterschiedlichen Aufgaben der Gemeinde darstellen,
- herausfinden, wie die Politik vor Ort funktioniert und welche Möglichkeiten Jugendliche haben, daran teilzunehmen,
- Texte mit der Methode des Mindmappings bearbeiten, um sie euch besser einzuprägen,
- eine Rolle in einem Planspiel übernehmen.

1. Politik in der Gemeinde – „Was habe ich damit zu tun?"

Kerstins Einstellung ändert sich

Kerstin weiß heute noch genau, wann sie damit begann, sich für das zu interessieren, was in ihrer Heimatgemeinde geschieht. Es war kurz vor ihrem elften Geburtstag, genau am 9. März 2001. An diesem Tag schlug sie die örtliche Zeitung ihrer Heimatstadt Hermeskeil auf und las: „Stadtrat beschließt Schließung des Freibades." Kerstin wollte das nicht glauben. Das schöne Freibad, das gehörte im Sommer für sie und ihre Freundinnen einfach zum Leben dazu. Das durfte doch nicht geschlossen werden! Am nächsten Tag war die Freibadschließung großes Thema in Kerstins Klasse. Alle Schülerinnen und Schüler waren empört darüber. „Das können die doch nicht machen!", war die übereinstimmende Meinung. Im Geschichtsunterricht hatten sie den Schulleiter als Lehrer und der war auch Mitglied des Stadtrates. Er nahm sich Zeit und erklärte den Schülern: „Die Unterhaltung des Freibades ist in den letzten Jahren immer teurer geworden. Würde die Stadt es weiter betreiben, hätte sie kein Geld mehr für andere wichtige Dinge. Die Mehrheit im Stadtrat ist der Meinung, dass es noch wichtigere Aufgaben für die 16 300 Bürger in unserer Stadt zu bewältigen gibt als die Betreibung eines Stadtbades.

„Was kann für unsere Stadt noch wichtiger sein als ein geöffnetes Freibad im Sommer?", dachten damals Kerstin und ihre Freunde Peggy und Daniel. Sie beschlossen, sich im Rathaus genauer zu informieren. Im zweiten Stock fanden sie das Presse- und Informationsbüro und dort versorgte sie eine freundliche Dame mit genaueren Informationen: „Das Freibad wurde in einer Zeit gebaut, als die Wasser- und Energiekosten noch gering waren. Jetzt ist das alles sehr viel teurer geworden und die Kosten explodieren weiter. Jedes Jahr muss die Stadt die Öffnung des Freibades mit circa 150 000 Euro finanziell unterstützen. Dieses Geld fehlt an anderer Stelle, z. B. bei der dringend notwendigen Modernisierung der Feuerwehr."

Kerstin verstand die Problematik nun besser, fand aber trotzdem, dass das Freibad geöffnet bleiben müsse, auch deshalb, weil es für den Tourismus interessant ist, dem die Stadt einen Teil ihrer Einnahmen verdankt. Sie freute sich sehr, als die Bevölkerung von Hermeskeil noch im gleichen Jahr mit ihren Unterschriften einen Bürgerentscheid erzwang. Darin wurden alle Wahlberechtigten in der Stadt zu einer Abstimmung aufgerufen für oder gegen die Freibadöffnung. Die Mehrheit entschied für die Öffnung und überstimmte damit den Stadtrat, der ja bereits einen Schließungsbeschluss herbeigeführt hatte. Das Freibad blieb geöffnet und Kerstin konnte die sommerlichen Schwimmbadbesuche weiterhin genießen. Das ging bis zum Jahr 2006 so. Allerdings geriet das Bad mit den Jahren in einen immer schlechteren Zustand, weil die Stadt nur die allernotwendigsten Reparaturen durchzuführen in der Lage war. Die Hermeskeiler kämpften weiter und Kerstin mischte mittlerweile schon kräftig mit. Im Stadtrat spürten alle Fraktionen, wie wichtig den Hermeskeilern der Erhalt ihres Freibades war, und so suchte man nach neuen Finanzierungsmöglichkeiten. Das Land Rheinland-Pfalz sollte helfen. Es wurde ein Antrag auf Übernahme der Renovierungskosten bei der Landesregierung gestellt, der zunächst abgelehnt wurde. Nach Berechnungen der Stadtverwaltung von Hermeskeil beliefen sich die Kosten für eine vollständige Modernisierung des Bades auf knapp drei Millionen Euro. Was Kerstin und die Hermeskeiler kaum mehr zu hoffen wagten, erfüllte sich dann doch noch. Die Landesregierung von Rheinland-Pfalz legte ein Programm zur Finanzhilfe bei der Modernisierung der Freibäder im Land auf. 70 Prozent der Umbaukosten des Hermeskeiler Freibades sollten dadurch vom Land übernommen werden. Kerstin ist mittlerweile 16 und sie sagt, sie habe viel über Politik gelernt seit dem 9. März 2001.
Was kann das sein?

(Vom Autor berichtet nach den tatsächlichen Fakten.)

Freizeiteinrichtungen: Was leisten die Gemeinden dafür? Was kostet das?

Gemeinden stellen zahlreiche Freizeiteinrichtungen zur Verfügung: Hallen- und Freibäder, Sportstätten, Büchereien, Theater, Museen, Parks, Spielplätze u. a. Am Beispiel der Stadt Trier (knapp unter 100 000 Einwohner) könnt ihr hier an einigen Posten feststellen, wie viel es kostet, diese Einrichtungen pro Jahr zu unterhalten. In den städtischen Haushaltsplänen werden die Ausgaben den erwarteten Einnahmen gegenübergestellt. Um die Fehlbeträge zwischen den Einnahmen aus Eintrittsgeldern und Gebühren auszugleichen, stehen Steuereinnahmen und Finanzzuschüsse zur Verfügung. Diese reichen aber immer öfter nicht aus. Das bedeutet dann, dass sich eine Gemeinde Geld leihen muss. Wird die Schuldenlast zu groß, können Eintrittspreise (auch Fahrpreise für Stadtbusse) und Gebühren erhöht werden. Im schlimmsten Fall droht die Schließung städtischer Freizeiteinrichtungen.

Haushalt der Stadt Trier		
Gesamtausgaben 2007		317 911 861 Euro
Geschätzte Einnahmen		235 298 995 Euro
Fehlbetrag[1] (Finanzierung über Kredite)		− 82 612 866 Euro
Ausgewählte Posten:	Ausgaben	Einnahmen
Gesamtausgaben für die Jugendarbeit	2 093 902 €	0 €
Stadtbücherei	1 181 192 €	115 040 €
Freibäder	801 001 €	236 583 €
Sportstätten (inklusive Eissporthalle)	1 646 072 €	404 906 €
Kindergärten, Kindertagesstätten	17 086 670 €	6 786 459 €
Stadttheater	11 640 574 €	6 764 208 €
Städtische Musikschule	843 380 €	474 766 €

[1] Im Fehlbetrag sind alte Schulden in Höhe von 65 623 480 € enthalten. Die Neuverschuldung im Jahr 2007 beträgt 16 989 386 €.

1. Welche Aktivitäten der Menschen in der Gemeinde Hermeskeil haben dazu geführt, dass das Freibad erhalten und modernisiert werden konnte.
2. „Alle Personen, die in einer Gemeinde, also einer Stadt oder einem Dorf wohnen, sind von den Entscheidungen in der Gemeindepolitik betroffen." Erklärt, warum das so ist.
3. Berechnet am Beispiel der Stadt Trier die Differenz zwischen den Ausgaben und den Einnahmen für die aufgeführten Haushaltsposten. Überlegt, welche Möglichkeiten die Stadt hat, die Lücken zu schließen.

2. Welche Aufgaben haben die Gemeinden?

Viele Wünsche – leere Kassen

Wir besuchen Familie Schwendler, die an einem Sonntag beim gemeinsamen Mittagstisch sitzt. Die Schwendlers, das sind die Eltern Simone und Norbert und die beiden Kinder Philipp (14) und Tanja (11). Sie wohnen in der Gemeinde Schönstadt und sie unterhalten sich oft darüber, was in ihrer Stadt los ist und welche Probleme es gibt. Diesmal ist es Philipp, der eine lebhafte Diskussion auslöst.

Lest das Gespräch mit verteilten Rollen und achtet beim Lesen besonders auf die Fragen, die im Gesprächsverlauf gestellt werden.

Philipp: Habt ihr gehört, die Stadt hat kein Geld mehr. Das Hallenbad soll geschlossen werden und vielleicht auch das städtische Kunstmuseum.
Vater: Na ja, Gerüchte gibt es viele, aber es wird wohl nichts so heiß gegessen, wie es gekocht wird. Aber gespart werden muss wohl ganz enorm.
Tanja: Das wäre ja total blöd, wenn wir nicht mehr schwimmen gehen könnten. Wir bezahlen doch immer Eintrittsgeld. Warum kann denn die Stadt das Hallenbad nicht mehr bezahlen?
Mutter: Und nicht zu knapp für vier Personen. Wenigstens haben wir jetzt mehr Kindergartenplätze. Meine Freundin Susanne ist als Alleinerziehende heilfroh, dass ihr kleiner Markus einen Platz gekriegt hat.
Vater: Die Erweiterung der Kindergärten hat die Stadt einiges gekostet. Die haben ja wohl auch neues Personal einstellen müssen, damit jedem Kind ein Kindergartenplatz garantiert werden kann.
Philipp: Moment mal, ich rede vom Schwimmbad und ihr erzählt mir was vom Kindergarten. Was hat denn das Schwimmbad mit dem städtischen Kindergarten zu tun?
Mutter: Na ja, das sind eben alles Kosten, die in einer Stadt entstehen. Gibt man sein Geld für die eine Sache aus, ist für die andere nichts mehr übrig.
Vater: Es ist wie bei uns zu Hause. Die Ausgaben dürfen auf Dauer nicht höher sein als die Einnahmen. Ich bin mal gespannt, jetzt wird ja bald der Haushalt in Schönstadt verabschiedet.
Tanja: Fährt der Haushalt weg? Und was ist das eigentlich, ein Haushalt?
Mutter: (lacht) In einem Haushalt schreibt man auf, welche Einnahmen man in einem Jahr hat und welche Ausgaben dem gegenüberstehen. Und verabschieden heißt hier, dass der Gemeinderat über den Haushalt abstimmt.
Tanja: Dann sollen die mal aufschreiben, dass die Teerdecke vom Radweg unserer Schulturnhalle an vielen Stellen kaputt ist und repariert werden muss. Muss das auch die Stadt bezahlen?
Philipp: Keine Ahnung, aber mit deinem Radweg ist es wahrscheinlich so wie mit dem Jugendheim, das unser Oberbürgermeister mit tollen Worten versprochen hat – nichts tut sich. Haben die Stadträte keine Lust oder haben die kein Geld?
Vater: Die Kasse ist wohl ziemlich leer und trotzdem haben die Einwohner sehr viele Wünsche: Vergrößerung der Fußgängerzone in der Innenstadt, einen neuen Vorhang für das Stadttheater, bessere Busverbindungen, eine neue Musikschule und wer weiß, was noch. Da geht eben nicht alles.
Mutter: Dem Stadtrat geht es wie mir. Es ist gar nicht so leicht, es allen recht zu machen, wenn das Haushaltsgeld knapp ist.
Tanja: Was bedeutet das, wenn eine Stadt kein Geld hat?
Philipp: Es scheint wohl so zu sein, dass Städte auch Schulden haben können. Ich hoffe jetzt nur, dass die Schönstädter nicht ausgerechnet an den Kosten für unser Stadtbad sparen. Ich jedenfalls wüsste, wo man besser sparen könnte.
Tanja: Wo kann eine Stadt denn sparen?

1. Notiere alle Fragen, die in diesem Gespräch gestellt werden, und überlegt, ob euch in der Klasse schon einige Antworten darauf einfallen.
2. Die Stadt Schönstadt haben die Autoren dieses Buches erfunden, aber die Wünsche, die Probleme und die städtischen Aufgaben sind mehr oder weniger typisch für fast alle Gemeinden, die es in Deutschland gibt – und das sind über 16 000. Was erfahrt ihr darüber in diesem Gespräch? Was wisst ihr über Probleme, Wünsche und Aufgaben, wenn ihr an eure eigene Heimatgemeinde denkt?

TRAININGSPLATZ

Wie kann in unserer Stadt gespart werden?

Wir treffen Entscheidungen für den Stadtrat von Schönstadt

Stellt euch die folgende Situation vor:

Die Haushaltsberatungen im Stadtrat von Schönstadt sind ins Stocken geraten. Neben den vielen großen Ausgabenposten für die städtische Verwaltung, das Personal und andere städtische Maßnahmen haben die Stadträte für das kommende Jahr einige Vorhaben auf ihre Wunschliste geschrieben, die sie gerne verwirklichen würden. Ihr sollt entscheiden. Von den ursprünglich veranschlagten 8 Millionen Euro kann Schönstadt im nächsten Jahr höchstens 4 Millionen für die Verwirklichung seiner Wunschliste ausgeben. Was wird dem Rotstift zum Opfer fallen, was nicht? Geht dazu jede einzelne Maßnahme durch und entscheidet euch für A, B oder C.

Die Erarbeitung der Vorschläge kann gut in Gruppen geleistet werden. Danach stellen die einzelnen Gruppen ihre Vorschläge in der Klasse vor. Die Klasse ist dann sozusagen der Stadtrat von Schönstadt. Ihr müsst versuchen, den Stadtrat, also die gesamte Klasse, von euren Vorschlägen zu überzeugen. Denkt euch also in den Gruppen gute Begründungen für eure Vorschläge aus und macht euch Notizen für euren Gruppenvortrag. Die Klasse kann dann per Abstimmung über die einzelnen Punkte entscheiden.

A Diese Maßnahme muss trotzdem verwirklicht werden.

B Auf diese Maßnahme soll ganz verzichtet werden.

C Diese Maßnahme kann zum Teil oder in einem der folgenden Jahre verwirklicht werden.

Wunschliste	veranschlagte Kosten in Euro
1. Bau einer Lärmschutzmauer im Wohngebiet Schleemannstraße	1,75 Mio. Euro
2. Vergrößerung und Umgestaltung des zu klein gewordenen Fremdenverkehrsamtes	0,45 Mio. Euro
3. Erweiterung von zwei städtischen Kindergärten durch den Anbau von jeweils einem neuen Gruppenraum	0,50 Mio. Euro
4. Fortsetzung der Erschließung eines neuen Industriegebietes (Straße, Strom, Gas, Wasser, Abwasser), um die Stadt für neue Betriebe interessant zu machen	1,60 Mio. Euro
5. Anschaffung von drei komfortablen Bussen für die Beförderung der Schülerinnen und Schüler	0,60 Mio. Euro
6. Erneuerung des Daches im Gebäude eines städtischen Gymnasiums, das schon längere Zeit undicht ist	0,75 Mio. Euro
7. Ausbau des Seniorenheimes in der Stadtgartenstraße	0,25 Mio. Euro
8. Restaurierung der historischen Rathausfassade, die an einigen Stellen abzubröckeln droht	1,00 Mio. Euro
9. Anschaffung eines neuen Vorhangs und eines Teils der verschlissenen Sitze im Stadttheater	0,30 Mio. Euro
10. Neubau eines bisher nicht vorhandenen städtischen Jugendzentrums	0,50 Mio. Euro
11. Erneuerung der viel zu kleinen und mittlerweile unhygienischen Toilettenanlage an der städtischen Tennissportanlage	0,15 Mio. Euro
12. Neuanschaffung für die völlig veralteten Regalsysteme und Computeranlagen in der Stadtbücherei	0,15 Mio. Euro
zusammen: 8 Mio. Euro / finanzierbar: 4 Mio. Euro	

INFORMATION

Gemeindeaufgaben

1. Lest den Text Abschnitt für Abschnitt durch. Übernehmt die Zwischenüberschriften in euer Heft und notiert stichwortartig Informationen dazu, die ihr für besonders wichtig haltet.

2. Übt euch anschließend darin, das Wichtigste zum Thema Gemeindeaufgaben mündlich mit eigenen Worten zu erklären. (Im Partnerbriefing könnt ihr den Text gegenseitig mündlich zusammenfassen.)

3. Fertigt zum Text eine Mindmap an, mit deren Hilfe ihr euch die wichtigen Gemeindeaufgaben langfristig einprägen könnt. Wie das geht, seht ihr auf der übernächsten Seite.

Kommunale Selbstverwaltung

Stellt euch einmal vor, alles, was die Gemeinden in der Bundesrepublik Deutschland betrifft, würde von der Hauptstadt Berlin aus zentral entschieden werden, z. B. welche Schulen gebaut werden und welche Kläranlagen, welche Freizeitangebote gemacht würden usw. Das wäre sicherlich nicht im Interesse der Menschen, die in den vielen Dörfern und Städten leben und hier mitreden und mitgestalten wollen. Weil es vernünftig und bürgernah ist, sieht die politische Ordnung in Deutschland etwas ganz anderes vor, nämlich dass die Gemeinden ihre Angelegenheiten vor Ort selbstständig und in eigener Verantwortung regeln können. Man bezeichnet das als das *Recht auf kommunale Selbstverwaltung*. Es ist im Grundgesetz für die Bundesrepublik Deutschland garantiert und kann den Gemeinden nicht entzogen werden.

Vielfältige Aufgaben

Aus dem Recht auf kommunale Selbstverwaltung ergeben sich eine Reihe von Aufgaben für die Gemeinden.
Man kann unterscheiden zwischen:
- Pflichtaufgaben,
- freiwilligen Aufgaben,
- staatlichen Auftragsangelegenheiten.

Pflichtaufgaben sind Aufgaben, welche die Gemeinde erfüllen muss. Dazu gehören zum Beispiel der Bau und die Unterhaltung von Schulen, Ortsstraßen und Friedhöfen, die Einrichtung einer örtlichen Feuerwehr, die Versorgung der Bevölkerung mit Strom, Wasser, Straßenbeleuchtung, die Durchführung der Müllabfuhr, die Einrichtung von Buslinien, aber auch der Bau von Parkhäusern und Parkplätzen und anderes mehr. Ganz wichtig sind auch Maßnahmen zum Schutz der Umwelt, wie zum Beispiel der Bau von Kläranlagen. Weil viele dieser Aufgaben einzelne Gemeinden überfordern würden, schließen sich häufig mehrere Gemeinden zu Gemeinschaften zusammen. Da gibt es auf der unteren Ebene die Verbandsgemeinden mit einem gewählten Verbandsbürgermeister und Verbandsgemeinderat und auf der höheren Ebene die Stadt- und die Landkreise mit einem gewählten Kreistag und einem Landrat mit Sitz in der Stadt, nach der der Kreis benannt ist.
Mit der Durchführung einzelner Pflichtaufgaben, wie zum Beispiel der Organisation der Schülertransporte oder der Reinigung der Schulen, können die Ge-

lesen – bearbeiten – einprägen

meinden auch private Firmen beauftragen.
Bei den *freiwilligen Aufgaben* wird in der Gemeinde selbst entschieden, ob sie durchgeführt werden oder nicht. Oft geht es dabei um Baumaßnahmen, z. B. ob ein neues Stadttheater gebaut werden soll oder eine Sporthalle. Daneben geht es um finanzielle Unterstützungen für Vereine und Interessengruppen, um die Pflege und um Anschaffungen für städtische Einrichtungen und um die Finanzierung der Kinder- und Jugendarbeit.
Mit der Erledigung *staatlicher Auftragsangelegenheiten* helfen die Gemeinden bei der Durchführung von Bundesgesetzen oder Landesgesetzen. Dazu gehören zum Beispiel das Ausstellen von Personalausweisen, die Mithilfe bei der Durchführung von Landtagswahlen und Bundestagswahlen, die Führung des Standesamtes oder Einwohnermeldeamtes.

Die Finanzen der Gemeinden
Die Einnahmen der Gemeinden kommen zu etwa je einem Drittel aus folgenden Quellen:
Erstens: Sie ziehen *Steuern* ein. Zwei wichtige Gemeindesteuern sind die Gewerbesteuer und die Grundsteuer. Die Gewerbesteuer wird von den ortsansässigen Gewerbebetrieben bezahlt und die Grundsteuer von den Eigentümern landwirtschaftlichen, gewerblichen und privaten Grund und Bodens. Daneben gibt es noch kleine Gemeindesteuern wie die Getränke-, Hunde- und Vergnügungssteuer. Über die Höhe dieser Steuern können die Gemeinden entscheiden. Daneben erhalten sie noch einen Anteil an der vom Bund erhobenen Lohn- und Einkommenssteuer.
Die zweite Einnahmequelle sind die *Gebühren* und *Beiträge* zum Beispiel für Eintrittsgelder oder für die städtische Müll-

„Es ist nicht die Caritas, Liebling, es ist der Bürgermeister …"

Wenn ihr den Text aufmerksam gelesen habt, könnt ihr erklären, auf welche Problematik diese Karikatur hinweist.

abfuhr. Auch gehören dazu die *Einkünfte* aus Vermietungen oder dem Verkauf von Gebäuden und die *Erträge* der örtlichen Verkehrsbetriebe, des Wasserwerkes usw. Als eine dritte wichtige Einnahmequelle erhalten die Gemeinden vom Bund und von den Bundesländern sogenannte *Finanzzuweisungen*. Bei diesen Zuweisungen ist zu unterscheiden zwischen Geldern, über welche die Gemeinden frei verfügen können und solchen, die sie erhalten, um damit eine ganz bestimmte Maßnahme zu finanzieren.

Schulden
Viele Gemeinden sind hoch verschuldet, sodass sie kaum mehr Möglichkeiten haben, in Neues zu investieren, z. B. in Kindergärten, Jugendzentren, oder in den Straßenbau. Schulden entstehen meist durch Kredite, welche die Gemeinde zur Finanzierung von Maßnahmen aufgenommen hat. Sie muss dann einen großen Teil ihrer Einnahmen zur Abzahlung der Kredite verwenden und kann sich nichts mehr leisten. Das schränkt den Handlungsspielraum zahlreicher Gemeinden ein und darunter leiden die Bürger. Der wichtigste Grund für die Verschuldung besteht darin, dass die Gemeinden eine immer größere Zahl von Aufgaben zu erfüllen haben, für die sie über keinerlei zusätzliche Einnahmen verfügen. Ein weiterer Grund ergibt sich aufgrund der hohen Arbeitslosigkeit. Zwar müssen die Gemeinden nach einer Reform seit dem Jahr 2005 nicht mehr für die Unterstützung von Menschen aufkommen, die zu den Langzeitarbeitslosen gehören. Sie müssen aber diejenigen in finanzieller Notlage mit dem neu eingeführten Sozialgeld unterstützen, die im Alter keine Rente oder sonstige Einnahmen erhalten oder die aufgrund von Krankheit oder anderer Beeinträchtigung dem Arbeitsmarkt dauerhaft nicht zur Verfügung stehen. Steigende Energiekosten für Straßenbeleuchtungen und den öffentlichen Nahverkehr belasten zusätzlich die Gemeindekassen.
Manche Gemeinden haben sich auch in wirtschaftlich guten Zeiten zu aufwendige „Prachtbauten" geleistet und können nun die Folgekosten nicht mehr aufbringen. In solchen Fällen droht der Verkauf oder die Schließung städtischer Einrichtungen.

METHODENKARTE 4

Mindmap

Thema: Aufgaben der Gemeinde

Mindmap: Was ist das?

Eine Mindmap ist eine Darstellung von Arbeitsergebnissen, bei der man das Thema in die Mitte eines Blattes (oder eines Plakates, einer Folie, der Tafel) setzt und dann die weiteren Ergebnisse darum herum anordnet. Man entwickelt sozusagen eine Landkarte (= Map) aus Gedanken oder Arbeitsergebnissen (= Mind).

Mindmaps eignen sich besonders gut zur Erarbeitung schwieriger Sachtexte, weil man mit ihrer Herstellung einen Text sehr schön veranschaulichen kann. Die Mindmap, die man zu einem Text erstellt, prägt sich gut im Gehirn ein. Sie eignet sich auch als Grundlage für eine mündliche Zusammenfassung des Textes. Wenn ihr die Erarbeitung von Texten mit Mindmaps mehrfach übt, wird euch das Lesen und Verstehen schwieriger Texte immer leichter fallen.

Wie macht man das?

Erster Schritt:
Thema im Zentrum platzieren
Bei der Gestaltung einer Mindmap geht man immer von einem Zentrum aus. Im Zentrum steht das Thema. Eigentlich braucht man nur ein leeres Blatt und ein Schreibgerät. Hilfreich können einige farbige Stifte sein.

Zweiter Schritt:
Hauptstränge anlegen
Der wichtigste Schritt bei der Erstellung ist die Formulierung von Gliederungspunkten, die man in Form von Strängen darstellt. Hiermit bringt man Ordnung und Struktur in das Vorhaben. Beim Thema Gemeinde bietet sich je ein Strang für die Pflichtaufgaben, die freiwilligen Aufgaben und die staatlichen Auftragsangelegenheiten an. Als weitere Stränge können noch Finanzen und Probleme aufgenommen werden.

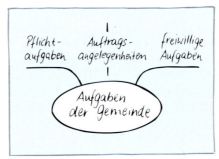

Dritter Schritt:
Nebenstränge anlegen
Jetzt beginnt der vorteilhafteste Teil des Mindmappings. Die Mindmap wird nach und nach vervollständigt. Dabei kann man die Informationen immer dann an den passenden Hauptstrang anbinden, wenn man sie findet. Die Informationen und Erkenntnisse zu den Gliederungspunkten werden in Form von Nebensträngen angelegt.

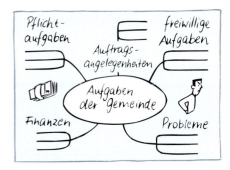

Vierter Schritt:
Mindmap abschließend gestalten
Am Ende sollte die Mindmap überarbeitet werden. Soll noch ein weiterer Strang hinzugefügt werden? Gibt es Verbindungslinien zwischen Haupt- und Nebensträngen? Besonders anschaulich werden Mindmaps, wenn sie mit kleinen Zeichnungen versehen werden.

Fünfter Schritt:
Mindmap benutzen
Die fertige Mindmap kann als Grundlage für eine Ergebnispräsentation genutzt werden. Wenn ihr das Mindmapping immer wieder mit Texten übt, werdet ihr über eine Methode verfügen, die das Speichern von Informationen sehr erleichtern kann.

TRAININGSPLATZ

Familie Schwendler zieht um

Wir stellen die dafür notwendigen Gemeindeaufgaben zusammen

Familie Schwendler, die ihr ja bereits kennengelernt habt, ist aus der zu engen Mietwohnung in ein neu erworbenes Reihenhaus in einem anderen Stadtteil von Schönstadt gezogen. Davon ist auch die Stadtverwaltung in ihren Aufgaben betroffen. Welche Aufgaben durch den Umzug auf die Gemeinde zukommen, könnt ihr hier selbst ermitteln. Dazu wird Einzel- oder Partnerarbeit empfohlen.

- Ordnet die passende Dienstleistung der Gemeindeverwaltung den Bedürfnissen der Familie Schwendler zu.
- Notiert unter der Überschrift: *Umzug und sonstige Dienstleistungen der Gemeinde* in euer Heft, welche Aufgaben in diesen Fällen von den Gemeinden erbracht werden müssen.

A Die Stadt muss für die Infrastruktur im neuen Wohngebiet sorgen und richtet Straßen, Wege, Straßenbeleuchtung und Leitungssysteme für Gas, Strom und Wasser ein.

B Schönstadt bietet den Einwohnern Möglichkeiten zur fachgerechten Entsorgung des Sondermülls. Herr Schwendler kann die Farbeimer zur städtischen Mülldeponie bringen. Es wird eine Entsorgungsgebühr fällig. Wer Sondermüll nicht fachgerecht entsorgt, macht sich strafbar.

C Der Verkehrsbetrieb der Stadt sorgt für den Schultransport und den sonstigen öffentlichen Nahverkehr. Die Stadt kann auch Privatunternehmen damit beauftragen. Philipp erhält seine Monatskarte beim Verkehrsamt von Schönstadt.

D Das Einwohnermeldeamt von Schönstadt muss alle Einwohner registrieren, die in der Stadt wohnen. Schwendlers sind verpflichtet, sich innerhalb einer Frist dort umzumelden.

E Die Stadt sorgt für die Müllabfuhr. Sie stellt die Abfallbehälter zur Verfügung und sorgt für den Abtransport. Schwendlers müssen dafür Gebühren bezahlen.

F Die Stadt ist verpflichtet, für die Grundversorgung der Einwohner mit Gas, Strom und Wasser zu sorgen. Schwendlers müssen sich mit den Stadtwerken in Verbindung setzen, damit diese Gebührenzähler für Wasser und Strom im neuen Haus installieren.

1. Nach dem Umzug stapeln sich im Keller des neuen Hauses mehrere Eimer mit Farbresten vom Anstrich des Hauses und andere Chemikalien, die entsorgt werden müssen.

2. Auch der normale Haushaltsmüll ist für Schwendlers ein Problem. Zwar trennen sie in Plastik-, Papier, Glas- und sonstige Abfälle, aber: Wohin damit?

3. Im neuen Haus sind alle Anschlüsse von Fachbetrieben sauber verlegt worden, aber es fließen noch kein Gas, kein Strom und kein Wasser.

4. Niemand kennt bis jetzt die neue Adresse der Schwendlers. Sie haben bei der Post einen Nachsendeantrag gestellt, wollen sich aber auch unter der neuen Adresse anmelden.

5. Noch führt nur ein oft matschiger Weg in das neue Wohngebiet der Schwendlers. Nachts ist es dort stockdunkel.

6. Philipp muss jetzt einen viel weiteren Schulweg in Kauf nehmen und möchte gerne den Schulbus benutzen.

3. Wie arbeiten Bürgermeister, Gemeinderäte und Gemeindeverwaltungen?

Die Rechte und Pflichten der Bürgermeister, der Gemeinderäte und der Gemeindeverwaltungen sind in den Gemeindeordnungen festgelegt. Darin gibt es Unterschiede von Bundesland zu Bundesland.

In allen Städten und Gemeinden in Deutschland ist die gewählte Vertretung der Bürgerinnen und Bürger das oberste beschließende Organ. Sie trägt unterschiedliche Bezeichnungen: Gemeinderat, Stadtrat, Gemeindevertretung, Stadtverordnetenversammlung. Unterschiedlich sind auch die Stellung und Funktionen des (Ober-)Bürgermeisters. Wichtig ist, ob er direkt vom Volk oder von der Gemeindevertretung gewählt wird. In den vergangenen Jahren ist die direkte Wahl durch die Bürgerinnen und Bürger der Gemeinde in den meisten Bundesländern gesetzlich verankert worden. Überall werden die Gemeinde- bzw. Stadträte von den ortsansässigen Bürgerinnen und Bürgern in freien, gleichen und geheimen Wahlen gewählt. Die Abstände zwischen den Gemeinderatswahlen sind wiederum unterschiedlich. In Bremen, Hessen und Schleswig-Holstein sind es vier, in Rheinland-Pfalz, im Saarland und in fast allen anderen Bundesländern sind es fünf und in Bayern sind es sechs Jahre. In den meisten Bundesländern hat der Oberbürgermeister zwei wichtige Funktionen: Er ist Vorsitzender des Stadtrates und Chef der Verwaltung. In einigen Bundesländern sind diese Funktionen auf zwei Personen verteilt.

Die Gründe für die vielfältigen Regelungen liegen zum einen darin, dass die einzelnen Länder und Regionen ihre eigenen Traditionen haben, zum anderen ist Deutschland ein Bundesstaat, in dem jedes der 16 Bundesländer über seine Angelegenheiten selbst entscheiden kann.

Tipp zur Vorgehensweise: Arbeitsteilung in der Klasse
Auf den folgenden Seiten werden die drei in der Überschrift genannten kommunalen Einrichtungen in den Materialien A, B und C vorgestellt. Empfohlen wird, dass ihr euch die Bearbeitung aufteilt.

Erster Schritt: Teilt die Klasse so auf, dass jeweils ein Drittel das Material A, B und C bearbeitet.
Zweiter Schritt: Zu den drei Bereichen können Mindmaps erstellt werden (in Einzel- oder Partnerarbeit).
Dritter Schritt: Nach der Bearbeitung könnt ihr euch gegenseitig mithilfe der unterschiedlichen Mindmaps informieren.
Vierter Schritt: Im Anschluss daran könnt ihr auf die Fragen der Jugendlichen in den Sprechblasen Auskunft geben.
Fünfter Schritt: Sollen die kommunalen Ordnungsämter hohe Bußgelder für rücksichtsloses Verhalten beschließen oder nicht? Über diese im Material C aufgeworfene Frage solltet ihr miteinander diskutieren.

A Die Rolle der Bürgermeisterin, des Bürgermeisters

Die Textausschnitte auf dieser Seite informieren über verschiedene Aspekte der Rolle von Bürgermeisterinnen und Bürgermeister. Ihr könnt eine Mindmap anfertigen, mit deren Hilfe ihr wichtige Informationen für eure Mitschülerinnen und Mitschüler veranschaulichen könnt.

Aufgaben

Die Oberbürgermeisterin der Stadt Ludwigshafen, Dr. Eva Lohse, informiert ihre Mitbürger: „Die Aufgaben der Oberbürgermeisterin sind sehr vielfältig und umfangreich. Um die wichtigsten zu nennen: Die Oberbürgermeisterin ist die Repräsentantin der Stadt nach außen, Leiterin der Stadtverwaltung und Dienstvorgesetzte von rund 3 500 Mitarbeiterinnen und Mitarbeitern. Ihr obliegt der Vorsitz im Stadtrat. Sie bereitet die Sitzung des Stadtrates vor, beruft sie ein, leitet sie und setzt die Stadtratsbeschlüsse um. Darüber hinaus ist sie Vorsitzende von Aufsichts- und Verwaltungsräten städtischer Tochtergesellschaften, sofern diese nicht an Dezernate übergeben worden sind."

(Aus: www.ludwigshafen.de; letzter Zugriff 28.11.06)

Wahl der Bürgermeister und Voraussetzungen für die Kandidatur

(nach § 53 der Gemeindeordnung für Rheinland-Pfalz)

Der Bürgermeister wird von den Bürgern der Gemeinde in allgemeiner, gleicher, geheimer, unmittelbarer und freier Wahl gewählt.
Gewählt ist, wer mehr als die Hälfte der gültigen Stimmen erhält. Erhält kein Bewerber diese Mehrheit, so findet eine Stichwahl unter den zwei Bewerbern statt, die bei der ersten Wahl die höchsten Stimmenzahlen erhalten haben.

Wählbar zum Bürgermeister ist jeder Deutsche, der am Tag der Wahl das 25. Lebensjahr vollendet hat. Wählbar ist auch, wer die Staatsangehörigkeit eines der Mitgliedstaaten der Europäischen Union besitzt und seinen Wohnsitz in der Bundesrepublik Deutschland hat. Zum hauptamtlichen Bürgermeister kann nicht gewählt werden, wer am Tag des Beginns der Amtszeit das 65. Lebensjahr überschritten hat.

Amtszeit

Für die Amtszeit der hauptamtlichen Bürgermeister gibt es Unterschiede von Bundesland zu Bundesland. In Rheinland-Pfalz und im Saarland werden sie für acht Jahre gewählt, in Nordrhein-Westfalen für fünf, in Thüringen und Hessen für sechs und in Sachsen für sieben Jahre. In den meisten Bundesländern werden sie vom Volk direkt gewählt, in einigen aber auch von der Gemeindevertretung. In Städten ab einer bestimmten Einwohnerzahl tragen sie den Titel Oberbürgermeister. Neben den hauptamtlichen gibt es auch ehrenamtliche Bürgermeister.

Probleme

Der Bürgermeister der süddeutschen Gemeinde Geltendorf, Wilhelm Lehmann, informiert die Einwohner über die aktuellen Probleme in seiner eigenen und in anderen Gemeinden:

„Die Wirrungen des weltpolitischen Geschehens machten auch vor der Haustüre der Gemeinde Geltendorf keinen Halt. Die Auswirkungen der wirtschaftlichen Situation sind auch in unserer Gemeinde zu spüren. Trotz angespannter Haushaltslage werde ich mich auch im neuen Jahr für ein möglichst angenehmes Miteinander in unserer Gemeinde einsetzen. Letztendlich muss aber allen klar sein, dass nur eine konsequente Sparpolitik die desolate Finanzsituation in unserer Gemeinde mindern kann. Entgegen dieses düsteren Rückblickes bin ich für das neue Jahr positiv gestimmt. Sie, liebe Mitbürgerinnen und Mitbürger, haben mir durch Ihr Verständnis und in Form einer guten Zusammenarbeit die ersten Monate meiner Amtszeit sehr erleichtert. Ich werde alles daransetzen, dass wir gemeinsam unsere schöne Gemeinde lebenswert gestalten."

(Aus: www.geltendorf.de; letzter Zugriff 28.11.06)

B Funktionen des Stadtrates

Mithilfe der Materialien auf dieser Seite könnt ihr am Beispiel der Stadt Mainz einen Einblick in Themen nehmen, mit denen sich Stadträte in ihren Sitzungen beschäftigen. Über die Aufgaben, den Vorsitz, die Rolle der Ratsmitglieder, die Arbeitsweise des Stadtrates und die Voraussetzungen zur Kandidatur könnt ihr eine Mindmap anfertigen, mit der ihr euren Mitschülerinnen und Mitschülern Funktionen von Stadträten erklärt.

Aufgaben, Vorsitz, Arbeitsweise und Stellung der Ratsmitglieder

Der Rat ist das von den Bürgern gewählte oberste Organ der Stadt. Er entscheidet über alle wichtigen Angelegenheiten, wie z. B. über die Einnahmen und Ausgaben der Stadt im laufenden Jahr (Haushalt), über die Aufstellung von Bebauungsplänen und er verabschiedet den Stellenplan für die städtischen Bediensteten. Vorsitzender des Rates ist der Oberbürgermeister. Die Beigeordneten werden durch Ratsabstimmung gewählt. Die Ratsmitglieder üben ein freies Mandat aus. Ihre Tätigkeit ist ehrenamtlich. Sie erhalten lediglich eine Aufwandsentschädigung, die ihren Aufwand und eventuellen Arbeitsaufwand aufwiegen soll. Stadtratssitzungen sind grundsätzlich öffentlich. In nichtöffentlichen Sitzungen werden z. B. Personalangelegenheiten oder Grundstücksfragen behandelt. Wer den Rat bei seiner Arbeit beobachtet, wird feststellen, dass die meisten Beratungen auf eine Beschlussfassung durch Abstimmung hinauslaufen. Der Beschluss ist somit wichtigstes Instrument der Arbeit des Rates. Dadurch beauftragt und ermächtigt er die Stadtverwaltung zum Handeln; diese braucht also den Beschluss des Rates. [...] Die vielfältigen umfangreichen Aufgaben in einer Stadt können vom Rat selbst nicht bis ins letzte Detail bearbeitet werden. Deshalb bildet er sogenannte Ausschüsse, die beratende oder auch beschließende Funktionen haben.

(Aus einer Broschüre der Pressestelle der Stadt Trier: Rat und Verwaltung unserer Stadt, Trier 2000)

Sitzung des Stadtrates der Stadt Mainz am 25. Januar 2006 im Ratssaal, Rathaus

Einlasskarten erhalten interessierte Bürgerinnen und Bürger an der Rathauspforte. Schulklassen können telefonisch angemeldet werden.

Tagesordnung – öffentlicher Teil (Auszüge)

- Beschlussfassung über den Haushaltsplan für das Haushaltsjahr 2006
- Maßnahmen zum Energiesparen in städtischen Gebäuden
- Einsatz von Biodiesel bei der Stadtverwaltung Mainz
- Anschaffung neuer Software für die Stadtverwaltung
- Umbau der Schiersteiner Brücke
- Einrichtung rauchfreier Schulen in Mainz
- Bericht zur Situation des Baumbestandes in der Stadt
- Erhöhung der Gebühren zur Nutzung des Stadtarchivs

Wer kann zur Stadträtin, zum Stadtrat gewählt werden?

Zum Stadtrat bzw. zum Gemeinderatsmitglied kann gewählt werden, wer am Wahltag volljährig ist, die deutsche Staatsangehörigkeit oder die eines der Mitgliedstaaten der Europäischen Union besitzt. Darüber hinaus müssen die Bewerberinnen und Bewerber ihren Hauptwohnsitz in der Gemeinde haben, in der sie gewählt werden wollen. Es ist nicht zwingend der Fall, dass man einer politischen Partei angehört, wenn man zum Ratsmitglied gewählt werden möchte. Man kann sich auch einer örtlichen parteiunabhängigen Wählergruppe anschließen und auch als Einzelkandidat antreten. In kleinen Gemeinden sind Einzelkandidaturen häufiger der Fall als in großen Städten. Je größer die Stadt, desto größer wird die Bedeutung der Mitgliedschaft in einer Partei. Wer politisch aktiv werden will, sollte daran denken, dass die Chancen zur politischen Einflussnahme in der Regel zunehmen, wenn man sich innerhalb einer Gruppe von Menschen mit gleichen Zielen und Interessen einfindet.

C Die Rolle der Gemeindeverwaltung

Mithilfe der Materialien auf dieser Seite könnt ihr Aufgaben der Gemeindeverwaltung, ihre Leitung, die Bemühungen um Bürgerfreundlichkeit und die besonderen Aufgaben des Ordnungsamtes in einer Mindmap darstellen, mit der ihr euren Mitschülerinnen und Mitschülern die Gemeindeverwaltung erklärt.
Am Ende eurer Vorstellung könnt ihr zu einer Diskussion anregen über die Frage, ob die Ordnungsämter der Gemeinden höhere Bußgelder verlangen sollen, wenn es immer häufiger zu Lärmbelästigungen, Trinkgelagen und Vermüllung der Straßen und Plätze kommt.

Aufgaben und Leitung
Die Verwaltung einer Stadt sorgt dafür, dass alle amtlichen Angelegenheiten der Bürgerinnen und Bürger vom Einwohnermeldeamt über das Standesamt, das Sozialamt, das Finanzamt, das Jugendamt usw. ordnungsgemäß erledigt werden. Darüber hinaus bereitet die Verwaltung die Beschlüsse des Stadtrates vor. Zum Beispiel sind viele Berechnungen und Pläne notwendig, wenn die Stadt die Einrichtung eines neuen Industriegebietes oder dergleichen beschließen möchte. Nach dem Beschluss sorgt die Verwaltung für deren ordnungsgemäße Ausführung. Der Oberbürgermeister einer Stadt kann die Leitung der Verwaltung nicht alleine leisten. Deshalb teilen sich die Oberbürgermeister die Leitung der Verwaltung mit ihren hauptamtlichen Beigeordneten, die auch als Dezernenten bezeichnet werden. Die Zahl der Dezernenten hängt von der Größe der Gemeinde ab. Es gibt zum Beispiel Beigeordnete für kulturelle, soziale und wirtschaftliche Angelegenheiten in der Stadt.

Bemühen um Bürgerfreundlichkeit
Beispiel Bürgerämter (Trier)
Die Verwaltung sieht sich als „bürgernahes Rathaus mit leistungsorientierter Verwaltung". Sie hat sich zum Ziel gesetzt, den Service für die Bürgerinnen und Bürger, die als „Kunden" betrachtet werden sollen, zu verbessern. Durch eine grundlegende Reform der Verwaltung soll diese effizienter, transparenter und bürgerfreundlicher werden.

Beispiel Bürgersprechstunden (Saarbrücken)
Ob Kindergärten, Parks oder Heirat, die Stadtverwaltung Saarbrücken ist für ihre Bürger da. Rund 1 700 Mitarbeiter arbeiten daran, dass in der Stadt alles läuft. Viele Behördengänge können einfach online erledigt werden. Die Verwaltung möchte wissen, wo die Bürger der Schuh drückt oder auch Verbesserungsvorschläge aufnehmen. Deshalb führt Oberbürgermeisterin Charlotte Britz an jedem ersten Donnerstag im Monat eine Bürgersprechstunde durch.

Städtische Ordnungsämter: ein Ärgernis?
Wer kümmert sich darum, dass Müll nicht achtlos weggeworfen wird, gefährliche Hunde nicht frei in der Stadt herumlaufen, alte Autos nicht einfach auf Gehwegen abgestellt werden, Parkverbote eingehalten und Lärmbelästigungen vermieden werden? Wer ruft auch randalierende Jugendliche zur Ordnung, wenn sie nachts lärmend durch die Straßen ziehen? Dies gehört zu den Aufgaben der städtischen Ordnungsämter. Als Teil der Stadtverwaltung arbeitet das Ordnungsamt mit der örtlichen Polizei zusammen und schreitet ein, wenn bestehende Gesetze verletzt werden. Dazu kann es auch Bußgelder verhängen, die vom Stadtrat beschlossen werden. Auf der Homepage der Gemeinde Riedstadt erfahren wir dazu: „Es gehört zu den unangenehmen Seiten der Tätigkeit beim Ordnungsamt, Bürgerinnen und Bürger zu einem bestimmten Tun oder Unterlassen aufzufordern und diese Aufforderungen – soweit erforderlich – mit Mitteln des Verwaltungszwangs durchzusetzen. [...] Auch wenn es im Einzelfall als ‚Schikane' anmuten mag, alle Vorschriften wurden letztlich erlassen, um das geordnete Zusammenleben der Menschen zu ermöglichen und auch demjenigen eine Chance zu geben, der von der Natur mit etwas weniger Ellbogen ausgestattet wurde." So gesehen, greift das Ordnungsamt zwar in Rechte des Einzelnen ein, erbringt jedoch für die Allgemeinheit, und hier insbesondere für die Schwächeren, eine wichtige Dienstleistung.

(Zitat aus: www.riedstadt.de)

4. Mitwirkung in der Politik durch die Wahlen zum Gemeinderat

Samstagabend bei Familie Schwendler in Schönstadt: Morgen werden die Bürgerinnen und Bürger der Stadt ihren neuen Gemeinderat wählen und so ist die Wahl auch ein Thema beim gemeinsamen Abendessen. Diesmal ist es die elfjährige Tanja, die mit dem Gespräch beginnt.

Lest das Interview mit verteilten Rollen und achtet dabei besonders auf die Fragen, die gestellt werden.

Tanja: Wird morgen in unserer Stadt der oberste Chef gewählt?
Vater: Nein, kein oberster Chef, aber der Gemeinderat. Das ist eine Gruppe von Leuten, die fünf Jahre lang bestimmen wird, was in unserer Stadt politisch geschieht.
Philipp: Wie wird man eigentlich Ratsmitglied?
Mutter: Du musst Bürger dieser Stadt sein. Wenn du Mitglied einer Partei bist, musst du schauen, dass du als Kandidat aufgestellt wirst, möglichst oben auf der Kandidatenliste.
Vater: Du kannst aber auch in einer freien Wählergemeinschaft kandidieren und auch als Einzelkandidat auftreten. Dann brauchst du allerdings eine bestimmte Anzahl Unterschriften von Leuten, die deine Kandidatur unterstützen.
Tanja: Ich will auch gerne wählen. Wann darf ich endlich mitwählen, Mama?
Mutter: Wenn du älter bist, mein Schatz. Zurzeit liegt das Wahlalter in unserem Bundesland bei 18 Jahren. In einigen anderen liegt es bei 16.
Philipp: Wie ist das eigentlich mit den Leuten, die einen ausländischen Pass haben und in Schönstadt wohnen: Dürfen sie an der Wahl teilnehmen?
Vater: Ja, sie dürfen sowohl wählen als auch gewählt werden, allerdings nur, wenn sie aus einem Land der Europäischen Union zu uns gekommen sind oder wenn sie in einem Einbürgerungsverfahren die deutsche Staatsangehörigkeit erworben haben. Hoffentlich machen wir morgen alles richtig, wenn wir wählen gehen. Die Sache ist ja gar nicht so einfach.
Mutter: Wieso? Für mich ist das kein Problem. Ich werde kumulieren.
Tanja: Was ist das denn, kumulieren?
Mutter: Das heißt anhäufen. Ich werde meine Stimmen auf Frau Schuster anhäufen. Frau Schuster kümmert sich ganz toll um die neu zugezogenen Familien hier in unserer Siedlung. Sie steht aber als Kandidatin ihrer Partei ziemlich hinten auf der Kandidatenliste. Von meinen 44 Stimmen kumuliere ich so viel ich darf, nämlich drei Stück, auf sie. Damit verbessere ich ihre Chance, in den Rat einzuziehen. Es gibt auch einen Kandidaten, von dem ich gar nichts halte. Den werde ich von der Liste streichen. Auch das darf man.
Philipp: Ich kumuliere mir jetzt mal noch von dem Gemüse auf meinem Teller, damit verbessere ich meine Chancen, möglichst viel davon zu kriegen.
Vater: Ich glaub', du hast es begriffen. Ich werde noch eine andere Möglichkeit des Wahlrechtes nutzen. Ich werde panaschieren.
Tanja: Panaschieren – was ist denn das jetzt schon wieder?
Vater: Pass auf! (Er verteilt Erbsen auf seinem Teller.) Jeder Wähler von Schönstadt hat morgen 44 Stimmen. Das sind genauso viele wie unser Gemeinderat Mitglieder hat. Und genauso viele Erbsen liegen jetzt hier auf meinem Teller. Ich kann diese 44 Erbsen, ich meine natürlich Stimmen, alle einer Partei geben. Dann brauche ich nur ein Kreuz zu machen und wähle die Liste einer Partei. Ich kann sie aber auch auf Kandidaten aus verschiedenen Parteien verteilen. Ich gebe einige Erbsen den Wahlvorschlägen von Partei A, einige an B usw. Panaschieren heißt, man mischt seine Stimmen.
Mutter: Was machst du denn für einem Matsch auf deinem Teller, Tanja?
Tanja: Ich mach's wie Papa. Ich panaschiere mein Gemüse, mein Püree, meine Soße und meinen Schokoladenpudding.

Wie wird gewählt?

Hier erfahrt ihr Genaueres über die Möglichkeiten des Kumulierens und Panaschierens bei den Wahlen zum Gemeinderat. Diese Möglichkeit gibt es in unterschiedlicher Form in zehn von 16 Bundesländern: Baden-Württemberg, Bayern, Brandenburg, Hessen, Mecklenburg-Vorpommern, Niedersachsen, Rheinland-Pfalz, Sachsen, Sachsen-Anhalt und Thüringen. Für die Wahl des Bürgermeisters ist ein eigener Wahlgang an einem anderen Termin vorgesehen.

Beispiel Rheinland-Pfalz

Kumulieren und Panaschieren

In Rheinland-Pfalz haben die Wählerinnen und Wähler bei Kommunalwahlen so viele Stimmen wie Sitze in dem zu wählenden Gemeinderat vorgesehen sind. Hat dieser zum Beispiel 28 Sitze, so haben die Wähler auch 28 Stimmen. Sie können 28 Kreuze auf ihrem Wahlzettel machen und dabei kumulieren und panaschieren. Sie können auch auf diese Möglichkeit verzichten und mit nur einem Kreuz dem Wahlvorschlag einer Partei zustimmen. Dabei können sie einzelnen Kandidaten auf der gewählten Liste durch Durchstreichen ihre Stimme verweigern (siehe Abbildung c).

Kumulieren bedeutet Anhäufen mehrerer Stimmen auf einen Bewerber. Von seinen Stimmen kann der Wähler maximal drei auf einen Kandidaten anhäufen und so dessen Chancen verbessern, in den Rat einzuziehen. Unter *Panaschieren* versteht man die Möglichkeit, mehrere Stimmen auf die Kandidaten verschiedener Listen (sowohl von Parteien als auch von Wählergemeinschaften) zu verteilen. Die Wähler können sich aus den Kandidatenlisten der verschiedenen Gruppierungen diejenigen Personen aussuchen, die sie für besonders befähigt halten. Sie sind nicht beschränkt auf die Wahl einer Partei bzw. Wählergruppe.

„Kumulieren und Panaschieren ermöglichen es, über Parteigrenzen hinweg, die nach Meinung der Wählerinnen und Wähler geeignetsten Bewerber auszuwählen. Kandidaten von den hintersten Plätzen können die ‚Stars' auf den vorderen Positionen durch Wählerwillen verdrängen. Einzelbewerber haben auf der kommunalen Ebene deutlich verbesserte Chancen."

(Nach: Peter Malzkorn, 1994. Rheinland-Pfalz hat die Wahl, in: Wochenschau Sonderausgabe „Wahlen", April 1994, Sonderdruck für die Landeszentrale für politische Bildung, Rheinland-Pfalz)

Gemeindeordnung

§ 29: Der Gemeinderat besteht aus den gewählten Ratsmitgliedern und dem Vorsitzenden. Die Ratsmitglieder werden von den Bürgern der Gemeinde in allgemeiner, gleicher, geheimer, unmittelbarer und freier Wahl auf die Dauer von fünf Jahren gewählt.

(Aus der Gemeindeordnung für Rheinland-Pfalz)

So kann man kumulieren.

So kann man panaschieren.

So kann man auf Kumulieren und Panaschieren verzichten.

1. Tanja und Philipp stellen eine Menge wichtiger Fragen im Gespräch der Familie Schwendler. Sucht darauf nach Antworten, die ihr euch gut einprägen könnt.

2. Durch die Möglichkeit des Panaschierens haben die Wählerinnen und Wähler bei den Kommunalwahlen so viele Einflussmöglichkeiten wie bei keiner anderen Wahl. Erklärt, warum das so ist.

3. Zu dieser Art des Kommunalwahlrechtes hört man häufig zwei unterschiedliche Meinungen:

    A „Das ist eine tolle Sache, weil es die Möglichkeiten zur demokratischen Mitwirkung jedes einzelnen Wählers verbessert."

    B „Das ist keine gute Sache, weil es zu kompliziert und zu viel Arbeit ist."

    Welcher Meinung seid ihr? Diskutiert miteinander.

5. Demokratische Beteiligung in der Gemeinde

Der Jugendgemeinderat Koblenz stellt sich vor

Der Jugendrat ist ein Gremium, das die Interessen der Koblenzer Jugend gegenüber Politik und Verwaltung der Stadt vertritt. Er besteht seit 1994. Mitglieder sind Schülerinnen und Schüler im Alter von 10 bis 18 Jahren von allen 20 weiterführenden Schulen in Koblenz, die dort für zwei Jahre als Vertreter der Jugend der Stadt gewählt werden. Fünf weitere Sitze haben Jugendliche aus den Jugendverbänden (z. B. Pfadfinder).

Der Jugendrat trifft sich monatlich zu öffentlichen Sitzungen, bei denen auch oft Mitglieder aus den Stadtratsfraktionen und andere Interessierte zu Gast sind. Zusätzlich zu den öffentlichen Sitzungen trifft sich der Jugendrat in Arbeitsgruppen zu verschiedenen, jeweils aktuellen Themen. [...]

Der Vorstand und andere Mitlieder werden zu verschiedenen Gremien in der Stadt (z. B. Jugendhilfeausschuss) entsendet und sind somit auch aktiv bei den Planungen und den Vorhaben der Erwachsenen direkt beteiligt.

In der Zeit von 1995 bis heute hat sich der Jugendrat mit verschiedensten Anliegen von Kindern und Jugendlichen beschäftigt und Beschlüsse für die Interessen von Kindern und Jugendlichen gefasst. U. a. zu folgenden Themen: Radwege in Koblenz, Skaten in Koblenz, öffentlicher Personennahverkehr. Er hat unterschiedlichste Aktionen durchgeführt, wie die Gestaltung von Unterführungen oder Umfragen zum Freizeitverhalten Jugendlicher. Die Mitglieder des Jugendrates nehmen an Begegnungen, Landtagsaktivitäten, Treffen von Jugendparlamenten u. v. m. teil. Mehr Informationen gibt es auf der Homepage des Jugendrates: www.jugendrat-koblenz.de

(Kinder- und Jugendbüro Koblenz)

Weitere Beteiligungsmöglichkeiten Jugendlicher

Vielleicht denkt ihr, dass Kinder und Jugendliche keine Rolle spielen, wenn es um Entscheidungen in den Gemeinden geht. Das ist aber eigentlich nicht der Fall, wie ein Blick in eine Gemeindeordnung zeigt. Dort heißt es: „Die Gemeinde soll bei Planungen und Vorhaben, die die Interessen von Kindern und Jugendlichen berühren, diese in angemessener Form beteiligen." (§ 16c der GO Rheinland-Pfalz)

Eine solche Beteiligungsmöglichkeit ist z. B. die Einrichtung von Jugendräten. Weiterhin haben Jugendliche ab 16 das Recht, sich mit Anträgen und Beschwerden an den Gemeinderat zu

wenden. In den Bundesländern Mecklenburg-Vorpommern, Niedersachsen, Nordrhein-Westfalen, Sachsen-Anhalt und Schleswig-Holstein wurde das Wahlrecht zur Teilnahme an den Wahlen zum Gemeinderat in den vergangenen Jahren von 18 auf 16 Jahre gesenkt, in allen anderen Bundesländern gilt das Wahlrecht ab 18 Jahren.

1. Wie ist eure Meinung zu den folgenden Ansichten Jugendlicher. Überlegt und diskutiert miteinander:
- „So ein Jugendparlament ist eine prima Sache. Da möchte ich auch gerne mitmachen."
- „Ich finde es gut, wenn wir Jugendlichen schon ab 16 an Kommunalwahlen teilnehmen dürfen. Wir sind klug genug zu begreifen, was für unser Dorf oder unsere Stadt wichtig ist, und möchten gerne mitmachen in der Demokratie."
- „Ich bin dafür, dass man erst ab 18 an den Wahlen zum Gemeinderat teilnehmen darf. Vorher versteht man noch zu wenig von der Politik in der Gemeinde."

Tipp: Mehr Informationen über Jugendräte findet ihr im Internet unter www.jugendgemeinderat.de.
Auf der Website eurer Heimatgemeinde oder über das Presse- und Informationsamt im Rathaus könnt ihr euch über Mitwirkungsmöglichkeiten von Kindern und Jugendlichen vor Ort genauer informieren.

INFORMATION
Information lesen – bearbeiten – einprägen

Mitwirkungsmöglichkeiten in der Gemeindepolitik

1. Erklärt mithilfe des Schaubildes den Unterschied zwischen aktivem und passivem Wahlrecht.

2. Stellt euch vor, ihr seid als Expertin oder Experte für die Mitwirkungsmöglichkeiten Jugendlicher, Erwachsener und ausländischer Miteinwohner in der Gemeindepolitik zu einem Vortrag auf einer Einwohnerversammlung eingeladen worden. Wandelt dazu diesen Informationstext in eine Mindmap um, mit deren Hilfe ihr die wichtigen Punkte in eurem Vortrag veranschaulichen könnt.

Vielfältige Beteiligungsmöglichkeiten

Alle wahlberechtigten Bürgerinnen und Bürger in der Gemeinde können an den Wahlen zum Gemeinderat teilnehmen und sich als Kandidaten für die Wahl der Ratsmitglieder zur Verfügung stellen. Sie können also wählen und gewählt werden. Man nennt das aktives und passives Wahlrecht.

Die Gemeindeordnungen in den verschiedenen Bundesländern garantieren den Bürgerinnen und Bürgern das Recht des *Bürgerbegehrens* mit dem darauf folgenden *Bürgerentscheid*. Mit dem Bürgerbegehren können die Menschen vom Stadtrat fordern, dass ein bestimmtes Thema im Gemeinderat verhandelt und beschlossen wird. Dazu ist eine bestimmte Anzahl von Unterschriften erforderlich. Kommt es dann zu einem Bürgerentscheid, entscheiden die Bürger in direkter Demokratie per Abstimmung über ein Problem. Sie können sich so über eine Entscheidung des Gemeinderates hinwegsetzen.

Unter verschiedenen Bezeichnungen wie Einwohnerantrag, Bürgerantrag oder auch Petitionsrecht haben auch einzelne Bürger in der Gemeinde die Möglichkeit, sich an die Gemeindevertretung zu wenden. Wenn Bürger mit der Planung in der Gemeinde unzufrieden sind oder Maßnahmen verhindern oder durchsetzen wollen, schließen sie sich oft in einer *Bürgerinitiative* zusammen. So können sie Druck auf die Gemeinderatsmitglieder ausüben und den Gemeinderat dazu zwingen, sich mit ihrem Anliegen zu befassen. Eine wichtige Form der Bürgerbeteiligung auf der Gemeindeebene ist auch die Mitarbeit in der Ortsgruppe einer Partei.

Über die rechtlich garantierten Möglichkeiten hinaus haben die Einwohner einer Gemeinde auch zahlreiche andere Möglichkeiten der politischen Einflussnahme: Sie können sich an die örtliche Presse wenden, die Gemeinderatsmitglieder direkt ansprechen, Veranstaltungen und Info-Stände organisieren, Versammlungen abhalten und anderes mehr.

Mitwirkungsmöglichkeiten ausländischer Bewohner

Jeder Grieche, Spanier, Portugiese, Italiener, Ire, Däne, Malteser und jeder andere ausländische Mitbürger aus einem Land der Europäischen Union besitzt das aktive und passive Wahlrecht bei den Kommunalwahlen. Das gleiche Recht haben Deutsche, wenn sie in einem Land der EU wohnen. In Gemeinden ab einer bestimmten Größe (in Rheinland-Pfalz ab 1000 Einwohnern) muss ein Ausländerbeirat eingerichtet werden. Hierin können diejenigen ausländischen städtischen Einwohner ihre Interessen vertreten, die nicht aus einem Mitgliedsland der EU kommen. Ausländische Einwohner, die schon lange in Deutschland leben, haben unter bestimmten Voraussetzungen die Möglichkeit, einen Antrag auf Einbürgerung zu stellen. Sie besitzen dann die deutsche Staatsbürgerschaft und damit das aktive und passive Wahlrecht wie alle anderen Deutschen auch.

6. Park oder Parkhaus? Ein Planspiel zur Bürgerbeteiligung in der Gemeinde

In der Sitzung des Schönstädter Stadtrates geht es heute hoch her: Soll das von vielen so ersehnte neue Parkhaus in der Nähe der Fußgängerzone nun gebaut werden oder nicht?
Ungefähr die Hälfte der Stadtratsmitglieder setzt sich für den Bau ein, weil die Parkplatznot rund um die Fußgängerzone geradezu unerträgliche Ausmaße angenommen hat. Der andere Teil des Rates ist dagegen, zumal der Antrag einer Bürgerinitiative mit dem Namen „Rettet Schönstadt" auf dem Tisch liegt. Diese Bürgerinitiative will mit allen Mitteln den Bau des Parkhauses verhindern.

Am Rande der Fußgängerzone liegt eine noch unbebaute Grünfläche, die sich im Besitz der Stadt befindet (siehe Stadtplan). Die Stadtgärtnerei hat hier Wiesen, Blumenbeete, einen Spielplatz und einen kleinen Teich angelegt, sodass die Schönstädter jetzt schon von ihrem Park in der Innenstadt sprechen, der sich bei den Kindern und den Erwachsenen großer Beliebtheit erfreut. Sollte der Stadtrat den Bau des neuen Parkhauses durch die Firma Carport genehmigen, wäre damit natürlich Schluss. Die Kleinstadt ist ein beliebtes Einkaufszentrum für die Menschen aus den umliegenden Dörfern. Die meisten von ihnen fahren mit ihren privaten Autos in die Stadt und müssen dort in der Nähe der Einkaufs- und Fußgängerzone sehr lange nach einem Parkplatz suchen. Dadurch entstehen Staus, Lärm und große Abgaskonzentrationen über dem Innenstadtbereich. So sehen die Befürworter im Parkhausneubau auch eine Maßnahme für den Umweltschutz. Ein Problem ist, dass der kleine Park das einzige freie Grundstück zu sein scheint, das infrage kommt. Ein Parkhausbau an einer anderen Stelle weiter außerhalb der Innenstadt wäre auch weitaus weniger attraktiv für die Besucher.
Im Stadtrat wird an diesem Abend noch kein Beschluss gefasst. Man einigt sich darauf, eine Einwohnerversammlung einzuberufen, auf der die verschiedenen Gruppen ihre Pro- und Kontra-Argumente vortragen sollen.
Zu den Befürwortern gehört die **Organisation der Einzelhandelsgeschäfte** in der Innenstadt. Sie fordern massiv den Parkhausbau, weil sie befürchten, dass sonst immer weniger Kunden von außerhalb nach Schönstadt kommen. Immerhin ist der Umsatz der Geschäfte in der Fußgängerzone im letzten Jahr um 15 Prozent zurückgegangen. Zwei Bekleidungshäuser mussten bereits schließen.
Für den Bau ist natürlich die **Parkhausgesellschaft Carport**. Sie möchte der Stadt das Gelände abkaufen und dort in eigener Regie den Bau errichten und das Parkhaus verwalten. Von den späteren Einnahmen soll die Stadt dann einen laufenden Anteil von zwanzig Prozent erhalten. Der Verkauf des Grundstückes sowie die Beteiligung an den Einnahmen würde die knappe Stadtkasse um spürbare Mehreinnahmen auffüllen. Demgegenüber steht die **Bürgerinitiative „Rettet Schönstadt"**. Für sie ist in der heutigen Zeit der Bau eines Parkhauses in einer Innenstadt alles andere als eine Maßnahme zum Umweltschutz. Sie möchte den kleinen Park als eine lebensnotwendige grüne Lunge und Erholungszone in der Innenstadt unbedingt erhalten. Parkmöglichkeiten sollten viel weiter außerhalb des Innenstadtbereiches zur Verfügung stehen. Unterstützt wird die Bürgerinitiative auch von einer **Gruppe von Eltern kleiner Kinder**, die im Innenstadtbereich wohnen. Für sie ist der Park die einzige Spielfläche innerhalb des Zentrums, die auf keinen Fall den Autofahrern geopfert werden darf. Der **Stadtrat** wird nach der Anhörung der Gruppen entscheiden müssen.

Was ist zu tun?
Auf diese Frage sollt ihr in einem Planspiel eine Lösung finden.

Das sind eure Rollen im Planspiel:

Stadtrat

Ihr habt eine Sonderrolle, denn ihr müsst nicht unbedingt alle die gleiche Ansicht vertreten. Auch müsst ihr in der Einwohnerversammlung den Eindruck vermeiden, dass eure Entscheidung pro oder kontra Parkhaus bereits feststeht. Sammelt und notiert in der Gruppe alle Gründe, die für, und alle, die gegen den Parkhausneubau sprechen. Lasst euch nicht auf eine zu teure andere Lösung ein, denn die Stadt ist knapp bei Kasse. Ihr könnt die Gruppen zu Gesprächen empfangen. Tragt die Pro- und Kontra-Parkhaus-Gründe am Beginn der Versammlung vor und beteiligt euch alle mit Beiträgen und Fragen an die Gruppen an der Diskussion.

Geschäftsleitung der Parkhausgesellschaft Carport

Ihr wollt das Parkhaus unbedingt bauen und seid davon überzeugt, dass es gut für die Stadt ist. Die Argumente der Eltern und der Bürgerinitiative müsst ihr aber ernstnehmen und versuchen, diese Gruppen zu überzeugen. Eventuell könnte für euch ein anderer Standort infrage kommen. Dieser müsste aber genauso attraktiv sein. Für euch geht es auch um Gewinn und um die Erhaltung von Arbeitsplätzen in eurer Firma.

Organisation der Einzelhandelsgeschäfte

Für euch Geschäftsinhaber aus der Innenstadt ist der Bau des Parkhauses sozusagen eine Überlebensfrage. Wenn nicht gebaut wird, seht ihr die Gefahr, dass immer weniger Kunden nach Schönstadt zum Einkaufen kommen, sodass noch mehr Geschäfte Pleite machen werden. Überlegt euch gut, wie ihr die Argumente der Eltern und der Bürgerinitiative entkräften könnt.

Bürgerinitiative „Rettet Schönstadt"

Ein Parkhaus im Zentrum der Innenstadt, das ist für euch der Ausdruck einer total veralteten Politik, in welcher der Umweltschutz keine Rolle gespielt hat. Ihr müsst die anderen davon überzeugen, dass Autos in einer lebenswerten Innenstadt in Zukunft nichts mehr zu suchen haben und dass die Gesundheit der Menschen – vor allem der Kinder – Vorrang vor dem Geldverdienen haben muss. Sucht auch nach einer neuen Lösung, die der Rat akzeptieren kann.

Elterngruppe in der Innenstadt

Ihr wollt den Park in der Innenstadt unbedingt erhalten, weil ihr für eure Kinder keine andere Spielmöglichkeit seht. Ihr seht die Gefahr, dass Familien mit Kindern immer weiter hinaus aus den Städten getrieben werden, wenn nur noch das Geldverdienen eine Rolle spielt. Eurer Ansicht nach wird Schönstadt für Besucher von auswärts noch attraktiver werden, wenn die Stadt den Park schöner gestaltet und Parkplätze an einer anderen Stelle schafft.

So verläuft das Planspiel:

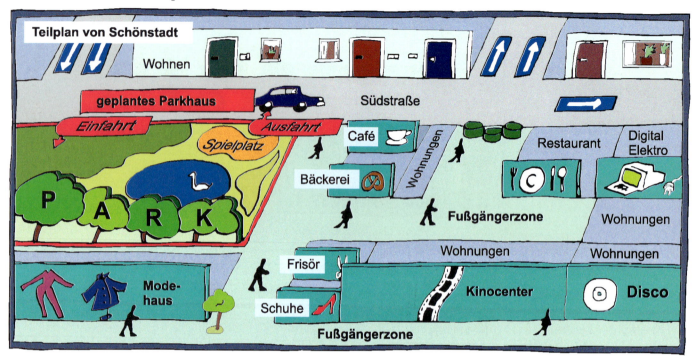

Protokoll

Gruppe: ....

....

Unser Ziel: ....

....

....

Unsere Argumente:

....

Brief

Mitteilung an Gruppe: ....

von: ....

Vorschlag: ....

....

....

Termin für ein Gespräch:

....

Erste Phase: Vorbereitung der Einwohnerversammlung
1. Bildet in der Klasse die fünf beteiligten Gruppen.
2. Schreibt auf, wie eurer Meinung nach die Lösung in diesem Konflikt aussehen soll.
3. Sucht nach möglichst vielen Argumenten, mit denen ihr in der Einwohnerversammlung den Stadtrat und die übrigen Teilnehmer überzeugen wollt, und notiert sie.
4. Nehmt mit anderen Gruppen per Brief Kontakt auf, mit denen ihr euch vielleicht verbünden könnt oder denen ihr einen Vorschlag zu machen habt.
5. Einigt euch auf euer Vorgehen in der Versammlung und überlegt, wer welche Argumente vortragen wird.

Zweite Phase: Durchführung der Versammlung
- Die Diskussionsleiterin bzw. der Diskussionsleiter eröffnet die Sitzung und begrüßt die Teilnehmer.
- Der Stadtrat informiert die Versammlung über den Stand der Überlegungen.
- Alle weiteren Gruppen tragen der Reihe nach ihre Ansichten vor.
- Die Versammlung diskutiert.
- Der Stadtrat zieht sich zur Beratung zurück.
- Der Stadtvorstand teilt der Versammlung den Beschluss des Rates mit, begründet die Entscheidung und informiert über die Abstimmungsverhältnisse im Rat.

Was alle Planspielteilnehmer wissen sollten, bevor sie zur Einwohnerversammlung gehen

Wer seine Rechte durchsetzen will, sollte sie kennen. Aus diesem Grund ist es klug, wenn sich alle Teilnehmerinnen und Teilnehmer über die rechtlichen Bestimmungen informieren, die die Durchführung von Einwohnerversammlungen und die Mitwirkungsmöglichkeiten der Bürger von Schönstadt betreffen. Das erfährt man in den Gemeindeordnungen. Die vollständigen Gemeindeordnungen für euer Bundesland könnt ihr leicht im Internet finden, wenn ihr in eine Suchmaschine den Namen des Bundeslandes sowie den Begriff „Gemeindeordnung" eingebt. Hier findet ihr einige Auszüge aus der Gemeindeordnung für Rheinland-Pfalz. Achtet darauf, dass ihr erklären könnt, was über die Einwohnerversammlung, das Bürgerbegehren und den Bürgerentscheid ausgesagt wird.

§ 16 Einwohnerversammlung
(1) Zum Zwecke der Unterrichtung der Einwohner und Bürger soll mindestens einmal im Jahr, im Übrigen nach Bedarf, eine Einwohnerversammlung abgehalten werden.
(2) Die Einwohnerversammlung wird vom Bürgermeister einberufen.
(3) Der Bürgermeister leitet die Einwohnerversammlung; er sorgt für die Aufrechterhaltung der Ordnung und übt das Hausrecht aus.
(4) Der Bürgermeister hat den Gemeinderat über den Verlauf der Einwohnerversammlung zu unterrichten.

§ 17 Einwohnerantrag
(1) Die Bürger und die Einwohner, die das 16. Lebensjahr vollendet haben, können beantragen, dass der Gemeinderat über bestimmte Angelegenheiten der örtlichen Selbstverwaltung, für deren Entscheidung er zuständig ist, berät und entscheidet (Einwohnerantrag).

§ 17a Bürgerbegehren und Bürgerentscheid
(1) Die Bürger einer Gemeinde können über eine wichtige Angelegenheit der Gemeinde einen Bürgerentscheid beantragen (Bürgerbegehren). Wichtige Angelegenheiten sind:
1. die Errichtung, wesentliche Erweiterung und Aufhebung einer öffentlichen Einrichtung, die der Gesamtheit der Einwohner zu dienen bestimmt ist, [...]
Das Bürgerbegehren muss von mindestens 15 v. H. der bei der letzten Wahl zum Gemeinderat festgestellten Zahl der Wahlberechtigten unterzeichnet sein.

Anmerkung: Erfüllt das schriftlich eingereichte Bürgerbegehren die formalen Anforderungen, kommt es zu einem Bürgerentscheid. Das bedeutet, dass die wahlberechtigten Bürger von Schönstadt direkt über den Bau des Parkhauses mit Ja oder Nein abstimmen können. Der Bürgerentscheid ist nur gültig, wenn sich mindestens 30 Prozent der Wahlberechtigten an der Abstimmung beteiligen (so ist es in Rheinland-Pfalz und im Saarland).

Tipp: Sucht euch Namen und Berufe aus.

Im Stadtrat von Schönstadt gibt es den Oberbürgermeister oder die Oberbürgermeisterin und mehrere Beigeordnete, von denen einer bzw. eine für die wirtschaftliche Entwicklung zuständig ist, einer für den Umweltschutz, einer für die Interessen von Familien und wiederum einer sich besonders um die Interessen von Jugendlichen kümmert. Jedes Gruppenmitglied im Stadtrat sollte eine dieser Rollen übernehmen und sich dazu noch einen Namen aussuchen. So wird das Planspiel noch realistischer. Das gleiche gilt für alle Mitglieder in den übrigen Gruppen. Da gibt es die Besitzerin des Modehauses, die sich in der Organisation der Einzelhandelsgeschäfte befindet, und mehrere weibliche und männliche Chefs der Firma Carport. Es gibt eine Angestellte im Café in der Innenstadt, die sich der Bürgerinitiative angeschlossen hat, die berufstätige Mutter mit einem kleinen Kind in der Elterngruppe usw. Wenn ihr zum ersten Mal auf der Einwohnerversammlung das Wort ergreift, werdet ihr euch mit eurem Namen und eurem Beruf vorstellen.

Memory-Station

Wichtiges Wissen

Station 1: Aufgaben der Gemeinden (Seiten 70ff.)

4 plus 4 plus 4 – Was passt wozu?
Übernehmt die Übersicht in euer Heft und ordnet den drei grundlegenden Aufgabenbereichen der Gemeinden die jeweils vier richtigen Beispiele zu.

1. Pflichtaufgaben	2. Freiwillige Aufgaben	3. Staatliche Auftragsangelegenheiten

(a) Versorgung mit Strom, Wasser, Straßenbeleuchtung
(b) Ausstellung von Personalausweisen
(c) Modernisierung des städtischen Freibades
(d) Neubau eines Stadttheaters
(e) Einrichtung einer Feuerwehr
(f) Führung eines Standesamtes
(g) Mithilfe bei der Durchführung von Bundestagswahlen
(h) Abwasserreinigung durch Kläranlagen
(i) Führung des Einwohnermeldeamtes
(j) Zahlung finanzieller Hilfen für Vereine
(k) Einrichtung des öffentlichen Nahverkehrs
(l) Bau und Unterhalt von Schulen

Station 2: Bürgermeister, Gemeinderäte, Gemeindeverwaltungen (Seiten 76ff.)

Fügt die Merksätze richtig zusammen und übertragt sie in euer Heft.

1. Der Oberbürgermeister ist der oberste ...
2. Der Rat einer Stadt ist das ...
3. Vorsitzender des Rates ist der ...
4. Stadtratsitzungen sind grundsätzlich ...
5. Die Gemeindeverwaltung bereitet die ...
6. Der Oberbürgermeister teilt sich die Leitung der Verwaltung ...
7. Das Ordnungsamt als Teil der Verwaltung kann ...
8. Die Rechte und Pflichten der Bürgermeister, der Gemeinderäte und der Gemeindeverwaltungen sind ...

(a) Oberbürgermeister.
(b) Repräsentant einer Stadt.
(c) in den Gemeindeordnungen festgelegt.
(d) von den Bürgern gewählte oberste Organ der Stadt.
(e) Bußgelder verhängen.
(f) mit seinen hauptamtlichen Beigeordneten.
(g) Beschlüsse des Gemeinderates vor.
(h) öffentlich.

Station 3: Wahlen zum Gemeinderat (Seiten 80ff.)

In dem Kapitel hast du die Familie Schwendler mit den Kindern Tanja und Philipp kennengelernt und dabei erfahren, dass die beiden Kinder viele Fragen stellen. Stell dir vor, du bist jetzt bei Schwendlers zu Gast und man stellt dir die folgenden Fragen. Wie antwortest du in jeweils einem klaren Satz?

(a) **Tanja:** Kannst du mir den Unterschied zwischen dem passiven und dem aktiven Wahlrecht erklären?

(b) **Philipp:** Was versteht man eigentlich unter einem Bürgerentscheid?

(c) **Tanja:** Haben die ausländischen Einwohner in der Stadt auch das Recht, an den Wahlen zum Gemeinderat teilzunehmen?

(d) **Philipp:** Kannst du mir eine Möglichkeit nennen, wie Jugendliche sich an der Gemeindepolitik aktiv beteiligen können?

www.bpb.de +++ www.politische-bildung.de +++ www.staedtetag.de +++ www.politische-bildung-rlp.de +++ www.lpm.uni-sb.de

Politische Beteiligung in der Gemeinde

Wichtige Fähigkeiten

Gemeindeaufgaben: Zusammenhänge erklären können
(Seiten 72f.)

Bei einem Treffen zahlreicher Bürgermeister deutscher Städte im Jahr 2005 stiegen diese zu einer Demonstration für die Presse in ein Schwimmbad. Das Foto wurde unter dem Titel „Wenn den Gemeinden das Wasser bis zum Hals steht" veröffentlicht.

Erklärt den Zusammenhang zwischen diesem Foto und der Wirklichkeit.

Gemeindepolitik: Vortragen können
(Seiten 76ff.)

Bereitet mithilfe des Schaubildes einen kurzen mündlichen Vortrag über Merkmale der Politik in der Gemeinde vor. Darin sollt ihr auf die Punkte eingehen, die auf dem Stichwortzettel für euren Vortrag stehen.

Merkzettel
Politik in der Gemeinde

- Zwei Wahlmöglichkeiten der Bürger
- Zwei wichtige Aufgaben des Bürgermeisters
- Zwei Aufgaben des Gemeinde- bzw. Stadtrates
- Zwei Aufgaben der Verwaltung
- Die Rolle der Beigeordneten

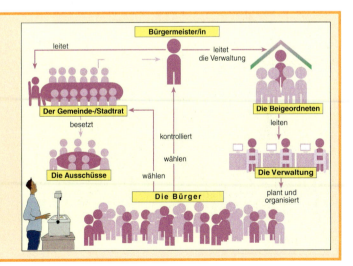

www.bpb.de   +++   www.politische-bildung.de   +++   www.staedtetag.de   +++   www.politische-bildung-rlp.de   +++   www.lpm.uni-sb.de

Teil B: Politik in den

Im ersten Teil dieses Kapitels habt ihr euch damit beschäftigen können, wie die Politik in den Gemeinden funktioniert. Im zweiten Teil gehen wir auf die nächsthöhere Ebene und fragen, wie die Menschen von der Politik in einem Bundesland betroffen sind und welche Aufgaben die Landespolitik zu erfüllen hat. Macht es einen Unterschied, ob man in Berlin, Bayern, Brandenburg, in Rheinland-Pfalz, im Saarland, in Sachsen, Thüringen oder einem anderen der 16 Bundesländer lebt? Familie Schwendler, die ihr im ersten Teil dieses Kapitels kennengelernt habt, würde Unterschiede feststellen, wenn sie von einem in ein anderes Bundesland umzöge. Vieles ist gleich, aber manches ist anders von Bundesland zu Bundesland, z. B. das Schulwesen, die Uniformen der Polizei, die Gesichter der Landespolitiker ... Wenn ihr euch näher mit der Landespolitik beschäftigt, werdet ihr auch genauer Auskunft über Besonderheiten der Bundesrepublik Deutschland geben können.

- Beginnen solltet ihr mit der Lösung des Quiz für Einsteiger. Die Lösung der Quizfrage gehört unstrittig zur Allgemeinbildung jedes einzelnen Schülers und jeder einzelnen Schülerin.
- Mithilfe des Schaubildes auf dieser Doppelseite könnt ihr euch Klarheit darüber verschaffen, auf welcher Ebene staatlicher Politik ihr euch gerade befindet.

Quiz für Einsteiger

16 Bundesländer:
Welcher Ländername, welche Hauptstadt und welche Einwohnerzahl (Angaben in Millionen) passen zusammen?
- Findet die Kombination heraus und notiert sie.

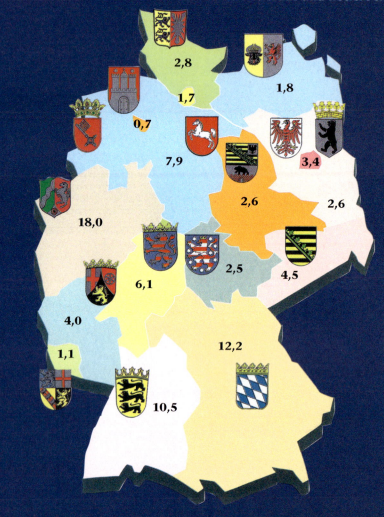

Baden-Württemberg · Freistaat Bayern · Berlin · Brandenburg · Freie Hansestadt Bremen · Freie und Hansestadt Hamburg · Hessen · Mecklenburg-Vorpommern · Niedersachsen · Nordrhein-Westfalen · Rheinland-Pfalz · Saarland · Freistaat Sachsen · Sachsen-Anhalt · Schleswig-Holstein · Thüringen

Dresden · Düsseldorf · Erfurt · Hannover · Kiel · Magdeburg · Mainz · München · Potsdam · Saarbrücken · Schwerin · Stuttgart · Wiesbaden

Bundesländern

Auf welchen Ebenen findet staatliche Politik in der Bundesrepublik Deutschland statt?

Auf der Ebene der Bundespolitik im Deutschen Bundestag in Berlin
wird über alles entschieden, was die Menschen in der Bundesrepublik in der Gesamtheit betrifft, z. B. in Fragen des Rechts, der Wirtschaft, der Umwelt. Nur hier wird Außen- und Verteidigungspolitik betrieben. Die Bürger wählen alle vier Jahre in den Bundestagswahlen den Bundestag. Dieser wählt dann die Bundeskanzlerin bzw. den Bundeskanzler.

Auf der Ebene der Landtage in den 16 Bundesländern
wird über Dinge entschieden, in denen die Bundesländer über eigene Kompetenzen verfügen. Dazu gehören das Schulwesen und die Universitäten, die Landespolizei und der Bau von Landstraßen. Auch entscheiden die Bundesländer über die Gemeindeordnungen, die die Politik in den Gemeinden des Landes regeln. Die Bürger wählen alle vier oder fünf Jahre ihre Landesparlamente. Diese wählen dann die Ministerpräsidentin, den Ministerpräsidenten des Landes.

Im Teil B seid ihr hier.

Auf der Ebene der Kreise bzw. Landkreise
wird über Dinge entschieden, die eine einzelne Gemeinde überfordern würde, z. B. die Organisation der Müllabfuhr, der Bau und die Unterhaltung größerer Schulzentren. Die Bürger wählen den Kreistag und in vielen Bundesländern in einer weiteren Wahl den Landrat als obersten Repräsentanten des Kreises.

Im Teil A wart ihr hier.

Auf der Ebene der Gemeinden
wird über Dinge entschieden, die die einzelne Stadt, das einzelne Dorf oder den Zusammenschluss mehrerer Gemeinden in einem Gemeindeverband betreffen. Die Bürgerinnen und Bürger wählen die Gemeindevertretung und in den meisten Bundesländern in einer weiteren Wahl den bzw. die (Ober-)Bürgermeister(in).

1. Wie stark sind die Menschen von der Politik im Bundesland betroffen?

Diese Frage könnt ihr untersuchen, indem ihr euch mit den politischen Fragestellungen beschäftigt, die auf dieser Doppelseite aufgelistet sind. Sie waren allesamt Themen in Landtagswahlkämpfen in einzelnen Bundesländern in der Zeit zwischen 2004 und 2006. Sie geben euch einen Einblick in Politikbereiche, über die jedes einzelne der 16 Bundesländer das Recht hat, selbstständig zu entscheiden, und in die unterschiedlichen Meinungen dazu. Über diese Themen wird in den Bundesländern diskutiert und dann in den entsprechenden Landesparlamenten entschieden. Nach dem Lesen solltet ihr erklären können, wie wichtig diese Themen für die Bevölkerung im Land und für euch selbst sind.

Notiert die verschiedenen Bereiche der Landespolitik in euer Heft und ordnet ihnen während des Lesens die Themen 1 bis 9 zu.

Schulpolitik	Universitätspolitik	Polizeiwesen und Recht	Verkehr und Umwelt

Entscheidungen über das Schulwesen und die Universitäten sind Ländersache ...

... ebenso das gesamte Polizeiwesen.

1. Soll auf allen Flughäfen des Bundeslandes ein generelles Nachtflugverbot gelten?

   Dafür spricht: Nachtflugverbote schützen Menschen, Tiere und Umwelt vor Abgasen und Lärm.
   Dagegen spricht: Flugverkehr rund um die Uhr erhöht die Wirtschaftlichkeit und schafft zusätzliche Arbeitsplätze.

2. Sollen Studierende bereits ab dem ersten Semester Studiengebühren bezahlen?

   Dafür spricht: Die Universitäten hätten so mehr finanzielle Mittel für ihre Ausstattung und für die Forschung zur Verfügung. Zum Bezahlen der Gebühr könnten die Studierenden einen Kredit erhalten, den sie dann, wenn sie gut verdienen, nach und nach zurückzahlen.
   Dagegen spricht: Es besteht die Gefahr, dass nur noch Kinder wohlhabender Eltern ein Studium ergreifen, wenn pro Semester eine Gebühr von mehreren hundert Euro bezahlt werden muss.

3. Sollen flächendeckend im ganzen Bundesland Ganztagsschulen eingerichtet werden?

   Dafür spricht: Der Vormittagsstress könnte entzerrt werden und die Kinder und Jugendlichen hätten die Möglichkeit, nachmittags unter fachlicher Unterstützung ihre Aufgaben zu erledigen und miteinander ihre Freizeit zu verbringen.
   Dagegen spricht: Kinder und Jugendliche müssten zu viel an Zeit außerhalb der Familie und außerhalb ihres privaten Umfeldes verbringen.

4. Soll es ein generelles Rauchverbot an allen Schulen im Bundesland geben?

   Dafür spricht: Ein generelles Rauchverbot fördert die Gesundheit, verhindert Nikotinsucht und schützt die Jugend. Es gibt solche Rauchverbote bereits in zahlreichen Schulen und anderen Einrichtungen.
   Dagegen spricht: Jedes neue Verbot bedeutet eine zusätzliche Einschränkung der Freiheit jedes Einzelnen.

5. Braucht das Land mehr Windkraftanlagen?	***Dafür spricht:*** Windkraft zur Stromerzeugung ist eine saubere und zukunftsweisende Energiequelle. Sie schont die Umwelt und führt zu Einsparungen bei Kohle, Gas und Erdöl. ***Dagegen spricht:*** Die Landschaft ist schon genug mit Windkraftwerken belastet. Der Nutzen einer einzelnen Windkraftanlage ist im Verhältnis zur Veränderung des Landschaftsbildes relativ gering.
6. Soll sich das Landesparlament verstärkt für einen Ausbau des Landstraßennetzes einsetzen?	***Dafür spricht:*** Ein größeres und besseres Straßennetz nützt der Mobilität der Menschen, verbessert den Warentransport und führt zu weniger Staus auf den Straßen. ***Dagegen spricht:*** Noch mehr Straßen führen zu einer weiteren Landschaftszersiedelung und Umweltbelastung und zu einem noch höheren Verkehrsaufkommen.
7. Sollen bei Demonstrationen die entstehenden Kosten für den Einsatz der Polizei durch die Veranstalter der Demonstration übernommen werden?	***Dafür spricht:*** Wer demonstrieren will, soll das tun dürfen, aber er soll auch dafür bezahlen. Es ist der Allgemeinheit nicht länger zumutbar, dass die Kosten des Polizeieinsatzes aus Steuergeldern finanziert werden. ***Dagegen spricht:*** An einer friedlichen Demonstration teilzunehmen und dabei seine Meinung kundzutun, ist eines der unverzichtbaren Grundrechte in einer Demokratie. Müsste man dafür bezahlen, würde dieses Grundrecht in unerträglicher Weise eingeschränkt.
8. Soll die Polizei an öffentlichen Plätzen Videokameras zur Überwachung installieren?	***Dafür spricht:*** Videoüberwachung ist ein wirksamer Schutz der Menschen vor Dieben, Randalierern und Gewalttätern, weil diese beobachtet und festgenommen werden könnten. ***Dagegen spricht:*** Es steht dem Staat nicht zu, alle seine friedlichen Bürger jederzeit zu überwachen, und es schützt auch nicht vor Kriminalität.
9. Soll es Schulnoten bereits ab der ersten Klasse in der Grundschule geben?	***Dafür spricht:*** Die Maßnahme würde dazu führen, dass Kinder mehr leisten und besser lernen. Außerdem freuen sich die Kinder, wenn sie für gute Leistungen gute Noten bekommen. ***Dagegen spricht:*** Kinder sollen spielerisch lernen und nicht zu früh einem Leistungsdruck ausgesetzt werden. Für die Eltern sind Beschreibungen des Lernverhaltens ihrer Kinder in Textform informativer als Noten.

Für die Landstraßen sind die Länder zuständig ...

... und für die Bedingungen zur Genehmigung von Windkraftanlagen.

1. Welche der aufgelisteten Themen haltet ihr für wichtig und welche nicht? Begründet eure Einschätzungen.

2. Sucht euch Themen aus der Liste aus, über die ihr gerne miteinander diskutieren möchtet. Für diese solltet ihr auf die Suche nach weiteren Argumenten gehen.

3. Wie fällt nach der Betrachtung dieser landespolitischen Themen eure Antwort auf die Frage über diese Doppelseite aus? Formuliert dazu eure persönliche Stellungnahme.

INFORMATION

Teil A
Aufgaben der Bundesländer

1. Wahlen, besondere Eigenheiten der Länder, Aufgaben und Zuständigkeiten könnt ihr mithilfe einer Mindmap darstellen und diese dann als Grundlage für eine Zusammenfassung der Aufgaben der Bundesländer benutzen.

2. Erklärt mithilfe der beiden Schaubilder, wer was wählt in Rheinland-Pfalz oder im Saarland. *Volksbegehren* und *Volksentscheid* könnt ihr im Glossar nachschlagen.

Bundesländer handeln politisch selbstständig

Nach den Gemeinden und den Kreisen sind die Bundesländer die nächsthöhere Ebene, auf der in Deutschland staatliche Politik stattfindet. Alle Bundesländer haben eine eigene Landeshauptstadt, eine eigene Verfassung, ein eigenes Parlament (das auch Landtag genannt wird), eine eigene Regierung, an deren Spitze eine Ministerpräsidentin oder ein Ministerpräsident steht. Sie haben auch eine eigene Landesflagge und ein eigenes Landeswappen. Die Abgeordneten für die Landesparlamente werden von den Bürgerinnen und Bürgern des jeweiligen Bundeslandes gewählt. Die Wahlen werden – außer bei den Stadtstaaten Berlin, Bremen und Hamburg – als Landtagswahlen bezeichnet. Die Ministerpräsidenten werden nicht vom Volk, sondern von den Landtagen gewählt.

Die Landtage sind oberste politische Entscheidungsorgane. Ihre wichtigsten Aufgaben sind

- die öffentliche Diskussion der unterschiedlichen Interessen der Bevölkerung,
- die Wahl des Ministerpräsidenten und die Bestätigung der Landesregierung,
- die Kontrolle der Landesregierung und der Landesverwaltung,
- die Festlegung des Landeshaushalts und
- die Landesgesetzgebung.

Zuständigkeiten der Länder

Bund und Länder sind für unterschiedliche Bereiche der Politik zuständig. Unter dem Stichwort *Föderalismusreform* wurden diese Zuständigkeiten nach schwierigen Verhandlungen im Jahr 2006 neu geregelt.

Die Bundesländer sind zuständig für alle Bildungs- und Polizeiangelegenheiten sowie für die Landeskultur (Landesmuseen, Landestheater, Denkmalpflege, Durchführung von Landesgartenschauen u. a.). Länder entscheiden über den Bau von Landstraßen, über die Gemeindeordnungen und dabei auch über die Regelung der Ladenschlusszeiten und anderes mehr. Zur Bewältigung ihrer Aufgaben erlassen sie Landesgesetze und erheben eigene Steuern.

Die Bundesländer haben keinen Außenminister und keinen Verteidigungsminister, weil Außen- und Verteidigungspolitik zu den zahlreichen Zuständigkeiten gehören, die im Bund (also in Berlin) für ganz Deutschland einheitlich geregelt werden.

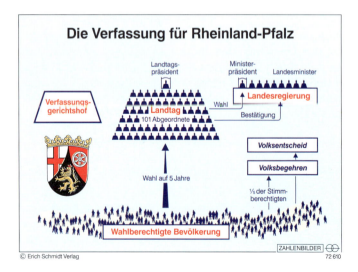

lesen – bearbeiten – einprägen

Teil B
Die bundesstaatliche Ordnung

3. Wie erklärst du einer anderen Person mit eigenen Worten, was man unter der Bezeichnung „Bundesrepublik Deutschland" versteht?
4. Stellt die Aufgaben und die Bildung des Bundesrates anschaulich dar. Verwendet dazu auch das Schaubild auf dieser Seite.

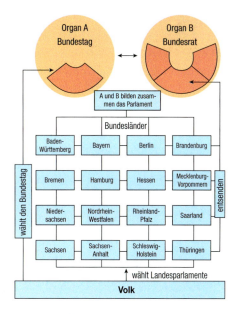

Bundesrepublik: Was bedeutet das?

Wenn ihr im Ausland zu Gast seid und gefragt werdet, aus welchem Land ihr kommt, so muss eure korrekte Antwort lauten: „Aus der Bundesrepublik Deutschland". Wenn bei olympischen Spielen die deutsche Nationalmannschaft einmarschiert, so ist auf dem Erkennungsplakat zu lesen: „Federal Republic of Germany".
Was bedeutet das?

Eine Bundesrepublik ist ein Staat, der sich aus mehreren Einzelstaaten zusammensetzt. Die Gliedstaaten sind die einzelnen Teile, die gemeinsam den Gesamtstaat bilden. Sie sind in einem Bund miteinander „verbündet" und tragen daher den Namen Bundesstaat. Die Bundesrepublik Deutschland besteht aus 16 Einzelstaaten. Föderation ist das lateinische Wort für Bundesstaat. Wenn wir sagen, dass Deutschland ein föderalistisches Land ist, so bedeutet das, dass es eine bundesstaatliche Ordnung gibt, die den Ländern weitgehende Selbstständigkeit belässt. Die bundesstaatliche Ordnung ist im Artikel 20 des Grundgesetzes festgelegt und gehört zu den Staatsmerkmalen, die nicht geändert werden dürfen.

Die Bezeichnung „Republik" drückt aus, dass die Staatsgewalt vom Volk ausgeht und nicht – wie früher einmal – von einem König oder einem Kaiser.

Gebäude des Bundesrates in Berlin

Der Bundesrat

Gesetze, die in Gesamtdeutschland Gültigkeit haben, werden im Bundestag in Berlin diskutiert und verabschiedet. Auch an der Gesetzgebung des Bundes sind die Bundesländer beteiligt. Zuständig dafür ist der Bundesrat in Berlin.
„Über den Bundesrat wirken die Bundesländer an der Gesetzgebung des Bundes [...] mit", heißt es dazu im Artikel 50 des Grundgesetzes.

Die Mitglieder des Bundesrates werden nicht gewählt. Vielmehr entsendet jede der 16 Landesregierungen hierhin – abhängig von der Einwohnerzahl im Land – zwischen drei und sechs Mitglieder. Der Bundesrat muss allen Bundesgesetzen zustimmen, welche die Länderinteressen betreffen. Dadurch soll sichergestellt werden, dass die Länder bei der Bundesgesetzgebung angemessen vertreten sind. Die Stimmen der Länder müssen immer einstimmig abgegeben werden. Bundestag und Bundesrat bilden zusammen das Parlament der Bundesrepublik Deutschland.

95

2. Föderalismus in der Diskussion: Überwiegen die Vorteile oder die Nachteile

Umfragen haben ergeben, dass die Mehrheit der Deutschen mit der Aufgliederung der Bundesrepublik Deutschland zufrieden ist und den Föderalismus insgesamt begrüßt. Aber es gibt auch Kritik am Föderalismus bzw. am bundesstaatlichen Aufbau. Hier findet ihr Vor- und Nachteile des Föderalismus.
- Ordnet sie in Pro- und Kontra-Argumente.
- Übt euch darin, sie frei vortragen zu können.
- Überwiegen die Vor- oder die Nachteile? Formuliert dazu eure eigene Meinung.

1. Im Föderalismus sind alle Länder unterschiedlich, z. B. in den Schulsystemen. Das führt bei einem Umzug in ein anderes Bundesland zu großen Schwierigkeiten.

2. In einem Bundesstaat haben die Bürger mehr Möglichkeiten zur politischen Beteiligung. Im überschaubaren Bundesland kann man leichter politisch aktiv werden als in einem großen Einheitsstaat.

3. Jedes einzelne Bundesland hat im Bundesstaat ein eigenes Parlament, eine eigene Regierung und eine eigene Verwaltung. Das ist zu teuer.

4. Im Bundesstaat muss zu Bundesgesetzen, die die Länder betreffen, immer die Zustimmung des Bundesrates eingeholt werden. Dadurch dauern wichtige Gesetzesvorhaben oft zu lange.

5. Es gibt zu viele verschiedene Parlamente in Deutschland und zu viele verschiedene Politiker. Das macht die Politik kompliziert und unübersichtlich.

6. Die Zugehörigkeit zu einem Bundesland gibt den Menschen ein positives Heimatgefühl. Die Bundesländer haben ihre eigene Geschichte und wollen ihre Angelegenheiten selbst regeln.

7. Parteien, die in einem der Bundesländer bei Landtagswahlen Stimmen verloren haben, können bei Wahlen in einem anderen Land wieder Stimmen gewinnen. Das erhöht die Chancen der Parteien zur Gestaltung der Politik.

8. Die Mitwirkung der Bundesländer an der Bundesgesetzgebung durch den Bundesrat führt dazu, dass alle politischen Entscheidungen intensiv beraten werden und dass Bundestag und Bundesrat sich gegenseitig kontrollieren. Das ist gut für die Demokratie, weil es Machtmissbrauch verhindert.

Wichtige Informationen mithilfe des Internets ermitteln

Bei jeder Gelegenheit solltet ihr die folgenden Angaben aus dem Bereich der Kommunal- und der Landespolitik kennen und vortragen können. Recherchiert dazu im Internet und notiert:

www.unsere-gemeinde.de
- die Einwohnerzahl eurer Gemeinde (und weitere interessante Zahlen)
- den Bürgermeister, die Bürgermeisterin (Name, Partei, Amtszeit etc.)
- den Gemeinde- bzw. Stadtrat (Zahl der Mitglieder, Parteien und Fraktionen)
- wichtige Serviceleistungen für die Bürger: Was bekommt man wo?
- weitere interessante Informationen aus dem Internet über eure Gemeinde

www.NamemeinesBundeslandes.de
- Name und Partei der Ministerpräsidentin, bzw. des Ministerpräsidenten
- Zusammensetzung des Landtages nach Parteien und deren Sitzverteilung
- Zahl der entsendeten Vertreter eures Bundeslandes in den Bundesrat in Berlin
- Name und Parteizugehörigkeit der wichtigsten Landesminister
- Einwohnerzahl eures Bundeslandes und weitere interessante Informationen

MEMORY-STATION

Memory-Station — **Politik in den Bundesländern**

Wichtiges Wissen

 Station 1 Politik in den Bundesländern (Seiten 92ff.)

Vorsicht
Sechsmal richtig – viermal falsch

In die folgenden zehn Sätze haben sich vier völlig falsche Aussagen eingeschlichen.
- Übernehmt nur die richtigen Merksätze in euer Heft und prägt sie euch ein.
- Korrigiert in einem zweiten Schritt die fehlerhaften Sätze: Wie muss es richtig heißen?

1. Alles, was mit der Organisation des Schulwesens zu tun hat, gehört zu den Aufgaben der Länder. **(?)**
2. In jedem der 16 Bundesländer gibt es ein gewähltes Landesparlament. **(?)**
3. Das gesamte Polizeiwesen ist Aufgabe der Länder. **(?)**
4. Ministerpräsidentinnen und Ministerpräsidenten werden vom Volk direkt gewählt. **(?)**
5. Zwischen dem Bund und den Ländern gibt es eine Aufgabenteilung, die im Grundgesetz geregelt ist. **(?)**
6. Zur Bewältigung ihrer Aufgaben erlassen die Bundesländer Landesgesetze und erheben Steuern. **(?)**
7. Über die Verteidigungspolitik und über die Außenpolitik wird in jedem einzelnen Bundesland entschieden. **(?)**
8. Föderation ist das lateinische Wort für Demokratie. **(?)**
9. Über den Bundesrat wirken die Länder an der Gesetzgebung des Bundes mit. **(?)**
10. Die Mitglieder des Bundesrates werden von der wahlberechtigten Bevölkerung in den Bundesländern gewählt. **(?)**

Wichtige Fähigkeiten

 Station 2 Der Bundesstaat: Erklären können (Seiten 94f.)

Stelle dir die folgende Situation vor:

Zusammen mit mehreren Freunden, Klassenkameraden, Verwandten und Bekannten schaust du eine Fernsehsendung an, die den Einmarsch der deutschen Mannschaft bei den olympischen Spielen zeigt. Als das Fernsehbild die deutsche Mannschaft zeigt, fragt einer der Teilnehmer: „Was bedeutet das eigentlich: Federal Republic of Germany"?
Alle schweigen vor sich hin. Nur du als Expertin oder Experte bist spontan bereit, die richtige Erklärung abzugeben.
Wie lautet sie?

4 Umgang mit Massenmedien

> *„Der Umgang mit Massenmedien gehört zu unserem Alltag wie Essen und Trinken."*
>
> *„Ohne die Massenmedien wüssten wir nichts über die Welt."*
>
> Erklärt, ob ihr diese Aussagen für übertrieben oder für zutreffend haltet.

Schnell mal eine E-Mail schreiben, im Internet nach Informationen suchen, mit Freunden chatten, noch vor dem Frühstück das Radio einschalten, nachmittags oder am frühen Abend den Fernseher, immer mal wieder einen Blick in die Zeitung werfen oder in die neueste Ausgabe einer Jugendzeitschrift ...
Der Umgang mit Massenmedien gehört zum Alltag der meisten von uns wie Essen oder Trinken. Auch das Handy wird zunehmend zum Massenmedium, denn mit ihm kann man weitaus mehr als nur telefonieren, wie ihr alle wisst.

Wir verstehen unter Massenmedien alle Einrichtungen, die Kommunikation mithilfe eines technischen Mediums ermöglichen und öffentlich zugänglich sind. Radio, Fernsehen, Internet und die gedruckten Medien (Zeitungen und Zeitschriften) gehören dazu.

Was aber haben diese Massenmedien mit Sozialkunde und mit politischer Bildung zu tun? Als Kinder habt ihr sie wahrscheinlich vornehmlich zur Unterhaltung und zum Zeitvertreib benutzt, als Jugendliche vielleicht auch des Öfteren, um euch zu informieren. Und da beginnt die politische Bedeutung der Massenmedien. „Alles, was wir über die Welt wissen, haben wir aus den Massenmedien erfahren!", behaupten die Medienforscher. Egal, ob es sich um den Besuch des amerikanischen Staatspräsidenten oder um den Ausbruch eines Vulkans in Indonesien handelt, ohne die Medien wüssten wir nichts davon. Die Medien sind für uns eine Eintrittstür zum Weltgeschehen.

Wie nutzt man die Massenmedien geschickt und klug für die eigene Bildung? Das ist die leitende Frage, um die es im folgenden Kapitel gehen wird.

Wenn ihr dieses Kapitel bearbeitet, könnt ihr

- Aufgaben und Bedeutung der Massenmedien erklären,
- die Macht und die Wirkung von Fernsehbildern und Zeitungsfotos darstellen,
- euch darin trainieren, Nachrichtensendungen und Zeitungstexte besser zu verstehen,
- Informationsangebote im Internet gezielter nutzen,
- über Vorzüge und Nachteile der Mediennutzung und über Gewalt in Computerspielen und Videos miteinander diskutieren.

1. Die Bedeutung der Massenmedien

Welche Bedeutung haben die Massenmedien für dich persönlich?

Donnerstag:
Um 6.20 springt der Radiowecker an. Dann höre ich Musik und zwischendurch Nachrichten. Beim Frühstück werfe ich einen Blick in die Zeitung. Zwischen 7.00 und 7.30 höre ich wieder Musik auf dem Weg zur Schule, auch auf dem Nachhauseweg. Ab 13.40 mache ich für etwa 90 Minuten den Fernseher an. Den PC benutze ich ab 15.00 für die Hausaufgaben und ab 16.00, um E-Mails zu senden, zu chatten und für Videospiele. Von 18.00 bis 18.30 gucke ich Fernsehen so nebenbei und dann sitze ich von 20.00 bis 21.30 davor. Aus welchem Grund? Weil ich dann nichts anderes zu tun habe oder weil meine Freunde keine Zeit haben. In Zeitschriften blättere ich, wenn sie irgendwo rumliegen.
(Andreas, 15 Jahre)

Samstag:
Ich schlafe bis 10.00. Nach dem Duschen schalte ich mein Handy ein und verschicke SMS. Vor dem Mittagessen surfe ich eine halbe Stunde im Internet. Ich suche nach Informationen, maile und chatte. Nach dem Mittagessen läuft das Radio. So ab 15.00 schaue ich für etwa zwei Stunden fern. Dann gehe ich ein bisschen mit dem Hund spazieren und telefoniere. Ab 19.00 mache ich mich fertig für die Stadt.
Bis Mitternacht gehe ich mit Freunden aus. Ich merke mir aktuelle Informationen, damit ich abends mit meinen Freundinnen darüber reden kann.
(Nina, 16 Jahre)

Bedeutende Rolle
Medien spielen für Jugendliche eine große Rolle. Sie verbringen viel Zeit vor dem Fernseher, dem Radio oder am PC. In 100 % der Haushalte, in denen 12- bis 19-Jährige aufwachsen, gibt es ein Fernsehgerät, in 94 % der Haushalte gibt es mindestens ein Mobiltelefon, 91 % sind mit einem Computer und 65 % mit einem Internetzugang ausgestattet. Eine Tageszeitung haben 67 % abonniert. [...]
Bei der Mediennutzung belegt allerdings das Fernsehen nach wie vor die Spitzenposition: 93 % schauen regelmäßig in die Röhre. CDs oder Kassetten werden von 91 % gehört, und 83 % nutzen das Radio täglich oder zumindest mehrmals pro Woche. Am Computer verbringen 64 % der Jugendlichen regelmäßig ihre Zeit. Hier ist die größte Steigerung in den vergangenen zwei Jahren erkennbar – 1999 waren es erst 52 %. Rückläufig ist das Lesen von Zeitungen und Zeitschriften. Haben vor zwei Jahren noch 62 % regelmäßig Aktuelles gelesen, so waren es im vergangenen Jahr nur noch 54 %. [...]
Die Medien dienen den Jugendlichen nicht nur zur Informationsaufnahme oder zur Unterhaltung, sie prägen auch ihren Alltag und bilden einen Gegenstand der täglichen Kommunikation. 53 % gaben an, sich regelmäßig über das Fernsehen bzw. das Programm zu unterhalten. 44 % diskutieren alles rund um das Thema „mobil telefonieren", etwa ein Drittel spricht über Zeitungen und Zeitschriften sowie über Computer- und Videospiele und das Internet. 21 % tauschen sich über das Radio und dessen Programm aus, aber lediglich 11 % setzen sich über Bücher auseinander. [...]
Auf keinen Fall wollen die Jugendlichen auf die Medien verzichten. Und auch hier steht der Fernseher wieder einmal an erster Stelle. 34 % gaben an, dass sie darauf am wenigsten verzichten können. 25 % wollen nicht das Radio und 24 % nicht den Computer missen. Eine Zeitung hingegen halten nur 7 % für unverzichtbar.

(Aus: Schul/Bank: Informationsdienst für Schule und Lehrer, Ausgabe 5/2002)

1. Welches Massenmedium spielt in eurem Alltag die größte Rolle – aus welchen Gründen?

2. Notiert aus dem Text über die Rolle der Medien die – eurer Meinung nach – wichtigsten Zahlen in eur Heft und erklärt, was sie bedeuten.

3. „Medien sind unverzichtbar." Formuliert dazu schriftlich eure eigene Stellungnahme.

TRAININGSPLATZ

Unser Medienalltag
Wir ermitteln unseren persönlichen Umgang mit Medien

Mit dieser Übung kann man sich über Mediennutzung im Alltag Klarheit verschaffen, um anschließend über deren Bedeutung für das eigene Leben miteinander zu sprechen.
Verhaltet euch eine Weile ganz ruhig und denkt dabei an einen normalen Wochentag, einen Samstag und einen Sonntag. Zu welchen Zeiten und wie lange nutzt ihr das Fernsehen (F), das Radio (R), Internet, auch Handy mit Internetfunktion (I), Zeitungen und Zeitschriften (Z)? Übertragt die Zeitleiste in euer Heft und notiert für die drei verschiedenen Wochentage. Nach dieser Einzelarbeit könnt ihr euer persönliches Ergebnis in Kleingruppen vergleichen und auch Durchschnittswerte für die Mediennutzung in der Klasse ermitteln.

Zeit	Wochentag				Samstag				Sonntag			
	F	R	I	Z	F	R	I	Z	F	R	I	Z
6.00 – 6.30												
6.30 – 7.00												
7.00 – 7.30												
7.30 – 8.00												
8.30 – 9.00												
9.30 – 10.00												
10.00 – 10.30												
10.30 – 11.00												
11.00 – 11.30												
11.30 – 12.00												
12.00 – 12.30												
12.30 – 13.00												
13.00 – 13.30												
13.30 – 14.00												
14.00 – 14.30												
14.30 – 15.00												
15.00 – 15.30												
15.30 – 16.00												
16.00 – 16.30												
16.30 – 17.00												
17.00 – 17.30												
17.30 – 18.00												
18.00 – 18.30												
18.30 – 19.00												
19.00 – 19.30												
19.20 – 20.00												
20.00 – 20.30												
20.30 – 21.00												
21.00 – 21.30												
21.30 – 22.00												
22.00 – 22.30												
22.30 – 23.00												
23.00 – 23.30												
23.30 – 24.00												
?												

Welche Bedeutung haben die Massenmedien für die Politik?

Im Fach Sozialkunde fragen wir nicht nur nach der Bedeutung der Medien für den einzelnen Menschen, sondern auch nach ihrer Bedeutung für das Zusammenleben in der Gesellschaft. Lest euch dazu die folgende Geschichte durch. Auf der nächsten Seite lassen wir dann mehrere Experten zu Wort kommen, die die politische Bedeutung der Medien besonders intensiv untersucht haben. In einem der Texte spielt der Begriff „politische Sozialisation" eine Rolle. Darunter versteht man den Entwicklungsprozess, in dessen Verlauf Jugendliche zu ihrer eigenen politischen Sichtweise finden.

Eine Geschichte zum Nachdenken: Massenmedien verboten

Ich hatte einen Traum: Gut gelaunt stand ich auf und frühstückte. Bevor ich mich auf den Schulweg machte, wollte ich noch einen Blick in die Zeitung werfen. An diesem Morgen war jedoch keine Zeitung geliefert worden. Na ja, dachte ich, vielleicht ist der Zeitungsträger krank und kein Ersatz da. Ich schaltete das Frühstücksfernsehen ein und zappte mich durch die Programme. Doch auch hier – ich konnte es kaum glauben – gab es nur Geflimmer in allen Kanälen.
Ich sah darin noch kein großes Problem. Schließlich habe ich ein Handy mit Internetzugang. Doch als ich meine Nachrichtenseite öffnen wollte, hieß es: „Server nicht gefunden."
Während der Fahrt fiel mir auf, dass der Kiosk, an dem sonst immer eine Menge Leute ihre Zeitungen und Zeitschriften kauft, geschlossen war. Auch der Zeitungsverkäufer auf dem Marktplatz hatte heute anscheinend Urlaub. Komischerweise gab's diesmal im Bus auch keine Nachrichten aus dem Radio. In der Schule mussten sich alle Schülerinnen und Schüler um zehn Uhr in der Aula versammeln. Der Schulleiter hatte eine wichtige Meldung zu verkünden. „Gestern sind alle Zeitungs- und Zeitschriftenverlage und alle Rundfunk- und Fernsehanstalten von der Regierung verboten worden. In wenigen Tagen, in denen wichtige Umstrukturierungsmaßnahmen erfolgen sollen, werden sie wieder wie gewohnt erscheinen." Die wenigen Tage wurden zur Ewigkeit. Kein Mensch wusste, was im Lande vorging. Hinter vorgehaltener Hand wurde gemunkelt, die Regierung mache sich die Massenmedien zu eigen, um ihre fehlgeschlagene Politik zu vertuschen. Als die Medien wieder erschienen, war ich heilfroh und zunächst fiel mir überhaupt kein Unterschied zu früher auf. Im Fernsehen gab es wieder meine Lieblingstalkshow und meine tägliche Serie. Man suchte wieder den Superstar und es meldeten sich noch mehr Jugendliche als früher zum Casting. Es gab auch Nachrichtensendungen und die Tageszeitung erschien ebenfalls wieder. Aber genau hier war plötzlich alles ganz anders geworden. In jeder Nachricht und in jedem Kommentar war nur von den großartigen Leistungen der Regierung die Rede. Es schien in unserem Land keine Probleme mehr zu geben: keine Arbeitslosigkeit, keine Umweltverschmutzung, keine sozialen Krisen. Einige Tage später verkündete eine Sprecherin im Fernsehen, dass die Regierung es von nun an als eine wichtige Aufgabe ansehe, die Massenmedien zu kontrollieren und das Volk gut zu unterhalten. Viele Zuschauer schienen darüber gar nicht unglücklich zu sein. Alle Reporterinnen und Reporter, die früher die Regierung kritisiert hatten, wurden des Landes verwiesen. An dieser Stelle meines Traumes wurde ich schweißgebadet wach.

Politikbezogene Aufgaben in der Mediengesellschaft

Im Allgemeinen ordnet man den Massenmedien in der Demokratie drei, einander zum Teil stark überschneidende, politische Funktionen zu:
1. Information,
2. Mitwirkung an der Meinungsbildung,
3. Kontrolle und Kritik.

Zu den weiteren Aufgaben zählen Unterhaltung und Bildung.
Die Massenmedien sollen so vollständig, sachlich und verständlich wie möglich informieren, damit die Staatsbürger in der Lage sind, mit kritischem Bewusstsein das öffentliche Geschehen zu verfolgen.
[...]
Wir müssen uns der Tatsache bewusst sein, dass wir die Welt zum großen Teil nicht mehr unmittelbar erfahren; es handelt sich überwiegend um eine durch Medien vermittelte Welt. Was der Einzelne heute weiß, beruht höchstens noch zu 20 Prozent auf eigener Erfahrung, 80 Prozent werden ihm vor allem durch Presse, Hörfunk und Fernsehen zugetragen. Wir sind eine Mediengesellschaft. Was in den Medien nicht präsent ist, ist in unserer Gesellschaft nicht mehr präsent.

(Aus: Hermann Meyn, Massenmedien in der Bundesrepublik Deutschland, Huthing Verlag, Heidelberg, Neuauflage 2001, S. 34f.)

Auswirkungen der Medien auf das politische Wissen

Politik wird in erster Linie nicht direkt, sondern fast ausschließlich über Massenmedien erfahren. Ohne Massenmedien würde der größte Teil der Bevölkerung Politik überhaupt nicht oder in keinem nennenswerten Umfang wahrnehmen. Massenmedien sind die Hauptquellen politischer Information. Wenn Jugendliche gefragt werden, auf welchem Weg sie etwas über Politik erfahren, dann rangieren Massenmedien mit großem Abstand vor Eltern, Lehrern und Freunden an erster Stelle. [...]
Der wichtigste Beitrag der politischen Information in den Massenmedien zur politischen Sozialisation dürfte in der Vermittlung von politischem Wissen liegen. Kinder und Jugendliche, die das Informationsangebot stärker nutzen, haben nicht nur mehr Wissen über aktuelle politische Ereignisse, sondern auch spezifischeres und fundamentaleres Wissen um politische Zusammenhänge. [...]
Wer sich häufiger der politischen Information im Fernsehen (Nachrichtensendungen, politische Magazine) zuwendet, ist politisch interessierter, glaubt eher etwas von Politik zu verstehen und politisch Einfluss nehmen zu können, hat eine positivere Einstellung zur Idee der Demokratie, würde sich eher an der Bundestagswahl beteiligen oder auch an anderen politischen Aktivitäten wie Demonstrationen und Unterschriftensammlungen. Die gleichen Zusammenhänge lassen sich auch für die häufige Zuwendung zur Tageszeitung nachweisen.

(Aus: Hans Peter Kuhn, Politische Sozialisation zwischen Information und Unterhaltung in den Massenmedien, in: forum medienethik, Heft 2, kopaed Verlag, München 2002, S. 28ff.)

Wer das politische Geschehen verfolgen und beurteilen will, braucht Informationen. Wer an Wahlen und Abstimmungen in der Demokratie teilnehmen oder sich an politischen Organisationen oder vor Ort in der Gemeinde engagieren will, braucht ebenfalls Informationen. Die Bürgerinnen und Bürger müssen sich selbstständig Informationen beschaffen,
um zu wissen, welche Probleme gelöst werden sollen und welche Vorschläge dazu gemacht werden;
um die wirtschaftlichen, gesellschaftlichen und politischen Zusammenhänge zu begreifen;
um zu erkennen, wo ihre eigenen Interessen liegen;
um sich ihre eigene Meinung bilden zu können.

(Aus: Paul Ackermann, Bürgerhandbuch, Wochenschau Verlag, Schwalbach i. Ts. 2004, S. 41f.)

---

1. Warum ist der geschilderte Traum ein Alptraum?

2. Welche politischen Aufgaben haben die Medien? Notiert dazu die wichtigsten Aussagen aus den Texten und stellt sie übersichtlich dar.

3. Welche Vorteile haben Menschen, die bereit und dazu in der Lage sind, die politischen Informationsangebote in den Medien zu nutzen?

4. Wie groß schätzt ihr die Bereitschaft von Jugendlichen ein, die Massenmedien auch als Mittel zur Informations- und Meinungsbildung zu benutzen? Formuliert dazu eure Meinung und sprecht miteinander.

2. Wie stark beeinflusst die Bilderwelt in den Medien unsere Sicht auf die Wirklichkeit?

Die Welt der modernen Medien ist eine Welt aus Bildern. Dabei nimmt die Fotografie eine herausragende Bedeutung ein. Immer wieder gibt es Schlüsselfotos, die sich tief in das Gedächtnis unzähliger Menschen einprägen: Bilder vom Krieg, von Terrorakten, von hungernden Kindern, von Tsunamis, Hurrikanen, Überschwemmungen. Welche Macht haben diese Bilder? Verstehen wir sie immer richtig? An zwei berühmten Beispielen könnt ihr nach Antworten auf diese Fragen suchen.

Ein weiteres Originalfoto aus dem Film des Fotografen Nick Ut

Beispiel Nr. 1
Wie ein Foto zum Sinnbild für die Grausamkeit von Kriegen und dennoch falsch verstanden wurde

Das berühmte Beispiel stammt aus dem Krieg in Vietnam. Von 1960 bis 1973 kämpften amerikanische Truppen in Vietnam gegen vietnamesische kommunistische Truppen, die sich Vietcong nannten und die Macht im Land übernehmen wollten. Das Foto ging damals um die Welt und findet sich noch heute in nahezu jedem Geschichtsbuch, das die zweite Hälfte des zwanzigsten Jahrhunderts behandelt. Das Bild zeigt das damals neunjährige Mädchen Kim Phuc und vier weitere Kinder nach einem Luftangriff mit Napalmbomben vor dem Hintergrund ihres brennendes Dorfes Trang Bang in der Nähe der südvietnamesischen Stadt Saigon. Schon kurz nach seiner ersten Veröffentlichung am 9. Juni 1972 in der New York Times wurde das Foto für viele Menschen auf der Welt zum Sinnbild für die Grausamkeit dieses Krieges und für die Grausamkeit aller Kriege. Eine Journalistin schrieb, dieses Foto werde für immer im Gedächtnis derer bleiben, die es gesehen haben. Experten der New Yorker Universität nahmen es in die Liste der 100 herausragendsten Bilder des zwanzigsten Jahrhunderts auf.

Was macht dieses Foto so eindrucksvoll?

Es ist eine Momentaufnahme, die dem Betrachter viel mehr erzählt als das, was in diesem Bruchteil einer Sekunde passierte: Rauchwolken, ein brennendes Dorf, Flucht und nacktes Überleben. Es zeigt das hilflose Leid der wehrlosesten Opfer, der Kinder. Sie scheinen direkt auf den Betrachter zuzulaufen, sodass niemand sich deren Schmerz entziehen kann. Bis in die heutige Zeit hinein hielt sich in der Öffentlichkeit die Ansicht, das Bild zeige die Folgen eines Angriffs der Amerikaner auf ein vietnamesisches Dorf. In neuester Zeit haben Recherchen ergeben, dass dies keineswegs der Wahrheit entspricht. Tatsächlich handelte es sich um einen Angriff der südvietnamesischen Luftwaffe auf ihre nordvietnamesischen Gegner, die man im bombadierten Dorf vermutet hatte. Auch wurde das Foto zur Veröffentlichung beschnitten. Die Wirkung verändert sich, wenn man andere Originalaufnahmen der gleichen Fotoserie betrachtet.

Das Foto des Mädchens Kim Phuc, das den Angriff überlebte, ist zum Sinnbild für die Schrecken des Krieges geworden, auch für Menschen, die die Zusammenhänge falsch oder gar nicht verstehen.

(Die Darstellung folgt den Aussagen von Gerhard Paul, Bilder des Krieges – Krieg der Bilder, Verlag Ferdinand Schöningh, Paderborn 2004)

Beispiel Nr. 2
Gekaufter Jubel?

Nach dem Terroranschlag auf das World Trade Center am 11. September 2001 versetzten Fernsehbilder einer jubelnden Palästinenserin die Menschen weltweit in Erstaunen. Wie kann jemand diesen schrecklichen Terroranschlag bejubeln, bei dem so viele Menschen starben? Die Illustrierte „Stern" recherchierte die Hintergründe und es kam eine ganz andere Geschichte ans Tageslicht:

Eine dicke Brille. Ein in Verzückung weit aufgerissener Mund. Ein Gesicht umrahmt von einem schwarzen Kopftuch. Dieses Bild einer jubelnden Frau ging nach den Terrorattacken in New York und Washington um die Welt. Die vor Freude tanzende Muslimin wurde weltweit in den Sondersendungen gezeigt, das Foto wurde millionenfach von Magazinen in aller Welt nachgedruckt und sorgte rund um den Globus für Empörung und Entsetzen: Wie niederträchtig, unmenschlich und fanatisch muss jemand sein, der den grausamen Massenmord so feiert! [...] Die Frau ist Palästinenserin, 45 Jahre alt und lebt in Bethlehem, der Geburtsstadt von Jesus. Sie ist Mutter von acht Kindern und fünffache Großmutter. Als sie am Abend jenes Dienstags die Bilder der Jubler mit ihr als Hauptdarstellerin im israelischen Fernsehen sah, brach sie heulend zusammen.

„Noch nie in meinem Leben habe ich mich so geschämt wie in diesem Moment", erzählt sie vier Tage später dem „Stern". „Was denkt die Welt jetzt von mir? Dass ich eine fanatische Muslimin bin? Dass ich vor Glück kreische, wenn irgendwo Tausende Menschen qualvoll sterben? Dass ich Terror an Unschuldigen gutheiße?" Die Bilder lügen, behauptet sie. Und sie ist wütend auf sich selbst: „Weil ich so dumm war, mitzujubeln, ohne genau zu wissen, warum." Sie und die anderen seien in jenen chaotischen Minuten von Kameramännern hereingelegt worden, die auf der Jagd nach sensationellen Bildern waren. Sie schwört „beim Augenlicht meiner Enkelkinder", dass sie zum Zeitpunkt der Aufnahmen nicht die geringste Ahnung über Einzelheiten, geschweige denn das Ausmaß von Tod und Zerstörung im fernen Amerika hatte. [...] Die Frau verurteilt die Anschläge auf das

Eine Frau mit Kopftuch freut sich über das Unglück der Amerikaner. Da weiß man doch gleich, was das für Menschen sind. Wirklich?

World Trade Center: „Kein Muslim kann Blutvergießen an Unschuldigen gutheißen." [...]

(Aus: Bernd Dörler, Gekaufter Jubel, in: Der Stern Nr. 39 / 2001, S. 205ff.)

(Der im Bericht erwähnte Name der Gemüseverkäuferin wurde hier weggelassen. Ausführlich berichtet die Frau, wie ein Kamerateam sie mit kleinen Geschenken dazu überredete, einen Freudentanz aufzuführen. Ihrer Ansicht nach stand ihr Jubel in keiner Verbindung zu den Terroranschlägen vom 11. September. Welche Darstellung wirklich der Wahrheit entspricht, ist letztlich nicht zu klären. Anmerkung des Herausgebers)

1. Was erfährt man in den beiden Beispielen über die Wirkung von veröffentlichten Bildern?

2. In der Wissenschaft ist umstritten, wie stark Fotografien und Fernsehbilder die Meinungen der Menschen über das Weltgeschehen beeinflussen können. Die Ansichten schwanken zwischen sehr starken bis zu eher schwachen Auswirkungen. Welche Ansicht entspricht am ehesten eurer persönlichen Meinung?

Können Fotos lügen?

„Fotos und Fernsehbilder lügen nicht. Schließlich sieht man alles mit eigenen Augen." Dieser Ansicht scheinen immer noch viele Menschen zu sein, besonders solche, die sich mit den technischen Möglichkeiten der Bildbearbeitung kaum oder gar nicht auskennen. Nach der Bearbeitung dieser Doppelseite solltet ihr zur Ansicht dieser Leute Stellung beziehen und von Beispielen berichten.

Frau Merkel durfte nicht schwitzen

Aus einem Artikel vom 7. Mai 2005: Angela Merkel kennen wir als zerzaust, übermüdet und ungeschminkt. Das Äußere ist ihr wohl nie so wichtig gewesen. Für die Eröffnung der Bayreuther Festspiele jedoch putzte auch sie sich heraus. Welch Malheur, als sich ein kleiner Schwitzfleck unter ihrem Arm bildete. Ein dpa-Fotograf fing den Moment ein und zahlreiche Medien veröffentlichten das Foto. In der Fotogalerie von BR-Online tauchte exakt das gleiche Foto auf – nur diesmal ohne den Fleck. Spiegel Online titelte: „Darf Angela Merkel nicht schwitzen?" und prangerte die nur allzu offensichtliche Bildmanipulation an. Zunächst dementierte der Bayerische Rundfunk den Vorwurf, gestand dann aber ein: „[...] uns [ist] ein bedauerlicher Fehler unterlaufen. Das in einer Bildergalerie publizierte Foto von Frau Merkel war insofern verändert worden, als ein Mitarbeiter einen kleinen Schweißfleck in der Achselhöhle wegretuschiert hatte. Dies widerspricht selbstverständlich den Arbeitsgrundsätzen und journalistischen Standards bei BR-Online. Wir bitten unsere Nutzer, dieses Missgeschick zu entschuldigen." Fraglich ist, ob die Retusche noch als „Missgeschick" einzuordnen ist.
Michael Konken, DVJ-Bundesvorsitzender strafte die Berichterstattung ab: Dass ein und dasselbe Foto in zwei verschiedenen Versionen in den deutschen Medien veröffentlicht wurde, schade der Glaubwürdigkeit der Medien. Hier komme der Eindruck der willfährigen Bildberichterstattung auf. Er verweist auf Ziffer 2 des Deutschen Pressekodex: Zur Veröffentlichung bestimmte Nachrichten und Informationen in Wort und Bild sind mit der nach den Umständen gebotenen Sorgfalt auf ihren Wahrheitsgehalt zu prüfen. Ihr Sinn darf durch Bearbeitung, Überschrift oder Bildbeschriftung weder entstellt noch verfälscht werden. Ein möglicher Ausweg: Einige Medien wie z. B. die *taz* unterstützen Aktionen wie die „Initiative M" und kennzeichnen manipulierte Fotos durch ein [M]. Es ist schade, dass sich dieser Standard nicht durchgesetzt hat und Leser auch in Zukunft nie sicher sein können, ob sie ihren Augen trauen sollten.

(Artikel vom 07.05.2005 unter http://www.fotolinx.de/nachrichten/oh-schreck-der-fleck-ist-weg-21/de)

Die bearbeitete Fassung des Fotos, die Angela Merkel ohne Schweißfleck in der Achselhöhle zeigt, wurde aus dem Verkehr gezogen und darf nicht mehr veröffentlicht werden.

„Von der Fotografie darf man nicht erwarten, dass sie abbildet, was war."

Der Karlsruher Philosoph Boris Groys über den Skandal um ein gefälschtes Kriegsfoto und die Glaubwürdigkeit der Medien:

Am 5. August 2006 veröffentlichte die Nachrichtenagentur Reuters ein Foto, das eine Explosion in einem Wohnviertel von Beirut zeigt.
Das Bild wurde nach einem israelischen Luftangriff aufgenommen. In den folgenden Tagen druckten Zeitungen in aller Welt das Foto nach – als Beleg für ein unverhältnismäßig hartes Vorgehen der israelischen Armee gegen die libanesische Zivilbevölkerung. Diese Woche stellte sich jedoch heraus, dass das Foto nicht authentisch ist. Der Reuters-Fotograf hatte es digital nachbearbeitet. Der Fotograf A. H. wurde inzwischen von Reuters entlassen. [...]

Richtig und gefälscht: Die Rauchwolken in der Fälschung (rechts) haben eine unnatürliche Form.

Welt am Sonntag: Halten Sie die Aufregung um das manipulierte Kriegsbild für berechtigt?

Boris Groys: Ich halte das für übertrieben und eigentlich irreführend. Über das Reuters-Bild wird immer wieder gesagt, es sei falsch, weil es zusätzlich digital bearbeitet wurde. Aber wie kann man sagen, dass ein Foto falsch ist, wenn es ein wahres Ereignis darstellt – die Attacke der israelischen Luftwaffe auf die libanesischen Städte. Das Foto wäre in der Tat falsch, wenn eine solche Attacke nicht stattgefunden hätte, wenn die ganzen Bombenexplosionen dazugedichtet würden. Das ist aber nicht der Fall. Die Bombardierungen haben stattgefunden, und in diesem Sinne ist das Foto vollkommen korrekt.

Frage: Aber es wurde verändert?

Groys: Die Veränderungen, die der Fotograf vorgenommen hat, beziehen sich nicht auf den Wahrheitsgehalt, sondern auf die visuelle Rhetorik des Bildes (= die bildlichen Gestaltungsmittel, Anmerkung des Herausgebers). Der Fotograf wollte das Bild noch dramatischer, noch ausdrucksvoller machen, als es ursprünglich war. Eigentlich ist das ein völlig verständlicher Wunsch.

(Aus: Welt am Sonntag, Nr. 33 vom 13. August 2006, S. 52; das Gespräch führte Susanne Kirsch)

Worauf sollte man achten?
Eine Kamera kann die Wirklichkeit nie so abbilden, wie sie ist. Wir erleben sie immer medial vermittelt und schauen sozusagen aus dem Blickwinkel von anderen Menschen, die die Bilder so fotografiert oder ausgewählt und zusammengestellt haben.
Um ein Bild wirklich zu verstehen, müsste man immer nach seiner Entstehung, seinen Gestaltungsmitteln und seiner beabsichtigten Wirkung fragen. Drei Fragen sind daher besonders bedeutsam:
- Unter welchen Bedingungen sind die Bilder entstanden?
- Welche Gestaltungsmittel sind in den Bildern zu erkennen?
- Welche Wirkungsabsicht wird angestrebt?

Natürlich können wir diese Fragen zum Bildverständnis nicht für alle Bilder beantworten, die uns als Fotos oder als bewegte Bilder begegnen. Es ist aber schon eine Hilfe zum besseren Bildverständnis, wenn man darauf achtet, dass diese Fragen bedeutsam sind.

1. Was meint ihr: Ist es in Ordnung, einen Schweißfleck auf der Kleidung von Prominenten – wie z. B. von Frau Merkel – in veröffentlichten Fotos zu entfernen oder schadet es der Glaubwürdigkeit der Medien?

2. Notiert, worauf man achten sollte, damit man Fotos in den Medien nicht falsch versteht.

3. Die Redaktion der Tageszeitung *taz* hat vorgeschlagen, alle bearbeiteten Fotos in Zeitungen und Zeitschriften mit einem M für Manipulation zu kennzeichnen. Andere Zeitungsmacher wehren sich dagegen, weil sie meinen, die Leserinnen und Leser bräuchten diese Belehrung nicht. Wie würdest du entscheiden?

3. Schüler als Chefs unterschiedlicher Fernsehanstalten: Welche Programme werdet ihr anbieten?

Angenommen, dass ...
Ihr habt die Aufgabe, ein Fernsehprogramm zusammenzustellen, und zwar für zwei unterschiedliche Sender: Einmal seid ihr Chefin oder Chef eines Privatsenders (z. B. RTL oder Sat.1), ein zweites Mal leitet ihr eine öffentlich-rechtliche Fernsehanstalt (ARD oder ZDF). Werdet ihr in beiden Fällen genau das gleiche Programm anbieten oder werdet ihr Unterschiede machen? Um die Frage beantworten zu können, solltet ihr euch zunächst mithilfe der Texte A und B über die öffentlich-rechtlichen und über die privaten Fernsehanstalten informieren.
Tipp: Arbeitsteilige Vorgehensweise mit Partnerbriefing.

Stichwortzettel
Text A   Text B
Dazugehörige Sender sind:
So sind sie organisiert:
Auftrag und Ziel:
Finanzierung:
Bedeutung der Werbung:

A Das öffentlich-rechtliche Rundfunksystem

Zu den öffentlich-rechtlichen Rundfunkanstalten zählen das ZDF und die ARD mit ihren dritten Programmen sowie die Spartenkanäle Arte, 3sat, Phoenix, Kinderkanal u. a.
Öffentlich bedeutet, dass diese Fernsehanstalten weder dem Staat noch einer privaten Firma gehören. Sie sind Einrichtungen der Gesellschaft und verwalten sich selbst.
Rechtlich bedeutet, dass ihr Bestand und ihre Organisation in Staatsverträgen geregelt und somit rechtlich abgesichert sind.
Zur Zeit des Nationalsozialismus in Deutschland war der Rundfunk als Propagandainstrument missbraucht worden. Der Staat hatte die Macht über die Rundfunkmedien übernommen und bestimmte und kontrollierte alles, was über die Sender drang. Nach der Gründung der Bundesrepublik Deutschland wollte der Gesetzgeber für alle Zeiten verhindern, dass jemals wieder eine Regierung oder eine Partei den Rundfunk für ihre Zwecke ausnutzen würde. Der Rundfunk sollte der Allgemeinheit gehören und von Vertretern dieser Allgemeinheit kontrolliert werden. Deshalb entschied man sich für ein öffentlich-rechtliches Rundfunksystem. Bei den Sendern wurden Rundfunkräte (ARD) und ein Fernsehrat beim ZDF eingerichtet. Darin sollen Vertreterinnen und Vertreter von gesellschaftlich wichtigen Gruppen die Interessen der Allgemeinheit vertreten.

Der gesetzliche Auftrag

Die öffentlich-rechtlichen Sender haben den gesetzlichen Auftrag, die flächendeckende Versorgung der Bevölkerung mit Information, Bildung, Kultur und Unterhaltung zu sichern.
Um diesen Auftrag erfüllen zu können, dürfen sie Gebühren erheben. Diese muss jeder Zuschauer bezahlen, der ein Fernsehgerät und ein Radio besitzt. (Die Höhe der Gebühr betrug im Jahr 2006 monatlich 17,03 Euro für Radio und Fernsehen). ARD und ZDF teilen sich die bundesweit erhobenen Gebühren im Verhältnis 70 zu 30. Darüber hinaus hat der Gesetzgeber der ARD und dem ZDF erlaubt, einen Teil ihrer Kosten durch Werbeeinnahmen zu finanzieren. Dieses Recht wird von den privaten Fernsehanstalten heftig kritisiert. Ihrer Ansicht nach genügt es, dass diese Anstalten durch Zwangsgebühren finanziert werden. Die Privaten fordern ein Werbeverbot für ARD und ZDF oder einen Anteil am Gebührenaufkommen, das ihnen bis jetzt verweigert wird.

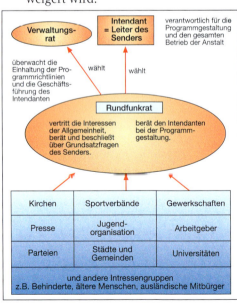

Organisationsschema einer öffentlich-rechtlichen Rundfunkanstalt

B Die Privatsender

Seit 1984 sind in der Bundesrepublik Deutschland private Sendeanstalten zugelassen. Zu den größten Privatsendern gehören RTL, Sat.1, Vox und Pro 7. Insgesamt strahlen etwa 200 bundesweite und regionale private Anbieter Programme aus. Ein Privatsender ist eine Firma, deren wichtigstes Ziel – wie bei anderen Firmen auch – darin besteht, mit ihrem Angebot einen Gewinn zu erzielen. An der Spitze eines Privatsenders stehen ein Geschäftsführer und ein Programmdirektor. Der eine ist für die Finanzierung zuständig, der andere für die Programmgestaltung.

Privatsender dürfen keine Gebühren verlangen. Die Programme und alles, was dazugehört, müssen sie selbst finanzieren. Diese Kosten decken sie durch Werbeeinnahmen. Der finanzielle Gewinn eines Privatsenders ergibt sich aus der Differenz der Werbeeinnahmen und der Kosten. Die Höhe der Werbeeinnahmen und damit des Gewinns eines privaten Senders hängt von seiner Einschaltquote ab. Je mehr Menschen das Programm einschalten, desto höher ist die Einschaltquote, was bedeutet, dass umso mehr Menschen auch die Werbung in diesem Programm sehen. Firmen, die Werbetrailer senden wollen, bezahlen für ihre Sendezeit. Der Preis richtet sich dabei nach dem Quotenprinzip: Je mehr Menschen das Programm zur Werbezeit eingeschaltet haben, desto teurer wird die Werbeminute. Das erklärt auch, warum gerade in der besten Werbezeit von 20.00 bis 22.00 die Werbeblöcke so dicht aufeinanderfolgen und so lange dauern. Um diese Zeit sitzen die meisten kaufkräftigen Zuschauer vor ihren Fernsehgeräten. Anders als die öffentlich-rechtlichen Sender dürfen die Privaten auch nach 20.00 Werbung ausstrahlen. Insgesamt dürfen sie 20 Prozent ihrer Sendezeit für Werbung reservieren.

Auf der Jagd nach der höheren Quote setzen die privaten Sender vor allem auf Unterhaltung durch Spielfilme, Shows und Sportveranstaltungen, die sie zu hohen Preisen einkaufen. Viele Menschen sind der Ansicht, dass durch die Quotenjagd die Programme der Privaten oft die Grenzen des guten Geschmacks überschreiten. Auf der Suche nach dem Sensationellen und dem „Noch-nie-Gezeigten" komme es zu Gefährdungen von Kindern und Jugendlichen durch eine Anhäufung von Gewalt und Unterhaltung auf primitivstem Niveau. Insgesamt habe der Kampf um die Quoten eine immer stärkere Verflachung der Qualität der Fernsehprogramme zur Folge. Demgegenüber weisen die privaten Anbieter darauf hin, dass sie auch anspruchsvolle Sendungen im Programm anbieten und dass es niemandem zustehe, sich über den Geschmack des Publikums aufzuregen.

Frage: Welche Eigenschaften treffen eher auf die öffentlich-rechtlichen Fernsehsender und welche eher auf die Privatsender zu?		
2005 in %	auf öffentlich-rechtliche Sender	auf Privat-Sender
sachlich	79	14
glaubwürdig	76	14
kompetent	71	20
anspruchsvoll	70	25
informativ	65	24
kritisch	65	27
aktuell	56	31
sympathisch	42	50
unterhaltsam	25	67
modern	19	74
locker und ungezwungen	15	81

Quelle: Media Perspektiven, Basisdaten 2005. Befragt wurden Fernsehnutzer ab 14 Jahren.

1. Zwei Schaubilder, zwei Erklärungen:
   A Wie ist eine öffentlich-rechtliche Fernsehanstalt organisiert?
   B Welche Eigenschaften verbinden die Zuschauer mit welchen Sendern?

2. Zusammenstellung des Programms für (a) unseren Privatsender, (b) unseren öffentlich-rechtlichen Sender: So viele prozentuale Anteile unseres Gesamtprogramms (= 100 %) werden wir jeweils für die folgenden Sendungen reservieren: *Spielfilme, Talkshows über Privatschicksale, Talkshows zu aktuellen Themen aus Politik und Gesellschaft, Quizsendungen, Musikshows, Nachrichten, Politmagazine, in denen Journalisten Meinungen vertreten und Kritik üben, Magazine über Promis, Sportberichte, Serien für Jugendliche, Casting-Shows und Ähnliches, Serien für ältere Zuschauer, Kindersendungen, Werbung, Reiseberichte, Sendungen über Tiere, Kochsendungen, öffentliche Debatten aus dem Bundestag oder aus anderen Parlamenten.*

3. Fasst die Unterschiede zwischen den beiden Organisationsformen der Fernsehsender schriftlich zusammen.

4. Fernsehgewohnheiten in der Diskussion

Im Leben der meisten Menschen hat das Fernsehen einen festen Platz. Wie kein anderes Massenmedium gehört es zum Alltag von Kindern, Jugendlichen und Erwachsenen. Mit dem Material auf dieser Doppelseite kann der alltägliche Umgang mit diesem wichtigen Massenmedium einer kritischen Betrachtung unterzogen werden. Zwei Aspekte stehen dabei zur Diskussion:

Diskussionsthema A:
Haben jugendliche Fernsehzuschauer kein Interesse an Nachrichten- und Informationssendungen?

Wie Jugendliche fernsehen
Drei Viertel der Jugendlichen bevorzugen Sendungen der privaten Anbieter gegenüber denen der öffentlich-rechtlichen. Für lediglich jeden zehnten Jugendlichen im Alter zwischen 12 und 17 Jahren sind Politmagazine im Fernsehen eine regelmäßige Informationsquelle. Dies ist ein Ergebnis einer Studie des Erziehungswissenschaftlers Daniel Hajok von der Freien Universität Berlin. [...]
Hajok führte Gespräche mit 210 Jugendlichen im Alter zwischen 12 und 17 Jahren in Leipzig und Umgebung, Hamburg sowie im Raum Kempten. Trotz des großen Angebots beschränkt sich laut Hajok die Informationsnutzung auf eine überschaubare Anzahl meist täglich ausgestrahlter Sendungen. [...]
Die Informationsklassiker der Erwachsenen wie „Heute" (ZDF), „Monitor" (ARD), „Brennpunkt" (ARD) oder „Tagesthemen" (ARD) werden Hajok zufolge nur von wenigen Jugendlichen genutzt. Der Experte bezeichnet den typischen „Tagesschau"-Nutzer unter den 12- bis 17-Jährigen als einen „in den alten Bundesländern aufgewachsenen, politisch engagierten und interessierten, älteren Jugendlichen mit hohem Bildungshintergrund, der wenig fernsieht und dabei die Programme der öffentlich-rechtlichen Anbieter bevorzugt, nichtsdestotrotz aber auch Zugang zum Infotainment der Privatsender hat". Als Gegenpol dazu sind die typischen Nutzer der beliebten Boulevardmagazine „Explosiv" und „Taff" eher Jugendliche mit geringem Bildungshintergrund, die viel fernsehen und dabei den Schwerpunkt klar auf die Programme der Privatsender legen. Die Daily Talks werden von einem Drittel der Befragten regelmäßig als informative Angebote genutzt. Aus ihnen ziehen sich die Jugendlichen jene Informationen, die sie in ihrer persönlichen Lebenssituation am ehesten gebrauchen können.

(dpa-Meldung aus DIE WELT vom 30.06.2004, im Internet unter www.welt.de)

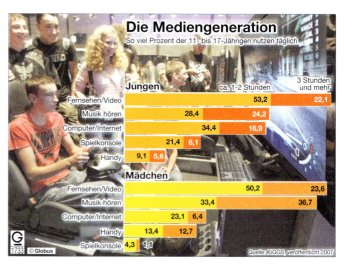

Meinungen zur Diskussion	Ja, das stimmt, weil … / Nein, das stimmt nicht, weil …
1. Die meisten jugendlichen Fernsehzuschauer haben Interesse daran, sich mithilfe des Fernsehens über aktuelle Ereignisse aus Gesellschaft und Politik zu informieren.	?
2. Informationssendungen im Fernsehen sind den Jugendlichen zu langweilig.	?
3. Jugendliche interessieren sich im Fernsehen nahezu ausschließlich für „Daily Talks" und „Daily Soaps".	?

Diskussionsthema B:
Kinder und Fernsehen – Ist Fernsehen nützlich oder schädlich für die Entwicklung von Kindern?

Immer wieder wird über die Folgen des Fernsehkonsums für die Entwicklung von Kindern diskutiert. Wissenschaftler kommen zu unterschiedlichen Ergebnissen. 2002 erschien zum Beispiel in der Wochenzeitschrift FOCUS eine Titelgeschichte, die die Überschrift „Kinder brauchen Fernsehen" trug.
2005 wiederum warnte eine Studie vor den negativen Folgen des Fernsehkonsums. In den Diskussionen geht es weniger um die Frage, ob fernsehen generell erlaubt oder verboten sein soll. Vielmehr interessiert, wie lange Kinder fernsehen können, ohne Schaden zu erleiden, und welche Art von Sendungen sich eher positiv oder negativ auf die Entwicklung der Intelligenz ausüben.
Als Grundlage für eine Diskussion in der Klasse wird hier aus zwei sehr unterschiedlichen Quellen zitiert. Danach könnt ihr euch selbst in die Rolle von Eltern versetzen, die über das Verhältnis ihrer Kinder zum Fernsehen zu entscheiden haben.

Position A:
Fernsehen nützt

„Fernsehen ist als Entspannung für manche Kinder sehr wichtig", behauptet die Medienpädagogin Maya Götz. Schule, Hobbys und Freunde forderten die Kleinen in unserer Gesellschaft sehr – da brauchten sie auch mal eine Rückzugsmöglichkeit. „Früher waren das eben die Hörspielkassetten. Darüber hat sich bloß niemand aufgeregt."
„Es gibt nichts Wichtigeres als Fernsehen für die Einordnung in der Gruppe. Das fängt schon im Kindergarten an. Wer nicht gucken darf, ist arm dran", sagt der Experte Hans Dieter Erlinger. Gerade Kinderprogramme vermitteln positive Werte, das hat das Münchner Institut für Medienwissenschaft in einer Schule untersucht. In Kindersendungen wie dem Vorschulklassiker „Löwenzahn" werde den Kindern ein positives Bild des sozialen Miteinander vermittelt.

(Zusammengestellt nach FOCUS: Kinder brauchen Fernsehen, Nr. 12 vom 18. März 2002)

Position B:
Fernsehen schadet

„Ein Fernsehschirm ist für kleine Kinder auch dann schädlich, wenn die tollste Kindersendung läuft oder das intelligenteste Lernprogramm", ist Dr. Manfred Spitzer (ärztlicher Direktor der psychiatrischen Universitätsklinik Ulm, Anmerkung des Herausgebers) überzeugt: „Im Gehirn prägt sich besonders gut ein, was über mehrere Sinne hineingelangt." Ist also das Ohr, das Auge, die Nase und der Tastsinn beschäftigt – etwa wenn eine Katze gestreichelt wird und zu schnurren beginnt –, dann reagiert das Gehirn auf diese Erfahrung ganz anders, als wenn das Gleiche nur im Fernsehen verfolgt wird. Deshalb macht Fernsehen Kinder keineswegs schlau. Im Gegenteil: Fernsehen, insbesondere frühes Fernsehen, führt zu schlechteren Schulleistungen, „Wer viel fernsieht, lernt schlechter lesen, ist weniger kreativ, nimmt Dinge eher oberflächlich auf und denkt weniger kritisch", sagt Spitzer. [...]
„TV im Vorschulalter führt zu schlechteren Leistungen im Lesen und Schreiben. Und die Kinder lernen auch nur langsamer hinzu als Wenigseher", betont Spitzer. Manfred Spitzer kritisiert aber auch die sozialen Auswirkungen eines hohen Fernsehkonsums. [...] Vielseher sind öfter allein und verbringen weniger Zeit mit Freunden. Diese Entwicklung verschärft sich mit der Zeit. Bei Elfjährigen ist der Unterschied zwischen Viel- und Wenigsehern in Studien schon deutlich erkennbar. Bei 15-Jährigen ist die Diskrepanz noch ausgeprägter, verstärkt sich also in den Jugendjahren. „Damit ist auch das oft gehörte Argument entkräftet, Kinder und Jugendliche müssten fernsehen, damit sie nicht zu Außenseitern würden", sagt Manfred Spitzer. Das Gegenteil ist der Fall. „Es sind diejenigen, die viel fernsehen, die mehr allein sind und weniger Zeit mit Freunden verbringen, also zu Außenseitern werden."

(Aus: Christian Thiel, Fernsehen ist nichts für Kleinkinder, in: DIE WELT vom 3. Nov. 2005)

5. Die neuen Medien: Welche Chancen bietet das Internet für besseres Lernen?

Berlin

Moskau

Tansania

Neue Medien – Mit diesem Sammelbegriff werden die vernetzten Computersysteme bezeichnet, die nicht nur einseitige Massenkommunikation ermöglichen, sondern auch dem Benutzer die Möglichkeit bieten, selbst Informationen auszusenden, Kontakte herzustellen usw. Internet heißt dabei das Zauberwort: Grenzenlos miteinander über Bildschirme von jedem Ort der Welt aus kommunizieren im internationalen Netz.

Wie immer, wenn neue Techniken entwickelt werden, gibt es Menschen, die davon begeistert sind, und andere, die auf die Gefahren hinweisen.

„Die Menschen werden zunehmend vor den Bildschirmen vereinsamen", sagen die einen.

„Die Menschen werden die neuen Möglichkeiten dazu nutzen, ein angenehmeres Leben zu führen", meinen andere.

Wie seht ihr die Veränderungen, die von den neuen Medien ausgehen werden: eher positiv oder eher negativ oder von beidem etwas?

Die Fotos zeigen Menschen in Internetcafés an verschiedenen Orten in der Welt: Was erzählen sie über die Möglichkeiten der neuen Medien?

Wie sehr braucht das Internet-Zeitalter die starken Leser, guten Rechner und sicheren Schreiber?

„Was soll diese Frage?", wird vielleicht der ein oder andere denken. Das klingt doch sehr altmodisch. Haben wir nicht bisher geglaubt, dass die PCs uns das lästige Lesen, Rechnen und Schreiben mehr und mehr erleichtern werden? „Nein", sagt die Autorin des folgenden Artikels. Im Zeitalter des Internets werden die alten Kompetenzen noch viel wichtiger sein als bisher. Lest den Text und findet heraus, warum in der Internet-Gesellschaft alte Kompetenzen unverzichtbar sind.

Die wichtigste Hardware ist der Kopf

Nur der kann die Bibliothek Internet richtig nutzen, der sich in Büchern auskennt und möglichst viel im Gedächtnis speichert, der sinnentnehmend lesen und verständlich schreiben kann, der Wichtiges von Unwichtigem zu unterscheiden weiß sowie Informationen zu beurteilen und zu verknüpfen vermag. Es gehört zu den großen Gefahren der Informationsgesellschaft, dass sie meinte, externe Wissensspeicher könnten das im Kopf verfügbare Wissen weitgehend ersetzen; es reiche zu wissen, wie und wo man sucht, was man nicht weiß. […]

Die miserablen Testnoten und seit Jahren schon die Klagen von Wirtschaft und Hochschulen über mangelnde Ausbildungs- und Studierfähigkeit der Schulabgänger beweisen, dass auch Medienkompetenz so nicht zu haben ist. Schon längst bestreitet niemand mehr, dass Schule den Umgang mit den neuen Informationstechnologien als vierte Kulturtechnik nach Lesen, Rechnen und Schreiben lehren muss. Aber eben danach. Eine Internet-Nation braucht starke Leser, gute Rechner und sichere Schreiber. Die USA, die wir uns in moderner Unterrichtspraxis gerne als Vorbild nehmen, gehen zum Computereinsatz wieder auf Distanz. Der amerikanische Internet-Pionier Clifford Stoll hält gleich gar nichts von Computern im Klassenzimmer. Er ist sogar überzeugt, dass die beiden wichtigsten Dinge, die wir im Leben tun können – lernen und lehren –, ihren Wert verlieren, wenn sie auf PC-Konserve reduziert werden. Richtiges Lernen bedeute, sein Gehirn anzustrengen und konkretes Wissen zu erwerben. […]

Nun sind die neuen Medien – auch CD-ROM, Internet und Intranet – im Schul- wie im Alltagsleben längst präsent. Mehr als die Hälfte der Jugendlichen über 14 Jahre besitzt einen eigenen Computer, fast zwei Drittel gehen täglich ins Internet, fast alle haben Erfahrung mit computergestützten Lernprogrammen. Aber – und das unterscheidet deutsche Schüler von ihren Altersgenossen in anderen Ländern – nur 15 Prozent nutzen den Computer als relevantes Hilfsmittel im Unterricht. In Dänemark und Großbritannien sind es 55 Prozent, in Finnland 37, in den USA 30 Prozent. […] Der Computer ist ein hochleistungsfähiges Werkzeug, mehr nicht. Wir wären aber dumm, wenn wir die Chancen, die er eröffnet, nicht nutzten.

(Aus: Dr. Birgitta Mogge-Stubbe, Der Kopf ist die Hardware …, in: Das Parlament, Ausgabe 31-32 vom 5.8.2002, S. 1)

1. Was müssen Schülerinnen und Schüler nach Ansicht der Autorin lernen, bevor sie das Internet als Informationsmedium richtig nutzen können? Stellt eine Liste zusammen.
2. „Die wichtigste Hardware ist der Kopf", lautet eine Aussage im Text. Erklärt, wie diese Behauptung gemeint ist.
3. Miserable Testnoten für deutsche Schulen, Jugendliche, die das Internet nur zum Vergnügen und nicht zum Lernen nutzen können – sind diese Vorwürfe eurer Meinung nach berechtigt oder nicht? Diskutiert miteinander.

6. Die dunklen Seiten der neuen Medien

Auf den folgenden Doppelseiten werden zwei Themenbereiche angesprochen, die mit den neuen Medien zusammenhängen: gewaltverherrlichende Videospiele (Beispiel A) und Horrorvideos auf Handys (Beispiel B).

Erschreckend für die meisten Erwachsenen war eine Vielzahl von Ereignissen, die in jüngster Vergangenheit im Zusammenhang mit der Gewalt in den Medien in und außerhalb von Schulen passiert sind. Weil Entwicklungen immer dann gefährlich werden können, wenn gedankenlos damit umgegangen wird und die möglichen Folgen nicht bedacht werden, solltet ihr die Materialien bearbeiten und anschließend miteinander diskutieren.

Tipp: Arbeitsteilige Bearbeitung der Beispiele A und B mit Partnerbriefing. Achtet beim Lesen der Texte A und B besonders auf die darin geäußerten Meinungen.

Beispiel A:
Gefahr durch brutale Videospiele?

So sieht der Schüler Philipp seine Erfahrungen:

Philipp ist sechzehn Jahre alt. Er ist ein ganz guter Schüler. Das war aber nicht immer so. Philipp erzählt:
So zwischen 12 und 14 hatte ich nichts anderes mehr im Kopf als Computerspiele. Ich hatte unzählige Spiele durch: *Advance Rally, Diddy Kong Pilot, Supercar Street Challenge* und zig andere Jump-and-Run-Rennspiele. Ich war total geschickt. Mein Vater konnte da nicht mithalten.
Später konnte man *Star Treck, Tomb Raider, Harry Potter* erst im Kino ansehen und dann zu Hause stundenlang nachspielen. Die fand auch mein Vater klasse. Dann fing ich verstärkt mit Abenteuer- und Strategiespielen an. *Civilization* fand ich toll – 4000 Jahre vor Christus begann ich damit, meinen Staat einzurichten. Bis zum Jahr 2005 nach Christus musste ich mich hocharbeiten und konnte dann mein erstes Raumschiff starten. Super waren auch *Die Siedler* und *Age of Empire*. Soll bloß keiner behaupten, dass man mit Computerspielen nichts lernen kann. Mein erstes Schlag-sie-tot-Spiel war *James Bond*. Es war auch das erste, von dem ich meinen Eltern nichts erzählen durfte. Ich habe dann auch andere Ego-Shooter heruntergeladen: *Doom* und *Counterstrike*. Man erlebt dabei alles aus der Sicht des Schützen mit dem Blick durch den Gewehrlauf. Man ist sozusagen der Chef von allem und genießt, dass man Macht hat. Mit den Internetspielen wurde alles immer toller. Ich spielte mit und gegen Gleichaltrige überall auf der Welt. Am liebsten hätte ich gar nicht mehr aufgehört. Als ich vierzehn geworden war, kam es zum großen Krach mit meiner Mutter. Sie hatte sich meine Schulhefte angeschaut. „Deine Schrift wird immer schlechter. Du machst immer mehr Fehler. Du nuschelst beim Reden, dass man kein Wort versteht. Du lernst nicht mehr für die Schule, weil du nur noch für deine Computersachen lebst. Das muss anders werden." Sie schrie mich richtig an.
Ich war sauer, weil die Erwachsenen sowieso etwas gegen Computerspiele haben. Sie meinen immer, wenn es um Mord und Totschlag geht, würde man selber auch zum Mörder.
Allmählich sah ich ein, dass meine Mutter nicht ganz Unrecht hatte. Ich war ja morgens immer todmüde, weil ich die halbe Nacht vor dem PC gesessen hatte. Wir haben dann zu Hause einen Computerspielvertrag gemacht. Es gibt jetzt feste Zeiten, die ich einhalten muss, und ich muss meine Eltern über alle Spiele informieren. Am Anfang fand ich das nicht gut, habe oft mit meinen Eltern gemeckert. Ich glaube schon, dass man süchtig werden kann und abstumpft, wenn man es übertreibt. Das geht ganz allmählich, ohne dass man es merkt. Im Moment ist mein Lieblingsspiel *Anachronox*. Ich muss darin das Universum retten, aber – wie gesagt – nur noch höchstens 90 Minuten am Tag.

So sieht der Lehrer Ted Smith (USA) seine Erfahrungen:

Die folgende Begebenheit ereignete sich 2002 während der Regierungszeit des amerikanischen Präsidenten George Bush. Im Rahmen des Kampfes gegen den internationalen Terrorismus waren amerikanische und andere Truppen in den Irak einmaschiert. Die Art der Kriegsführung durch die Amerikaner war überall auf der Welt Gegenstand heftiger Auseinandersetzungen.

Ich unterrichte zurzeit Schüler der 7. und 8. Klasse in einer städtischen Schule in Baltimore (Maryland). [...] Viele unserer Diskussionen verlaufen so engagiert, dass auch andere Kollegen ins Klassenzimmer kommen und mitdiskutieren. Die jüngste Diskussion war ein gutes Beispiel dafür. Es ging um die Entscheidung der Regierung Bush, den Irak anzugreifen. Wir debattierten über den „Kampf der Zivilisationen", wobei auch das Buch von Samuel Huntington mit dem gleichnamigen Titel als Lesegrundlage diente. Viele Schüler waren äußerst aufgebracht über die Kriegspläne ihrer Regierung. Immer wieder hörte ich Sätze wie: „Mir reicht es, dass wir dauernd Krieg führen." [...] Nachdem ich eine Zeit lang zugehört hatte, sagte ich den Schülern, dass sie selbst die Gewalt genauso verherrlichen wie George Bush, wenn nicht sogar noch mehr. Das brachte sie in Aufruhr. Sogleich flogen die Hände hoch und alle protestierten. Drei Schüler durften ihre Meinung vor der Klasse begründen. Dann fragte ich die Schüler, wie viele von ihnen ihre Zeit mit Computerspielen verbringen, in denen Mord, Krieg und die Vernichtung von Menschen simuliert wird. Von den 32 Schülern der Klasse hoben alle außer fünf ihre Hände. Ich sagte ihnen, damit seien sie alle Bushs Fußsoldaten. „Wen kann man denn besser für solche Kriege einsetzen als junge Leute, die von Kind auf zum Töten ausgebildet wurden? Jugendliche, die gewohnt sind, auf Menschen zu zielen und abzudrücken, werden später überall auf der Welt sogar muslimische Kinder erschießen. Bush mag die Befehle erteilen, aber ihr werdet es sein, die abdrücken. Ihr habt in euren Computerspielen schon so viele Menschen umgebracht, dass der Tod bei euch nicht einmal mehr ein Achselzucken auslöst." Eine Minute lang herrschte totales Schweigen in der Klasse, dass man eine Stecknadel hätte fallen hören können. Alle waren wie versteinert und tief bewegt. Schließlich meldete sich ein Schüler und fragte: „Mr. Smith, was sollen wir tun?" Ich forderte die Schüler auf, die Unkultur in sich selbst zu bekämpfen: „Hört auf, mit diesen Mordsimulatoren zu spielen!" Die Mehrheit der Schüler sagte, sie wären dazu nicht bereit. Ich antwortete, dann wollte ich von ihnen auch nie wieder Beschwerden über die Kriegspolitik der Regierung Bush hören. [...] Einige Schüler erklärten sich zögernd bereit, mit den Gewaltspielen aufzuhören, und dann fanden auch andere den Mut dazu. [...] Für den nächsten Tag tippte ich die folgende Erklärung, die die Schüler unterschreiben sollten: „Ich verpflichte mich, von Computerspielen, die zum Morden anregen, die Hände zu lassen. Diese Spiele wurden gemacht, um Schülern die Hemmung zur Gewaltanwendung zu nehmen. Sie erleichtern den Akt des Tötens. Mit meiner Unterschrift zeige ich, dass ich bei so etwas nicht mitmachen möchte. Ich möchte Leben aufbauen, nicht zerstören." Von den 120 Schülern im Alter von 12 bis 15, die ich unterrichte, haben 23 unterschrieben. Nun wird ein ähnlich lautender Aufruf für die Eltern vorbereitet.

(Aus: Neue Solidarität Nr. 28/2002, www.solidaritaet.com, letzter Zugriff: 28.11.06)

1. Der Schüler Philipp und der Lehrer Smith äußern in den Texten mehrfach persönliche Meinungen über Videospiele. Sucht die Stellen heraus und notiert eure eigenen Gedanken dazu.

2. Fördern brutale Videospiele die Gewaltbereitschaft von Kindern und Jugendlichen? Über diese Frage haben die Autoren dieses Buches mit vielen Schülerinnen und Schülern diskutiert. Die Antworten reichten von *„Ja, mit Sicherheit"* über *„Nur unter besonderen Umständen"* bis *„Auf keinen Fall"*. Wie denkt ihr?

3. Würdest du (a) Philipps Computerspielvertrag und (b) Ted Schmiths Erklärung unterschreiben?

Beispiel B:
Horror auf Handys – Wie schützt man Kinder und Jugendliche?

Nach dem Grundgesetz der Bundesrepublik Deutschland besteht die wichtigste Aufgabe darin, die Würde des Menschen zu schützen. Zur Würde des Menschen gehört, dass niemand gequält und seelisch oder körperlich misshandelt werden darf. In jüngster Zeit scheint es dem Staat, den Lehrern, den Eltern und anderen Erwachsenen immer schwerer zu fallen, die Würde von Kindern und Jugendlichen zu schützen. Mit moderner Technik hat sich auf den Handys eine Gewaltszene eingerichtet, die viele erschaudern lässt und die einige offensichtlich cool finden. Hier geht es nicht um virtuell erfundene Gewaltspiele. Hier werden reale Verbrechen gefilmt, dokumentiert und versendet.

Gewalt wurde über Handys versendet ...

An der Hauptschule Immenstadt hat es bayernweit erstmals eine Handy-Razzia bei Schülern gegeben. Dabei wurden vorübergehend mehr als 200 Handys der 7. bis 10. Jahrgangsstufe beschlagnahmt, bestätigte die Polizei am Freitag. Auf 16 Schülerhandys seien Porno- und Gewaltvideos, Nazi-Propaganda und Sodomiesequenzen gefunden worden.

Beamte waren schockiert

Ein Polizeisprecher sagte, selbst altgediente Beamte seien über die dargestellte Gewalt und Pornoszenen schockiert gewesen. Den betroffenen Schülern zwischen 14 und 18 Jahren drohen Strafverfahren wegen Besitzes und der Verbreitung verbotener pornografischer und gewaltverherrlichender Inhalte. Der Rektor der Schule, Wolfgang Knoll, hatte die Polizei eingeschaltet, nachdem sich die Mutter eines Schülers an die Schulleitung gewandt hatte. „Wir wollten mit der Aktion andere Schüler in den unteren Klassen schützen", rechtfertigte Knoll die Alarmierung der Polizei. Die strafbaren Videos seien in der Pause und in der Umgebung der Schule unter den Schülern ausgetauscht worden. Sie zeigten unter anderem pornografische Handlungen mit Tieren, Nazi-Werbematerial und Tötungsdarstellungen. [...] Die meisten Handys sind den Schülern inzwischen wieder zurückgegeben worden. Das Kultusministerium erklärte zu dem Vorfall, der Rektor habe „völlig berechtigt" die Polizei eingeschaltet und „sehr verantwortungsbewusst" gehandelt. Die Razzia sei zu begrüßen. Für so eine kleine Stadt im Allgäu handle es sich um einen „erschreckenden Vorfall", der in dieser Dimension aber als „Einzelfall" eingestuft werden müsse.

(Artikel vom 10.03.2006, aus: www.focus.de; letzter Zugriff 28.11.06)

... und von Schülern mit Handys gefilmt

Es ist der 29. November 2005. Große Pause in der Alfred-Teves-Schule in Gifhorn. 20 Minuten frische Luft, bis der Unterricht wieder beginnt. Was an diesem Tag passiert, wird den Alltag verändern. Es beginnt mit einer scheinbar harmlosen Prügelei von zwei Sechstklässlern. Kein Schüler greift ein. Marcus Lüpke, Lehrer: „Drumherum standen eben, das fand ich sehr schockierend, sechs bis sieben Schüler, die mit Handys diese Szenerie gefilmt haben und auch lautstark die beiden Kontrahenten aufeinander losschickten: Los jetzt, weiter ran." Die Schlägerei wird zum Spektakel für die Kameras. Schüler: „In dem Moment denkt man gar nicht nach, wenn man filmt und so. Man will einfach nur das Video haben und es anderen zeigen. Das ist dann eben so cool. Und dann ist auch gar keiner dazwischengegangen. Jeder hat noch weiter provoziert. So schlagt euch und so. Das ist dann eben so cool, wenn man das seinen Freunden zeigt. Das kommt dann besser an bei seinen Freunden. Und so gehört man auch dazu, wenn man brutale Sachen oder so hat." Sportlehrer Marcus Lüpke hat die Prügelei beendet. Die Handys, mit denen gefilmt wurde, sammelt er ein. Was der Lehrer findet, versteckt in Dateiordnern auf den Telefonen seiner Schüler, ist erschreckend brutal. [...] An der Schule in Gifhorn müssen Handys jetzt ausgeschaltet bleiben. Gewaltpornos und Mord sollen aus der Schule verbannt werden.

(Aus: Der Horror auf den Handys. März 2006 unter www.initiative.cc; letzter Zugriff 20.12.06 © ARD Hamburg)

In Videospielen geht es um virtuelle Gewalt, die nur in der Welt der Computer existiert. Hier ist in der Wissenschaft umstritten, wie schädlich die Auswirkungen auf die Gehirne der Kinder und Jugendlichen sind.

Bei den Gewaltdarstellungen, die über die Handys vertrieben werden, wurden ganz reale Gewaltanwendungen versendet und zwar von einer Grausamkeit und Menschenverachtung, die selbst die Polizei entsetzt. Hier geht es um Verbrechen, die mit Erziehungsmaßregeln und mit Freiheitsentzug bestraft werden können. Verbote gelten als eine Möglichkeit, etwas gegen die Grausamkeiten zu tun. Lernen durch die Einsicht, sich an diesen Entwicklungen nicht zu beteiligen, ist eine weitere. Welche Maßnahmen haltet ihr für wirksam?

Pro und Kontra Handy-Verbot auf Schulhöfen

Landesjugend- und Bildungsministerin Doris Ahnen (SPD) will weiterhin für rheinland-pfälzische Schulen kein generelles Handy-Verbot erlassen. Im Unterricht seien Handys ohnehin seitens der Schulen verboten, sagte Ahnen gestern in Mainz. „Auch was den Schulhof betrifft, haben viele Schulen längst Regelungen, dass Handys nicht benutzt werden dürfen", so Ahnen. Im Grundsatz halte sie ein Handy-Verbot an den Schulen zwar für richtig, jedoch greife es zu kurz.

(Artikel vom 21.4.2006, fwa, aus: www.allgemeine-zeitung.de; letzter Zugriff 28.11.06)

„Wir würden ein generelles Verbot auf Schulhöfen begrüßen", sagt der Sprecher des Philologenverbandes NRW, Andreas Merkendorf. In der Pause müsse verstärkt kontrolliert werden, fordert er. [...] Die Gewerkschaft für Erziehung und Wissenschaft (GEW) in Nordrhein-Westfalen zeigt sich angesichts der jüngsten Brutalo-Videos auf den Handys von Schulkindern erschrocken. Ein generelles Handy-Verbot lehnt die GEW aber vorerst ab. Gleichzeitig fordert die Gewerkschaft mehr Aufklärung. „Über dieses Problem muss in der Schule diskutiert werden." [...]

„Bei uns sind Handys im Unterricht strikt verboten", betont die Schulleiterin der Kölner Johannes-Gutenberg-Realschule, Wilma Wojtczak. Wenn ein Handy im Unterricht benutzt werde, werde es sofort einkassiert und für zwei Tage weggeschlossen. Eine Kontrolle auf dem Schulhof hält sie für schwierig. [...] Nicht alle Schüler finden diese Videos „cool" und „witzig". „Ich finde sie abartig", sagt Realschüler Pascal.

(Johannes Jolmes, dpa vom 24.3.2006, aus: www.focus.de; letzter Zugriff 28.11.06)

Die bayerische Landesregierung führte im März 2006 ein generelles Handy-Verbot an allen Schulen in Bayern ein.

Als Mitglied der Schulgemeinschaft verpflichte ich mich, die folgenden Regeln einzuhalten:

§ 1: *Ich werde mich an der Verbreitung von menschenverachtenden Gewaltvideos niemals beteiligen.*

§ 2: *Ich werde an keiner Aktion teilnehmen, in denen Schülerinnen und Schüler gequält oder geschlagen werden.*

§ 3: *Ich möchte aktiv daran mitwirken, dass Gewaltdarstellungen in unserer Schule keinen Platz haben dürfen, sodass alle Mitglieder der Schulgemeinschaft friedlich und ohne Angst am Schulleben teilnehmen können.*

Unterschrift:

Ort und Datum:

---

1. Was haltet ihr von einem Handy-Verbot in der Schule (so wie es Bayern beschlossen hat)? Diskutiert miteinander.

2. Was würdest du dem Schüler antworten, der es cool fand, unschuldige Opfer zu quälen und dabei zu filmen?

3. Würdet ihr die Regeln in den drei Paragraphen auf dieser Seite unterschreiben und für eure Schule verpflichtend machen? Schreibt dazu eure Stellungnahme, lest sie euch vor und diskutiert miteinander.

Was tun gegen immer mehr Gewalt in den Medien?

Ego-Shooter verbieten?

Mit der Maschinenpistole im Anschlag können Spieler Zombie um Zombie ins Visier nehmen und Köpfe von Körpern ihrer Gegner abtrennen. Blut befleckt Boden und Wände. Überall pflastern Leichen den Weg. Wohl nicht einmal die Schauspieler Arnold Schwarzenegger oder Sylvester Stallone hätten sich zu Szenen hergegeben, die täglich über die PC-Monitore in deutschen Jugendzimmern flimmern. [...] Gleichzeitig mit der besseren Darstellung zeigen die Spiele mehr Gewalt als jemals zuvor. Politiker und manche Experten kritisieren diese Killerspiele als zu brutal. So haben sich die Innenminister der unionsgeführten Bundesländer vor kurzem dafür ausgesprochen, sie zu verbieten, da sie eine große Gefahr für Jugendliche darstellen würden. Am 26. April 2002 überfiel der 19-jährige Robert Steinhäuser bewaffnet sein ehemaliges Gymnasium in Erfurt, erschoss 16 Menschen und sich selbst. Bei der Ursachenforschung hieß es, er hätte in seiner Freizeit häufig Ego-Shooter gespielt, vor allem „Counterstrike", ein Spiel, bei dem sich Terroristen und Polizisten jagen. [...]

In der Wissenschaft hat sich mittlerweile die Ansicht durchgesetzt, dass es einen Einfluss (brutaler Videospiele auf das Verhalten der Spieler, Anmerkung des Herausgebers) gibt. Allerdings mache Gewalt in Computerspielen niemanden zu einem Straftäter, die Auswirkungen sind eher langfristig zu erkennen und hängen auch von anderen Faktoren, etwa einem gestörten Familienhaus oder der täglichen Spieldauer, ab.

(Oliver Klempert: Freude an Gewalt, in: Welt am Sonntag, Nr. 18 vom 30.04.2006, S. 43)

Aus dem Jugendschutzgesetz:

Am 1. April 2003 trat ein neues Jugendschutzgesetz in Kraft, das Kinder und Jugendliche besser vor Gewalt in den Medien schützen soll. Wichtige Neuregelungen sind:
- Computerspiele müssen jetzt mit einer altersgerechten Kennzeichnung versehen werden (freigegeben ab 6, 12, 16 oder 18 Jahren). Verstößt ein Händler gegen diese Bestimmungen, wird er mit einem Bußgeld bestraft.
- Die Bundesprüfstelle kann von nun an jugendgefährdende Bücher, Musik-CDs, Videokassetten, CD-ROMs, DVDs und Online-Medien von sich aus als jugendgefährdend einstufen, den Vertrieb verbieten und ein Werbeverbot verhängen. Vorher konnte sie nur auf einen Antrag hin tätig werden.

Kaufverbot für Videohandys?

Von einem Verbot von Handys mit Internetfunktion für Jugendliche unter 16 Jahren verspricht sich ein Teil der Politiker eine Eindämmung der Gewalt.

„Frei ab 16" könnte in Zukunft auf Handys stehen. Zumindest wenn Pläne des CSU-Generalsekretärs Markus Söder Zustimmung finden. Der Politiker will den Verkauf von bestimmten Handys an Jugendliche verbieten. In der Diskussion um die Gewaltvideos fordert Söder ein Verkaufsverbot. Schüler unter 16 Jahren sollen keine Handys mit Video-Funktion mehr kaufen dürfen. Der CSU-Politiker setzt bei seinem Vorstoß auch auf Mithilfe der Eltern. Ähnlich wie beim Alkohol- und Zigarettenkauf sollten Eltern auch den Handykauf überwachen.

(dpa vom 27.3.2006, aus: www.focus.de; letzter Zugriff 28.11.06)

Das Spiel „Counterstrike" gehört zu den sogenannten Ego-Shootern, die wegen ihrer Gewaltdarstellungen seit Jahren umstritten sind.

TRAININGSPLATZ

Befragung, Bewertung, Diskussion

Welche Reaktionen auf Gewalt in den Medien haltet ihr für vernünftig?

In zahlreichen Diskussionen wurden von Schülerinnen und Schülern im Alter zwischen 13 und 15 Jahren Vorschläge gemacht, die zu einem gewaltfreieren Umgang miteinander führen sollen. Neun Beiträge haben wir notiert, damit ihr euch selbst eure Meinung bilden könnt.

- Die Vorschläge sollte zunächst jede und jeder von euch für sich bewerten. Notiert für jeden Vorschlag in eurem Heft, ob ihr ihn (A) für sehr vernünftig haltet, (B) für einigermaßen vernünftig oder (C) eher für schlecht haltet.
- Setzt euch danach in Gruppen zusammen und vergleicht eure Bewertungen. Wo stimmt ihr überein und wo nicht.
- Sammelt dann in der Klasse die Meinungen, die die meisten von euch für vernünftig halten.

Tipp: Visualisiert eure guten Ideen, z. B. mithilfe von Plakaten, und hängt sie in der Klasse oder im Schulgebäude als Diskussionsanreiz für andere auf.

Dieser Vorschlag ist
A sehr vernünftig.
B einigermaßen vernünftig.
C eher schlecht.

Vorschlag 1 Schulzeit ist Lernzeit. Niemand muss in dieser Zeit ein Handy benutzen. Wer telefonieren muss, kann das im Sekretariat tun. Deshalb sollten Handys in der Schule verboten sein.

Vorschlag 2 Ein Verbot für Handys mit Internet und Bluetooth für Jugendliche unter 16 Jahren ist sehr vernünftig, weil so die Möglichkeiten eingeschränkt werden, dass sie mit diesen Formen von Gewalt in Kontakt kommen.

Vorschlag 3 Von Handy-Verboten in der Schule halte ich wenig. Es wäre nicht kontrollierbar. Ich halte es für sinnvoller, wenn Lehrer und Schüler gemeinsam über die Gefahren von Gewalt in den Medien miteinander reden.

Vorschlag 4 Man sollte den Schülern erklären, dass es eine Straftat ist, Gewalt- und Pornovideos auf dem Handy zu haben oder zu versenden. Als ich das erfahren habe, habe ich mein Handy total gelöscht. Ich will doch keinen Ärger haben.

Vorschlag 5 Wenn Gewalt-, Porno- oder Nazi-Videos auf einem Handy in der Schule entdeckt werden, sollten sofort die Polizei und die Jugendämter informiert werden.

Vorschlag 6 Man sollte überhaupt nichts unternehmen und den Jugendlichen ihre Gewaltfilme und Gewaltspiele lassen.

Vorschlag 7 Auf Elternabenden in den Schulen sollen Eltern, Lehrer und Schüler gemeinsam über die möglichen Folgen von Gewalt in den Medien beraten.

Vorschlag 8 Kinder müssen so früh wie möglich in der Schule lernen, sich in die Situation eines Opfers von Gewalt hineinzuversetzen. Wenn sie lernen, welchen Schmerz man Opfern von Gewalt antut, werden sie aufhören, Freude am Anschauen von Gewalt zu empfinden.

Vorschlag 9 Das Problem ist, dass brutale Computerspiele und Videos überhaupt hergestellt und verkauft werden. Man sollte die Herstellung per Gesetz verbieten und Verstöße dagegen bestrafen.

7. Massenmedium Tageszeitung: Wie informieren wir uns richtig?

Titelseiten im Vergleich: Warum sind die Unterschiede so groß?

Im Alter von etwa 13 Jahren beginnen Jugendliche damit, sich stärker für die Geschehnisse in der Welt zu interessieren. Als Informationsmedium kann dabei die Tageszeitung besondere Bedeutung gewinnen. Die Voraussetzung zur Nutzung dieses Massenmediums ist, dass man lernt, das Informationsangebot zu verstehen. Darin könnt ihr euch hier üben. Für die Bearbeitung dieser Doppelseite solltet ihr je eine aktuelle Boulevardzeitung und eine überregionale Tageszeitung desselben Tages in den Unterricht mitbringen.

Merkmale	Bildzeitung	Süddeutsche Zeitung
1. Wie groß sind die Überschriften?		
2. Wie viele Fotos gibt es und wie viel Platz nehmen sie insgesamt ein?	?	
3. Welche Themen sind groß aufgemacht?		
4. Aus welchen Bereichen stammen die Themen? (Politik, Sport, Prominente, besondere Ereignisse etc.)		
5. Wie groß ist die Schriftmenge insgesamt?		?
6. Ist Werbung vorhanden oder nicht?	?	
7. Wie ist die geschätzte Lesedauer für die gesamte Seite?		
8. Was könnte die Leserinnen und Leser zum Kauf der Zeitung anregen?		

Auf dem Foto sind eine Bildzeitung und eine Süddeutsche Zeitung vom gleichen Tag abgebildet. Mit einer Auflage von 4,2 Millionen ist die Bildzeitung mit Abstand die größte und bekannteste Boulevardzeitung in Deutschland.
Die Süddeutsche Zeitung gehört mit einer Auflage von ca. 430 000 zu den fünf großen überregionalen Tageszeitungen in Deutschland.

1. Besorgt euch aktuelle Ausgaben der beiden Zeitungen. Zunächst solltet ihr die Unterschiede in der Titelseitengestaltung herausarbeiten. Übertragt dazu das Raster in euer Heft und füllt es aus.

2. In einem zweiten Schritt solltet ihr überlegen, (a) warum es diese großen Unterschiede gibt und (b) an welches Publikum sich die ausgesuchten Zeitungen wahrscheinlich richten?

TRAININGSPLATZ

Analysieren und Bewerten

Wir stellen eine Tageszeitung vor

Für diese Übung müsst ihr euch aktuelle Tageszeitungen besorgen. Mithilfe der Fragen auf dieser Seite sollt ihr den Aufbau, die Gestaltung und eure Bewertung ermitteln. Empfohlen wird Gruppenarbeit.
Bei einigen Fragen geht es um eine möglichst genaue Analyse. Dabei darf eure persönliche Meinung keine Rolle spielen.
Bei allen Fragen, die mit der brennenden Kerze versehen sind, kommt es auf eure Bewertung an. Sprecht in der Gruppe über die Frage und formuliert dann eure Gruppenmeinung.

1. Umfang	• Wie viele Seiten hat die Zeitung insgesamt? • Wie viele davon entfallen auf Anzeigen? • Wie viele Seiten machen den redaktionellen Teil aus?
2. Rubriken	• Ist die Zeitung gut erkennbar in verschiedene Rubriken eingeteilt? • Wenn ja, in welche? (z. B. Politik, Sport, Lokales, Kultur, Wirtschaft etc.)
3. Aufmacherseite	• Wie viele Artikel stehen auf der Aufmacherseite? • Aus welchen Bereichen sind sie? (Politik, Sport, Lokales, besondere Ereignisse, Prominente etc.)
4. Layout	• Wie viele Textspalten enthält jede Seite? • Wie wirkt das Layout auf euch (klar oder unruhig, modern oder altmodisch, zum Lesen einladend oder nicht einladend)?
5. Verhältnis zwischen Text und Bild	• Gibt es eher viele oder eher wenige Fotos? • Wie bewertet ihr in der Gruppe das Verhältnis zwischen Bildern und Texten: genau richtig, zu wenig oder zu viele Bilder, zu wenig oder zu viel Text?
6. Nachrichten/ Kommentare	• Gibt es klar erkennbare Kommentare, in denen einzelne Journalisten ihre Meinung zu einem aktuellen Thema äußern? • Sind die Kommentare mit dem Namen des Autors versehen?
7. Sprache einzelner Artikel	• Sind die einzelnen Artikel aus verschiedenen Teilen der Zeitung gut oder weniger gut zu verstehen?
8. Preis	• Was kostet (a) das Einzelexemplar, (b) das Monatsabonnement? • Wie hoch werden die Einnahmen aus Anzeigen pro Ausgabe sein, wenn diese 60 Prozent der Einnahmen ausmachen?
9. Bewertung	• Haltet ihr diese Zeitung insgesamt für gut gemacht oder nicht? • Gibt es einzelne Teile, die euch besser gefallen als andere? • Glaubt ihr, dass man gut über die wichtigen aktuellen Ereignisse informiert ist, wenn man die Zeitung regelmäßig liest?

METHODENKARTE 5
Methodenkarte

Die Texteinsammelmethode
Thema: Schwierige Zeitungstexte besser verstehen

Texteinsammelmethode: Was ist das?

In den Jahren 2000 und 2003 wurde in der **PISA-Studie** die Lesefähigkeit von Schülerinnen und Schülern aus vielen Ländern überprüft. Dabei schnitten die deutschen Schüler leider schlecht ab. Viele haben große Schwierigkeiten, einen theoretischen Text so zu lesen, dass sie ihn verstehen und sich die wichtigsten Aussagen einprägen können. Ein Problem dabei ist, dass man die Zeitung als Informationsquelle nur dann richtig nutzen kann, wenn man auch schwierige Texte darin gut versteht.

„Schwierige Texte zu lesen, macht keinen Spaß", behaupten Schülerinnen und Schüler oft. Das gilt erfahrungsgemäß nur so lange, wie man es nicht kann. Wenn es dir bisher schwergefallen ist, theoretische Texte durchzuarbeiten, solltest du es mit der folgenden Texteinsammelmethode versuchen. Diese Methode geht davon aus, dass man nicht jedes einzelne Wort in einem Text auf Anhieb verstehen muss, um die wichtigen Aussagen zu erfassen. Man arbeitet sich in fünf Schritten durch die Texte durch und „sammelt nach und nach Bekanntes ein". Ihr könnt die Methode auf alle Presseberichte anwenden, die euch auf den ersten Blick als schwierig erscheinen. Sie hilft euch auch beim besseren Verständnis komplizierter theoretischer Fachtexte in anderen Fächern.

Wie macht man das?

Erster Schritt: Gesamtaussage einsammeln
Beginne nicht sofort mit dem Lesen, sondern wandere mit den Augen über den gesamten Text. Deine Augen werden bestimmte Wörter und Satzanfänge erfassen und am Ende kannst du sagen und aufschreiben, wovon dieser Text insgesamt handelt. Mit der Aussage: „Der Text handelt von ..." kannst du dir die Gesamtaussage einprägen.

Zweiter Schritt: Teilaussagen einsammeln
Beginne nun mit dem Lesen des Textes, wobei es besser ist, laut als leise zu lesen. Konzentriere dich dabei auf jeden einzelnen Satz und lege nach jedem Satzende eine kurze Denkpause ein. Fasse nach einem erkennbaren Abschnitt den gelesenen Inhalt in einer Aussage zusammen. Gehe so den gesamten Text durch. Am Ende liest du die Zusammenfassungen aufmerksam durch und verbesserst sie, wenn es nötig ist. Mit diesem Vorgehen hat man in der Regel über die Hälfte des Textes verstanden.

Dritter Schritt: Textbesonderheiten einsammeln
Wandere noch einmal mit den Augen über den Text und suche nach Aussagen und Begriffen, die dir besonders bedeutsam erscheinen. Sogenannte Schüsselbegriffe und besonders wichtige Textaussagen solltest du markieren und/oder herausschreiben. Achte aber darauf, dass du höchstens 10 bis 20 Prozent des Textes markierst. Die markierten Aussagen liest du noch einmal durch. Nun hast du alle Textaussagen eingesammelt, die du verstehen konntest. Jetzt solltest du dich dem unverstandenen Rest zuwenden.

Vierter Schritt: Letzte Fragen klären
Je nachdem, wie schwierig ein Text ist, wird es ganze Sätze oder einzelne Begriffe geben, die unverständlich geblieben sind. Markiere diese – am besten mit einem Rotstift. Nun wirst du ein Wörterbuch zur Hand nehmen oder jemanden um Rat fragen müssen.

Fünfter Schritt: Textverständnis überprüfen
Es nützt nicht viel, wenn man einen Text nur bearbeitet,
ohne darüber zu sprechen. Fasse am Ende den Text zusammen, am besten laut gegenüber deinen Mitschülern. Wenn du dabei feststellst, dass dir noch einiges unklar geblieben ist, kannst du noch einmal nachschauen.

1. Wendet die fünf Schritte auf die beiden Presseberichte auf der nächsten Seite an. Das kann in einer Partnerübung geschehen. Partner eins übernimmt den ersten Text, Partner zwei den zweiten.

2. Wendet die Texteinsammelmethode auch auf aktuelle Presseberichte an.

Partnerübung:
Wir wenden die Texteinsammelmethode auf zwei Presseberichte an

Beispiel 1:
Medienkompetenz als Schlüsselkompetenz

Mehr Verantwortungsbewusstsein im Umgang mit den Medien fordert Kardinal Karl Lehmann von Seiten der Mediennutzer ebenso wie von den Erziehern und den Programmmachern. „Medienkompetenz bedeutet Verantwortung im Umgang mit den Kommunikationsmitteln", sagte der Vorsitzende der Deutschen Bischofskonferenz in einer Rede heute bei der Tagung „Medienkompetenz – Zauberwort oder Leerformel des Jugendmedienschutzes?" im ZDF. [...]

Hinsichtlich der Programmgestaltung in den Medien sagte der Kardinal, Verantwortung werde nicht nur dort ausgeübt, wo institutionalisierte Kontrolle herrsche, sondern es komme ebenso auf Selbstkontrolle an. „Eine von Verantwortung geprägte Grundhaltung müsste nicht nur am tatsächlichen Programm abzulesen sein, sondern auch an dem, was gerade nicht Programm geworden ist, sagte der Kardinal. [...]

Michaela Noll, Vorsitzende der Kinderkommission des Deutschen Bundestages, bedankte sich bei den Veranstaltern für den „Erkenntnisgewinn" der Tagung, die nicht nur über Medienkompetenz gesprochen, sondern auch von praktischer Medienkompetenz gezeugt habe. Die Workshops am ersten Veranstaltungstag hätten gezeigt, dass Medienkompetenz eine Schlüsselkompetenz sei, die nicht mit Gesetzen zu erreichen sei. „Bei der rasanten technischen Entwicklung kommen wir als Gesetzgeber gar nicht so schnell hinterher. Deshalb brauchen wir die Medienkompetenz. Sie ist die Schlüsselkompetenz. Medienkompetenz wird zunehmend zur Lebenskompetenz im 21. Jahrhundert", sagte Noll. Allerdings könne die Politik Eltern bei dieser Erziehungsaufgabe unterstützen. Dies gelte besonders für Kinder mit Migrationshintergrund. Kinder und Jugendliche zu mündigen Mediennutzern zu erziehen, müsse „gemeinsames Ziel aller sein, die an der Erziehung von Kindern und Jugendlichen beteiligt sind, ob Eltern, Lehrer, Kirche oder Erzieher", forderte Noll.

(Artikel vom 28.4.2006, aus: www.zdf.de; letzter Zugriff 28.11.06)

Beispiel 2:
Mobilfunkunternehmen verpflichten sich zum Jugendschutz

Die Mobilfunkunternehmen treten heute einem gemeinsamen „Verhaltenskodex der Mobilfunkanbieter in Deutschland zum Jugendschutz im Mobilfunk" in die Öffentlichkeit. Darin bekennen sie sich nachdrücklich zum Schutz von Kindern und Jugendlichen vor entwicklungsgefährdenden und -beeinträchtigenden mobilen Informations- und Kommunikationsangeboten. Der Verhaltenskodex beschreibt gemeinsame Standards, mit denen die Mobilfunkanbieter dafür Sorge tragen, dass solche Inhalte von Kindern und Jugendlichen üblicherweise nicht wahrgenommen werden. [...] Die unterzeichnenden Mobilfunkanbieter verpflichten sich im Verhaltenskodex nicht nur dazu, selbst keine gesetzlich unzulässigen Inhalte wie Propaganda für verfassungswidrige Organisationen, Volksverhetzung, Aufforderungen zu Straftaten, Kinder- und Gewaltpornografie zu verbreiten. Darüber hinaus schreiben sie im Kodex fest, dass sie die mit ihnen vertraglich verbundenen Anbieter von Inhalten zur Einhaltung der gesetzlichen Vorschriften verpflichten werden. [...]

Bei entsprechenden Inhalten, die geeignet sind, die Persönlichkeitsentwicklung von Kindern und Jugendlichen zu beeinträchtigen, werden die Mobilfunkanbieter Eltern die Möglichkeit einräumen, Mobilfunkanschlüsse, die diese ihren Kindern bereitgestellt haben, für entwicklungsbeeinträchtigende Inhalte sperren zu lassen. [...] Generell verpflichten sich die Mobilfunkanbieter, in der Werbung zum Beispiel die Unerfahrenheit von Kindern und Jugendlichen oder ihr starkes Vertrauen zu Eltern und Lehrern nicht auszunutzen. Nicht zuletzt regelt der Verhaltenskodex die Aufgaben und Rechte der Jugendschutzbeauftragten der Mobilfunkanbieter: Sie sind Ansprechpartner für Kunden und Interessierte in Sachen Jugendschutz. Bei der Vorbereitung und Gestaltung von Angeboten und bei allen Entscheidungen zum Thema Jugendschutz werden sie angemessen beteiligt.

(Marie-Anne Winter: Jugendschutz. Gemeinsamer Verhaltenskodex der Mobilfunker, vom 29.9.2006, aus: www.teltarif.de; letzter Zugriff 28.11.06)

Über Chancen und Grenzen der Pressefreiheit: Worüber soll die Zeitung berichten, worüber nicht?

Wenn die Redakteure einer Schülerzeitung von massiver Kritik an einem Lehrer erfahren und diese in der Schülerzeitung veröffentlichen wollen, können sie in einen Konflikt geraten. Sollen sie von ihrem Grundrecht auf Meinungs- und Pressefreiheit Gebrauch machen oder hat das Recht des betroffenen Lehrers auf Schutz seiner Person, seiner Ehre und Würde Vorrang?

Zwischen dem Recht auf Pressefreiheit und der Pflicht, die persönliche Ehre von Menschen nicht zu verletzen, kann es zu Konflikten kommen, in denen von Fall zu Fall entschieden werden muss. Untersucht die fünf angenommenen Fälle und entscheidet für jedes Beispiel:
- Muss in diesem Fall das Grundrecht auf Meinungs- und Pressefreiheit ungehindert gewährleistet werden?
- Werden hier die Grenzen der Meinungs- und Pressefreiheit unzulässig überschritten?

Artikel 5 des Grundgesetzes

(1) Jeder hat das Recht, seine Meinung in Wort, Schrift und Bild frei zu äußern und zu verbreiten und sich aus allgemein zugänglichen Quellen ungehindert zu unterrichten. Die Pressefreiheit und die Freiheit der Berichterstattung durch Rundfunk und Film werden gewährleistet. Eine Zensur findet nicht statt.

(2) Diese Rechte finden ihre Schranken in den Vorschriften der allgemeinen Gesetze, den gesetzlichen Bestimmungen zum Schutze der Jugend und in dem Recht der persönlichen Ehre.

Angenommen, dass ...

Fall 1: Redakteure einer Tageszeitung befragen Passanten in einer Fußgängerzone über das „Ansehen des Lehrers" in der Öffentlichkeit. Der Schüler Pascal äußert, dass einige viel zu streng und ungerecht seien. Als am nächsten Tag diese Stellungnahme mit Foto in der Zeitung erscheint, muss Pascal sich viele kritische Fragen und Kommentare in der Schule anhören. Hätte die Zeitung nicht berichten dürfen?

Fall 2: Redakteure einer Tageszeitung erhalten Unterlagen von einem Mitarbeiter eines ortsansässigen Unternehmens, aus denen eindeutig hervorgeht, dass die Unternehmensleitung die Umweltgesetze massiv missachtet und Schadstoffe immer wieder heimlich in den Bach leitet, der durch die kleine Stadt fließt. Der Mitarbeiter möchte nicht genannt werden. Die Redakteure überlegen, ob sie den Skandal öffentlich machen sollen. Sollen sie?

Fall 3: In einer saarländischen Zeitung erschien ohne Nennung von Namen ein Bericht über einen Ehemann, der angeklagt worden war, weil er ständig Gewalt gegenüber seiner Ehefrau und seinen Kindern ausgeübt hatte. Die Ehefrau war mit den Kindern aus der gemeinsamen Wohnung geflohen und hatte Anzeige wegen Körperverletzung erstattet. Der Ehemann wollte nun seinerseits die Zeitung verklagen, weil diese seine persönliche Ehre verletzt habe. Hat sie das?

Fall 4: In einer von der Polizei durchgeführten Verkehrskontrolle wurde zwei Personen die Fahrerlaubnis entzogen, da sie zu viel Alkohol getrunken hatten. Die Lokalzeitung berichtet am folgenden Tag: „Eine Fahrzeugkontrolle am gestrigen Nachmittag hat gezeigt, dass es immer noch unverbesserliche Verkehrssünder gibt, die eine Gefahr für die Bevölkerung darstellen. So konnte gestern die Polizei Anton Müller und Manfred Klein den Führerschein vorläufig wegen Trunkenheit am Steuer entziehen." Wurden die Grenzen der Pressefreiheit überschritten?

Fall 5: Mitglieder des Betriebsrats eines großen Unternehmens haben offensichtlich nicht nur die Interessen ihrer Kolleginnen und Kollegen vertreten. Vielmehr haben sie sich von den Chefs der Firma immer wieder zu teuren Urlaubsreisen einladen lassen, die offiziell als Geschäftsreisen bezeichnet wurden. Das berichtet die mittlerweile geschiedene Ehefrau eines der Betriebsratsmitglieder. Muss die Öffentlichkeit darüber informiert werden? Die Entscheidung fällt der Zeitungsredaktion schwer, weil das Unternehmen bisher regelmäßig Anzeigen in Auftrag gibt, von deren Einnahmen der Zeitungsverlag profitiert.

INFORMATION — lesen – bearbeiten – einprägen

Pressefreiheit

1. Erklärt, welches die wichtigsten Aufgaben einer freien Presse in der Demokratie sind.

2. Erläutert, warum Manipulation zu den größten Gefahren der Pressefreiheit zählt.

Bedeutung

Pressefreiheit bedeutet, dass die Presse über alles, was sie erfährt, uneingeschränkt und unbeaufsichtigt berichten kann. Pressefreiheit und Meinungsfreiheit gehören zusammen. Jeder, der etwas veröffentlicht, hat auch das Recht, seine persönliche Meinung zu einer Sache und auch einer Person zu äußern. Meinungsäußerungen genießen in einer Demokratie besonderen Schutz, auch wenn die geäußerten Meinungen manchmal unangenehm sind oder nur die Meinung einer Minderheit oder eines Einzelnen darstellen. Mit der Pressefreiheit sind die folgenden politischen Aufgaben der Medien verbunden:

- die Menschen zu informieren,
- zur Meinungsbildung beizutragen,
- Missstände in der Gesellschaft aufzuklären,
- Regierungen, Parteien und Politiker zu kontrollieren,
- dazu beizutragen, dass die Bevölkerung mitmacht in der Demokratie.

Grenzen

Nach Artikel 5, Absatz 2 des Grundgesetzes finden Meinungs- und Pressefreiheit „ihre Schranken in den allgemeinen Gesetzen, in den Gesetzen zum Schutz der Jugend und in dem Recht der persönlichen Ehre." Wer zum Beispiel jemanden verleumdet, kann sich nicht auf die Meinungs- und Pressefreiheit berufen.

Oft ist es allerdings schwierig, die Grenzen der Meinungsfreiheit zu bestimmen. Das betrifft besonders die Berichterstattung über die Prominenz aus Adel, Showbranche, Sport und Politik. Einerseits haben diese Menschen – wie alle anderen auch – ein Recht auf Schutz ihrer Privatsphäre, andererseits gesteht das Bundesverfassungsgericht in einem Urteil der Öffentlichkeit ein Informationsinteresse bei Personen des öffentlichen Lebens zu. Nach den Pressegesetzen der einzelnen Bundesländer können sich Betroffene gegen falsche Berichterstattungen mit Schadensersatzklagen und Gegendarstellungen wehren (siehe dazu auch auf den Folgeseiten „Der Fall Schweinsteiger").

Gefahren durch Manipulation

Als eine der größten Gefahren der Massenkommunikation gilt die *Manipulation* des Lesers, Zuschauers oder Zuhörers. Darunter versteht man die geschickte Beeinflussung und Lenkung von Menschen, ohne dass diese es bemerken. Die Benutzer der Medien werden in ihrem Denken von den Machern in die von ihnen gewünschte Richtung gelenkt. Zur Manipulation gibt es viele Möglichkeiten.

Eine beliebte Methode in der sogenannten Regenbogenpresse, die bevorzugt über Promis und Skandale berichtet, ist die Verführung des Lesers mithilfe von Fragen: „Sabine Christiansen: Bedroht eine gefährliche Krankheit ihr Leben?", titelte zum Beispiel die Neue Post im Februar 2003 über die bekannte Fernsehjournalistin. Der Artikel im Inneren des Heftes konnte aber keine Beweise als Antwort auf die Frage vorlegen. Wir sind darauf angewiesen, dass die uns angebotenen Informationen der Wahrheit entsprechen, können das aber in der Regel nicht überprüfen. Nach Ansicht von Journalisten kommt die dreiste Lüge in den Massenmedien eher selten vor. Es gibt sie, aber sie wird auch oft – und dann zum Schaden des Senders oder der Zeitung – als Falschmeldung entlarvt. Viel häufiger ist die Übertreibung, das Aufbauschen eines eher alltäglichen Ereignisses zu einer Sensation. Ein normales Unwetter kann sehr schnell zu einem zerstörerischen Orkan werden. Unter dem Konkurrenzdruck und dem Erfolgszwang neigen die Medien dazu, sensationeller und publikumswirksamer zu berichten als die Konkurrenz.

Grundsätze für die Berichterstattung des deutschen Presserates

Mit dem Presserat haben sich die Massenmedien selbst eine Einrichtung geschaffen, die eine verantwortliche Berichterstattung garantieren soll. In den Grundsätzen des Presserates heißt es:

1. Die Achtung vor der Wahrheit, die Wahrung der Menschenwürde und die wahrhaftige Unterrichtung der Öffentlichkeit sind oberste Gebote der Presse.

2. Zur Veröffentlichung bestimmte Nachrichten und Informationen in Wort und Bild sind mit der nach den Umständen gebotenen Sorgfalt auf ihren Wahrheitsgehalt zu prüfen.

Informieren die Zeitungen immer wahrheitsgetreu?

Der Fall Schweinsteiger

In ihrer Ausgabe vom 17. März 2006 titelte die Münchner Tageszeitung „tz": **Wettskandal: Schweini und Agostini zum Polizeiverhör.**

In dem Artikel wurde der Bundesliga-Fußballer Bastian Schweinsteiger als „Beschuldigter im jüngsten Fußball-Wettskandal" bezeichnet. Weiterhin wurde in dem Artikel behauptet, Schweinsteiger und zwei weitere Fußball-Profis seien von der Polizei vernommen worden. Kurz vor Beginn der Weltmeisterschaft in Deutschland sorgte dieser Bericht für Aufsehen in der Öffentlichkeit, da Schweinsteiger zum Kader der Nationalmannschaft gehörte. Der so beschuldigte Spieler bezeichnete die Meldung als falsch und kündigte – unterstützt von seinem Verein FC Bayern München – rechtliche Schritte gegen die Zeitung an. Viele Medien in Deutschland griffen den Vorgang auf. Zwei Tage später, am 18. März 2006, erschien der folgende Bericht in der Berliner Tageszeitung TAZ:

Nach der Beschuldigung in der Münchner Zeitung „tz" sah sich der Fußballspieler Schweinsteiger von Journalisten und Fotoreportern bedrängt.

Eine echte Schweinerei
Wettskandal oder Medienskandal, Recherche oder Rufmord? Die Anschuldigungen der Boulevardzeitung „tz" gegen Fußballnationalspieler Schweinsteiger empören DFB und FC Bayern. Eine gewisse Ahnung hatte [...] die Münchner Boulevardzeitung „tz", als sie verkündete, dass der deutsche Fußballnationalspieler Bastian Schweinsteiger in einen Wettskandal verwickelt sein soll. Mehr hatte sie nicht. Das behauptet zumindest der FC Bayern, das behauptet auch Bastian Schweinsteiger. Beide wollen rechtliche Schritte gegen die Zeitung einleiten. Sie sprechen von Rufmord, Bayern-Manager Uli Hoeneß ist richtig wütend. „Pfui Teufel!", sagte er und sprach vom Missbrauch der Pressefreiheit. [...]

(Artikel von Andreas Rüttenauer und Andreas Grimberg in der TAZ, Nr. 7825 vom 18.03.2006, S. 18)

Bastian Schweinsteiger und der FC Bayern München setzten sich gegen die Berichterstattung der „tz" zur Wehr. Darüber schrieb wenige Tage später am 21. März 2006 die Frankfurter Allgemeine Zeitung:

Schweinsteiger stellt Strafanzeige
MÜNCHEN (dpa). Bastian Schweinsteiger hat in der Auseinandersetzung mit der Münchner Zeitung „tz" rechtliche Schritte eingeleitet. Der Fußballnationalspieler des FC Bayern München hat nach Mitteilung des deutschen Rekordmeisters am Montag „bei der Staatsanwaltschaft am Landgericht München I Strafanzeige und Strafantrag gegen die Verantwortlichen der Berichte der zurückliegenden Woche der Münchner Tageszeitung „tz" gestellt. [...]
Schweinsteiger hatte bereits durchgesetzt, dass die Zeitung fristgerecht die verlangte Gegendarstellung des 21-jährigen Bayern-Profis in einem Teil der Montagsausgabe veröffentlicht hat. Mit Bezug auf die Schlagzeile der Ausgabe vom 17. März: „Wettskandal: Schweini und Agostini zum Polizeiverhör" schrieb der Bayern-Profi: „Diese Behauptung ist, was mich betrifft, eine Lüge." In derselben Ausgabe hatte die „tz" auch die Behauptung, Schweinsteiger, Agostini und Quido Lanzat (1860 München) seien bei einem Polizeiverhör gewesen oder dazu geladen worden, als unwahr widerrufen ...

(Aus: FAZ vom 21.03.2006, Nr. 68, S. 31)

Wie kann es zu solch falschen Berichterstattungen kommen?

Über die Hintergründe dieser Falschmeldung gab es Vermutungen in den Medien. Zwei Tage vor dem Bericht in der „tz" hatte das Fernsehmagazin „Plusminus" darüber berichtet, dass ein Nationalspieler in die Machenschaften einer Wettfirma verwickelt sein soll – ohne allerdings Namen zu nennen. Weiterhin wurde berichtet, ein Mitautor des umstrittenen Berichtes in der „tz" sei ein erklärter Gegner des FC Bayern und besonders seines Geschäftsführers Dieter Hoeneß. Außerdem entspreche der Profi Schweinsteiger durch ein besonders lockeres und selbstbewusstes Auftreten nicht dem erwarteten Bild eines Bundesligaspielers. Dies alles habe dazu geführt, dass die verantwortlichen Redakteure zu schnell gehandelt und vorschnell darauf geschlossen hätten, der in dem Fernsehbericht erwähnte Nationalspieler könne nach der Schilderung nur der Bayern-Star Schweinsteiger sein.

Zurückhaltung einerseits, Aufklärungspflicht andererseits

Die Medien müssen sich auch Zurückhaltung auferlegen und das Persönlichkeitsrecht beachten, wenn sie über Straftaten berichten. Bis zur rechtskräftigen Verurteilung von Beschuldigten gilt die Unschuldsvermutung. Sie soll ein faires Verfahren sichern. Einerseits ist ein Betroffener von einer möglicherweise völlig unberechtigten Bloßstellung in der Öffentlichkeit zu bewahren, vor einer Rufschädigung, die selbst durch einen späteren Freispruch nicht mehr rückgängig zu machen ist. Auf der anderen Seite steht in einer Demokratie die Aufklärungspflicht der Medien, ohne deren Veröffentlichung vieles unter der Decke bliebe.

Ausgabe der „tz" vom 18. März mit dem Widerruf und der Gegendarstellung des beschuldigten Fußballspielers

Die Gegendarstellung

Um die Waffengleichheit zwischen den Massenmedien und den von ihren Veröffentlichungen Betroffenen herzustellen, ist in Landespresse- und Rundfunkgesetzen das Recht auf Gegendarstellung verankert. Dadurch sollen private und juristische Personen, aber auch Behörden, Gerichte und Parlamente die Möglichkeit erhalten, die ihrer Meinung falsch dargestellten Vorgänge aus ihrer Sicht zu schildern.

Die Glaubwürdigkeit der Journalisten

Auf die Frage, ob das Fernsehen, der Hörfunk und die Zeitung wahrheitsgetreu berichten und die Dinge immer so wiedergeben, wie sie wirklich sind, haben in den Sechziger- und Achtzigerjahren sehr viel mehr Zuschauer, Zuhörer und Leser mit Ja geantwortet als heute. Dieser Glaubwürdigkeitsverlust hat viele Gründe, doch müssen sich auch die Macher in den Medien selbstkritisch nach ihrem Beitrag an dieser Entwicklung fragen. Von der Verfassung und durch spezielle Gesetze dazu legitimiert, Missstände und Verfehlungen aufzudecken, handeln sich Journalisten mit Recht den Vorwurf ein, unglaubwürdig zu sein, wenn sie bei der Bewertung des Verhaltens anderer einen Maßstab anlegen, den sie selbst nicht gelten lassen.

(Aus: Hermann Meyn: Massenmedien in Deutschland, UVK Verlagsgesellschaft Konstanz, Neuauflage 2001, S. 64, 68 und 249)

1. Was wären die Folgen gewesen, wenn Bastian Schweinsteiger und die anderen Beschuldigten keine Möglichkeit gehabt hätten, auf den unwahren Bericht in der Münchner Zeitung „tz" zu reagieren?

2. Mit welchen Mitteln können sich von falscher Berichterstattung Betroffene wehren?

3. Welcher Meinung stimmst du zu?
   (A) Journalisten sind auch Menschen. Sie müssen unter einem erheblichen Zeitdruck arbeiten. Da kann es schon einmal zu fehlerhaften Berichterstattungen kommen.
   (B) Wer in den Massenmedien über das Verhalten von Menschen berichtet, muss dies mit besonderer Sorgfalt tun und jeden Verstoß gegen die Wahrheit vermeiden.

MEMORY-STATION

Wichtiges Wissen

 Station 1 – Aufgaben der Massenmedien (Seiten 100ff.)

1 – 2 – 3 – 4

Formuliere

einen Grund, warum die Politik auf die Massenmedien angewiesen ist,

zwei Vorteile für Jugendliche, die sich regelmäßig über politische Ereignisse informieren,

drei Gründe, warum die Bürger im Land über politische Informationen verfügen sollten,

vier Aufgaben der Massenmedien in der Demokratie.

 Station 2 – Öffentlich-rechtliches und privates Fernsehen (Seiten 108f.)

5 plus 5

Welche Merkmale treffen (A) auf das öffentlich-rechtliche und (B) auf das Privatfernsehen zu? Erstelle eine Übersicht.

1. Die Sendeanstalten sind Einrichtungen der Gesellschaft.
2. Die Sendeanstalten sind private Firmen.
3. Rundfunkräte beraten und beschließen über Grundsatzfragen der Programmgestaltung
4. Die Sender haben den gesetzlichen Auftrag zur Versorgung der Bürger mit Informationen.
5. Als Unternehmen haben die Sender das Ziel, Gewinne zu erwirtschaften.
6. Alle Programme müssen über Werbeinnahmen finanziert werden.
7. Die Sender werden größtenteils über Programmgebühren finanziert.
8. Die Höhe der Gewinne hängt von den Einschaltquoten ab.
9. Der Anteil der Werbung an der gesamten Sendezeit beträgt 20 Prozent.
10. Die Sender dürfen nach 20 Uhr keine Werbeblöcke ausstrahlen.

 Station 3 – Pressefreiheit (Seiten 124f.)

Übertrage die Mindmap in dein Heft und vervollständige sie.

www.spiegel.de   +++   www.focus.de   +++   www.daserste.de   +++   www.zdf.de

Umgang mit Massenmedien

Wichtige Fähigkeiten

Station 4 Macht der Bilder:
Andere überzeugen können
(Seiten 104ff.)

Stelle dir folgende Situation vor:
In einer Fernsehsendung über Greenpeace erzählt ein Sprecher, dass die Aktionen dieser Umweltschutzorganisation oft mit Gefahren für die Durchführenden verbunden sind. Im Hintergrund wird dazu das Bild unten gezeigt.
Tante Luise sieht das Foto und ist entsetzt: „Ich habe gesehen, wie das Schiff von Greenpeace auf einen Wasserfall zustürzte. Es war erschreckend. Die gesamte Schiffsbesatzung wird ums Leben kommen. Ich habe es mit eigenen Augen gesehen."

- Kannst du mit einer guten Erklärung zum Foto Tante Luise den Schrecken nehmen?
- Welche drei Fragen sind wichtig, um ein Foto wirklich zu verstehen?

Station 5 Texteinsammelmethode:
Mit Zeitungstexten umgehen können
(Seiten 120f.)

Vor dem Hintergrund der Ergebnisse der PISA-Studie habt ihr die fünf Schritte der Texteinsammelmethode kennengelernt.
Könnt ihr die fünf Schritte zum besseren Verständnis schwieriger Texte mithilfe des sich füllenden Glases erklären?

Station 6 Neue Medien: Argumentieren können
(Seiten 112f.)

1. Formuliere drei offensichtliche Vorzüge der neuen Medien.
2. Nenne drei mögliche Risiken, die von ihrem Gebrauch ausgehen können.
3. Begründe an einem Beispiel, warum das Internet-Zeitalter besonders starke Rechner, gute Leser und sichere Schreiber braucht.

+++ www.sat1.de +++ www.n24.de +++ www.kika.de +++ www.jugendpresse.de +++ www.dpa.de

5 Jugend und Wirtschaft

Wenn man das Wort „Wirtschaft" hört, denkt man oft an Arbeit, Geld, Güter, Fabriken, Einkaufen, Werbung ...

Erzählt zu dem Foto eine Geschichte, in der die Begriffe vorkommen.

Täglich habt ihr mit Wirtschaft zu tun, auch wenn es auf den ersten Blick gar nicht so aussieht: wenn ihr überlegt, was ihr euch zum Geburtstag wünscht, wenn ihr euer Taschengeld für eine größere Anschaffung spart, wenn ihr im Internet recherchiert, wo es etwas besonders günstig zu kaufen gibt, wenn ihr euch eine Karte für ein Popkonzert kauft oder wenn ihr auf eurem Handy telefoniert. Hinter all diesen Handlungen stehen eure Wünsche. Die Wirtschaft produziert die Güter, mit denen ihr euch diese Wünsche erfüllen könnt. Doch all das ist nicht umsonst zu haben. Dazu braucht ihr Geld und das ist fast immer knapp. Deshalb müsst ihr gut überlegen, wofür ihr es ausgeben wollt, oder anders ausgedrückt: Ihr müsst mit eurem Geld wirtschaften.

Von klein auf seid ihr also ein Teil der Wirtschaft. Wer sich in Wirtschaftsfragen auskennt, lässt sich von der Werbung nicht so leicht verführen, kann gut mit Geld umgehen, kennt beim Einkaufen seine Rechte als Verbraucher und lässt sich nicht „übers Ohr hauen". Damit ihr ein möglichst anschauliches Bild von den Vorgängen in der Wirtschaft gewinnt, liegt diesem Kapitel das Fallbeispiel eines Handykaufs zugrunde, das sich wie ein roter Faden durch die Untereinheiten zieht.

Wenn ihr das Kapitel bearbeitet, könnt ihr

- erklären, welche Arten von Bedürfnissen es gibt,
- eine Befragung zum Umgang mit Geld durchführen und auswerten,
- über den Einfluss von Werbung auf eure Kaufentscheidungen diskutieren,
- eure Rechte als Verbraucher erklären und im Alltag wahrnehmen.

1. Bedürfnisse haben wir viele ... was brauchen wir wirklich?

Braucht Nicky ein neues Handy?

Carmen, Tim und Nicky warten nach der Schule auf den Bus.

Carmen: Am Samstag sind wir bei Jule zum Geburtstag eingeladen. Denkst du dran?

Tim: Das ist ja blöd! Da wollte ich mir doch im Fernsehen das Handball-Länderspiel anschauen.

Nicky: Oh, das fällt ja nun wohl flach. Mit einem neuen Handy könnten wir problemlos das Spiel verfolgen. Mit meinem alten Schrott-Ding geht überhaupt nichts!

Carmen: Na, jetzt mach aber mal einen Punkt. Ich erinnere mich noch genau daran, wie glücklich du warst, als du deine ersten Fotos per Handy verschicken konntest.

Nicky: Das stimmt schon, aber fernsehen geht eben nicht. Ich habe sowieso schon daran gedacht, mir zu Weihnachten Geld für ein neues Handy zu wünschen. Das wäre wirklich praktisch.

Carmen: Willst du wirklich schon wieder ein neues Handy? Deines ist doch höchstens ein Jahr alt! Dafür würde ich kein Geld ausgeben. Glaubst du denn wirklich, dass du auf dem Mini-Bildschirm fernsehen wirst. Das ist doch wieder nur so ein Werbetrick.

Nicky: Na, hör mal. Ich will doch nicht als Dinosaurier ausgelacht werden. Du trägst doch auch keine Jeans, die vor fünf Jahren in Mode waren. Inzwischen haben doch schon einige aus unserer Stufe so ein Handy.

Carmen: Na und! Dir kommt es doch nur darauf an, dass du immer das neueste Modell hast und von anderen deswegen bewundert wirst.

Tim: Du bist doch nur neidisch.

Carmen: Nein, das bin ich nicht. Ich weigere mich nur, mein Geld für so einen Blödsinn auszugeben. Ich spare lieber auf ein Mountain-Bike, da habe ich wirklich etwas davon.

Nicky: Jetzt kriegt euch doch nicht gleich in die Haare. Jeder kann doch kaufen, was er will. Carmen, du musst aber wirklich zugeben, dass die neuen Handys sehr praktisch sind. Fernsehen, fotografieren, Musik hören, Spiele machen, im Internet recherchieren und telefonieren – dafür brauchst du nur ein Gerät und musst nicht mehrere mit dir herumschleppen, das ist doch super!

Tim: Die neueren Modelle können sogar noch mehr ... du kannst Texte schreiben, Kontakte und Termine und Notizen speichern, einfach unglaublich!

Carmen: Das klingt wie aus der Werbung. Was passiert denn, wenn du jetzt ein neues Handy kaufst? Wie lange wirst du wohl damit zufrieden sein?

Nicky: Darum geht es doch jetzt nicht. Ich habe einfach Spaß an neuer Technik.

Tim: Stimmt, ich finde es auch wichtig, immer auf dem neuesten Stand zu sein. Schließlich ist die technische Entwicklung gerade bei Handys rasant. Da finde ich es nur logisch, dass sich Nicky von dem Geld, das sie zu Weihnachten bekommt, das neueste Modell kauft.

1. Welche Bedürfnisse könnte Nicky mit dem Kauf eines Handys befriedigen? Wer oder was beeinflusst ihre Bedürfnisse?
2. Aus den Fotos könnt ihr verschiedene andere Bedürfnisse herauslesen. Welche sind das? Sammelt in der Klasse weitere Bedürfnisse.
3. Unterscheidet: Welche Bedürfnisse kann man mit Geld befriedigen, welche nicht?

INFORMATION
lesen – bearbeiten – einprägen

Bedürfnisse und Bedarf

1. Es gibt verschiedene Arten von Bedürfnissen. Erklärt mithilfe des Schaubildes die Unterschiede.
2. Wodurch unterscheiden sich Bedürfnisse von Bedarf?
3. Alle Unternehmen sind daran interessiert, stets den Bedarf nach neuen Produkten zu wecken. Diskutiert, woran ihr erkennen könnt, ob ihr etwas tatsächlich braucht.

Welche Arten von Bedürfnissen gibt es?

Menschen haben unterschiedliche Bedürfnisse. Einige Bedürfnisse müssen wir befriedigen, um überhaupt leben zu können. So braucht jeder Mensch Essen und Trinken, Kleidung und ein Dach über dem Kopf. Man spricht dann von Grundbedürfnissen. Daneben gibt es Dinge, die wir zwar nicht zum Überleben brauchen, die aber unser Leben sehr viel angenehmer und leichter machen: zum Beispiel Autos, Schmuck, Fernseher, Parfüm, Reisen. Diese Art von Bedürfnissen nennt man Konsum- oder Luxusbedürfnisse. Sicherlich verspürt ihr auch manchmal ein Bedürfnis, Musik zu hören, einen Film im Kino anzuschauen oder euch auf andere Weise zu unterhalten. In diesen Fällen befriedigt ihr kulturelle Bedürfnisse.

Nicht alle Bedürfnisse lassen sich mit Geld stillen. Wenn man das Bedürfnis nach Freundschaft hat, kann man nicht einfach in das nächste Kaufhaus gehen. Solche Bedürfnisse, die auch mit der Anerkennung durch andere Menschen zu tun haben, mit Zuwendung und Liebe und dem Wunsch nach Geborgenheit in einer Gruppe, nennt man soziale Bedürfnisse.

Was beeinflusst Bedürfnisse?

Manche Bedürfnisse sind von Mensch zu Mensch verschieden. Sie werden beeinflusst

- vom Lebensalter: Ein 13-jähriges Mädchen möchte am Wochenende in einen Freizeitpark, während seine Eltern vielleicht lieber eine Radtour unternehmen.
- von den geographischen Verhältnissen: Ein Jugendlicher in Afrika hat manchmal andere Bedürfnisse als ein deutscher Jugendlicher.
- von der Kultur und Religion: Bewohner einer Südseeinsel kleiden und ernähren sich anders als zum Beispiel Menschen in Ägypten.
- von äußeren Einflüssen: Was die Familie, Verwandte und Freunde denken, ist den meisten Menschen sehr wichtig. Sie orientieren sich in ihren Wünschen und Bedürfnissen an ihnen. Was sie haben, möchte man auch selbst gerne besitzen.
- von der Werbung: Sie hat zum Ziel, Bedürfnisse zu beeinflussen und Wünsche nach ganz bestimmten Produkten zu wecken.

Aus Bedürfnissen wird Bedarf

Bedürfnisse führen dazu, dass wir den Drang verspüren, etwas zu unternehmen, um sie zu stillen: zum Beispiel an den Kühlschrank gehen, um zu essen; oder ein Geschäft aufsuchen, um einzukaufen. Bedürfnisse, die zu Einkäufen führen, bezeichnet man als Bedarf. Dieser kann nur gedeckt werden, wenn wir ausreichend Geld zur Verfügung haben. Doch können wir nicht alles kaufen, was wir haben möchten. Wir müssen deshalb mit unserem Geld gut wirtschaften und genau überlegen, welche Bedürfnisse für uns besonders wichtig sind.

TRAININGSPLATZ

Was brauchen wir wirklich zum Leben?
Wir treffen eine Entscheidung und ordnen zu

Stellt euch vor, ihr nehmt an einer 14-tägigen Schiffsreise teil. Das Segelschiff wird euch mit der Mannschaft zur Verfügung gestellt. Alles, was ihr zum Leben braucht, müsst ihr mitnehmen. Allerdings ist der Platz an Bord sehr begrenzt. Deswegen könnt ihr insgesamt nur 20 Gepäckstücke mitnehmen. Worauf könnt ihr verzichten, was braucht ihr wirklich zum Leben?

1. Entscheidet euch in Einzelarbeit für die 20 Gegenstände, dir ihr für wichtig haltet.
2. Ordnet eure ausgewählten Gepäckstücke den vier Bedürfnisarten zu und stellt eure Liste in der Klasse vor.
3. Welche Bedürfnisse verlieren in Notsituationen ihre Bedeutung? Sprecht darüber in der Klasse.

- Grundbedürfnisse
- Kulturelle Bedürfnisse
- Soziale Bedürfnisse
- Konsum- und Luxusbedürfnisse

Gepäckstücke

1. Zahnbürste
2. Duschgel
3. Bikini/Badehose
4. MP3-Player
5. Schlafsack
6. Kopfkissen
7. Feuerzeug
8. Trinkwasser
9. Schuhe
10. Lebensmittel
11. Taschenlampe
12. Bücher
13. Haarbürste
14. Sonnenschutzmittel
15. Schreibzeug
16. Fotoapparat
17. Windjacke
18. Jeans
19. Unterwäsche
20. Seekarte
21. Taschenmesser
22. Gaskocher
23. Handtücher
24. Playstation
25. Handy
26. Spielkarten
27. Schreibblock
28. Wecker
29. Foto meiner Familie
30. Zahnpasta
31. Radio
32. Uhr
33. Föhn
34. Poster des Lieblingsstars
35. Strümpfe
36. T-Shirts
37. Pullover
38. Coca-Cola
39. Heftpflaster

nehme ich mit | für welche Bedürfnisse?

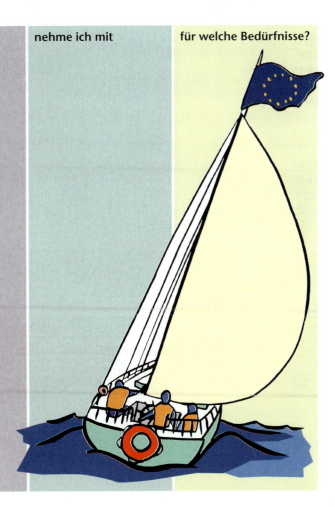

2. Wie steuert Werbung unsere Bedürfnisse?

Auf dieser Doppelseite könnt ihr vier Anzeigen aus Zeitschriften etwas genauer unter die Lupe nehmen und versuchen herauszufinden, mit welchen Mitteln Werbung arbeitet.

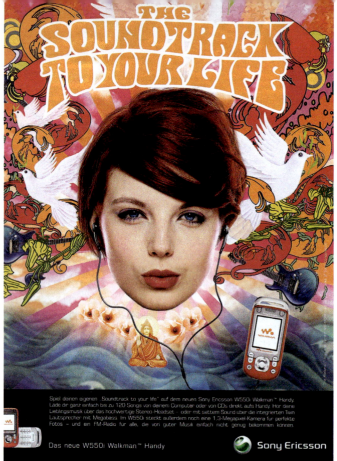

Mit welchen Mitteln arbeitet die Werbung?

Mit Werbung möchten die Unternehmen in den Käufern den Wunsch erwecken, ein Produkt zu kaufen. Werbekampagnen werden meist von professionellen Anbietern, den Werbeagenturen, gestaltet. Diese versuchen möglichst genau das Alter, die Verbrauchergewohnheiten, das Freizeitverhalten, die Kleidung, die Sprache und das Lebensgefühl der möglichen Kunden zu erfassen. Deshalb arbeitet eine Werbekampagne für Jugendliche natürlich mit vollkommen anderen Werbeaussagen als eine Kampagne, die sich zum Beispiel an Familien richtet. Erst wenn sie die Zielgruppe genau erfasst haben, entwickeln die Agenturen Vorschläge, in welcher Form und mit welchen Slogans geworben werden soll. Werbung ist besonders wirkungsvoll, wenn sie nicht nur informiert, sondern darüber hinaus auch die Gefühle des Einzelnen anspricht – etwa indem sie auf Sehnsüchte vieler Menschen anspielt. Wer möchte nicht reich, gut aussehend und beliebt sein, ein interessantes Leben führen und vieles mehr? Die Botschaft, die die Bilder und Slogans vermitteln, ist einfach: Wenn du dieses Produkt kaufst, erfüllen sich deine Sehnsüchte. Die Folge: Die Kunden verbinden das Produkt mit einer bestimmten Vorstellung, die Marke bekommt in den Augen der Kunden ein bestimmtes Image. Um dieses Ziel zu erreichen, bedienen sich die Werbemacher vieler Tricks:

- Da ist zum Beispiel der „Idealisierungseffekt". Fast alle Menschen, die in der Werbung auftreten, sind jung, braungebrannt, gesund, fröhlich, haben schönes Haar, kurz: Es sind Idealmenschen.

- Gerne wird auch mit Stars geworben. Dabei nutzt man die Tatsache, dass die Fans sie als Vorbilder empfinden und ihnen oft in jeder Hinsicht nacheifern wollen.

- In Zeiten hoher Arbeitslosigkeit und sinkender Einkommen wird auch verstärkt mit günstigen Preisen geworben.

- Die Darstellung positiver Gefühle, nach denen sich jeder Mensch sehnt, wird verbunden mit der beworbenen Ware oder Dienstleistung. Der Effekt beim Betrachter ist, dass er sein Bedürfnis nach einem positiven Gefühl durch den Kauf des beworbenen Produkts zu befriedigen glaubt.

Mithilfe des 5-Schritt-Verfahrens kann man Werbeanzeigen untersuchen

1. Schritt: Spontaner Eindruck
Entscheide dich spontan für eine Anzeige, die dich am ehesten anspricht.

2. Schritt: Bildaufbau
Schau dir das Foto an und beschreibe es genau – auch Einzelheiten sind wichtig. Achte besonders auf Bilder, Slogans, Sprache und Informationen über das Produkt.

3. Schritt: Produktplatzierung
Welchen Platz nimmt das Produkt ein?
Was ist um das Produkt herum gruppiert?

4. Schritt: Informationsanteil
Welche Informationen über das Produkt enthält die Anzeige? Welchen Anteil haben Produktinformationen am gesamten Text?

5. Schritt: Wirkungsabsicht
Was versprechen diese Anzeigen jungen Menschen direkt oder indirekt? Welche Hoffnungen wecken sie? Lest dazu auch den Text rechts.

3. Wie können wir vernünftig mit unserem Geld wirtschaften?

Nicky in Geldnöten

Nicky ist noch immer fest entschlossen, sich ein neues Handy zu kaufen. Obwohl ihre Eltern von der Idee nicht begeistert sind, erlauben sie, dass sich Nicky zu Weihnachten Geld für das neue Handy wünscht. In der großen Pause spricht sie mit ihren Freunden darüber.

Carmen: Na, hast du deine Eltern wegen des Handys rumgekriegt?
Nicky: Ja, sie wollen mir zu Weihnachten Geld schenken. Aber trotzdem werden mir noch 80 Euro fehlen – und ich habe noch keine Ahnung, wie ich an das Geld kommen soll.
Carmen: Das ist doch ganz einfach. Weihnachten ist erst in sechs Monaten, spar doch einfach jeden Monat von deinem Taschengeld eine bestimmte Summe. Dann hast du das Geld sicherlich bis dahin zusammen.
Tim: Das ist ja ein toller Vorschlag! Nicky ist doch eh dauernd pleite. Wie soll sie denn von den 35 Euro Taschengeld noch was sparen? Ich habe da eine viel bessere Idee. Du hast uns doch schon so oft von deinem netten Paten erzählt. Frag ihn doch einfach, ob er dir das Geld leiht. Das tut ihm doch nicht weh und dein Problem ist gelöst.
Alexandra: Aber irgendwann müsste sie ihm das Geld zurückzahlen. Ich würde mir lieber einen Nebenjob suchen. Du verstehst dich doch gut mit Kindern. Wie wäre es denn mit Babysitten? Oder Zeitungen austragen? Da hättest du das Geld in kurzer Zeit zusammen.
Steffen: Das wäre mir alles zu anstrengend. Du hast doch wie ich Geld zur

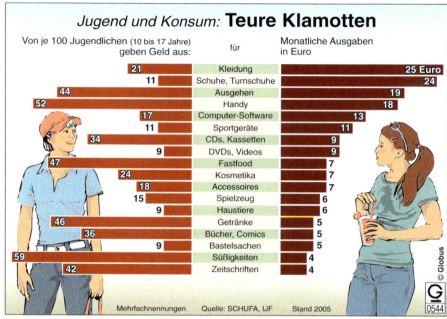

Kommunion bekommen. Geh doch einfach zur Bank und hebe das Geld von deinem Sparbuch ab.
Nicky: Das wollte ich eigentlich für den Führerschein verwenden.
Steffen: Ach, bis zu deinem 18. Geburtstag ist noch so lange hin. Sicherlich bekommst du irgendwann wieder einmal Geld geschenkt – und dann kannst du es ja auf das Sparbuch einzahlen.
Sina: Vielleicht kannst du mit deinen Eltern über eine Taschengelderhöhung verhandeln. Sag ihnen doch, dass du mit dem Geld nicht mehr auskommst und ständig pleite bist. Dafür haben sie doch sicher Verständnis.
Arndt: Ich würde mir das Handy aus dem Kopf schlagen. Mich monatelang wegen eines Handys einzuschränken, das wäre nichts für mich. Ich gebe mein Taschengeld lieber aus – dann kann ich mir jeden Monat etwas gönnen. Für mich wäre es schlimm, wenn alle Burger essen gehen und ich kann nicht mit, weil ich kein Geld habe.
Carmen: Und was willst du jetzt tun?
Nicky: Ich weiß noch nicht. Ich will erst mal über eure Vorschläge nachdenken, bevor ich mich entscheide.

1. Was schlagen Nickys Freunde zur Lösung ihrer Geldprobleme vor? Stellt Vor- und Nachteile der einzelnen Lösungen einander gegenüber. Wie würdet ihr euch an Nickys Stelle entscheiden? **Tipp:** Gruppenarbeit.

2. Betrachtet das Schaubild: Wofür geben Jugendliche ihr Geld aus? Vergleicht die Ergebnisse mit euren eigenen Erfahrungen.

TRAININGSPLATZ
Trainingsplatz

Sparen, Geld ausgeben oder Kauf auf Pump?
Wir bewerten Vorschläge

Geldprobleme hat fast jeder einmal. In solchen Situationen sind gute Tipps zum richtigen Umgang mit Geld gefragt. „Politik erleben" hat sich bei Schülern umgehört. Lest euch die Vorschläge zunächst durch und bewertet sie dann.

Tipp: Partnerarbeit. Besprecht eure Ergebnisse in der Klasse. Welcher Vorschlag ist euer Favorit? Begründet eure Auswahl.

	empfehlenswert	nicht empfehlenswert
1. „Weil ich genau weiß, dass mein Handy für mich der große Verführer ist, habe ich eine monatliche Summe festgelegt, die ich dafür ausgebe. Wenn ich den Betrag überschritten habe, gebe ich das Handy meiner Mutter zur Aufbewahrung."		
2. „Ich spare fast mein ganzes Taschengeld, denn ich möchte so früh wie möglich den Führerschein machen. Wenn meine Freunde zum Kino oder Eisessen gehen, bleibe ich eben zu Hause. Das macht mir nichts aus."		
3. „Wenn ich mir etwas Größeres kaufen möchte, dann spare ich eben einige Zeit darauf, Schulden mache ich deswegen nicht."		
4. „Wenn ich mit meinem Taschengeld mal wieder nicht auskomme, jammere ich eben meiner Mutter so lange etwas vor, bis sie sich erweichen lässt und einen Geldschein zückt."		
5. „Ich habe mir ausgerechnet, wie viel ich ungefähr in der Woche ausgeben kann. Wenn ich in einer Woche einmal mehr ausgebe, versuche ich es in der nächsten einzusparen."		
6. „Ich wünsche mir zu Weihnachten und zum Geburtstag immer Geld. Damit kann ich mir öfter mal eine Extra-Ausgabe leisten."		
7. „Ich schreibe mir immer in einem Vokabelheft genau auf, was ich an Einnahmen und Ausgaben habe."		
8. „Ich leihe mir häufig Geld bei meinen Großeltern. Manchmal vergessen sie, dass ich noch Schulden habe, dann brauche ich nichts zurückzuzahlen."		
9. „Am Anfang eines Monats gebe ich gern viel Geld aus. Da kann es schon passieren, dass ich in der zweiten Hälfte kein Geld mehr habe. Dann warte ich eben mit meinen Einkäufen bis zum Ersten."		
10. „Ich überlege mir genau, was ich mit meinem Taschengeld kaufe. Wenn mir etwas sehr gut gefällt, dann leiste ich mir auch etwas – aber selten nur so aus einer Laune heraus."		

METHODENKARTE 6

Eine Befragung durchführen und auswerten

Thema: Wie gehen Jugendliche mit Geld um?

Wozu werden Befragungen durchgeführt?

Mit einer Befragung könnt ihr herausfinden, was andere Menschen über ein Thema denken. In diesem Fall geht es darum, in Erfahrung zu bringen, wie Jugendliche mit Geld umgehen. Ihr könnt so eigene Einstellungen mit denen anderer vergleichen. Befragungen können auch dazu führen, Missstände aufzudecken. Wenn ihr zum Beispiel herausfindet, dass sehr viele Jugendliche Probleme mit Geld haben, könnt ihr euch Maßnahmen überlegen, wie dieses Problem gelöst werden könnte. Grundlage für eine Befragung ist ein ausgearbeiteter Fragebogen.

Wie macht man das?

Erster Schritt: Vorbereitung

- Zunächst muss man sich im Klaren sein, was man wissen möchte. Auf der nächsten Seite findet ihr einen Vorschlag für einen Fragebogen. Natürlich könnt ihr auch eigene Fragen formulieren oder den Bogen mit weiteren Fragen ergänzen.
- Überlegt euch danach, wen ihr befragen wollt. Infrage kommen Schülerinnen und Schüler aus eurer Schule oder auch Personen aus dem Freundeskreis.
- Im nächsten Schritt solltet ihr euren Fragebogen ausarbeiten. Wenn ihr eigene Fragen formulieren wollt, müsst ihr berücksichtigen, dass sie sich zügig auswerten lassen. Dies ist der Fall bei Fragen, die man mit „Ja" oder „Nein" beantworten kann, oder auch bei vorgegebenen Antwortmöglichkeiten, die angekreuzt werden können. Solche Fragen nennt man geschlossene Fragen.
- Stellt sicher, dass die Anonymität der Befragten gewahrt ist. Allerdings sollte der Fragebogen einige statistische Angaben enthalten, die für die Auswertung von Bedeutung sein könnten. Dazu gehören das Alter und Geschlecht der Befragten.

Zweiter Schritt: Durchführung

Wenn ihr die Umfrage an eurer Schule durchführen wollt, braucht ihr das Einverständnis der Schulleitung. Es gibt unterschiedliche Varianten der Durchführung: Ihr könnt euch zum Beispiel in Kleingruppen aufteilen, die dann Schülerinnen und Schüler aufsuchen und befragen. Das hat den Vorteil, dass ihr auf mögliche Fragen zum Bogen direkt antworten könnt. Ihr könnt auch die Fragebögen verteilen und am nächsten Tag einsammeln. Damit könnt ihr Zeit sparen.

Dritter Schritt: Auswertung

Überlegt euch genau, wie ihr die Befragung auswerten wollt. Zum Beispiel können jeweils einzelne Gruppen die Auswertung von ein bis zwei Fragen übernehmen. Die Auswertung kann auch getrennt nach Mädchen und Jungen oder nach Altersgruppen erfolgen. Entscheidet euch auch, wie ihr die Ergebnisse präsentieren wollt. Bei der Zusammenfassung der Daten und der Darstellung kann euch der PC eine wertvolle Hilfe sein. Diskutiert anschließend in der Klasse über die einzelnen Ergebnisse. Überraschen sie euch oder entsprechen sie euren Erwartungen? Welche Schlussfolgerungen zieht ihr? Haltet ihr es für erforderlich, Maßnahmen zu ergreifen?

Worauf solltet ihr noch achten?

Für den Erfolg der Befragung ist es wichtig, dass die Befragten gerne daran teilnehmen und bereit sind, den Fragebogen ehrlich auszufüllen. Tretet also freundlich auf und setzt sie nicht unter Zeitdruck. Stellt euch kurz vor und erklärt, warum eure Klasse eine Befragung durchführt. Informiert die Befragten auch gleich zu Beginn, dass die Befragung anonym, also ohne Nennung des Namens, durchgeführt wird.

Vorschlag für die Gestaltung eines Fragebogens

Persönliche Angaben

Mädchen ☐   Junge ☐
Alter ☐☐

1. **Wie viel Geld steht dir im Monat zur Verfügung?**
   ☐ weniger als 30 €   ☐ 30 € oder mehr

2. **Wofür gibst du dein Geld hauptsächlich aus? (maximal 3 Nennungen)**
   ☐ Kleidung   ☐ Kosmetika   ☐ Fast-Food   ☐ Süßigkeiten
   ☐ Ausgehen   ☐ Handy   ☐ CDs, DVDs   ☐ Geschenke
   ☐ Sonstiges

3. **Sparst du einen Teil deines Geldes?**
   ☐ regelmäßig   ☐ selten   ☐ nie

4. **Ist es dir schon passiert, dass du beim Einkaufen mehr Geld ausgegeben hast, als du wolltest?**
   ☐ häufig   ☐ manchmal   ☐ selten

5. **Wie kommst du mit deinem Geld aus?**
   ☐ Ich komme im Allgemeinen gut aus und habe am Monatsende noch Geld übrig.
   ☐ Ich komme gerade so aus, habe am Monatsende kein Geld übrig.
   ☐ Ich habe schon vor Monatsende kein Geld mehr.

6. **Einmal angenommen, deine Freunde wollen mit dir ins Kino gehen und einen Film ansehen, der dich brennend interessiert. Du hast aber kein Geld. Wie verhältst du dich am ehesten?**
   ☐ Ich sage zu. Mir wird schon etwas einfallen, wie ich an das Geld komme.
   ☐ Ich bitte meine Freunde, mir das Geld zu leihen, und komme mit ins Kino.
   ☐ Ich verzichte auf den Kinobesuch, da ich mir kein Geld leihen möchte.

4. Wenn das Handy zur Schuldenfalle wird ...

Vielleicht habt ihr euch auch schon einmal Geld von euren Eltern oder Freunden geliehen, wenn am Monatsende das Geld knapp wurde – und konntet es kurze Zeit später wieder zurückzahlen. Für manche Jugendliche wird jedoch Verschuldung zu einem ernsten Problem. Das zeigt das Fallbeispiel von Chris, der sich mit Handyverträgen so verschuldete, dass er nicht mehr weiterwusste.

Der allzu sorglose Umgang mit Vertragshandys wird von Jugendlichen als häufiger Grund für die Verschuldung genannt.

Per Handy in die Krise?

Seit Jahren träumte Chris von einem eigenen Handy. Seine Eltern verweigerten ihm jedoch die Anschaffung. Kaum 18 geworden, sucht Chris den nächstgelegenen Handy-Laden auf. Dort ist der Vertrag bereits unterschrieben. Der Mobilfunkfirma ist Chris mit seiner Ausbildungsvergütung als angehender Industriekaufmann finanzkräftig genug für einen Vertragsabschluss. Das hochmoderne Handy ist supergünstig zu bekommen, es kostet nur 19 €. Die erste Rechnung über 475 € lässt er einfach unbeachtet. Jetzt droht die Handy-Firma mit Vertragskündigung. Für diesen Fall hat Chris' guter Freund Vinzi einen heißen Tipp parat: „Du musst dich schnell um einen neuen Vertrag bemühen, bevor du bei der Schufa als kreditunwürdig gemeldet wirst!" (Bei der Schutzgemeinschaft für allgemeine Kreditsicherung können Kreditgeber erfragen, ob jemand schon einmal zahlungsunfähig gewesen ist.) Den zweiten Vertrag holt sich Chris dreist von derselben Handy-Firma, bei der er den ersten Vertrag unterschrieben hat. So beginnt das ganze Spiel mit Verschuldung, Sperrung, Kündigung von vorn.

Und die Handy-Firma spielt bereitwillig mit. Nach nicht einmal vier Monaten ist die Handy-Zeit für Chris ganz zu Ende. Seine Schuldenbilanz: Aus dem ersten Vertrag kommt eine zweite Rechnung über 225 €. Mit dem zweiten Vertrag vertelefonierte Chris weitere 1100 €. Für sein Telefonieren hat er insgesamt 1800 € zu zahlen.
Dazu kommen aber weitere Kosten: Die Mobilfunkfirma fordert aus beiden Verträgen einen Schadensersatz für den Zuschuss zum preisgünstig abgegebenen Handy in Höhe von 300 €. Eine Inkassofirma wird beauftragt, die offenen Beträge bei Chris einzutreiben. Dadurch entstehen aber weitere Kosten von fast 700 €. Da die Gläubiger ihre Forderungen verzinsen dürfen, kommen noch 200 € Zinsen dazu. Insgesamt sind das fast 3000 € Schulden. Heute sieht Chris ein, dass er sich mit dem Handy völlig übernommen hat.

Er meint: „Am besten hätte ich gar nicht erst damit angefangen. Ich bin schon geschockt, wie schnell man sich verschulden kann." Die späte Einsicht hilft nur nicht. Die Handy-Firma besteht – ebenso wie alle anderen Gläubiger – auf vollständiger Rückzahlung der Schulden. Chris' Eltern wollen ihm nicht mit Geld helfen. Schließlich habe er das Ganze gegen ihren Willen gemacht. Die Schuldnerhilfe hat bei den Gläubigern immerhin bewirken können, dass sie mit der Zahlung auf das Ende der Ausbildung von Chris warten und keine weiteren Zinsen auftürmen. Wenn Chris dann einen Arbeitsplatz bekommt, kann er die Schulden in angemessenen Monatsraten abbezahlen. Damit wird er aber einige Jahre zu tun haben ...

(Nach Gregor Witt: Per Handy in die Krise, Bundeszentrale für politische Bildung (Hg.): Jugendkalender zur politischen Bildung 2000/01)

Warum verschulden sich Jugendliche?

Chris' Schicksal ist kein Einzelfall. Jeder achte Jugendliche zwischen 13 und 17 Jahren ist verschuldet, und zwar durchschnittlich mit 60 Euro. Wie kommt es, dass sich so viele Jugendliche verschulden? Meist treffen mehrere, ganz unterschiedliche Gründe zusammen, die sich sozusagen Stein für Stein zu einem Schuldenberg auftürmen.

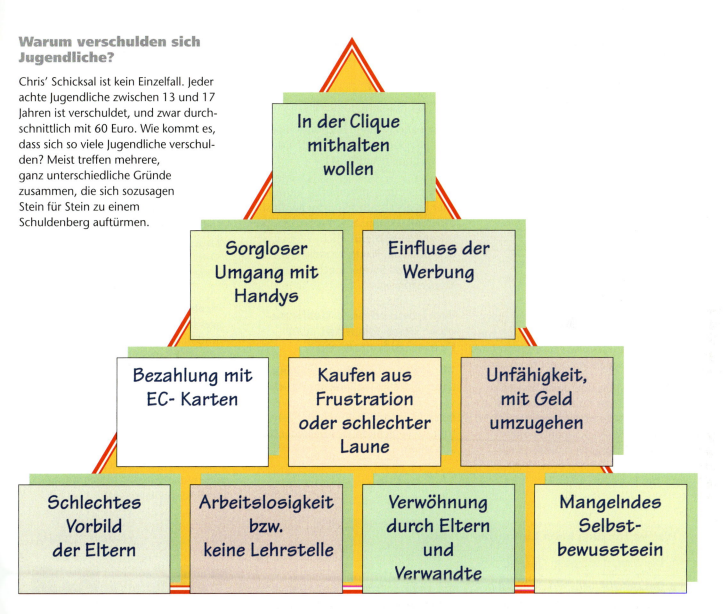

- In der Clique mithalten wollen
- Sorgloser Umgang mit Handys
- Einfluss der Werbung
- Bezahlung mit EC-Karten
- Kaufen aus Frustration oder schlechter Laune
- Unfähigkeit, mit Geld umzugehen
- Schlechtes Vorbild der Eltern
- Arbeitslosigkeit bzw. keine Lehrstelle
- Verwöhnung durch Eltern und Verwandte
- Mangelndes Selbstbewusstsein

1. Wie konnte es passieren, dass Chris in so kurzer Zeit 3 000 Euro Schulden anhäufte?
2. Vinzis Ratschlag hat Chris offensichtlich nur weiter in die Verschuldung getrieben. Welchen Rat hättet ihr Chris nach dem Eintreffen der ersten Handy-Rechnung gegeben?
3. Auf den Steinen des Schuldenbergs auf dieser Seite findet ihr einige Ursachen für die Verschuldung von Jugendlichen. Wählt euch drei Steine aus, die ihr für besonders wichtig haltet. Formuliert für jeden Stein einen kurzen Text, in dem ihr erklärt, wie das Stichwort auf dem Stein zur Verschuldung von Jugendlichen führen kann.
4. Was kann man tun, um den Schuldenberg abzutragen oder erst gar nicht entstehen zu lassen? Sammelt für jeden Stein Vorschläge.

5. Wie können wir die „richtige" Kaufentscheidung treffen?

Warum ist es wichtig, bewusst einzukaufen?

Die Werbung vermittelt häufig den Eindruck, dass sich in der Wirtschaft alles um das Wohl der Verbraucher dreht. Im Alltag habt ihr vielleicht nach dem Kauf die Erfahrung gemacht, dass das Produkt nicht das hält, was ihr euch von ihm versprochen habt. Solche Fehlkäufe können verschiedene Ursachen haben:

- Viele Jugendliche informieren sich nicht vor einem wichtigen Kauf, welches Produkt wo am günstigsten und in bester Qualität angeboten wird.

- Jugendlichen und erwachsenen Verbrauchern fehlt das Fachwissen, um die Vielzahl der Produkte auf dem Markt nach Qualität und Preis-Leistungs-Verhältnis einzuschätzen.

- Fast alle Verbraucher werden bewusst oder unbewusst durch die Werbung beeinflusst.

Ein kluger und informierter Verbraucher lässt sich nur selten zu gefühlsbedingten Spontankäufen verleiten. Er informiert sich gründlich, vergleicht und prüft die Produkte mehrerer Hersteller, nutzt Sonderangebote und Mengenrabatte.

Wo können sich Verbraucher über Qualität und Preise informieren?

Wenn ihr eine Anschaffung plant, habt ihr viele Möglichkeiten, euch vor dem Kauf zu informieren. Welche fallen euch ein? Zwei Möglichkeiten sind im Folgenden ausführlicher beschrieben.

Die Stiftung Warentest wurde von der Bundesregierung gegründet, um Bürger neutral und unabhängig von der Wirtschaft über Waren und Dienstleistungen zu informieren. Sie führt zahlreiche Tests und wissenschaftliche Untersuchungen durch. Die Ergebnisse der Tests sind in der Zeitschrift „Stiftung Warentest" veröffentlicht.

Verbraucherzentralen werden von den Ländern finanziert und haben die Aufgabe, Verbraucher vor dem Einkauf zu informieren und zu beraten. Sie beraten auch Menschen, die Schwierigkeiten im Umgang mit Geld haben und ihre Schulden nicht mehr zurückzahlen können.
Die Verbraucherzentrale Nordrhein-Westfalen gibt speziell für Jugendliche eine Online-Zeitschrift heraus: www.checked4you.de.

Was ist für dich beim Einkaufen wichtig?	wichtig	weniger wichtig
1. Die Ware ist von guter Qualität.		
2. Das Geschäft liegt verkehrsgünstig.		
3. Das Produkt ist billig.		
4. Ich werde beim Kauf freundlich und gut beraten.		
5. Die Schaufenster des Geschäfts sind gut gestaltet.		
6. Ich informiere mich vor dem Kauf in mehreren Geschäften und vergleiche die Preise.		
7. In dem Geschäft kaufen überwiegend Jugendliche ein.		
8. Die Marke des Produkts ist gerade in Mode.		

Für welches Modell würdet ihr euch entscheiden?

Die Stiftung Warentest testet in regelmäßigen Abständen Produkte. Im Folgenden findet ihr eine Auswahl von Testergebnissen zu Inlineskates. Getestet wurden insgesamt 13 Modelle unter folgenden Gesichtspunkten: Laufeigenschaften, Handhabung, Haltbarkeit. Einmal angenommen, ihr wollt neue Inlineskates kaufen, welches Modell aus der hier zusammengestellten Auswahl wäre euer Favorit?

❶ Hudora RX 23, 89 Euro
GUT (2,4)
Preisgünstiger, leichter Skate mit guten Laufeigenschaften. Aber Bremsen und Dämpfung nicht optimal. Schwächen in der Haltbarkeit. Scharfkantiger Haken unter der Schnalle.

❷ Streetfighter Pro 1400, 65 Euro
BEFRIEDIGEND (2,8)
Der Preisbrecher mit insgesamt gerade noch guten Fahreigenschaften. Eher einfacher Schuh mit sehr verschleißanfälliger Bremse. Drückte vor allem Frauenfüße.

❸ Fila CS (mit 84er Rollen), 150 Euro
GUT (2,0)
Der wendigste Skate des Tests, aber weniger schnell als das bis auf die Rollen gleiche Fila-Modell. Zwei bewegliche Rollenpaare. Steckt Unebenheiten am besten weg.

❹ K2 VO2, 180 Euro
GUT (2,0)
Sauber verarbeiteter Skate mit durchweg guten Eigenschaften in allen Prüfpunkten. Spitzenwerte in der Handhabung. Praktisch: der T-Schlüssel für den Rollenwechsel.

❺ K2 VO2 Max, 200 Euro
GUT (2,1)
Flotter, sportlicher Skate mit guten Laufeigenschaften und guter Passform. Deutlicher Stopper-Verschleiß durch größeren Bremswinkel gegenüber K2 VO2.

❻ Fila Helix Wave, 100 Euro
GUT (2,2)
Bequemer Skate mit guten Fahreigenschaften zu einem passablen Preis. Aber Bremsen nicht optimal. Scharfkantiger Haken unter der obersten Schnalle des Schuhs.

(Aus: test, hrsg. von der Stiftung Warentest, Mai 2006, S. 82f.)

1. Vergleicht eure Antworten zu dem Fragebogen auf der vorhergehenden Seite und sprecht darüber. Gibt es Kriterien, die für alle in der Klasse wichtig sein sollten?
2. Wie sollte sich der „ideale Kunde" verhalten? Lest dazu den Text.
3. Für welche Inlineskates würdet ihr euch entscheiden? Trefft eine Entscheidung, die ihr für wirtschaftlich sinnvoll haltet, und begründet diese.

6. Welche Rechte haben Jugendliche als Verbraucher?

Shopping gehört zu den liebsten Freizeitbeschäftigungen von Jugendlichen – doch habt ihr sicherlich auch schon erlebt, dass ihr einen Kauf am liebsten rückgängig gemacht oder das Produkt umgetauscht hättet. Geht das überhaupt? In manchen Fällen ist das möglich – aber dazu muss man genau seine Rechte als Verbraucher kennen.

Auf dieser Seite findet ihr drei Fallbeispiele, in denen es um solche Situationen geht. Ihr könnt diese Fälle in arbeitsteiliger Gruppenarbeit bearbeiten. Geht dabei folgendermaßen vor:

1. Schritt: Macht euch zunächst mit dem Fall vertraut und schreibt auf, welche Fragen ihr zu klären habt.

2. Schritt: Lest dann den Informationstext auf der nächsten Seite und notiert euch alle Informationen, die für die Lösung eures Falles wichtig sind.

3. Schritt: Prüft, ob der Kaufvertrag gültig oder ungültig ist.

4. Schritt: Wie könnten die Geschichten weitergehen? Schreibt eine Fortsetzung und präsentiert eure Ergebnisse in der Klasse.

A Akku nicht funktionsfähig – was nun?

Nicky hat sich endlich ein Handy gekauft – ihr Wunschmodell. Glücklich präsentiert sie den Freundinnen ihre neueste Errungenschaft. Wenige Wochen später verwandelt sich ihre Freude in Wut: „Dieses blöde Handy, gestern erst habe ich es aufgeladen, nun ist der Akku schon wieder leer. Das kann doch nicht sein!" „Bist du sicher, dass du alles richtig gemacht hast?", wirft ihre Freundin Sina ein. „Natürlich, ich bin doch nicht blöd, schließlich ist das nicht mein erstes Handy. Der Akku hat von Anfang an nicht richtig funktioniert – ich glaube, der ist nicht in Ordnung." „Na ja, das hättest du gleich nach dem Kauf reklamieren müssen. Jetzt ist es zu spät. Der Austausch wird sicher teuer werden. Du Arme, dann wirst du schon wieder abgebrannt sein", meint Sina.

B Doppelte Handytasche

Steffen und Tim freuen sich aufs Wochenende – die beiden sind bei ihrer Freundin Jule zum Geburtstag eingeladen. Als Geschenk haben sie sich etwas Besonderes ausgedacht. Sie wollen Jule eine Handytasche für den Gürtel schenken, weil sie ihr Handy immer wieder verlegt. Nachmittags treffen sie sich in der Stadt zur Schnäppchenjagd. Schon nach kurzer Suche sind sie am Ziel: Tim zieht aus einem Stapel reduzierter Waren eine Tasche hervor. „Super, die sieht gut aus und ist von 16,99 € auf 9,99 € reduziert. Die nehmen wir." Zu ihrer Enttäuschung sind sie auf dem Geburtstag nicht die Einzigen, die auf diese Geschenkidee kamen. Jule hat nun gleich zwei Taschen. „Kein Problem, wir gehen einfach in das Geschäft und lassen uns das Geld zurückgeben. Dann kannst du dir etwas anderes davon kaufen", schlägt Steffen vor.

C Das „neueste Modell" – ein veralteter Ladenhüter?

Carmen möchte sich am liebsten ein gebrauchtes Handy kaufen, um Geld zu sparen. Unter den Kleinanzeigen findet sie ein verlockendes Angebot: „Originalverpacktes Handy zu verkaufen, neuestes Modell, sensationell günstig", verspricht eine Anzeige. Sie trifft sich mit dem Verkäufer. Dieser erklärt ihr, dass er vor wenigen Tagen das Handy geschenkt bekommen hätte, jedoch bereits ein neues Handy besitze. Carmen ist froh über das günstige Angebot und willigt sofort in den Kauf ein. Zu Hause angekommen sieht sie, dass das Handy schon Gebrauchsspuren aufweist. Auch handelt es sich nicht um das neueste Modell der Firma, sondern es ist schon mehrere Jahre auf dem Markt und hat sich sehr schlecht verkauft. Deswegen ist es überall als äußerst günstiges Sonderangebot zu haben. Sie ist sehr ärgerlich auf den Verkäufer.

INFORMATION
lesen – bearbeiten – einprägen

Kaufvertrag

1. Ihr wollt mit einem Freund einen Kaufvertrag abschließen.
   a) Was müsst ihr dazu tun?
   b) Welche Pflichten hat jeder von euch nach dem Abschluss?
   c) Wann wäre der Vertrag zwischen euch ungültig?
2. Warum ist es wichtig, dass beide Partner sich an den Vertrag halten müssen?

Abschluss eines Kaufvertrags

Stell dir vor, du gehst nach der Schule shoppen und siehst in einem Geschäft ein T-Shirt, das dir gefällt. Du fragst die Verkäuferin nach dem Preis. Sie antwortet: „Das T-Shirt kostet 12,95 €. Möchtest du es kaufen?" Du nickst, gehst zur Kasse und bezahlst dort den geforderten Preis und bekommst das T-Shirt ausgehändigt. Ein ganz alltäglicher Vorgang. Jemand mit einer kaufmännischen Ausbildung würde den Vorgang etwas anders erklären: Die Verkäuferin hat dir ein T-Shirt angeboten. Du warst mit dem Preis einverstanden und hast das Angebot angenommen. Damit ist ein Kaufvertrag abgeschlossen worden, an den sich beide Seiten halten müssen. Du musst also den vereinbarten Preis bezahlen und der Verkäufer muss dir nach dem Bezahlen die Ware aushändigen.

Folgen eines Vertrags

Jeder Kaufvertrag verpflichtet den Verkäufer, Waren in einwandfreier Qualität zu verkaufen. Fehlerhafte Waren würdet ihr wahrscheinlich gar nicht erst kaufen – es sei denn, die Ware ist deswegen erheblich im Preis reduziert. Vielleicht hat man jedoch erst zu Hause festgestellt, dass etwa bei einem neuen Kleidungsstück ein Knopf fehlt oder sich nach der ersten Wäsche die Nähte auflösen. In solchen Fällen kann man beim Händler den Mangel reklamieren, auch wenn es sich um ein Sonderangebot handelt.

Nach dem Gesetz hat jeder Käufer dabei folgende Möglichkeiten:

1. Man kann verlangen, dass der Kauf rückgängig gemacht und der Kaufpreis erstattet wird.
2. Der Verkäufer tauscht die mangelhafte Ware um.
3. Man bekommt die Ware zu einem reduzierten Preis.

Alle Händler sind verpflichtet, berechtigte Reklamationen bis zwei Jahre nach dem Kauf anzuerkennen. Aus Beweisgründen ist es daher empfehlenswert, den Kassenbon für diesen Zeitraum aufzubewahren. Auch bei einwandfreien Waren sind die Händler meist bereit, Fehlkäufe umzutauschen, etwa wenn ein Geschenk dem Beschenkten nicht gefällt oder doppelt gekauft wurde. In solchen Fällen kommt der Händler den Kunden entgegen, obwohl er dazu gesetzlich nicht verpflichtet ist. In der Regel gibt er jedoch kein Bargeld zurück, sondern die Kunden können die Ware umtauschen oder erhalten eine Gutschrift, die beim nächsten Kauf verrechnet wird. Badebekleidung, Sonderangebote oder auch unversiegelte CDs sind meist vom Umtausch ausgeschlossen.

Wann sind Verträge ungültig?

Kaufverträge sind dann ungültig, wenn einer der Partner bewusst getäuscht wird: Eine Verkäuferin verspricht, dass ein T-Shirt farbecht ist, obwohl sie genau weiß, dass das bei dem niedrigen Preis unmöglich ist – und das T-Shirt bei der ersten Wäsche eine ganze Waschmaschine verfärbt. Oder ein Händler verkauft wissentlich Lebensmittel, bei denen das Haltbarkeitsdatum abgelaufen ist. Das bezeichnet man als arglistige Täuschung. Ungültig ist ein Vertrag auch dann, wenn der Verkauf gegen ein gesetzliches Verbot verstößt, wenn etwa ein Händler einem 13-Jährigen Wodka verkauft oder ein Drogendealer Drogen. Solche Verträge sind von vornherein ungültig, auch wenn sich beide Vertragspartner über den Vertragsabschluss einig sind.
Siehe dazu auch S. 263.

147

MEMORY-STATION

Wichtiges Wissen

Station 1: Kennt ihr eure Rechte als Verbraucher? (Seiten 146f.)

Beantwortet die Fragen und begründet eure Entscheidung.

1. Ihr habt eine reduzierte Jeans gekauft. Auf eurem Kassenzettel steht: „Reduzierte Ware vom Umtausch ausgeschlossen." Zu Hause stellt ihr fest, dass die Jeans am Bund einen nicht zu entfernenden Fleck aufweist. Könnt ihr die Jeans umtauschen?

2. Ein 18-jähriger Freund hat für euch auf euren Wunsch hin eine Flasche Wodka im Supermarkt gekauft. Eure Eltern verlangen von ihm, den Wodka zurückzunehmen und das Geld zu erstatten. Er vertritt den Standpunkt: „Gekauft ist gekauft. Das Geld gehört mir." Hat er Recht?

3. Der 19-jährige Eric erfüllt sich seinen großen Traum und kauft für 2 500 Euro ein eigenes Auto. Den Betrag hat er von seiner Ausbildungsvergütung zusammengespart. Zwei Tage später bereut er, so viel Geld für ein Auto ausgegeben zu haben. Am liebsten würde er den Kaufvertrag rückgängig machen. Kann er das?

Ja, weil …   **Nein, weil …**

Station 2: Wichtige Schlüsselbegriffe erklären (Seiten 134, 144, 147)

Übertragt die Begriffe auf Kärtchen und erklärt sie möglichst umfassend auf der Rückseite. Anschließend könnt ihr euch gegenseitig abfragen.

- Bedürfnisse
- Bedarf
- Stiftung Warentest
- Kaufvertrag
- Grundbedürfnisse
- Konsum- und Luxusbedürfnisse
- Reklamation
- Umtausch von Waren

---

www.bmelv.de +++ www.stiftung-warentest.de +++ www.checked4you.de +++ www.schuldenkompass.de +++ www.maxmoney.ch +++

Jugend und Wirtschaft

Wichtige Fähigkeiten

 Station 3 Werbung: Eine Werbeanzeige untersuchen (Seite 137)

Untersucht die Anzeige nach dem 5-Schritt-Verfahren:

1. Spontaner Eindruck
2. Bildaufbau
3. Produktplatzierung
4. Informationsanteil
5. Wirkungsabsicht

 Station 4 Geldprobleme: Mit Geld vernünftig wirtschaften können (Seite 139)

Svenja hat ständig Geldprobleme. Ihr monatliches Taschengeld hat sie bereits zur Monatsmitte ausgegeben, den Rest des Monats lebt sie auf Pump. Ihre Großmutter leiht ihr immer wieder Geld. Inzwischen hat sie mehr als 80 Euro Schulden bei ihr. Immer wieder nimmt sie sich vor, die Schulden zurückzuzahlen, doch von Monat zu Monat verschuldet sie sich mehr. In ihrer Not wendet sie sich an ihre Freunde und bittet sie um Rat.

- Wie kann Svenja ihre Geldprobleme lösen? Formuliert mindestens 3 Tipps zum vernünftigen Umgang mit Geld.

 Station 5 Taschengeld: Eine Befragung planen, durchführen und auswerten (Seiten 140f.)

Ihr wollt in eurer Klasse eine Befragung zum Thema „Wofür geben Schüler ihr Taschengeld aus?" durchführen. Fasst in einer Mindmap zusammen, wie ihr dabei vorgehen könnt und was ihr beachten solltet.

www.verbraucher.de +++ www.bmelv.de +++ www.stiftung-warentest.de +++ www.checked4you.de +++ www.schuldenkompass.de +++

6 Berufswahlunterricht
„Ich plane meine berufliche Zukunft ..."

Schülerinnen und Schüler in einem Berufsinformationszentrum. Sie informieren sich, erstellen Pläne, trainieren Fähigkeiten, auf die es im Berufsleben ankommen wird.

„Was können wir von jetzt an tun, um unsere Chancen auf dem Weg in das Berufsleben zu verbessern und um die für uns richtigen Entscheidungen zu treffen?"

Führt zu dieser Frage ein Brainstorming in der Klasse durch.

Mag sein, dass ihr euch bisher noch nicht intensiv mit der Frage beschäftigt habt, was ihr nach dem Abschluss an eurer Schule einmal machen wollt: Lehre, Fachschule, Abitur, Studium? Die Berufswahl gehört zu den wichtigsten, aber auch schwierigsten Entscheidungen, die man im Leben zu treffen hat, zumal jeder weiß, dass die Situation auf dem Ausbildungsmarkt problematisch ist. Aber wie es so ist mit der Lösung schwieriger Aufgaben: Diejenigen, die sich darauf vorbereiten, haben mehr Chancen als die, die alles unvorbereitet auf sich zukommen lassen.

Spätestens vom Beginn des neunten Schuljahres an solltet ihr euch auf jeden Fall konkret mit eurer beruflichen Zukunft beschäftigen. Dabei kommt es auf drei Dinge an: Informationen besorgen, einen persönlichen Plan erstellen, Fähigkeiten trainieren, die man für einen erfolgreichen Start in die berufliche Zukunft braucht. Das folgende Kapitel wird euch dabei eine Hilfe sein.

Weil man davon ausgehen kann, dass eure persönlichen Erwartungen an dieses Thema unterschiedlicher sein werden als bei anderen Themen (einige wissen schon, welchen Ausbildungsplatz sie haben werden, andere möchten weiter zur Schule gehen, wieder andere sind noch völlig ohne Plan), bieten wir euch hier die Methode **Planarbeit** an. Mit dieser Methode kann jeder seine persönlichen Lernschwerpunkte setzen und darüber hinaus die Fähigkeit trainieren, die in der Arbeitswelt immer bedeutsamer wird: selbstständiges Arbeiten nach Plan mit dem Ziel, eine Aufgabe erfolgreich zu bewältigen. Mitbringen müsst ihr das, was Menschen heute unbedingt benötigen, um im hart umkämpften Arbeitsmarkt erfolgreich sein zu können: Anstrengungsbereitschaft, Lust auf Lernen und ein wenig Zuversicht in die eigenen Fähigkeiten.

Wenn ihr das Kapitel bearbeitet, könnt ihr

- mit der Wochenplanmethode weitgehend selbstständig arbeiten,
- erklären, warum man frühzeitig mit der Berufswegplanung beginnen soll,
- Hilfen bei der Berufswegplanung gezielt in Anspruch nehmen,
- erläutern, welche Anforderungen an Auszubildende gestellt werden,
- euch mit den Erfolgsstrategien im Bewerbungsverfahren vertraut machen,
- diskutieren, wie sehr die traditionellen Vorstellungen von Männer- und Frauenberufen überholt sind.

METHODENKARTE 7
Methodenkarte

Arbeiten mit dem Wochenplan

Thema: Jugendliche und Berufswahl

Wochenplanarbeit: Was ist das?

Lernen nach Wochenplan ist Unterricht in einer anderen Form. Ihr erhaltet einen schriftlich formulierten Plan mit Aufgabenstellungen, die ihr in einem zu vereinbarenden Zeitraum selbstständig bearbeiten werdet. Wie lange die Bearbeitungszeit sein soll, muss in einem Planungsgespräch zu Beginn festgelegt werden. (Zur Bearbeitung des Plans, den ihr auf der nächsten Seite findet, benötigte die Testgruppe drei Wochen Bearbeitungszeit.)

Ihr könnt entscheiden, ob ihr alleine arbeiten wollt oder zusammen mit einem Partner oder in einer Gruppe. Bei den Aufgaben wird unterschieden zwischen Pflichtaufgaben und Wahlaufgaben, aus denen jede bzw. jeder eine eigene Wahl treffen kann. Der Vorteil der Wochenplanarbeit besteht darin, dass alle selbstständig arbeiten können und dabei ihre eigenen Schwerpunkte setzen. Ihr habt eine Zielvorgabe und einen klar definierten Zeitraum, um diese Aufgabe zu bewältigen. Diese Arbeitsweise entspricht recht genau der Arbeitsorganisation, die in vielen Betrieben von Auszubildenden und in einem Studium von den Studierenden erwartet wird.

Wie macht man das?

Gemeinsame Planungsphase
In der Planungsphase werden im Klassengespräch die Zahl, die Art und die Verteilung der Pflicht- und freiwilligen Aufgaben, die zur Verfügung stehenden Unterrichtsstunden sowie der Abgabetermin festgelegt. Grundlage dazu kann der nebenstehende Planungsbogen sein, den ihr kopieren und in euer Heft einkleben solltet.

Ruhe und Konzentration in den Arbeitsphasen
In den Unterrichtsstunden der Durchführungsphase muss sichergestellt sein, dass eine ruhige Arbeitsatmosphäre besteht, in der alle konzentriert arbeiten können. Ihr solltet in der Planungsphase gemeinsam Regeln zur Disziplin vereinbaren.

Individuelle Einteilung
Die Aufgaben zur Wochenplanarbeit können unabhängig voneinander bearbeitet werden. So seid ihr nicht an eine bestimmte Reihenfolge bei der Bearbeitung gebunden. Ihr könnt auch selbst entscheiden, ob ihr die Pflichtaufgaben zuerst erledigt und euch dann den Wahlaufgaben zuwendet oder umgekehrt.

Ordentliche Heftführung
Es wird empfohlen, für die Arbeitsergebnisse einen eigenen Ordner anzulegen. Diesen könnt ihr z. B. mitnehmen, wenn ihr zu einem Gespräch bei der Berufsberatung eingeladen seid. Weitere Materialien können hinzugeheftet werden usw. Konzentriert euch in dieser Unterrichtsreihe in besonderer Weise auf eine ordentliche und übersichtliche Heftführung. Sauberes Arbeiten in optisch ansprechender Form muss trainiert werden, weil das eine Voraussetzung für die erfolgreiche Bewerbung sein wird.

Worauf sollte man besonders achten?

Die größte Gefahr bei der Wochenplanarbeit ist, dass die Zeit verbummelt wird. Wichtig ist daher, dass der vereinbarte Abgabetermin von allen eingehalten wird. Blättert am Anfang die zur Bearbeitung vorgesehenen Seiten im Buch durch und verschafft euch so einen Überblick. Erstellt dann eine Zeitplanung. Erfolgreiche Berufswegplaner sollten trainieren, ihre Zeit richtig einteilen zu können. Diese Befähigung nennt man *Zeitmanagement*.

Tipp: Wenn ihr die Planarbeit beendet habt, könnt ihr euch mithilfe der Einheit 6 „Rollentausch" selbst in die Personalabteilung eines Unternehmens begeben und in der Rolle von Chefs überlegen, welche Auszubildenden ihr einstellen würdet.

152

Wochenplan zum Thema „Jugendliche und Berufswahl"

für die Zeit vom .... bis .... (umfasst .... Unterrichtsstunden)
Arbeitsgrundlage im Buch, Kapitel 6; Seite .... bis Seite ....
Abgabetermin für die schriftliche Ausarbeitung: ....
Name: .... ❑ Ich bearbeite mein Thema allein.

❑ Ich arbeite zusammen mit ....

- Achte bei der Lösung der Pflichtaufgaben darauf, dass du immer die Fragen mit der Nummer und der Seitenzahl in deinem Heft notierst. Sonst weiß man nämlich nicht, worauf sich deine Antwort bezieht
- Wähle von den freiwilligen Aufgaben mindestens eine zur Bearbeitung aus.
- Am Ende der Bearbeitungszeit solltest du dazu in der Lage sein, in der Klasse deine Ergebnisse vorzustellen.

Mögliche Pflichtaufgaben

Einheit 1: Warum soll man die Berufswahl frühzeitig planen? Fragen 1 bis 3

Einheit 2: Was wird von den Schulabgängern erwartet? Fragen 1 bis 4; lies dazu auch die Methodenkarte 8 „Im Original" und erstelle eine Übersicht über fachliche, persönliche und soziale Kompetenzen.

Einheit 3: Fit für den Einstellungstest? Bearbeite die Testaufgaben und vergleiche deine Ergebnisse.

Einheit 4: Erfolgsstrategien im Bewerbungsverfahren; Frage 1

Einheit 5: Männerberufe – Frauenberufe
Wähle zwei der Fragen 1 bis 4 zur Bearbeitung aus.

Wahlaufgaben (Vorschläge)

1. Wähle aus der aktuellen Ausgabe von „Beruf aktuell" (herausgegeben von der Bundesagentur für Arbeit) zwei Ausbildungsberufe aus und stelle sie in einem Kurzvortrag vor.
2. Entwirf zu einem von dir gewählten Ausbildungsberuf eine Wandzeitung, mit der sich andere Jugendliche über diesen Beruf informieren können.
3. Führe im Internet eine Recherche zu Ausbildungsberufen und Ausbildungsgängen durch, die dich interessieren, und berichte von deinen Ergebnissen.
4. Besuche in deiner Freizeit ein Berufsinformationszentrum (BIZ) in deiner Nähe, stelle die Fragen, die dich interessieren und berichte mithilfe eines Interviews oder einer Fotoreportage.
5. Übe mit einer Partnerin, einem Partner ein Vorstellungsgespräch ein und führe das Rollenspiel vor der Klasse vor.

Das können die Qualitätsmerkmale für eure schriftliche Ausarbeitung sein:	☺ hervorragend	☹ schlecht
1. Sachliche Richtigkeit und Ausführlichkeit der Antworten		
2. Übersichtlichkeit in den Zuordnungen der Fragen und der Antworten		
3. Optischer Gesamteindruck		
4. Verwendung zusätzlicher Materialien		
5. Gesamteinsatz von Fleiß und Mühe		

1. Warum soll man die Berufswahl frühzeitig planen?

„Es ist doch noch soooo lange Zeit, um zu überlegen, was man nach dem Schulabschluss tun soll …"

Wer so denkt, macht möglicherweise bereits einen großen Fehler. Viele Unternehmen entscheiden bis zu einem Jahr vor Beginn der Ausbildung, welche Azubis sie einstellen werden. Halbjahres- bzw. Versetzungszeugnisse am Ende der neunten Klasse sind daher wichtige Bewerbungsunterlagen. Lest euch dazu den Zeitplan der Schülerin Corinna im Material A durch. An ihm könnt ihr euch für eure eigene Zeitplanung orientieren. Beachtet auch die Tipps des Berufsberaters im Material B und untersucht dann das Material C: „Isabels Fehler", weil ihr daran lernen könnt, wie wichtig es ist, sich frühzeitig zu informieren.

A Corinnas Zeitplan

Die Realschülerin Corinna H. begann ihre Ausbildung zur Industriekauffrau am 1. August 2006. So sah ihr Zeitplan bis zum Ausbildungsbeginn aus:

Juni/Juli 2005: Ich schreibe meine ersten Bewerbungen – und zwar zur Versicherungskauffrau, Industrie- und zur Bürokauffrau, zur Verwaltungsfachangestellten und zur Beamtin im Mittleren Dienst.
28. Juli: Die erste Antwort trifft ein. Von der Allgemeinen Ortskrankenkasse werde ich informiert, dass meine Bewerbung eingegangen ist und dass ich in einigen Wochen Näheres hören werde.
Erste Augusthälfte: Ich erhalte mehrere Absagen, bin zunächst frustriert, lasse mich aber nicht unterkriegen und schreibe weitere Bewerbungen, insgesamt etwa 20.
19. August: Von der AOK erhalte ich eine Einladung zu einem schriftlichen Einstellungstest. Es folgen noch zwei weitere Einladungen.
2. September: Von der Firma Kohl AG, bei der ich mich für eine Ausbildung zur Industriekauffrau beworben hatte, erhalte ich eine Einladung zu einem Vorstellungsgespräch. Ich bin sehr froh darüber und beginne mit der Vorbereitung.
Erste Oktoberwoche: Ich nehme an mehreren Einstellungstests teil.
10. Oktober: Das Gespräch bei der Firma Kohl findet statt. Es läuft gut, vor allem, weil ich mich so umfassend über die Firma und über den Beruf der Industriekauffrau informiert hatte. Ich werde gebeten, ein Praktikum in den Herbstferien zu absolvieren.
17. – 21. Oktober: Ich mache das Praktikum. Am letzten Tag findet ein weiteres Gespräch statt, an dessen Ende man mir mitteilt, dass ich eine Ausbildung zur Industriekauffrau nach meinem Realschulabschluss am 1. August 2006 beginnen könne. Etwa zur gleichen Zeit erhalte ich auch eine Zusage von der Agentur für Arbeit, dass ich nach den erfolgreichen Eignungstests eine Ausbildung als Fachangestellte für Arbeitsförderung beginnen könne. Ich bin glücklich, denn ich kann zwischen zwei Ausbildungsplätzen wählen. Ich entscheide mich nach langem Zögern für die Ausbildung zur Industriekauffrau. Alle weiteren Einladungen zu Tests sage ich ab, um die Chancen anderer Bewerber zu verbessern. Ich weiß, dass ich Glück hatte. Entscheidend war, denke ich, dass ich schon so früh begonnen habe, mich zu bewerben und dass ich das Praktikum genutzt habe, meine Eignung unter Beweis zu stellen.

(Den Bericht verfasste Corinna im Juni 2006)

B Tipps vom Berufsberater

Aus einem Interview mit Herbert Schmidt, Berufsberater bei der Agentur für Arbeit Bielefeld:

Viele Jugendliche tun sich schwer damit, sich für einen Beruf zu entscheiden. Sie schieben den Gedanken, dass die „sichere" Schulzeit zu Ende geht und sie sich in einem ihnen unbekannten Feld zu orientieren haben, gerne von sich weg. Wann anfangen mit dem intensiven Nachdenken über den künftigen Beruf?

Schmidt: Natürlich ist es nicht falsch, wenn junge Leute etwa drei Jahre vor Ende ihrer Schulzeit zumindest schon einmal darüber nachdenken, wie es später weitergehen soll. Wer nämlich schon in etwa weiß, was er werden möchte, kann frühzeitig überlegen, in welchen Schulfächern gute Leistungen für ihn besonders wichtig sind. Entscheidungen vorbereiten und treffen müssen Schülerinnen und Schüler dann aber im vorletzten Jahr vor Ende ihrer Schulzeit: Haupt- und Realschüler also in der 9. Klasse, und zwar möglichst schon in der ersten Hälfte.

Ist das nicht ziemlich früh?

Schmidt: Nein, keinesfalls. Wer zum Beispiel eine Ausbildung bei einer Behörde, einem Geldinstitut oder einem Großunternehmen anstrebt, der muss sich in der Regel schon anderthalb Jahre vorher bewerben, also wissen, was er will. Und dann zählt oft schon das Januarzeugnis der vorletzten Klasse. Das bedeutet, dass oft zusätzliche Anstrengungen nötig sind, um eine Chance zu bekommen, zum Auswahlverfahren zugelassen zu werden. Die Konkurrenz ist derzeit hart. [...]

Was machen diejenigen, die weiter zur Schule gehen wollen?

Schmidt: Wichtig ist, dass die jungen Leute sich das gut überlegen und ihre schulischen Leistungen und beruflichen Interessen beachten. Wollen sie diesen Weg vielleicht nur gehen, weil ihnen nichts anderes einfällt, sind aber eigentlich absolut schulmüde? Dann verschwenden sie Zeit und laufen Gefahr, ihre Chancen, später eine Lehrstelle zu finden, nicht zu verbessern.

(Aus der Beilage „Aktion Ausbildungsplatz", Neue Westfälische Zeitung, Nr. 219, 20. September 2002, S. 1)

C Isabels Fehler

Lars: Hallo Isabel!
Isabel: Oh Lars, hallo. Hast du etwa auch immer donnerstags Berufsschule? Ich hab' dich hier ja noch nie gesehen?
Lars: Ja, ab heute immer donnerstags, das wurde jetzt verlegt.
Isabel: Das ist ja prima. Dann können wir uns ja donnerstags immer treffen. Das ist ja mal ein Lichtblick.
Lars: Was ist denn los? Geht's dir nicht gut?
Isabel: Ziemlich bescheiden, ehrlich gesagt, ich lerne Sozialversicherungsfachangestellte in der Assuranzversicherung.

Lars: Ja, das weiß ich. Für mich wäre das ja nichts gewesen, immer am Schreibtisch sitzen, aber du wolltest das ja so …
Isabel: Das ist es ja eben. Es gefällt mir überhaupt nicht! Ich bin jetzt seit drei Monaten dort und hab' den totalen Frust. Weißt du, mir ist klar geworden, ich muss irgendwie mit Menschen zu tun haben. Dort sitze ich die meiste Zeit allein im Büro an meinem Computer und beschäftige mich mit Abrechnungen.
Lars: Ich weiß doch noch, dass du überglücklich warst, als du damals die Zusage bekommen hast.
Isabel: Ja, das stimmt! Ich hatte mich gefreut, weil ich so lange nicht gewusst habe, was ich nach der Schule machen soll. Und dann hatte ich mich auf die Zeitungsanzeige hin auf diesen Ausbildungsplatz beworben und es hat auch gleich geklappt mit der Lehrstelle. Sozialversicherungsfachangestellte zu werden, fand ich richtig gut, weil auch andere in der Klasse das gut fanden und die Stellen heutzutage doch ziemlich gefragt sind. Als ich dann mit meinen Eltern in der Versicherungsgesellschaft den Lehrvertrag unterschrieben habe, kamen mir schon die ersten Bedenken, ob das der richtige Beruf für mich ist.
Lars: Ich hatte mich, ehrlich gesagt, auch gewundert über deine Entscheidung. Ich hab dich immer für jemanden gehalten, der unheimlich hilfsbereit zu anderen Leuten ist und der ganz locker Kontakte knüpfen kann. Ich dachte, du würdest etwas machen, wo du Leuten helfen oder sie beraten kannst. Hast du dir das denn vorher nicht überlegt?
Isabel: Nicht so richtig. Ich hatte ein gutes Zeugnis und meine Mutter meinte, damit bekäme ich sogar eine Stelle im Büro; und das war ja dann auch so, leider!
Lars: Was willst du denn jetzt machen?
Isabel: Ich weiß nicht, was ich jetzt machen soll. Ich bin total unzufrieden. Ich fühle mich manchmal auch körperlich richtig mies. Ich vermute, das hängt auch damit zusammen.

Isabel ist unzufrieden. Was würdest du ihr raten?

1. Welche Informationen über eine kluge Zeitplanung kannst du dem Bericht von Corinna H. und dem Interview entnehmen?

2. Notiere aus dem Gespräch zwischen Isabel und Lars mindestens drei Fehler, die Isabel gemacht hat, und erkläre dann, wie du selbst solche Fehler bei der Suche nach einem Ausbildungsplatz vermeiden kannst.

3. Angenommen, du triffst einen Mitschüler, der im neunten Schuljahr der Meinung ist, er habe noch viel Zeit, um mit dem Nachdenken über seine Berufswahl zu beginnen. Wie überzeugst du ihn davon, dass diese Einstellung falsch ist?

2. Was wird von den Schulabgängern erwartet?

Drei Experten berichten über ihre Erwartungen an die Schulabgänger. Ein Jugendlicher, Christof, berichtet von den Anforderungen, die an ihn in einem Assessment-Center gestellt wurden. Achtet beim Lesen auf alle Anforderungen und Erwartungen, die in den Stellungnahmen deutlich werden.

Bewerbungsunterlagen, Umgangsformen und Vorstellungsgespräch

Zeugnisnoten, Interessen und Engagement

Eignungstests, soziale Kompetenzen und Persönlichkeit

„Wir bilden in der Metall- und Elektrotechnik sowie in den kaufmännischen Berufen aus. Der Schwerpunkt liegt aber bei den chemischen Berufen wie Chemielaborant oder Chemikant. Allein an unserem größten Produktionsstandort in Burghausen und in unserer Münchner Hauptverwaltung besetzen wir jährlich etwa 150 Ausbildungsplätze. Bei den Bewerbungen achten wir auf die Zeugnisnoten in den Kernfächern, anschließend absolvieren unsere Bewerber einen Test, in dem wir sprachliches und mathematisches Grundwissen sowie praktisch-technisches Verständnis abfragen. In den Vorstellungsgesprächen setzen wir einen standardisierten Interviewbogen ein, mit dessen Hilfe wir die wichtigsten Persönlichkeitsmerkmale abfragen. Besonderen Wert legen wir auf ein vielfältiges Interesse unserer Bewerber. Wer sich in der Schule oder in der Freizeit engagiert, signalisiert Kreativität, Flexibilität und Begeisterungsfähigkeit."

Wilfried Spitzwieser, ehemaliger Geschäftsführer des Berufsbildungswerkes Burghausen und Leiter der Berufsausbildung bei der Wacker Chemie AG

„Wir stellen jedes Jahr zwischen 2 000 und 2 500 Azubis ein. Dementsprechend viele Bewerbungen bekommen wir. Deshalb können wir nicht jeden Bewerber zu einem Vorstellungsgespräch einladen, sondern wir führen erst einen schriftlichen Eignungstest durch. Wer diesen besteht, der kommt zu einem mündlichen Assessment-Center, das in der Regel in einer Gruppe von etwa sieben Bewerbern stattfindet. Diese Gruppe bekommt eine Aufgabe gestellt, die innerhalb einer bestimmten Zeit zu lösen ist. Währenddessen beobachten wir Personal- und auch Abteilungsleiter die Bewerber, wie sie die Aufgaben bewältigen. Dabei achten wir auf die Teamfähigkeit und die sozialen Kompetenzen. Wir wollen wissen, was die Bewerber für eine Persönlichkeit besitzen, ob sie Teampartnern zuhören können und wie sie in der Gruppe argumentieren. Außer der Teamfähigkeit ist uns die Kommunikationsfähigkeit wichtig. Auch auf Fremdsprachen achten wir, denn heute braucht man immer häufiger Englischkenntnisse."

Günther Hohlweg, Leiter der Siemens Berufsausbildung

„Bevor wir jemanden zu einem Vorstellungsgespräch einladen, schauen wir das Bewerbungsschreiben an. Das sollte aussagekräftig sein und eine Begründung liefern, warum sich der Bewerber für die Stelle für geeignet hält. Auch Zeugnisse sehen wir uns an. Zusätzlich zu dem Auswahlgespräch führen wir einen computergestützten Eignungstest durch. Beim Vorstellungsgespräch sprechen normalerweise mehrere Leute mit einem Bewerber. Das heißt, dass bei dem Gespräch schon der zukünftige Vorgesetzte dabei sein kann. Interessant ist bereits die Begrüßung, denn da sehen wir, ob der Bewerber gute Umgangsformen hat. Auch die Kleidung ist wichtig: Wenn sich jemand um eine Stelle bewirbt, dann ist auch eine Jeans und ein ordentliches Hemd angemessen. Aber sauber und gepflegt sollte es schon sein. Viele Bewerber sind sehr nervös, deshalb versuchen wir zu Anfang des Gespräches eine entspannte Atmosphäre zu schaffen. Dann möchten wir wissen, warum sich der Auszubildende gerade bei BMW bewirbt und was er für Vorstellungen von der Stelle hat. Wir erwarten von unseren Bewerbern Teamfähigkeit und trotzdem eine eigene Persönlichkeit. Denn bei uns wird fast nur im Team gearbeitet, da muss man sich einfügen können. Trotzdem freuen wir uns, wenn sich der Einzelne mit Ideen einbringt."

Martina Hatzel, Pressesprecherin bei BMW

(Stellungnahmen auf dieser Seite aus: Süddeutsche Zeitung vom 22.09.04, Sonderbeilage, S. 3/10)

Christofs Erfahrungen im Assessment-Center

Christof hatte sich dazu entschieden, nach dem Sekundarabschluss I eine Lehre zu beginnen. Er bewarb sich bei einer Versicherungsgesellschaft und wurde eingeladen, an einem eintägigen Auswahlverfahren in einem Assessment-Center (Assessment = Bewertung, Einschätzung) teilzunehmen. Für „Politik erleben" hat er seine Erfahrungen im Auswahlverfahren aufgeschrieben.

„Mithilfe eines Assessment-Centers ermitteln Unternehmen die individuellen Fähigkeiten von Bewerberinnen und Bewerbern. Sie nennen das Potenzialermittlung. Die Barmer Ersatzkasse, bei der ich mich um einen Ausbildungsplatz beworben hatte, setzt Assessment-Center (AC) bei der Einstellung von Auszubildenden, aber auch bei der Auswahl von Führungskräften ein. Im Einladungsschreiben wurde ich darüber informiert, dass es vor allem auf meine Sprachkompetenz, mein Einfühlungsvermögen und mein Auftreten ankommen würde. Das AC dauerte einen Tag. Alle Bewerberinnen und Bewerber mussten an verschiedenen Übungen teilnehmen. An diesem Tag waren wir insgesamt acht Teilnehmer, die von Mitarbeitern des Unternehmens beobachtet und bewertet wurden.

So verlief der Tag

In der ersten Übung ging es um eine Partnervorstellung. Jeder von uns bekam die Aufgabe, einen Teilnehmer 15 Minuten lang zu interviewen, um ihn dann in einem etwa fünfminütigen Vortrag der übrigen Gruppe vorzustellen. In meinem Einladungsschreiben war mir mitgeteilt worden, dass ich eine wirkungsvolle Präsentation zu halten hätte. Ich hatte genug Zeit, mich darauf vorzubereiten, und entschied mich für das Thema: Vorteile des Nichtrauchens. Unmittelbar vor meinem Vortrag hatte ich noch fünf Minuten Zeit zur Vorbereitung. Der Vortrag wurde vor der Gruppe gehalten und durfte die Zeit von fünf Minuten nicht überschreiten. Im Verlauf der nächsten Übung musste ich ein Gespräch mit einem Mitschüler führen, bei dem es Ziel war, ihn zur Unterstützung beim nächsten Schulfest zu gewinnen. Die Vorbereitungszeit betrug zehn Minuten. Das eigentliche Rollenspiel sollte ebenfalls zehn Minuten dauern.

Es folgte eine Gruppendiskussion, bei der es unsere Aufgabe war, eine Haushaltsverhandlung zu führen. Ein Betrag von 1 050 Euro aus dem Schuletat sollte auf verschiedene AGs aufgeteilt werden. Jeder Teilnehmer vertrat eine AG. Die Verteilung des Etats musste ernsthaft vor der Lehrerkonferenz begründet werden. Für das Sammeln von Argumenten und die Vorbereitung auf die Diskussion standen uns 15 Minuten, für die eigentliche Diskussion 50 Minuten zur Verfügung.

Meine Meinung

Es war ein anstrengender, aber sehr interessanter Tag. Die Partnervorstellung zu Beginn fand ich sehr gut. Man lernte sich gegenseitig kennen und baute Nervosität ab. In meiner Präsentation konnte ich zeigen, dass ich vor Publikum frei sprechen kann. Beim Rollenspiel habe ich mich nicht wohlgefühlt. Ich dachte, dass das wenig mit meinem Berufswunsch zu tun hat. Die längste und schwierigste Übung war die Gruppendiskussion. Trotzdem fand ich diese Übung positiv für uns, weil in diesem Berufsfeld öfter mal solche Probleme auftreten können. Insgesamt fand ich die gestellten Anforderungen in einigen Bereichen etwas übertrieben. Trotzdem war das AC für mich eine positive und wichtige Erfahrung."

1. Sammelt die von den Firmenvertretern genannten Anforderungen.
2. Angenommen, du hättest zu den Beobachtern im Assessment-Center gehört. Auf welche Fähigkeiten und Verhaltensweisen der Teilnehmerinnen und Teilnehmer hättest du besonders geachtet?
3. Ordnet die gesammelten Notizen über Anforderungen im Berufsleben den Oberbegriffen zu: Grundwissen / Sprachkompetenz / Einfühlungsvermögen / Auftreten.

METHODENKARTE 8

Texte im Original lesen und verstehen

Thema: Anforderungen an Auszubildende

Worum geht es?

Wenn uns im beruflichen oder im privaten Leben Texte begegnen, gibt es in der Regel keine Lehrerin und keinen Lehrer, der uns die passenden Erschließungshilfen dazu mitliefert. Man muss selbst die notwendigen Fähigkeiten mitbringen, um solche Texte zu lesen, zu verstehen und sich darüber sein persönliches Urteil bilden zu können. Dabei geht es in diesem Zusammenhang nicht um das Lesen zum Vergnügen oder zum Zeitvertreib, sondern um das lernende Lesen. Das bedeutet, dass ein Text so erarbeitet wird, dass man

1. herausfindet, welche wichtigen Informationen er enthält,
2. die wichtigen Informationen geordnet exzerpiert,
3. die wichtigen Informationen so strukturiert, dass man sie langfristig behält und sie aus dem Gehirn abrufen kann, wann immer man sie in einem Gespräch oder einer Testsituation benötigt.

Die Fähigkeit des lernenden Lesens könnt ihr mit dem Element **Im Original** trainieren, das auf der nächsten Doppelseite zum ersten Mal vorgestellt wird. Ihr sollt diese etwas längeren Texte – das können Auszüge aus wichtigen Gesetzestexten, Zeitungsartikel, aber auch Ausschnitte aus Fachaufsätzen sein – selbstständig bearbeiten und dazu eure eigenen Strategien und Hilfsmittel einsetzen.

Wie macht man das?

Es gibt verschiedene Methoden, einen Text so zu lesen, dass man seine wichtigsten Aussagen erkennt und herausfiltert. Wir schlagen euch dazu die Texteinsammelmethode vor. Sie besteht aus 5 Schritten, die man auf jeden schwierigen Sachtext anwenden kann:

1. Text überfliegen, um festzustellen, wovon er insgesamt handelt.
2. Schritt für Schritt lesen, abschnittsweise zusammenfassen.
3. Schlüsselbegriffe und wichtige Textstellen markieren.
4. Letzte Unklarheiten beseitigen.
5. Textverständnis überprüfen.

Ihr könnt diese Methode auch auf den folgenden Text anwenden. Wichtig ist aber auch die persönliche Haltung, die man einem Text gegenüber einnimmt. Es ist nämlich ein riesiger Unterschied, ob man einen Text gelangweilt, widerwillig und unkonzentriert liest, oder ob es einem gelingt, Interesse zu entwickeln und eine konzentrierte Arbeitshaltung einzunehmen. Um diese Fähigkeit zu üben, teilt man den Vorgang des Lesens in vier Phasen ein:

a) Die Vorbereitungsphase
(Text überfliegen)

Wichtig ist, dass du nicht einfach so mit dem Lesen beginnst, sondern dass du dich auf den Text einstellst. Dazu kannst du dir die Überschrift anschauen und den Text kurz überfliegen. Wenn du weißt, wovon der Text handelt, notiere es dir. Dann kannst du dich selbst fragen: Was will ich wissen? Welche Informationen erwarte ich von diesem Text? So baust du deine innere Motivation auf. Achte auch darauf, dass du eine konzentrierte Arbeitshaltung einnimmst und dass Block oder Heft, Textmarker und Rotstift bereitliegen.

Tipp: Empfohlen wird, von der folgenden Doppelseite eine Kopie anzufertigen, in der man ohne Bedenken mit Textmarker und Stift arbeiten kann.

b) Die Lesephase (lesen, abschnittsweise zusammenfassen, markieren, Unklarheiten beseitigen)

Lies den Text aufmerksam Satz für Satz. Mache nach längeren Sätzen und Abschnitten eine Pause und prüfe, was du verstanden hast. Schreibe dazu Informationen, die dir wichtig erscheinen, absatzweise heraus. Mit grafischen Elementen, also Absätzen, fett oder kursiv Gedrucktem, weist dir der Autor den Weg zu den wichtigen Aussagen seines Textes. Bei Textstellen, die du noch nicht verstanden hast, machst du ein Fragezeichen an den Rand. Unbekannte Begriffe umrahmst du rot, damit du sie später klären kannst. Am Ende des Lesevorgangs markierst du mit dem Textmarker die Textstellen, die du persönlich als besonders wichtig empfunden hast (nicht mehr als 20 Prozent der Textmenge).

c) Die Verarbeitungsphase

Der Text auf der folgenden Seite zum Thema „Anforderungen an die Auszubildenden" enthält eine große Fülle von Informationen. Bereits während des Lesens solltest du überlegen, wie du diese Informationen für dich sammeln willst, damit du sie

1. gedanklich gut ordnen und
2. gut behalten kannst.

Suche nach dem System, das zu deiner Art des Lernens am besten passt. Du kannst zu diesem Zweck zum Beispiel eine Mindmap entwickeln, du kannst ein Lernplakat anlegen, Tabellen mit verschiedenen Oberbegriffen zeichnen oder eine schriftliche Zusammenfassung anfertigen. Wichtig dabei ist, dass du etwas mit dem Text tust und ihn dir dadurch mit all seinen Informationen zu eigen machst. Je intensiver du mit dem Text arbeitest, desto leichter wirst du seine Inhalte im Gehirn speichern können. Zum besseren Behalten ist es hilfreich, wenn du verschiedene Informationen mit kleinen Zeichnungen versiehst oder insgesamt eine Zeichnung zum Text anfertigst. Man kann auch ein Quiz zu einem Text entwerfen, mit dem man nicht nur lernt, sondern auch spielerisch seine Freude hat.

d) Die Bewertungsphase

Am Ende steht die persönliche Bewertung. Dabei geht es nicht nur darum, ob du den Text für gut oder weniger gut hältst, sondern vor allem um die Frage, welche Bedeutung dieser Text für dich hat. Die folgenden Fragen helfen dir, über die Bedeutung des Textes nachzudenken:

- Hast du Neues erfahren?
- Stimmst du den Meinungsaussagen, die der Text enthält, ganz, teilweise oder gar nicht zu?
- Hat der Text deine Ansicht über das Thema bestätigt oder verändert?

Lasst die anderen in der Klasse an den Ergebnissen eurer Arbeit teilhaben. Präsentiert eure Arbeitsergebnisse, vergleicht sie miteinander und diskutiert eure Meinungen zum Text.

Im Original

Was Schulabgänger mitbringen sollten

1. Fachliche Kompetenzen

Über die Diskussion der sogenannten Schlüsselqualifikationen darf nicht vergessen werden, dass in der Ausbildung konkrete Basiskenntnisse benötigt werden. Diese beziehen sich zumindest auf folgende Bereiche:

Grundlegende Beherrschung der deutschen Sprache in Wort und Schrift: Als Mindeststandard setzen die Betriebe die Fähigkeit voraus, einfache Sachverhalte mündlich und schriftlich klar formulieren und aufnehmen zu können. Jugendliche sollten einfache Texte fehlerfrei schreiben (Rechtschreibung, Grammatik) und die verschiedenen Sprachebenen (z. B. Jugendszene-, Alltags-, Fachsprache und gehobene Sprache) unterscheiden können.

Beherrschung einfacher Rechentechniken: Hierzu gehören die vier Grundrechenarten, Rechnen mit Dezimalzahlen und Brüchen, Umgang mit Maßeinheiten, Dreisatz, Prozentrechnen, Flächen-, Volumen- und Massenberechnungen und fundamentale Grundlagen der Geometrie. Hinzukommen sollten die Fähigkeiten, einfache Textaufgaben zu begreifen, die wichtigsten Formeln anzuwenden und mit Taschenrechnern umzugehen.

Grundlegende naturwissenschaftliche Kenntnisse: Grundkenntnisse in Physik, Chemie, Biologie und Informatik, aus denen Verständnis für die moderne Technik und eine positive Grundeinstellung zu ihr entwickelt werden können, müssen schulform- und altersgerecht verfügbar sein. [...]
Grundkenntnisse in Englisch: Es ist wünschenswert, dass die Auszubildenden Grundkenntnisse in der Weltverständnissprache Englisch mitbringen, die sie befähigen, sich über einfache Gegebenheiten und Situationen auch beruflicher Art zu verständigen.

Kenntnisse und Verständnis über die Grundlagen unserer Kultur: Basiskenntnisse über die Grundlagen der eigenen Nation und Europas sollten die Schüler in der Schule erworben haben. Dazu gehören Grundkenntnisse über deutsche und europäische Geschichte, über gesellschaftliche und politische Rahmenbedingungen, die ethischen Anforderungen und religiösen Formen und Inhalte unserer Kultur. Kenntnisse und Akzeptanz dieser kulturellen Grundlagen sind Basis für die persönlichen und sozialen Kompetenzen wie zum Beispiel Leistungsbereitschaft, Kommunikations- und Konfliktfähigkeit und solidarisches Verhalten gegenüber Mitmenschen und Minderheiten.

2. Persönliche Kompetenzen

Zuverlässigkeit: Sie wird von den Unternehmen als Grundbedingung für erfolgreiches Zusammenarbeiten und die Erreichung von Zielen gesehen. Man muss sich darauf verlassen können, dass die Jugendlichen nach ihrer Leistungsfähigkeit die ihnen übertragenen Aufgaben wahrnehmen ohne dauernde Überwachung und Kontrolle.

Lern- und Leistungsbereitschaft: Eine Basisbedingung für erfolgreiche Ausbildung ist eine Einstellung, die sich am guten Ergebnis und am Erfolg orientiert. Arbeit und Ausbildung, der eigene Beruf, müssen positiv, als integrierende Bestandteile des eigenen Lebens gesehen werden und nicht als notwendige Übel im Hinblick auf vorrangige Freizeitorientierung. Jugendliche sollten von der Schule Lust auf Neues mitbringen und diese in der Ausbildung aktivieren.

Ausdauer – Durchhaltevermögen – Belastbarkeit: Erforderlich ist die Fähigkeit, auch da durchzuhalten, wo die Arbeit/Ausbildung als Belastung oder als widrig angesehen wird. Eine gewisse Frustrationstoleranz müssen die Jugendlichen aus Schule und Elternhaus mitbringen. Die Jugendlichen sollten gelernt haben, nicht bei jedem Misserfolgserlebnis oder vorläufigem Ausbleiben des Erfolges aufzugeben.

lesen – verstehen – beurteilen

Sorgfalt – Gewissenhaftigkeit: Die betrieblichen Aufgaben erfordern Genauigkeit und Ernstnehmen der Sache. Man kann nicht immer „fünf gerade sein lassen" und alles „locker" angehen, wie es der derzeitigen Jugendkultur oft entspricht. In diesem Zusammenhang gehören Stichworte wie Selbstdisziplin, Ordnungssinn, Pünktlichkeit und ähnliche inzwischen diskreditierte Werte, die derzeitig in der Rangskala sehr niedrig stehen, im Beruf aber unabdingbar sind.

Verantwortungsbereitschaft – Selbstständigkeit: Sie wachsen zwar im Laufe der Berufsbildung und der betrieblichen Arbeit, müssen aber im Ansatz bereits vorhanden sein. Es geht um die Fähigkeit, für etwas einzustehen, auch wenn es einmal misslingt. Arbeit, Unangenehmes, Lästiges, Verantwortung sollten nicht abgeschoben werden.

3. Soziale Kompetenzen

Kooperationsbereitschaft – Teamfähigkeit: Nicht Eigenbrötler, auch nicht einsame Tüftler sind in der Regel gefragt, sondern auf Kooperation, auf den Austausch von Informationen, Erfahrungen, Verbesserungsvorschlägen ausgerichtete Mitarbeiter. Zusammenarbeit im Betrieb ist zwingend. Vor allem die neuen betrieblichen Organisationsformen sind wesentlich auf Kooperation angelegt.

Höflichkeit – Freundlichkeit: Aggressives, ruppiges oder flegelhaftes, auch nur unhöfliches Verhalten ist innerbetrieblich leistungshemmend. Nach außen stören derartige Umgangsformen die Beziehungen zu Lieferanten, zur Öffentlichkeit und vor allem zu den Kunden. Die Unternehmen erwarten, dass die Schule der Zerstörung höflicher Umgangsformen entschlossener entgegenwirkt.

Konfliktfähigkeit: Notwendig auftretende Differenzen bei Meinungen und Haltungen sollten friedlich und konstruktiv verarbeitet werden können, ohne offene und versteckte Aggressionen. Das setzt Sprach- und Argumentationsfähigkeit voraus und die Fähigkeit, aufkeimenden Ärger und Aggression zu kanalisieren.

Toleranz: Jugendliche müssen in der Lage sein, auch dauerhaft abweichende Einstellungen, Verhalten und Meinungen bei anderen als gegeben hinzunehmen. Sie sollten aber gleicherweise deutlich und klar ablehnen, was gegen die Basiswerte unserer Gesellschaft verstößt, und damit Grenzen der Toleranz setzen können. Sie sollten also intolerant sein gegen Aggressivität, Verletzung humaner Grundwerte, Störungen des Betriebsfriedens und nicht zuletzt gegen Leistungsverweigerung.

Dies alles sind Basisanforderungen. Vieles wäre darüber hinaus wünschenswert.

(Aus: Industrie- und Handelskammer Nordrhein-Westfalens und des Westdeutschen Handwerkskammertages, veröffentlicht in: Tipps für Schulabgänger, Bonner Presse Verein, Ausg. Winter 2001, S. 42ff.)

Was die Wirtschaft von Schulabgängern erwartet

Persönliche Kompetenz
- Zuverlässigkeit
- Lern- und Leistungsbereitschaft
- Ausdauer, Durchhaltevermögen, Belastbarkeit
- Sorgfalt, Gewissenhaftigkeit
- Konzentrationsfähigkeit
- Verantwortungsbereitschaft, Selbstständigkeit
- Fähigkeit zu Kritik und Selbstkritik
- Kreativität, Flexibilität

Fachliche Kompetenz
- Grundlegende Beherrschung der deutschen Sprache in Wort und Schrift
- Beherrschung einfacher Rechentechniken
- Grundlegende naturwissenschaftliche Kenntnisse
- Grundlegende wirtschaftliche Kenntnisse
- Grundkenntnisse in Englisch

Soziale Kompetenz
- Kooperationsfähigkeit und Teamfähigkeit
- Höflichkeit und Freundlichkeit
- Konfliktfähigkeit
- Toleranz

Quelle: Westdeutscher Handwerkskammertag, IHKs in NRW

3. Seid ihr fit für den Einstellungstest?

Auf dieser Doppelseite könnt ihr sehen, wie wichtig Grundlagenwissen über den Staat, die Politik, das Recht und die Wirtschaft ist, wenn man sich um einen Ausbildungsplatz bewirbt und zu einem schriftlichen Einstellungstest eingeladen wird. Viele Unternehmen erwarten heute von ihren Mitarbeitern, dass sie über eine gute Allgemeinbildung verfügen. Keine Angst: Es ist ganz normal, dass ihr zum jetzigen Zeitpunkt nur einen geringen Teil der Fragen beantworten könnt, die in Eignungstest gestellt werden. Ihr solltet aber von jetzt an darauf achten, dass ihr euer Wissen erweitert. Ihr profitiert natürlich persönlich davon und habt zugleich eine Vorbereitung, mit denen ihr eure Chancen in Testverfahren vergrößert.

A Wozu gibt es Einstellungstests?

Dazu lesen wir in einem Testtrainer:

Wenn Sie sich um einen attraktiven Ausbildungsplatz bewerben, können Sie heute damit rechnen, mit einem Einstellungstest konfrontiert zu werden. Mit Leistungstests will man bestimmte Kenntnisse und Fähigkeiten prüfen. Man will sehen, wie geschickt, belastbar, stressempfindlich, konzentrationsfähig Sie sind und wie Sie Ihre Intelligenz einsetzen. Daneben will man mit Tests zur Allgemeinbildung aber auch ihr Schulwissen in Fächern wie Deutsch, Mathematik, Chemie und Physik einschätzen, denn hier gibt es Kenntnisse, die Sie für Ihren späteren Beruf benötigen. In zahlreichen Firmen wünscht man sich aufgeschlossene Mitarbeiter, die in allgemeinen Gesprächen über aktuelle Themen mit Kunden, Lieferanten, Kollegen und Vorgesetzten mitreden können. Keine sachliche Diskussion kann ohne notwendiges Grundwissen geführt werden. Daher werden Grundlagen aus den Bereichen Wirtschaft, Politik, Geographie, Geschichte und Kultur abgefragt, um zu beurteilen, ob Sie das Geschehen mit Interesse verfolgen.

(Aus: Joachim Keil: Testtrainer für Ausbildungsplatzsuchende, Wilhelm Goldmann Verlag, München 2003, S. 9f.)

B Übung verbessert die Chancen

Mit dem folgenden Text bereitet Deutschlands größte Krankenkasse die Bewerber auf die Testsituation vor:

Wer zu einem Eignungstest eingeladen ist, muss nichts dem Zufall überlassen. Denn mit der richtigen Vorbereitung kann jeder ganz beruhigt den Testtermin auf sich zukommen lassen. Die Firmen stellen zwar in der Regel nicht dieselben Fragen, aber wenn Sie ein paar Tests mitgemacht haben, werden Sie feststellen, dass die Grundstruktur der meisten Tests und Testaufgaben sehr ähnlich ist. Je mehr Testerfahrung Sie haben, umso leichter wird es Ihnen fallen, den für Sie wirklich wichtigen Einstellungstest erfolgreich zu bestehen. Das heißt, mit der richtigen Vorbereitung kann jeder eine Menge Punkte machen, unabhängig von der Schulbildung. [...] Um diese Tests kommen die wenigsten Bewerber herum, da ist es umso wichtiger, sich richtig darauf vorzubereiten. [...] So wie jeder Sportler vor einem großen Wettkampf trainiert, sollten Sie sich für das „Spiel" um ihre Zukunft umfassend vorbereiten. Hat man erst einmal die Struktur dieser Tests verstanden und sich mit den verschiedenen Testarten vertraut gemacht, fallen viele Aufgaben leichter und können souverän gelöst werden. Denn die ersten Testerfahrungen sollte man besser nicht bei der Bewerbung um den Traumausbildungsplatz machen.

(Aus: Testtraining, hrsg. von der Barmer Ersatzkasse Wuppertal, Abteilung Kommunikation und Vertrieb, ohne Seitenangaben und Jahrgang)

Los geht's – Übung macht den Meister

Die folgenden Fragen wurden aktuellen Tests entnommen. Vielleicht wisst ihr ja schon einiges. Und was ihr noch nicht wisst, könnt ihr noch lernen.
Am Ende des neunten Schuljahres solltet ihr fit sein. Fit sein heißt nicht, dass man alle Fragen beantworten kann, aber auch nicht, dass man ständig passen muss.

Das Angebot an Testliteratur ist reichhaltig

Tipp: Vereinbart eine Zeit, die euch zur Beantwortung der folgenden Fragen zur Verfügung steht. So ist es auch in der echten Testsituation:

A Was versteht man unter dem Begriff Demokratie?

a) Rätesystem
b) Volksabstimmung
c) Volksherrschaft
d) Diskussionen

B Wann wurde die Bundesrepublik Deutschland gegründet?

a) 1939
b) 1945
c) 1949
d) 1990
e) 1948

C Wo hat das Bundesverfassungsgericht seinen Sitz?

a) in Kassel
b) in Bonn
c) in Berlin
d) in Karlsruhe

D Was heißt „Plenum"?

a) die Vollversammlung der Abgeordneten (im Parlament)
b) Basisdemokratie
c) Volksabstimmung
d) anderes Wort für Plebiszit

E Welche Form der Demokratie haben wir in der Bundesrepublik Deutschland?

a) eine direkte Demokratie
b) eine formale Demokratie
c) eine repräsentative Demokratie
d) eine offene Demokratie

F Wie heißen die Vergütungen der Abgeordneten?

a) Pensionen
b) Saläre
c) Tantiemen
d) Diäten
e) Dividenden

G Wie viele Stimmen hat man bei der Bundestagswahl?

a) eine
b) zwei
c) drei
d) vier

I Welche der folgenden Institutionen ist die höchste gerichtliche Instanz in Deutschland?

a) das Bundesaufsichtsamt
b) das Bundesarbeitsgericht
c) das Bundespräsidialgericht
d) das Bundesverfassungsgericht

J Von wem wird der Bundeskanzler gewählt?

a) vom Volk direkt
b) von den Bundesratsmitgliedern
c) von der Bundesversammlung
d) vom Bundestag

Die Fragen wurden entnommen aus: Joachim Keil, Testtrainer für Ausbildungsplatzsuchende, Wilhelm Goldmann Verlag München 2003, S. 81 ff.

Mit den folgenden Fragen testete eine Bank das Allgemeinwissen der Bewerber:

Staat/Politik, Wirtschaft, Geschichte und Erdkunde

1. Welche Regierungsform hat die Bundesrepublik Deutschland?
2. Wer ernennt in der Bundesrepublik Deutschland die Bundesminister?
3. Wer wählt in der Bundesrepublik Deutschland den Bundespräsidenten?
4. Wo hat das europäische Parlament seinen Sitz?
5. Wo haben die Vereinten Nationen (UNO) ihren Sitz?
6. Wer wählt in den Vereinigten Staaten von Amerika (USA) den Präsidenten?
7. Wie nennt man den Preis für ver- und entliehenes Geld?
8. Was ist eine „Inflation"?
9. Was versteht man unter „Hausse"?
10. In welchem Jahr war die Machtergreifung Hitlers?
11. Wann begann und wann endete der Zweite Weltkrieg?
12. In welchem Jahr begann die Französische Revolution?
13. Welches Meer liegt zwischen Europa und Afrika?
14. In welches Meer mündet die Donau?

4. Was sind die Erfolgsstrategien im Bewerbungsverfahren?

1. Nachdenken über sich selbst

Jede gute Berufswegplanung beginnt mit dem Nachdenken über die eigenen Erwartungen, Interessen und Fähigkeiten. Man muss herausfinden, was man will, was man kann und was man noch lernen muss. Dabei helfen euch die Broschüren „Mach's richtig", die ihr kostenlos von der Arbeitsagentur erhalten werdet (auch online unter www.mach's-richtig.de). Fragt eure Eltern, Freunde und Lehrer, wo andere eure persönlichen Stärken und Schwächen sehen. Notiert alles, was ihr herausfindet. Versucht nun, gezielt an euren Schwächen zu arbeiten. Ist man z. B. schwach in der Rechtschreibung, sollte man öfter Texte abschreiben. Denkt daran, dass eure Zeugnisnoten ab jetzt große Bedeutung bei der Berufswegplanung haben werden.

2. Die richtige Vorauswahl treffen

Viele Jugendliche kennen nur etwa 20 Ausbildungsberufe. Es gibt aber mehr als 350, die infrage kommen. Allesamt werden sie in dem Taschenbuch „Beruf aktuell" vorgestellt, das jährlich von der Bundesagentur für Arbeit herausgegeben wird. Wenn ihr dieses Buch, das ihr kostenlos erhalten werdet, nach und nach durcharbeitet, könnt ihr euren Informationsstand systematisch erweitern. Ihr könnt auch immer wieder das nächstgelegene Berufsinformationszentrum (BIZ) aufsuchen. Darüber hinaus gibt es unzählige weitere Informationsangebote in Broschüren, Büchern und im Internet. Studiert sie in eurer Freizeit. Erstellt eine Liste mit allen Ausbildungsberufen, die ihr kennt und die vielleicht für euch infrage kommen, und vervollständigt sie nach und nach.

8. Eine gute Präsentation im Einstellungsgespräch

Natürlich ist man aufgeregt, wenn man zu einem Einstellungsgespräch eingeladen wird. Das darf nicht dazu führen, dass man in gebeugter Körperhaltung zum Gespräch erscheint und kaum in vollständigen Sätzen spricht. Noch einmal gilt es, die Firmenvertreter davon zu überzeugen, dass man die richtige Bewerberin, der richtige Bewerber ist. Daher gilt: freundliche Begrüßung, fester Händedruck, deutliches Sprechen, in die Augen schauen. Fragen, auf die ihr in jedem Fall vorbereitet sein müsst, sind: „Warum haben Sie sich bei unserem Unternehmen beworben?" und „Warum halten Sie die von uns angebotene Berufsausbildung für die richtige?" Zeigt euch von eurer besten Seite! Als „Killer" in Einstellungsgesprächen gelten: nachlässige Kleidung, ungepflegte Erscheinung, Kopfbedeckungen, schlechte Sprache und nicht feststellbares Interesse.

7. Assessment-Verfahren meistern

Bei Bewerbungen in größeren Unternehmen müsst ihr mit einem Assessment-Testverfahren rechnen. Man wird euch beobachten, um herauszufinden, ob eure Persönlichkeit und eure Fähigkeiten zum Unternehmen passen. Wichtige Kriterien der Beobachtung können sein: Kommunikationsfähigkeit und soziales Verhalten, also euer Umgang mit anderen Menschen. Ist z. B. eine Gruppendiskussion gefordert, wird nicht der erfolgreich sein, der am meisten spricht, sondern eher der, der auch aktiv zuhören und seinen Mitdiskutierern in die Augen schauen kann. Bei einer Präsentation wird es darauf ankommen, sich angemessen vor Publikum darstellen zu können. Bemüht euch ab sofort verstärkt darum, aktiv in der Klasse mitzuarbeiten, teamfähig zu werden und die Regeln guten Benehmens einzuhalten. Nutzt jede Gelegenheit, vor Publikum das freie Sprechen zu üben.

3. Das erfolgreiche Praktikum

Schülerpraktika gehören zu den wertvollsten Möglichkeiten, die Anforderungen im Berufsleben und die eigenen Interessen kennenzulernen. Oft ergeben sich daraus Kontakte, die später zu einem Ausbildungsplatz führen. Wenn das Praktikum nicht die Erwartungen erfüllt, kann es trotzdem wertvolle Erfahrungen liefern. Wählt nicht irgendeinen Praktikumsplatz. Gebt euch Mühe bei der Auswahl. Ihr könnt euch z. B. an die Industrie- und Handelskammern wenden, die Adressen von Betrieben bereithalten. Ihr könnt im Branchenverzeichnis der Telefonbücher mit den gelben Seiten suchen und Betriebe anrufen. Verhaltet euch im Praktikum interessiert, stellt Fragen. Achtet auf die Einhaltung der Regeln, besonders auf Pünktlichkeit und Zuverlässigkeit. Zeigt, dass ihr die Arbeit sucht und nicht auf sie wartet. Führt eure Praktikumsmappe ordentlich. Neben dem Schulpraktikum kann man weitere Praktika in den Ferien ins Auge fassen.

4. Die schriftliche Bewerbung

Sie ist die erste ganz wichtige Hürde auf dem Weg zum Ausbildungsplatz. Experten sagen, dass es heute leider als normal gelten muss, mindestens 20 bis 30 Bewerbungen zu verfassen. Speichert sie daher möglichst im PC ab, sodass die Grundform immer wieder überarbeitet werden kann.

Mit der schriftlichen Bewerbung müsst ihr euch interessant für das Unternehmen machen. Ihr müsst darin zeigen, dass ihr genau die richtige Person für diesen Ausbildungsplatz seid. Was die Form betrifft, ist sie wie eine „Visitenkarte". Sie muss sauber, vollständig und fehlerfrei sein. Das Anschreiben darf nie länger als eine Seite sein. Erfüllt die Bewerbung diese Anforderungen nicht, wird sie mit hoher Wahrscheinlichkeit direkt aussortiert. Es gibt zahlreiche Muster, an denen man sich orientieren kann. Achtet aber darauf, dass jede eurer Bewerbungen eine individuelle Note hat.

6. Der gut vorbereitete Einstellungstest

Die meisten Unternehmen führen schriftliche Einstellungstests durch, mit deren Hilfe sie eine Vorauswahl unter den Bewerberinnen und Bewerbern treffen. Die Tests dauern zwischen zwei und zweieinhalb Stunden. Getestet wird das Allgemein- und Schulwissen aller Fächer. Außerdem kommt es auf eure Konzentrationsfähigkeit an, eure Belastbarkeit, Entscheidungsfreude und anderes mehr (siehe dazu auch die Seiten 162f.). Man kann sich gut auf diese Tests vorbereiten. Das Angebot an Büchern, die Einstellungstests enthalten, ist groß. Damit könnt ihr üben. Wer Routine im Umgang mit Tests hat, wird in der Situation vergleichsweise ruhig arbeiten können. Beginnt mindestens drei Monate vor dem Test damit, regelmäßig Nachrichtensendungen anzuschauen und täglich die Zeitung zu lesen.

5. Der gute Telefonkontakt

Auch das richtige Telefonieren sollte geübt werden. Man nennt laut und deutlich seinen Namen und formuliert sein Anliegen. Man fällt nicht mit der Tür ins Haus, sondern bittet darum, mit der Person oder der Abteilung verbunden zu werden, der man sein Anliegen vortragen kann. Wer z. B. wegen eines Praktikumsplatzes telefoniert, sollte Gründe nennen können, warum sie oder er unbedingt zum ausgewählten Unternehmen kommen möchte. Auch sollte man den Praktikumstermin kennen und Papier und Stift bereitlegen. Schon ein telefonischer Kontakt kann – je nach eurer Präsentation – die Erfolgsaussichten steigern oder schmälern.

1. Strategien sind Wege zum Erfolg. Erstellt mithilfe des Hürdenlaufs eine Liste, die möglichst konkret formulierte Ratschläge für den gesamten Prozess der Suche nach einem Ausbildungsplatz enthält.

5. Männerberufe – Frauenberufe: Ist es Zeit zum Umdenken?

Früher war es üblich, dass sich die Mädchen bei der Berufswahl in niedriger entlohnten Berufen wiederfanden. Frau wurde Arzthelferin, Mann wurde Arzt, Frau wurde Rechtsanwaltsgehilfin, Mann wurde Rechtsanwalt. Technische Berufe wurden von Männern gewählt, Frauen entschieden sich für soziale Tätigkeiten. Gleichzeitig nahmen die Mädchen damit geringere Karrierechancen und geringere Verdienstmöglichkeiten in Kauf. Mehr und mehr entdecken junge Frauen (und Männer), dass es sich lohnt, über die klassische Aufteilung von Männer- und Frauenberufen nachzudenken. Mithilfe dieser Doppelseite könnt ihr überlegen, ob sich ein Umdenken lohnt.

Angelika W. macht eine Ausbildung zur Industrie-Mechatronikerin. Ihr Fernziel: Diplomingenieurin.

Sevil wird zur Energieelektronikerin mit der Fachrichtung Betriebstechnik ausgebildet. Sie ist 20 Jahre alt und lernt in einem Großunternehmen bei Frankfurt am Main:

Sevil, was lernt man während der Ausbildung?
Zuerst haben wir verschiedene Techniken zur Metallbearbeitung kennengelernt. Montieren, drehen, bohren und so. Dann ist es richtig interessant geworden: Elektronik und Motorenkurs. Da habe ich zum ersten Mal Schaltungen aufgebaut. War toll. In Hydraulik, Pneumatik und Digitaltechnik muss man viel lernen. Und gerade arbeite ich mit den anderen an der Programmierung einer SPS-Steuerung für eine Minitankstelle.

Wie sind denn deine Aussichten?
Gut. Mein Chef hat gesagt, dass ich übernommen werde, wenn ich so weitermache. Ich möchte dann gerne in der Versuchsabteilung arbeiten. Vielleicht hänge ich dann später noch die Techniker-Ausbildung dran. Je mehr ich kann, umso besser bezahlte Stellen kriege ich ja.

Stimmt das, Herr Müller (Sevils Ausbildungsleiter)?
Ja, ich kann das nur bestätigen. Sevil ist fleißig, engagiert und verantwortungsbewusst. Wenn das so bleibt, ist ihr bei uns eine Stelle sicher. Selbstverständlich hat sie Recht, wenn sie sich später weiterbilden will. Man muss in dieser schnelllebigen Zeit immer am Ball bleiben.

Das hört sich ja gut an. Aber kannst du anderen Mädchen deinen Beruf empfehlen?
Ja, klar. Die Zeiten, wo nur die Jungs die interessanten Jobs bekommen haben, sind doch vorbei.

Herr Müller, ein Schlusswort?
Gerne. Wie wünschen uns natürlich mehr Auszubildende wie Sevil. Unsere Erfahrung zeigt, dass Mädchen nicht nur genauso gute Arbeit liefern wie Jungs. Bemerkenswerterweise, gemessen am Prüfungsergebnis, schneiden die jungen Damen oft sogar besser ab als die Herren. Auch in den anderen Bereichen, in denen unser Haus ausbildet. Wir können daher alle jungen Frauen nur ermutigen, diesen Schritt zu gehen. Es lohnt sich.

(Aus: Jetzt kommen wir! Tipps für Mädchen in Männerberufen, hrsg. vom Arbeitgeberverband Gesamtmetall, Köln 2002, S. 17)

Folgende Ausbildungsberufe werden vom Arbeitgeberverband Gesamtmetall für Mädchen ausdrücklich empfohlen:
- Industriemechaniker/in
- Werkzeugmechaniker/in
- Zerspanungsmechaniker/in
- Konstruktionsmechaniker/in
- Anlagenmechaniker/in
- Automobilmechaniker/in
- Fertigungsmechaniker/in
- Elektroanlagemonteur/in
- Elektromaschinenmonteur/in
- Energieelektroniker/in
- Industrieelektroniker/in
- Kommunikationselektroniker/in
- IT-System-Elektroniker/in
- Fachinformatiker/in
- IT-System-Kaufmann/-frau
- Informatikkaufmann/-frau

Bruttogehälter im ersten Jahr nach der Ausbildung	
Facharbeiterin in der M+E-Industrie	2176 €
Bürokauffrau	1 560 €
Arzthelferin	1 309 €
Friseurin	1 097 €

Tarifgebiet NRW 2002,
Angaben des Arbeitgeberverbandes Gesamtmetall

Nicht immer nur Friseurin

Mädchen werden Arzthelferin, Friseurin oder Einzelhandelskauffrau. Als wäre es ein Gesetz, wählte jedes fünfte Mädchen in Deutschland im Jahr 2003 einen dieser drei Jobs. Dabei sind die typischen Frauenberufe vergleichsweise schlecht bezahlt und es gibt kaum Aufstiegsmöglichkeiten. Berufsberater bemühen sich daher, Mädchen auch für andere Ausbildungen zu begeistern. [...]

An der Spitze der zehn beliebtesten Mädchenberufe steht die Bürokauffrau, es folgen unter anderem die Industrie- und Hotelfachfrau und die Zahnmedizinische Fachangestellte. Nach Angaben des Instituts der deutschen Wirtschaft (IW) in Köln entschieden sich mehr als die Hälfte aller weiblichen Auszubildenden für einen der zehn beliebtesten Jobs – von insgesamt 360 möglichen Ausbildungsberufen. Dabei handelt es sich häufig um „Sackgassenberufe", heißt es in einer Studie des Deutschen Jugend-Institutes (DJI). Ein Aufstieg sei oftmals nicht möglich: „Eine Arzthelferin kann nicht Arzt werden." Daneben zeichnen sich diese Jobs durch ungünstige Arbeitszeiten aus, die tarifliche Bezahlung ist im Vergleich zu männlichen Berufen mit entsprechendem Qualifikationsniveau sehr gering. Mädchen lernen also die schlechteren Jobs, obwohl sie im Schnitt bessere Schulabschlüsse aufweisen als Jungen. Doch warum streben sie trotz dieser Aussichten immer noch frauentypische Berufe an? „Häufig kennen Mädchen nichts anderes", sagt Elisabeth Schöppner von der Koordinierungsstelle des bundesweiten Girls Days. [...] Eltern beeinflussen ihre Kinder auch, indem sie ihnen bestimmte Fähigkeiten zu- oder absprechen. Das geschehe meist unbewusst,

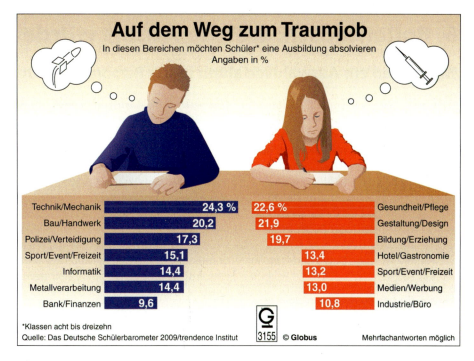

sagt Patricia Pfeil vom Institut für empirische Sozialforschung und Co-Autorin der DJI-Studie: „Häufig betonen Eltern Fähigkeiten der Mädchen, die frauenspezifisch sind, etwa die Kommunikationsfähigkeit, selbst wenn die Mädchen nicht gut in Deutsch sind." Leistungen in Mathe würden dagegen nicht wahrgenommen. Wichtig sei, dass Eltern auch Stärken in diesem Bereich anerkennen und ihre Tochter fördern.

Informationen über die verschiedenen Berufsbilder gibt es bei den Arbeitsagenturen, auf Informationstagen der Handwerks- oder Handelskammern oder bei Berufseinstiegsmessen. „Eltern sollten mit ihren Töchtern auch mal im Internet schauen, was es für Berufe gibt", sagt Doberitz.

(Aus: Carina Frey, Nicht immer nur Friseurin, in: Bonner Generalanzeiger vom 17.05.2006, S. 23)

Weitere Informationen zum gleichen Thema findet ihr unter:
www.girls-go-job.de
www.girlsfirst.mainz.de
www.junge-frauen-starten-durch.de

1. Angelika (Foto) und Sevil (Interview) sind zwei der jungen Frauen, die sich für Berufe entschieden haben, die früher einmal als typisch männlich galten: Welche Zukunftsaussichten können sie sich von dieser Wahl versprechen?

2. In dem Artikel von Carina Frey ist von „Sackgassenberufen" die Rede. Wie ist das gemeint?

3. „Männerberufe – Frauenberufe: Ist es Zeit zum Umdenken?" Schreibt dazu eure persönlichen Stellungnahmen. Lest sie euch vor und tauscht eure Argumente aus.

6. Rollentausch: Welche Azubis würdet ihr einstellen?

Wir spielen ein Auswahlverfahren in der Personalbteilung eines Unternehmens durch

Bei der internationalen Speditionsfirma *Interfracht* sind zum nächsten Einstellungstermin zwei Ausbildungsplätze als **Kaufmann/Kauffrau für Spedition und Logistikdienstleistung** frei. Zunächst hatten sich 18 Interessenten beworben. Aufgrund der Bewerbungsunterlagen, Testergebnisse und Vorstellungsgespräche kamen vier Jugendliche in die engere Wahl. Alle haben gute Kopfnoten, weitere wichtige Daten findet ihr auf den Karteikarten.

Wer soll die beiden Ausbildungsplätze bekommen?

Das wird vom Kaufmann/von der Kauffrau für Spedition und Logistikdienstleistung erwartet:
Sie organisieren den Transport von Waren per Lastwagen, Eisenbahn, Schiff, Flugzeug und per Container weltweit. Sie steuern und überwachen das Zusammenwirken der Personen und Einrichtungen, die an einem Transport von Gütern beteiligt sind. Sie erarbeiten Terminpläne und betreuen Kunden. Freundlichkeit und gutes Verhandlungsgeschick sind unverzichtbar. Sie arbeiten Angebote aus, bereiten Verträge vor und kümmern sich um den Versicherungsschutz. Sie kalkulieren Preise und beschaffen Informationen. Sie korrespondieren mit ausländischen Geschäftspartnern. Sie bearbeiten englischsprachige Dokumente, z. B. über Zölle und internationale Handelsbedingungen. Sie erledigen Verwaltungs- und Schreibarbeit. Sie müssen unter Termindruck konzentriert arbeiten können, sehr gewissenhaft sein, immer die Übersicht behalten (weitere Angaben in „Beruf aktuell").

Stephanie Kress

Schulabschluss
Abschluss der Hauptschule

Zeugnisnoten
Mathematik 2; Deutsch 1; Englisch 2
Durchschnittsnote der anderen Fächer: 2,0; Informatik-AG wurde mit Erfolg besucht.

Bewerbungsunterlagen
Sehr ordentlich und übersichtlich; gut aufgebautes Bewerbungsschreiben

Testergebnis
Rechnerisches Denken 2; Allgemeinbildung 2; Rechtschreibung 1,8; Konzentrationstest 1,8

Vorstellungsgespräch
Stephanie war ziemlich zurückhaltend und phasenweise etwas unsicher, ansonsten aber freundlich und gut vorbereitet.

Praktika
zweiwöchiges Praktikum in einer Spedition und zwei freiwillige Praktika in den Schulferien

Gesundheitszeugnis
Stephanie ist für alle Berufe geeignet.

Dustin Flesch

Schulabschluss
Abschluss der Realschule

Zeugnisnoten
Mathematik 2; Deutsch 2; Englisch 2
Durchschnittsnote der anderen Fächer: 2,5; Informatik-AG wurde nicht besucht.

Bewerbungsunterlagen
Sehr schöne formale Gestaltung (hat Dustin das alleine gemacht?), mehrere Rechtschreibfehler

Testergebnis
Rechnerisches Denken 2,5; Allgemeinbildung 2; Rechtschreibung 3; Konzentrationstest 2

Vorstellungsgespräch
Dustin zeigte sich aufgeschlossen und redegewandt; stellte gute Fragen; wirkte teilweise schon übereifrig.

Praktika
zweiwöchiges Praktikum in einem kaufmännischen Betrieb

Gesundheitszeugnis
Sportlich, für alle Berufe geeignet

Die Methode für dieses Lernspiel ist ein **Gruppenmixverfahren**. Dabei werden innerhalb einer Unterrichtsstunde die Arbeitsgruppen zweimal neu gebildet. So solltet ihr vorgehen:

1. Jeder trifft seine Vorentscheidung
Vergleicht die Anforderungen an Speditionskaufleute mit dem, was die Jugendlichen zu bieten haben. Trefft eure persönliche Vorentscheidung und begründet, für welche Bewerberin oder für welchen Bewerber ihr euch entscheidet.

2. Beratung in der ersten Arbeitsgruppe
Bildet Gruppen, wobei jede Gruppe die Mitarbeiterinnen und Mitarbeiter einer Abteilung der Firma *Interfracht* darstellt. Diskutiert eure Bewerberauswahl und trefft nach einer vereinbarten Zeit die Gruppenentscheidung nach dem Mehrheitsprinzip und begründet sie. Jedes Gruppenmitglied erhält nun einen farbigen Punkt (oder eine Zahl).

3. Beratung in der zweiten Arbeitsgruppe
Gruppenmitglieder mit dem gleichen farbigen Punkt (oder mit gleicher Zahl) setzen sich nun in neuen Gruppen zusammen. Sie bilden jetzt die nächsthöhere Ebene in der Personalabteilung des Unternehmens und treffen endgültig die Entscheidung. Zunächst stellt jeder Teilnehmer vor, für wen sich die erste Gruppe entschieden hat. Dann wird neu diskutiert.

4. Entscheidung
Sprecherin und Sprecher aus den zweiten Arbeitsgruppen stellen ihre Mehrheitsentscheidung vor. Eingestellt werden die Bewerberin und/oder der Bewerber, der die meisten Gruppenentscheidungen der Zweitgruppen erhalten hat.

Kerstin Markowitz

Schulabschluss
Abitur am Heinrich-Heine-Gymnasium

Zeugnisnoten
Mathematik 4; Deutsch 3; Englisch 2
Durchschnittsnote der anderen Fächer: 2,6; Informatik-AG wurde nicht besucht.

Bewerbungsunterlagen
Sehr ordentlich, Anschreiben etwas zu ausführlich.

Testergebnis
Rechnerisches Denken 2; Allgemeinbildung 2,5; Rechtschreibung 2, Konzentrationstest 1,8.

Vorstellungsgespräch
Kerstin hinterließ einen ausgezeichneten Eindruck, selbstsicher, flexibel, redegewandt und sehr interessiert.

Praktika
Kein Berufspraktikum
Kerstin leitet eine Jugendgruppe in einer kirchlichen Organisation.

Gesundheitszeugnis
Für alle Berufe geeignet

Georg Ruhl

Schulabschluss
Abschluss der Realschule in Bergedorf

Zeugnisnoten
Mathematik 1; Deutsch 3; Englisch 2
Durchschnittsnote der anderen Fächer: 2,3; Informatik-AG wurde mit Erfolg besucht.

Bewerbungsunterlagen
Das Bewerbungsschreiben ist inhaltlich gut, aber das Passfoto fehlt.

Testergebnis
Rechnerisches Denken 1,2; Allgemeinbildung 3; Rechtschreibung 2,5; Konzentrationstest 1,5.

Vorstellungsgespräch
Georg zeigte sich gut vorbereitet, war interessiert; drückt sich aber undeutlich aus und „nuschelt".

Praktika
zweiwöchiges Praktikum in einem Autohaus

Gesundheitszeugnis
Kurzsichtigkeit, Georg trägt Kontaktlinsen.

Memory-Station

Wichtiges Wissen

Station 1 — Gründe für die frühzeitige Berufswegplanung und Hilfsangebote (Seiten 154ff.)

3 Zitate – 3 Gründe

Die Zitate stammen aus Ratgebern für die Berufswahl. Die notwendigen Erklärungen dazu sollst du in möglichst klaren Worten formulieren.

„Am Beginn jeder vernünftigen Berufswegplanung steht das Nachdenken über sich selbst."

 3 Tipps, worüber man nachdenken sollte, wenn man mit der Planung beginnt

„Spätestens anderthalb Jahre vor dem Ende der Schulzeit muss die Berufswegplanung beginnen."

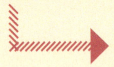 3 Gründe, warum frühzeitige Planung wichtig ist

„Die Berufswahl ist deine Sache. Aber du bist nicht allein."

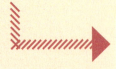 3 Hilfen, die jeder in Anspruch nehmen kann

Station 2 — Fit für den Einstellungstest (Seiten 162f.)

Gute Vorbereitung, gutes Testergebnis

In den Einstellungstests, Vorstellungsgesprächen und in Assessment-Verfahren werden immer wieder Fragen zur politischen Algemeinbildung gestellt. Deshalb solltest du auf die folgenden Fragen in jedem Fall die richtigen Antworten wissen.

1. Wie heißt der amtierende Bürger- oder Oberbürgermeister in deiner Heimatgemeinde?
2. Welche Personen haben zurzeit (a) das Amt des Bundeskanzlers und (b) das Amt des Bundespräsidenten inne?
3. Wie heißt die Ministerpräsidentin, der Ministerpräsident deines Bundeslandes?
4. Welche Parteien bilden die amtierende Bundesregierung in Berlin?
5. Von wem wird die Bundeskanzlerin bzw. der Bundeskanzler gewählt?
6. Wie viele Einwohner hat die Bundesrepublik Deutschland?
7. Wann wurde die Bundesrepublik Deutschland gegründet?
8. Aus wie vielen Bundesländern besteht die Bundesrepublik Deutschland?
9. Was wählen die Bürger einer Gemeinde in zwei getrennten Wahlvorgängen auf kommunaler Ebene?
10. Wie nennt man die rechtliche Form der Fernsehendeanstalten ARD und ZDF?
11. Wie heißt die Vertretung, über welche die Bundesländer an der Gesetzgebung des Bundes mitwirken?
12. Aus wie vielen Mitgliedstaaten besteht die Europäische Union?
13. In welcher Stadt hat die UNO ihren Sitz?
14. Wie nennt man die Wirtschaftsordnung in der Bundesrepublik Deutschland?
15. Was versteht man unter einer Inflation?

www.machs-richtig.de   +++   www.arbeitsagentur.de   +++   www.jobrobot.de   +++

Berufswahlunterricht

Wichtige Fähigkeiten

Station 3 — Erwartungen an die Schulabgänger: Andere überzeugen können
(Seiten 156ff.)

Jens möchte sich demnächst um einen Ausbildungsplatz bewerben.
Was die Erwartungen von Ausbildungsbetrieben an die Qualifikationen von Azubis angeht, da hat Jens so seine ganz eigenen Vorstellungen.

Überlege dir, wie du ihn überzeugen kannst, dass seine Denkweise falsch ist, und notiere es.
Wie überzeugst du Jens vom Gegenteil?

1. „Englisch muss man können, wenn man in England arbeiten will – oder in einem anderen englischsprachigen Land. Ich will hier bleiben und hier arbeiten, da brauche ich keine Fremdsprachenkenntnisse im Berufsleben."

2. „Rechnen können, das muss man heute nicht mehr selbst machen, dafür hat man seinen Taschenrechner. Kopfrechnen kann ich nicht, und es ist auch nicht notwendig."

3. „Locker bleiben bei der Arbeit, das ist heutzutage besonders wichtig. Die Betriebe wollen mittlerweile coole junge Leute haben. Da kann man auch mal einen Tag fehlen oder zu spät kommen."

Wie überzeugst du Jens vom Gegenteil?

? ? ?

Station 4 — Erfolgsstrategien im Bewerbungsverfahren: Vortragen können
(Seiten 164 f.)

Du in der Rolle eines Berufsberaters

Stell dir vor: Du bist als Berufsberater in deine Schule eingeladen. In einem Vortrag mithilfe eines Stichwortzettels sollst du deinen Mitschülerinnen und Mitschülern Ratschläge für eine clevere Berufswegplanung geben. Auf deinem Stichwortzettel stehen die Punkte A bis G. Überlege dir zu jedem der Punkte mindestens zwei gute Ratschläge und fertige deine Notizen als Grundlage für einen mündlichen Vortrag vor der Klasse an.

Erfolgsstrategien

A Die richtige Vorauswahl
B Das erfolgreiche Praktikum
C Die gute schriftliche Bewerbung
D Gutes Telefonieren
E Gute Testvorbereitung
F Assessment-Verfahren meistern
G Gutes Verhalten im Vorstellungsgespräch

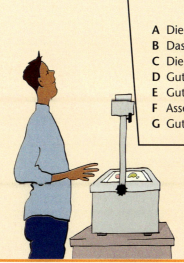

www.markt.de +++ www.lehrstellen.de +++ www.berufskolleg.de +++ www.handfest-online.de +++

7 Wirtschaft und Umwelt

Wirtschaft – Wirtschaftsordnung – Natur – Umweltschutz: Welche Bezüge dazu entdeckt ihr in den Bildern und im Text auf dieser Doppelseite?

In einer Fabrik in der chinesischen Provinz Guandong fügt die 16-jährige Li Chen seit zehn Stunden Einzelteile für kleine Spielzeugmotorroller zusammen. Sie tut das an sieben Tagen in der Woche. Mit ihrem Lohn, 80 Cent pro Stunde, unterstützt sie ihre Familie. Frau P. in Deutschland kauft für ihre beiden Töchter Schoko-Überraschungseier ein. Aus einem davon packt die jüngste Tochter Liane die Teile eines Minimotorrollers aus, den Li in China in die kleine Plastiktüte verpackt hat. Olga, Lianes Freundin, kann sich selten Schokolade leisten. Ihre Eltern sind seit einem Jahr arbeitslos. Für Frau P. ist das kein Problem. Sie und ihr Mann verdienen gut. Wie immer Menschen leben, sind sie in ihren Lebensbedingungen von den wirtschaftlichen Verhältnissen beeinflusst. Da wird es euch nicht anders ergehen. Einerseits habt ihr selbst in der Hand, in welchen wirtschaftlichen Verhältnissen ihr später einmal leben werdet. Andererseits nehmen der Staat, die Politik und die allgemeine wirtschaftliche Lage Einfluss auf eure Lebensverhältnisse. Dass Li in China an sieben Tagen in der Woche für 80 Cent mehr als zehn Stunden arbeitet, liegt daran, dass die staatlichen Gesetze solche Arbeitszeiten und Löhne zulassen. In Deutschland verbieten das die Gesetze und eine Wirtschaftsordnung, die sozialverträgliche Lebensverhältnisse zum Ziel hat.

Und die Umwelt? Hunderte riesiger Containerschiffe sind ständig mit Waren auf den Weltmeeren unterwegs. Allein in Deutschland transportieren 200 000 Lkws täglich Wirtschaftsgüter von einem Ort zum anderen, darunter auch der von Li zusammengefügte kleine Motorroller. Niemand zweifelt, dass das Wirtschaftsgeschehen die Umwelt belastet, ebenso wie niemand zweifelt, dass jeder von uns sowohl in einer intakten Umwelt als auch in wirtschaftlich gesicherten Verhältnissen leben will.

Im Kapitel „Jugend und Wirtschaft" habt ihr das Wirtschaftsgeschehen aus dem Blickwinkel des Einzelnen kennengelernt, der darauf angewiesen ist, sich mit Wirtschaftsgütern zu versorgen. Nun wählen wir einen anderen Blickwinkel. Wir wechseln von der Mikro- zur Makroperspektive und fragen: Wie funktionieren Wirtschaftsordnung und Wirtschaftspolitik insgesamt?

Wenn ihr dieses Kapitel bearbeitet, könnt ihr

- Vorzüge und Probleme der freien und sozialen Marktwirtschaft erläutern,
- darstellen, wie ihr im späteren Berufsleben sozialversichert sein werdet,
- erklären, was Wirtschaftspolitik leisten muss,
- zu den Problemthemen Arbeitslosigkeit, Umweltschutz und Globalisierung grundlegende Informationen erarbeiten und miteinander diskutieren,
- den Ablauf eines Arbeitskampfes schildern und Ansichten der Gewerkschaften mit denen der Arbeitgeber vergleichen,
- eine Rolle in einem Planspiel übernehmen.

1. Marktwirtschaft: Wie funktioniert das?

Immer wenn man Durst und Geld hat und sich in einem Supermarkt ein Getränk kaufen möchte, kann man davon ausgehen, dass dieses Getränk gerade auch in diesem Moment da ist. Ist das eigentlich selbstverständlich?
Was verraten die folgenden Beispiele über das Funktionieren der Wirtschaft, über Angebot und Nachfrage, Preisbildung und Kaufverhalten?

Tipp: Lest die Seite arbeitsteilig und informiert euch im Partnerbriefing.

Beispiel 1:
Du kannst dir den Mechanismus der Preisbildung am Beispiel von Erdbeeren verdeutlichen. Im Frühling, wenn die Erdbeeren bei uns noch nicht reif sind, kann man schon importierte Erdbeeren kaufen. Die Nachfrage ist groß, weil die Leute den ganzen Winter keine Erdbeeren gegessen haben. Das Angebot ist aber relativ gering. Daraus ergibt sich ein vergleichsweise hoher Preis für die Erdbeeren. Wenn dann im Sommer auch die heimischen Erdbeeren reif sind, wird das Angebot immer größer. Mit der Zeit nimmt dann aber die starke Nachfrage ab, weil der erste Heißhunger gestillt ist. Da die Nachfrage sinkt und das Angebot steigt, müssen die Anbieter ihre Preise senken, um auch weiterhin ihre Erdbeeren verkaufen zu können. Der Preis wird also durch die Höhe des Angebots und der Nachfrage bestimmt und gleichzeitig auch die Menge eines Produkts, die den Käufern angeboten wird.

(Beispiele 1 und 3 aus: Wie funktioniert die Wirtschaft? Hrsg. vom Ministerium für Wirtschaft, Verkehr, Landwirtschaft und Weinbau Rheinland-Pfalz, Mainz, Juli 2004, S. 12f.)

Beispiel 2:
Als ein Discount-Markt seine sogenannten Schnäppchen-Computer mit geprüft guter Qualität zu Preisen weit unterhalb der Konkurrenzpreise anbot, stürmten die Leute in die Geschäfte und schon nach wenigen Stunden war das gesamte Angebot verkauft.

Beispiel 3:
Drei Kugeln Eis kosten derzeit ungefähr 1,50. Doch wie kommt dieser Preis zustande? Wer macht ihn und warum kostet dieses Eis fast überall gleich viel? [...] Würde eine Kugel Eis auf einmal 5,– Euro kosten, würde niemand mehr Eis kaufen. Die Anbieter würden auf ihrer Ware sitzen bleiben und müssten dann den Preis senken, um ihre Ware loszuwerden. Ist der Preis für die Anbieter zu niedrig, stellen sie weniger oder gar nichts her, da es sich nicht „lohnt". Eine gleichbleibende Nachfrage und eine Verringerung des Angebots an diesem Gut führen zu einem höheren Preis.
In einer Hitzeperiode im Sommer gibt es vielleicht nur ganz wenig Eis anbietende Läden in der Stadt, weil die Eiscafés nicht so viel herstellen können, wie gegessen wird. Die Geschäfte könnten dann sicherlich den Preis für ein Eis von 1,50 Euro auf 3 Euro erhöhen, da die Leute zum einen aufgrund der Hitze ein dringendes Bedürfnis nach Abkühlung haben, zum anderen der Vorrat an Eis begrenzt ist, sodass der Anbieter seinen Bestand an Eis zum höheren Preis sicherlich verkaufen kann.

Beispiel 4:
Vor einigen Jahren kritisierten Regierungsvertreter der bei deutschen Urlaubern sehr beliebten Ferieninsel Mallorca das Verhalten deutscher Touristen. Die Nachfrage nach Mallorcareisen ging daraufhin kurzzeitig stark zurück. Um nicht auf ihren Angeboten sitzen zu bleiben, boten die Reiseveranstalter nun Top-Angebote zu ermäßigten Preisen an.

INFORMATION — lesen – bearbeiten – einprägen

Marktwirtschaft

1. Erkläre die Zusammenhänge zwischen Markt, Angebot, Nachfrage und Preisbildung. Verwende dazu auch das Schaubild unten.
2. Welche Rolle spielen der Wettbewerb und die Freiheit der Produzenten und Konsumenten für das Funktionieren der Marktwirtschaft?

Märkte

Unter einem Markt stellen wir uns gerne einen Wochenmarkt oder einen Flohmarkt oder auch einen orientalischen Basar vor. Das Grundprinzip ist dabei immer gleich: Käufer und Verkäufer treffen sich, um wirtschaftliche Güter gegen Geld zu tauschen. In der Sprache der Wirtschaft wird jedes Zusammentreffen von Angebot und Nachfrage als Markt bezeichnet. Ein Markt muss kein konkreter Ort sein. Es gibt zum Beispiel auch einen Lehrstellenmarkt, den man nicht konkret sehen kann, oder auch Märkte, die über das Internet funktionieren. Neben Waren werden auf Märkten auch Dienstleistungen angeboten, z. B. bei einem Frisör, einem Arzt, bei Handwerksbetrieben.

Preise

Für den Abschluss eines Geschäftes spielt der Preis eine entscheidende Rolle. Der Kunde prüft unterschiedliche Angebote auf dem Markt. Stimmen Preis und Gegenleistung überein, dann wird gekauft. Deshalb heißt es auch: Der Preis einer Ware regelt sich über Angebot und Nachfrage.
Eine hohe Nachfrage und ein geringes Angebot haben nach diesem Prinzip einen hohen Preis zur Folge.
Und umgekehrt ist ein niedriger Preis zu erwarten, wenn ein hohes Angebot einer geringen Nachfrage gegenübersteht. So waren zum Beispiel die ersten Taschenrechner sehr teuer. Es gab wenig im Angebot und die Nachfrage war groß. Heute bekommt man Taschenrechner zum Teil geschenkt und wer einen kaufen will, muss nur wenig Geld dafür bezahlen, denn das Angebot an Taschenrechnern ist groß und die Nachfrage geht zurück.

Die Preisregulierung über Angebot und Nachfrage funktioniert nur, wenn es mehrere Anbieter für gleiche und ähnliche Produkte gibt, die miteinander über die Preise um die Kunden konkurrieren. Sie befinden sich dann in einem Wettbewerb und dieser ist für das Funktionieren der Marktwirtschaft elementar wichtig. Wettbewerb sorgt für günstigere Preise und treibt die Unternehmen dazu an, neue Produkte von besserer Qualität und innovativer Technik anzubieten.
Gäbe es keine Konkurrenz und nur einen Anbieter, so hätte dieser ein Monopol (das heißt Alleinverkauf) und er könnte die Preise für eine Ware nach Belieben nach oben treiben.

Marktwirtschaft

Marktwirtschaft heißt diese Wirtschaftsordnung, weil am Markt über den Kauf und Verkauf von Waren und Dienstleistungen entschieden wird. Es gibt keine lenkende Hand, die sich zentral um die Versorgung der Bevölkerung kümmert. Der Markt ist das ausgleichende Instrument. Wer mit seinem Angebot am Markt vorbei produziert, muss seine Firma schließen. Wer Wirtschaftsgüter nachfragt, muss das über den Markt tun. Man spricht von der freien Marktwirtschaft, weil die Anbieter (= Produzenten) und die Käufer (= Konsumenten) von Waren und Dienstleistungen frei in ihren Entscheidungen sind und weil die Preise frei nach Angebot und Nachfrage gestaltet werden. Die Wirtschaftsordnung der Bundesrepublik Deutschland wird soziale Marktwirtschaft genannt. Das zusätzliche Adjektiv „sozial" drückt aus, dass der Staat in das Wirtschaftsgeschehen eingreift, um grobe soziale Ungerechtigkeiten zu verhindern.

(Nach Schmidt Zahlenbild 200310)

2. Was unterscheidet die soziale Marktwirtschaft von anderen Wirtschaftsordnungen?

Wirtschaftsordnungen haben große Auswirkungen auf die Lebensbedingungen der Menschen. Das wird deutlich, wenn wir einen Blick in die Vergangenheit werfen. Stellt euch einen Tag in Deutschland um 1880 vor. Die Industrialisierung schreitet voran. In der Wirtschaftsordnung orientiert man sich an der Lehre des schottischen Volkswirtschaftlers Adam Smith (1723 – 1790). Seiner Ansicht nach sorgt der Unternehmer dann am besten für das allgemeine Wohl, wenn er nach maximalem Unternehmensgewinn strebt. Adam Smith's Theorie wird als „Wirtschaftsliberalismus" bezeichnet. Aus ihr entsteht die freie Marktwirtschaft, die sich im Lauf des 19. Jahrhunderts durchsetzt.

Eines der frühen Fotos aus der Arbeitswelt zeigt einen sechsjährigen Jungen, der zusammen mit seinem Vater in einer Chemnitzer Weberei arbeitet, täglich von morgens 5 Uhr bis abends 19 Uhr.

Ein Tag in Deutschland um 1880 ...

A Eltern berichten über die Situation ihrer Kinder:
Kaum sind die Kinder so weit herangewachsen, dass ihre Kräfte zur Verrichtung einer Arbeit auszureichen scheinen, so werden sie von den Eltern in die Fabriken gesandt, oder sie sitzen neben dem Webstuhl, den ganzen Tag mit Spulen beschäftigt. Die Stunden, welche die Kinder nicht dem Schulunterricht zu widmen haben, sind sie genötigt, in den Wohnungen ihrer Eltern zu verbringen; diese zwingen sie, die Zeit mit Arbeiten jeder Art, die einen Gewinn abwerfen, auszufüllen [...]
(Aus: Ruth Hoppe, Dokumente zur Geschichte der Lage des arbeitenden Kindes in Deutschland von 1700 bis zur Gegenwart, Berlin 1969, S. 57ff.)

B Der Arbeiterführer Julius Wahlsieg berichtet in seinen Lebenserinnerungen über die Zeit:
In den Fabriken wurde in der Regel von früh sechs bis abends acht Uhr gearbeitet. Es gab eine Mittagspause von einer halben Stunde und halbstündige Pausen für Frühstück und Vesper. Der Lohn reichte für den geschicktesten, bestbezahlten Arbeiter nicht aus, um, sofern er unverheiratet war, ein eigenes Zimmer zu mieten. [...] Die Pflege des Körpers wurde genauso vernachlässigt wie die des Geistes. Die Nahrung war schlecht. [...] Zur Reinlichkeit fehlte jede Gelegenheit; es waren keine 25 Pfennig wöchentlich übrig, um regelmäßig ein Bad zu nehmen.
(Nach: Franz Josef Furtwanger, Die Gewerkschaften, Rowohlt Verlag, Reinbek 1956, S. 12f.)

C Der Chemiker Konrad Julisch über das Fischsterben in den Flüssen des Ruhrgebiets:
Es hat sich herausgestellt, dass für ganz Deutschland der wirtschaftliche Wert der Industrien, welche Abwässer liefern, circa tausendmal größer ist als der Wert der Binnenfischerei in Seen und Flüssen, also sicher mehr als tausendmal größer als der Wert der Flussfischerei. [...] Haben sich an einem kleinen Flusse, wie z. B. Wupper, Emscher, Bode und anderen, so viele Fabriken angesiedelt, dass die Fischzucht in denselben gestört wird, so muss man dieselbe preisgeben. Die Flüsse dienen dann als die wohltätigen, natürlichen Ableitungen der Industriewässer nach dem Meere. In solchen Fällen muss das geringfügige Interesse der Fischzucht dem überwältigenden Interesse der Industrie weichen.
(Aus: Ottilie Baader – Ein steiniger Weg (1921), zit. nach: Wolfgang Emmerich (Hg.), Proletarische Lebensläufe, Bd. 1, Rowohlt Verlag, Reinbek 1974, S. 268f.)

1. Stellt zusammen, was dieser Blick in die Zeit um 1880 über die Situation von Kindern und Arbeitern erzählt und über die Art, wie man den industriellen Fortschritt und die Natur sah.

INFORMATION
lesen – bearbeiten – einprägen

Drei Wirtschaftsordnungen im Überblick

1. Legt eine Tabelle an, in der ihr wesentliche Elemente der drei Wirtschaftsordnungen einander gegenüberstellt.

2. Erläutert das jeweilige Verhältnis zwischen Wirtschaft und Staat mithilfe der Kreise.

Unter einer Wirtschaftsordnung verstehen wir die Summe aller Regeln, in deren Rahmen sich das gesamte Wirtschaftsgeschehen in einem Staat oder in einem Bündnis von Staaten abspielt. Wie stark soll der Staat lenkend in das Wirtschaftsgeschehen einwirken? Das ist eine Frage, die in der praktischen Ausgestaltung einer Wirtschaftsordnung immer wieder umstritten war und heute noch ist. Theoretisch lassen sich drei Modelle von Wirtschaftsordnungen voneinander unterscheiden: die freie Marktwirtschaft, die soziale Marktwirtschaft und die Planwirtschaft (sie wird auch Zentralverwaltungswirtschaft genannt). In den drei Modellvorstellungen lässt sich das Verhältnis von Wirtschaft und Staat jeweils mit zwei Kreisen veranschaulichen.

Freie Marktwirtschaft

In der Zeit des Wandels von einer bäuerlichen Gesellschaft zur Industriegesellschaft im 19. Jahrhundert bildete sich in Deutschland und in anderen europäischen Staaten die Wirtschaftsordnung der freien Marktwirtschaft heraus. Dahinter stand die Idee, dass die Abstimmung zwischen Angebot und Nachfrage am besten funktioniert, wenn man den Markt sich selbst überlässt. Wichtigste Grundlage der freien Marktwirtschaft war das Recht, mit seinem Privateigentum tun und lassen zu können, was man wollte. Ein Fabrikbesitzer konnte in seinem Unternehmen weitestgehend frei schalten und walten. In den Anfängen ging sein Einfluss so weit, dass Arbeiterinnen und Arbeiter seine Erlaubnis einholen mussten, wenn sie sich verheiraten wollten.

Die Möglichkeit, Gewinnstreben als Motor des wirtschaftlichen Fortschrittes zuzulassen, ist ein charakteristisches Merkmal der freien Marktwirtschaft. Weiterhin gilt das Prinzip des freien Spiels der Kräfte zwischen Angebot und Nachfrage. Der Staat schafft günstige Bedingungen für einen uneingeschränkten Wettbewerb und garantiert mit seinen Gesetzen die Freiheit des Unternehmertums. Darüber hinaus greift er nicht aktiv in das Wirtschaftsgeschehen ein. Staat und Wirtschaft können hier modellhaft als zwei sich nur wenig überschneidende Kreise dargestellt werden.

Soziale Marktwirtschaft

In der Zeit nach dem Zweiten Weltkrieg wurde in der Bundesrepublik Deutschland die soziale Marktwirtschaft eingeführt. In dieser Ordnung bleiben der freie Wettbewerb und das Recht auf Privateigentum an Produktionsmitteln erhalten. Der Staat greift aber mit gesetzlichen Regelungen in das Wirtschaftsgeschehen ein. Er übernimmt eine Schutzfunktion gegenüber den Bürgern und besonders gegenüber den sozial schwach gestellten Menschen. Für die Gestaltung der Arbeitswelt wurde eine Fülle gesetzlicher Regelungen geschaffen mit der Funktion, die Arbeitnehmer zu schützen und den sozialen Frieden zu bewahren. Einige dieser wichtigen Regelungen sind Kündigungsschutz, Mitbestimmung der Arbeitnehmer, Mutterschutz und Jugendarbeitsschutz. In der sozialen Marktwirtschaft betreibt der Staat eine aktive Wirtschaftspolitik. In der sozialen Marktwirtschaft überdecken sich die beiden Kreise teilweise.

Planwirtschaft

Das Gegenmodell zur sozialen Marktwirtschaft war in den ehemaligen Staaten des Ostblocks und in der damaligen DDR das Wirtschaftssystem der zentralen Planwirtschaft. Hier entscheidet eine zentrale staatliche Instanz über alle wichtigen Wirtschaftsprozesse. Dazu gehören z. B. die Entscheidungen darüber, welche Güter wann und wie hergestellt werden, zu welchen festgelegten Preisen sie angeboten werden und wie die vorhandenen Arbeitskräfte im Wirtschaftsprozess eingesetzt werden. Die Planwirtschaften der ehemaligen Ostblockstaaten kannten keine Arbeitslosigkeit. Fabriken waren verstaatlicht und galten als Volkseigentum. Der Staat galt als die Einrichtung, die am besten in der Lage war, die Bevölkerung mit den Gütern des täglichen Bedarfs zu versorgen. Freier Wettbewerb und Konkurrenz waren nicht vorgesehen. Da Staat und Wirtschaft in der Planwirtschaft eine Einheit bilden, überdecken sich die beiden Kreise fast vollständig.

Einige planwirtschaftliche Elemente finden wir auch heute noch in verschiedenen Wirtschaftsordnungen. Insgesamt gilt das System der Zentralen Planwirtschaft als überholt.

3. Grundzüge des Systems der sozialen Sicherung in der sozialen Marktwirtschaft

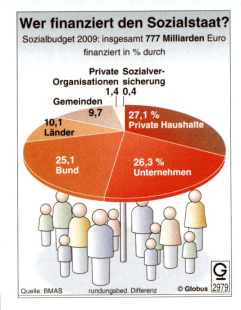

Warum ist Sandrine sauer auf den Staat?

Sandrine M. ist enttäuscht. In ihrem Ausbildungsvertrag zur Industriekauffrau steht, dass sie im ersten Lehrjahr 613,04 Euro Vergütung erhalten wird. Als dann das erste selbst verdiente Geld auf das neu eröffnete Girokonto überwiesen wird, ist die Ernüchterung groß. Gerade 487,98 Euro stehen auf dem Kontoauszug auf der Haben-Seite. Hat man sich in der Personalabteilung geirrt? Die Gehaltsabrechnung bringt Klarheit.

Vergütung brutto:	613,04 €	Lohnsteuer:	0,00 €	Rentenversicherung	58,54 €
		Kirchensteuer:	0,00 €	Arbeitslosenversicherung:	19,93 €
Auszuzahlender Nettobetrag:	487,98 €	Krankenversicherung:	41,38 €	Pflegeversicherung:	5,21 €

Zu Hause spricht Sandrine mit ihrem Vater

Sandrine: Warum muss ich 125,06 Euro für Versicherungen bezahlen? Ich habe doch gar nichts unterschrieben. Ich sehe auch nicht ein, dass ich mit siebzehn Jahren schon Rentenversicherung bezahlen soll. Dafür ist doch später noch Zeit genug, ich denke, ich werde das kündigen.
Vater: Du kannst keine von diesen vier Versicherungen kündigen. Du unterliegst nämlich der gesetzlichen Versicherungspflicht. Per Gesetz sind alle Arbeitnehmer dazu verpflichtet, Vorsorge zu treffen für Krankheit, Alter, Arbeitslosigkeit und für den Pflegefall.
Sandrine: Das ist ein schöner sozialer Schutz, wenn ich alles selbst bezahlen muss.
Vater: Stimmt nicht. Die Beiträge zu den Pflichtversicherungen zahlst du nur zur Hälfte. Die andere Hälfte legt dein Arbeitgeber drauf. Die Unfallversicherung, die dich auf dem Weg zum und am Arbeitsplatz schützt, zahlt der Arbeitgeber sogar alleine. Und das alles reicht noch immer nicht aus, um die Riesensummen aufzubringen, die insgesamt in unserer Gesellschaft für die Altersversorgung, Gesundheitspflege und Arbeitslosenunterstützung aufgebracht werden müssen. Viele Milliarden müssen aus dem allgemeinen Steueraufkommen hinzugezahlt werden.
Sandrine: Ich sehe überhaupt nicht ein, dass ich mit 17 schon auf Geld wegen einer Rente verzichten muss, die vielleicht einmal in 50 Jahren fällig wird. Heute könnte ich das Geld viel besser gebrauchen. Später, wenn ich alt sein werde, habe ich wahrscheinlich nicht mehr so viele Wünsche.
Vater: Das sagt sich jetzt so leicht. Denke mal daran, dass die Rentner von heute auch einmal 17 Jahre alt waren. Irgendwann wirst du einsehen, dass es gut war, zur Vorsorge verpflichtet zu sein.
Sandrine: 58 Euro und 54 Cent Rentenversicherung und den gleichen Anteil nochmal vom Arbeitgeber dazu. Das kommt mir verdammt viel vor. Da muss doch später einmal genug Geld angespart sein, um meine Rente zu finanzieren. Und trotzdem höre ich überall, dass die Jungen sich Sorgen um ihre soziale Absicherung machen.
Vater: Die soziale Rentenabsicherung wird wohl bleiben, aber nicht in der Höhe, wie sie bisher staatlich garantiert werden konnte. Das Problem ist einerseits, dass weniger Kinder geboren werden, die später Rentenbeiträge einzahlen, andererseits hat das Problem eigentlich auch eine schöne Seite. Du und deine Generation, ihr habt eine viel höhere Lebenserwartung als die Menschen früher und heute in meinem Alter. Die Leute beziehen schon heute viele Jahre länger Rente als früher. Das verteuert natürlich die Kosten.
Sandrine: Na, dann will ich hoffen, dass ich später noch lange etwas von dem vielen Geld habe, das ich heute abgeben muss.

1. Sandrine unterliegt – wie jeder andere Arbeitnehmer auch – der gesetzlichen Versicherungspflicht: Notiert, welche Teilversicherungen dazugehören und wer welchen Anteil zahlt.

INFORMATION — lesen – bearbeiten – einprägen

Sozialpolitik

1. Die Begriffe *Sozialstaat* und *Sozialpolitik* solltest du möglichst präzise erklären können.
2. Die Grundzüge der Sozialpolitik könnt ihr euch merken mithilfe der Stichworte: Prinzipien, Bausteine, Finanzierung der Leistungen. (Legt dazu eine Mindmap an.)

> „Die Bundesrepublik Deutschland ist ein demokratischer und sozialer Bundesstaat."
> Artikel 20, Absatz 1 des Grundgesetzes

Das Sozialstaatsprinzip im Grundgesetz

Im Artikel 20 des Grundgesetzes ist der Sozialstaat als eines der vier grundlegenden Merkmale der staatlichen Ordnung in der Bundesrepublik Deutschland verankert. Der Staat verpflichtet sich damit, die Verwirklichung sozialer Gerechtigkeit anzustreben, und gewährt seinen Bürgern einen Rechtsanspruch auf sozialen Schutz.

Zwei grundlegende Prinzipien, auf denen die soziale Sicherung beruht, sind *Solidarität* und *Subsidiarität*. Solidarität bedeutet, dass den Menschen eine Gesamtverantwortung für alle Mitglieder der staatlichen Gemeinschaft abverlangt wird. Wer viel verdient, muss höhere Beiträge in das soziale Netz einzahlen als Menschen mit geringem Einkommen. Subsidiarität bedeutet, dass die Verantwortung zum Handeln immer auf der untersten Ebene liegt. Eigenverantwortliches Handeln hat Vorrang. Man darf nicht untätig bleiben und den Staat für sich sorgen lassen. Jeder ist verpflichtet, alles zu unternehmen, um sich aus eigener Kraft aus einer sozialen Notlage zu befreien. In diesem Bemühen wird er von der Gemeinschaft unterstützt.

Sozialpolitik in Deutschland

Unter Sozialpolitik versteht man alle Maßnahmen, welche die Menschen in Risikosituationen schützen. Darüber hinaus soll Sozialpolitik die Entstehung solcher Risiken möglichst verhindern. Sie besteht aus einer Vielzahl von Hilfen (= Bausteinen) zur Verbesserung der Einkommenssituation der Leistungsempfänger.

Das Kernstück der Sozialpolitik in Deutschland bilden die gesetzlichen Sozialversicherungen. Dazu gehören fünf Versicherungsarten: die Krankenversicherung, die Unfallversicherung, die Rentenversicherung, die Arbeitslosenversicherung und die Pflegeversicherung. Das System funktioniert nach dem Versicherungsprinzip. Mit regelmäßigen Beiträgen finanzieren die arbeitenden Menschen die Versicherungsleistungen zum Teil selbst und erwerben so einen persönlichen Leistungsanspruch für den Schadensfall. Die Kosten der Beiträge werden auf die Arbeitnehmer- und Arbeitgeberseite verteilt. Zu hundert Prozent zahlen die Arbeitgeber die gesetzliche Unfallversicherung.

Sozialausgaben steigen an

Die von den Arbeitnehmern und Arbeitgebern aufgebrachten Mittel reichen aber bei weitem nicht für die Finanzierung der sozialen Sicherung aus (siehe Schaubild). Viele Milliarden müssen aus dem allgemeinen Steueraufkommen hinzugezahlt werden. Insgesamt verwendet der Staat rund ein Drittel seiner Einnahmen für die Mitfinanzierung der Sozialausgaben. Experten gehen davon aus, dass die Generation, die heute und in der näheren Zukunft in das Berufsleben einsteigen wird, nur noch eine gesetzlich garantierte Rente von zwischen 35 und 45 Prozent des letzten Netto-Gehaltes erhalten wird. Jungen Leuten wird daher dringend geraten, schon von Beginn ihrer Berufstätigkeit an neben den Einzahlungen in die gesetzliche Rentenversicherung zusätzliche Vorsorge in Form weiterer privater Versicherungen zu treffen und dafür etwa 5 Prozent ihres monatlichen Einkommens zu verwenden.

4. Was muss erfolgreiche Wirtschaftspolitik leisten?

Der Fall Montego: Die Klasse hilft einem Staat aus der Krise

Montego ist ein erfundener Staat. Stellt es euch wie ein europäisches Land vor mit Demokratie und sozialer Marktwirtschaft. Seine wirtschaftlichen Probleme sind ganz realer Natur. Weil es eine soziale Marktwirtschaft gibt, betreibt der Staat eine aktive Wirtschaftspolitik. In der Rolle von Regierungsmitgliedern könnt ihr an diesem Beispiel überlegen, mit welchen Ideen die Politik dem Land wirtschaftlich auf die Beine helfen kann.

Montego hat circa 10 Millionen Einwohner. Das entspricht etwa der Einwohnerzahl Belgiens oder Ungarns. Montego ist ein Inselstaat im Atlantik. Die Hauptstadt Montcavri besitzt einen bedeutenden Seehafen. Stahlproduktion und Maschinenbau haben eine lange Tradition. Im Ballungsgebiet „Schwarzland" findet man Braun- und Steinkohle, auch Eisenerz.

Wegen der landschaftlichen Schönheiten der Insel und der Fruchtbarkeit der Böden zählen auch der Tourismus und die Landwirtschaft zu den bedeutenden Wirtschaftssektoren. In der Vergangenheit rechnete man die Insel zu den wohlhabenden Staaten dieser Erde. Seit einigen Jahren geht es allerdings wirtschaftlich gewaltig bergab. Traditionsreiche Unternehmen schließen ihre Pforten. Eine stetig ansteigende Arbeitslosenquote hat ein erschreckendes Ausmaß erreicht. Die Steuereinnahmen des Staates gehen Jahr für Jahr zurück, sodass der Staat viele seiner Aufgaben durch Schulden finanzieren muss. Immer weniger Touristen kommen ins Land. Sie beklagen sich über veraltete Verkehrsverbindungen, verschmutzte Strände und schmutziges Badewasser. Trotz hoher Arbeitslosigkeit suchen viele Unternehmen händeringend nach gut ausgebildeten Fachkräften, die nur im Ausland angeworben werden können. Es gibt immer weniger Unternehmensgründungen.

Junge Unternehmerinnen und Unternehmer mit innovativen Firmenkonzepten schrecken vor den bürokratischen Hürden zurück und investieren lieber gar nicht oder in einem anderen Land. Viele junge Leute sehen schon keinen anderen Weg mehr, als ihre schöne Insel für immer zu verlassen. Ein unabhängiges Forschungsinstitut kommt zu folgenden Aussagen über die Ursachen der Krise:

Der Wirtschaft geht es schlecht, weil die Nachfrage nach Wirtschaftsgütern ständig sinkt. Die Menschen sparen ihr Geld lieber als dass sie es ausgeben, weil sie Angst vor der Zukunft haben. So machen die Unternehmen weniger Gewinne und entlassen Arbeitskräfte. Geringere Gewinne auf der einen und steigende Arbeitslosigkeit auf der anderen Seite sind die Ursache für die sinkenden Steuereinnahmen des Staates. Arbeitslose und unrentable Unternehmen können keine Steuern zahlen. In Montego wird zu wenig investiert: in den Umweltschutz, in ein modernes Verkehrssystem und in die Modernisierung der Industrie. Das ist der Hauptgrund, warum die Touristen mehr und mehr ausbleiben und die Hotels schließen müssen. Schließlich die Bildung: Ein Teil der Arbeitslosen ist nicht hinreichend qualifiziert, um den Anforderungen in den Firmen gerecht zu werden.

Du als Regierungsmitglied von Montego

Es müssen wirtschaftspolitische Entscheidungen getroffen werden, die Montego aus der Krise führen. Das sollt ihr nun als Regierungsmitglieder von Montego tun. Zur Vorbereitung eurer Entscheidungen habt ihr als Regierung Experten eingeladen, um euch deren Ideen zur Lösung der Wirtschaftskrise anzuhören. Das Problem: Die Vorschläge der Experten widersprechen sich zum Teil völlig. Ihr werdet daher die Vorschläge aussuchen müssen, von denen ihr euch die größten Vorteile für Montego versprecht.

Tipp: Beratet in Gruppen und präsentiert dann eure eigenen Lösungsvorschläge.

1. Erstellt zunächst eine Liste der Probleme vom Montego.
2. Prüft dann, welche der Expertenmeinungen ihr am ehesten für geeignet haltet, die Probleme zu lösen.
3. Tragt eure Vorschläge vor (in Kleingruppen oder in der Klasse) und diskutiert miteinander über den besten Weg.
4. Einigt euch am Ende per Mehrheitsbeschluss auf eine, zwei oder drei sinnvolle Maßnahmen.

Experte 1: Steuersenkungen sind der richtige Weg
Hätten die Menschen mehr Geld für private Ausgaben in der Tasche, würden sie mehr kaufen und investieren. Dazu sind Steuersenkungen auf breiter Basis der richtige Weg. Wenn mehr gekauft wird, wird es den Firmen besser gehen und sie werden zusätzliche Arbeitskräfte benötigen. Das „Konsumklima" verbessert sich und die Regierung erhöht möglicherweise ihre Chancen für eine Wiederwahl.
Risiko: Die positiven Effekte können sich erst nach einer längeren Anlaufzeit einstellen. Kurzfristig wird der Staat seine Ausgaben kürzen müssen. Erhöhter Konsum kann zu erhöhten Umweltbelastungen führen.

Experte 2: Steuererhöhungen sind wirksamer
Montego fehlt das Geld, das zur Problemlösung nötig ist. Der Ausbau des Schienennetzes, die Behebung von Straßenschäden, der Bau von Kläranlagen – all das sind staatliche Aufgaben, die Geld kosten. Montego muss die Steuern erhöhen, weil so zusätzliches Geld in die Staatskasse fließt. Der Staat kann Firmen Aufträge erteilen, wozu diese dann zusätzliche Arbeitskräfte benötigen.
Risiko: Wenn der Staat den Bürgern mehr Geld abverlangt, bleibt diesen weniger Geld für private Ausgaben übrig. Regierungen, die Steuererhöhungen beschließen, verschlechtern oft ihre Chancen, wiedergewählt zu werden.

Experte 3: Der Staat muss sich zurückziehen
Nach dieser Ansicht leidet Montego schon jetzt unter einem Zuviel an Bürokratie und staatlicher Regelung. Wenn sich der Staat aus vielen Bereichen zurückzieht und den Bürgern wieder mehr Freiheit und Eigenverantwortung abverlangt, werden diese selbst die Probleme in die Hand nehmen und an Lösungen arbeiten. Vorgeschlagen wird die Abschaffung einer Vielzahl von Gesetzen. Zum Beispiel werden Gesetze unnötig, welche die Neugründung von Unternehmen behindern oder den Mitarbeitern Kündigungsschutz gewähren. Junge, gut ausgebildete Leute werden so im Land bleiben, innovative Ideen umsetzen, Firmen gründen, Arbeitskräfte einstellen usw.
Risiko: Niemand wird garantieren können, dass die nun freieren Bürger auch wirklich im Interesse der Allgemeinheit handeln werden. Firmen mit zweifelhaftem Ruf werden leichter zu gründen sein. Weniger Staat bedeutet auch weniger Schutz und weniger Fürsorge. Für viele, oder auch für die Umwelt, kann sich die Situation verschlechtern.

Experte 4: Der Staat muss aktiver werden
Für die Modernisierung braucht Montego einen aktiven und starken Staat. Dieser kann z.B. strenge Gesetze zur Reinhaltung der Luft, des Wassers und der Böden beschließen. Ein staatliches Investitionsprogramm muss in Gang gesetzt werden. Es sichert Unternehmen finanzielle Unterstützung zu, wenn diese in Umweltschutz und in umweltfreundliche Produkte investieren. Privatleute erhalten Zuschüsse, wenn sie in moderne Heizungen, sparsame Autos oder alternative Energien investieren. So wird Montego wieder zu einem international angesehenen modernen Industriestaat werden.
Risiko: Umstritten ist, wie ein solches Investitionsprogramm finanziert werden soll. Mehr Regeln und Gesetze können sich einschränkend auf die Entscheidungsfreiheit des Einzelnen auswirken.

INFORMATION

A Wirtschaftspolitik

1. Stelle die wirtschaftspolitischen Handlungsmöglichkeiten des Staates vor und erkläre dabei, was man unter Wettbewerbs-, Steuer- und Konjunkturpolitik versteht.
2. Erkläre, warum wirtschaftspolitische Entscheidungen zu den besonders schwierigen und umstrittenen Politikbereichen gehören.

Definition
Unter Wirtschaftspolitik versteht man die Gesamtheit der Maßnahmen, mit denen der Staat regelnd und gestaltend in die Wirtschaft eingreift. Wirtschaftspolitik legt die Spielregeln fest, innerhalb derer die weitgehend privat organisierte Wirtschaft sich mit all ihren verschiedenen Beteiligten entfalten kann.

Handlungsmöglichkeiten
In der sozialen Marktwirtschaft greift der Staat mit Gesetzen in die Wirtschaft ein. Die Mehrzahl der Regelungen dient dem Schutz der Arbeitnehmerinnen und Arbeitnehmer, der Verbraucher und der sozial Schwächeren.
Regelungen dieser Art sind z. B. das Jugendarbeitsschutzgesetz, das Kündigungsschutzgesetz, der Mutterschutz, die Mitbestimmung der Arbeitnehmer. Ein klassisches wirtschaftspolitisches Aufgabenfeld des Staates sind Maßnahmen zur Sicherung des Wettbewerbs. Gesetzliche Regelungen sollen dazu führen, dass die Konkurrenz unter den Unternehmen erhalten bleibt. Es dürfen keine Monopole entstehen. Das wäre der Fall, wenn ein Unternehmen die alleinige Marktmacht erreicht. Auch Kartelle sind per Gesetz verboten. Ein Kartell entsteht, wenn mehrere Unternehmen sich zusammenfinden, um geheime Absprachen über ihre Produktpreise zu vereinbaren. Weitere politische Handlungsmöglichkeiten bietet die Steuerpolitik. Der Staat kann Steuern erhöhen oder senken. Sollen Gutverdienende stärker oder weniger als bisher belastet werden? Sollen Geringverdienende ganz oder teilweise von der Steuerlast befreit werden? Das sind Fragen, an denen sich immer wieder politischer Streit entzündet. Weiterhin kann der Staat als Investor auftreten, indem er Aufträge zum Bau von Schulen, Straßen, Flughäfen etc. oder zur Einrichtung von Naturschutzgebieten vergibt. Er kann bestimmte Industriezweige, die aus eigener Kraft nicht überlebensfähig sind, mit staatlichen Hilfsgeldern unterstützen. Solche Zahlungen werden als Subventionen bezeichnet.
Ein wichtiges wirtschaftspolitisches Instrument ist die Konjunkturpolitik. Unter der Konjunktur versteht man den Verlauf des Wirtschaftsgeschehens, das einem ständigen Auf und Ab gleicht. Phasen des wirtschaftlichen Aufschwungs gehen immer wieder in Abschwungphasen über und umgekehrt. In Krisenzeiten muss die Politik versuchen, die Konjunktur mit geeigneten Maßnahmen anzukurbeln. Ein Mittel dazu kann z. B. die Senkung der Unternehmenssteuern sein.

Probleme
In der Wirtschaftspolitik sind Aussagen über die Wirkung von Maßnahmen schwieriger zu treffen als in anderen Bereichen der Politik. Der Grund: Der Staat hat nur wenig unmittelbaren Einfluss auf das wirtschaftliche Geschehen. Senkt er zum Beispiel die Steuern für Unternehmen, so kann er hoffen, dass diese finanzielle Entlastung zur Schaffung von neuen Arbeitsplätzen führt. Garantieren kann er diese Wirkung nicht. Wirtschaftspolitische Entscheidungen sind in der Regel mit heftigen politischen Auseinandersetzungen verbunden, weil sie die Menschen mal mehr oder weniger betreffen und weil es sehr unterschiedliche Interessen gibt.
Dabei sind die Ziele viel weniger umstritten als die zur Anwendung kommenden Maßnahmen. Vollbeschäftigung, Geldwertstabilität, Umweltschutz wollen stets alle Beteiligten. Streit gibt es über die unterschiedlich vorgeschlagenen Wege, die zu den Zielen führen sollen.

lesen – bearbeiten – einprägen

B Das Magische Viereck

3. Erläutere die vier klassischen Ziele staatlicher Wirtschaftspolitik (auch mithilfe des Schaubildes) und die beiden neu hinzugekommenen.
4. Erkläre, warum das Wachstumsziel in die Kritik geriet und warum das Viereck als „magisch" bezeichnet wird.

Wirtschaftspolitische Ziele

Die allgemeinen Ziele staatlicher Wirtschaftspolitik sind im „Gesetz zur Förderung der Stabilität des Wachstums in der Wirtschaft" aus dem Jahr 1967 festgelegt, kurz „Stabilitätsgesetz" genannt. Die vier darin formulierten Ziele sind:
- angemessenes und stetiges Wirtschaftswachstum,
- Sicherung eines hohen Beschäftigungsgrades,
- Stabilität des Preisniveaus,
- außenwirtschaftliches Gleichgewicht

siehe Schaubild).
Angemessenes Wirtschaftswachstum bedeutet, dass es von Jahr zu Jahr Zuwachsraten für den Wert der Volkswirtschaft geben soll. Dieser Wert wird als Bruttosozialprodukt bezeichnet und ist die Summe an Geld, die alle in einem Jahr von der gesamten Wirtschaft erzeugten Güter und Dienstleistungen umfasst. Steigt das Bruttosozialprodukt von einem zum anderen Jahr um ein, zwei oder noch mehr Prozent, so steht diese Prozentzahl für das Wirtschaftswachstum.
Geldwertstabilität drückt sich in einer möglichst geringen Inflationsrate aus. Sie ist wichtig, weil sie den Bestand des Einkommens und Vermögens der Menschen sichert.
Außenwirtschaftliches Gleichgewicht besteht, wenn die Ausgaben für den Import und die Einnahmen aus dem Export von Gütern in einem ausgeglichenen Verhältnis zueinander stehen. Man spricht dann auch von einer ausgeglichenen Handelsbilanz.

Problematisches Wirtschaftswachstum

Von den Siebzigerjahren des zwanzigsten Jahrhunderts an geriet das Wachstumsziel in die Kritik. Klar wurde, dass unkontrolliertes Wirtschaftswachstum langfristig zu einem immer größeren Verbrauch von Ressourcen und damit zu einer Zerstörung der Umwelt führen würde.
Heute gilt Wirtschaftswachstum nur dann als vertretbar, wenn es nicht auf Kosten von Umweltbelastungen erzielt wird. Global gesehen gehört die Lösung dieses Zielkonfliktes zu den wichtigsten Zukunftsaufgaben.
Da Umweltschutz heute als unverzichtbarer Bestandteil staatlicher Wirtschaftspolitik gilt, ist aktuell vielfach von einem „Magischen Fünfeck" die Rede. Nimmt man noch die Herstellung von mehr sozialer Gerechtigkeit als weiteres Ziel hinzu, so verwandelt sich das ursprüngliche Viereck in ein Sechseck.

Warum ist das Viereck „magisch"?

Das Wort „magisch" drückt aus, dass die Ziele des Vierecks oft miteinander im Widerspruch stehen. Stets besteht die Gefahr, dass die Verbesserung des einen Ziels mit der Verschlechterung des anderen Ziels erkauft werden muss. Will z. B. die Bundesregierung das Wirtschaftswachstum durch Steuersenkungen ankurbeln, um die Kaufkraft der Konsumenten zu steigern, so führt dies leicht zu höheren Inflationsraten und damit zu einer Verringerung der Geldwertstabilität. Je nach der Situation, in der sich ein Land befindet, muss die Politik entscheiden, welche Ziele man fördern will und welche vernachlässigt werden können. In Deutschland und in den meisten anderen Industriestaaten steht seit Jahren der Kampf gegen die Arbeitslosigkeit an oberster Dringlichkeitsstufe. Um mehr Beschäftigung zu erreichen, wird ein umweltverträgliches Wirtschaftswachstum angestrebt. Wenn die Wirtschaft wächst, ist die Wahrscheinlichkeit am größten, dass neue Arbeitsplätze entstehen. In Deutschland ist die Herstellung gleicher Lebensverhältnisse in Ost und West als Folge der Wiedervereinigung ein Ziel, das wirtschaftspolitisch ebenfalls von großer Bedeutung ist.

183

5. Auch Verbände machen Wirtschaftspolitik: Gewerkschaften und Arbeitgeber im Tarifkonflikt

In Deutschland haben sich viele Arbeitnehmer und Arbeitgeber zu Verbänden zusammengeschlossen. Sie haben das Recht, die Gestaltung der Arbeitswelt weitgehend autonom, d. h. selbstständig und in eigener Verantwortung, zu regeln. Damit sind sie maßgeblich an der Wirtschaftspolitik beteiligt.

Wenn sich die Vertreter der Arbeitgeber und Arbeitnehmer zu Tarifverhandlungen treffen, kommt es häufig zu Konflikten, weil im Streit über Löhne und Arbeitszeiten unterschiedliche Interessen bestehen. So war es auch im Frühjahr 2006: Da gab es einen Tarifkonflikt im Bereich der Metallindustrie. Die Gewerkschaft IG Metall forderte 5 Prozent höhere Löhne. Der Arbeitgeberverband lehnte diese Forderung als unverantwortlich ab. Er bot – nach einigem Zögern – 1,2 Prozent an, was wiederum die Gewerkschaft als unannehmbar bezeichnete. Was tun? Der Tarifkonflikt 2006 steht beispielhaft für viele vergleichbare Auseinandersetzungen.

Schlagzeilen zum Tarifkonflikt: Wer fordert was?

Überzogene Lohnforderungen ruinieren die Betriebe!

Vier Jahre lang gab es keine echten Lohnerhöhungen in der Metallindustrie. Jetzt wird es Zeit.

Liebe Mitbürger, habt Verständnis. Wir kämpfen für gerechte Löhne!

Autoindustrie macht satte Gewinne. Wir wollen unseren Anteil!

In dieser schwierigen Zeit sind Streiks unverantwortlich und unvernünftig.

1. Wie begründen die beiden Tarifparteien ihre Forderungen?
2. Welche Stationen wurden durchlaufen, bevor es zu einer Einigung kam?
3. Welche Seite überzeugt euch eher? Diskutiert nach der Bearbeitung über die beiden Stellungnahmen am Ende der Materialien.

Wie argumentieren die Gewerkschafts- und die Arbeitgebervertreter?

Fünf Prozent mehr Lohn! So will es die IG Metall für ihre Mitglieder. „Zu viel", sagen die Arbeitgeber und plädieren für eine „kostenneutrale" Lösung. [...] Die IG Metall argumentiert, dass eine Lohnerhöhung mehr Kaufkraft schaffen würde und daher für das Wirtschaftswachstum eminent wichtig sei. Daher fordert sie fünf Prozent mehr Lohn und Gehalt. [...]
Zum Vergleich: In der Tarifrunde 2004 hatte die Gewerkschaft vier Prozent gefordert und eine zweistufige Erhöhung von 2,2 und 2,7 Prozent ausgehandelt. Jetzt können die Verhandlungsführer allerdings argumentieren, dass es den Betrieben deutlich besser geht als noch vor zwei Jahren. „Unsere Forderung heißt mehr Geld und mehr Gerechtigkeit", teilte IG Metall-Bezirkschef Detlef Wetzel schon vor den Verhandlungen mit. [...] „Wir wollen etwas von den Gewinnen haben und werden uns notfalls mit gewerkschaftlichen Kampfmaßnahmen dafür einsetzen." Solche Drohungen gehören traditionell zum Geplänkel vor Tarifverhandlungen. Dem entziehen sich auch die Arbeitgeber nicht. „Vor April ist kein Ergebnis zu erwarten", kündigt NRW-Arbeitgeberpräsident Horst-Werner Maier-Hunke an. Er rechne mit zähen und langen Verhandlungen. Nicht zuletzt wegen der Forderung der IG Metall. Die sei „nicht zeitgemäß" und gefährde Arbeitsplätze. Der Grund: Wenn die Arbeit teurer würde, könnte man die Abwanderung von Unternehmen ins Ausland nicht verhindern. [...]
„Fünf Prozent wären zu viel, die können wir kaum stemmen", ist sich der Wilnsdorfer Unternehmer Felix Heupel sicher. 18 Mitarbeiter beschäftigt er in seinem Unternehmen. Zwölf von ihnen sind bereits seit mehr als 20 Jahren dabei. In den vergangenen zwei Jahren wurden insgesamt vier neue Kollegen eingestellt. [...] „Kommt eine Lohnerhöhung über drei Prozent, dann muss ich auf die Neueinstellung verzichten", ist er sicher. Er hofft auf einen moderaten Abschluss: „Mit 2,5 bis drei Prozent könnte ich leben."

(Aus: Peter Schneider, Harte Bandagen am Verhandlungstisch, www.wdr.de; letzter Zugriff 28.11.2006)

Wie verlief dieser Tarifkonflikt?

20. Januar 2006: Der Vorstand der Gewerkschaft IG Metall fordert 5 Prozent mehr Lohn und Gehalt für die rund 3,4 Millionen Beschäftigten in der Metall- und Elektroindustrie.
23. Januar: In Baden-Württemberg treffen sich die Tarifparteien zu einer Verhandlungsrunde. Die Arbeitgeberseite legt kein Angebot vor. Die Verhandlungen scheitern. Parallel laufen Verhandlungen in weiteren Tarifgebieten, z. B. in Rheinland-Pfalz, dem Saarland und in Hessen.
28. Februar: Die Laufzeit des alten Metall-Tarifvertrags endet. Die Friedenspflicht, also die Zeit, in der keine der Tarifparteien Arbeitskampfmaßnahmen planen darf, endet vier Wochen nach dem Auslaufen des Tarifvertrags.
23. März: Mehrere Verhandlungen in Nordrhein-Westfalen und anderen Tarifgebieten scheitern.
29. März: Nach Ablauf der Friedenspflicht beginnen um Mitternacht massive Warnstreiks. Zehntausende von Beschäftigten demonstrieren gegen die Position der Arbeitgeber. In Leipzig befinden sich die BMW-Arbeiter zeitweise im Ausstand.
6. April: In Düsseldorf legen die Arbeitgeber ein erstes Angebot vor. Sie bieten für die Jahre 2006 und 2007 eine Lohnerhöhung von 1,2 Prozent an. Die Gewerkschaften lehnen dieses Angebot als lächerlich ab. Sie beginnen mit der Vorbereitung über eine Urabstimmung unter ihren Mitgliedern. Auf die Urabstimmung soll ein Streik folgen.
24. April: Kurz vor Streikbeginn treffen sich die Tarifparteien zu einer letzten Verhandlung. Sie einigen sich auf eine Lohnerhöhung von 3,0 Prozent ab dem 1. Juli 2006 für eine Laufzeit von 10 Monaten. Sprecher der Gewerkschaften und Arbeitgeber zeigen sich erfreut darüber, dass ein längerer Arbeitskampf in letzter Minute abgewendet werden konnte.

Zwei Meinungen zu Lohnerhöhungen:

> Kräftige Lohnerhöhungen stärken die Nachfrage nach Wirtschaftsgütern, erhöhen das Wirtschaftswachstum, verbessern die Situation der Betriebe und führen zur Schaffung neuer Arbeitsplätze.

> Übertriebene Lohnerhöhungen treiben die Kosten für die Unternehmen in die Höhe und führen in wirtschaftlich schwierigen Zeiten zu Betriebsschließungen. Sie vernichten Arbeitsplätze.

INFORMATION lesen – bearbeiten – einprägen

Tarifautonomie

1. Erklärt, was man unter Tarifautonomie versteht, und welchem Ziel sie dient.
2. Unter welchen Voraussetzungen dürfen Streik und Aussperrung in einem Arbeitskampf eingesetzt werden?

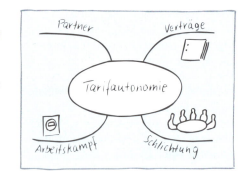

Tariflohn, Tarifverträge, Tarifparteien

Der Tariflohn ist ein vereinbarter Lohn für eine bestimmte Arbeitsleistung. Tariflöhne werden zwischen den Verbänden der Arbeitnehmer (also den Gewerkschaften) und den Verbänden der Arbeitgeber ausgehandelt. Beide Gruppen werden als Tarifparteien oder Tarifpartner bezeichnet. Sie treffen sich zu fest vereinbarten Zeiten zu den Tarifverhandlungen. Ziel dieser Verhandlungen ist der Abschluss eines Tarifvertrages.

Man unterscheidet verschiedene Arten von Tarifverträgen:

In den *Manteltarifverträgen* werden die allgemeinen Arbeitsbedingungen wie Wochenarbeitszeit und Urlaubsregelungen vereinbart. *Rahmentarifverträge* enthalten eine Auflistung der verschiedenen Lohngruppen.

Mantel- und Rahmentarifverträge werden über mehrere Jahre abgeschlossen. *Lohntarifverträge* haben in der Regel eine kürzere Laufzeit. Hier geht es um Lohn- und Gehaltsvereinbarungen. Das Austragen von Interessengegensätzen ist in den Lohntarifverhandlungen unausweichlich. Löhne bedeuten Kosten für die Arbeitgeber- und Einkommen für die Arbeitnehmerseite. Je schwieriger die gesamtwirtschaftliche Situation ist, desto härter wird in der Regel um Kompromisse gerungen.

Tarifverträge werden für eine bestimmte Laufzeit abgeschlossen. Während der Dauer des Vertrages sind die Tarifvertragsparteien verpflichtet, den Arbeitsfrieden zu wahren. Tarifabschlüsse sind verbindlich wie ein Gesetz. Sie werden in der Regel auch auf die Arbeitnehmer angewendet, die nicht gewerkschaftlich organisiert sind. Das Recht der Gewerkschaften und der Arbeitgeberseite, in eigener Verantwortung und ohne Einmischung des Staates Verträge über die Ausgestaltung der Arbeitsverhältnisse miteinander zu vereinbaren, wird als Tarifautonomie bezeichnet. Sie bildet ein grundlegendes Element der Wirtschaftsordnung in der Bundesrepublik Deutschland. Als ein Instrument fairer Konfliktregelung hat sie die Wahrung des sozialen Friedens zum Ziel.

Regeln im Arbeitskampf

Wenn sich die Tarifparteien in den Verhandlungen nicht einigen können, steht ein Arbeitskampf vor der Tür, für den es auch festgelegte gesetzliche Regelungen gibt. Wenn beide Seiten es wollen, kann zunächst eine Schlichtung versucht werden. Hier versucht eine von beiden Seiten akzeptierte Person zwischen den Parteien zu vermitteln, indem sie einen Kompromissvorschlag aushandelt, der aber nur den Charakter einer Empfehlung hat.

Scheitert die Schlichtung, droht ein Arbeitskampf. Die Gewerkschaft kann nun ihre Mitglieder in einer Urabstimmung zu einem Streik aufrufen. In der Urabstimmung müssen 75 Prozent der Gewerkschaftsmitglieder dem Streik zustimmen, damit er durchgeführt werden kann. Ein Streik kann Tage, aber auch Wochen dauern. Während dieser Zeit erhalten die Streikenden keinen Lohn, dafür aber eine (geringere) Unterstützung von ihrer Gewerkschaft.

Eine mögliche Gegenmaßnahme der Arbeitgeber gegen einen Streik ist die Aussperrung. Das bedeutet, dass für eine bestimmte Zeit die Betriebe im Tarifgebiet geschlossen und die Lohnfortzahlungen eingestellt werden. Für die Zeit des Streiks und der Aussperrung sind die Rechte und Pflichten der Arbeitsverhältnisse aufgehoben. Die Wiederaufnahme dieser am Ende der Maßnahme ist garantiert.

Tarifverträge, die für große Gebiete und ganze Wirtschaftszweige Geltung haben, werden in jüngster Zeit immer häufiger kritisiert. Kritiker meinen, in Zukunft müsse man stärker auf individuelle oder innerbetriebliche Vereinbarungen setzen. Vor allem die Gewerkschaftsvertreter halten dagegen, dass Flächentarifverträge die Interessen der Arbeitnehmer besser schützen können.

TRAININGSPLATZ

Spielregeln für den Arbeitskampf
Wir ordnen und füllen die Lücken

In dem folgenden Lückentext sollt ihr die fehlenden Begriffe ergänzen. Notiert den Text vollständig in euer Heft. Prägt euch die Schritte in der Abfolge eines Arbeitskampfes ein.

> Bei jeder Tarifrunde ist es das gleiche Ritual: Die XXXXXXXX fordern mehr, als sie durchsetzen können; die XXXXXXXX bieten weniger an, als sie schließlich zugestehen müssen. XXXXXXXX sind nur unter ganz bestimmten Voraussetzungen möglich. Nach dem Scheitern der Schlichtung setzt die Gewerkschaft eine XXXXXXXX über einen Streik an, der in der Regel mindestens drei Viertel der XXXXXXXX zustimmen müssen. Auf den Streik können die Arbeitgeber mit XXXXXXXX reagieren.

(Kampfmaßnahmen, Mitglieder, Gewerkschaften, Urabstimmung, Aussperrung, Arbeitgeber)

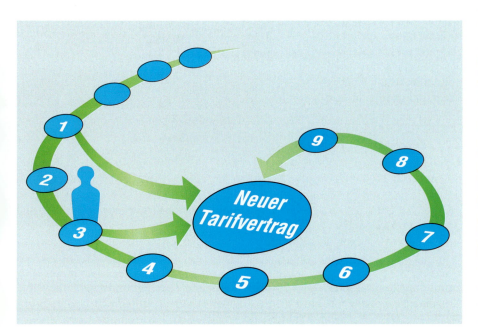

A: Neue Verhandlungen
B: Urabstimmung über Ergebnis Streik-Ende
C: Urabstimmung der Gewerkschaftsmitglieder über Streik
E: Schlichtungsverfahren möglich
F: Streik
D: Erklärung des Scheiterns Ende der Friedenspflicht
H: Tarifverhandlungen Gewerkschaften/Arbeitgeber oft begleitet von Warnstreiks
I: Gegenmaßnahme der Arbeitgeber: Aussperrung
G: Erklärung des Scheiterns

187

6. Problem Nummer 1: Arbeitslosigkeit
Warum sind Lösungen so schwierig?

Die anhaltend hohe Arbeitslosigkeit in den Industriestaaten ist das größte wirtschaftspolitische Problem. Jede Regierung wird daran gemessen, ob sie es schafft, die Arbeitslosenzahlen zu senken. Gleichzeitig tut sich jede Regierung schwer damit. Für die Betroffenen hat Arbeitslosigkeit eine Vielzahl negativer Folgen, Geldknappheit ist nur eine davon. Arbeitslosigkeit ist ein beherrschendes Thema in vielen Familien in Deutschland und darüber hinaus. Sicherlich habt ihr auch schon über die Ursachen und die Folgen von Arbeitslosigkeit nachgedacht. Je näher das Ende der Schulzeit rückt, desto eher werdet ihr euch mit dem Gedanken beschäftigen, wie ihr persönlich mit diesem Risiko umgehen werdet. Hier könnt ihr herausfinden, was die Ursachen der Arbeitslosigkeit sind und warum es keine Patentrezepte zur Lösung des Problems gibt.

Andreas, 19 Jahre alt, seit seinem Schulabschluss ohne Arbeit

Erzähle uns, wie es dir geht.
Nicht so toll im Moment.

Warum ist das so?
Ich hab' keine Lehrstelle gefunden. Seit zwei Jahren bin ich auf Jobsuche. Erst hat es mir nichts ausgemacht, aber jetzt finde ich es zunehmend nervig.

Wie erklärst du dir das?
Ich bin halt einer von über 6000 unter 25-Jährigen im Saarland, die keine Lehrstelle finden. Es gibt eben zu wenig davon.

Auf welche Stellen hast du dich denn beworben?
Während der Schulzeit habe ich mich gar nicht beworben, danach zunächst auch nicht. Dann habe ich auf alle möglichen Angebote reagiert. Mechatroniker, Einzelhandelskaufmann, sogar Dachdecker. Mindestens 30 Bewerbungen habe ich losgeschickt, aber immer nur Absagen. Zweimal bin ich zum Vorstellungsgespräch gewesen, aber dann war da auch Schluss.

Warum hast du dich während deiner Schulzeit nicht beworben?
Weiß auch nicht. Ich hatte immer gute Ferienjobs, Zeitungen austragen, Regale auffüllen im Supermarkt. Ich dachte, ich könnte das zuerst mal eine Zeit so weitermachen. Es gibt aber kaum noch solche Jobs.

Wie war dein Schulabschluss?
Realschulabschluss mit 17.

Das ist doch nicht schlecht, oder?
Na ja, ich würde sagen: Miese Noten, kein Job. Ich hatte wohl auch 'ne Menge unentschuldigter Fehltage und immer irgendeine negative Bemerkung auf dem Zeugnis von wegen mangelnder Mitarbeit, kein Pflichtbewusstsein und so. Ich hatte damals wenig Bock auf die Schule.

Was machst du jetzt so den ganzen Tag?
Rumhängen. Freunde treffen. Meine Familie hält sehr gut zu mir. Das macht mir Mut. Ich will auch nicht aufgeben. Ich bin ja noch jung.

Was hast du jetzt vor?
Ich will schauen, dass ich auf's Gymnasium komme. Meine Beraterin vom Arbeitsamt meint, ich hätte das Zeug dazu. Einen Computerkurs hab' ich schon gemacht. Französisch hole ich nach in der Volkshochschule. Mal sehen, ob es klappt mit dem Abitur.

1. Einerseits kann man sagen, Andreas habe Fehler gemacht. Andererseits kann man die wirtschaftliche Situation für den Zustand verantwortlich machen. Was meint ihr?

Gute Bildung, bester Schutz

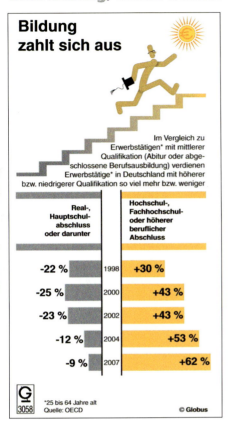

Expertinnen und Experten sind sich darüber einig, dass eine gute Ausbildung junge Menschen am ehesten vor Arbeitslosigkeit schützt. Dazu gehört zum einen ein möglichst guter Schulabschluss, zum anderen müssen Jugendliche auch über die inhaltlichen Qualifikationen verfügen, die in der zukünftigen Arbeitswelt gebraucht werden. Dazu zählen z. B. eine gute mündliche und schriftliche Ausdrucksweise, die Beherrschung der grundlegenden Rechentechniken, eine gute Allgemeinbildung und gute Kenntnisse in mindestens einer Fremdsprache.
Man benötigt Leistungsbereitschaft, Ausdauer, Interesse am Lernen, Selbstständigkeit, Teamfähigkeit. Fleiß und gute Umgangsformen sind ebenfalls wichtig. Die Chancen auf dem Ausbildungsmarkt sinken, wenn Bewerbungszeugnisse – neben schlechten Leistungsnoten – auch Abstriche bei den Mitarbeits- und Verhaltensnoten enthalten und/oder Angaben über unentschuldigte Fehltage oder gar negative Bemerkungen über auffälliges Fehlverhalten. Die Zahlen zeigen, dass ungelernte bzw. schlecht ausgebildete Arbeitnehmerinnen und Arbeitnehmer kaum noch zu vermitteln sind. Als geringqualifiziert gelten Menschen, die keinen Schulabschluss und keine Berufsausbildung haben. Der folgende Text nennt die Gründe, warum ihre Chancen auf dem Arbeitsmarkt immer geringer werden.

Kaum Chancen für Geringqualifizierte

Geringqualifizierte und benachteiligte Jugendliche in den Ausbildungs- und Arbeitsmarkt zu integrieren, erfordert besondere Anstrengungen, da dies aus folgenden Gründen immer schwieriger wird:

- Einfache Tätigkeiten fallen der Rationalisierung am stärksten zum Opfer, sodass die Zahl der Stellen für ungelernte Arbeitskräfte stetig abnimmt.
- Geringqualifizierte werden auf dem Arbeitsmarkt von den Besserqualifizierten verdrängt.
- Geringqualifizierte haben genau das nicht, was die meisten Jobs voraussetzen: höhere Bildungsabschlüsse. Sie sind damit von vornherein von der Mehrheit der Stellen ausgeschlossen.

Nicht selten kommen erschwerende soziale und persönliche Umstände hinzu, wie Erziehungsdefizite und familiäre Probleme. Mehr noch: Wie die Ergebnisse der PISA-Studie zeigen, werden Schüler mit einem schwierigen familiären Hintergrund nicht etwa besonders gefördert, um die Defizite wettmachen zu können.

(Aus: Günter Toma, Jugendarbeitslosigkeit bekämpfen, aber wie?, in: Aus Politik und Zeitgeschehen, hrsg. von der Bundeszentrale für politische Bildung, Heft 6/7, 2003)

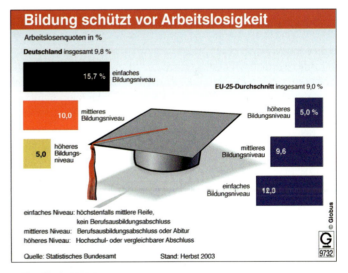

1. Ohne Berufsabschluss keine Chance! Warum ist das so?

2. Einerseits ist die Bekämpfung der Arbeitslosigkeit eine Aufgabe der Wirtschaft und der Politik. Andererseits kann jeder Einzelne seinen individuellen Beitrag zur Chancenverbesserung leisten. Notiert, was ihr selbst tun könnt, und sprecht darüber.

Tipp: Entwerft ein Plakat für Jugendliche, das auf die erforderlichen Qualifikationen aufmerksam macht.

Beispiel Jugendarbeitslosigkeit: Was kann die Politik dagegen tun?

Unabhängig davon, wie sehr man sich um seine berufliche Zukunft bemüht, es ist nicht einfach, eine Lehrstelle zu finden. Der Grund: Die Lage auf dem Lehrstellenmarkt ist angespannt. Die Ausbildungsbetriebe boten in den vergangenen Jahren immer weniger Ausbildungsplätze an. Nur noch 30 Prozent aller ausbildungsfähigen Betriebe bilden überhaupt aus. Vorausgesagt wird, dass sich der Trend zum knapper werdenden Angebot bis mindestens 2010 fortsetzt. Die Jugendarbeitslosigkeit liegt über dem Durchschnitt der allgemeinen Arbeitslosigkeit. Es handelt sich nicht nur um ein deutsches Problem. Der Staat kann nur im Bereich des öffentlichen Dienstes von sich aus Ausbildungsplätze anbieten. Darüber hinaus kann er versuchen, auf gesetzlichem Weg die Ausbildungsbedingungen so zu verändern, dass mehr Betriebe zur Ausbildung bereit sind. Eine heftig umstrittene politische Maßnahme ist die sogenannte Ausbildungsplatzabgabe. Am 7. Mai 2004 wurde das Gesetz zur Einführung einer Ausbildungsplatzabgabe im Bundestag verabschiedet. Dieses Gesetz sieht vor: Betriebe, die ausbilden könnten, es aber nicht tun, müssen an den Staat eine Ausbildungsabgabe zahlen. Das Geld wandert in einen Fond, aus dem der Staat neue Ausbildungsplätze finanzieren kann. Die Abgabe wird nur dann erhoben, wenn jeweils am 30. September eines Jahres nicht genügend Ausbildungsplätze für die Ausbildungsplatzsuchenden dieses Jahrgangs zur Verfügung stehen. Unter den Vertretern der Wirtschaft stieß dieses Gesetz auf heftige Kritik. Um die Ausbildungsabgabe zu verhindern und ihren Teil zur Lösung des Problems beizutragen, beschlossen die Vertreter der Wirtschaft im gleichen Jahr einen „nationalen Pakt für Ausbildung und Fachkräftenachwuchs in Deutschland", kurz Ausbildungspakt genannt. Dieser wurde im Jahr 2006 vorläufig bis 2010 verlängert.

Darin setzte sich die Wirtschaft das verbindliche Ziel, im Jahresdurchschnitt 30 000 zusätzliche Lehrstellen bereitzustellen. In der Großen Koalition machte die Bundesregierung klar, dass sie nicht vorhat, das Gesetz von 2004 zur Anwendung zu bringen. Die Gewerkschaften fordern die Ausbildungsplatzabgabe nach wie vor massiv ein. Sie sehen darin eines der wirksamsten Mittel zur Bekämpfung der Jugendarbeitslosigkeit.

Zur Diskussion: Argumente pro und kontra Ausbildungsplatzabgabe

1. Da nur etwa ein Drittel der Betriebe ausbildet, können über diese Abgabe auch die nicht ausbildenden Betriebe zur Finanzierung neuer Ausbildungsplätze herangezogen werden.
2. Das Einsammeln des Geldes, das Anlegen eines Fonds und die Auszahlung der Gelder schafft nur neue Bürokratie. Die sollte doch eigentlich abgebaut werden.
3. Betriebe, die sich bisher die Ausbildung von Lehrlingen nicht leisten konnten, werden mithilfe des Fonds die dazu notwendigen finanziellen Zulagen erhalten.
5. Mit dem Geld aus dem Fond könnte die Regierung die Ausbildung in besonders zukunftsorientierten neuen Berufen fördern (z. B. im High-Tech-Bereich). Das wäre dann eine sinnvolle Investition in die Zukunft.
6. Viele Betriebe bilden zurzeit nicht aus, weil die Ausbildung für sie zu teuer ist. Sie sind in ihrer Existenz bedroht, wenn sie auch noch eine Ausbildungsplatzabgabe zahlen müssen.
7. Es macht keinen Sinn, die Kosten für die Unternehmen zu erhöhen. Das führt nur zur verstärkten Abwanderung von Betrieben ins billigere Ausland.
8. Die Einführung der Abgabe wird in vielen Betrieben einen gesunden Druck erzeugen. Um die Zwangsabgabe zu vermeiden, werden sie von sich aus freiwillig mehr Ausbildungsplätze anbieten.

1. Ordnet die Argumente nach Pro und Kontra und übertragt sie in eine Tabelle. (Sucht nach weiteren Argumenten.)

2. Wie ist eure eigene Ansicht zur Ausbildungsplatzabgabe? Formuliert eure Meinung und diskutiert miteinander.

3. Führt am Ende der Diskussion eine Abstimmung durch und haltet das Ergebnis fest.

INFORMATION lesen – bearbeiten – einprägen

Arbeitslosigkeit

1. Sammelt und erklärt die verschiedenartigen Ursachen für Arbeitslosigkeit. (Verwendet für eure Erklärungen auch das Schaubild.)
2. Stellt dar, warum es kein Patentrezept zur Beseitigung der Arbeitslosigkeit gibt und warum die Maßnahmen der Politik stets umstritten sind.

Ursachen der Arbeitslosigkeit

Wirtschaftswissenschaftler unterscheiden fünf Ursachen: Verändert sich der Aufbau einer Wirtschaft grundlegend, so spricht man von einem Strukturwandel. Bestimmte Branchen verschwinden ganz, weil sie auf den Weltmärkten nicht mehr konkurrenzfähig sind. Unternehmen verlegen ihren Sitz ganz oder zum Teil ins Ausland, weil dort billiger produziert werden kann. Neue Technologien ersetzen menschliche Arbeitsplätze. Die Folge ist die *strukturelle Arbeitslosigkeit*. Sie ist eine bedeutsame Ursache in Deutschland. Daneben spielt die *konjunkturelle Arbeitslosigkeit* eine Rolle. Verringerungen in der Nachfrage, ausbleibendes Wirtschaftswachstum und „konjunkturelle Flaute" über mehrere Jahre hinweg haben zur Folge, dass Unternehmen sich gezwungen sehen, Arbeitsplätze abzubauen, bzw. keine neuen einrichten. Kleinere konjunkturelle Aufschwünge führen auch nur in geringem Maße zur Entstehung neuer Arbeitsplätze.
In der *Mismatch-Arbeitslosigkeit* sehen die Wirtschaftsexperten eine relativ neue Ursache. Sie entsteht dadurch, dass das vorhandene Angebot an offenen Stellen mit den Fähigkeiten und Bedürfnissen der Arbeitslosen nicht übereinstimmt (= Mismatch). Auf dem Arbeitsmarkt wird z. B. händeringend, aber oft vergeblich nach Facharbeitern, Ingenieuren und Computerspezialisten gesucht. Diese sind aber in der Gruppe der Arbeitslosen kaum zu finden.
Im Baugewerbe und bei anderen Arbeiten im Freien können im Winter bestimmte Arbeiten nicht ausgeführt werden. So entsteht *saisonale Arbeitslosigkeit*. Relativ unproblematisch ist es, wenn es zu einer vorübergehenden Arbeitslosigkeit kommt, weil Menschen z. B. eine neue Stelle suchen oder sich beruflich umorientieren. Diese Ursache wird als *friktionelle Arbeitslosigkeit* (= vorübergehende) bezeichnet.

Kein Patentrezept

Alle Expertinnen und Experten sind sich darüber einig, dass es ein Patentrezept gegen die Arbeitslosigkeit nicht gibt. Auch gibt es immer wieder Streit über die richtigen politischen Maßnahmen. Die Arbeitgeberverbände fordern z. B. geringere Unternehmenssteuern, Senkung der Lohnnebenkosten und Verzicht auf Lohnerhöhungen. So können die Preise gesenkt werden, die Nachfrage steigt und es entsteht Wirtschaftswachstum. Wenn es gut läuft in der Wirtschaft, werden die Betriebe am ehesten neue Mitarbeiterinnen und Mitarbeiter einstellen.
Die Gewerkschaften fordern geringere Steuern für die Angestellten und Arbeiter, weil die Leute wieder mehr kaufen, wenn sie mehr Geld in der Tasche haben, und eine Verkürzung der Arbeitszeiten, weil so die vorhandene Arbeit auf mehr Menschen verteilt werden kann.
Die Politik kann die Schaffung neuer Arbeitsplätze nur indirekt beeinflussen und mit ihren Maßnahmen darauf hoffen, dass neue Arbeit entsteht.
Lockern die Politiker z. B. den gesetzlich garantierten Kündigungsschutz, können sie hoffen, dass Unternehmen eher bereit sein werden, neue Mitarbeiter einzustellen. Garantieren können sie den Erfolg von politischen Maßahmen nie. Ganz und gar nicht verhindern kann die Politik, dass Firmen Arbeitsplätze ins Ausland verlagern oder unqualifizierte Arbeit durch Maschinen ersetzen.

© Erich Schmidt Verlag

7. Problem Nummer 2: Umweltschutz
Wie sind Wirtschafts- und Umweltpolitik miteinander vereinbar?

Wirtschaftswachstum gilt als Schlüssel zur Sicherung des Wohlstands und zur Schaffung von Arbeitsplätzen. Aber: Wenn die Wirtschaft eines Landes wächst, dann verbraucht sie mehr Rohstoffe und Energie, denn es werden Waren produziert und verteilt. Nahezu jeder wirtschaftliche Vorgang hat Auswirkungen auf die Umwelt. Ohne eine kluge Umweltpolitik führt Wachstum unweigerlich zu Umweltproblemen. Deshalb steht staatliche Umweltpolitik heute vor der schwierigen Aufgabe, den Widerspruch aus Wachstum, Arbeit, Wohlstand auf der einen Seite und Energieverbrauch und Umweltbelastung auf der anderen Seite aufzulösen.

Der Karikaturist hat das Spannungsverhältnis zwischen Wirtschaftswachstum und Umweltzerstörung zeichnerisch dargestellt. Kannst du die Freude des einen und das Leid des anderen erklären?

Wirtschaftlich verträglicher Umweltschutz als Ziel

Seit Mitte dieses Jahrhunderts haben Umweltbelastungen erkennbar globales Ausmaß angenommen. Ozonabbau, Treibhauseffekt, Dürre- und Hochwasserkatastrophen, Trinkwassermangel und Bodenerosion, Tropenwaldbrände und Artensterben – die Liste der Schlagwörter, die jedermann mit globalen Umweltproblemen verbindet, ließe sich fortsetzen. Es macht sich weltweit die Erkenntnis breit, dass das menschliche Leben und Wirtschaften an einem Punkt angelangt ist, an dem es Gefahr läuft, sich seiner natürlichen Lebensgrundlagen zu berauben. Gleichzeitig sind wir auf dem besten Wege, mit unserem verschwenderischen Naturverbrauch die Möglichkeiten der nachfolgenden Generationen einzuschränken. Doch mit Umweltschutz alleine lässt sich die Zukunft nicht bewältigen.
Jedes Konzept zur Umweltverträglichkeit muss mit Fragen der sozialen und wirtschaftlichen Verträglichkeit abgestimmt werden, um den Kriterien des Leitbildes einer nachhaltigen Entwicklung zu entsprechen. Es kann nicht nachhaltig sein, brennende Probleme der sozialen Sicherung und kollabierende Wirtschaftsverhältnisse in Kauf zu nehmen, um umweltpolitisch die Nummer Eins zu werden. [...]

Leitbild Nachhaltigkeit

Der Begriff Nachhaltigkeit stammt aus der Forstwirtschaft und ist ursprünglich für jedermann verständlich: Das klassische Vorbild für die Nachhaltigkeit ist der umsichtige Waldbesitzer, der nur immer so viele Bäume einschlägt, wie wieder nachwachsen können. In der internationalen Umweltdiskussion machte der Begriff „sustainable development" – zu deutsch: nachhaltig zukunftsverträgliche Entwicklung – seit 1987 Karriere. Damals legte die Bundtland-Kommission für Umwelt und Entwicklung ihren Bericht „Unsere gemeinsame Zukunft" vor. Unter „sustainable development" wird danach eine Entwicklung verstanden, „die den Bedürfnissen der heutigen Generation entspricht, ohne die Möglichkeiten künftiger Generationen zu gefährden, ihre eigenen Bedürfnisse zu befriedigen und ihren eigenen Lebensstil zu wählen." Für Industrieländer wie die Bundesrepublik Deutschland heißt das: Umweltziele und -strategien müssen national entwickelt werden und sich sowohl an der Erhaltung der Natur als natürlicher Lebensgrundlage wie am materiellen Wohlstand orientieren.

Alle an einem Strang

Nachhaltigkeit kann nicht als Programm „von oben" verordnet werden. Die Teilnahme der Bürgerinnen und Bürger „von unten" muss – auch im Sinne einer zukunftsfähigen Demokratie – gewährleistet sein. Nachhaltigkeit ist nicht nur durch die „große" Politik, die gewählten Stellvertreter in Parlament und Regierung zu bewerkstelligen, sie muss auch vor Ort, im Alltag und von jedermann als Aufgabe begriffen werden. [...] Nur wenn Politik, Wirtschaft und Gesellschaft an einem Strang ziehen, also allesamt ihr Verhalten an der Nachhaltigkeit ausrichten, lässt sich das Ziel verwirklichen.

(Aus: Marianne Wollenweber u. Peter Manstein, Stichwort Nachhaltigkeit: Der Zukunft eine Chance, hrsg. vom Deutschen Bundestag, Referat Öffentlichkeitsarbeit, Berlin 2000, S. 5ff.)

Das Kyoto-Protokoll: Beispiel für die Chancen und Schwierigkeiten internationaler Problemlösungen

1997 trafen sich in Kyoto (Japan) zahlreiche Politiker zu einer Klimakonferenz, um das Vorgehen zum weltweiten Klimaschutz zu besprechen. Die Vereinbarungen wurden im sogenannten Kyoto-Protokoll festgehalten. Sie haben zum Ziel, die weltweite Emission von Treibhausgasen zu senken, die als Auslöser der globalen Erwärmung gelten. Die Zunahme der Treibhausgase wird größtenteils auf menschliche Aktivitäten zurückgeführt. Da die Senkung der Treibhausgase ein weltweites Problem darstellt und der Klimaschutz nur global angegangen werden kann, verlangt das Kyoto-Protokoll auch die Zusammenarbeit der Länder. Die Vertragsstaaten haben das Ziel, ihre Emissionen bis zum Jahr 2012 im Durchschnitt um 5 % unter das Niveau von 1990 zu senken. Die einzelnen Staaten haben dabei jedoch verschiedene Vorgaben. EU-Staaten und die Schweiz streben zum Beispiel eine Senkung von 8 % an, für China, Indien und Entwicklungsländer sind dagegen keine Einschränkungen vorgesehen. Wenn ein Staat das Kyoto-Protokoll ratifiziert, d. h. den Vertrag unterschreibt, werden alle darin enthaltenen Forderungen für ihn verbindlich. Bei Nichteinhaltung werden die Staaten bestraft. Das Kyoto-Protokoll trat in Kraft, als es die 55 Staaten ratifiziert hatten, die zusammen im Jahr 1990 für mindestens 55 % der Treibhausgas-Emissionen verantwortlich waren. Dies geschah am 16. Februar 2005. Zu diesem Zeitpunkt hatten 141 Staaten das Kyoto-Protokoll ratifiziert, die zusammen 85 % der Weltbevölkerung und 62 % des weltweiten CO_2-Ausstoßes abdeckten. Allerdings möchten mittlerweile einige Vertragsländer wieder aus den Vereinbarungen aussteigen. Dadurch rückt das Ziel der Treibhausgassenkung in weite Ferne.

(Aus: Wolfgang Gerber (Hg.), Klimawandel, geographie heute, Heft 241/242/2006, S. 34)

1997 begannen die Verhandlungen und 2005 trat das Kyoto-Protokoll in Kraft. Wie äußert sich die Karikatur zu diesen internationalen Verhandlungen? Welche Aussage enthält die Karikatur?

Die politischen Bemühungen um die Verabschiedung des Kyoto-Protokolls waren nicht nur von Erfolg gekrönt. Besonders kritisiert wurde, dass die USA es ablehnten, dem Protokoll beizutreten. Immerhin produziert die USA rund ein Viertel aller Treibhausgase weltweit. Die Nichtbeteiligung der USA und die Tatsache, dass sich die Unterzeichnerstaaten einige Schlupflöcher gönnten, wird nach Ansicht von Experten dazu führen, dass von der angestrebten Reduktion von 5 Prozent nur knapp 2 Prozent bis 2012 erreicht werden können. Das gilt als ein begrüßenswerter erster Schritt, der allerdings die Erderwärmung nicht verhindern wird. (Anmerkung des Herausgebers).

1. Erklärt, was man unter dem Leitbild Nachhaltigkeit versteht?
2. Man kann das Kyoto-Protokoll als Erfolg und als Misserfolg sehen. Notiert, was für welche der beiden Sichtweisen spricht.
3. „Die Umwelt hat nur eine Chance, wenn alle an einem Strang ziehen." Formuliert zu dieser These eure eigene Stellungnahme.

INFORMATION

Staatliche Umweltpolitik

1. Legt eine Mindmap an und sammelt Ziele, Akteure, Prinzipien und Handlungsfelder staatlicher Umweltpolitik.
2. Erklärt am Beispiel des Klimaschutzes, warum es eine dringende Notwendigkeit für eine globale Umweltpolitik gibt.
3. Analysiert die Schaubilder, indem ihr die Ausgaben in Deutschland und die weltweiten Herausforderungen darstellt.

Die Ziele
Der Artikel 20a des Grundgesetzes erklärt die Zielsetzung staatlicher Umweltpolitik: „Der Staat schützt auch in Verantwortung für die künftigen Generationen die natürlichen Lebensgrundlagen [...]" Dementsprechend verstehen Wissenschaftler Umweltpolitik als die Summe aller öffentlichen Maßnahmen zur Begrenzung, Reduzierung oder Vermeidung ökologisch negativer Folgen unseres Handelns.

Die Akteure
In Deutschland arbeiten Bund, Länder und Gemeinden im Umweltschutz zusammen. Auf Bundesebene ist das Bundesumweltministerium für den Umweltschutz zuständig. Aber auch die 16 Bundesländer haben Umweltministerien. Bund und Länder erarbeiten gemeinsam Umweltschutzgesetze. Bei der Umsetzung dieser Gesetze kommt den Gemeinden eine verantwortungsvolle Aufgabe zu. Sie entscheiden zum Beispiel über die Ausweisung von Trinkwasser-Schutzgebieten und Industrieanlagen, sie organisieren die Müllentsorgung und anderes mehr.

Die Prinzipien
Heute hat man erkannt, dass es falsch ist, auf eine Katastrophe zu warten und dann erst zu reagieren. Deshalb wurde eine Strategie der Prävention, also des vorsorgenden Handelns entwickelt, die heute allen wichtigen umweltpolitischen Entscheidungen zugrunde liegt.
Sechs Prinzipien leiten die präventive Umweltpolitik heute:
1. Das *Verursacherprinzip*, nach dem jene, welche die Umwelt belasten, auch für die Schäden haften.
2. Das *Kooperationsprinzip*, das die Beteiligung aller wichtigen Gruppen beim Umweltschutz fordert. Denn jeder Einzelne trägt durch sein alltägliches Handeln Verantwortung für die Umwelt.
3. Das *Substitutionsprinzip*, wonach gefährliche Stoffe ersetzt werden sollen, sobald es umweltfreundlichere Ersatzstoffe gibt.
4. Das *Integrationsprinzip*, das Umweltschutz zu einer Aufgabe macht, an der sich alle Politikbereiche beteiligen müssen.
5. Das *Vorsorgeprinzip*, das bedeutet, dass Umweltpolitik so angelegt sein soll, dass Gefährdungen der Umwelt so gering wie möglich gehalten werden.
6. Das *Prinzip der Nachhaltigkeit*, wie es im Artikel 20a des Grundgesetzes beschrieben ist. Danach muss Umweltpolitik langfristig angelegt sein. Sie soll dafür Sorge tragen, dass auch die nachfolgenden Generationen in einer gesunden Umwelt aufwachsen können.

Die Handlungsfelder
Zur genaueren Unterscheidung, in welchen Bereichen Umweltpolitik aktiv sein

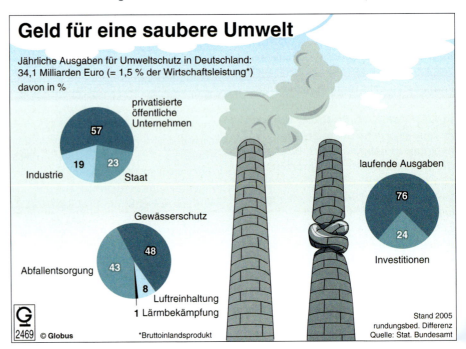

Geld für eine saubere Umwelt

Jährliche Ausgaben für Umweltschutz in Deutschland: 34,1 Milliarden Euro (= 1,5 % der Wirtschaftsleistung*) davon in %

- privatisierte öffentliche Unternehmen: 57
- Staat: 23
- Industrie: 19

Gewässerschutz: 48
Abfallentsorgung: 43
Luftreinhaltung: 8
Lärmbekämpfung: 1

laufende Ausgaben: 76
Investitionen: 24

*Bruttoinlandsprodukt
Stand 2005, rundungsbed. Differenz
Quelle: Stat. Bundesamt

lesen – bearbeiten – einprägen

muss, bietet es sich an, von vier grundlegenden Handlungsfeldern zu sprechen:
- dem Schutz des Bodens,
- dem Gewässerschutz,
- dem Schutz vor gefährlichen Strahlungen,
- dem Klimaschutz.

Die Notwendigkeit für eine globale Umweltpolitik

Es ist offensichtlich geworden, dass für den Umweltschutz alle Staaten zusammenarbeiten müssen, um Gesetze zu finden, mit denen umweltfreundliches Verhalten wirksam gesteuert werden kann. Umweltprobleme müssen global gelöst werden. Hierbei soll die UNO, also die Organisation der Vereinten Nationen, der nahezu alle Staaten der Welt angehören, eine führende Rolle übernehmen. Die größte Herausforderung für eine globale Umweltpolitik wird die Vermeidung der Klimakatastrophe sein. Der im Februar 2007 veröffentlichte Bericht des internationalen Weltklimarates sagt einen Temperaturanstieg um 6,4 Grad bis zum Jahr 2100 bei gleichzeitigem Anstieg des Meeresspiegels um mehr als einen halben Meter voraus für den Fall, dass nichts geschieht. Die Herausforderung für die nationale und die internationale Politik sind hier so groß, dass alle Expertinnen und Experten sie als eine Überlebensfrage für die Menschheit bezeichnen. Führende Politikerinnen und Politiker setzen sich für die Einrichtung einer Weltumweltorganisation im Rahmen der Vereinten Nationen ein. Hierin könnten alle Maßnahmen zum Schutz des Weltklimas abgestimmt und koordiniert werden.

Klimaschutz – Der Menschheit bleibt keine andere Wahl

Paris (dpa) Den Klimawandel-Zweiflern ist die Grundlage entzogen. Der neue Bericht des UN-Klimarats macht die globale Erwärmung von der Vermutung zur Gewissheit. Und die Menschheit muss sich auf die unabwendbaren Folgen einstellen. [...]
„Wer jetzt noch nicht wach ist, der muss sich fragen, was denn eigentlich passieren muss, damit man den Ernst der Lage erkennt", betont der frühere Chef des UN-Umweltprogramms und ehemalige Bundesumweltminister Klaus Töpfer. „Jeder Regierungschef, der in seinem Amtseid geschworen hat, Schaden von seinem Volk abzuwenden, ist jetzt zu einer ernsthaften Klimapolitik verpflichtet", urteilt auch der Geschäftsführer der Umweltorganisation Greenwatch, Christopher Balls. „Es geht nicht zuletzt um unzählige Menschenleben." [...]
Nach Ansicht der Klimaexperten kann es jetzt nur darum gehen, die Erderwärmung durch rigorose Einschnitte bei den Treibhausgasemissionen auf zwei Grad Celsius zu begrenzen.
„Wenn das erreicht wird, gibt es zwar erhebliche Konsequenzen, aber das wäre sicherlich, so die Wissenschaftler, noch zu bewältigen", sagte Töpfer. Dieses Ziel ist vor allem die Aufgabe jener Länder, die den Löwenanteil der klimaschädigenden Gase ausstoßen. Das sind die Industriestaaten – und zunehmend die mächtigen Schwellenländer China, Indien und Brasilien."

(Aus: Thilo Riesenhoft und Hanns-Jochen Kaffsack, Der Menschheit bleibt keine andere Wahl, in: Trierischer Volksfreund Nr. 29 vom 3. und 4. Februar 2007, S. 4)

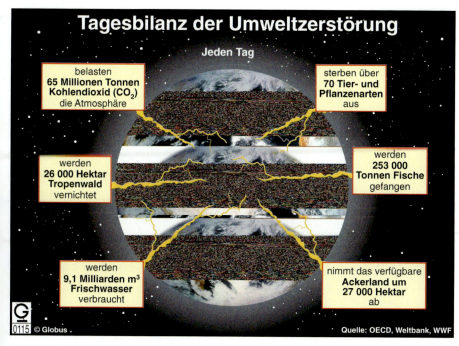

Tagesbilanz der Umweltzerstörung
Jeden Tag
- belasten 65 Millionen Tonnen Kohlendioxid (CO_2) die Atmosphäre
- sterben über 70 Tier- und Pflanzenarten aus
- werden 26 000 Hektar Tropenwald vernichtet
- werden 253 000 Tonnen Fische gefangen
- werden 9,1 Milliarden m³ Frischwasser verbraucht
- nimmt das verfügbare Ackerland um 27 000 Hektar ab

Quelle: OECD, Weltbank, WWF

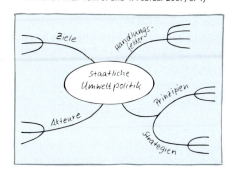

METHODENKARTE 9

Methodenkarte

Schaubilder analysieren mit der „Vier-Fragen-Deutung"

Thema: Umwelt

Welche Bedeutung haben Schaubilder?

Schaubilder liefern uns in einer sehr kompakten Form wichtige statistische Daten, die man kennen sollte, wenn man über ein Thema informiert sein will. Sie sind in einer eigenen Sprache abgefasst. Nur so gelingt es, sehr komplizierte Sachverhalte auf kleinstem Raum darzustellen. Wer ein Schaubild richtig analysieren will, muss genau hinschauen und die Einzelheiten beachten.

Schaubilder begegnen uns überall in Schulbüchern, Zeitungen, Zeitschriften, auch im Fernsehen und im Internet. Wer sie richtig lesen kann, kann sich schnell über wichtige aktuelle Erscheinungen informieren und sich eine Meinung bilden, die sich auf konkrete Zahlen stützt.

Wie analysiert man Schaubilder?

Analysieren heißt untersuchen, um den Kernaussagen auf die Spur zu kommen. Zur Analyse von Schaubildern schlagen wir euch die „Vier-Fragen-Deutung" vor, die ihr auf jedes Schaubild anwenden könnt.

Erster Schritt: Wovon handelt das Schaubild?

Wandere mit den Augen über das Schaubild und finde heraus, welche Thematik es behandelt. Eventuell müssen unbekannte Begriffe mit einem Lexikon geklärt werden.

Das Schaubild behandelt den weltweiten Ausstoß von Kohlendioxid in der Zeitspanne zwischen 1971 und 2030. Der Titel „Im Treibhaus von morgen" zeigt, dass die Ausstoßmenge zunehmen wird.

Zweiter Schritt: Welche Bedeutung haben die Zahlen?

Achte genau darauf, ob es sich bei den Zahlen um Prozentangaben, absolute Zahlen oder um Mengen- oder Größenangaben handelt.

Angegeben ist der weltweite jährliche Ausstoß von CO_2 in Milliarden Tonnen. Demnach wird der CO_2-Ausstoß von 13,7 Milliarden Tonnen im Jahr 1971 bis zum Jahr 2030 auf 38,2 Milliarden Tonnen steigen. Die Kurve verdeutlicht den kontinuierlichen Anstieg.

Dritter Schritt: Welche Informationen daraus will ich mir langfristig merken?

Entnehmt dem Schaubild eine oder zwei Informationen, die ihr euch langfristig einprägen wollt.

Die wichtigste Information in diesem Schaubild ist, dass sich der CO_2-Ausstoß von 1971 bis zum Jahr 2030 nahezu verdreifachen wird.

Vierter Schritt: Warum ist das Schaubild gemacht worden?

Versucht herauszufinden, warum das Schaubild gemacht wurde. Will das Schaubild uns informieren, will es uns zu Veränderungen im Verhalten aufrufen, will es unsere Meinung in eine bestimmte Richtung lenken? Schaubilder erwecken leicht den Anschein, als ob sie die objektive Wahrheit wiedergeben würden. Das muss aber nicht immer der Fall sein. Zum Beispiel kann bei einer Zukunftsprognose niemand von uns nachprüfen, ob die Prognose 2030 wirklich so eintrifft und ob die Berechnungsgrundlagen richtig sind.

Deswegen: Benutzt Statistiken und Schaubilder als Informationsquelle und als Mittel zur Meinungsbildung, aber schaut auch kritisch auf die Zahlen!

Dieses Schaubild verdeutlicht, wie ungeheuer groß die Zunahme der CO_2-Emission seit 1971 war und wie groß sie in der Zukunft noch sein wird, wenn nichts geschieht. Man kann nur hoffen, dass die Berechnungen des Umweltforschungsinstitutes so nicht eintreffen werden, denn das würde eine gefährliche Zunahme des Treibhauseffektes bedeuten. Staat, Wirtschaft und Privatleute – also wir alle – sind gefordert, darüber nachzudenken, wie man den Ausstoß von Kohlendioxid senken kann.

196

Hinschauen – Zahlen deuten – Informationen einprägen – Bewerten

Wendet nun die vier Schritte auf die Schaubilder 1 bis 4 auf dieser Seite an. Dazu sollte die Bearbeitung so aufgeteilt werden, dass jeder in der Klasse ein Schaubild übernimmt und seine Analyse den Mitschülerinnen und Mitschülern vorstellt. (Die „Vier-Fragen-Deutung" lässt sich auf alle Statistiken und Schaubilder in diesem Buch und darüber hinaus anwenden.)

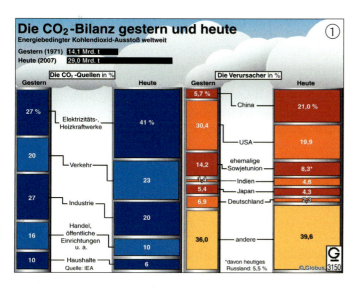

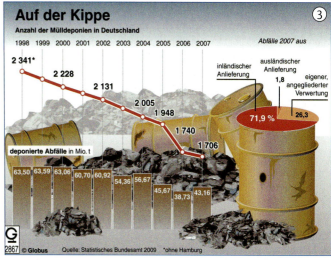

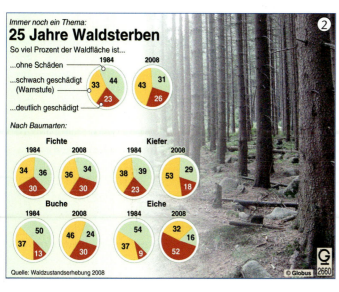

197

8. Problem Nummer 3: Globalisierung
Die ganze Welt als einziger Markt

Wirtschaftskundeunterricht im Jahr 2020

Man gehe durch irgendeine Einkaufsstraße in irgendeiner Großstadt in der Welt und man wird überall die gleichen Geschäfte finden: die gleichen Fastfood-Ketten, Modehäuser, Uhren- und Schmuckdesigner. Wir leben in einer globalisierten Welt. Globalisierung ist das Schlagwort, mit dem der Prozess des weltweiten wirtschaftlichen Zusammenwachsens bezeichnet wird. Längst hat sie unseren Alltag erreicht und greift in unser alltägliches Leben ein. Man reist, isst und kleidet sich global. Man kommuniziert weltweit mithilfe des Internets und verkauft global. Grenzen und Entfernungen spielen dabei eine zunehmend geringere Rolle.

Alle Fragen, die mit Wirtschaft und Umwelt zu tun haben, müssen heute im globalen Zusammenhang gesehen werden. Die globalisierte Welt produziert Gewinner und Verlierer, Hoffnungen und Ängste. Mit den positiven und den negativen Folgen könnt ihr euch in dieser Einheit auseinandersetzen.

Die beiden Beispiele auf dieser Doppelseite verdeutlichen, was globalisierte Wirtschaft bedeutet.

Tipp: Texte, die Wirtschaftsfragen behandeln, sind oft mit Zahlen gespickt, die für das Textverständnis wichtig sind. Mit der „Zahlenmethode" könnt ihr solche Texte gut erschließen. Notiert während des Lesens die Zahlen und was sie bedeuten auf ein Blatt und fasst dann mit diesen Notizen den Textinhalt mündlich zusammen.

Das kann für die Beispiele A und B in arbeitsteiliger Einzelarbeit mit anschließendem Partnerbriefing geschehen.

Beispiel A: Aus dem Reisetagebuch einer Jeans

Man nehme aus Italien ein bis zwei Meter Denimstoff, sechs Nieten und ein Lederetikett. Aus Deutschland: 274 Meter Nähgarn, ein Stofflabel plus Edelstahlknopf. Dazu gebe man Taschenfutter aus Frankreich plus einen Reißverschluss aus Belgien, nähe alles zusammen und fertig ist es, das Jeansmodell „Sunny" der Firma H.I.S. – sollte man meinen. Leider ist es nicht ganz so einfach, denn bis „Sunny" gefaltet im Regal liegt, reist sie drei Monate lang durch die Welt und legt mehr als 20 000 Kilometer zurück. Ihre Geschichte beginnt auf einer Baumwollplantage in Amerika, Usbekistan, Griechenland oder Syrien. Von dort wird die gepflückte Baumwolle in eine italienische Weberei gebracht, zu Denimstoff verarbeitet und mit dem Farbstoff Indigo dunkelblau eingefärbt. In der H.I.S.-Zentrale im bayerischen Garching wird inzwischen der Schnitt entworfen. Gemeinsam mit Reißverschluss, Nieten und Knöpfen gehen dann Schnitt und Stoffe nach Tunesien. Zwischen 150 und 250 Näher und Näherinnen arbeiten hier an „Sunny" – für zwei Euro pro Stunde. „Der Kunde würde uns den Stundenlohn einer deutschen Näherin von rund 15 Euro nicht zahlen", sagt Milan Danek, Vorstandsvorsitzender der H.I.S.-Sportswear AG. Aus Nordafrika wird die fertig genähte Hose in die Wäscherei nach Italien geschickt. Um eine gebrauchte Optik zu bekommen, wird sie dort wahlweise mit Steinen gewaschen, mit Schmirgelpapier abgerieben oder mit einer dünnen, weißen Farbschicht besprüht und – um waschfest zu werden – im Backofen getrocknet. Anschließend fahren die fertigen „Sunnys" im LKW zurück nach Garching, werden kontrolliert, abgepackt und an 4 000 Geschäfte in ganz Europa geliefert. Die einzelnen Jeansmodelle werden genau kalkuliert, was bedeutet, dass jede in einer anderen Näherei zusammengesetzt wird – in acht verschiedenen Ländern Nordafrikas und/oder Osteuropas. Rund 5 Millionen H.I.S.-Jeans entstehen so im Jahr, über 80 000 davon sind „Sunnys".

(Aus: Kerstin Messer, Miles an More, in: Stern, 30.4.2002, S. 110)

Beispiel B: Ikea

Einkaufen bei Ikea in Riad, der Hauptstadt Saudi-Arabiens

Während die Möbelbranche gerade katastrophale Umsatzrückgänge verzeichnet, betreibt Ikea mal eben die Eroberung der Welt. [...] Jeden Tag strahlt Kamprads Name [Gründer von Ikea] über mittlerweile 177 Geschäften in 31 Ländern, lockt jährlich 286 Millionen Besucher zum Griff ins Portemonnaie, von Australien bis Saudi-Arabien, von Island bis Taiwan. In China heißt Ikea „Yi Jia Jia Ju", „Gemütlich zu Hause wohnen", und gilt als hipper Shopping-Spot. [...] In den nächsten Jahren soll der Konzern weltweit um weitere 75 Prozent wachsen – so wie er in den vergangenen Jahren um 100 Prozent gewachsen ist. [...]

Wer wissen möchte, wie diese Möbelmaschine funktioniert, wer wissen will, wie ein Weltmöbelgeschmack geplant und der Ikea-Mensch gebastelt wird, der fährt nach Älmhult. Eine Kleinstadt an der Durchgangsstraße nach Stockholm. [...]

In zwei gigantischen Fotostudios produziert der Amerikaner Bill Agee den Katalog in einer jährlichen Auflage von 118 Millionen Stück in 23 Sprachen – das meistgelesene „Buch" nach der Bibel [...]. In elf „Business Areas" arbeiten hier rund 100 Produktentwickler. Ihre Ideen müssen stets für die Massenproduktion verwertbar sein, dazu weltweit verkäuflich und stets so gestaltet sein, dass sie in kostensparende Flachkartons passen! Ikea lässt in 55 Ländern von 1 800 Lieferanten produzieren. Jeder zweite Artikel stammt aus Niedriglohnländern. [...] Länder wie China und Vietnam gehören zu den Großlieferanten [...]. In der vietnamesischen Rattan-Fabrik „Rapexco" arbeiteten vor neun Jahren 102 Menschen. Dann kam Ikea. Heute flechten 6 500 Frauen an Rattanmöbeln, mindestens 300 000 Stühle der Marke „Agen" pro Jahr. Eine Arbeiterin schafft gut einen Stuhl am Tag. Sie verdient umgerechnet zwei Euro pro Tag – mehr als der gesetzliche Mindestlohn. Doch die Lieferanten sollen ihre Verkaufspreise an Ikea möglichst jedes Jahr senken. „Dafür ordert Ikea auch jedes Jahr größere Stückzahlen", sagt Firmendirektor John Wallace. „Ja, es ist hart. Aber solange Ikea wächst, wachsen auch wir. Das System Ikea funktioniert." Für acht Euro wird „Agen" an Ikea verkauft, für 26 Euro steht der Stuhl in deutschen Läden.

(Nach: Katja Gloger, Ikea. Ein Mann vermöbelt die Welt, in: Stern 24.4.2003, S. 82ff.)

1. Wo überall auf der Welt sind Menschen mit der Produktion einer H.I.S.-Jeans oder eines Ikea-Stuhles beschäftigt?

2. Erläutert an den beiden Beispielen, wie ein Wirtschaftsunternehmen als „Global Player" funktioniert. Verwendet in euren Erklärungen die Begriffe *Arbeitsteilung, Produktentwicklung, Produktion, Transport* und *Preisgestaltung*.

Was sind die Licht- und die Schattenseiten der Globalisierung?

Weltweite Kommunikation, weltweiter Handel, immer bessere und schnellere Transportmöglichkeiten: Da könnte man annehmen, dass die Menschen positiv auf den Prozess der Globalisierung reagieren. Dem ist aber nicht so. Bei vielen Menschen löst das Wort Globalisierung mehr Angst als Hoffnung aus. Wovor haben die Menschen Angst? Sind die Ängste berechtigt oder überwiegen die Vorteile der Globalisierung?

Umfrage: Immer mehr Deutsche denken bei Globalisierung an Jobabbau

Allensbach – Eine wachsende Mehrheit der Deutschen verbindet Globalisierung mit der Verlagerung von Arbeitsplätzen ins Ausland und Jobverlust. Das hat eine repräsentative Umfrage des Instituts für Demoskopie in Allensbach ergeben. Danach denken 78 Prozent der 1 269 Befragten beim Begriff Globalisierung daran, dass Stellen ins Ausland abwandern. 1998 meinten dies nur 69 Prozent. [...]

(dpa-Meldung vom 28.07.2006, in: Trierischer Volksfreund vom 29./30. Juli 2006, S. 1)

Vernichten oder schaffen die Global Player Arbeitsplätze zu Hause?

Beispiel: Firma Carl Zeiss Vision, zweitgrößter Brillenhersteller der Welt, Stammsitz Aalen, Bundesrepublik Deutschland

„Die Produktion von bestimmten Einfachgläsern und Prozessschritte mit geringer Wertschöpfung sind angesichts der hohen Arbeitskosten am hiesigen Standort wirtschaftlich nicht mehr darstellbar", teilte das Unternehmen Ende September mit. Standardgläser sollen daher künftig in Ungarn produziert werden.

In Aalen fallen damit 400 Arbeitsplätze weg. „Nur ein gesundes und ertragreiches Unternehmen kann sich im internationalen Wettbewerb behaupten und Arbeitsplätze erhalten", begründete das Unternehmen seinen Schritt. [...] Die Unternehmensberatung Boston Consulting Group (BCG) schätzt, dass die Produktionsverlagerung in Niedriglohnländer Deutschland in den nächsten zehn Jahren rund zwei Millionen Arbeitsplätze kosten wird. [...]

Steigende Chancen trotz Arbeitsplatzverlagerung

Nach der Meinung vieler Wirtschaftswissenschaftler erhöht die internationale Arbeitsteilung insgesamt den Wohlstand und die Beschäftigung für alle. Alle müssen nicht alles machen, sondern spezialisieren sich auf das, was sie am besten können: Entwicklungs- und Schwellenländer mit niedrigen Löhnen konzentrieren sich auf arbeitsintensivere und einfache Produkte – hoch entwickelte Industrienationen auf technisch anspruchsvolle und kapitalintensive Güter. „Es kann damit gerechnet werden, dass Deutschland mittelfristig insgesamt wie auch die meisten anderen entwickelten Industrieländer zu den Globalisierungsgewinnern zählt", stellte eine Kommission des Bundestages zur Globalisierung der Weltwirtschaft schon vor drei Jahren fest. [...] Die Arbeitsmarktchancen gut qualifizierter und hoch produktiver Beschäftigter steigen dadurch.

(Nach: Stefan von Borstel, Deutsche Unternehmen im Ausland schaffen Arbeitsplätze zu Hause, in: Globale Wirtschaft, Beilage zur Wochenzeitung „Das Parlament" vom 21. November 2005, S. 3)

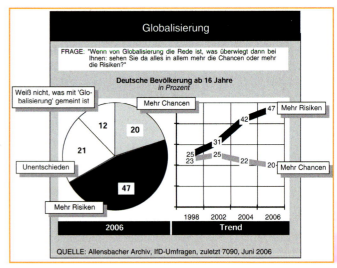

1. Wie denkt man in Deutschland über die Chancen und Risiken der Globalisierung?
2. Bestätigt das Beispiel der Firma Carl Zeiss die Ängste oder widerlegt es sie?
3. Leitet aus den sechs Informationskästen im Trainingsplatz selbstständig mögliche Chancen und Gefahren ab.
4. Verwendet die Materialien für eure ganz persönliche Urteilsbildung: Seht ihr den Prozess der Globalisierung eher positiv oder negativ? Formuliert eure Stellungnahme und diskutiert in der Klasse.

TRAININGSPLATZ

Globalisierung

Wir ermitteln Chancen und Risiken

Auf dieser Seite werden einige Auswirkungen der Globalisierung dargestellt. Ihr sollt selbst entscheiden, ob dabei das Positive oder das Negative überwiegt.

Diskutiert am Ende die Meinung des Journalisten Nikolaus Piper: „Wer vor der Globalisierung in Politik und Wirtschaft die Augen verschließt, spürt ihre negativen Folgen mit besonderer Wucht. Aber wer sie nutzt, kann gewinnen."

1. Das Warenangebot in Deutschland ist größer denn je. Wir können heute in jeder Saison Früchte und Gemüse aus der ganzen Welt kaufen. Die Preise sind insgesamt gesunken. Auch technische Geräte wie DVD- und MP3-Player können wir billig kaufen. Die günstigen Preise verdanken wir den niedrigen Löhnen in Entwicklungsländern, wo die Waren produziert werden. Dort werden in verschiedenen Industriezweigen auch Kinder beschäftigt.

2. Wer heute über einen Internetanschluss verfügt, dem steht als Kunde die ganze Welt zur Verfügung. Kaufen und Verkaufen ist an keinen Standort mehr gebunden. Kunden können weltweit Produkte bestellen und Preise vergleichen. Die Zahl der Internetfirmen wächst. Das schafft mehr Konkurrenz, aber auch Chancen für hoch qualifizierte Arbeitskräfte auf der ganzen Welt. Menschen, die keinen Zugang zu modernen Kommunikationsmitteln haben, können von diesen Chancen nicht profitieren.

3. Niemand zahlt gerne Steuern, auch die großen Konzerne nicht. Die Staaten brauchen aber Steuereinnahmen, um ihre Aufgaben wahrnehmen zu können. „Global-Player-Unternehmen" können sich dieser Verantwortung entziehen. Sie schieben die Gelder zwischen ihren Niederlassungen auf der Welt hin und her. Gibt es in Deutschland höhere Steuern auf Unternehmensgewinne als anderswo, weist man hier eben nur kleine oder gar keine Gewinne aus und zahlt dementsprechend wenig oder gar keine Steuern. Die Gewinne erscheinen dann in dem Land, das darauf die geringsten Steuern erhebt.

4. Bezogen auf den Schutz der Umwelt zeigt sich die Globalisierung als ein Prozess voller Chancen und Gefahren. Einerseits ist das Bewusstsein gewachsen, dass die Probleme der Umwelt nur in weltweiter Zusammenarbeit gelöst werden können. Andererseits führt die Globalisierung zu einem dramatischen Anstieg der Umweltbelastungen. Ländern wie z. B. China hat der zunehmende Wandel ein enormes Wachstum beschert. China produziert mittlerweile aber auch den weltweit größten Ausstoß an CO_2-Emissionen, der für die Erderwärmung verantwortlich ist.

5. Die armen Länder in Afrika, Asien und in Südamerika haben einen riesigen Nachholbedarf an technologischen Gütern. So verkauft die Firma Siemens ihre High-Tech-Kommunikationsprodukte mittlerweile in über 120 Staaten der Welt. Das Know-how liefern die deutschen Mitarbeiter, deren Arbeitsplätze so gesichert sind. Dabei ist Siemens nur ein Beispiel von vielen.

6. Auf den Weltmärkten geraten diejenigen Länder ins Abseits, die nur einen oder wenige Rohstoffe anzubieten haben. Dazu gehören vor allem Länder in Afrika. Die Preise für Rohstoffe sinken seit Jahren. Die Folge: Die Staaten haben geringere Einnahmen und müssen in den Bereichen Bildung, Gesundheit und Straßenbau sparen. So vergrößert die Globalisierung die Kluft zwischen Arm und Reich.

Im Original

Der Bericht auf dieser Seite erschien in der Weihnachtszeit in der Badischen Zeitung. Er verdeutlicht einerseits, wie die Arbeitsteilung in der globalisierten Wirtschaft weltweit funktionieren kann, und er zeigt andererseits, unter welch unmenschlichen Bedingungen Güter hergestellt werden, die wir oft zu unserer eigenen oder zur Freude anderer käuflich erwerben.

Die Fabrik des Weihnachtsmannes

Hauptsache der Preis stimmt: Massenware aus China für die Kinder in aller Welt

Es riecht nach verbranntem Plastik. Mit routinierten Griffen steuern die Frauen die großen Stahlkästen, in denen die Spielzeuge geschmolzen werden. Halbe Plastikpistolen fallen aus einer Maschine. Daneben werden hellrosa Plastikgehäuse hergestellt – aus ihnen werden sprechende Spielzeugfotoapparate. Zehntausende Teile werden in dem dunklen Fabrikraum Tag für Tag produziert. „Das ist alles für den Export", sagt Manager Liang Shihong und führt die Besucher mit raschen Schritten in die nächste Fabrikhalle, in der einige hundert Frauen das Spielzeug an Fließbändern zusammenstecken. In wenigen Wochen ist Weihnachten, für Liang und seine 2000 Arbeiter Hochsaison.

Wenige Städte in China sind so hässlich wie das südchinesische Wachstumswunder Shenzhen. Eilig errichtete Fabriken reihen sich aneinander; über die sechsspurigen Straßen holpern Lastwagen, die Container zum Hafen bringen. Jedes Jahr im Spätsommer wandelt sich das Industriegebiet zu einem besonderen Ort. Hunderttausende chinesische Arbeiter setzen sich in gut 1 600 Fabriken an Fließbänder, um Spielzeug zusammenzubauen. Teddybären, Elektronikspiele, Barbie-Puppen, Holzfiguren, Plastikbausteine – nirgendwo auf der Welt wird mehr Spielzeug hergestellt als in Shenzhen. Shenzhen ist die Manufaktur des Weihnachtsmannes. [...] Sun steckt Plastikgriffe an Spielzeugpistolen. Mit der linken Hand nimmt die 23-Jährige die Pistole vom Fließband. Befestigt die Griffe, prüft das Spielzeug kurz und legt es dann wieder zurück. 400 Frauen sitzen an den Fließbändern in einer großen Halle. Die Wände sind kahl und weiß gestrichen, von der Decke hängen Neonlampen. 2008 Pistolen hat Sun seit dem Schichtbeginn um acht zusammengesetzt, ein Vorarbeiter notiert die Produktionszahlen auf einer Tafel. Bis zum Abend werden noch ein paar Tausend dazukommen. Bis zu elf Stunden arbeitet Sun am Tag, sechs Tage die Woche. Von Weihnachten hat sie nur eine grobe Vorstellung. „Da werden im Westen Geschenke verteilt", rätselt sie. Ihre Kollegin fragt: „Ist das nicht das Gleiche wie Neujahr?" 700 Yuan verdienen sie im Monat. Das sind ungefähr 70 Euro. Die Produktion ist primitiv. Vom Ausstanzen der Plastikteile, dem Löten der Platinen für die Elektronik bis hin zum Falten der Verpackungskartons – jeder Arbeitsschritt wird bei Gealex von Hand gemacht. Menschenarbeit ist billiger als der Einsatz von Maschinen. Die Arbeiterinnen, die oft in Schlafsälen der Fabrik leben müssen, schuften wie entrechtete Sklaven. Die Bedingungen sind unmenschlich: Die Frauen erkranken an den giftigen Dämpfen der Kleber und Chemikalien, verletzen sich an Maschinen oder sterben einfach an Erschöpfung. Kaum eine weiß von staatlichen Mindestlöhnen oder Arbeitszeitbeschränkungen. Die meisten Fabriken arbeiten im Verborgenen. Niemand soll mitbekommen, wie es an Fließbändern zugeht. Profiteur dieses Systems ist die Spielzeugindustrie. Internationale Konzerne wie Mattel, Nintendo, Hasbro und Lego erwirtschaften mit Kinderspielzeug Milliardenumsätze. Aber auch Handelsriesen wie WalMart, der für 19 Prozent des US-Spielwarenumsatzes verantwortlich

lesen – verstehen – beurteilen

ist, McDonald's und der Schokokonzern Ferrero, die mit ihren Snacks jedes Jahr Millionen Kleinspielzeuge verteilen, profitieren von den niedrigen Produktionskosten. Die westlichen Firmen legen nur noch das Design fest, organisieren das Marketing und den Verkauf. Die Produktion ist meist vollständig nach China verlagert. „Die großen internationalen Firmen haben praktisch ein Monopol", sagt Mai Qingzhao von der Shenzhener Vereinigung der Spielzeugfabrikanten. Um schnell auf neue Spielzeugtrends reagieren zu können, drängen die Konzerne die chinesischen Fabriken zu immer kürzeren Lieferzeiten. Für die Arbeiter bedeutet dies, dass sie für das Weihnachtsgeschäft wochenlang Überstunden machen müssen. Weil die Fabriken von den Auftraggebern abhängig sind, können die Spielzeugfirmen die Preise immer weiter drücken. Unter dem Druck von christlichen Verbänden und Konsumenten verfasste der Weltverband der Spielzeugfabriken 2001 einen Verhaltenskodex, mit dem Kinderarbeit, Misshandlung oder Ausbeutung von Arbeitern verhindert werden sollen. Karstadt-Quelle und der Puppenhersteller Zapf Creation arbeiten nur noch mit Zulieferern zusammen, die sich zur Einhaltung gewisser ethischer Mindeststandards verpflichtet haben. Das Problem ist jedoch, dass die westlichen Auftraggeber meist keine Ahnung haben, wie es in den Fabriken aussieht. In der Regel funktioniert das Geschäft nach folgendem Muster: Die deutsche, amerikanische oder japanische Firma bestellt bei einem Hongkonger Lieferanten; der wiederum beauftragt seine Vertragsfabrik in China. Und die macht Druck auf die Arbeiter. So seien Mitarbeiter der Firma Kin Ki von der

Firmenleitung per Handzettel aufgefordert worden, gegenüber den Inspektoren zu lügen, berichtete Anfang Dezember die New York Times. Mögliche Kontrolleure sollten nicht erfahren, dass die Arbeiter statt dem gesetzlichen Mindeststundenlohn von umgerechnet 27 Cent nur knapp 20 Cent erhielten. Bei Fragen nach Arbeitsverträgen oder Krankenversicherungen, hieß es in einem Firmenschreiben, sollten die Arbeiter „absichtlich Zeit verschwenden" und dann erklären, dass sie die Dokumente „nicht finden würden". Zwischen grauen Betonhallen führt ein schmaler Weg auf ein Tor zu. Die Straße hat keinen Namen, an dem Tor hängt ein Firmenschild. Hier produziert die Firma „Yihua" mit 400 Angestellten Spielzeug für den Export. [...] Die Treppen und Wände der Betonhalle sind starr vor Dreck, durch die kleinen Fenster scheint nur diffuses Licht. Offenbar gibt es in der Halle keinen Brandschutz, überall auf dem Boden sind die Materialien verstreut. Auf Fragen nach den Arbeitszeiten geben die Angestellten ausweichende Antworten. Nach den Auflagen der internationalen Spielzeughersteller müsste die Yihua-Fabrik wahrscheinlich geschlossen werden. Würde dies einen Unterschied machen? „In den Fabriken sieht es überall gleich aus", sagt die Näherin Wang. Für einen ähnlichen Lohn könnte sie auch in einem der vielen tausend anderen Unternehmen in der Umgebung anfangen. In Shenzhens Fabriken werden jedes Jahr Millionen Computerteile für den Weltmarkt hergestellt, vieles davon ist für Deutschland bestimmt. Für die Arbeitsbedingungen in diesen Fabriken interessiert sich niemand, auch nicht zur Weihnachtszeit.

(Aus: Harald Maass, Die Fabrik des Weihnachtsmannes, in: Badische Zeitung vom 20.12.2003, S. 3)

METHODENKARTE 10

Karikaturen interpretieren

Thema: Globalisierung

Was ist eine Karikatur?

Das Wort „Karikatur" stammt aus dem Französischen und bedeutet „übertriebenes Spottbild". Mithilfe einer Zeichnung will der Karikaturist seine Meinung zu einem bestimmten Thema oder Problem zum Ausdruck bringen. Dabei übertreibt er bewusst, um unsere Aufmerksamkeit zu erregen und uns zum Nachdenken anzuregen: Charakteristische Merkmale von Politikern – zum Beispiel eine besonders lange Nase – werden absichtlich übertrieben dargestellt. Zum einen soll der Betrachter die dargestellte Person sofort erkennen, zum anderen soll die Situation oder das Problem von einer eher spöttischen Seite her betrachtet werden. Karikaturen setzen beim Betrachter ein bestimmtes Vorverständnis voraus. Zum Beispiel ist es wichtig, dass man die Politiker kennt, die in der Karikatur dargestellt werden. Oft verwenden Karikaturisten auch bestimmte Symbole. Wenn es um Europa geht, ist zum Beispiel oft ein Stier zu sehen, weil der Sage nach Göttervater Zeus in Gestalt eines Stiers die Prinzessin Europa entführte.

Eine Karikatur interpretieren bedeutet, die Absicht des Zeichners zu erkennen, zu deuten und zu der Aussage der Karikatur Stellung zu nehmen. Ihr könnt bei der Interpretation einer Karikatur nach der Drei-Fragen-Methode vorgehen.

Erster Schritt: Was ist dargestellt?

Betrachtet die Zeichnung genau. Beschreibt zunächst, was euch besonders auffällt. Versucht dann, möglichst viele Einzelheiten zu erkennen.

Beispiel: Die Karikatur zeigt ein Hochhaus mit der Aufschrift „Global & Co". Aus einem Fenster im obersten Stockwerk purzeln zahlreiche Stühle.

Zweiter Schritt: Was ist die Aussage der Karikatur?

Erklärt, welches Verhalten, welche Situationen und Einstellungen von Personen in der Karikatur kritisiert werden.

Der Zeichner kritisiert, dass im Zuge der Globalisierung Arbeitsplätze in Industrieländern verlorengehen. Indem er „Global & Co" in einem Wolkenkratzer angesiedelt hat, spielt er vor allem auf die Politik der Global Player an, die ihre Produktion an möglichst kostengünstige Standorte verlagern. Dadurch gehen in Industrieländern massenhaft Arbeitsplätze verloren. Indem er Arbeitsplätze als Stühle darstellt, möchte er andeuten, dass Menschen wie Möbelstücke „entsorgt" werden, in den Konzernzentralen und Spitzen (oberstes Stockwerk als Symbol) wenig Rücksicht genommen wird, dass hinter jedem Arbeitslosen individuelle Schicksale stehen, dass Arbeitslosigkeit für viele Menschen der Sturz ins Bodenlose bedeutet.

Dritter Schritt: Welche Gefühle, welche Gedanken löst die Karikatur in euch aus?

Bewertet die Aussage der Karikatur aus eurer Sicht. Um Stellung zu nehmen, benötigt ihr Vorwissen zu dem Thema. Deshalb kann eine Karikatur auch den Anstoß geben, sich näher mit einem Problem zu beschäftigen. Zum Beispiel könnt ihr auf folgende Fragen eingehen: Ist es tatsächlich so, dass durch die Globalisierung massenhaft Arbeitsplätze in Industrieländern verlorengehen? Stimmt ihr der Kritik des Karikaturisten zu? Müsste sich eurer Meinung nach etwas ändern? Wenn ja, was?

Karikaturen zum Thema Globalisierung

1. Wählt eine der Karikaturen aus. Interpretiert sie nach der Drei-Fragen-Methode. Stellt eure Interpretation in der Klasse vor.

9. Planspiel: Arbeitsplätze kontra Naturschutz

Findet sich für den Flughafenausbau in Stockhausen eine umweltverträgliche Lösung?

Fliegen ist ein Traum für viele. Aber der Ausbau von Großflughäfen gehört immer wieder zu den heiß umstrittenen Themen, bei denen Umweltschutz und Wirtschaftsinteressen scheinbar unversöhnlich aufeinanderstoßen. Oder ist doch ein vernünftiger Interessenausgleich möglich? Im Planspiel könnt ihr selbstständig auf die Suche nach Lösungen gehen. Die Fallstudie sollte man zuerst lesen. Im Anschluss daran könnt ihr entscheiden, zu welcher der fünf am Konflikt beteiligten Gruppen ihr gehören möchtet.

Die Situation

Vielen Menschen in der Gemeinde Stockhausen (5 000 Einwohner) geht es besser. Der Grund: Der nahe gelegene ehemalige Militärflugplatz wurde vor 12 Jahren in einen Passagierflughafen umgewandelt und seitdem boomen die Geschäfte. 2 000 Arbeitsplätze sind bereits entstanden und es können noch mehr werden. Nicht nur Stockhausen profitiert davon. In zahlreichen Gemeinden in dieser ehemals wirtschaftlich schwachen deutschen Mittelgebirgslandschaft haben Menschen wieder Arbeit gefunden – und zwar vom Parkplatzwächter bis zum Flugüberwachungsspezialisten. Mehr Arbeitsplätze, das bedeutet auch: mehr wirtschaftliche Sicherheit in zahlreichen Familien, mehr Umsatz in den Geschäften, mehr Steuereinnahmen für die umliegenden Gemeinden und Verbesserung der kommunalen Leistungsfähigkeit. Hinzu kommt: Auf einen Arbeitsplatz, der innerhalb des Flughafenbetriebs entsteht, folgen zwei weitere außerhalb: in Taxi- und Busunternehmen, Gaststätten, Einzelhandelsgeschäften, Handwerksbetrieben.

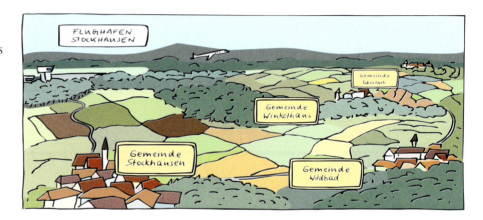

Drei Millionen Passagiere starteten allein im vergangenen Jahr von Stockhausen aus in die Urlaubsgebiete rund um das Mittelmeer. Unter den Kunden herrscht weitgehende Zufriedenheit, weil Billiganbieter hier kostengünstige Flugangebote machen, weil die Parkplätze für die mitgebrachten Autos nicht teuer sind und weil der Flughafen Stockhausen noch überschaubar ist und kurze Wege hat.

Zu allen Zeiten gab es auch kritische Stimmen gegenüber der Flughafenentwicklung. Weil aber die Vorteile für viele Menschen so offensichtlich waren, hielten sich die Proteste in Grenzen.

Der neue Plan

Das hat sich nun geändert. Die private Betreiberfirma des Flughafens **Profracht** will unbedingt eine zweite Start- und Landebahn errichten. Der Flugplatz Stockhausen soll nicht länger nur als Passagierflughafen dienen, sondern sich verstärkt dem Luftfrachtverkehr öffnen. Hierin sieht Profracht ein erhebliches Wachstumspotenzial, das den Flughafenbetrieb auch in der Zukunft sichert und von dem das Land und die Menschen profitieren können. Für den Frachtbetrieb reicht die bisher vorhandene 3 000 Meter lange Startbahn nicht aus. Große Frachtflugzeuge benötigen längere Wege. Geplant ist daher eine zweite Startbahn von 3 800 Metern Länge. Nach Ansicht der Betreibergesellschaft ist im weitgehend naturbelassenen Raum, in dem sich der Flugplatz befindet, genügend Platz für diese Erweiterung vorhanden. Im Vergleich zu den dicht besiedelten Gebieten in Deutschland wird auch die Umweltbelastung äußerst gering bleiben, zumal sich Profracht und die für sie arbeitenden Unternehmen der innovativsten und umweltfreundlichsten Technik bedienen wird.

Unterstützt werden die Pläne von Profracht durch eine Initiativgruppe, die sich **Jobs durch Fliegen** nennt. Im Umkreis von 70 Kilometern rund um den Flughafen herum haben sich in den Gemeinden in dieser Initiative viele Menschen zusammengefunden, die sich von dem geplanten Vorhaben eine Verbesserung ihrer wirtschaftlichen Situation versprechen. Dazu gehören zahlreiche Arbeitslose, aber auch Inhaber von Handwerksbetrieben und Zulieferfirmen. Sie alle weisen darauf hin, dass der Ausbau des Flughafens für sie die einzige Chance sei, neue Arbeitsplätze zu finden und vorhandene zu sichern. Wenn das nicht geschehe, käme es zu Betriebsschließungen rund um Stockhausen und zur Abwanderung vieler junger Leute, weil sich ihnen hier keine Zukunftsperspektive bietet.

Der organisierte Protest
Die Profrachtpläne finden nicht nur Zustimmung. Im Gegenteil: Eine Welle von Protesten erhebt sich zum einen innerhalb des unmittelbar betroffenen Raumes, zum anderen weit darüber hinaus bis an die Grenzen Deutschlands. Selbst Menschen, die der Entwicklung bisher offen gegenüber gestanden haben, werden nun zu entschiedenen Gegnern des weiteren Ausbaus. Der Bau einer zweiten Startbahn stellt nach Ansicht aller Gegner einen Eingriff in die Natur dar, den diese nicht verkraften kann. Mindestens dreihundert Hektar Wald müssten gerodet werden. Ist der erweiterte Flugbetrieb erst einmal aufgenommen, werden Boden, Luft und Grundwasser Belastungen ausgesetzt sein, die zu Schäden an Pflanzen, Tieren und Menschen führen müssen.
Mehrere lokale Bürgerinitiativen sind entstanden. Gebündelt und aktiv vertreten werden ihre Interessen im Verband für Umwelt- und Naturschutz mit dem Namen **Natbund**.

Natbund führt noch weitere Gründe gegen den Flughafenausbau an und kann dabei sogar auf die Unterstützung der EU in Brüssel rechnen. Genau in den Wäldern, die der neuen Startbahn zum Opfer fallen müssten, lebt die überaus selten gewordene Mopsfledermaus. Sie findet nur noch in ganz wenigen Gegenden Europas geeignete Lebensbedingungen und gehört zu den vom Aussterben bedrohten Tierarten. Sehr selten geworden ist auch die Wildkatze, die in dem nun bedrohten Waldgebiet noch eine Heimat hat. Eine von den zuständigen Ministern aller Mitgliedstaaten der Europäischen Union und vom Europäischen Parlament verabschiedete Richtlinie, welche Gesetzeskraft hat, verpflichtet die Mitgliedstaaten dazu, besondere Maßnahmen für den Schutz seltener Tierarten zu ergreifen. Die geplante Rodung der Wälder kann nach der Überzeugung der Umweltschützer von Natbund einen der letzten Lebensräume der Mopsfledermäuse und Wildkatzen zerstören. Dies allein liefere eine hinreichende Begründung dafür, dieses Stück Natur zu bewahren.
Hinzu kämen weitere Umwelt- und Lärmbelästigungen, die auch eine Einschränkung der Lebensqualität für die Menschen bedeute.

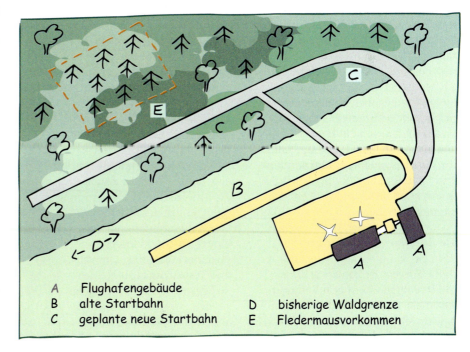

A   Flughafengebäude
B   alte Startbahn
C   geplante neue Startbahn
D   bisherige Waldgrenze
E   Fledermausvorkommen

Zufriedene Kunden …

Unterstützt wird Natbund von einer Gruppe, die sich **Gesundheit statt Flugzeuge** nennt. Zahlreiche Menschen aus den Gemeinden im Einflussbereich des Flughafens haben sich darin zusammengeschlossen, weil sie schon jetzt unter der zunehmenden Lärmbelästigung eine erhebliche Einbuße ihres gesundheitlichen Wohlbefindens sehen. Eine weitere Zunahme des Flugverkehrs halten sie für unerträglich. Dies gilt ihrer Ansicht nach ganz besonders für die Nachtflüge, die den Menschen den Schlaf rauben. In dieser Gruppe arbeiten auch Mediziner mit, besonders Kinderärzte, die ihre Praxen in den Gemeinden rund um Stockhausen haben. Sie weisen darauf hin, dass besonders bei Kleinkindern Nervosität und Stresssymptome infolge von krank machendem Fluglärm zunähmen.

Die Suche nach Lösungen

Profracht hat mehrfach Verständnis für die Sorgen der Umweltschützer und besorgten Eltern geäußert und versichert, man werde alles tun, um die Umwelt und die Menschen so wenig wie möglich zu belasten. Auch könne man für die Rodung Ersatzflächen zur Verfügung stellen, welche durch den Ankauf von Wäldern zu finanzieren wären, woran sich auch die Politik beteiligen müsse. Allerdings dürfe es nicht so weit kommen, dass für den Luftverkehr in Deutschland kein Fortschritt möglich sei. Schon jetzt habe man aufgrund einer strengen Umweltgesetzgebung hierzulande strengere Auflagen zu erfüllen als in den meisten anderen Ländern.

Die Entscheidung

Ob Stockhausen ausgebaut wird oder nicht, wird von der zuständigen Landesregierung entschieden. Die Rechtsgrundlage dafür bietet das Luftverkehrsgesetz, das vom Bund verabschiedet wurde und das den Bundesländern das Recht einräumt, die erforderlichen Baugenehmigungen unter Berücksichtigung strenger Sicherheits- und Umweltauflagen zu erteilen. Für den Fall, dass am Konflikt Beteiligte eine Verletzung dieses Gesetzes sehen, kann vor einem zuständigen Verwaltungsgericht Klage eingereicht werden.

So weit möchte es die Landesregierung aber nicht kommen lassen. Vielmehr möchte sie eine Lösung finden, welche die Anforderungen des Naturschutzes mit dem wirtschaftlich Wünschenswerten verbindet. In einem Interview sagte der zuständige Umwelt- und Verkehrsminister: „Meine Regierung hat sich das Ziel gesetzt, ein sinnvolles Miteinander vom ökonomisch Notwendigen und ökologischen Zielen zu erreichen. Dazu müssen alle Forderungen bzw. Interessen auf den Tisch kommen. Wir müssen fair miteinander streiten und dann entscheiden, entweder für oder gegen die Baugenehmigung. Vielleicht, und das ist meine Hoffnung, finden wir aber auch zu einem für alle akzeptablen Kompromiss."

Das Planspiel

Das zuständige Umwelt- und Verkehrsministerium hat die beteiligten Gruppen zu einer gemeinsamen Verhandlungsrunde in einen Sitzungssaal der Landesregierung eingeladen. Eure Klasse wird dieser Sitzungssaal sein. Im Planspiel werdet ihr in Gruppen diese Verhandlungsrunde vorbereiten und bis zur Entscheidung durchspielen.

- Welche Gruppe vertritt ihre Interessen am wirkungsvollsten?
- Wie vorbildlich wird eure Art der Diskussion für politische Auseinandersetzungen in der Wirklichkeit sein?
- Welche Verhandlungsrunde findet die klügste Entscheidung?

Darauf wird es in diesem Lernspiel ankommen.

… wütende Gegner

So verläuft das Planspiel

An diese Rollenanweisungen müssen sich die einzelnen Gruppen halten: Ausbau des Flughafens Stockhausen: Ja oder Nein?

1. Gruppenbildung
Bildet in der Klasse die fünf beteiligten Gruppen.

2. Lesephase
Lest die Problembeschreibung noch einmal aufmerksam durch. Achtet dabei besonders auf die Aussagen, die für eure Gruppe von besonderer Bedeutung sind. Anschließend bearbeitet jedes Gruppenmitglied in Stillarbeit die Informationszeitung Seite 1 und 2 auf der nächsten Seite.

3. Gruppenarbeit
Bereitet euch in Gruppen auf die Verhandlungsrunde vor. Sammelt dazu möglichst viele und überzeugende Argumente und schreibt sie auf. Einigt euch gemeinsam darauf, wer von euch welche Argumente in der Versammlung vortragen wird. Entwerft einen Kurzvortrag, mit dem ihr in die Versammlung einsteigen werdet. Ihr könnt auch eine Wandzeitung oder ein Flugblatt entwerfen, das ihr an die übrigen Gruppen verteilt.

4. Kontaktaufnahme
Während der Gruppenarbeit können die Gruppen untereinander Kontakt aufnehmen und – wie im richtigen Leben – Absprachen über ein gemeinsames Vorgehen treffen.

5. Spiel der Versammlung
Die Versammlung beginnt mit dem Vortrag der Standpunkte aus den Gruppen. Die Vertreter des Umwelt- und Verkehrsministeriums sprechen zum Schluss. Sie tragen alle Argumente vor, die gegen und für den Ausbau sprechen. Sie laden dazu ein, dass man gemeinsam in der Diskussion um eine gute Lösung ringen sollte. Zum fortgesetzten Zeitpunkt der Diskussion kann versucht werden, nach Kompromissmöglichkeiten zu suchen.

6. Entscheidung
Nach der Versammlung ziehen sich die Vertreter des Ministeriums zur Beratung zurück. Dann verkünden und begründen sie, welche Lösung sie der Landesregierung vorschlagen werden.

Gruppe „Profracht"
Sammelt alle Vorteile, die der Ausbau des Flughafens für die Menschen in der Region bringt. Sucht nach Argumenten, mit denen ihr nachweisen könnt, dass der Ausbau umweltverträglich gestaltet wird und dass der Flugverkehr insgesamt umweltschonender wird. Versucht zu beweisen, dass die Mopsfledermaus auch nach der Erweiterung in dieser Gegend leben können wird.

Gruppe „Jobs durch Fliegen"
Sammelt möglichst viele Gründe, warum der Flughafenausbau für die Wirtschaft und die Menschen enorme Fortschritte mit sich bringen wird. Verdeutlicht mit guten Argumenten, dass der Ausbau für zahlreiche Arbeitslose die einzige Chance zur Sicherung ihrer Zukunft sein wird. Versucht auch, die Argumente der Umweltschützer zu entkräften. Sucht die Unterstützung von Profracht.

Gruppe „Natbund"
Erklärt mit guten Argumenten, warum der Mensch nicht das Recht hat, zu seinem eigenen Vorteil seltene Tierarten zu vernichten. Erklärt, wie europäisches Recht eure Ansicht stützt. Arbeitet heraus, wie sehr der Ausbau die Umwelt gefährden und die Lebensqualität der Menschen und der Tiere beeinträchtigen wird. Zeigt aber auch Verständnis für die Situation arbeitsloser Menschen.

Gruppe „Gesundheit statt Flugzeuge"
Stellt mit guten Argumenten dar, wie sehr der Ausbau des Flughafens die Gesundheit der Menschen und die Situation der Umwelt belastet. Zeigt auf, warum Nachtflüge eine besondere Gefährdung darstellen. Sucht die Unterstützung der Gruppe Natbund und des Umweltministeriums im Vorfeld der Verhandlungen. Überlegt auch, ob eine Kompromisslösung denkbar ist, z. B. durch einen Teilausbau.

Gruppe „Umwelt- und Verkehrsministerium"
Ihr habt eine besondere Rolle. Ihr müsst der Versammlung zeigen, dass ihr noch offen für die verschiedenen Vorschläge seid. Um gut vorbereitet zu sein, sammelt ihr schriftlich alle Gründe, die für und die gegen den Ausbau sprechen. Diskutiert dann miteinander über die Vor- und Nachteile. Denkt daran, dass ihr wiedergewählt werden wollt! Sucht im Gruppengespräch nach einem Weg, der einerseits die Umwelt schützt und andererseits Arbeitsplätze sichert. Stellt eure Vorschläge gegen Ende der Versammlung zur Diskussion.

Informationszeitung

Hinweis für alle Gruppen: Die Informationszeitung sollte von jedem Gruppenmitglied gelesen werden. Sucht während des Lesens darin nach Informationen, mit denen ihr eure Meinung zum Flughafenausbau unterstützen könnt. Notiert sie, damit ihr sie in der Verhandlung verwenden könnt.

Wer fliegt überhaupt?

Schätzungen gehen davon aus, dass nicht wesentlich mehr als 5 % der Menschheit jemals in einem Flugzeug gesessen haben. Es sind die Inseln des Reichtums, die weltweit durch den Flugverkehr verbunden sind. [...] Hauptgrund der Flugpassagiere für ihren Flug ist die Freizeitgestaltung. Die meisten Schätzungen gehen davon aus, dass etwa 80 % des Personenflugverkehrs dieser Freizeitgestaltung dienen. Der Tourismus ist einer der am schnellsten wachsenden Sektoren der globalen Wirtschaft. Laut Schätzungen der Welttourismusorganisation kommen nur etwa 3 bis 5 % der Weltbevölkerung in den Genuss einer Auslandsreise.

(Aus: Dietrich Brockhagen, Wie wir fliegen, in: Zur Lage der Welt 2004, Verlag Westfälisches Dampfboot, Münster 2004, S. 15)

Möglichkeiten zur Lärmminderung im Flugverkehr

In den letzten Jahren wurden durch aktive und passive Maßnahmen zahlreiche Anstrengungen zur Minderung der Geräuschbelastung durch den Luftverkehr unternommen:
- Entwicklung lärmgeminderter Flugzeuge seitens der Hersteller
- Variation der An- und Abflugrouten
- freiwillige Nachtflugbeschränkungen der Verkehrsflughäfen
- zeitliche Betriebsbeschränkungen für laute Flugzeuge
- lärmdifferenzierte Landegebühren als Benutzervorteil für lärmarme Flugzeuge
- freiwillige Schallschutzfensterprogramme der Flughäfen

(www.umwelt.sachsen.de; letzter Zugriff 28.11.06)

Lärm macht krank

Lärm wird definiert als unerwünschter, störender oder gesundheitsschädigender Schall, der von einer Beeinträchtigung des seelischen und körperlichen Wohlbefindens bis zu schweren Hörstörungen führen kann. [...] Nach einer Untersuchung des Umweltbundesamtes ist der Hauptverursacher für die Lärmbelästigung der Straßenverkehr, 65 Prozent der Bevölkerung fühlen sich durch ihn mindestens etwas gestört. Der Luftverkehr ist gemessen an seinem Anteil an der Verkehrsleistung überproportional häufig für Lärm verantwortlich, 37 Prozent der Bevölkerung empfinden ihn als störend. [...]
Die Beeinträchtigung des körperlichen und seelischen Wohlbefindens durch Lärm kann sich in vielfältiger Weise äußern. So kann Lärm die Konzentration behindern, zu Nervosität führen und die Konzentrations- und Leistungsfähigkeit herabsetzen.

(Aus: Jürgen Faulenbach u.a., Bundeszentrale für politische Bildung (Hg.), Umweltpolitik: Informationen zur politischen Bildung, Heft 287/2005, S. 46)

Flugzeuge müssen leiser werden

Leiser und sparsamer müssen Luftfahrtantriebe von morgen sein. Seit Jahren arbeiten Triebwerkhersteller [...] an neuen Technologien, um künftige Antriebe noch umweltverträglicher zu machen. Die Mühe lohnt sich: Branchenexperten sagen der Luftfahrt hohe Wachstumschancen voraus. [...] Eine weitere Herausforderung sind die Umweltstandards: Flugzeuge müssen sparsamer, sauberer und leiser werden. Den Hauptanteil müssen die Antriebe leisten.

(Aus: Udo Stark, Triebwerke – Schlüsseltechnologien für sauberen Luftverkehr, in: Informationen aus der Luft- und Raumfahrtindustrie, Ausgabe 3/2006)

zum Planspiel

Wachsender Flugverkehr belastet die Umwelt immer mehr

Der Präsident des Umweltbundesamtes sagte in einem Interview: „Die Nachfrage nach Flügen wird weiter deutlich steigen. Alle Beteiligten – Luftfahrtindustrie, Politik, Verbraucherverbände – müssen gemeinsam nach Lösungen suchen. Vor allem brauchen wir Anreize, um Treibstoffverbrauch und Schadstoffausstoß im Flugverkehr zu senken."

Ministerpräsident sieht Flughafenausbau als Wachstumsmotor

„Der Flughafenausbau ist ein Paradebeispiel für Wachstum. In einer in Deutschland schwierigen Zeit schafft er es, Arbeitsplätze zu sichern und neue zu schaffen. In den nächsten acht Jahren können an diesem Standort bis zu 10 000 Arbeitsplätze entstehen. Dies eröffnet Arbeitsplatzchancen für das ganze Land. Um die zukünftigen Passagierzahlen besser bewältigen zu können, wird weiter kräftig an einer Verkehrsanbindung des Flughafens gearbeitet. Die Verhandlungen mit der Deutschen Bahn AG sind in vollem Gange."

(Der amtierende Ministerpräsident des Bundeslandes, in dem der Flughafen Stockhausen liegt.)

Wissenschaftler hält Umsiedlung für möglich

Profracht beauftragte Wissenschaftler damit, zu untersuchen, ob es möglich sei, Ausgleichquartiere für die Mopsfledermäuse zu schaffen. Die Wissenschaftler kamen zu dem Ergebnis, dass unter bestimmten Voraussetzungen eine Umsiedlung möglich sei. Für die Wildkatzen sei es allerdings erforderlich, dass deren Jagdgebiete nicht durch Waldschneisen und dergleichen durchbrochen würde.

Für Mopsfledermäuse wird der Wohnraum knapp

Die Mopsfledermaus (Barbastella barbastellatus), ein besonderer Vertreter der Fledermausfamilie, wird keine sechs Zentimeter lang, aber fast 30 Zentimeter breit, wenn sie die Flügel ausschwingt – und bis zu 13 Gramm „schwer". [...] Sie ist sehr anpassungsfähig und deshalb sowohl im Flachland als auch im Gebirge heimisch. Doch fast überall sind Mopsfledermäuse sehr selten geworden. Besonders im Westen ist ihr Rückgang alarmierend. In Deutschland ist sie in manchen Gegenden ausgestorben. Ihren Namen hat die Mopsfledermaus aus der Familie der Glattnasen wegen ihres Aussehens: Die vorn zusammengewachsenen Ohren und ihre Nase erinnern an Möpse. Das nachgewiesene Höchstalter von Mopsfledermäusen liegt bei 18 Jahren. Meist gebären die Weibchen im Juni ein bis zwei nackte Jungen, die bis zu zwölf Wochen gesäugt werden. Da die Fledermausmütter in der Schwangerschaft empfindlich sind, brauchen sie von Mai bis August völlige Ruhe. [...] Als in Deutschland vom Aussterben bedrohte und europaweit intensiv zu schützende Art hat die Mopsfledermaus besondere Bedeutung für den Artenschutz.

(www.ig-oekoflughafen.de vom 7.4.04; letzter Zugriff 28.11.06; WWF Info)

Lebensraum der seltenen Wildkatzen ist bedroht

Auch die seltene Wildkatze ist in den Wäldern um Stockhausen zu Hause. Mit mehr als 1 000 Tieren existiert dort die bedeutendste Population in ganz Deutschland. Durch die Erweiterung des Flughafens würde der Lebensraum der Wildkatze durchtrennt und ihre gewohnten Wanderwege wären unterbrochen. Dabei besteht im schlimmsten Fall die Gefahr, dass eine ganze Population zugrunde geht.

Beim Planfeststellungsverfahren zum Flughafenausbau haben die Naturschutzverbände bereits Einwände erhoben und hoffen auf Hilfe aus Brüssel. Denn wenn der Lebensraum von Mopsfledermaus und Wildkatze nachträglich als Schutzgebiet ausgewiesen würde, müssten die Flughafenplaner neue Wege gehen und intelligente Lösungen suchen, die Naturschutz und wirtschaftliche Interessen zum Ausgleich bringen.

„Wen haben denn die Mopsfledermaus und die Wildkatze, wenn nicht uns!"

(Stimme eines Naturschützers)

Memory-Station

Wichtiges Wissen

Station 1 — Marktwirtschaft (Seiten 174f.)

Herr Kleinschmidt beklagt sich: „Ich will im Sommer eine Urlaubsreise machen und habe im Katalog eine schöne fünftägige Pauschalreise nach Mallorca entdeckt. Im März kostet sie 590 Euro und im August, in dem Monat, in dem ich reisen will, 1 180 Euro. Gleiches Hotel, gleiche Leistung. Diese Preisunterschiede verstehe ich nicht."

- Erkläre Herrn Kleinschmidt die Preisunterschiede. Verwende dabei die Begriffe *Markt, Angebot, Nachfrage, Preisbildung* so, dass Herr Kleinschmidt die Zusammenhänge versteht.

Station 2 — Wirtschaftsordnungen (Seiten 176f.)

Ein Schüler sollte wichtige Merkmale der **sozialen Marktwirtschaft** notieren. Er wollte so viele Merkmale wie möglich sammeln. Dabei sind ihm einige in die Aufzählung hineingeraten, die da nicht hingehören. Schreibe seine Liste fehlerbereinigt neu.

1. Der Staat greift mit Gesetzen in die Wirtschaft ein.
2. Die Betriebe sind verstaatlicht.
3. Der Staat übernimmt eine Schutzfunktion gegenüber den sozial schwachen Bürgern.
4. Der freie Wettbewerb soll erhalten bleiben.
5. Die Arbeitswelt wird mit Gesetzen geordnet.
6. Es gibt keine Konkurrenz unter den Wirtschaftsbetrieben.
7. Der Staat betreibt eine aktive Wirtschaftspolitik.
8. Die Unternehmer bestimmen alleine die Höhe der Löhne.
9. Ein Versicherungssystem für Krankheit, Arbeitslosigkeit, Gesundheit, Pflege und Rente schützt die Arbeitnehmer.
10. Eine staatliche Planungsbehörde entscheidet, welche Güter hergestellt werden.

Tipp: Aus zehn werden sechs!

Station 3 — Arbeitslosigkeit (Seiten 188f.)

Übernimm die Übersicht in dein Heft und füge die notwendigen Erklärungen ein.

Ursachen von Arbeitslosigkeit können sein:

a) **strukturell** — Erklärung?
b) **konjunkturell** — Erklärung?
c) **Mismatch** — Erklärung?
d) **saisonal** — Erklärung?
e) **friktionell** — Erklärung?

Station 4 — Globalisierung (Seiten 198ff.)

Nach Ansicht fast aller Expertinnen und Experten gilt die Globalisierung als ein nicht aufzuhaltender Prozess, in dem sowohl Chancen als auch Gefahren für die Zukunft stecken. Worin siehst du ihre wichtigsten Vor- und Nachteile?

Notiere:
Zwei Chancen der Globalisierung …
Zwei Gefahren …

Wirtschaft und Umwelt

Wichtige Fähigkeiten

 Station 5 Umweltpolitik: Ein Schaubild analysieren können (Seiten 192ff.)

Analysiere das Schaubild, indem du die „Vier-Fragen-Deutung" anwendest.

 Station 7 Chancen und Gefahren der Globalisierung: Eine Karikatur interpretieren und vorstellen können (Seiten 204f.)

Stelle die Karikatur mithilfe der „Drei-Fragen-Methode" vor.

Station 6 Tarifkonflikt: Einen Ablauf zur Konfliktlösung erklären können (Seiten 184ff.)

Benutze die Bildergeschichte, um den Ablauf eines Tarifkonfliktes inklusive eines Arbeitskampfes vom Beginn der Verhandlungen über das Scheitern bis zur endgültigen Einigung in mindestens sechs Schritten zu erklären.

www.tarifvertrag.de +++ www.bund.net +++ www.klimaschutz.de +++ www.umweltbundesamt.de +++ www.globalisierung-online.de

8 Die politische Ordnung in der Bundesrepublik Deutschland

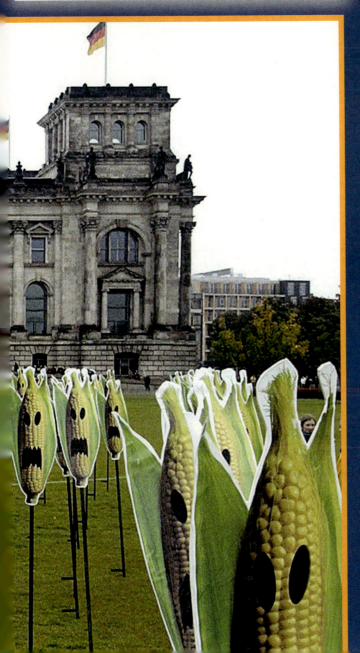

Das Foto zeigt eine genehmigte Protestaktion von Greenpeace gegen genmanipulierte Lebensmittel vor dem Reichstagsgebäude in Berlin, in dem der Deutsche Bundestag mit seinen gewählten Volksvertretern tagt.

- Was erzählt euch dieses Foto über Merkmale, Vorzüge und Werte in der Demokratie?

Notiert eure Gedanken und tauscht euch darüber aus.

Die Demokratie gewährt Freiheiten, von denen viele Menschen weltweit nur träumen können: zum Beispiel, die Freiheit, eine eigene Meinung zu haben und diese auch vertreten zu können, oder die Freiheit, sein Leben nach seinen ganz persönlichen Vorstellungen zu gestalten. Dafür erwartet die Demokratie auch etwas von uns, zum Beispiel, dass wir akzeptieren, dass andere Menschen andere Vorstellungen vom Leben haben. Akzeptieren müssen wir auch, dass demokratische Entscheidungen manchmal etwas komplizierter und langwieriger ablaufen, wie es der Fall wäre, wenn nur eine Person oder eine Clique das Sagen hätte.

Wer in der Demokratie lebt, sollte ihre Spielregeln kennen. Informiert zu sein über den Staat, in dem man lebt, und eine eigene Meinung zu haben zu den grundlegenden Fragen und Problemen in der Demokratie, gehört unverzichtbar zur Allgemeinbildung jeder Schülerin und jeden Schülers. Kaum ein Einstellungsverfahren für Berufseinsteiger verzichtet auf die Überprüfung dieser politischen Allgemeinbildung. Auch Leute mit eigenen Standpunkten sind gefragt.

Umgekehrt: Uninformierte und uninteressierte Menschen haben weniger Chancen. Sie fühlen sich häufig der Politik ohne jede Einflussmöglichkeit ausgeliefert.

Wenn ihr das Kapitel bearbeitet, könnt ihr

- euch mit Einstellungen Jugendlicher zur Politik auseinandersetzen,
- die Rolle der Parteien in der Demokratie erläutern und bewerten,
- prüfen, wann eine Wahl demokratisch ist und wann nicht,
- das Wahlrecht zum Deutschen Bundestag darstellen,
- den Prozess der Gesetzgebung des Bundes an einem konkreten Beispiel erläutern,
- darüber diskutieren, ob Volksentscheide die Demokratie bereichern können,
- einen Überblick über die wichtigsten Verfassungsorgane präsentieren,
- darstellen, wie Herrschaftskontrolle funktioniert,
- über die Gefahren rechts- und linksextremistischen Denkens bei Jugendlichen diskutieren.

1. Wie denken Jugendliche über Politik und Demokratie?

Die Autoren von „Politik erleben" baten Schülerinnen und Schüler der neunten und zehnten Klassen, ihre Ansichten zu zwei Fragen zu notieren:

A Wann sollte man damit beginnen, sich für Politik zu interessieren?
B Worin siehst du die Vorteile und die Nachteile des Lebens in der Demokratie?

Lest euch die ausgewählten Antworten der befragten Jugendlichen durch. Sprecht in der Klasse darüber, was ihr von den verschiedenen Meinungen haltet und formuliert eure eigenen Ansichten.

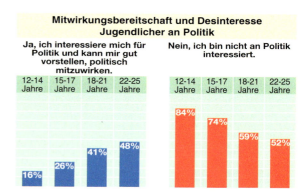

(Zahlen aus: Shell Jugendstudie 2006, S. 107 – TNS Infratest Sozialforschung)

A Wann sollte man damit beginnen, sich für Politik zu interessieren?

„Viele Jugendliche interessieren sich überhaupt nicht für Politik. Ich glaube, das liegt daran, dass ihnen als Kind die Politik zu langweilig vorkam. Außerdem hört man in der Öffentlichkeit fast nur Schlechtes über die Politiker. Das macht den Jugendlichen keine besondere Lust, sich dafür zu interessieren. Bei meinen älteren Schwestern habe ich gemerkt, dass das Interesse an Politik sofort zunimmt, wenn man von zu Hause auszieht. Jetzt ist man von der Politik betroffen, ob man will oder nicht, und man muss sich damit beschäftigen. Man sollte sich zum Beispiel darüber informieren, welche Ziele die verschiedenen Parteien verfolgen und was die Regierung unternimmt. Spätestens mit 15 Jahren sollte man damit beginnen, sich für Politik zu interessieren."
(Aida, zehnte Klasse, 17 Jahre)

„Man sollte sich auf jeden Fall für Politik interessieren. Es gibt dabei eine Reihe von Themen, über die man informiert sein sollte: zum Beispiel über das, was für die Umwelt getan wird und gegen die Arbeitslosigkeit. Man sollte außerdem wissen, was der Staat mit den Steuern macht und in welcher politischen Situation sich das Land im Moment befindet. Anfangen sollte man mit dem Interesse an Politik, indem man des Öfteren den politischen Teil in der Zeitung liest. Bei den Nachrichten im Fernsehen sollte man nicht abschalten, auch wenn es zunächst ein bisschen langweilig ist. Man kann sich mit den Eltern, Verwandten und Bekannten darüber unterhalten und auch Fragen stellen, wenn man etwas nicht verstanden hat. Spätestens mit 15 sollte man damit anfangen."
(Manuel B., zehnte Klasse, 16 Jahre)

„Wer einen guten Beruf bekommen will, sollte sich auf jeden Fall für Politik interessieren. Leute, die sich dafür nicht interessieren, haben später kaum eine Chance, einen guten Ausbildungsplatz zu bekommen. Vieles über Politik wird bei Einstellungstests abgefragt, auch die Namen der wichtigsten Politiker. Wenn man dann nichts weiß, kann man den Ausbildungsplatz vergessen. Politik gehört eben zur Allgemeinbildung. Spätestens in Klasse 9 soll man damit anfangen, sich mit der Politik zu befassen. Ab diesem Schuljahr wird großer Wert auf die politische Bildung gelegt. Man macht sich ja jetzt auch schon um seine eigene Zukunft Gedanken. Es macht vielmehr Spaß, wenn man politisch Bescheid weiß, als wenn man gar keine Ahnung hat."
(Andreas M., zehnte Klasse, 17 Jahre)

B Worin siehst du die Vorteile des Lebens in der Demokratie, was sind die Nachteile?

„Die Demokratie ist auf jeden Fall die beste Art, einen Staat zu führen. Man kann frei wählen, was man mit seinem Leben anfangen will. Man kann auch eine Regierung abwählen, wenn sie einem nicht passt. Überhaupt, dass es freie Wahlen gibt, ist ein großer Vorteil. Ein Nachteil ist, dass man sich selbst um alles kümmern muss. Man ist so ziemlich auf sich selbst angewiesen in der Demokratie."
(Anja, 16 Jahre)

„Darüber habe ich bis jetzt noch nicht nachgedacht, vielleicht später einmal. Zurzeit habe ich ganz andere Sachen im Kopf. Ich will Spaß in meiner Freizeit haben, mich mit Freunden treffen, mein Leben genießen. Bei Demokratie denke ich an Politik und Politik finde ich uninteressant."
(Alexander, 15 Jahre)

„In einer Demokratie kann jeder Mensch über sein Leben selbst bestimmen. Man kann auch frei eine Partei wählen. Allerdings haben die Menschen nach einer Wahl nicht mehr viel mitzubestimmen. Ich finde, es sollte bei manchen Fragen in der Politik Volksabstimmungen geben. Das wäre viel demokratischer."
(Luzie, 16 Jahre)

„Eigentlich denkt man nie darüber nach, was die Vorteile einer Demokratie sind. Das Leben in der Demokratie ist für uns ja so selbstverständlich. Wenn ich Berichte von Menschen höre, die in einem unfreien Land leben, dann bin allerdings froh darüber, dass wir in der Demokratie nicht in ständiger Angst vor der Polizei oder vor Soldaten leben müssen, dass wir uns frei bewegen und reisen können. Nachteile fallen mir gar keine ein."
(Melanie, 15 Jahre)

„Das Wichtigste ist, dass jeder Mensch in einer Demokratie seine Meinung frei sagen kann, ohne bestraft zu werden, und dass es ein gut funktionierendes Rechtssystem gibt, auch dass die Medien frei und unbeeinflusst schreiben können. Die Nachteile sind, dass viele Politiker zu viel reden und sich weniger um die Probleme der Menschen kümmern und dass es für alle möglichen Vorhaben viele Richtlinien und Formulare gibt, die man beachten und ausfüllen muss (z. B. wenn man ein Restaurant eröffnen will), auch dass viele Menschen vom Staat hängengelassen werden und z. B. nicht genug Geld zum Leben haben."
(Philipp, 17 Jahre)

Mit der Demokratie, so wie sie in Deutschland besteht, sind
- sehr zufrieden
- eher zufrieden
- eher unzufrieden
- sehr unzufrieden

West 2006: 8 / 56 / 29 / 5
Ost 2006: 1 / 40 / 46 / 11

Jugendliche im Alter von 15 bis 25 Jahren (in %)

(Aus: Shell Jugendstudie 2006, S. 111 – TNS Infratest Sozialforschung)

1. Welche der hier abgedruckten Antworten findest du am überzeugendsten und warum?

2. Sammelt in der Klasse alles, was ihr mit dem Namen „Demokratie" verbindet.

INFORMATION

A Demokratie

1. Welches sind die wichtigen Merkmale und die grundlegenden Rechte und Pflichten in der Demokratie?

2. Die Begriffe Demokratie, Volkssouveränität und Herrschaft des Rechts solltet ihr in eigenen Worten gut verständlich erklären können.

3. Fasse zusammen, welches die besonderen Vorzüge des Lebens in der Demokratie sind.

Der Begriff Demokratie
Wörtlich übersetzt heißt das Wort „Herrschaft des Volkes". Wir haben den Begriff von den alten Griechen übernommen, die vor etwa 2500 Jahren die Volksherrschaft erfunden haben. Mit dem Volk meinten sie allerdings nur die frei geborenen Männer. Heute ist die Gleichberechtigung zwischen Frauen und Männern ein unverzichtbares Merkmal echter Demokratie.

Im Unterschied zu den alten Griechen herrscht in der modernen Demokratie nicht mehr das Volk selbst. Aber es bestimmt in politischen Wahlen seine Vertreterinnen und Vertreter, die für eine begrenzte Zeit die politische Herrschaft ausüben können. Dieses grundlegende Merkmal wird als Volkssouveränität bezeichnet. Es bedeutet: Nur das Volk hat in der Demokratie das Recht, zu bestimmen, wer die politische Macht ausüben darf (und nicht wie früher in der Geschichte der Fürst, König oder Kaiser von Gottes Gnaden).

Unverzichtbare Merkmale
Das oberste Gericht in Deutschland heißt Bundesverfassungsgericht. Seine wichtigste Aufgabe besteht darin, darüber zu wachen, dass die Demokratie in Deutschland für alle Zeiten erhalten bleibt. 1952 hat dieses Gericht festgelegt, welche Merkmale unverzichtbar zur Demokratie gehören müssen. Hier die wichtigsten Bestimmungen:

- Jegliche Gewalt- und Willkürherrschaft muss für alle Zeiten ausgeschlossen sein.

- Es muss freie Wahlen geben, bei denen die Mehrheit entscheidet.

- Minderheiten sind in besonderer Weise zu schützen. Ganz besonders haben diejenigen Personen und Parteien, die bei den Wahlen nicht die Mehrheit erreicht haben, das Recht, die Regierung zu kritisieren und im Parlament eine Opposition (= Gegenpartei) zu bilden.

- Die Menschenrechte müssen geschützt sein. In diese Rechte darf der Staat nur in Ausnahmefällen eingreifen.

- Die Regierung und die Verwaltung des Landes sind verpflichtet, die geltenden Gesetze einzuhalten.

- Die Rechtsprechung im Land muss unabhängig sein.

- Es muss mehrere Parteien geben, damit die Wählerinnen und Wähler bei politischen Wahlen eine Auswahl treffen können.

Vorzüge für jeden Einzelnen
Eine Demokratie erkennt man daran, dass die Menschen in Freiheit leben können. Sie haben Rechte, die ihnen auch die Regierung nicht wegnehmen kann. Dazu gehört, dass man seine Meinung frei äußern kann, dass es eine freie Presse gibt, dass man den Glauben ausüben kann, den man für richtig hält, und dass

es Gleichheit aller Menschen vor dem Gesetz gibt.

Neben ihren Rechten müssen die Menschen auch bereit sein, Pflichten gegenüber der Gemeinschaft zu erfüllen. Die wichtigsten sind: Man darf die Freiheit des anderen nicht verletzen. Für Kinder und Jugendliche gibt es die Schulpflicht, für junge Männer die Wehrpflicht.

Herrschaft des Rechts
Jede echte Demokratie ist immer auch ein Rechtsstaat. An seiner obersten Stelle steht die Einhaltung des Rechts bzw. der Gesetze. In einem Rechtsstaat dürfen Entscheidungen des Staates nur auf gesetzlicher Grundlage basieren. Jeder, der sich in seinen Rechten verletzt fühlt, kann vor Gericht gehen und notfalls sogar die eigene Regierung verklagen.

B Wesensmerkmale von Politik

1. Erkläre, was man unter politischem Handeln versteht.
2. Notiere grundlegende Merkmale demokratischer Politik.
3. Welche Einstellungen und Haltungen sind wichtig, wenn man sich politisch engagiert; welche sind gefährlich?

Handeln für die Öffentlichkeit

Politik ist menschliches Handeln, aber nicht alles menschliche Handeln ist Politik. Man kann sagen, wenn Petra und Klaus sich gegenseitig sympathisch finden und „miteinander gehen" möchten, handeln sie privat, auf sich selbst bezogen und daher völlig unpolitisch. Wenn sie sich als Mitglieder in der Schülervertretung für mehr Mitbestimmung der Schülerinnen und Schüler einsetzen, wird ihr Handeln politisch. Politisches Handeln ist ein Handeln für die Öffentlichkeit mit dem Ziel, die Lebensverhältnisse zu verändern und möglichst zu verbessern. Wer politisch handelt, versucht Einfluss zu nehmen und die Lebensbedingungen nach seinen und/oder den Zielen seiner Gruppe zu gestalten.

Das Wort „Politik" haben wir von den alten Griechen übernommen. Mit dem Begriff „Polis" bezeichneten sie die Stadt bzw. die Gemeinschaft, in der sie lebten. Nach ihrem Verständnis war ein Mensch nur dann ein wertvolles Mitglied der Gemeinschaft, wenn er bereit war, etwas Nützliches für seine Polis zu leisten.

Probleme lösen

Zum politischen Handeln gehört, dass man ein Problem lösen möchte, das mit der Art des Zusammenlebens von Menschen zu tun hat. Das kann in der Schule passieren, in einem Verein, in der Stadt, im Land, im Bund, in Europa und darüber hinaus. Zu den Merkmalen des politischen Handelns gehört, dass unterschiedliche Interessen ins Spiel kommen. Wenn Petra und Klaus sich für mehr Schülermitbestimmung in der Schule starkmachen, wird es mit ziemlicher Sicherheit eine Gruppe anderer Menschen geben, die die Mitwirkungsrechte der Schülervertretung schon jetzt für völlig ausreichend hält. Fordert eine Bürgerinitiative in einer Stadt die Einrichtung einer verkehrsberuhigten Zone, wird es eine andere Gruppe geben, die dies für unnötig hält usw.

Konflikte akzeptieren

Zur den Merkmalen demokratischer Politik gehört auch der Konflikt, der Wettstreit der verschiedenen Meinungen. Wer sich politisch engagiert, vertritt eine Meinung und sagt, wie er oder sie sich die Lösung eines gesellschaftlichen Problems vorstellt. Wer Interessen durchsetzen will, muss auch überlegen, mit welchen Mitteln das geschehen soll und wie man Gleichgesinnte finden kann, um die eigenen Forderungen möglichst wirkungsvoll vertreten zu können. Gruppen (Parteien, Verbände, Interessengruppen) spielen daher eine große Rolle in der Politik ebenso wie Macht. Jedes Kind und jeder Schüler hat schon die Erfahrung machen können, dass, wer machtlos ist, kaum Chancen hat, seine Interessen durchzusetzen.

Tolerant sein

Gefährlich wird die Politik, wenn diejenigen, die sie vertreten, nicht bereit sind, andere Meinungen zuzulassen. Das ist bei allen radikalen politischen Ansichten der Fall: also bei den Rechtsradikalen, bei den Linksradikalen und bei den religiösen Fanatikern (bzw. Fundamentalisten), die es in zahlreichen Staaten gibt. Sie können es nicht ertragen, dass Menschen eine andere Überzeugung vertreten und anders sind als sie selbst. Sie versuchen daher mit allen Mitteln, Menschen mit anderen Vorstellungen an der Äußerung und Verbreitung ihrer Vorstellungen zu hindern, und schrecken oft vor Folter und Mord nicht zurück.

Demokratische Politik lebt davon, dass man sich fair mit anderen Ansichten auseinandersetzen kann. Das fällt uns nicht immer leicht. Das wichtige Wort Toleranz heißt auch übersetzt: erdulden können. Man erduldet und akzeptiert, dass jemand eine andere Meinung hat als man selbst und diese auch genauso offen vertritt wie man selbst. Toleranz heißt aber nicht, dass man alle anderen Meinungen für gut, richtig oder gar sympathisch finden muss.

2. Die Rolle der Parteien in der Demokratie

Wo überall begegnen uns die Parteien?

In einer Unterrichtsstunde sagt ein Schüler, mit den politischen Parteien gehe es ihm so wie mit den Ärzten: „Ich mag sie nicht besonders, aber ich weiß, dass sie unverzichtbar sind." Nicht wenige Jugendliche scheinen so zu denken.

Andererseits: Es gibt auch Jugendliche, die in der Jugendorganisation einer der Parteien mitarbeiten. Viele aktive Menschen haben über solche Jugendorganisationen zur Politik gefunden. Wer verstehen will, wie die Politik in der Demokratie funktioniert, muss sich mit den Parteien auseinandersetzen. Bei jeder Wahl muss man als Wählerin oder Wähler entscheiden, welcher Partei man seine Stimme gibt. Nahezu alle wichtigen staatlichen Positionen sind von den Parteien besetzt. Parteien bestimmen den politischen Alltag im Land und sind allgegenwärtig. Auf den folgenden Seiten könnt ihr euch mit der Rolle der Parteien in der Demokratie auseinandersetzen. Empfohlen wird, dass ihr auf die Methode des Mindmappings zurückgreift (siehe Methodenkarte auf der Seite 74). Mit einer sich nach und nach

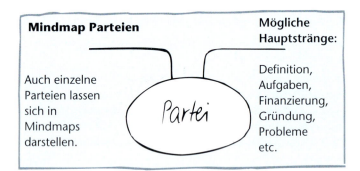

füllenden Mindmap könnt ihr euch Klarheit darüber verschaffen, was Parteien sind, was ihr gesetzlicher Auftrag ist, was ihre Ziele sind, wie ihre Finanzierung geregelt ist usw.

Tragt zusammen, wo uns überall Parteien begegnen und was ihr schon über sie wisst.

Parteien im Bundestag: Was bedeuten die Namen?

In Repräsentativbefragungen zeigt sich immer wieder, dass viele Menschen die Namen der im Bundestag vertretenen Parteien weder richtig benennen noch deren Bedeutung erklären können. Eine Umfrage der Shell-Jugendstudie ergab, dass nur 30 Prozent der Jugendlichen im Alter zwischen 15 und 17 Jahren dies können.
Ihr könnt den Bekanntheitsgrad in eurer Klasse auf 100 Prozent erhöhen, wenn ihr aus den folgenden Puzzleteilen die Namen richtig in euer Heft notiert. In einem zweiten Schritt könnt ihr den sechs Begriffen, die in den Namen der Parteien eine große Rolle spielen, die jeweils richtige Definition zuordnen.

Bündnis	Christlich	Christlich	Demokratische	Demokratische	Deutschlands
Die	Freie	Grünen	Neunzig	Partei	Partei
Soziale	Sozialdemokratische	Union	Union		

Ausgelassen ist bei der Namenssuche die Partei *DIE LINKE*, die ebenfalls im Bundestag vertreten ist. Sie trennte sich 2007 von ihrem ehemaligen Namen PDS (= Partei des demokratischen Sozialismus). Hier könnt ihr auch herausfinden, was es bedeutet, wenn eine Partei links ist.

1. 100 Prozent erreicht?
Nach der Bearbeitung sollte jedes Klassenmitglied die Abkürzungen der im Bundestag vertretenen Parteien richtig nennen und darüber hinaus erklären, was die einzelnen Begriffe in den Parteinamen bedeuten.

Welche der Definitionen erklärt welchen Begriff aus den Namen der Parteien?

1. demokratisch   2. frei   3. Union   4. sozial   5. grün   6. links

a) bedeutet mitmenschlich. Die Partei verpflichtet sich zu einer Politik, die gerechte Lebensverhältnisse zum Ziel hat. Man will etwas tun, was gut für die Gemeinschaft ist, und hat dabei vor allem die „kleinen Leute" im Blick.

b) bedeutet „Vereinigung" oder „Bündnis". Gemeint ist, dass sich Parteien mit diesem Begriff im Namen als ein Bündnis für Menschen und Gruppen aus allen Schichten des Volkes verstehen. Ihre Politik soll sich an christlichen Werten orientieren.

c) Alle im Bundestag vertretenen Parteien bekennen sich dazu. Hier drückt der Begriff aus, dass sich die Parteien als Volksparteien verstehen, sie dem Grundgesetz verpflichtet sind und eine Politik gestalten wollen, die – trotz aller Unterschiede – der Verwirklichung der Ziele der Verfassung dient.

d) steht für ein Parteiprogramm, das in besonderer Weise die Individualität betont. Die Partei, die diesen Begriff im Namen hat, tritt für weniger staatliche Eingriffe und für mehr individuelle Verantwortungsbereitschaft ein. Sie wird auch als „die Liberale" bezeichnet.

e) Die Bezeichnungen „links" und „rechts" für Parteien bezogen sich ursprünglich auf die Sitzordnung im französischen Parlament um 1814. „Links" waren die Parteien, die vom Vorsitzenden aus gesehen links saßen. Sie traten für revolutionäre Veränderungen ein. „Links" soll heute ausdrücken, dass man sich dem Volk verpflichtet fühlt. Man verlangt Opfer von den Reichen zur Stärkung der Schwachen.

f) Der Begriff drückt eine besondere Verpflichtung gegenüber der Natur und dem Schutz der Umwelt aus. Neben der Ökologie steht das Adjektiv für eine Politik, die sich dem Frieden, der sozialen Gerechtigkeit, der Gleichstellung von Mann und Frau und dem Schutz von Minderheiten besonders verpflichtet fühlt.

Was wollen die Parteien?

Vor der Bundestagswahl 2005 forderte die Bundeszentrale für politische Bildung die Parteien dazu auf, ihre jeweils drei wichtigsten politischen Ziele selbst zu formulieren und der Bundeszentrale zur Verfügung zu stellen. Die Parteien sind diesem Auftrag nachgekommen, und so könnt ihr euch hier über die wichtigsten Ziele der großen Parteien informieren. Weiterhin könnt ihr euch einen Überblick über die Gründung und die Mitgliederzahlen verschaffen. Benutzt für weitere Informationen die Internetauftritte der Parteien.

1. Legt entweder Tabellen oder für jede Partei eine einzelne Mindmap an und vervollständigt sie mithilfe der Materialien auf dieser Doppelseite.

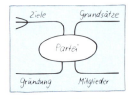

Die älteste der großen Parteien ist die **Sozialdemokratische Partei Deutschlands (SPD)**. Sie wurde 1869 als Sozialdemokratische Arbeiterpartei gegründet und trägt den heutigen Namen seit 1890. Früher war die SPD eine reine Arbeiterpartei, bis sie sich nach dem Zweiten Weltkrieg in der Bundesrepublik Deutschland zu einer „linken Volkspartei" entwickelte, die auch andere Schichten und Gruppen der Bevölkerung vertritt. 1959 verabschiedete die Partei das Godesberger Programm, das die Grundwerte Freiheit, Gerechtigkeit und Solidarität festschrieb. Sie sind nach wie vor aktuell und wurden in einem neuen Grundsatzprogramm im Herbst 2007 den Erfordernissen einer sich verändernden Welt angepasst. Heute sieht sich die SPD als Partei der „neuen Mitte", die sich an alle Bevölkerungsschichten wendet.

2005 wurden als die drei wichtigsten Ziele genannt:
1. Wir wollen eine starke Wirtschaft, deren Erträge fair verteilt werden, die Grundlage ist für den Wohlstand aller.
2. Wir streiten für einen starken und sozialen Staat, der seinen Menschen höchstmögliche Sicherheit gibt.
3. Wir erstreben eine menschliche Gesellschaft, die sich der Freiheit, der Gerechtigkeit und der Solidarität verpflichtet fühlt.

Mitgliederzahl:
2009: 520 969
2005: 597 540
1998: 775 419

Die **Christlich Demokratische Union (CDU)** und die **Christlich-Soziale Union (CSU)** wurden 1945 als christlich orientierte Parteien von Bürgern katholischen und evangelischen Glaubens gegründet. CDU und CSU sind „Schwesterparteien", d. h. die CSU beschränkt ihr Wirkungsgebiet ausschließlich auf Bayern, während die CDU im übrigen Bundesgebiet arbeitet. CDU und CSU verstehen sich als soziale, liberale und konservative Strömungen umfassende Volksparteien. Auf der Grundlage persönlicher Freiheit wollen beide Parteien eine Politik gestalten, die auf dem christlichen Verständnis vom Menschen und auf christlichen Werten beruht. Konservativ heißt hier, dass die Schwesterparteien auf die Beibehaltung bewährter Traditionen Wert legen. 2007 legte die CDU ein neues Grundsatzprogramm vor, das den Titel „Neue Gerechtigkeit durch mehr Freiheit" trägt. Es löste das Grundsatzprogramm von 1994 ab.
CDU und CSU fühlen sich in besonderer Weise dem Schutz der Familie verpflichtet. Die CSU betont die Eigenständigkeit der Länder noch stärker als die CDU.

2005 wurden als die drei wichtigsten Ziele der CDU genannt:
1. Arbeit,
2. Wachstum,
3. Sicherheit.
Rekordarbeitslosigkeit, Rekordschulden und Rekordarmut nehmen unserem Land die Zukunft. Deutschland braucht eine gemeinsame Kraftanstrengung. [...]
Wir wollen den Menschen in Deutschland Zukunft geben durch mehr Arbeitsplätze, mehr Wirtschaftswachstum und verlässliche soziale Sicherheit.

Mitgliederzahl:
CDU	CSU
2009: 528 972	2009: 162 533
2005: 580 000	2005: 173 000
1998: 627 239	1998: 180 156

 **DIE GRÜNEN** wurden als Bundespartei 1980 gegründet. Sie gingen hervor aus Bürgerinitiativen zum Schutz der Umwelt, aus Anhängern der Friedens-, Anti-Atom- und Frauenbewegung. Das **Bündnis 90** hatte seine Wurzeln in der Opposition gegen das SED-Regime in der ehemaligen DDR.
Um ihre Erfolgsaussichten zu vergrößern, schlossen sich die beiden Organisationen im Mai 1993 unter dem Namen Bündnis 90/DIE GRÜNEN zusammen.
Die Partei versteht sich als konsequent ökologisch ausgerichtet und tritt ein für ein umweltverträgliches Wirtschaften und Zusammenleben, für Frieden und Abrüstung, für die Gleichstellung von Mann und Frau und für verbesserte Rechte von Minderheiten.

2005 wurden als die drei wichtigsten Ziele genannt:
Wir GRÜNE wollen
1. durch Innovation, Bildung und die Senkung der Lohnnebenkosten neue zukunftsfähige Jobs schaffen,
2. die Sozialsysteme gerecht und zukunftsfähig machen,
3. weg vom Öl!
Das Ende des Erdölzeitalters ist in Sicht. [...] Ein Umstieg auf erneuerbare Energien und nachwachsende Rohstoffe ist deswegen alternativlos!

Mitgliederzahl: 2009: 45 088
  2005: 44 250
  1998: 50 177

 Die 1945 gegründete **Freie Demokratische Partei (FDP)** versteht sich als Partei des Liberalismus. Die Freiheit und Würde des einzelnen Menschen stehen im Mittelpunkt ihres Gesellschaftsbildes. Rechtsstaatliches Denken und Toleranz gehören zu ihren grundlegenden Werten. Die FDP verfügt über eine im Vergleich zu anderen Parteien geringe Stammwählerschaft. Die Partei wird überproportional von Menschen gewählt, die über ein gutes Einkommen und einen hohen Bildungsabschluss verfügen.

2005 wurden als die wichtigsten Ziele genannt:
Wir wollen mehr Freiräume für die individuelle Lebensgestaltung eröffnen. Wir geben den Bürgern wieder den Mut, gemeinsam mit der FDP notwendige Veränderungen in unserer Gesellschaft anzustoßen. Unsere Prinzipien sind: Freiheit vor Gleichheit, Erwirtschaften vor Verteilen, Privat vor Staat.
Wir stehen für mehr Eigenverantwortung statt Staatsgläubigkeit, für mehr Chancengleichheit statt Gleichmacherei. Die Liberalen machen sich für die Rechte der Einzelnen in Verantwortung für eine bessere Zukunft unseres Landes stark.

Mitgliederzahl: 2009: 65 600
  2005: 64 150
  1998: 68 000

DIE LINKE. Die **Partei des demokratischen Sozialismus (PDS)** entstand 1989 als Nachfolgepartei der Sozialistischen Einheitspartei (SED) der ehemaligen DDR. Sie versteht sich nicht als ostdeutsche, sondern als gesamtdeutsche sozialistische Partei. Sie hat sich vom Kommunismus losgesagt und strebt einen Staat an, der Gerechtigkeit auf der Basis von sozialer Gleichheit verwirklicht. Zur Bundestagswahl 2005 trat sie in einem Wahlbündnis mit der WASG (Wahlalternative Arbeit und soziale Gerechtigkeit) an. Im Juni 2007 schlossen sich die beiden Gruppierungen unter dem Parteinamen „Die Linke" zusammen.

2005 wurden als die drei wichtigsten politischen Ziele genannt:
Die Linke/PDS setzt sich insbesondere für eine Gesellschaft ein,
1. in der man von Arbeit leben kann und Arbeitssuchende nicht als Unwillige abgestempelt werden;
2. in der alle Menschen, unabhängig von ihrem Einkommen, ihrer Herkunft oder ihrem Geschlecht gleiche Zugangschancen zu Bildung und Kultur haben;
3. die sich nicht mit militärischen Mitteln an Kriegen beteiligt, sondern friedliche Konfliktlösungsstrategien verfolgt.

Mitgliederzahl: 2009: 75 906   2005: 61 700   1998: 96 500

(Quelle Mitgliederzahlen: Bundeszentrale für politische Bildung)

Im Original

Welchen gesetzlichen Auftrag haben die Parteien?

Die Doppelseite enthält Auszüge aus dem Grundgesetz für die Bundesrepublik Deutschland und aus dem deutschen Parteiengesetz sowie einen Text, der sich mit der Notwendigkeit der Parteienfinanzierung beschäftigt.

Mit den Textauszügen und den beiden Schaubildern lassen sich vielfältige Informationen über die Parteien zusammenstellen, z. B. zur Frage, was Parteien sind, welche Aufgaben sie haben, wie sie ihre Arbeit finanzieren und anderes mehr.

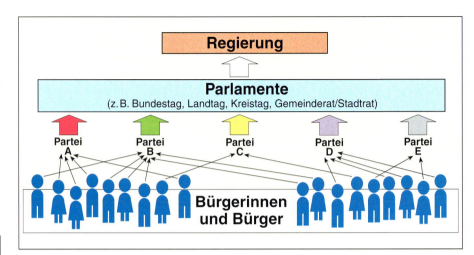

Text 1
Artikel 21 des Grundgesetzes

Parteien

(1) Die Parteien wirken bei der politischen Willensbildung des Volkes mit. Ihre Gründung ist frei. Ihre innere Ordnung muss demokratischen Grundsätzen entsprechen. Sie müssen über die Herkunft und Verwendung ihrer Mittel sowie über ihr Vermögen öffentlich Rechenschaft geben.

(2) Parteien, die nach ihren Zielen oder nach dem Verhalten ihrer Anhänger darauf ausgehen, die freiheitliche demokratische Grundordnung zu beeinträchtigen oder zu beseitigen oder den Bestand der Bundesrepublik Deutschland zu gefährden, sind verfassungswidrig. Über die Frage der Verfassungswidrigkeit entscheidet das Bundesverfassungsgericht.

(3) Das Nähere regeln Bundesgesetze.

Text 2
Aus dem Parteiengesetz
in der Fassung vom 12. Dezember 2004

§ 1 Verfassungsrechtliche Stellung und Aufgaben der Parteien

(1) Die Parteien sind ein verfassungsrechtlich notwendiger Bestandteil der freiheitlichen demokratischen Grundordnung. Sie erfüllen mit ihrer freien, dauernden Mitwirkung an der politischen Willensbildung des Volkes eine ihnen nach dem Grundgesetz obliegende und von ihm verbürgte öffentliche Aufgabe.

(2) Die Parteien wirken an der Bildung des politischen Willens des Volkes auf allen Gebieten des öffentlichen Lebens mit, indem sie insbesondere auf die Gestaltung der öffentlichen Meinung Einfluss nehmen, die politische Bildung anregen und vertiefen, die aktive Teilnahme der Bürger am politischen Leben fördern, zur Übernahme öffentlicher Verantwortung befähigte Bürger heranbilden, sich durch Aufstellung von Bewerbern an den Wahlen in Bund, Ländern und Gemeinden beteiligen, auf die politische Entwicklung in Parlament und Regierung Einfluss nehmen, die von ihnen erarbeiteten politischen Ziele in den Prozess der staatlichen Willensbildung einführen und für eine ständige lebendige Verbindung zwischen dem Volk und den Staatsorganen sorgen.

(3) Die Parteien legen ihre Ziele in politischen Programmen nieder.

(4) Die Parteien verwenden ihre Mittel ausschließlich für die ihnen nach dem Grundgesetz und diesem Gesetz obliegenden Aufgaben.

§ 10 Rechte der Mitglieder

(1) Die zuständigen Organe der Partei entscheiden nach näherer Bestimmung der Satzung frei über die Aufnahme von Mitgliedern. Die Ablehnung eines Aufnahmeantrages braucht nicht begründet zu werden. [...]

lesen – verstehen – beurteilen

§ 18 Grundsätze und Umfang der staatlichen Finanzierung

(1) Die Parteien erhalten Mittel als Teilfinanzierung der allgemein ihnen nach dem Grundgesetz obliegenden Tätigkeit. Maßstäbe für die Verteilung der staatlichen Mittel bilden der Erfolg, den eine Partei bei den Wählern bei Europa-, Bundestags- und Landtagswahlen erzielt, die Summe ihrer Mitglieds- und Mandatsträgerbeiträge sowie der Umfang der von ihr eingeworbenen Spenden.

(4) Anspruch auf staatliche Mittel gemäß Absatz 3 Nr. 1 und 3 haben Parteien, die nach dem endgültigen Wahlergebnis der jeweils letzten Europa- oder Bundestagswahl mindestens 0,5 vom Hundert oder einer Landtagswahl 1,0 vom Hundert der für die Listen abgegebenen gültigen Stimmen erreicht haben. [...]

§ 23 Pflicht zur öffentlichen Rechenschaftslegung

(1) Der Vorstand der Partei hat über die Herkunft und die Verwendung der Mittel sowie über das Vermögen der Partei zum Ende des Kalenderjahres (Rechnungsjahr) in einem Rechenschaftsbericht wahrheitsgemäß und nach bestem Wissen und Gewissen öffentlich Rechenschaft zu geben. [...]

§ 25 Spenden

(1) Parteien sind berechtigt, Spenden anzunehmen. Bis zu einem Betrag von 1 000 Euro kann eine Spende mittels Bargeld erfolgen. Parteimitglieder, die Empfänger von Spenden an die Partei sind, haben diese unverzüglich an ein für Finanzangelegenheiten von der Partei satzungsmäßig bestimmtes Vorstandsmitglied weiterzuleiten. [...]

Text 3
Warum brauchen die Parteien Geld?

Die rechtlichen Vorkehrungen der Parteienfinanzierung verfolgen in erster Linie das Ziel, die ordentliche Funktionserfüllung der Parteien sicherzustellen. Neben der Freiheit der parteipolitischen Betätigung, die in Art. 21 GG zum Ausdruck kommt, ist die Chancengleichheit aller Parteien für alle Bürger bei der parteipolitischen Betätigung das zweite Hauptelement der verfassungsrechtlichen Regulierung des Parteiwesens. Alle Parteien, gleichviel, welche Kreise der Bevölkerung und welche Interessen sie vertreten, sollen im politischen Wettbewerb der verschiedenen Auffassungen und Interessen chancengleich sein. Ohne staatliche Mittel zur Parteienfinanzierung wären diejenigen Parteien, die wenig finanzkräftige Interessen vertreten, erheblich benachteiligt.

Das in Artikel 21 GG aufgestellte Öffentlichkeitsgebot für die Parteifinanzen erfasst nicht nur die öffentlichen Mittel, sondern auch die privaten Zuwendungen. Das Publizitätsgebot für die Einnahmen, hier der Spenden, soll sichtbar machen, von wem Parteien finanzielle Zuwendungen erhalten – und wem sie deswegen möglicherweise verpflichtet sind. [...]

(Nach: Martin Morlok, Durchsichtige Taschen oder schwarze Koffer?, in: ApuZ, B 16/2000, S. 6)

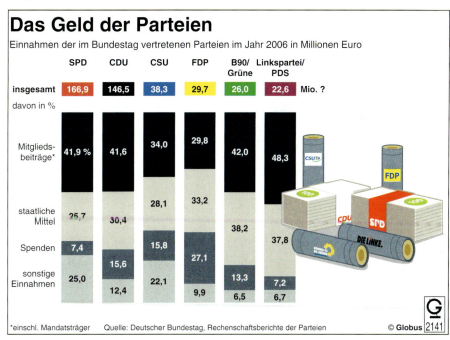

Seit seiner Verabschiedung 1967 ist das Parteiengesetz wegen „Parteispendenskandalen" mehrfach überarbeitet worden.
Bei diesen Skandalen ging es nicht um persönliche Bereicherung. Vielmehr wurden Rechenschaftsberichte nicht ordnungsgemäß vorgelegt und die Namen von Großspendern nicht genannt, wie es das Gesetz verlangt hätte. (Anmerkung des Herausgebers)

3. Wendet sich die Jugend von den Parteien ab?

Schaut euch zunächst die Karikatur an und überlegt, was sie über das Verhältnis der etablierten Parteien zum Wahlvolk aussagt. Lest dann die weiteren Texte zur Bewertung der Parteien.
Was hat „Marke D" über die Einstellungen Jugendlicher zu Politikern und Parteien herausgefunden?

Das Volk und die etablierten Parteien

Parteienverdrossen
Daniel Dettling, politischer Netzwerkaktivist, hat zum Thema Politik eine Umfrage unter Jugendlichen im Internet mit dem Titel „Marke D" initiiert, um dabei das Politikverständnis von morgen zu ergründen. Dettling: „Die Politik ist selbst schuld. Denn während das Interesse für Politik mit dem Alter zunimmt, bleiben Desinteresse und Kritik an den Parteien bestehen."
18 Prozent der 18- bis 25-Jährigen und 27 Prozent der 25- bis 35-Jährigen stimmen der Aussage, „Parteien sind nicht an meiner Meinung interessiert", voll zu. Zahlen, die zwar nicht repräsentativ, aber doch erhellend sind und aus Dettlings Online-Umfrage stammen. 3 000 junge Leute haben sich an „Marke D" beteiligt. Das Ergebnis: Nicht die Politik, sondern die Parteien sind out. Politik von morgen muss mehr direktes Engagement erlauben, das kurzfristig, projektbezogen und in der Freizeit möglich ist, ohne von Parteien dominiert zu sein. „Politik ist nicht nur Sache der Politiker, sondern der Bürger selbst", sagt Dettling.
Bei „Marke D" antwortete ein Großteil der User auf die Frage, wer die eigene politische Meinung am besten vertritt: Ich. „Die Nachfrage an Politik besteht durchaus, aber das Angebot stimmt nicht", sagt Dettling.

(Aus: Tobias Kaufmann, Zeitarm und parteienverdrossen, in: Das Parlament Nr. 42 – 43 vom 21./28.10.2002)

Parteien im Meinungsstreit
Parteien und Politiker sind in Deutschland, und nicht nur dort, einer heftigen, manchmal maßlosen Kritik ausgesetzt. Die Kritik ist in vielerlei Hinsicht gerechtfertigt. Es gab in den letzten Jahren Beispiele von skandalösem Fehlverhalten, dessen sich Politiker schuldig gemacht haben. Auch die Art und Weise der – inzwischen vom Bundesverfassungsgericht korrigierten – Parteienfinanzierung und die von den Parteien häufig betriebene Ämterpatronage sind kritikwürdig. Ebenso lassen sich gegen manche Formen des Wahlkampfes, der Wahlwerbung begründete Einwände erheben. Die Kritik ist überzogen und ungerechtfertigt, wenn sie verallgemeinert, die Parteien und die Politiker pauschal unter Verdacht stellt. Oft beruht sie auf Vorurteilen oder Unwissen, etwa wenn sie die Arbeitsbelastung von Politikern weit unterschätzt und ihre finanzielle Entschädigung ebenso unterschätzt.

(Aus: Horst Pötzsch, Die deutsche Demokratie, Bundeszentrale für politische Bildung, Bonn, 3. aktualisierte Auflage 2003, S. 40)

Nicht beliebt, aber notwendig

Zum Thema „Wendet sich die Jugend von den Parteien ab?" schrieb Alexander M. (16 Jahre) die folgende Stellungnahme: „Ich mag die Parteien nicht besonders. Das hat aber nichts damit zu tun, dass ich gegen Politik wäre oder so. Im Gegenteil: Ich interessiere mich für viele Themen, die mit Politik zu tun haben. Aber wenn die Politiker aus den Parteien zu reden anfangen, dann verstehe ich oft gar nicht richtig, was die meinen. Denen kommt es immer nur darauf an, dass sie möglichst viel reden. Meistens hören sie sich gegenseitig gar nicht zu. Ich glaube nicht, dass die Parteien irgendwie stark an der Jugend interessiert sind. Ich bin aber nicht generell gegen Parteien. Mir ist klar, dass es in der Demokratie Parteien geben muss. Wie soll das denn sonst funktionieren? Ich glaube auch nicht, dass man alle, die in einer Partei sind, dafür kritisieren soll. Es gibt bestimmt viele Leute da, die gute Arbeit leisten. Die Politiker in den Parteien sollten ehrlicher zu den Leuten sein, besser zuhören und weniger streiten. Das wäre mein Vorschlag.

Ich selbst kann mir jetzt nicht vorstellen, einer Partei beizutreten. Ich will das aber nicht für alle Zeiten ausschließen."

Pro und kontra Parteien

Parteien kosten zu viel Geld.	**Parteienfinanzierung**	Parteien müssen finanziert werden.
Die Parteien betrachten den Staat als Selbstbedienungsladen. Sie entscheiden in den Parlamenten selbst über die Zuschüsse aus der Staatskasse. Parteien sollten sich ausschließlich über die Beiträge ihrer Mitglieder finanzieren.		Ohne Parteien gibt es keine Demokratie. Parteien ermöglichen Wahlen, ohne die ein demokratisches Regierungssystem nicht denkbar ist. [...] Viele Parteimitglieder wenden Zeit, Arbeit und Geld auf, ohne irgendwelche persönlichen Interessen zu verfolgen. Warum sollten nur diese politisch aktiven Bürger die hohen „Kosten der Demokratie" tragen?

Eine winzige Minderheit bestimmt über alles.	**Innerparteiliche Demokratie**	Alle können in Parteien mitmachen.
Nur drei Prozent der Wähler sind Mitglieder von Parteien. Von diesen sind wiederum nur zwischen einem Zehntel und einem Fünftel aktiv. Diese winzige Minderheit vergibt unter sich die Mandate, besetzt die Parteiämter und trifft die Sachentscheidungen. Die überwiegende Mehrheit der Parteimitglieder hat keinen Einfluss. „Seiteneinsteiger", qualifizierte Personen, die sich nicht in der Partei hochgedient haben, erhalten keine Chance.		Parteien stehen allen offen. [...] Die Mehrheit der Parteimitglieder ist aus Zeitmangel oder anderen Gründen nicht zur Übernahme von Ämtern und Funktionen bereit. Erfolgreiche Persönlichkeiten in anderen Berufen verdienen dort weit mehr, sind nicht permanenter öffentlicher Kritik ausgesetzt und nicht jederzeit absetzbar. Sie stehen daher für öffentliche Ämter in der Regel nicht zur Verfügung.

Zu viele Parteimitglieder besetzen wichtige Stellen.	**Ämterpatronage**	Wichtige Stellen sollen mit engagierten Leuten besetzt werden.
Die Parteien besetzen Stellen im Staatsapparat und in vielen gesellschaftlichen Bereichen mit ihren Mitgliedern. Sie beeinflussen damit die Amtsführung in ihrem Sinne und belohnen Mitglieder für der Partei geleistete Dienste. [...]		Wünschenswertes parteipolitisches Engagement wird verhindert, wenn Parteimitglieder, die sich um ein Amt bewerben, von vornherein im Verdacht stehen, Karrieristen zu sein. [...]

(Aus: Horst Pötzsch, Die deutsche Demokratie, Bundeszentrale für politische Bildung, Bonn, 3. aktualisierte Auflage 2003, S. 41)

	stimme voll zu		stimme nicht zu
Meinung A: „Parteien sind unverzichtbar in der Demokratie."	100 %		0 %
Meinung B: „Jugendliche wollen mit Parteien nichts zu tun haben."	100 %		0 %
Meinung C: „Aus Unwissenheit wird die Kritik an den Parteien oft übertrieben."	100 %		0 %

1. Formuliert nach der Bearbeitung dieser Doppelseite eure eigene Meinung über die Parteien.

2. Schreibt diese Meinungen A, B, C an die Tafel oder auf die Plakate und lasst jedes Klassenmitglied durch Ankreuzen oder Punkte kleben seine Meinung deutlich machen. Diskutiert dann miteinander über eure unterschiedlichen Auffassungen.

TRAININGSPLATZ

Parteien und Politiker, wie wir sie uns wünschen

Wir formulieren Erwartungen

Hier habt ihr die Gelegenheit, darüber nachzudenken, wie Politikerinnen und Politiker sich verhalten sollten. Schaut euch dazu die Liste der Erwartungen an und entwerft einen Katalog von Verhaltensregeln. Beschränkt euch dabei auf eine Anzahl von fünf bis maximal sieben Verhaltensregeln.

- Bildet Kleingruppen, in denen ihr über die Auswahl der Erwartungen diskutiert.
- Trefft eure Auswahl so, dass die wichtigste Verhaltensregel auf Platz 1, die zweitwichtigste auf Platz 2 usw. steht. Verwendet dazu auch eigene Formulierungen.
- Stellt nach der Gruppenarbeit mehrere Vorschlagslisten in der Klasse vor und versucht, euch auf eine Klassenliste zu einigen.

An alle, die Politik hauptamtlich betreiben, haben wir folgende Erwartungen:

1. Du musst alles dafür tun, dass du wiedergewählt wirst.
2. Du musst immer zeigen, dass du die Sorgen der Menschen ernst nimmst.
3. Du musst deine politischen Vorstellungen so erklären können, dass jeder Mensch sie verstehen kann.
4. Du sollst in deinem Auftreten und deinem Verhalten in der Öffentlichkeit vorbildlich sein.
5. Du musst immer deutlich machen, dass deine Partei besser ist als alle anderen.
6. Du darfst niemals eine von der Parteiführung abweichende Meinung vertreten.
7. In Fernsehdiskussionen musst du möglichst viel Redezeit für dich in Anspruch nehmen.
8. In Reden an das Volk darfst du nur von den Erfolgen deiner Partei berichten.
9. Wenn du Spenden erhältst, wirst du sie umgehend an die Partei weiterleiten.
10. Du wartest nicht, bis die Leute zu dir kommen, sondern du suchst den Kontakt zu den Leuten.
11. Schulen und Betriebe besuchst du so oft wie möglich.
12. Den politischen Gegner behandelst du fair und nicht überheblich.
13. Bei Abstimmungen lässt du dich nie auf Kompromisslösungen mit anderen Parteien ein.
14. Du kleidest dich jugendlich, wenn du mit Jugendlichen sprichst.
15. Nie darf es dir nur um deine persönliche Karriere gehen.
16. Bleibe stets glaubwürdig in dem, was du sagst, und in dem, was du tust.
17. Sage den Wählern gegenüber immer die Wahrheit, auch wenn sie nicht gerne gehört wird.
18. Sei kein eitler Selbstdarsteller bzw. keine eitle Selbstdarstellerin.
19. Habe stets ein offenes Ohr für die Sorgen der Kinder und Jugendlichen.
20. Versuche stets, andere Menschen für die Mitarbeit in deiner Partei zu begeistern.

METHODENKARTE 11
Methodenkarte

Internetrecherche: Vergleich von Webseiten

Thema: Die Selbstdarstellung der Parteien im Internet

www.cdu.de	CDU
www.csu.de	CSU
www.fdp.de	FDP
www.gruene.de	Bündnis 90/ DIE GRÜNEN
www.die-linke.de	DIE LINKE
www.spd.de	SPD

Das Internet bietet mittlerweile eine leicht zugängliche Möglichkeit zur Information über die Parteien. Unter anderem sind die Parteiprogramme abrufbar, in denen die Parteien ihre Ziele beschreiben. Neben den im Bundestag vertretenen Parteien sind auch zahlreiche kleine Parteien im Internet vertreten, darunter auch rechts- und linksextreme.

Als Suchbegriffe bieten sich z. B. die folgenden Themenbereiche der Politik an:

- Arbeitsmarktpolitik
- Energiepolitik
- Jugendpolitik
- Umweltpolitik
- Wirtschaftspolitik
- Sozialpolitik
- u.a.m.

Webseiten vergleichen: Wie macht man das?

Wenn man verschiedene Dinge miteinander vergleichen will, braucht man Kriterien, an denen man sich orientiert. Hier werden einige angeboten, die ihr bei eurer Vergleichsarbeit nutzen könnt. Sie ermöglichen euch ein persönliches Werturteil über die Qualität des Angebots. Für jedes Kriterium könnt ihr maximal 5 (hervorragend) und minimal 0 Punkte (sehr unbefriedigend) verteilen. Zählt am Ende eure persönliche Punktzahl pro Partei zusammen. Je mehr Punkte, desto besser bewertet ihr die **Webseite** der Partei. Am Ende solltet ihr eure Bewertungen miteinander vergleichen.

1. **Übersichtlichkeit:** Wie übersichtlich ist die Startseite der Homepage aufgebaut? 5 4 3 2 1 0	Gesamtpunktzahl:
2. **Orientierung:** Wie gut findet man sich in den angebotenen Links zurecht? 5 4 3 2 1 0	
3. **Gezielte Suche:** Kann man einen Suchbegriff eingeben und findet man dazu schnell ein befriedigendes Informationsangebot? 5 4 3 2 1 0	
4. **Service:** Wie interessant und hilfreich ist das Angebot an Serviceleistungen der Partei? 5 4 3 2 1 0	
5. **Materialangebot:** Kann man mit der Menge und der Art der angebotenen Materialien zufrieden sein? 5 4 3 2 1 0	
6. **Qualität:** Findet man gut verständliche Texte über die Ziele und die Programmatik der Partei? 5 4 3 2 1 0	
7. **Gesamteindruck:** Wie überzeugend wirkt die Selbstdarstellung der Partei insgesamt? 5 4 3 2 1 0	

4. Wahlen in der Demokratie: Welche Merkmale gehören dazu?

Wahlen sind die wichtigste Form politischer Beteiligung in der Demokratie. Allerdings ist nicht jede Wahl automatisch auch eine demokratische Wahl. Das werdet ihr feststellen, wenn ihr die beiden Beispiele auf dieser Seite bearbeitet. Stellt anschließend die Merkmale zusammen, die zu einer wirklich demokratischen Wahl gehören müssen.

Tipp: Arbeitsteilung plus Partnerbriefing

Beispiel 1: Präsidentenwahl in Weißrussland

Angeblich 83,5 Prozent der Weißrussen sollen laut ersten Nachwahlbefragungen für eine neuerliche Amtszeit des autoritär regierenden Staatschefs Alexander Lukaschenko gestimmt haben. Verhaftungen und Einschüchterungen machen die Abstimmung zur Farce.
Selbst seine Stimmabgabe garnierte der Amtsinhaber am Wahltag mit düsteren Drohungen gegen die Opposition. Auf „Provokationen" werde die weißrussische Führung adäquat reagieren, kündigte Präsident Alexander Lukaschenko am Sonntag vor einer Schar handverlesener Journalisten im Minsker Wahllokal Nr. 1 unheilvoll an. Den Vorwurf der Wahlfälschung wies der seit zwölf Jahren amtierende Autokrat energisch zurück. […] Bereits drei Stunden nach Öffnung der Wahllokale veröffentlichte das Fernsehen erste Nachwahlbefragungen, die dem früheren Kolchosendirektor den bestellten Triumph prognostizierte. 83,5 Prozent der Wähler sollten diesen zufolge für eine neuerliche Amtszeit Lukaschenkos gestimmt haben: Keiner der drei Gegenkandidaten habe mehr als drei Prozent erhalten. […] Probleme plagen indes den wichtigsten Oppositionschef Milinkiewitsch, der eingekeilt von seinen Bodyguards im Blitzlichtgewitter der Fotografen in der kleinen Schule zu der Sperrholzurne schritt. In der Nacht zum Sonntag hatte die Miliz in Brest und Gomel erneut zwei regionale Wahlkampfleiter von Alexander Milinkiewitsch festgenommen. Doch trotz massiver Einschüchterungsversuche forderte der Physikprofessor, der angeblich nur 2,5 Prozent der Stimmen erhielt, seine Anhänger zur friedlichen Demonstration gegen die Wahlfarce auf.

(Aus: Thomas Roser (Minsk) und Elke Windisch (Moskau), Lukaschenko organisiert den totalen Triumph, in: Stuttgarter Zeitung vom 20.03.2006, S. 6)

Minsk: Menschen protestieren gegen die Wahl Lukaschenkos

Beispiel 2: Iran wählt neues Parlament

Wenn die Iraner am morgigen Freitag an die Wahlurnen gehen, haben sie eigentlich keine Wahl. Durch den Ausschluss von mehr als 2 300 Kandidaten, darunter prominente Reformer und amtierende Abgeordnete, treten in vielen Wahlkreisen nur Vertreter der konservativen Hardliner an. Daher hat ein Teil der Reformbewegung zu einem Wahlboykott der Parlamentswahlen aufgerufen, bei denen 290 Volksvertreter gewählt werden sollen. […] Kandidaten für das iranische Parlament (Madschlis) müssen mehrere Bedingungen erfüllen: Glauben an den Islam und die Islamische Republik (5 Sitze sind aber für Christen, Juden, Zoroastrianer [= eine Religionsgruppe, Anmerkung des Herausgebers] und Assyrer reserviert); iranische Staatsbürgerschaft; Treue zur Verfassung und zur absoluten religiösen Führung; Studienabschluss; „guter Ruf" im Wahlkreis; Gesundheit (was nach den Vorschriften die Seh-, Hör- und Sprechfähigkeit einschließt); Alter zwischen 30 und 70. Die Legitimität wird sodann vielfach überprüft: vom Informationsministerium (Geheimdienst), dem Generalstaatsanwalt, dem Personenstandsamt, dem Identitätskontrollamt, der Polizei. Deren Ergebnisse prüfen nochmals Innenministerium und Wächterrat. Im Fall der Ablehnung kann ein Kandidat eine erneute Prüfung verlangen.
Das nächste iranische Parlament verfügt über 290 Sitze. In 202 Wahlkreisen gibt es je einen Kandidaten. Nur wer mindestens 25 Prozent der Stimmen erhält, ist gewählt.

(Aus: Andrea Nüsse (Amman), Keine Wahl, in: Frankfurter Rundschau vom 19.02.2004, S. 2)

Welche Wahlbedingungen gelten bei den Wahlen zum Deutschen Bundestag?

Der Bundestag ist die gewählte Volksvertretung für die Bürgerinnen und Bürger in der Bundesrepublik Deutschland. Die Abgeordneten sind Vertreter des Volkes. Sie werden alle vier Jahre neu gewählt. Bei der Wahl zum Deutschen Bundestag müssen fünf Bedingungen erfüllt sein. Diese sind im Artikel 38 des Grundgesetzes festgelegt. Sie gelten im Übrigen für alle Wahlen, an denen wahlberechtigte Bundesbürger teilnehmen können: also auch für Kommunal- und Landtagswahlen und für die Wahlen zum Europäischen Parlament.

> Artikel 38
> (1) Die Abgeordneten des Deutschen Bundestages werden in allgemeiner, unmittelbarer, freier, gleicher und geheimer Wahl gewählt. Sie sind Vertreter des ganzen Volkes, an Aufträge und Weisungen nicht gebunden und nur ihrem Gewissen unterworfen.

Herr Schröter ist Professor für Geschichte. Er meint: „Meine Stimme müsste mehr zählen als die anderer Leute. Schließlich bin ich viel klüger."

Was passt wo?

Die Wahlen sind ?, wenn jeder Wähler ohne Druck oder Bedrohung zur Wahl gehen kann, wenn er eine Auswahl unter verschiedenen Möglichkeiten hat und wenn er nicht zur Stimmabgabe gezwungen wird.

Die Wahlen sind ?, wenn im Wahllokal dafür gesorgt ist, dass jeder Wähler seine Stimme unbeobachtet abgeben kann, und wenn niemand dazu gezwungen wird, seine Wahlentscheidung zu verraten.

Die Wahlen sind ?, wenn kein Unterschied in der Bewertung von verschiedenen Stimmen gemacht wird. Früher war es einmal so, dass die Wahlstimme eines Adeligen viel höheres Gewicht hatte als die Stimme eines Arbeiters.

Die Wahlen sind ?, wenn jeder das Wahlrecht hat, unabhängig vom Geschlecht, vom Einkommen, von der Religion und so weiter. Man muss allerdings 18 Jahre alt sein und die deutsche Staatsbürgerschaft besitzen. Man darf nicht entmündigt sein oder wegen einer Verurteilung in einem schweren Fall sein Wahlrecht verloren haben.

Die Wahlen sind ?, wenn jeder Wahlberechtigte seinen Kandidaten direkt in den Bundestag wählen kann. Anders verhält es sich bei der Wahl des Bundeskanzlers. Er oder sie wird nicht vom Volk direkt gewählt, sondern vom Bundestag. Da das Volk aber durch die Wahl die Mehrheitsverhältnisse im Bundestag bestimmt, entscheidet es indirekt darüber mit, welcher Kandidat Kanzler(in) wird und welcher nicht.

Die Chefin eines Betriebes will einige Leute einstellen und schreibt an die Bewerber: „Teilen Sie mir bitte in Ihrem Bewerbungsschreiben mit, welcher politischen Partei Sie Ihre Stimme geben werden. Ich muss wissen, ob Sie in unseren Betrieb passen."

Herr und Frau Schluchtig meinen: „Bei der kommenden Bundestagswahl wählen wir mit unserer Stimme den Bundeskanzler – sozusagen direkt, unmittelbar. Das ist unser gutes Recht!"

1. Begründet, warum es sich bei den Wahlen in Weißrussland (Beispiel 1) und im Iran (Beispiel 2) nicht um wirklich demokratische Wahlen handelt.

2. Entwickelt zu den Wahlgrundsätzen im Artikel 38 des Grundgesetzes ein anschauliches Tafelbild. Fasst dazu die Erklärungen kurz und gut verständlich zusammen.

3. Übt euch darin, die Bedingungen einer demokratischen Wahl in freier Rede zu erklären.

5. Das Wahlrecht zum Deutschen Bundestag: zu kompliziert?

Mithilfe des Beispiels auf dieser Doppelseite könnt ihr herausfinden, wie sich Wahlen auf unterschiedliche Art und Weise auszählen und organisieren lassen. Vor diesem Hintergrund könnt ihr dann beurteilen, ob das Wahlrecht zum Deutschen Bundestag klug gestaltet wurde oder ob es zu kompliziert ist.

Parlamentswahlen in „Fantasia": Gleiches Wahlergebnis führt zu unterschiedlicher Sitzverteilung im Parlament

In der neu gegründeten demokratischen Republik „Fantasia" finden zum ersten Mal Parlamentswahlen statt. Zu diesem Zweck hat man das Land in 11 Wahlkreise eingeteilt. Pro Wahlkreis wird es einen Sitz im Parlament geben. Zur Wahl stellen sich drei Parteien mit ihren jeweiligen Kandidaten (Partei A, B und C). Unter diesen drei Parteien werden die 11 Parlamentssitze aufgeteilt werden.

Man hat beschlossen, zwei unabhängige Kommissionen mit der Auszählung der Stimmen und der Verteilung der Sitze im Parlament zu beauftragen. Dies soll garantieren, dass keine Fehler vorkommen. Am Abend nach der Wahl verkünden die Vorsitzenden der Auszählkommissionen der gespannt wartenden Öffentlichkeit das Ergebnis.

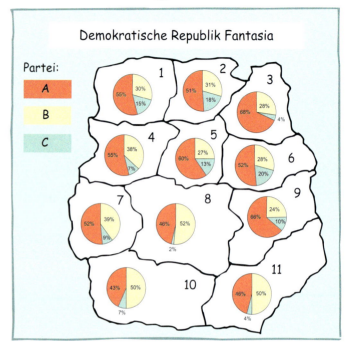

„Die Partei A erhält 54 Prozent der gültigen Stimmen, Partei B erhält 36 Prozent, Partei C 10 Prozent. Daraus ergeben sich für Partei A 8 Sitze im Parlament und für Partei B 3 Sitze. Partei C wird keinen Parlamentssitz erhalten."

„Die errechneten Prozentanteile stimmen. Doch in der Sitzverteilung irrt der Kollege. Partei A wird 6 Parlamentssitze erhalten. Partei B 4 Sitze und Partei C wird mit einem Sitz in das Parlament einziehen."

1. Politiker, Presse und Bevölkerung sind verwirrt. Welcher der beiden Sprecher hat Recht? Wie kann es zu solch unterschiedlichen Auswirkungen kommen?

Die beiden Kommissionssprecher treffen sich zu einem Gespräch

Frau Verhält: Welches Wahlsystem haben Sie bei der Auszählung der Stimmen verwendet?

Herr Mehrheit: Wir haben uns am Mutterland der Demokratie, Großbritannien, orientiert. Daher haben wir das Mehrheitswahlrecht angewendet.

Frau Verhält: Was bedeutet das?

Herr Mehrheit: Nach dem Mehrheitswahlrecht wählen die Bürger in dem Wahlkreis, in dem sie wohnen, eine Person, die entweder Partei A, B oder C angehört. Es zieht jeweils der Kandidat ins Parlament ein, der die Mehrheit der Stimmen erhalten hat. Partei A hat in 8 von 11 Wahlkreisen die Mehrheit der Stimmen erhalten. Partei B in 3 der 11 Wahlkreise. Also erhalten Partei A 8 und Partei B 3 Sitze. Da Partei C in keinem Wahlkreis die Mehrheit der Stimmen erzielen konnte, erhält sie auch keinen Parlamentssitz.
Wie kommt ihre Sitzverteilung zustande, liebe Kollegin?

Frau Verhält: Wir haben nach dem Verhältniswahlrecht ausgezählt. Danach werden die Sitze im Parlament nach dem Anteil der Wählerstimmen verteilt. Bekommt eine Partei 54 Prozent der Stimmen, so stehen ihr auch 54 Prozent der Sitze im Parlament zu. Dadurch ist auch Partei C – ihrem Anteil von 10 Prozent der Stimmen entsprechend – in unserem Parlament vertreten. In vielen parlamentarischen Demokratien wendet man das Verhältniswahlrecht an, weil die Zusammensetzung des Parlaments so den politischen Willen der Bevölkerung genau widerspiegelt.

Herr Mehrheit: Da haben Sie durchaus Recht. Aber das Mehrheitswahlrecht sorgt für klare Mehrheiten im Parlament. So fällt das Regieren leichter. Weil es eine Personenwahl ist, besteht das Parlament nur aus Siegern, da ja alle Abgeordneten als Sieger aus ihrem Wahlkreis hervorgegangen sind. Beim Verhältniswahlrecht gibt es oft keine eindeutigen Mehrheitsverhältnisse, sodass das Land schwer zu regieren ist.

Frau Verhält: Beim Verhältniswahlrecht gibt man seine Stimme einer Partei. Da die Parteien so viele Sitze bekommen, wie ihnen nach der prozentualen Stimmenverteilung zustehen, finden alle Stimmen Berücksichtigung. Beim Mehrheitswahlrecht bleiben viele Stimmen völlig unberücksichtigt.

Herr Mehrheit: Stimmt! Dafür ist das Mehrheitswahlrecht persönlicher, weil man eine Person wählen kann, die man kennt. Das Verhältniswahlrecht ist dagegen recht anonym.

Frau Verhält: Dafür ist es aber gerechter.

Beide: Wir müssen eine Entscheidung treffen.

2. Mithilfe dieses Textes könnt ihr erklären, wie Mehrheitswahlrecht und Verhältniswahlrecht funktionieren und welche Vor- und Nachteile die beiden Systeme haben. Fertigt auf einem Blatt eine Übersicht an:

	Mehrheitwahlrecht	Verhältniswahlrecht
Funktionsweise		
Vorteile		
Nachteile		

Ihr könnt auch im Glossar nachschauen.

3. Wie würdest du entscheiden? Formuliere deinen Ratschlag an die beiden Kommissionssprecher.

Die Bundestagswahl: Wie funktioniert sie?

Achtet beim Lesen und beim Betrachten der Schaubilder auf dieser Doppelseite auf folgende Begriffe:

- Personalisiertes Verhältniswahlrecht,
- Erststimme, Zweitstimme, Stimmensplitting,
- Fünf-Prozent-Hürde,
- Überhangmandate.

Erklärt nach dem Lesen, was sie bedeuten.

Das Wahlrecht für die Bundestagswahlen versucht, die Vorzüge beider Wahlsysteme (des Mehrheits- und des Verhältniswahlrechts) miteinander zu verbinden. Durch die Kombination der beiden Wahlsysteme sprechen wir auch von einem personalisierten Verhältniswahlrecht. Die eine Hälfte der Abgeordneten wird in Einzelwahlkreisen nach relativer Mehrheit, die andere Hälfte – unabhängig davon – nach Listen im Verhältniswahlrecht gewählt. Deswegen gibt es bei den Bundestagswahlen eine Erststimme und eine Zweitstimme. Dazu ist der Stimmzettel in zwei Spalten eingeteilt; in jeder der Spalten kann der Wähler eine Stimme durch Ankreuzen abgeben. Auf der linken Spalte, also mit der Erststimme, kann der Wähler seinen Bundestagskandidaten wählen. [...] In der rechten Spalte wird mit der Zweitstimme die Partei gewählt. [...] Die Zweitstimme ist nicht zweitrangig, wie der Name irrtümlich vermuten lässt. Sie entscheidet vielmehr, wie viele Mandate eine Partei im neuen Bundestag erhält.

(Aus: Rupert Schick / Michael F. Feldkamp, Wahlen, hrsg. vom Referat für Öffentlichkeitsarbeit des Deutschen Bundestages, Berlin 2002, S. 15)

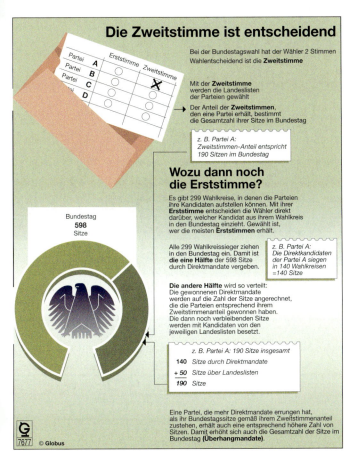

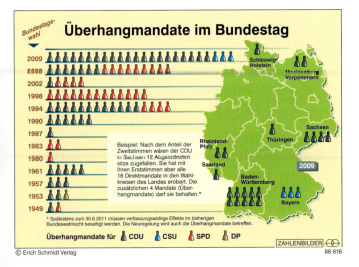

Mehrere Möglichkeiten

Der Wähler kann einer Person seine Stimme geben und er kann die Partei wählen, die er bevorzugt. Auch können die Wähler die Erst- und Zweitstimme unabhängig voneinander vergeben. Zum Beispiel ist es möglich, mit der Erststimme den Kandidaten der CDU oder SPD oder einer anderen Partei zu wählen und die Zweitstimme Bündnis 90/DIE GRÜNEN, der FDP oder einer anderen Partei zu geben. Dieser Sonderfall der Aufteilung der beiden Stimmen wird als „Stimmensplitting" bezeichnet. Einprägen muss man sich, dass die Zweitstimme die wichtigere von beiden ist. Nur sie entscheidet darüber, wie viele Sitze eine Partei im Bundestag erhält und ob sie überhaupt in den Bundestag einziehen darf. Parteien mit weniger als fünf Prozent der Zweitstimmen erhalten keinen Platz im Bundestag (= Fünf-Prozent-Klausel).
Für die Zweitstimme erstellen die Parteien vor der Wahl für jedes Bundesland eine Landesliste, auf der die Kandidaten für den Bundestag aufgelistet sind. Wer auf Platz eins der Landesliste steht, hat die größten Chancen, nach der Wahl in den Bundestag einzuziehen.

Überhangmandate

Es kommt auch vor, dass eine Partei mehr Sitze im Parlament erhält, als ihr nach den Prozenten der Zweitstimme zustehen. Man bezeichnet diese Sitze als Überhangmandate. Sie entstehen, wenn eine Partei in einem Bundesland mehr Direktmandate gewinnt als ihr dort nach dem Zweitstimmenanteil eigentlich zustehen würden. Ein Beispiel: Partei X erringt nach ihrem Zweitstimmenanteil 20 Sitze. In 21 Wahlkreisen siegen ihre Kandidaten, die sich direkt um ein Mandat beworben haben. Folge: Partei X erhält 20 Sitze plus einen weiteren als Überhangmandat. Das Parlament wird um diesen Sitz vergrößert.
Im Sommer 2008 entschied das Bundesverfassungsgericht, dass die Vergabe von Überhangmandaten nicht mit dem Grundsatz der Stimmengleichheit vereinbar sei und daher verfassungswidrig ist. Das Gericht setzte dem Gesetzgeber eine Frist, das Wahlrecht bis zum 30. Juni 2011 zu ändern und die Vergabe von Überhangmandaten zu beenden.

1. Versetzt euch in die Rolle einer Lehrerin oder eines Lehrers. Erklärt euren Schülerinnen und Schülern mithilfe der Schaubilder und des Wahlzettels, wie das Wahlsystem zum Deutschen Bundestag funktioniert.

235

TRAININGSPLATZ
Trainingsplatz

Wie werden die Sitze im Bundestag auf die Kandidaten verteilt?

Wir ermitteln die Abgeordneten für ein zwölfköpfiges Parlament

Wenn das Wahlrecht zum Deutschen Bundestag eine Kombination aus Mehrheits- und Verhältniswahlrecht ist, wie soll dann entschieden werden, welche Kandidatinnen und Kandidaten im Parlament Platz nehmen dürfen? Ganz schön kompliziert, wird mancher denken. Mithilfe des folgenden Beispiels könnt ihr helfen und das – der Einfachheit halber erfundene – zwölfköpfige Parlament mit den nach dem personalisierten Verhältniswahlrecht gewählten Kandidaten besetzen.

- Zeichnet die Umrisse dieses zwölfköpfigen Parlaments in euer Heft.
- Schraffiert dann mit verschiedenen Farben, wie viele Sitze jeder Partei nach dem amtlichen Wahlergebnis zustehen.
- Nach der Erststimme muss jede Wahlkreissiegerin, jeder Wahlkreissieger zunächst ihren bzw. seinen Sitz erhalten.
- Die Zweitstimme entscheidet über die Gesamtzahl der Sitze. Also füllt aus den Landeslisten auf. Zwölf Plätze müssen besetzt werden.

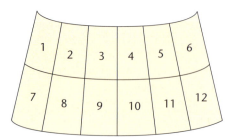

Tipp: Partnerarbeit

Amtliches Endergebnis nach Auszählung der Zweitstimmen:		
Partei A = 51 % = 6 Sitze	Partei B = 34 % = 4 Sitze	Partei C = 15 % = 2 Sitze

Einzelergebnisse aus den Wahlkreisen nach Auszählung aller Erststimmen:

1	Karin Otto	A	51 %	2	Hermann Pit	A	45 %
	Marion Jung	B	30 %		Gabi Schman	B	40 %
	Paul Klein	C	19 %		Dirk Fuchs	C	15 %
3	Brigitte Mohn	A	40 %	4	Volker Maus	A	60 %
	Swen Holz	B	51 %		Sandra Blume	B	30 %
	Harald Fips	C	9 %		Hans Stark	C	10 %
5	Friedel Wald	A	40 %	6	Anna Sachs	A	48 %
	Hanna Rosch	B	45 %		Kurt Hamm	B	37 %
	Simone Daum	C	15 %		Gerd Stein	C	15 %

Landesliste der Partei A
Listenplatz:
1. Karin Otto
2. Hubert Groß
3. Petra Kuhn
4. Volker Maus
5. Theo Scholtes
6. Gudrun Land
7. Norbert Schröder
8. Anna Sachs
…

Landesliste der Partei B
Listenplatz:
1. Holger Boor
2. Margot Taucher
3. Hermann Herz
4. Nicole Schön
5. Sven Holz
6. Hanna Rosch
…

Landesliste der Partei C
Listenplatz:
1. Simone Daum
2. Gerd Stein
3. Hassan Stark
4. Petra Butter
5. Dirk Fuchs
6. Paul Klein
…

Zu Beginn dieser Einheit über das Wahlrecht zum Deutschen Bundestag stand die Frage, ob es zu kompliziert sei? Was meint ihr: Ist es das oder ist es ein klug gewähltes Wahlrecht?

INFORMATION
lesen – bearbeiten – einprägen

Von der Wahl zur Regierungsbildung

1. Was passiert in der Zeit von der Wahl bis zur Regierungsbildung? Haltet die Schritte stichwortartig fest.
2. Erklärt die Begriffe „Fraktion" und „Koalition".
3. In Koalitionsverhandlungen müssen Parteien und Politiker Kompromissbereitschaft zeigen. Begründe, warum das in den meisten Fällen unerlässlich ist.

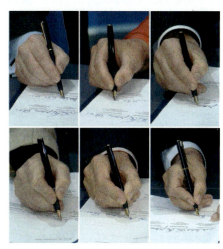

Ergebnis schwieriger Verhandlungen: der Koalitionsvertrag

Von der Wahl zur Sitzverteilung

Am Abend nach einer Bundestagswahl dauert es nur wenige Minuten, bis Computer aus den gesammelten Daten Hochrechnungen ausspucken, die kaum noch vom endgültigen Wahlergebnis abweichen. Die Wahlsendungen blenden sofort die daraus folgende Sitzverteilung im neuen Bundestag ein. Auch informieren sie über die Fraktionsstärke der einzelnen Parteien. Eine Fraktion ist die Gruppe der Abgeordneten einer Partei im Parlament. Sie wird von einem Fraktionssprecher bzw. einer Fraktionssprecherin geführt. Sprecher der Fraktionen spielen in den parlamentarischen Auseinandersetzungen eine bedeutende Rolle. Die Umwandlung der Prozentzahlen in Sitze erfolgt seit der Bundestagswahl 2009 nach einem mathematischen Schlüssel, dem Sainte Lague/Schepers-Verfahren. Es begünstigt in der Zuteilung der Sitze ein wenig die kleinen Parteien.

Von Verhandlungen zum Koalitionsvertrag

Das Grundgesetz schreibt vor (Art. 33), dass der neu gewählte Bundestag spätestens 30 Tage nach der Wahl zusammentreten muss. Bis dahin bleibt die alte Bundesregierung im Amt. Innerhalb dieser Frist wird über die Bildung einer neuen Regierung verhandelt.
Der Prozess der Regierungsbildung wäre ganz einfach, wenn nur zwei Parteien in den Bundestag einziehen würden, von denen eine die absolute Mehrheit erreicht hätte.
In der Regel ist es so, dass keine der Parteien mit einer absoluten Mehrheit aus den Wahlen hervorgeht. Die Bildung einer neuen Regierung beginnt daher mit Koalitionsverhandlungen. Eine Koalition ist ein Bündnis von zwei oder mehreren Parteien, um gemeinsam die Mehrheit im Parlament zu erhalten und eine Regierung bilden zu können.
In der Regel lädt die stärkste Partei diejenige Partei oder diejenigen Parteien zu Gesprächen ein, mit der oder mit denen sie glaubt, für die nächsten vier Jahre eine Regierung bilden zu können. Wenn sich die Koalitionspartner gefunden haben, handeln sie ein gemeinsames Regierungsprogramm aus, das in einem Koalitionsvertrag festgehalten wird. Diese Verhandlungen sind oft schwierig, denn die Partner müssen überlegen, auf welche gemeinsamen Ziele sie sich verständigen können und auf welche nicht.
Der vorgesehene Bundeskanzler, die vorgesehene Bundeskanzlerin sucht jetzt seine Fachministerinnen und Fachminister aus, die zu seiner bzw. ihrer Regierungsmannschaft gehören sollen. Auf diesen Vorschlag hin werden sie vom Bundespräsidenten ernannt (und entlassen). Die Frage, wie viele und welche Ministerposten die an der Koalition beteiligten Parteien haben, spielt in den Verhandlungen oft eine große Rolle.

Wahl der Bundeskanzlerin, des Bundeskanzlers

Beim ersten Zusammentreffen des neuen Bundestages wählt dieser zunächst den neuen Bundestagspräsidenten, der in Zukunft – zusammen mit seinen Stellvertretern – die Sitzungen leiten wird.
In der zweiten Sitzung wählt der Bundestag den Bundeskanzler bzw. die Bundeskanzlerin. „Der Bundeskanzler wird auf Vorschlag des Bundespräsidenten ohne Aussprache gewählt. Gewählt ist, wer die Stimmen der Mehrheit der Mitglieder des Bundestages auf sich vereinigt." So schreibt es das Grundgesetz im Artikel 63 vor.
Nach der Wahl folgt dessen Vereidigung und die der Minister. Vor dem Parlament stellt der neue Bundeskanzler seine Regierungserklärung vor. Damit hat die Arbeit der neuen Bundesregierung begonnen. Der gesamte Prozess der Regierungsbildung bis zur ersten Regierungserklärung findet unter großer Anteilnahme der Medien und der Öffentlichkeit statt.

6. Wie fallen im Bundestag politische Entscheidungen?

Beispiel: Das „Anti-Graffiti-Gesetz"

Die Gesetzgebung gehört zu den wichtigsten Aufgaben des Deutschen Bundestages. Aus diesem Grund wird die vierjährige Amtszeit des Parlaments zwischen zwei Bundestagswahlen auch als Legislaturperiode (= Zeit der Gesetzgebung) bezeichnet. Gesetze sind schriftlich formulierte Mehrheitsentscheidungen des Parlaments. Sie enthalten Gebote und Verbote, an die alle Staatsbürger sich halten müssen. Als ein Beispiel für den Weg der Gesetzgebung wird hier das Gesetz zur Änderung des Paragraphen 303 des Strafgesetzbuches behandelt, das auch als Anti-Graffiti-Gesetz bezeichnet wird. Es wurde in die Wege geleitet, um die Verursacher von Graffitis an Gebäuden, Bussen und Eisenbahnwaggons künftig leichter zur Verantwortung ziehen und härter bestrafen zu können. Beim Durcharbeiten des Materials solltet ihr die folgende Frage im Auge behalten:
Wie viele Stationen muss ein Gesetz durchlaufen, bevor es in Kraft treten kann? (Achtet dazu auf die Zeichnungen im Text.)

Der Weg des Gesetzes bis zur Entscheidung

Die Gesetzesinitiative zu einem Anti-Graffiti-Gesetz entstand im Jahr 2000, als in der Öffentlichkeit und in den Medien die Verärgerung über die zunehmende Verschandelung der Innenstädte immer lauter wurde. Nach Berechnungen des Deutschen Städtetages wurden bis dahin durch illegale Graffiti-Schmierereien jährlich Schäden in Höhe von 200 Millionen Euro verursacht.

Das Grundgesetz sieht vor, dass ein Gesetzesentwurf nur von den drei Staatsorganen Bundestag, Bundesregierung oder vom Bundesrat eingebracht werden kann (Artikel 76 GG). Das Anti-Graffiti-Gesetz geht auf eine Initiative des Bundesrates zurück. Im Januar 2000 ging der Gesetzesentwurf des Bundesrates beim Bundestag ein. Eigentlich strebte der Bundesrat kein

neues Gesetz an, sondern die Änderung des bestehenden Paragraphen 303 aus dem Strafgesetzbuch. Dieser Paragraph stellt Sachbeschädigungen unter Strafe, und zwar dann, wenn eine Sache beschädigt oder zerstört wird. Der Gesetzesvorschlag sah vor, dass zukünftig auch die „Verunstaltung" von Gebäuden, öffentlichen Verkehrsmitteln und dergleichen zur Straftat werden soll. Diese Änderung hätte zur Folge, dass sich die Täter nicht mehr mit der Begründung herausreden könnten, es handele sich beim Beschmieren von Wänden weder um Zerstörungen noch um Beschädigungen.

Gesetzesentwürfe aus dem Bundesrat werden zunächst der Bundesregierung zur Stellungnahme überwiesen. Umgekehrt müssen Gesetzesentwürfe der Bundesregierung und aus einer Gruppe im Bundestag immer dem Bundesrat zur Stellungnahme zugeleitet werden.

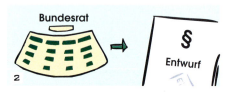

Es folgt die erste Beratung des Gesetzesentwurfs im Bundestag. Weil in dieser ersten Beratung die neuen Gesetzesentwürfe den Abgeordneten vorgelesen werden, wird sie als die *erste Lesung* bezeichnet.
Für jedes Bundesgesetz muss es drei Lesungen geben.

In der Diskussion zur ersten Lesung zeigen sich in der Regel die unterschiedlichen Meinungen zwischen den Personen und den Parteien im Parlament. Die Diskussionen im Parlament werden stark von der Auseinandersetzung zwischen den Regierungsparteien und der Opposition geprägt. Die Opposition (lateinisch Gegensatz) bilden die Parteien, die nicht an der Regierung beteiligt sind. Über die parlamentarischen Auseinandersetzungen zum Anti-Graffiti-Gesetz wurde in den Medien ausführlich berichtet. Das Thema stieß in weiten Teilen der Bevölkerung auf großes Interesse. Es gab in den Bundestagsdebatten keine scharfe Trennungslinie zwischen den Regierungs- und Oppositionsparteien. Quer durch die Parlamentsparteien fand der Vorschlag Befürworter und Gegner, was dazu führte, dass der Weg bis zur Entscheidung ungewöhnlich lange dauerte.

Nach der ersten Lesung wird ein Gesetzesentwurf – um geprüft und verbessert zu werden – an einen der zahlreichen *Expertenausschüsse* überwiesen. Ausschüsse sind kleine Runden von Abgeordneten aus den verschiedenen Parteien im Bundestag, die sich für bestimmte Themen spezialisiert haben. Die Anti-Graffiti-Gesetzesvorlage wurde im Rechtsausschuss des Bundestages beraten. Die Ausschüsse können zum Zweck ihrer besseren Information und Meinungsbildung weitere Experten einladen: Wissenschaftlerinnen und Wissenschaftler, verschiedene Interessengruppen und von der Gesetzesänderung direkt Betroffene. Eine solche Expertenanhörung wird auch als „Hearing" bezeichnet. Hier wird nicht entschieden, lediglich beraten. Zur Anti-Graffiti-Gesetzesvorlage fand am 3. Juli 2002 ein Hearing statt.

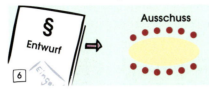

In der Zeit der Ausschussberatungen werden die Gesetzesvorlagen oft stark verändert. Sind die Beratungen abgeschlossen, wird das Gesetz dem Bundestag zur *zweiten Lesung* vorgelegt. Die Vertreterinnen und Vertreter der im Bundestag vertretenen Parteien haben hier noch einmal die Möglichkeit, ihre Kritik und ihre Änderungswünsche vorzutragen. Es folgt die *dritte Lesung* und danach die Abstimmung im Deutschen Bundestag.

Das Gesetzgebungsverfahren ist damit aber noch nicht beendet. Das Gesetz muss nun der Vertretung der Länder, dem Bundesrat, zugeleitet werden, wo ebenfalls beraten und darüber abgestimmt wird. Dabei wird zwischen zustimmungspflichtigen und nicht zustimmungspflichtigen Gesetzen unterschieden. Kommt zwischen dem Bundestag und dem Bundesrat keine Einigung zustande, so wird der *Vermittlungsausschuss* eingeschaltet. Er besteht aus 32 Mitgliedern, die je zur Hälfte dem Bundestag und dem Bundesrat angehören, und hat die Aufgabe, einen Kompromissvorschlag auszuarbeiten. Jedes neue Bundesgesetz muss vom Bundespräsidenten unterschrieben werden und kann erst in Kraft treten, wenn es im Bundesgesetzblatt veröffentlicht ist. In seiner ursprünglichen Fassung wurde der Gesetzesvorschlag des Bundesrates im März 2002 vom Bundestag abgelehnt. Erst am 17. Juni 2005 fand ein neu formulierter Gesetzesentwurf eine Mehrheit im Parlament und wurde anschließend auch vom Bundesrat genehmigt. Er enthielt nicht mehr den rechtlich schwierig zu fassenden Begriff der Verunstaltung, sondern stellte Graffitis unter Strafe, deren Entfernung mit Kosten verbunden ist. Nach Auskunft der Bundesregierung führt die Neufassung des Gesetzes zu einem erheblichen Rückgang unerlaubter Graffitis.

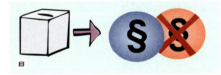

1. Anti-Graffiti-Gesetz: Ja oder Nein? Wie hättest du dich bei der Abstimmung im Bundestag verhalten?

2. Unterteilt den Text in Einzelabschnitte und haltet die wichtigen Stationen im Gesetzgebungsverfahren stichwortartig fest.

3. Viele Menschen sind der Meinung, in Deutschland dauere das Gesetzgebungsverfahren viel zu lange und durchlaufe zu viele Stationen. Andere denken, dass man sich genügend Zeit für eine Entscheidung nehmen soll und dass möglichst viele Gruppen daran beteiligt werden sollen. Wie denkst du?

Tipp: Das Hearing zum Anti-Graffiti-Gesetz könnt ihr in der Klasse nachspielen (siehe nächste Doppelseite).

Ja oder Nein zum Anti-Graffiti-Gesetz?
Die Klasse spielt ein Hearing im Gesetzgebungsverfahren

Ihr könnt das Hearing zum Anti-Graffiti-Gesetz spielen. Bildet dazu fünf Gruppen und haltet euch an die unten beschriebene Vorgehensweise.

In der Gruppenarbeitsphase sucht und formuliert ihr möglichst viele Argumente, mit denen ihr eure Ansicht zum geplanten Gesetz begründen könnt. Die Gruppe 3, Rechtsausschuss des Deutschen Bundestages, sucht und formuliert alles, was für und was gegen das Gesetz spricht.

Ja, wir brauchen dieses Gesetz!

Gruppe 1: Verband der deutschen Haus- und Grundstückseigentümer
Der Verband ist mit seiner Geduld am Ende. Alle bisherigen Versuche, die Graffiti-Schmierereien einzudämmen, haben keinen Erfolg gebracht. Der Staat muss den Tätern Grenzen aufzeigen und seiner Pflicht nachkommen, das Eigentum der Menschen im Land zu schützen. Schmierereien an Gebäuden sollen in Zukunft wie Zerstörungen und Beschädigungen unter Strafe gestellt werden.

Gruppe 2: Vertretung des Deutschen Städte- und Gemeindebundes
Eurer Ansicht nach haben die Veränderungen durch Graffiti im Erscheinungsbild von öffentlichen Gebäuden und Verkehrsmitteln ein unerträgliches Maß erreicht. Ihr weist darauf hin, dass die Städte nicht länger bereit sind, die Kosten für die Beseitigung der Schäden zu übernehmen. Ihr seid für die Strafverfolgung, besonders bei den vielen Mehrfachtätern. Härtere Strafen sollen abschrecken.

Nein, wir brauchen es nicht!

Gruppe 4: Interessenvertretung deutscher Richterinnen und Richter
Viele Richter sind gegen das Gesetz, weil sie befürchten, dass Mehrbelastungen auf die schon jetzt überlasteten Gerichte zukämen. Für Gerichte ist es schwierig, zu entscheiden, ob ein Graffiti harmlos ist oder eine strafbare Handlung. Angeklagte, die sich gute Anwälte leisten können, würden hier immer den Prozess gewinnen. Deshalb: nein!

Gruppe 5: Verein der Sozialarbeiterinnen und Sozialarbeiter
Ihr haltet das Gesetz für einen gefährlichen Versuch, harmlose Jugendliche zu kriminalisieren. Graffiti-Täter wollen eurer Ansicht nach keine kriminelle Handlung begehen und sollten nicht durch Strafen ins Abseits gedrückt werden. Ihr setzt vielmehr auf vorbeugende Maßnahmen in der Erziehungs- und Jugendarbeit. Mit Abschreckung erreicht man eurer Meinung nach gar nichts.

**Gruppe 3:
Rechtsausschuss des Deutschen Bundestages**
In eurer Gruppe sollte es verschiedene Ansichten zum geplanten Gesetz geben, so wie es der Realität in den Ausschüssen entspricht. Ihr könnt auch eure Parteizugehörigkeit wählen. In der Gruppenarbeit erstellt ihr eine Auflistung aller Pro- und Kontra-Argumente. Zu Beginn des Hearings stellt ihr eure verschiedenen Meinungen vor. Während des Hearings stellt ihr Fragen an die Expertengruppen.

1. Zu Beginn des Hearings stellt die Gruppe 3 in einer kurzen Stellungnahme vor, was ihrer Ansicht nach für und gegen die geplante Gesetzesänderung spricht. Dann stellen die vier übrigen Gruppen in Kurzvorträgen ihre Positionen zum Gesetz vor.
2. Nach dem Vortrag der Stellungnahmen richten die Ausschussmitglieder ihre Fragen an die einzelnen Gruppen.
3. Nun findet eine Diskussion statt, die entweder vom Lehrer bzw. von der Lehrerin oder von Ausschussmitgliedern geleitet wird.
4. Eigentlich ist das Spiel hier zu Ende, denn in einem Hearing wird nicht über das Gesetz entschieden. Ihr könnt aber am Schluss ein Meinungsbild in der Klasse erstellen. Dazu müsst ihr nicht mehr in den Rollen agieren, sondern könnt nach eurer tatsächlichen persönlichen Meinung urteilen.

Der Gang der Bundesgesetzgebung nach den Bestimmungen des Grundgesetzes

Der Weg bis zur Entscheidung ist bei allen Bundesgesetzen ähnlich. Allerdings gibt es mal weniger komplizierte und mal sehr komplizierte Fälle. Das Grundgesetz schreibt die doppelte Abstimmung (zuerst im Bundestag, dann im Bundesrat) bei allen Gesetzen vor, welche die Länderinteressen betreffen. Dieses Verfahren ermöglicht es den Bundesländern, ihre Interessen im Prozess der Bundesgesetzgebung angemessen zu vertreten.

Die Föderalismusreform

In der Föderalismusreform aus dem Jahr 2006 wurde das Verhältnis zwischen dem Bund und den Ländern neu geregelt. Mit einer Zwei-Drittel-Mehrheit wurde das Grundgesetz geändert. Nach dieser Änderung ist bei vielen neuen Gesetzen eine Abstimmung im Bundesrat nicht mehr erforderlich. Musste der Bundesrat vor der Reform etwa 60 Prozent aller Bundesgesetze zustimmen, so sind es jetzt nur noch etwa 40 Prozent. Im Gegenzug erhielten die Bundesländer erweiterte Zuständigkeiten im Bereich der Landespolitik. Durch die Föderalismusreform können viele Bundesgesetze schneller verabschiedet werden.

Tipp: Die Verfassung schreibt vor, wie ein Bundesgesetz zu entstehen hat. In dem Schaubild auf dieser Seite ist das Verfahren nur vereinfacht dargestellt. Wenn ihr euch aus erster Quelle unterrichten wollt, müsst ihr das Grundgesetz zur Hand nehmen und besonders die Artikel 76, 77 und 78 durcharbeiten.

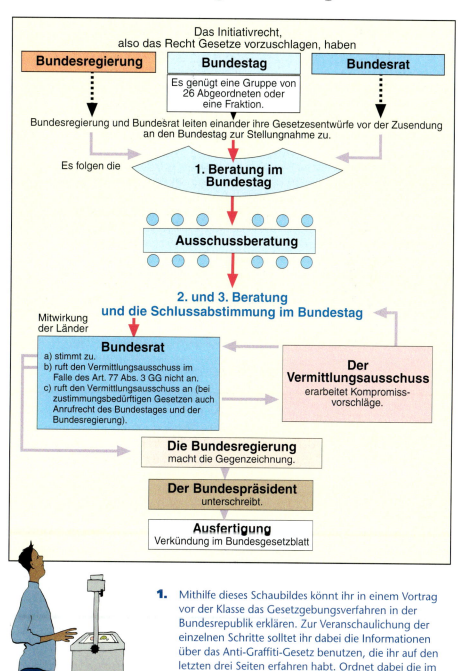

1. Mithilfe dieses Schaubildes könnt ihr in einem Vortrag vor der Klasse das Gesetzgebungsverfahren in der Bundesrepublik erklären. Zur Veranschaulichung der einzelnen Schritte solltet ihr dabei die Informationen über das Anti-Graffiti-Gesetz benutzen, die ihr auf den letzten drei Seiten erfahren habt. Ordnet dabei die im Text genannten Schritte den Stationen im Schaubild zu. Erklärt darin auch, was sich durch die Föderalismusreform am Weg der Bundesgesetzgebung verändert hat.

7. Soll das Volk in der Bundespolitik direkt mitentscheiden?

Stell dir vor, du könntest als Erwachsener mitentscheiden, ob du einem Gesetz zur Erhöhung des Kindergeldes zustimmst oder ob du für oder gegen eine Verschärfung des Jugendstrafrechts bist. Wäre das sinnvoll oder nicht? Die Bundesrepublik Deutschland ist eine repräsentative Demokratie. Die Bürgerinnen und Bürger wählen die Abgeordneten als ihre Vertreterinnen und Vertreter (= Repräsentanten) in den Bundestag. Ein direkter Einfluss auf die politischen Entscheidungen des Bundes ist in der Verfassung bislang nicht vorgesehen. Anders sieht es in den Kommunen und in den Bundesländern aus. In den Kommunen gibt es den Bürgerentscheid und in den Bundesländern den Volksentscheid. Beides sind Formen direkter Demokratie, bei denen die Bürgerinnen und Bürger sozusagen in die Rolle des Gesetzgebers schlüpfen. Ganz anders geht es in unserem Nachbarland, der Schweiz, zu. Hier haben die Erwachsenen mehrmals im Jahr die Möglichkeit, direkt über wichtige Gesetze des Landes mitzubestimmen. Schaut euch dazu den folgenden Informationstext an.

Durchführung der Volksabstimmung über die Reform der Schweizer Armee im Jahr 2003

Volk lehnt Gesetzesinitiativen der Schweizer Regierung ab

2004 war kein leichtes Jahr für die Regierung der Schweiz. Zahlreiche Gesetzesvorlagen scheiterten am Veto des Volkes. Im Februar wurde das neue Mietrecht per Volksentscheid abgelehnt. Es sah eine Lockerung des Mieterschutzes vor. Den Plänen der Regierung zum Bau eines zweiten Gotthard-Straßentunnels erteilte das Volk ebenso eine Absage und die geplante Heraufsetzung des Frauenpensionsalters wurde auch abgeschmettert. 2006 stimmte das Volk einem Gesetz zur Erhöhung des Kindergeldes und der Ausbildungsbeihilfen zu. 2007 lehnte es die Gründung einer staatlichen Einheitskrankenkasse ab. Im Mai 2009 entschied es sich mit äußerst knapper Mehrheit für die Einführung des biometrischen Passes.

Volksentscheide künftig auch auf Bundesebene in Deutschland?

In den vergangenen Jahren hat es im deutschen Bundestag wiederholt Gesetzesvorlagen zur Einführung von Volksinitiativen, Volksbegehren und Volksentscheiden gegeben. Bereits 2002 stimmte der Bundestag über einen Gesetzesentwurf von SPD und Bündnis 90/Die Grünen zur Einführung von Volksentscheiden auf Bundesebene ab. Dabei wurde zwar die absolute Mehrheit der Stimmen erzielt, die Zweidrittelmehrheit aber verfehlt. Deshalb konnte das Gesetz nicht in Kraft treten. Gesetze, die die Verfassung ändern, müssen im Bundestag und im Bundesrat mit Zweidrittelmehrheit verabschiedet werden. Es folgten weitere Vorschläge der FDP und der Partei Die Linke im Jahr 2006, denen es nicht besser erging. Auch weil in anderen Mitgliedstaaten der Europäischen Union Volksentscheide möglich sind (z. B. in Frankreich und in Irland) wurden in jüngster Zeit die Stimmen derer immer lauter, die eine direkte politische Beteiligung des Volkes an grundlegenden politischen Entscheidungen fordern. Befürwortung und Gegnerschaft auf Bundesebene lässt sich nicht eindeutig den im Bundestag vertretenen Parteien zuordnen. In allen großen Parteien gibt es Befürworter und Gegner und beide Seiten führen gewichtige Argumente ins Feld.

1. Was unterscheidet die Regelung in der Schweiz von der in Deutschland?

2. Sollen wir uns die Schweiz zum Vorbild nehmen?

Zur Diskussion: Pro und Kontra Volksentscheide auf Bundesebene

Hier findet ihr eine Reihe von Argumenten, die für und gegen Volksentscheide auf Bundesebene in die Diskussion eingebracht werden.

Erster Schritt: Legt eine Tabelle an und ordnet darin die Argumente unter der Überschrift:
Pro und Kontra Volksentscheide auf Bundesebene.

Zweiter Schritt: Bewertet die Qualität der Argumente, um euch so eine eigene Meinung zu bilden.
Formuliert eure Meinung in Form einer schriftlichen Stellungnahme. Sucht dazu auch nach weiteren Argumenten für eure eigene Sichtweise.

Dritter Schritt: Stellt eure Stellungnahmen in der Klasse vor und diskutiert miteinander.

Argumente – Argumente – Argumente – Argumente – Argumente – Argumente – Argumente – Argumente

#	Argument	Bewertung
1.	Volksentscheide auf Bundesebene wären eine Bereicherung der Demokratie, weil die Wählerinnen und Wähler damit auch über die Wahl hinaus politisch aktiv sein können.	Pro
2.	Am Beispiel der Schweiz kann man sehen, dass dort die Demokratie mit Volksentscheiden hervorragend funktioniert.	?
3.	Bundespolitische Entscheidungen, zum Beispiel über Fragen der Altersversorgung, des Gesundheitswesens, des Umweltschutzes oder der Reform des Arbeitsmarktes sind viel zu kompliziert. Der normale Bürger ist damit überfordert.	Kontra
4.	Junge Leute würden dadurch besser an die Politik herangeführt. Sie können so spüren, dass sie politisch etwas bewegen können.	
5.	Volksentscheidungen würden dazu führen, dass kleine Gruppen von Bürgern, die sich in der Sache gut auskennen, ihre Interessen auf Kosten der Allgemeinheit durchsetzen.	?
6.	Bei einem Volksentscheid haben auch diejenigen eine Stimme, die von der Sache, um die es geht, keine Ahnung haben. Es kämen unkluge Entscheidungen zustande, die sich die Demokratie nicht leisten kann.	Pro
7.	Demokratie ist ihrem Ursprung nach die Herrschaft des Volkes. Also muss das Volk auch Chancen haben, an der Herrschaftsausübung beteiligt zu werden.	?
8.	In schwierigen Zeiten muss das gewählte Parlament auch unpopuläre Entscheidungen treffen können, die die Mehrheit der Bevölkerung wenig begeistern. Das geht aber nur in der repräsentativen Demokratie.	
9.	Das Beispiel der Schweiz zeigt, dass das Volk alle unpopulären Entscheidungen ablehnt und somit wichtige Veränderungen blockiert.	Kontra
10.	Die gewählten Politikerinnen und Politiker müssten bei ihren Entscheidungen viel genauer auf die Stimmung in der Bevölkerung achten, weil sich das Volk sonst per Volksentscheid darüber hinwegsetzen könnte.	

8. Welche Aufgaben haben die fünf wichtigsten Verfassungsorgane?

In Deutschland haben wir eine demokratisch gewählte Regierung mit einer Kanzlerin oder einem Kanzler als Regierungschef. Es gibt aber auch einen Bundespräsidenten. Aus dem Reichstagsgebäude in Berlin werden Bundestagsdebatten übertragen, in denen man miterleben kann, wie die Vertreterinnen und Vertreter verschiedener Parteien heftig miteinander streiten. Und dann sagt manchmal der Bundesrat Nein zu einem Gesetz, zu dem vorher der Bundestag Ja gesagt hat.

„Ganz schön kompliziert", wird da so mancher denken.

In dieser Einheit könnt ihr euch Klarheit über die wichtigsten Ämter und Einrichtungen in der Bundesrepublik Deutschland verschaffen. Ihr könnt sogar anderen Schülerinnen und Schülern dabei helfen, die Zusammenhänge besser zu verstehen. Dazu schlagen wir vor, dass ihr zu den angebotenen Texten ein Lernquiz erstellt. Vielleicht könnt ihr am Ende der Bearbeitung auch erklären, warum in der Demokratie zwar alles komplizierter, aber dafür auch gerechter zugeht, als es in einer doch so einfachen Alleinherrschaft jemals der Fall gewesen ist.

> Die fünf wichtigsten politischen Einrichtungen in der Bundesrepublik Deutschland werden in den fünf Fotos gezeigt. Sammelt gemeinsam, was ihr bereits über sie wisst.
>
> **Tipp:** Brainstorming

Lernen in Expertengruppen: Fünf wichtige politische Einrichtungen

In der Politik ist es wie fast überall: Die Macht hat derjenige, der das Recht hat, die Entscheidungen zu treffen. In jeder Demokratie ist diese Macht auf verschiedene Einrichtungen verteilt. Mit diesen politischen Einrichtungen verhält es sich so ähnlich wie mit den Organen in einem Körper: Herz, Gehirn, Leber, Lunge. Alle sind unverzichtbar, aber alle haben verschiedene Aufgaben. Alle haben ihre eigenständige Bedeutung, aber alle arbeiten auch zusammen und kontrollieren sich gegenseitig. Bei den politischen Einrichtungen in einem Staat spricht man daher auch von Organen. Sie werden als Verfassungsorgane bezeichnet, weil ihre Rechte und Pflichten in der Verfassung, also im Grundgesetz für die Bundesrepublik Deutschland, aufgeschrieben sind. Die wichtigsten Verfassungsorgane in der Bundesrepublik Deutschland sind: (A) der Bundestag, (B) die Bundesregierung, (C) der Bundesrat, (D) der Bundespräsident und (E) das Bundesverfassungsgericht. In Gruppen könnt ihr euch mit deren Arbeit vertraut machen. Dazu schlagen wir ein **Gruppenmixverfahren** vor.

Zwei Beispiele für Quizkarten

Erster Schritt: Arbeitsteilige Gruppenarbeit

Bildet fünf Gruppen. Jede Gruppe bearbeitet gemeinsam einen der fünf folgenden Texte. Hilfreich ist, wenn in jeder Gruppe ein Grundgesetz vorhanden ist, damit ihr die rechtlichen Bestimmungen über euer Verfassungsorgan aus erster Quelle nachlesen könnt. Mithilfe der Internetadressen könnt ihr euch zusätzliche Informationen besorgen.
Jede Gruppe fertigt gemeinsam eine Mindmap an in der Art, wie sie für den Bundestag auf dieser Seite angedeutet ist.
Weiterhin erarbeitet ihr mindestens drei Quizfragen für eine Quizshow zur politischen Bildung. Dazu solltet ihr die Frage auf die Vorderseite einer Karteikarte schreiben und die richtige Antwort auf die Rückseite.

Zweiter Schritt: Neue Gruppenbildung

Die Gruppen werden neu gebildet, sodass in jeder neuen Gruppe je ein Vertreter aus A, B, C, D und E sitzt. Der Reihe nach informiert ihr euch über die von euch erarbeitete Einrichtung und stellt am Ende eure Quizfragen. Für einen zweiten Durchgang in der Gruppe können alle Quizfragen gemischt und erneut gestellt werden.

Dritter Schritt: Quiz vor der Klasse

Mit einer Quizmasterin, einem Quizmaster und mit einem oder mehreren Kandidaten könnt ihr eine Quizshow vor der Klasse vorspielen.
Tipp: Hebt die Quizkarten gut auf, damit ihr sie immer wieder zum Üben einsetzen könnt.

Vierter Schritt: Gemeinsame Klärung

Mit dem Trainingsplatz am Ende dieser Einheit könnt ihr sicherstellen, dass alle in der Klasse die wichtigsten Aufgaben der fünf politischen Einrichtungen kennen. In einer Teampräsentation zu fünft können die Verfassungsorgane vorgestellt werden. Alle in der Klasse sollten in der Lage sein, das Schaubild auf der Seite 248 zu erläutern.

A Der Bundestag

Grundgesetz Artikel 38 bis 48 · Internet: www.bundestag.de

B Die Bundesregierung

Grundgesetz Artikel 62 bis 69 · Internet: www.bundesregierung.de

Der BUNDESTAG ist das Parlament, das heißt die Volksvertretung der Bundesrepublik Deutschland. Er setzt sich zusammen aus den Vertretern des Volkes der Bundesrepublik. Sie heißen Bundestagsabgeordnete und werden alle vier Jahre von den Bürgern der Bundesrepublik in den Bundestagswahlen gewählt. Tritt nach einer Wahl ein Bundestag zusammen, wählt er seinen Präsidenten, das heißt seinen Vorsitzenden, und mehrere Stellvertreter. [...] Der Bundestag verhandelt grundsätzlich öffentlich, das bedeutet, jeder Bürger kann den Beratungen zuhören.

Die Hauptaufgaben des Bundestages sind:
- Gesetze zu beschließen, die vorher in den Ausschüssen eingehend beraten worden sind,
- den Bundeskanzler zu wählen,
- die Arbeit der Bundesregierung zu kontrollieren, das heißt zu beaufsichtigen und zu überwachen. [...]

Zu den Abgeordneten des Bundestages kann jeder Bürger gewählt werden, der selbst wählen darf. Er muss volljährig sein und seit mindestens einem Jahr die deutsche Staatsangehörigkeit besitzen. In der Regel sind Bundestagsabgeordnete Mitglieder von Parteien. Sie haben ein freies Mandat: Weder ihre Wähler noch ihre Parteien können sie zu einer Handlung zwingen. Eine Partei hat jedoch nur dann Macht, wenn sie im Widerstreit mit anderen Parteien mit einem festen Standpunkt auftreten kann. Es wird also von den Mitgliedern einer Fraktion erwartet, dass sie sich der Entscheidung der Mehrheit in der Fraktion unterwerfen. Man nennt das Fraktionsdisziplin. [...] In der Bundesrepublik darf jedoch kein Abgeordneter zur Fraktionsdisziplin gezwungen werden. Ein sogenannter Fraktionszwang ist im Grundgesetz verboten.

(Alle Texte auf dieser und den beiden nachfolgenden Seiten aus: Hilde Kammer u. Elisabet Bartsch, Jugendlexikon Politik, Rowohlt Taschenbuch Verlag, vollständig überarbeitete Ausgabe 10/2004)

BUNDESREGIERUNG heißt die Regierung eines Bundesstaates. Die Bundesrepublik Deutschland ist ein Bundesstaat. Ihre Bundesregierung besteht aus dem Bundeskanzler und den Bundesministern. Der Bundeskanzler ist der Chef der Bundesregierung.

Die Bundesregierung regiert die Bundesrepublik. Sie ist oberste ausführende, man sagt auch vollziehende Gewalt: Sie hat die Verantwortung, dass die vom Bundestag beschlossenen Gesetze ausgeführt werden. Der Bundestag ist die Vertretung des Volkes der Bundesrepublik. Die Bundesregierung bringt Gesetze ein, das bedeutet, sie schlägt Gesetze vor, wie auch Bundesrat und Bundestag. Sie regelt außerdem die Beziehungen der Bundesrepublik zu anderen Staaten.

Die Bundesregierung wird entweder von einer Partei gebildet, oder es schließen sich mehrere Parteien zu einer Koalition, das heißt zu einem Bündnis, zusammen. Man spricht in diesem Fall von einer Koalitionsregierung. Die Zusammensetzung der Bundesregierung hängt von dem Ergebnis der Bundestagswahl ab. Der Bundeskanzler wird auf Vorschlag des Bundespräsidenten vom Bundestag gewählt und dann vom Bundespräsidenten ernannt. Die Bundesminister werden auf Vorschlag des Bundeskanzlers vom Bundespräsidenten ernannt und entlassen.

Wird eine Koalitionsregierung gebildet, sind vor der Ernennung der Bundesminister ausführliche Besprechungen zwischen dem Kanzler und den Parteien notwendig. Parteien haben unterschiedliche Auffassungen, wie das Zusammenleben der Menschen im Staat geregelt werden soll. In sogenannten Koalitionsgesprächen wird versucht, die unterschiedlichen Meinungen aufeinander abzustimmen. [...] Der Bundeskanzler bestimmt die Richtlinien der Politik und ist dadurch den Ministern übergeordnet.

Jeder Bundesminister leitet seinen Aufgabenbereich – das ist ein Ressort – in eigener Verantwortung.

C Der Bundesrat

Grundgesetz Artikel 50 bis 53 · Internet: www.bundesrat.de

Die Bundesrepublik Deutschland ist ein Bundesstaat; sie besteht aus 16 Bundesländern. Die Interessen der Bundesländer vertritt der BUNDESRAT. Durch ihn wirken die Bundesländer bei der Gesetzgebung und bei der Verwaltung der Bundesrepublik mit.

Der Zustimmung des Bundesrates bedürfen alle Gesetze, die die Verwaltung der Bundesländer betreffen, außerdem Gesetze, die das Grundgesetz ändern, und Gesetze, die Verträge mit anderen Staaten enthalten. Diese Gesetze werden als Zustimmungsgesetze bezeichnet. Gegen alle anderen Gesetze kann der Bundesrat Einspruch erheben, der aber vom Bundestag zurückgewiesen werden kann. Die vom Bundesrat abgelehnten Gesetze müssen im Bundestag erneut beraten werden. Eine Aufgabe hat der Bundesrat also bei der Gesetzgebung, die zweite Aufgabe ist seine Mitwirkung in der Verwaltung.

[…]

Jedes Bundesland schickt wenigstens drei Vertreter in den Bundesrat. Länder mit über 2 Millionen Einwohner schicken vier, mit über sechs Millionen schicken fünf, mit über sieben Millionen sechs Vertreter. Die Vertreter der Bundesländer sind Mitglieder der jeweiligen Landesregierungen. Sie werden nicht gewählt, sondern von ihren Regierungen in den Bundesrat entsandt. Sie müssen die Anweisungen ihrer Regierungen befolgen. Daher dürfen Bundesratsmitglieder nicht auch Mitglieder des Bundestages sein. Mitglieder des Bundesrates haben Zutritt zu den Sitzungen des Bundestages und können dort sprechen. […] Die Bundesregierung muss den Bundesrat über ihre Handlungen und Pläne unterrichten.

Der Präsident, der Vorsitzende des Bundesrates, wird auf ein Jahr gewählt. Bundesratspräsident ist immer der Ministerpräsident eines Bundeslandes. Der Bundesratspräsident ist der Stellvertreter des Bundespräsidenten.

D Der Bundespräsident

Grundgesetz Artikel 54 bis 61 · Internet: www.bundespraesident.de

An der Spitze der Bundesrepublik Deutschland steht als Staatsoberhaupt der BUNDESPRÄSIDENT. […] Der Bundespräsident wird für die Dauer von fünf Jahren von der Bundesversammlung gewählt. Er kann für fünf Jahre wiedergewählt werden, das jedoch nur einmal. Die Bundesversammlung setzt sich zur Hälfte aus allen Mitgliedern des Bundestages zusammen, zur anderen Hälfte aus Mitgliedern, die die Landtage der Bundesländer gewählt haben. Zum Bundespräsidenten kann jeder Deutsche gewählt werden, der über 40 Jahre alt ist und das Recht hat, zu wählen und gewählt zu werden.

Der Bundespräsident ist nicht für die Politik der Bundesrepublik verantwortlich. In schwierigen Fällen jedoch liegen besonders wichtige Entscheidungen allein beim Bundespräsidenten, zum Beispiel entscheidet er allein, ob ein im dritten Wahlgang gewählter Kandidat Bundeskanzler wird oder der Bundestag aufgelöst wird. […] Die anderen Aufgaben des Bundespräsidenten ergeben sich aus seiner Stellung als Staatsoberhaupt: Er repräsentiert, das heißt er vertritt die Bundesrepublik nach außen und nach innen. Es stehen ihm dafür unter anderem die folgenden Rechte zu:

- Er empfängt und beglaubigt Botschafter fremder Staaten,
- er unterzeichnet Verträge mit anderen Staaten, die durch seine Unterschrift in Kraft treten,
- er unterzeichnet nach eigener Entscheidung die vom Bundestag beschlossenen Gesetze und verkündet sie im Bundesgesetzblatt,
- er ernennt den vom Bundestag gewählten Bundeskanzler,
- er kann begnadigen, das bedeutet, er kann die Strafe eines Verurteilten mildern oder aufheben,
- er verleiht das Bundesverdienstkreuz.

E Das Bundesverfassungsgericht

Grundgesetz Artikel 92 bis 94 · Internet: www.bundesverfassungsgericht.de

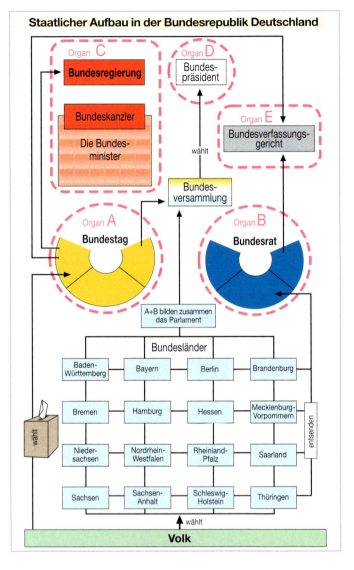

Das BUNDESVERFASSUNGSGERICHT mit Sitz in Karlsruhe wird als „Hüter der Verfassung" bezeichnet. Es hat darüber zu wachen, ob die vom Bundestag und Bundesrat verabschiedeten Gesetze mit dem Grundgesetz vereinbar sind. Es achtet darauf, dass die Regierung sich bei der Ausübung der Macht an die geltenden Gesetze hält. Schließlich kontrolliert es auch, ob Entscheidungen der Gerichte mit den Grundsätzen der Rechtsprechung vereinbar sind. Das Bundesverfassungsgericht wird nicht von sich aus, sondern nur auf Antrag tätig. Auch einzelne Bürger können in Karlsruhe Verfassungsbeschwerde einlegen, wenn sie sich in ihren Grundrechten verletzt fühlen. Dies geht allerdings erst, wenn der vorherige Rechtsweg ausgeschöpft ist. In der Organisation der staatlichen Ordnung in der Bundesrepublik Deutschland nimmt das Bundesverfassungsgericht eine herausragende Stellung ein, weil es Regierung und Parlament kontrolliert und die Unabhängigkeit der Gerichte garantiert. Das Bundesverfassungsgericht besteht aus zwei Senaten mit je acht Bundesrichtern. Je zur Hälfte werden die Richter vom Bundestag und vom Bundesrat gewählt. Immer wieder beschäftigt sich das Bundesverfassungsgericht mit Fällen, die in der Öffentlichkeit mit großer Aufmerksamkeit verfolgt werden. Dazu gehört zum Beispiel die Frage, ob der Einsatz deutscher Soldaten bei UN-Einsätzen im Ausland mit dem Grundgesetz vereinbar ist oder nicht, ob eine rechtsradikale Partei wie die NPD verboten werden soll oder nicht und vieles andere mehr. Manchmal werden seine Entscheidungen auch kritisiert, weil die Kritiker der Ansicht sind, dass es sich zu sehr in die Politik einmischt und Entscheidungen trifft, die eigentlich im Bundestag, Bundesrat und in der Bundesregierung getroffen werden müssten.

Im Einleitungstext zu dieser Einheit war zu lesen, dass es sich mit den Verfassungsorganen in einem Staat so ähnlich verhält wie mit den Organen in einem Körper. Alle haben bestimmte Aufgaben. Alle arbeiten zusammen. Alle kontrollieren sich gegenseitig.

1. Könnt ihr den Vergleich der wichtigen Organe in einem Körper mit den Verfassungsorganen im Staat nun mit eigenen Worten ausdrücken?

2. Erklärt mithilfe dieses Schaubildes,
   a) welche wichtigen Staatsorgane es gibt,
   b) welche Aufgaben sie jeweils haben,
   c) wie ihre Aufgaben miteinander zusammenhängen.

TRAININGSPLATZ

Quiz – 5 in 15

Welches Verfassungsorgan hat welche Aufgabe?

Alles verstanden? Mit diesem Quiz könnt ihr testen, ob ihr die wichtigsten Aufgaben und Merkmale der fünf Verfassungsorgane kennt. Legt eine Tabelle an, die ihr mit den fünf Oberbegriffen verseht. Fügt dann zu jedem Organ die drei zutreffenden Aussagen hinzu und prägt sie euch langfristig ein.

Tipp: Das geht gut in Partnerarbeit.

1. beschließt nach eingehender Beratung nach dem Mehrheitsprinzip die Bundesgesetze
2. führt für die Zeit zwischen zwei Bundestagswahlen die Regierungsgeschäfte
3. durch ihn wirken die Bundesländer bei der Gesetzgebung und Verwaltung des Bundes mit
4. vertritt als Staatsoberhaupt die Bundesrepublik Deutschland im In- und Ausland
5. wird als „Hüter der Verfassung" bezeichnet
6. unterzeichnet die Verträge mit anderen Staaten und die vom Parlament beschlossenen Gesetze
7. jedes der 16 Bundesländer entsendet in ihn mindestens drei höchstens sechs Vertreter
8. besteht aus dem Bundeskanzler/der Bundeskanzlerin und den Bundesministern/Bundesministerinnen
9. wählt den Bundeskanzler/die Bundeskanzlerin
10. wacht darüber, ob die Gesetze mit der Verfassung übereinstimmen
11. kann vom Bundestag beschlossene Gesetze ablehnen und dafür sorgen, dass sie erneut beraten werden
12. wird vom Bundeskanzler geleitet, der die Richtlinien der Politik bestimmt
13. kontrolliert (beaufsichtigt und überwacht) die Arbeit der Bundesregierung
14. wird im Abstand von 5 Jahren von der Bundesversammlung gewählt
15. kontrolliert, ob Entscheidungen anderer Gerichte mit den Grundsätzen der Rechtsprechung übereinstimmen

Bundestag   **Bundespräsident**

Bundesverfassungsgericht

Bundesregierung   **Bundesrat**

9. Wie kann staatliche Macht wirksam kontrolliert werden?

Nie mehr Diktatur in Deutschland

Tipp: Materialbearbeitung in arbeitsteiliger Gruppenarbeit

In dieser Einheit wird an drei Beispielen das System staatlicher Machtkontrolle für die Demokratie in der Bundesrepublik Deutschland vorgestellt. Für die Bearbeitung könnt ihr die drei Unterabschnitte (A, B und C) auf sechs Gruppen in der Klasse aufteilen. Jede Gruppe bearbeitet ein Teilthema und bereitet eine Präsentation für diejenigen vor, die das Material nicht bearbeitet haben. Am Ende gestaltet jeweils eine Gruppe eine Unterrichtsphase, die zweite ergänzt.
Als Merkhilfe für die übrigen Schülerinnen und Schüler kann eine Tafelübersicht mit den wichtigsten Informationen zum bearbeiteten Thema vorbereitet werden.

A: Gewaltenteilung, B: Bundesverfassungsgericht, C: Opposition

1. Was ist das?
2. Welche Aufgabe hat das?
3. Welche Bedeutung hat das für die Demokratie?

Das sind die drei Leitfragen, zu der jede Gruppe Antworten finden soll.
In den Materialien befinden sich Schaubilder. Sie können auf Folie übertragen und im Vortrag erklärt werden. Hilfreich wird es sein, wenn in jeder Gruppe ein Grundgesetz vorhanden ist.

Vom Tag ihrer Machtergreifung im Jahr 1933 an haben Hitler und die Nationalsozialisten Deutschland in eine verbrecherische Diktatur verwandelt:
- Sie schalteten das Parlament aus.
- Sie verboten Parteien und Gewerkschaften.
- Sie duldeten keine freie Presse.
- Sie ließen das Volk durch ihre geheime Staatspolizei (Gestapo) bespitzeln und Andersdenkende in Folterkellern und Konzentrationslagern verschwinden.
- Sie beugten das Recht im Namen des Führers.
- Sie führten Deutschland in einen rassistisch begründeten Vernichtungskrieg.
- Sie ermordeten im Wahn rassischer Überlegenheit nahezu das gesamte Volk der in ihrem Herrschaftsgebiet lebenden Juden.

Die verfassungsmäßige Ordnung in der Bundesrepublik Deutschland muss man vor dem Hintergrund dieser leidvollen und für die Deutschen moralisch belastenden Erfahrungen sehen. Die freiheitlich demokratische Grundordnung, welche die Mitglieder des Parlamentarischen Rates ab dem 1. September 1948 auf Anweisungen der westlichen Siegermächte ausarbeiteten, sollte jegliche Gewalt- und Willkürherrschaft für alle Zeiten ausschließen. Hitler hatte die Macht in seiner Person konzentriert und missbraucht. Eine staatliche Ordnung, die Konzentration und Missbrauch von Macht verhindern will, muss die Macht auf verschiedene Personen und Institutionen verteilen und ihre demokratische Kontrolle garantieren.
Die Kontrolle staatlicher Macht gilt als eines der wesentlichen Elemente, ohne die eine Demokratie keinen dauerhaften Bestand haben kann.

A: Machtkontrolle durch Teilung der Staatsgewalt

„Alle Staatsgewalt geht vom Volke aus"

So steht es im Artikel 20, Absatz 2 des Grundgesetzes. Unter der Staatsgewalt versteht man das alleinige Recht und die Macht des Staates, seine Ziele notfalls auch mit Zwang durchzusetzen. Ohne sie kann der Staat seine wesentlichen Aufgaben nicht erfüllen: den Schutz nach außen und die Wahrung von Recht und Sicherheit im Inneren. Träger der Staatsgewalt in der Demokratie ist das Volk. Politische Herrschaft kann nur auf dem Willen des Volkes beruhen. Dazu muss sie durch Wahlen begründet sein.

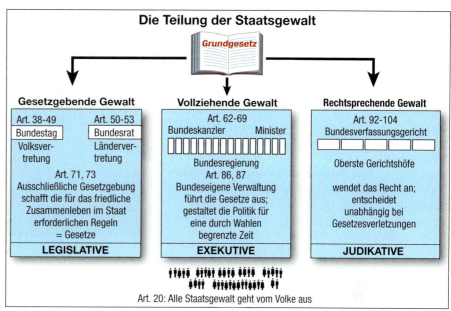

(Nach Schmidt Zahlenbild 61 110)

Die Gewaltenteilung

Vor über 300 Jahren kritisierte der französische Staatsphilosoph Charles de Montesquieu (1689 – 1755) die Herrschaft der absolutistisch herrschenden Könige, zu deren Zeit er lebte: „Wenn in derselben Person die gesetzgebende Gewalt mit der vollziehenden vereinigt ist, gibt es keine Freiheit; denn es steht zu befürchten, dass derselbe Monarch tyrannische Gesetze macht, um sie tyrannisch zu vollziehen. Es gibt ferner keine Freiheit, wenn die richterliche Gewalt nicht von der gesetzgebenden und vollziehenden getrennt ist."
Von Montesquieu stammt die Idee, dass die Staatsgewalt geteilt werden muss.

Die Legislative: Darunter versteht man die gesetzgebende Gewalt. Sie wird vom Bundestag und vom Bundesrat ausgeübt.

Die Exekutive: Das ist die Gewalt, die die Gesetze ausführt. Sie wird von der Regierung und von der Verwaltung ausgeführt.

Die Judikative: Das ist die rechtsprechende Gewalt. Sie wird von den unabhängigen Gerichten ausgeführt mit dem Bundesverfassungsgericht an der Spitze.

Die Trennung der Staatsgewalten soll die Zusammenballung staatlicher Macht in den Händen eines Einzelnen oder einer gesellschaftlichen Gruppe verhindern. Der Missbrauch von Macht soll so für alle Zeiten ausgeschlossen und die Freiheit in der Demokratie garantiert sein. Dafür muss man in Kauf nehmen, dass die Machtausübung komplizierter wird als es bei der Herrschaft eines Einzelnen der Fall ist. Das Parlament kontrolliert die Arbeit der Regierung. Entscheidungen der Regierung und der Verwaltung werden von den Gerichten kontrolliert. Ausgeschlossen ist z.B., dass ein Parlamentsmitglied zugleich ein Richteramt wahrnehmen kann und umgekehrt.
Teilweise wird das Prinzip der Gewaltenteilung in der Praxis allerdings durchbrochen. Ein Bundestagsabgeordneter ist als Parlamentsmitglied Teil der Legislative, kann aber gleichzeitig ein Ministeramt in der Regierung ausüben und so Teil der Exekutive sein. Die klassische Aufgabe der Kontrolle der Regierung durch das Parlament wird vor allem von der Minderheit, also von der Opposition, wahrgenommen.

(Montesquieu aus: Vom Geist der Gesetze, XI,6, in: Arnold Bergsträsser/Dieter Oberndörfer (Hrsg.): Klassiker der Staatsphilosophie, Band I, Kohler Verlag Stuttgart 1975, S. 239f.; bearbeitet)

1. Wie und warum ist die Staatsgewalt aufgeteilt?

2. Eure Erklärung des Schaubildes sollte enthalten: Definitionen für die drei Staatsgewalten, ihre Zuordnung zu den verschiedenen politischen Institutionen, Träger der Staatsgewalt.

B: Machtkontrolle durch das Bundesverfassungsgericht

Die Stellung des Bundesverfassungsgerichts im Grundgesetz (Auszüge):
Artikel 93
(1) Das Bundesverfassungsgericht entscheidet: über die Auslegung dieses Grundgesetzes aus Anlass von Streitigkeiten [...]
(4a) über Verfassungsbeschwerden, die von jedermann mit der Behauptung erhoben werden können, durch die öffentliche Gewalt in einem seiner Grundrechte [...] verletzt zu sein.

Hüter der Verfassung

Ein Beispiel: Im Februar 2006 setzte das Bundesverfassungsgericht das kurz zuvor vom Bundestag beschlossene Luftsicherheitsgesetz außer Kraft. Die Richter erklärten, dass die darin beschlossene Befugnis der Bundeswehr, entführte Passagierflugzeuge im äußersten Notfall abzuschießen, mit der im Grundgesetz garantierten Würde des Menschen nicht vereinbar sei. „Das Grundgesetz ist die oberste Richtschnur allen staatlichen Handelns. Eine eigene Institution, das Bundesverfassungsgericht, wacht darüber, dass Parlament, Regierung und Rechtsprechung die Verfassung einhalten. Als Hüter der Verfassung kann es jeden Akt der gesetzgebenden Gewalt, der Regierung und Verwaltung und jede Entscheidung der Gerichte auf ihre Verfassungsmäßigkeit prüfen. Dabei schützt es besonders die Grundrechte der Bürger. [...]
Es ist das höchste Gericht des Bundes, die letzte Instanz für die Kontrolle der Verfassungsmäßigkeit des politischen Lebens. Es kann die Entscheidungen aller anderen Gerichte aufheben, wenn sie der Prüfung der Verfassungsmäßigkeit nicht standhalten. Seine Entscheidungen sind für alle verbindlich. Soweit sie die Rechtswirksamkeit von Bundes- und Landesgesetzen betreffen, haben sie sogar Gesetzeskraft und werden im Bundesgesetzblatt verkündet.

(Aus: Horst Pötzsch, Die deutsche Demokratie, hrsg. von der Bundeszentrale für politische Bildung, 3. Auflage, Bonn 2003, S. 115)

Kritiker behaupten, die Richter am BVG mischten sich mit ihren Urteilen zu stark in die Politik ein und bestimmten mehr und mehr darüber, was politisch machbar sei und was nicht. In jüngster Zeit haben die Richter auf diese Kritik reagiert. Sie beanspruchen für sich das „Prinzip der richterlichen Selbstbeschränkung". Demnach sehen sie ihre Aufgabe nicht darin, zu überprüfen, ob ein Gesetz gut oder schlecht, klug oder unvernünftig ist, sondern einzig und allein, ob es mit den Grundsätzen der Verfassung vereinbar ist oder nicht.

1. Erklärt, warum das Bundesverfassungsgericht als „Hüter der Verfassung" bezeichnet wird.

2. Euer Merkzettel für die Schaubilderklärung sollte enthalten: Rolle des BVG, Zusammensetzung und Wahl der Richter, Aufgaben des Gerichts.

C: Machtkontrolle durch Opposition

In parlamentarischen Demokratien wird die Regierung entweder von der stärksten Partei gebildet, oder es schließen sich zwei oder mehrere Parteien zu einer Koalition zusammen. Das ist ein Bündnis von zwei oder mehreren Parteien im Parlament, um gemeinsam mehrheitsfähig zu sein und die Regierung bilden zu können. Alle Parteien (im Parlament), die nicht an der Regierung beteiligt sind, bilden „die Opposition". Opposition heißt Gegensatz, Widerspruch und Widerstand. In einer Demokratie hat die Opposition zwei entscheidende Aufgaben: Sie soll die Regierung ständig überwachen und sie kritisieren, wenn sie ihre Pläne für falsch hält, und sie soll eigene Pläne entwickeln und vortragen. Erfüllt eine Opposition diese Aufgaben, kann sie die Politik der Regierung beeinflussen. Gleichzeitig nimmt sie Einfluss auf die Bürger: Sie hilft ihnen dabei, sich eine Meinung zu bilden und ihren Willen zu äußern. Überzeugen die Vorschläge der Opposition die Mehrheit der Wähler, kann sie bei einer nächsten Wahl die meisten Stimmen gewinnen: Sie bildet dann die Regierung und versucht, die Interessen und den Willen ihrer Wähler durchzusetzen. Die bisherige Regierungspartei geht in die Opposition.

Eine Opposition, die ihre Aufgaben wahrnimmt, schützt die Demokratie. Sie verschafft auch den Menschen und Gruppen die Möglichkeit zur Teilnahme an der Politik, die sich in einer Minderheitenposition befinden. Sie verhindert, dass die Regierung ihre Macht unkontrolliert ausübt bzw. die Meinungen von Minderheiten völlig unberücksichtigt lässt.

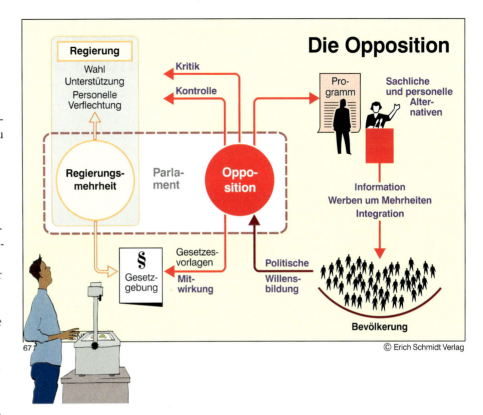

Mittel der Opposition

Um die Regierungsarbeit zu kontrollieren, kann die Opposition schriftliche Anfragen zu bestimmten Themen stellen, die dann von der Regierung öffentlich beantwortet werden müssen. Wenn Missstände in der parlamentarischen Arbeit bekannt werden, kann sie die Einsetzung eines Untersuchungsausschusses verlangen, der die Vorgänge aufklärt. Grundsätzlich lassen sich zwei Formen einer oppositionellen Arbeitsweise im Parlament unterscheiden: die kooperative und die konfrontative. Eine konfrontative Opposition versucht vor allem, sich von der Regierung abzugrenzen und deren Fehler aufzuzeigen, um sich so für die nächsten Wahlen als bessere Alternative darzustellen. Eine kooperative Opposition sucht – neben der Kritik – auch die Zusammenarbeit mit den Regierungsparteien, um so ihre Vorstellungen in die aktuellen Gesetzesvorhaben einzubringen. In der Praxis können – je nach anstehendem Problem – Phasen der Konfrontation und Phasen der Kooperation zwischen Regierungsmehrheit und Opposition abwechseln.

1. Die Aufgaben der Opposition lassen sich mit den Begriffen *Kritik, Kontrolle* und *Aufzeigen von Alternativen* beschreiben. Erklärt, was damit gemeint ist.

2. Euer Merkzettel für die Schaubilderklärung sollte enthalten: Aufgaben der Opposition, Verhältnis zur Bevölkerung, Verhältnis zur Regierung.

10. Gewaltbereiter Extremismus unter Jugendlichen: eine Bedrohung der Demokratie?

Seit Jahren nehmen in Deutschland die Straftaten mit extremistischem Hintergrund besorgniserregende Ausmaße an. Die Demokratie mit ihren Werten und ihren Errungenschaften bedeutet diesen Menschen nichts. Sie würden sie lieber heute als morgen zu Grabe tragen.
• Was treibt junge Leute in extremistische Kreise?

Der Fall: Axel R., Neonazi aus Köln, will seine Feinde erschießen

Was er werden möchte? Nicht eine Sekunde braucht Axel R. zum Nachdenken. „SA-Standartenführer", sagt er. Wie zur Bestätigung streicht er langsam seine schwarze Krawatte glatt, richtet die Schulterklappen am beigen Militärhemd. [...] Seinem Vorbild ähnelt der 17-Jährige durch den scharf gezogenen Scheitel, die Körpergröße ist vergleichbar. [...]
Seine Nazi-Karriere beginnt, als er zwölf Jahre alt ist. In der Familie, auf der Straße, im Supermarkt, „überall hörte ich, wie die Leute sich beschwerten. Zu hohe Steuern, wieder eine alte Frau ausgeraubt und, und, und." Da müsse man doch was gegen tun, denkt der Junge. Vielleicht sucht er auch nur eine Beschäftigung. Rumtoben auf der Straße oder Rumtoben mit den Freunden ist nicht seine Sache. Der Knirps, kleiner als die meisten Gleichaltrigen, leidet unter Gleichgewichtsstörungen, ist zuckerkrank, muss sich deshalb täglich spritzen. Auf Rat des Vaters, damals Außendienstmitarbeiter bei einem Chemieunternehmen, schließt er sich der CDU-Jugendorganisation Junge Union an. Doch die ersten Treffen verlaufen nicht nach seinem Geschmack. „Stundenlanges Gerede ohne den Anflug eines Resultats" vermiesen ihm die Stimmung. Er bittet andere demokratische Parteien um Unterlagen. In einem Geschichtsbuch, das er in der Stadtbücherei ausgeliehen hat, findet er einen Aufkleber der NSDAP/AO.
Die verbotene Nazi-Partei reagiert am schnellsten auf sein Anschreiben. „Von dem Material, das ich dann bekommen habe, war ich begeistert", erzählt er. Die imposanten Uniformen in den Zeitschriften, die gewaltigen Aufmärsche, die nötigen ihm Respekt ab. [...] Hinzu kommt die Forderung nach Gemeinschaftssinn, nach „wölfischer Kameradschaft". Die neuen Freunde versorgen ihn mit weiteren „Informationen". Sie kümmern sich um ihn, geben ihm das Gefühl, wichtig zu sein. [...]

Mit 13 tritt er der Jugendorganisation der NPD bei. Aber auch dort ist es ihm bald zu langweilig. [...]
Gerade 15, gründet R. mit gewaltbereiten Aktivisten der verbotenen Nazi-Partei FAP die „Kameradschaft Köln". [...] Was er mit seinen Gegnern vorhat, ließ er während einer der zahlreichen Veranstaltungen wissen, bei denen er als Redner auftrat: „Die werden dann auf den Marktplatz gestellt und erschossen. Für das, was sie getan haben. In diesem Sinne: Sieg Heil!"

(Aus: Detlef Schmalenberg, in: Der Stern, Nr. 34 vom 17. August 2000, S. 31)

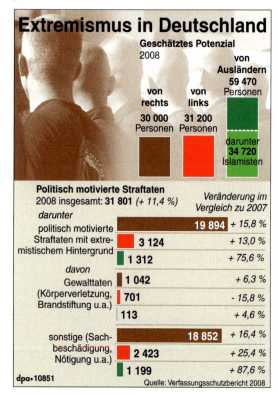

1. Was können gute Gründe dafür sein, dass Axel von allem begeistert ist, was mit einer „Karriere" als Neonazi zu tun hat?

2. Welche Gedanken und Gefühle löst seine Art des Denkens und Handelns in euch aus?

3. Rheinland-Pfalz und andere Bundesländer bieten in ihren Webseiten Aussteigerhilfen für Jugendliche an, die in rechtsradikale Kreise geraten sind. Glaubt ihr, dass Jugendliche wie z. B. Axel den Ausweg aus der Szene finden können?

INFORMATION lesen – bearbeiten – einprägen

Rechtsradikalismus – Linksradikalismus

1. Stellt zusammen, was menschenverachtend am Denken und an den Aktivitäten der Rechtsextremen und der Linksextremen ist.
2. Rechtsextremistische Jugendliche weisen häufig einen niedrigen Bildungsstand auf. Überlegt, ob Aufklärung bzw. Bildung ein Schlüssel zum Schutz vor Neonazitum und anderen menschenverachtenden Extremen sein kann.

Wer sind Neonazis bzw. Rechtsextremisten?

„Neo" bedeutet „neu" und Nazi ist eine Kurzform für Nationalsozialist. Neonazis sind Anhänger von Parteien und Gruppen, die sich den Nationalsozialismus der Hitlerzeit zum Vorbild nehmen. Daneben gibt es heute auch andere rechtsextreme Gewalttäter, die sich nicht mehr in der Tradition der Nationalsozialisten sehen. Ihnen genügt es, deutsch zu sein und alles, was fremd oder nur fremdartig ist, zu hassen.

Zu den rechtsextremistischen Gruppen zählen auch gewaltbereite Skinheads. Neonazis und andere Rechtsextreme weisen folgende gemeinsame Merkmale auf:
- Sie stellen die eigene Nation über alle anderen.
- Sie hassen Ausländer und Juden.
- Sie ordnen sich einem Führer unter.
- Sie sind zur Gewalt bereit.

Was ist menschenverachtend am rechtsextremen Denken?

- Sie sind Rassisten, d. h. sie halten die eigene Rasse allen anderen Rassen gegenüber für überlegen.
- Sie leugnen die Rechte des Einzelnen. In ihrem Denken hat sich der Einzelne voll und ganz der Gruppe oder der „Volksgemeinschaft" unterzuordnen.
- Sie wollen die Demokratie abschaffen und treten für eine Diktatur ein, ähnlich wie es sie unter Hitler gab.
- Sie missachten den Rechtsstaat. Sie wollen die Herrschaft des Rechts durch die Herrschaft des Stärkeren ersetzen.
- Sie bekämpfen und missachten Andersdenkende.

Wer sind die Täter?

Das Bundesamt für Verfassungsschutz hat aus einer Analyse von Gerichtsurteilen folgende Tätermerkmale ermittelt: 78 Prozent der verurteilten Gewalttäter sind zwischen 14 und 20 Jahren alt. Die meisten von ihnen weisen einen eher niedrigen Bildungsstand auf. Sie wissen oft wenig bis gar nichts über die Zeit des Nationalsozialismus. 29 Prozent haben keine abgeschlossene Berufsausbildung. 22 Prozent der untersuchten Täter waren arbeitslos. Fast alle sind männlich. Skinheads entstammen häufig sozialen Randlagen. Gemeinsam fühlen sie sich stark, und Alkohol lässt sie ihre Defizite vergessen. Konzerte dienen als überregionale Treffgelegenheiten. Menschenverachtende Texte zeugen vom Hass auf Juden, Ausländer und „Linke".

Das Internet ist zunehmend zu einem Verbreitungsmedium für rechtsradikales Gedankengut geworden.

Gefahr durch Linksextremismus

Linksextremisten sind ebenfalls Gegner der Staats- und Gesellschaftsordnung in Deutschland und anderswo.

Anders als die Rechtsextremen sehen sie sich nicht nach dem starken Führer oder der Einheitspartei. Vielmehr wollen die meisten von ihnen eine Gesellschaft, in der es gesetzlos, chaotisch, anarchistisch zugeht. Jede Art von politischer Ordnung lehnen sie als freiheitsberaubend ab. Linksextremistische Gruppen bezeichnen sich selbst oft als „Autonome". Kennzeichnend ist ihre große Gewaltbereitschaft. Sie nehmen für sich in Anspruch, ihre Aggressionen unkontrolliert auszuleben, und schrecken dabei vor Zerstörungen und brutalen Angriffen auf Menschen nicht zurück. Alle Andersdenkenden zählen als Feinde und können misshandelt werden. Mitleidsfähigkeit existiert nicht.

Die Zahl der militanten Linksextremen und Jugendlichen ist wesentlich geringer als die der Rechtsextremen, aber ihre Gewaltaktionen gefährden immer wieder die innere Sicherheit in Deutschland.

Ausführliche Informationen erhaltet ihr unter den folgenden Internetadressen:

www.mut-gegen-rechte-gewalt.de
www.jugendstiftung-civitas.de
www.netzgegenrechts.de
www.verfassungsschutz.de

255

Memory-Station

Wichtiges Wissen

Station 1: Rolle der Parteien (Seiten 220ff.)

Eine Definition – 3 Aufgaben

Mithilfe des Schaubildes könnt ihr die Rolle der Parteien in der Demokratie erklären. Dabei solltet ihr
a) drei Aufgaben benennen und
b) eine Erklärung zur Frage: Was ist eine Partei? formulieren, in der die Begriffe im Kasten vorkommen.

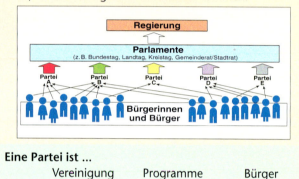

Eine Partei ist ...

Vereinigung   Programme   Bürger
politische Willensbildung   Ziele   Organisation

Station 2: Das Wahlrecht zum Deutschen Bundestag (Seiten 232ff.)

Hier soll eine klare Übersicht angefertigt werden.

Die Mehrheitswahl
So funktioniert sie: ...
Ihr größter Vorteil ist: ...
Ein Nachteil ist: ...

Die Verhältniswahl
So funktioniert sie: ...
Ihr größter Vorteil ist: ...
Ein Nachteil ist: ...

Das personalisierte Verhältniswahlrecht
So funktioniert es: ...

Station 3: Entstehung eines Bundesgesetzes (Seiten 238ff.)

In der Einheit 6 habt ihr den Weg einer gesetzlichen Entscheidung am Beispiel des *Anti-Graffiti-Gesetzes* kennengelernt. Prinzipiell ist der Weg eines Gesetzes immer gleich. Hier sind nun die Schritte durcheinandergeraten. Notiert sie in der richtigen Reihenfolge.

1. Das neue Bundesgesetz wird vom Bundespräsidenten unterschrieben.
2. In der ersten Lesung im Bundestag wird über den Entwurf zum Gesetz diskutiert.
3. Der zuständige Expertenausschuss veranstaltet ein „Hearing" zur besseren Meinungsbildung.
4. Der Bundesrat behandelt das Gesetz und stimmt ebenfalls zu.
5. In der Öffentlichkeit und in den Kreisen der Politik taucht ein neues Problem auf, das einer gesetzlichen Regelung bedarf.
6. Nach der dritten Lesung erfolgt die Abstimmung im Bundestag.
7. Gesetzentwürfe aus dem Bundesrat werden zunächst dem Bundestag zugeleitet.
8. Mit der Veröffentlichung im Bundesgesetzblatt tritt das neue Gesetz in Kraft.
9. In einem der Expertenausschüsse wird das Gesetz intensiv beraten und überarbeitet.
10. Bei der zweiten Lesung hat die Opposition im Bundestag die Möglichkeit, ihre Kritik vorzutragen.

www.bund.de +++ www.bundeskanzler.de +++ www.bundespraesident.de +++ www.bundesrat.de +++ www.bundesregierung.de

Die politische Ordnung in der Bundesrepublik Deutschland

Wichtige Fähigkeiten

Station 4 Verfassungsorgane in der Bundesrepublik Deutschland: Vorstellung eines Schaubildes (Seiten 244ff.)

Am Ende dieser Unterrichtsreihe solltet ihr alle wichtigen Verfassungsorgane in der Bundesrepublik Deutschland vorstellen können. Dazu eignet sich ein Kurzvortrag vor der Klasse mithilfe des Schaubildes auf dieser Seite. Bereitet euch vor, indem ihr das vorliegende Schaubild interpretiert (siehe Methodenkarte Nr. 9, S. 196f.). Sollte etwas unklar sein, könnt ihr noch einmal auf die entsprechenden Seiten zurückgreifen. Es helfen euch auch die Begriffserklärungen im Glossar dieses Buches. Den Vortrag könnt ihr einzeln oder in Teams vorbereiten und euch so die Arbeit aufteilen.
Stellt das Schaubild vor der Klasse vor und haltet euch dabei an die drei Schritte (siehe Kasten).

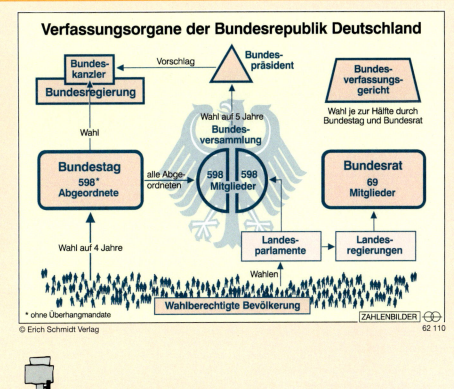

Drei Gliederungspunkte zur Vorstellung eines Schaubildes im Vortrag

1. Was zeigt das Schaubild?
2. Welche Zusammenhänge werden deutlich?
3. Welche Informationen sollte man sich langfristig einprägen?

9 Recht und Rechtsprechung

> Gelingt es euch, einen Zusammenhang zwischen dem Foto und dem Thema Recht herzustellen?
>
> Formuliert eure Gedanken und sprecht darüber.

Aus der täglichen Erfahrung wisst ihr, dass unser Alltag durch eine Vielzahl von Regeln und Vorschriften bestimmt ist. Regeln gibt es in der Familie, in der Schule und überall dort, wo Menschen zusammenarbeiten und zusammenleben.
Warum braucht man sie? Nehmen wir zum Beispiel ein Fußballspiel: Könnte man nicht generell darauf verzichten, Spieler nach bestimmten Handlungen vom Platz zu stellen? Was wäre, wenn es keine Regeln gäbe?
Mit den Regeln und mit den Gesetzen ist es eine zweischneidige Sache: Einerseits werden Verbote ausgesprochen, die unsere Handlungsfreiheit einschränken. Andererseits ermöglichen es genau diese Verbote erst, dass wir in Freiheit und Sicherheit vor den Übergriffen anderer leben können.
Das Aufstellen von Regeln in Form von Gesetzen gehört zu den wichtigsten Aufgaben des Staates. Damit sorgt er dafür, dass es in unserem Zusammenleben geordnet zugeht, dass die Bürger in Sicherheit leben können und dass auch die Rechte der Schwächeren geschützt werden.

Von den Bürgern wird erwartet, dass sie über die wichtigsten Grundlagen ihrer Rechtsordnung informiert sind. Das ist einer der Gründe, warum das Thema im Sozialkundeunterricht behandelt wird. Darüber hinaus gibt es eine Reihe interessanter Fragen, über die man nachdenken, miteinander sprechen und sich eine Meinung bilden sollte: Warum gibt es immer wieder Menschen, die sich nicht an Gesetze halten? Was soll mit Gesetzesbrechern geschehen? Sollen Jugendliche anders als Erwachsene behandelt werden? Was sind die wichtigsten Menschenrechte, und wer kann dafür sorgen, dass sie eingehalten werden? Um diese und andere Fragen geht es in der folgenden Reihe.

Wenn ihr dieses Kapitel bearbeitet, könnt ihr

- die Funktion des Rechts erklären,
- die besondere Rechtsstellung von Jugendlichen darstellen,
- Ursachen und Formen von Jugendkriminalität sowie den Zweck von Strafe erörtern,
- an einem Fallbeispiel den Ablauf eines Straf- und Zivilprozesses erläutern sowie den Aufbau unseres Gerichtswesens beschreiben,
- die Bedeutung der Grundrechte im Grundgesetz erklären.

1. Wozu brauchen wir das Recht?

Plünderer mit gestohlener Ware in New Orleans

Der folgende Text hat etwas mit der Bedeutung des Rechts zu tun. Achtet beim Lesen darauf, welche Zusammenhänge ihr feststellen könnt.

Die Ausnahmesituation
Im Sommer 2005 zog ein gewaltiger Hurrikan mit Namen „Katrina" über den Süden der Vereinigten Staaten und richtete bis dahin nie da gewesene Zerstörungen an. Besonders betroffen war New Orleans. Teile der Stadt liegen unter dem Meeresspiegel. Als die Dämme brachen, wurden weite Teile der Stadt überflutet.

Wenn alle Dämme brechen
Eine Woche, nachdem der Hurrikan über die Küste Louisiana und Mississippi hinweggefegt ist, liegt die Hafenstadt wie erstarrt in einer stinkenden Kloake aus Chemie, Exkrementen und aufgedunsenen Leichen, [...] dazwischen irren Obdachlose umher, verstörte Überlebende auf der Suche nach Lebensmitteln und Medikamenten. [...] Recht und Ordnung sind in der Stadt untergegangen. Untergegangen wie ganze Stadtviertel, die das Pech hatten, unter dem Meeresspiegel zu liegen. [...] Wut, Trauer und Frustration über die scheinbar endlos verzögerte Hilfe schlägt um in Hass und besinnungslose Aggression.
Im historischen „French Quarter", wo der Sturm die Rollgitter der Läden eingedrückt hat, suchen Überlebende nach Wasser und Lebensmitteln. Anderswo stehlen die zurückgebliebenen Anwohner Flachbildschirme, Uhren, stapeln Jeans und Sneakers auf überquellende Einkaufswagen. Das Shopping-Zentrum von Oakwood geht in Flammen auf, nachdem Plünderer in dem Komplex Feuer gelegt haben. Die Gangs von New Orleans, die auch schon vor der Katastrophe ganze Straßenzüge beherrscht haben, räumen zu Hunderten Waffenläden aus oder zwingen Mitbürger mit vorgehaltener Pistole, ihre Autos abzugeben – und oft genug kann die Polizei nur hilflos zusehen, wenn Ladenbesitzer zur Selbstjustiz übergehen. [...]
Und dann geraten selbst die Retter in Not: Ein Polizei-Lkw mit Lebensmitteln wird überfallen und entführt. In den Krankenhäusern, die ihren Betrieb so gut es geht aufrechterhalten, verschwinden die Notstromaggregate. Im Zentrum von New Orleans muss ein Rettungshubschrauber abdrehen, als er bei dem Versuch, Verletzte aus einem Hospital zu evakuieren, unter Beschuss gerät.

(Aus: Erich Follath u. a., Wenn alle Dämme brechen, in: Der Spiegel, 36, S. 114)

1. Was kann passieren, wenn alle Regeln außer Kraft gesetzt sind?

2. Welche Bevölkerungsgruppen waren in New Orleans im Vorteil, welche benachteiligt?

INFORMATION
lesen – bearbeiten – einprägen

Rechtsordnung und Rechtsstaat

1. Was versteht man unter einer Rechtsordnung?
2. Erläutere die fünf Merkmale eines Rechtsstaats.
3. Erkläre, was die Symbole der Justitia bedeuten.

Warum brauchen wir Gesetze?

Überall, wo Menschen zusammenleben, benötigen sie Regeln, die für alle Menschen in dieser Gemeinschaft gelten. Sonst würden die Stärkeren ihre Interessen rücksichtslos auf Kosten der Schwächeren durchsetzen. Die Gesamtheit aller Regeln und Gesetze bezeichnet man als Rechtsordnung. Grundlage der Rechtsordnung ist die Verfassung Deutschlands, das Grundgesetz. Es ist das oberste Gesetzbuch, an das sich sowohl die Bürger als auch alle staatlichen Einrichtungen halten müssen. Niemand würde sich allerdings an Gesetze halten, wenn Gesetzesüberschreitungen ohne Folge blieben. Deswegen haben die Polizei und die Gerichte den Auftrag, Verstöße gegen Gesetze zu verfolgen und zu bestrafen. Nur der Staat hat das Recht, die Befolgung von Gesetzen notfalls zu erzwingen (Gewaltmonopol des Staates).

Was ist ein Rechtsstaat?

Wir leben in einem Rechtsstaat. Das bedeutet, dass jeder Bürger, aber auch jede staatliche Einrichtung sich dem Recht unterordnen und in seinem Handeln die Gesetze beachten muss. Deshalb spricht man auch von der Herrschaft der Gesetze im Gegensatz zur Willkürherrschaft in Diktaturen. Weitere Merkmale des Rechtsstaats sind:

• **Rechtsgleichheit:** Die Gesetze gelten für alle Bürger gleich. Es darf in der Rechtsprechung keine Rolle spielen, wie reich oder einflussreich jemand ist; auch der Ärmste soll die Chance haben, zu seinem Recht zu kommen.

• **Rechtssicherheit:** Gesetze müssen veröffentlicht werden, damit sich jeder Bürger darüber informieren kann, welche Folgen ein Verstoß haben könnte. Außerdem dürfen Gesetze nicht rückwirkend gelten. Niemand darf also für eine Tat bestraft werden, die zu diesem Zeitpunkt nicht verboten war.

• **Bindung der Gesetzgebung an das Grundgesetz:** Die Gesetze werden von den Abgeordneten des Deutschen Bundestages und – in einigen Fällen – von den Vertretern der Bundesländer gemacht. Doch die Abgeordneten dürfen nicht einfach Gesetze formulieren, die ihnen gerade passen. Sie müssen sich an das Grundgesetz halten. Dort steht in Artikel 1: „Die Würde des Menschen ist unantastbar. Sie zu achten und zu schützen, ist Verpflichtung aller staatlichen Gewalt." Kein Gesetz darf also gegen die Menschenwürde verstoßen. Auch entwürdigende Strafen sind in Deutschland danach verboten. Die Todesstrafe ist nach Artikel 102 ebenfalls abgeschafft. Die Abgeordneten können sie also nicht einfach wieder einführen, auch wenn sie vielleicht dafür im Bundestag eine Mehrheit finden würden.

• **Rechtswegegarantie:** Jeder Bürger, der sich in seinen Rechten verletzt fühlt, kann ein Gericht anrufen.

Die Statue der Justitia, der römischen Göttin der Gerechtigkeit, steht häufig vor dem Eingang von Gerichten. Von ihr leitet sich der Begriff „Justiz" ab. In der rechten Hand trägt sie eine Waage, in der linken Hand ein Schwert. Ihre Augen sind geschlossen oder verbunden.

• **Unabhängigkeit der Richter:** Richter und Gerichte sind in ihren Entscheidungen nur an das Gesetz gebunden. Keine staatliche Behörde, kein Politiker darf ihnen Weisungen erteilen oder versuchen, Einfluss auf den Ausgang eines Prozesses zu nehmen.

2. Warum gelten für Jugendliche besondere Gesetze?

Manch ein 14-Jähriger fühlt sich sicherlich schon erwachsen und träumt davon, frei zu sein von Einschränkungen und lästigen Vorschriften. Erwachsen zu werden bedeutet jedoch auch, einen langjährigen Entwicklungs- und Reifeprozess zu durchlaufen. Dazu gehört auch, dass Kinder und Jugendliche über eigenes Geld verfügen und ab 13 Jahren auch selbst Geld verdienen können. Dürfen sie eigentlich mit diesem Geld machen, was sie wollen, also ohne Einschränkungen einkaufen? Darum geht es in dem folgenden Fallbeispiel.

Muss Franziska den Roller zurückgeben?

Franziska hat es geschafft: Sie hat einen der begehrten Ausbildungsplätze in ihrem Wunschberuf ergattert. Am 1. August beginnt sie bei der Software-Firma Interhouse in Düsseldorf ihre Ausbildung zur Werbekauffrau. Allerdings liegt ihr neuer Arbeitsplatz mehr als 120 km von ihrem Heimatort Hückelhoven entfernt – zu weit, um diese Strecke jeden Tag zu pendeln. Unter der Woche wohnt sie deshalb in einem Wohnheim für Auszubildende. Das Wochenende verbringt sie zu Hause. Mit ihren Eltern vereinbart sie, dass sie mit der Ausbildungsvergütung von 436 Euro ihren Lebensunterhalt finanziert, also Essen, Kleidung, Körperpflege, Bücher, Fahrkarten und Vergnügungen wie Kino, Diskobesuche bezahlt. Die Miete für das Zimmer überweisen die Eltern per Dauerauftrag. Da Franziska sehr sparsam lebt, schafft sie es, bis zum Frühjahr 480 Euro für einen Motorroller zurückzulegen. Sie hat sich in den Kopf gesetzt, damit jeden Tag die 6 Kilometer zu ihrer Arbeitsstelle zu fahren. Aus zahlreichen Diskussionen weiß sie, dass ihre Eltern gegen den Kauf eines Rollers sind, weil sie das Fahren in der Großstadt für zu gefährlich halten. Trotzdem kauft Franziska einen gebrauchten Motorroller und bezahlt ihn bar von ihren Ersparnissen.

Die 17-jährige Franziska hat sich ihren Traum vom eigenen Roller erfüllt.

Am Abend vor ihrem Geburtstag lässt sie die Bombe platzen und erzählt ihren Eltern von dem Kauf. Sie hofft, dass ihre Eltern wegen des bevorstehenden Festes ihre Ablehnung aufgeben würden. Doch sie hat sich getäuscht: Ihre Eltern verlangen von ihr, den Motorroller dem Händler zurückzugeben.

Muss sie wirklich?

Auszug aus dem Bürgerlichen Gesetzbuch

§ 2 Eintritt der Volljährigkeit
Die Volljährigkeit tritt mit der Vollendung des achtzehnten Lebensjahrs ein.

§ 106 Beschränkte Geschäftsfähigkeit Minderjähriger
Ein Minderjähriger, der das siebente Lebensjahr vollendet hat, ist in der Geschäftsfähigkeit beschränkt.

§ 107 Einwilligung des gesetzlichen Vertreters
Der Minderjährige bedarf zu einer Willenserklärung, durch die er nicht lediglich einen rechtlichen Vorteil erlangt, der Einwilligung seines gesetzlichen Vertreters.

§ 108 Vertragsschluss ohne Einwilligung
(1) Schließt der Minderjährige einen Vertrag ohne die erforderliche Einwilligung des gesetzlichen Vertreters, so hängt die Wirksamkeit des Vertrags von der Genehmigung des Vertreters ab.

§ 110 „Taschengeldparagraph"
Ein von dem Minderjährigen ohne Zustimmung des gesetzlichen Vertreters geschlossener Vertrag gilt als von Anfang an wirksam, wenn der Minderjährige die vertragsmäßige Leistung mit Mitteln bewirkt, die zu diesem Zwecke oder zu freier Verfügung von dem Vertreter oder mit dessen Zustimmung von einem Dritten überlassen worden sind.

A Lückentext

Jugendliche werden am 18. Geburtstag §§§.

Wenn sie älter als §§§ Jahre und jünger als §§§ Jahre sind, sind sie §§§.

Das bedeutet für sie, dass sie beim Abschluss von Verträgen §§§ brauchen.

Wenn die §§§ dem Vertrag, den der Minderjährige schließen möchte, zustimmen, ist dieser beim Abschluss §§§.

Sind die Eltern dagegen nicht einverstanden, ist der Vertrag §§§.

Eine Ausnahme bildet der §§§-Paragraph.

B Wendet die allgemeinen Bestimmungen des Gesetzes im speziellen Fall Franziskas an:

im Gesetz	im Fallbeispiel
Minderjähriger	???
gesetzlicher Vertreter	???
als von Anfang an wirksam	wirksam ab wann?
vertragsmäßige Leistung	Kauf des Rollers
zu diesem Zwecke	Was ist gemeint?
zu freier Verfügung	???
von Dritten	Wer könnte das sein?

1. Informiert euch über den Fall und nehmt Stellung zur Frage, ob Franziska den Roller zurückgeben muss.

2. Bei der Beurteilung des Falls spielen einige Paragraphen aus dem Bürgerlichen Gesetzbuch eine wichtige Rolle.
  a) Lest die Paragraphen sorgfältig durch, übertragt den Lückentext in euer Heft und fügt die fehlenden Begriffe sinngemäß ein.
     Tipp: Partnerarbeit.
  b) Übertragt die Vokabeln des Taschengeldparagraphs auf Franziskas Fall. Wie lautet der „übersetzte" Text von § 110?
  Beantwortet dann die Frage in der Überschrift und verwendet dabei eure Arbeitsergebnisse.

3. Welchen Zweck haben die gesetzlichen Bestimmungen? Haltet ihr sie für sinnvoll? Diskutiert darüber in der Klasse.

Welche Rechte haben Jugendliche?

Rechte	Alter	Pflichten
Du kannst den Stufen-Führerschein für schwere Motorräder erwerben.	25	
	21	Vor Gericht wirst du nicht mehr als „Heranwachsender" behandelt, sondern ausschließlich nach Erwachsenenstrafrecht verurteilt.
Ab jetzt bist du volljährig. Du kannst • in unbegrenzter Höhe Geschäfte tätigen und Kredite aufnehmen, • auch gegen den Willen der Eltern heiraten, • bei allen Wahlen wählen (aktives Wahlrecht) und bei fast allen Wahlen selbst kandidieren (passives Wahlrecht), • in der Öffentlichkeit rauchen, • den Führerschein für PKW (bis 7,5 t) und für Motorrad erwerben. …	18	• Deine Berufsschulpflicht endet. • Du bist schadenersatzpflichtig, wenn du einen Schaden angerichtet hast. • Du kannst zum Wehr- und Zivildienst eingezogen werden. • Du kannst nach Erwachsenenstrafrecht verurteilt werden.
Ab jetzt kannst du • im Kino einen Film anschauen, der ab 16 Jahre freigegeben ist, • bis 24 Uhr ohne Begleitung eine Gaststätte besuchen, • vor Gericht einen Eid ablegen, • dich zum Jugendvertreter in einem Betrieb wählen lassen, • die Fahrerlaubnis für ein Moped oder einen Roller erwerben, • mit Einwilligung der Eltern heiraten, • bei Kommunalwahlen (z. B. in Niedersachsen, Nordrhein-Westfalen) wählen. …	16	• Du musst dich mit einem Personalausweis ausweisen können.
Du wirst vom Kind zum Jugendlichen. Ab jetzt darfst du • in familien- und sorgerechtlichen Angelegenheiten, zum Beispiel bei einer Scheidung, mitentscheiden, • selbst über deine Religionszugehörigkeit entscheiden.	14	• Du bist strafmündig und kannst vor ein Jugendgericht gestellt werden, wenn du eine Straftat begangen hast.
Ab jetzt bist du beschränkt geschäftsfähig. Das bedeutet, dass du in der Regel über dein Taschengeld verfügen und damit einkaufen kannst.	7	• Wenn du einen Schaden anrichtest, musst du oder müssen deine Eltern ihn bezahlen, wenn du ihn hättest vorhersehen können.
	6	Ab jetzt bist du schulpflichtig.
Von Geburt an hast du ein Recht auf Eigentum und du kannst auch erben.	0	

1. Findet mithilfe der Tabelle heraus, was gesetzlich erlaubt und was verboten ist. Stellt die Ergebnisse der Klasse vor.

   a) Nicola (14 Jahre) geht von der Schule ab, weil sie lieber arbeiten möchte.

   b) Lara (12 Jahre) wird wegen wiederholtem Ladendiebstahl zu einem Jahr Jugendgefängnis verurteilt.

   c) Christopher (13 Jahre) will gegen den Willen seiner Eltern aus der Kirche austreten.

   d) Cynthia (13 Jahre) nimmt in den Sommerferien einen Ferienjob an.

   e) Fabian (18 Jahre) nimmt ohne Wissen seiner Eltern einen Kredit auf, um eine Urlaubsreise zu finanzieren.

2. Fasst anschließend zusammen, welche Rechte und Pflichten ihr zum momentanen Zeitpunkt habt.

Rechte in der Diskussion: Führerschein mit 17 Jahren

Eine wichtige Station des Erwachsenwerdens ist der 18. Geburtstag mit dem Beginn der Volljährigkeit und dem Recht, einen PKW-Führerschein zu erwerben.

Mit 17 ganz legal ans Steuer

Seit November 2005 können Jugendliche in Rheinland-Pfalz bereits mit 17 Jahren den Führerschein erwerben. „Wir versprechen uns von dem Modellprojekt eine Reduzierung der Unfälle, da eine Begleitperson mit Fahrpraxis mitfährt", sagt Dörte Büschel, Sprecherin des Verkehrsministeriums Rheinland-Pfalz. [...] Das Modell entspricht dabei einer vorgezogenen Führerscheinprüfung mit der Auflage, dass eine Begleitperson mitfährt. [...] Die Begleitperson muss Anforderungen erfüllen, die von der Fahrerlaubnisbehörde überprüft werden. Der Begleiter muss mindestens 30 Jahre alt sein, mindestens seit fünf Jahren ohne Unterbrechung im Besitz der Fahrerlaubnis sein und er darf höchstens drei Punkte im Verkehrszentralregister haben. [...]

Sobald das 18. Lebensjahr erreicht ist, wird der Führerschein ohne eine Zusatzprüfung übertragen und lediglich eine Gebühr von 13,10 Euro für den Kartenführerschein fällt an.

Auch wenn vielleicht die Sorge um den jungen Sprössling so manchem Elternteil schlaflose Nächte bringt, begrüßen die Fahrschulen das Modell: „Für jüngere Fahrschüler ist es leichter, da sie während der Fahrstunden weniger Angst haben und mit dem Verkehr mitwachsen", prognostiziert Walter Becker von der Fahrschule Becker aus Wittlich.

(Aus: Simon Wolff, Das „Führerscheinchen" in der Tasche, in: Trierischer Volksfreund, 25.08.2005)

Wie denken Jugendliche über den Führerschein mit 17?

„Es ist gut, dann ist man mobil und kommt überall hin", sagt Felix Peters, 15 Jahre, aus Emmerich. Auch Tatjana Sanikov, 14 Jahre, und Dagmar Lamik, 15 Jahre, zeigten sichtliche Freude am Führerschein in jungen Jahren. „Wir finden es gut und würden auch selbst gerne schon mit 17 den Führerschein beginnen!" Darüber hinaus zeigten die Jugendlichen auch Vernunft und gaben zu, dass sie sich durchaus der Gefahren im Straßenverkehr bewusst sind. „Man kommt dann nicht in Versuchung, schneller zu fahren", meinten Sandra Mittelsdorf, 17 Jahre, und Marie Wernicke, 14 Jahre. [...]

Die 16-jährige Maren wusste nicht so recht, was sie davon halten sollte: „Das ist ein Zwiespalt. Es ist gut, wenn man sich mit 17 Jahren schon über das Autofahren informieren kann, aber es ist nicht gut, dass man schon so früh fahren kann. Altersbegrenzungen müssen ja auch irgendetwas zu bedeuten haben!"

(Aus: Nicole Kappelhoff, Jugendliche möchten gerne hinters Steuer, in: Wormser Zeitung, Rheinische Post, 03.08.05)

1. Erklärt, unter welchen Bedingungen Jugendliche schon mit 17 fahren dürfen.

2. Die Regelung ist umstritten. Formuliere deine eigene Meinung und begründe sie.

3. Recht und Kriminalität: Ursachen und Folgen von Jugendkriminalität

Werden immer mehr Jugendliche straffällig?

In jüngster Zeit erregten einige besonders brutale Verbrechen von Jugendlichen großes öffentliches Aufsehen. Lest dazu die zwei Fallbeispiele auf dieser Seite und sprecht über eure Gefühle. Sind das nur Einzelfälle? Oder werden Jugendliche tatsächlich immer häufiger kriminell? Mithilfe der Materialien auf der nächsten Seite könnt ihr den Fragen nachgehen.

Fall 1: Harmloser Schulalltag?

Es war nur ein Streit auf dem Pausenhof, harmlos, Schulalltag. Das Mädchen hatte wohl ein bisschen aufgeschnitten, Sachen erzählt, die vielleicht nicht stimmten. Wie das Zwölfjährige eben tun. Doch Strafe sollte sein, beschloss die Clique der Hauptschule in dem kleinen Ort bei Lindau. An einem Nachmittag Ende März lockten die Schülerinnen das Mädchen in den Wald und quälten es: mit Prügeln, mit Fußtritten, mit brennenden Zigaretten – bis es schwer verletzt zusammenbrach. Ein Kind, gefoltert von Kindern. Der Fall sorgte für Schlagzeilen in der friedlichen Bodenseeregion. Eine brutale Strafaktion, von Mädchen rücksichtslos durchgezogen, hatte es dort noch nie gegeben.

(Nach: Der Spiegel, 25/2003, S. 64)

Fall 2: Obdachlosen zu Tode geprügelt

Es passierte in einem Waldstück zwischen Neulußheim und Altlußheim: Eine Gruppe von Jugendlichen und Kindern schlug und trat auf den Obdachlosen Johann Babies ein und ließ ihn schwer verletzt vor der Waldhütte in der Babies hauste. [...] Dem soll eine Woche zuvor geführte Auseinandersetzung vorangegangen sein, bei der der Mann einen der mutmaßlichen Täter mit einer Schaufel geschlagen haben soll. Während einer der tatverdächtigen Jugendlichen den Ort des Geschehens nach etwa zwei Stunden verlassen habe, hätten die übrigen ihr Tun fortgesetzt und erst von ihrem Opfer abgelassen, als dieses sich nicht mehr bewegte. In dem Bewusstsein, dass er an den Folgen ihrer Tat sterben könnte, hätten sie den Mann am Tatort zurückgelassen.
Dieser erlag seinen durch die Gewalteinwirkung aufgetretenen inneren Blutungen im Zusammenwirken mit Unterkühlung. [...]
Die Kinder kommen alle aus bürgerlichen Familien, waren vorher noch nie durch Brutalität aufgefallen, auch in der Schule gab es keinen Anlass zur Klage. Eine Antwort des Neulußheimer Bürgermeisters Gerhard Greiner: „Sie setzten das in die Tat um, was am Stammtisch passiert – auch in unserer Gemeinde."

(Aus: Ingrid Thomas-Hoffmann, Fünf Jugendliche wegen Totschlags vor Gericht, in: Rhein-Neckar-Zeitung vom 09.03.2004)

Gewalttätige Mädchen – prügelnde Jungen: Einzelfälle?

Jugendkriminalität in Zahlen

Entwicklung tatverdächtiger deutscher Jugendlicher		
Straftatengruppe	2008	Änderung zu 2007 in %
Schwerer Diebstahl	23 549	– 7,3
Ladendiebstahl	50 981	+ 0,3
Körperverletzung	53 850	– 4,5
Sachbeschädigung	43 348	– 4,7
Rauschgiftdelikte	14 892	– 7,5
Straftaten insgesamt	220 914	– 4,5

Quelle: Polizeiliche Kriminalstatistik 2008

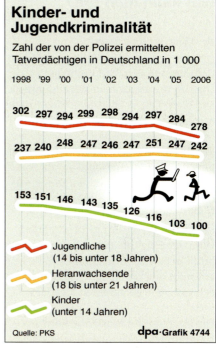

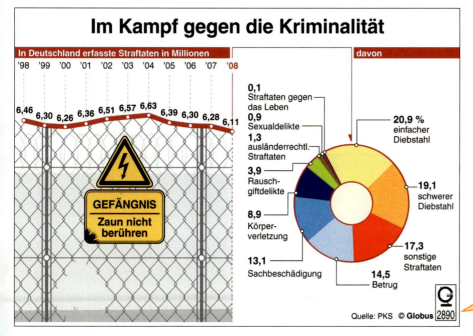

1. Wie erklärt ihr euch die Brutalität der Jugendlichen in den Fallbeispielen?
2. Was würdet ihr sie fragen, wenn ihr Gelegenheit hättet, sie zu treffen?
3. Prüft mithilfe der Zahlen: Wie hat sich die Jugendkriminalität speziell und die Kriminalität insgesamt entwickelt? Welche Delikte haben ab-, welche zugenommen?
4. Deine Meinung ist gefragt: Hältst du die Zunahme der Jugendkriminalität für Besorgnis erregend?

Jugendkriminalität: Was sind die Ursachen, was kann man tun?

A Die Ursachen

Der folgende Text fasst wichtige Ursachen von Jugendkriminalität zusammen. Ihr könnt diese in einer Mindmap zusammenfassen.

Bedeutsam für die kriminelle Entwicklung eines Menschen sind – unbestritten – Kindheit und Familie. Es beginnt mit Alkohol und Nikotin während der Schwangerschaft und Tritten in den Mutterbauch, die das Kind schädigen. Wird der Säugling dann noch angebrüllt oder geschüttelt, haben sich schon in den ersten Lebensmonaten gewichtige Risikofaktoren angesammelt.
Die Psychiaterin Marianne Röhl aus Hamburg, die regelmäßig Angeklagte begutachtet, findet bei jugendlichen Dauerstraftätern nicht selten psychische Krankheiten, unerkannte Hirn-Fehlfunktionen (die das Konzentrieren und Stillsitzen unmöglich machen) oder Wahrnehmungsbehinderungen (wie Legasthenie oder Schwerhörigkeit), denen man nicht mit einer medizinischen Behandlung, sondern mit Prügeln beikommen wollte. Solche Kinder haben gelernt, ihr Defizit mit allen Mitteln zu verbergen – so wird es für sie zum Generalproblem, und vieles, was in ihrem Leben schiefgeht, hängt damit zusammen.
Zu diesen Benachteiligungen kommen noch tausend andere. Wohnen in der Hölle der Vorstädte mit übereinandergestapelten Problemfamilien. Armut, Alkohol, Arbeitslosigkeit. Wechsel der Bezugspersonen durch ständig zerbrechende Beziehungen der Mutter. Gewalt in der Familie, gewalttätige Jugendliche werden häufig zu Hause Opfer oder Zeugen von Misshandlungen. Vernachlässigung. Sprachlosigkeit. Desinteresse. „In den Familien solcher Täter", sagt Marianne Röhl, „läuft gar nichts, nur der Fernseher." Später stellen Gerichtsgutachter dann fest, dass ein Jugendlicher mit 40 Verbrechen auf dem Kerbholz bereits bei seiner Einschulung so gestört gewesen ist, dass die Weiche schon damals in Richtung Abseits gestellt war.
Kommen die Kinder dann in die Schule, reiht sich auch hier Misserfolg an Misserfolg. [...] Der Schüler bleibt sitzen. Er wird von den Schulkameraden ausgegrenzt. Er schwänzt. [...] Bestätigung und Wärme finden derart stark gefährdete Jungen in einer Clique, in der alle noch ein bisschen übler und noch ein bisschen übler dran sind als sie selber. Gemeinsam fühlt man sich jetzt mächtig, es werden „Dinger gedreht", Autos und Automaten geknackt, selbstzerstörerische Mutproben durchgezogen wie S-Bahn-Surfen oder nächtliche Wettrennen in Schrottfahrzeugen. [...]
Dazu kommt Drogenkonsum, vor allem Alkoholmissbrauch.

(Nach: Sabine Rückert, Wie man in Deutschland kriminell wird, in: Die Zeit vom 22.01.04)

B Wie man vorbeugen kann ...
Beispiel: „Rhythm is it!"

In Deutschland gibt es zahlreiche Projekte, die die Chancen von Jugendlichen aus schwierigen Familien verbessern und ihnen helfen sollen, erst gar nicht kriminell zu werden. Ein

Beispiel lernt ihr im folgenden Text kennen.
Sie spielen Fußball, hiphoppen und hängen ab. Mit Ballett hatten sie nichts am Hut. Hauptschüler aus Kreuzberg [Stadtteil in Berlin] machten mit bei einem Tanzspektakel der Berliner Philharmoniker. [...] Am Anfang waren sie fast alle dagegen, die Schüler der 10.1 und 10.2 der Friedrich-Ludwig-Jahn-Hauptschule in Kreuzberg. [...] „Eigentlich", sagt Ali und grinst, „hat Herr Peter uns damals richtig gezwungen zu unserem Glück." Dabei stehen – und nicht erst seit dem Erfolg des Films „Rhythm is it!" – die Schulen

Simon Rattle mit seinen Darstellern. Während des ersten Projekts (2003) wurde ein Film gedreht, der in den Kinos großen Erfolg hatte: „Rhythm is it!"

Schlange, um bei diesem größten Education-Projekt der Philharmoniker mitmachen zu dürfen. Jeweils im Frühjahr findet es statt: Sieben Wochen lang studieren Berliner Schüler ein Tanzstück ein – in diesem Jahr den „Feuervogel" von Igor Strawinsky –, das sie am Ende mit den Philharmonikern in der Arena Treptow spektakulär zur Aufführung bringen. Die Idee stammt von Simon Rattle, dem Chefdirigenten der Philharmoniker, der damit seine Spitzen-Bigband aus dem Elfenbeinturm herausholen und kulturferne Kids an die Musik heranführen will. [...] Wenn Klaus Peter, 53, von seiner Schule spricht, dann ist es eine Mischung aus Liebe, Wut und Resignation. Liebe, weil ihm seine Schüler am Herzen liegen.

[...] „In vielen Familien gibt es riesige Probleme", sagt Klaus Peter. Die Eltern sind fast ausnahmslos arbeitslos, Hartz-IV-Empfänger. Sie tauchen in der Schule kaum auf, ihre Kinder sind ihnen egal.
Weil sie es auch nicht anders kannten und vollauf damit beschäftigt sind, sich selbst durch's Leben zu bringen. Manche von Herrn Peters Schülern haben so viele Geschwister, dass es ihnen peinlich ist zu sagen, wie viele. Manche haben Geschwister, die sitzen im Knast. „Eigentlich cool, was die Choreografen sich ausgedacht haben", sagt Sven. „Macht Superspaß und man hat viel gelernt. Zum Beispiel, wie anstrengend das ist und dass man Geduld haben muss, wenn man was nicht gleich hinbekommt." [...]
Und Murad, der mit seinen Kumpels in der Pause auch mal zum Döner-Imbiss am Schlesischen Tor abhaut: „Ich hab mich mit meinen Freunden unterhalten: Wir würden so was wohl nochmal machen." Drei Tage nach der Premiere werden Murad und vier andere Jahn-Schüler sich für das nächste Tanzprojekt anmelden.

(Aus: Christine Claussen, Auf den Flügeln des Feuervogels, in: Der Stern vom 09.06.2005, S. 164f.)

1. Jugendliche, die gewalttätig werden, stammen in manchen Fällen aus bürgerlichen, nach außen hin ganz unauffälligen Familien. Welche der im Text A genannten Ursachen können auch in solchen Familien auftreten?

2. Wie erklärt ihr euch die Begeisterung der Teilnehmer für das Projekt „Rhythm is it!"?

3. Kann ein solches Projekt verhindern, dass Jugendliche kriminell werden? Diskutiert darüber in der Klasse.

4. Was könnte die Politik dazu beitragen, um die auf dieser Doppelseite angesprochenen Probleme zu lösen? Sammelt Vorschläge und diskutiert darüber.

4. Jugendliche vor Gericht: eine Tat – zwei Prozesse

In dieser Einheit werdet ihr euch mit einem Fall beschäftigen, der sich tatsächlich so ereignet hat. Aus Datenschutzgründen haben wir lediglich die Namen der Beteiligten geändert.
Die Tat des Jugendlichen hat gleich zwei Prozesse zur Folge: zunächst einen Strafprozess und anschließend einen Prozess vor dem Zivilgericht. Wie solche Prozesse ablaufen und wie es schließlich zu einem Urteil kommt, könnt ihr arbeitsteilig erarbeiten und anschließend der Klasse präsentieren.

Arbeitsteilige Gruppenarbeit: Strafprozess – Zivilprozess

So könnt ihr vorgehen:

1. Gruppen bilden

Bildet in der Klasse zwei Gruppen.
Eine Gruppe beschäftigt sich mit dem Strafprozess (Gruppe A), eine mit dem Zivilprozess (Gruppe B). Je nach Größe der Klasse könnt ihr die Gruppen auch mehrfach besetzen.

2. Erschließung des Falls

Wie jeder Jurist solltet ihr euch zunächst genau mit dem Tathergang vertraut machen, den ihr euch mit folgenden Fragen erschließen könnt:

- Wer waren die Beteiligten?
- Wie war der Ablauf der Tat?
- Welche Folgen hatte die Tat für das Opfer?

3. Vorbereitung der Präsentation

Mithilfe der Materialien auf den folgenden Seiten bereitet jede Gruppe eine Präsentation zum Straf- bzw. Zivilprozess vor.

Lest euch zusätzlich die Methodenkarte 12 „Gesetzestexte lesen und verstehen" auf der Seite 275 durch und wendet sie auf die jeweiligen Gesetze an.

Bei der Vorbereitung der Präsentation könnt ihr euch an folgenden Fragen orientieren:

- Wofür ist ein Strafgericht bzw. Zivilgericht zuständig?
- Wer sind die Beteiligten an dem Prozess?
- Wie verläuft ein Prozess vor dem Strafgericht bzw. Zivilgericht?
- Was ist für die Urteilsfindung im Fall Berger wichtig?
- Welches Urteil haltet ihr für angemessen? Formuliert ein Urteil und begründet es.

4. Präsentation der Ergebnisse

Präsentiert die Ergebnisse eurer Gruppenarbeit vor der Klasse. Tragt dann euren Vorschlag für ein Urteil vor und begründet es. Anschließend kann die Klasse über das Urteil diskutieren: Haltet ihr es für gerecht? Hat euch die Urteilsbegründung überzeugt?

Der Fall: Eine Party mit lebensgefährlichen Folgen

Für den Abend des 2. Novembers war der 16-jährige Julian Berger von seinem Freund Arne Krüger zu einer Feier in der Scheune seiner Eltern in Bründeln eingeladen worden. Er traf gegen 20 Uhr auf dem Fest ein. Als Geschenk brachte er einige Dosen Energydrink sowie eine Flasche Rotwein mit. In der Zeit bis etwa 22:30 Uhr trank Julian die von ihm mitgebrachte Flasche Rotwein alleine nahezu aus. Außerdem konsumierte er noch einige Pappbecher voll mit einem Rum-Cola- bzw. Rum-Energydrink-Gemisch. Zuletzt trank er auch noch mindestens ein Bier.

Gegen 22:30 Uhr begann Julian ein Gespräch mit drei aus Hannover stammenden Partygästen. Im Verlauf des Gesprächs kam man überein, gemeinsam Marihuana zu rauchen. Julian und die drei anderen Partygäste verließen deshalb die Scheune der Krügers und gingen auf die Straße „Zur Chaussee" bis etwa in Höhe der dort befindlichen Bushaltestelle, wo sie stehen blieben. In diesem Moment kam Andreas Kollmann mit seinem PKW von der Arbeit nach Hause. Julian fühlte sich in dem geplanten Haschischkonsum durch die Lichter des Wagens und das Erscheinen von Andreas Kollmann gestört und wurde nahezu sofort aggressiv. Er beleidigte Andreas Kollmann, dabei hatte er bereits das mitgeführte Butterflymesser gezogen und geöffnet.

Die drei ebenfalls anwesenden Partygäste riefen dem Angeklagten noch zu, er solle das lassen, liefen dann aber voller Angst davon. Herr Kollmann reagierte auf die Beschimpfungen nicht und drehte sich um, um in das von

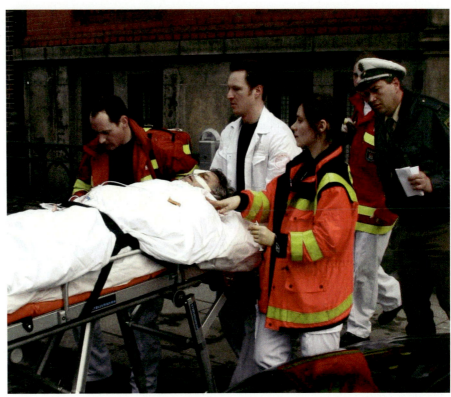

Opfer von Gewalttaten wie Andreas Kollmann leiden oft noch jahrelang unter den Folgen der Tat – auch wenn die körperlichen Schäden längst ausgeheilt sind.

ihm bewohnte Haus zu gehen. Julian fühlte sich durch die Bewegung bedroht, griff Andreas Kollmann mit dem Messer an und fügte ihm einen 5 cm tiefen Stich unterhalb des linken Schulterblattes, einen weiteren Stich auf der linken Schulter von etwa 2 cm sowie eine oberflächliche Schnittverletzung im Halsbereich zu. Er war sich dabei bewusst, dass ein Messerstich in den Rücken Andreas Kollmanns dessen Leben gefährden konnte, vertraute aber aufgrund von Örtlichkeit und Tiefe des Stiches darauf, diesen nicht tödlich zu treffen. Andreas Kollmann war lebensgefährlich verletzt, konnte jedoch über Handy einen Krankenwagen herbeirufen. Nur den im Krankenwagen sofort eingeleiteten Maßnahmen

verdankt er sein Leben. Julian Berger ging in verwirrtem Zustand zur Scheune zurück. Als ein Freund bemerkte, dass das Messer blutverschmiert war, flüchtete er in Panik. Wenig später wurde er von einer Polizeistreife aufgegriffen, eine Blutprobe ergab einen Alkoholpegel von 1,42 ‰.

Andreas Kollmann war nach einem mehrtägigen Krankenhausaufenthalt bis 4. Dezember krankgeschrieben. Erst im März war er wieder so weit hergestellt, dass er Sport treiben konnte. Die psychischen Folgen der Tat hat er bis zum Prozessbeginn noch nicht verwunden: Trotz mehrfacher nervenärztlicher Behandlungstermine unternahm er einen Selbstmordversuch.

A Der Strafprozess

Welche Gesetze sind im Fall „Julian Berger" anzuwenden?

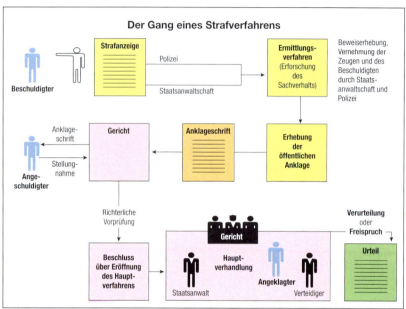

(Nach Schmidt Zahlenbild 129520)

Aus dem Strafgesetzbuch (StGB)

§ 223 Körperverletzung

(1) Wer eine andere Person körperlich misshandelt oder an der Gesundheit schädigt, wird mit Freiheitsstrafe bis zu fünf Jahren oder mit Geldstrafe bestraft.

§ 224 Gefährliche Körperverletzung

(1) Wer die Körperverletzung
1. durch Beibringung von Gift oder anderen gesundheitsschädlichen Stoffen,
2. mittels einer Waffe oder eines anderen gefährlichen Werkzeugs,
3. mittels eines hinterlistigen Überfalls,
4. mit einem anderen Beteiligten gemeinschaftlich,
5. mittels einer das Leben gefährdenden Behandlung begeht, wird mit Freiheitsstrafe von sechs Monaten bis zu zehn Jahren, in minder schweren Fällen mit Freiheitsstrafe von drei Monaten bis zu fünf Jahren bestraft.

Was war im Fall „Julian Berger" wichtig für die Urteilsfindung?

Der Angeklagte wuchs zusammen mit seinem 4 Jahre älteren Bruder Alexander im Haus seiner Eltern, der Lehrerin Anna Berger und des Architekten Joachim Berger, auf, wo er bis heute lebt. Trotz einer Hauptschulempfehlung wechselte er nach der Grundschule auf die Freiherr-vom-Stein-Realschule und zeigte dort bis zur 7. Klasse gute Leistungen. Ab der 8. Klasse verschlechterten sich seine Leistungen.
Alkohol trank der Angeklagte bis zur hier abgeurteilten Tat lediglich unregelmäßig und in geringen Mengen auf Partys mit Freunden. Im Alter von 15 Jahren kam der Angeklagte erstmals mit Cannabis in Kontakt, welches er bis zur Tat etwa 4- bis 5-mal monatlich konsumierte.

Der Angeklagte ist nicht vorbestraft. Er war zum Zeitpunkt der Taten 16 Jahre und 3 Monate alt und damit Jugendlicher im Sinne der §§ 1, 3 JGG. An seiner strafrechtlichen Verantwortungsreife bestehen nach dem persönlichen Eindruck keine Zweifel.
Gegen den Angeklagten war wegen der Schwere der Schuld gemäß § 17 JGG Jugendstrafe zu verhängen. Dabei war für das Gericht insbesondere die Schwere des durch die Tat angerichteten Schadens unter Berücksichtigung des Tatmotivs des Angeklagten maßgebend. Der Geschädigte hat dadurch nicht nur körperlich erhebliche Schäden davongetragen, sondern leidet bis heute an den psychischen Folgen der Tat.
Zugunsten des Angeklagten hat das Gericht berücksichtigt, dass dieser geständig war und die Tat zutiefst bereut. Erheblich zugunsten des Angeklagten ist auch ins Gewicht gefallen, dass nicht ausgeschlossen werden konnte, dass der Angeklagte zur Tatzeit im Zustand erheblich verminderter Schuldfähigkeit gemäß § 21 StGB gehandelt hat.

Das Gericht geht davon aus, dass der Angeklagte keine weiteren Straftaten begehen wird. Er arbeitet die Hintergründe seiner Tat in einer von ihm regelmäßig besuchten Therapie auf und führt auch einen Täter-Opfer-Ausgleich durch.
Seine Lebensverhältnisse haben sich sowohl in schulischer als auch in persönlicher Hinsicht stabilisiert. Insbesondere hat er aber auch seinen Alkohol- und Cannabiskonsum, welche wesentliche Auslöser der Tat waren, erheblich eingeschränkt.

Wie soll die Strafe für Julian ausfallen? – Zwei mögliche Urteile

Aus dem Plädoyer des Rechtsanwalts:
„... deshalb halte ich für Julian Berger eine Jugendstrafe von sechs Monaten auf Bewährung für angemessen."

Aus dem Plädoyer der Staatsanwältin:
„... deshalb fordere ich für Julian Berger eine Jugendstrafe von 12 Monaten ohne Bewährung."

Aus dem Jugendgerichtsgesetz
In der Fassung der Bekanntmachung vom 11.12.1974 (BGBl. I S. 3427)
Zuletzt geändert durch Gesetz vom 22.12.2006 (BGBl. I S. 3416) m.W.v. 31.12.2006

§ 1 Persönlicher und sachlicher Anwendungsbereich
(1) Dieses Gesetz gilt, wenn ein Jugendlicher oder ein Heranwachsender eine Verfehlung begeht, die nach den allgemeinen Vorschriften mit Strafe bedroht ist.
(2) Jugendlicher ist, wer zur Zeit der Tat vierzehn, aber noch nicht achtzehn, Heranwachsender, wer zur Zeit der Tat achtzehn, aber noch nicht einundzwanzig Jahre alt ist.

§ 3 Verantwortlichkeit
Ein Jugendlicher ist strafrechtlich verantwortlich, wenn er zur Zeit der Tat nach seiner sittlichen und geistigen Entwicklung reif genug ist, das Unrecht der Tat einzusehen und nach dieser Einsicht zu handeln. [...]

§ 5 Die Folgen der Jugendstraftat
(1) Aus Anlass der Straftat eines Jugendlichen können Erziehungsmaßregeln angeordnet werden.
(2) Die Straftat eines Jugendlichen wird mit Zuchtmitteln oder mit Jugendstrafe geahndet, wenn Erziehungsmaßregeln nicht ausreichen.
(3) Von Zuchtmitteln und Jugendstrafe wird abgesehen, wenn die Unterbringung in einem psychiatrischen Krankenhaus oder einer Erziehungsanstalt die Ahndung durch den Richter entbehrlich macht.

Die Jugendstrafe
§ 17 Form und Voraussetzungen
(1) Die Jugendstrafe ist Freiheitsentzug in einer Jugendstrafanstalt.
(2) Der Richter verhängt Jugendstrafe, wenn wegen der schädlichen Neigungen des Jugendlichen, die in der Tat hervorgetreten sind, Erziehungsmaßregeln oder Zuchtmittel zur Erziehung nicht ausreichen oder wenn wegen der Schwere der Schuld Strafe erforderlich ist.

§ 18 Dauer der Jugendstrafe
(1) Das Mindestmaß der Jugendstrafe beträgt sechs Monate, das Höchstmaß fünf Jahre. Handelt es sich bei der Tat um ein Verbrechen, für das nach dem allgemeinen Strafrecht eine Höchststrafe von mehr als zehn Jahren Freiheitsstrafe angedroht ist, so ist das Höchstmaß zehn Jahre. Die Strafrahmen des allgemeinen Strafrechts gelten nicht.
(2) Die Jugendstrafe ist so zu bemessen, dass die erforderliche erzieherische Einwirkung möglich ist.

Aussetzung der Jugendstrafe zur Bewährung
§ 21 Strafaussetzung
(1) Bei der Verurteilung zu einer Jugendstrafe von nicht mehr als einem Jahr setzt der Richter die Vollstreckung der Strafe zur Bewährung aus, wenn zu erwarten ist, dass der Jugendliche sich schon die Verurteilung zur Warnung dienen lassen und auch ohne die Einwirkung der Strafvollzugs unter der erzieherischen Einwirkung in der Bewährungszeit künftig einen rechtschaffenden Lebenswandel führen wird. [...]
(2) Der Richter setzt unter den Voraussetzungen des Absatzes 1 auch die Vollstreckung einer höheren Jugendstrafe, die zwei Jahre nicht übersteigt, zur Bewährung aus, wenn nicht die Vollstreckung im Hinblick auf die Entwicklung des Jugendlichen geboten ist. [...]

INFORMATION — lesen – bearbeiten – einprägen

Strafprozess

1. Für welche Jugendlichen ist das Jugendgericht zuständig?
2. Erkläre mithilfe des Schaubilds, wie sich ein Gericht zusammensetzt.
3. Erläutere, welche Möglichkeiten zur Strafe ein Jugendgericht hat.

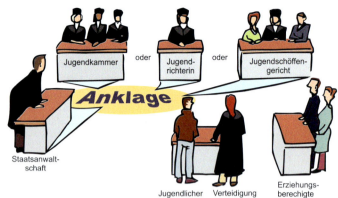

Was ist ein Strafprozess?
Ein Strafprozess ist ein Gerichtsverfahren. Es wird eingeleitet, wenn jemand unter begründetem Verdacht steht, eine Straftat begangen zu haben, also gegen Gesetze des Strafgesetzbuches verstoßen zu haben. Ankläger ist der Staat, der bei dem Prozess durch den Staatsanwalt vertreten ist.

Wer kann angeklagt werden?
Kinder und Jugendliche unter 14 Jahren sind nicht strafmündig, das heißt, sie können nicht vor Gericht gestellt werden. Jugendliche von 14 bis 18 Jahren können vor einem Jugendgericht angeklagt werden. Heranwachsende Straftäter können ebenfalls nach dem Jugendgerichtsgesetz verurteilt werden, wenn sie zum Tatzeitpunkt in ihrer Reife Jugendlichen nahestehen. Das entscheidet der Richter im Einzelfall.

Wer sind die Prozessbeteiligten?
Die Zusammensetzung des Gerichts hängt von der Schwere der Straftat ab: Bei einfacheren Straftaten besteht es aus einem Richter. Er leitet die Verhandlung und ist in seinen Entscheidungen nur an die geltenden Gesetze gebunden. Sonst ist er unabhängig. Ist die Straftat schwerwiegender, wird der Richter oder die Richterin von zwei ehrenamtlichen Schöffen unterstützt. Dabei haben sie die gleichen Rechte wie ein Richter. In besonders schweren Fällen, zum Beispiel bei Mord, besteht das Gericht aus drei Richtern und zwei Schöffen. Stellvertreter des Staates ist der Staatsanwalt. Die Interessen des Angeklagten vertritt ein Rechtsanwalt (Verteidiger).

Welche Strafen kann das Gericht aussprechen?
Je nach Schwere der Straftat kann das Gericht entweder eine Geldstrafe oder auch eine Gefängnisstrafe aussprechen. Ist zu erwarten, dass der Angeklagte künftig nicht mehr straffällig wird, wird das Gericht die Strafe zur Bewährung aussetzen. Das bedeutet, dass er zunächst nicht ins Gefängnis muss, sich aber über einen längeren Zeitraum einwandfrei zu verhalten hat und sich regelmäßig bei der Polizei melden muss. Begeht der Angeklagte in dieser Zeit eine Straftat, muss er seine Haftstrafe antreten. Bei einem Prozess vor dem Jugendgericht will man mit dem Urteil vor allem die Straftäter vor weiteren Straftaten bewahren und wieder auf den „richtigen Weg" bringen. Zunächst wird das Gericht daher prüfen, ob sogenannte Erziehungsmaßnahmen angebracht sind. So kann das Gericht zum Beispiel verfügen, dass der Jugendliche

- eine Lehrstelle oder eine Arbeitsstelle annehmen muss,
- bestimmte Gaststätten nicht mehr besuchen darf,
- gemeinnützige Arbeiten in einem Altenheim oder einer Jugendeinrichtung leisten muss,
- für einige Zeit in einem Heim oder in einer Pflegefamilie untergebracht wird.

Wenn eine besonders schwere Schuld vorliegt, wird eine Jugendstrafe verhängt. Das bedeutet eine Freiheitsstrafe von mindestens sechs Monaten bis höchstens zehn Jahren.

Berufung – Revision
Wenn Angeklagte ein Urteil als ungerecht empfinden, haben sie die Möglichkeit, Berufung einzulegen. Das bedeutet, dass der Fall noch einmal, und zwar vor einem höheren Gericht verhandelt wird. Wenn sie allerdings auch in dieser Instanz unterliegen, müssen sie die Kosten für das gesamte Rechtsverfahren übernehmen. Wenn vermutet wird, dass bei der Verhandlung oder im Urteil Form- oder Verfahrensfehler vorgekommen sind, bleibt ihnen auch die Möglichkeit, in die Revision zu gehen. Der Fall wird dann noch einmal überprüft, aber nicht mehr grundsätzlich neu aufgerollt.

METHODENKARTE 12

Gesetzestexte lesen und verstehen

Thema: Der Fall Julian Berger

Worum geht es?

Gesetzestexte sind eine besondere Textart. Auf den ersten Blick wirken sie oft unverständlich. Das liegt daran, dass sie in einer besonderen Sprache verfasst sind: Sie sind sehr allgemein formuliert, sodass sie für eine möglichst große Zahl von Fällen zutreffen. Auch kommen häufig Wörter darin vor, die wir im Alltag nur sehr selten verwenden oder auch in einem ganz anderen Zusammenhang. Doch wenn man sich mit rechtlichen Problemen befasst, ist es unerlässlich, dass man gesetzliche Bestimmungen versteht und anwenden kann.

Wie macht man das?

Erster Schritt: Du klärst, was du erfahren möchtest

Wenn man einen Gesetzestext oder einen anderen juristischen Text liest, möchte man in der Regel etwas Spezielles wissen, z. B. „Darf ich als nicht Volljährige/r einen Vertrag abschließen?" Manchmal möchte man sich auch einen Gesamtüberblick über ein Gesetz verschaffen. Dann fragt man sich, was eigentlich in dem Text geregelt wird, z. B. „Was steht im Bürgerlichen Gesetzbuch über die Rechte eines Wohnungsmieters?" Beantworte – je nach Leseauftrag – vor dem Lesen mindestens eine der beiden Fragen:
a) Was möchte ich gerne wissen?
b) Was ist in diesem Gesetz oder Dokument insgesamt geregelt?

Zweiter Schritt: Du notierst nach dem ersten Lesen, was du schon verstanden hast

Auch wenn man vieles nicht beim ersten Lesen versteht, ein wenig versteht man immer. Das solltest du notieren, bevor du weiterarbeitest.

Dritter Schritt: Du klärst die Bedeutung der gefundenen Schlüsselbegriffe

Beim zweiten Lesen musst du Wort für Wort vorgehen, weil du davon ausgehen kannst, dass in diesen Texten jedes Wort wohlüberlegt wurde, bevor man es verwendet hat. Einzelne Wörter, wie zum Beispiel „Geschäftsfähigkeit", „Minderjähriger" usw. haben eine herausragende Bedeutung. Suche nach solchen Wörtern, notiere sie und kläre ihre Bedeutung.

Vierter Schritt: Du übersetzt den Text in eine Sprache, die du und andere verstehen können

Mache es wie bei einem fremdsprachigen Text. Übersetze ihn in eine allgemein verständliche Sprache, am besten laut und gegenüber einer anderen Person: „Ich erkläre dir jetzt, was der Taschengeldparagraph darüber aussagt, ob du dir als 16-Jähriger ein Motorrad kaufen darfst ..." Wenn du das schaffst, hast du auch den schwierigen juristischen Text verstanden.

Fünfter Schritt: Du wendest den Text auf einen Fall an

Prüfe für jede einzelne Bestimmung, ob sie auf das Fallbeispiel zutrifft. Was sagt das Gesetz über den speziellen Fall aus?

Beispiel: § 223 Strafgesetzbuch
„Wer eine andere Person körperlich misshandelt ..."
Julian hat durch den Messerstich Andreas Kollmann körperlich misshandelt.
„... wird mit einer Freiheitsstrafe bis zu fünf Jahren oder mit Geldstrafe bestraft."
Für Julian kommt also sowohl eine Geldstrafe als auch eine Freiheitsstrafe infrage.

B Der Zivilprozess

Der Fall „Julian Berger" ist mit dem Urteil im Strafprozess noch nicht abgeschlossen. Andreas Kollmann, das Opfer von Julians Angriff, hatte unter den Folgen der Tat noch lange zu leiden. Als Schmerzensgeld haben ihm Julians Eltern bereits einen Betrag von 6000 Euro überwiesen. Doch der Betrag erscheint ihm angesichts seiner körperlichen und psychischen Leiden als viel zu niedrig. Deshalb wendet er sich an einen Rechtsanwalt. Dieser rät ihm, eine Zivilklage einzureichen. Nach den Angaben seines Mandanten setzt er eine Klageschrift auf. Es kommt zu einem zweiten Prozess, dieses Mal vor dem Zivilgericht.

Welche Gesetze sind im Fall Julian Berger anzuwenden?

Was ist für die Urteilsfindung wichtig?

Der Beklagte räumt seine Tat und deren Folgen in vollem Umfang ein. Bei der Bemessung des Schmerzensgelds fallen neben der eigentlichen schweren Körperverletzung, die offenbar komplikationslos ausgeheilt war, und dem Aufenthalt in der Intensivstation besonders die während der Tat bis zum Abschluss der lebensrettenden Operation herrschende Todesangst des Klägers sowie die aufgrund der Tat eingetretenen psychischen Folgen ins Gewicht. Es ist ohne Weiteres leicht nachvollziehbar, dass der Kläger bis zum Beginn der Operation damit rechnete, den Angriff nicht zu überleben, zumal sich sein Zustand ständig verschlechterte. Außerdem schildert der Kläger den Verlust eines Großteils seiner Lebensfreude, wobei er allerdings seinen Lebenswandel vor der Tat nicht beschreibt. Erhebliche Beeinträchti-

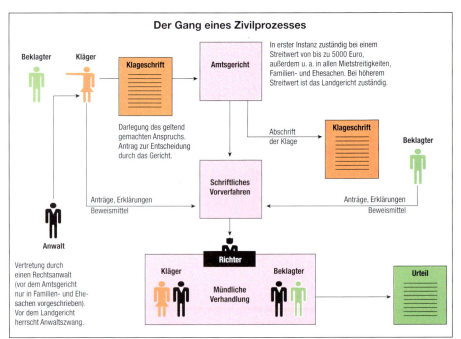

(Nach Schmidt Zahlenbild 129610)

gungen gehen außerdem mit den Depressionen einher. Andererseits kann bei der Schmerzensgeldbemessung das Verhalten des Beklagten in der Zeit nach der Tat nicht völlig außer Acht gelassen werden. Der Beklagte hat sich seiner Verantwortung nicht entzogen und bereits eine Schmerzensgeldleistung von immerhin 6000 Euro erbracht, was jedoch auf die finanziellen Anstrengungen seiner Eltern zurückzuführen ist.

Dem Kläger ist infolge der Tat ein erheblicher Teil seiner Lebensqualität und -freude genommen. Der Vorfall hat ihn fast mehr psychisch als körperlich betroffen. Er hat nunmehr Angst, sich auf größere Feierlichkeiten zu begeben, und meidet es, sich überhaupt unter Menschen zu mischen. Er hat keine Lust mehr auf die Ausübung früherer Hobbys und Teilnahme an Aktivitäten.

Inzwischen hat er sich in nervenärztliche Behandlung begeben, bei der eine Depression mit Selbstmordgefahr diagnostiziert wurde.

Der Beklagte verweist darauf, dass der Kläger bereits 6000 Euro Schmerzensgeld für die Verletzungen, die Todesgefahr und die Einbuße an Lebensfreude erhalten hat. Zum Tatzeitpunkt war er nach einem psychiatrischen Gutachten wahrscheinlich nur eingeschränkt in der Lage, sein Verhalten zu steuern. Berücksichtigt werden muss auch, dass der Beklagte seine Tat voll eingestanden hat und in einem Strafprozess bereits zu einer Jugendstrafe verurteilt wurde. Zudem hat sich das Leben des Beklagten aufgrund der Tat grundlegend verändert: Er hat die Schule gewechselt und seinen Freundeskreis verloren.

Wie könnte das Urteil im Fall „Julian Berger" ausfallen? – Zwei mögliche Urteile

Aus der Klageschrift:

Der Kläger beantragt, den Beklagten Julian Berger zu verurteilen, dem Kläger ein Schmerzensgeld von 10000 Euro zu zahlen, abzüglich der bereits gezahlten 6000 Euro. Die Kosten des Verfahrens trägt der Beklagte.

Aus der Erwiderung des Beklagten:

Der Beklagte beantragt, die Klage abzuweisen.

Aus dem Bürgerlichen Gesetzbuch
In der Fassung der Bekanntmachung vom 2.1.2002 (BGBl. I S. 42, ber. S 2909, 2003 S. 738)
Zuletzt geändert durch Gesetz vom 22.12.2006 (BGBl. I S. 3416) m.W.v. 31.12.2006

§ 249 Art und Umfang des Schadensersatzes

(1) Wer zum Schadensersatz verpflichtet ist, hat den Zustand herzustellen, der bestehen würde, wenn der zum Ersatz verpflichtende Umstand nicht eingetreten wäre.

(2) Ist wegen Verletzung einer Person oder wegen Beschädigung einer Sache Schadensersatz zu leisten, so kann der Gläubiger statt der Herstellung den dazu erforderlichen Geldbetrag verlangen. Bei der Beschädigung einer Sache schließt der nach Satz 1 erforderliche Geldbetrag die Umsatzsteuer nur mit ein, wenn und soweit sie tatsächlich angefallen ist.

§ 250 Schadensersatz in Geld nach Fristsetzung

Der Gläubiger kann dem Ersatzpflichtigen zur Herstellung eine angemessene Frist mit der Erklärung bestimmen, dass er die Herstellung nach dem Ablauf der Frist ablehne. [...]

§ 253 Immaterieller Schaden
[...]

(2) Ist wegen einer Verletzung des Körpers, der Gesundheit, der Freiheit oder der sexuellen Selbstbestimmung Schadensersatz zu leisten, kann auch wegen des Schadens, der nicht Vermögensschaden ist, eine billige[1] Entschädigung in Geld gefordert werden.

§ 823 Schadensersatzpflicht

(1) Wer vorsätzlich oder fahrlässig das Leben, den Körper, die Gesundheit, die Freiheit, das Eigentum oder ein sonstiges Recht eines anderen widerrechtlich verletzt, ist dem anderen zum Ersatz des daraus entstehenden Schadens verpflichtet.
[...]

---

[1] „billig" ist hier im Sinne von „angemessen" zu verstehen

INFORMATION lesen – bearbeiten – einprägen

Zivilprozess

1. Wer erhebt im Zivilprozess Klage? Warum gibt es im Zivilprozess keine Strafe?
2. Erkläre den Unterschied zwischen Berufung und Revision.
3. Seit vielen Jahren sind besonders die Zivilgerichte stark überlastet. Sollten die Möglichkeiten, sein Recht vor Gericht einzuklagen, eingeschränkt werden? Diskutiert darüber in der Klasse.

Was ist ein Zivilprozess?
Der Zivilprozess ist ein Gerichtsverfahren, in dem Rechtsstreitigkeiten unter Bürgern verhandelt werden. Jeder, der sich in seinen Rechten verletzt sieht und sich mit seinem Gegenüber auf andere Weise nicht einigen kann, kann eine Klage bei Gericht einreichen. Meistens stützt sich eine solche Klage auf Bestimmungen im Bürgerlichen Gesetzbuch. Diese regeln die rechtlichen Beziehungen zwischen Privatpersonen. Weitaus die meisten Rechtsfälle werden vor einem Zivilgericht verhandelt.

Wer sind die Prozessbeteiligten?
In einem Zivilprozess treffen Kläger und Beklagte aufeinander. Dabei werden sie meistens von Rechtsanwälten vertreten, die jeweils die Interessen ihrer Mandanten wahrnehmen. Bereits vor dem Prozess formuliert der Rechtsanwalt des Klägers die Klageschrift, in der die Forderungen des Klägers begründet werden. Der gegnerische Rechtsanwalt formuliert dann eine Erwiderung. Bei dem Gerichtstermin tragen die Anwälte wichtige Tatsachen und Argumente vor, die die Grundlage für die Entscheidung des Richters bilden. Geleitet wird die Verhandlung von einem Richter. Er spricht auch das Urteil aus. Dabei muss er sich an die Gesetze halten.

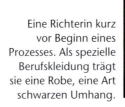

Eine Richterin kurz vor Beginn eines Prozesses. Als spezielle Berufskleidung trägt sie eine Robe, eine Art schwarzen Umhang.

Wie kann das Urteil aussehen?
Das Verfahren kann entweder in einem Vergleich enden, auf den sich die Parteien vor Gericht einigen, oder in einem Urteil: Der Richter weist zum Beispiel die Klage ab oder gibt ihr teilweise oder vollständig statt. In diesem Fall muss der Beklagte die Forderung des Klägers erfüllen. Eine Strafe kann ein Zivilgericht nicht aussprechen.

Vor welchem Gericht wird verhandelt?
In Zivilsachen ist das Amtsgericht zuständig für Gegenstände von bis zu 5 000 Euro. Liegt der Streitwert höher, wird der Fall vor einem Landgericht verhandelt.

Berufung – Revision
Wenn Beklagten eine zu zahlende Summe als zu hoch erscheint, haben sie die Möglichkeit, Berufung einzulegen. Das bedeutet, dass der Fall noch einmal, und zwar vor einem höheren Gericht verhandelt wird. Wenn sie allerdings auch in dieser Instanz unterliegen, müssen sie die Kosten für das gesamte Rechtsverfahren übernehmen. Wenn vermutet wird, dass bei der Verhandlung oder im Urteil Form- oder Verfahrensfehler vorgekommen sind, bleibt ihnen auch die Möglichkeit, in die Revision zu gehen. Der Fall wird dann noch einmal überprüft, aber nicht mehr grundsätzlich neu aufgerollt.

TRAININGSPLATZ
Trainingsplatz

Strafprozess und Zivilprozess

Wir entwerfen ein Tafelbild

Welche der folgenden Aussagen trifft auf den Strafprozess zu und welche auf den Zivilprozess?
Gestaltet aus den 10 Aussagen ein möglichst übersichtlich gegliedertes Tafelbild, bei dem auch die jeweils passenden Sätze nebeneinanderstehen. Welche Partner finden die beste Lösung?

Es gibt zwei Arten von Prozessen	
Der Strafprozess	**Der Zivilprozess**
Vor Gericht wird ein Konflikt zwischen zwei Privatpersonen ausgetragen.	Hier vertritt ein Staatsanwalt die Interessen des Staates (der öffentlichen Ordnung).
Es ist ein freiwilliger Prozess.	Es wird keine Strafe ausgesprochen, sondern es geht um die Wiedergutmachung eines Schadens.
	Es ist ein Streit zwischen der staatlichen Ordnung und dem Angeklagten.
	Bei ausreichenden Verdachtsmomenten ist die Anklage Pflicht.
Ankläger und Angeklagter stehen sich gegenüber.	Zwei Privatpersonen (Kläger und Beklagter) stehen sich gegenüber.
Hier braucht man keinen Staatsanwalt.	Es geht um die Feststellung einer Schuld. Entweder wird eine Strafe verhängt oder der Angeklagte freigesprochen.

5. Strafe ist nicht alles – Wie kann man jugendliche Straftäter von weiteren Straftaten abhalten?

Auf den vorhergehenden Seiten habt ihr euch mit dem Fall „Julian Berger" befasst und auch entschieden, wie er eurer Meinung nach bestraft werden soll. Wenn ein Gericht eine Strafe verhängt, so will es damit verschiedene Ziele erreichen. Überlegt, welche Ziele in Julians Fall wohl im Vordergrund standen.

Abschreckung: Die Strafe soll den Täter, aber auch andere Menschen davor abschrecken, weitere Straftaten zu begehen.
Vergeltung: Jeder, der einem anderen ein Leid zugefügt hat, soll dafür büßen – schon aus Gründen der Gerechtigkeit.
Sühne: Dem Täter soll durch die Strafe bewusst werden, welchen Schaden er dem Opfer zugefügt hat. Erst dann wird er Reue zeigen und sich gesetzestreu verhalten.
Verhütung weiterer Straftaten (Prävention): Strafe soll verhindern, dass der Täter noch einmal eine Straftat begeht. Sie soll dem Täter ermöglichen, sich wieder in die Gesellschaft einzugliedern und ein normales Leben zu führen. Wenn der Täter besonders gefährlich ist, muss die Gesellschaft vor ihm geschützt werden.

In vielen Fällen reicht eine Jugendstrafe oder sogar eine Gefängnisstrafe nicht aus, um weitere Straftaten zu verhindern. Ca. 60 Prozent aller jugendlichen Straftäter werden nach einem Gefängnisaufenthalt wieder straffällig. Wie kann man verhindern, dass jugendliche Straftäter rückfällig werden? Zwei Möglichkeiten lernt ihr in den folgenden Texten kennen.

In Arizona (USA) müssen jugendliche Gefangene während ihrer Haft Fußfesseln tragen. In Deutschland ist das nicht erlaubt.

A Täter-Opfer-Ausgleich

Im Büro des Trierer Vereins „Handschlag" [...] treffen sich Menschen, die normalerweise auf streng entgegengesetzten Seiten zu finden sind: Straftäter und ihre Opfer. [...] Im Strafprozess komme es selten zu einer echten Begegnung von Opfer und Täter, sagt die Diplompsychologin Rita Alexas. [...] Beim Täter-Opfer-Ausgleich ist das anders. Von der förmlichen Entschuldigung über ein gemeinsames Gespräch oder eine praktische „Ausgleichsleistung" bis hin zu Schmerzensgeld für das Opfer ist alles möglich. Nicht immer kommt es dabei zum direkten Kontakt. Manche Opfer nehmen eine Entschuldigung oder eine Entschädigung dankend an, scheuen aber vor einem Gespräch zurück. Bei anderen ist es genau umgekehrt. Sie wollen keine materielle Leistung, suchen aber das Gespräch, „um ihrem Unmut Luft zu machen und dem Täter zeigen zu können, was er angerichtet hat".

Die Mitarbeiter des Trierer Vereins „Handschlag" nehmen vorher Kontakt auf und fragen, ob und in welcher Form ein Täter-Opfer-Ausgleich erwünscht ist. Dabei ist die Rentnerin, die „ihren" Dieb zum Straßenfegen vor der Haustür bittet, ebenso schon vorgekommen wie der ehemalige KZ-Häftling, der mit einem jugendlichen Nazi-Parolenschmierer einfach nur reden wollte. Der junge Mann sei nach dem Gespräch „sichtlich beeindruckt nach Hause gegangen", erinnert sich Rita Alexas. Ein Erfolgserlebnis für die Konfliktschlichter. [...]
Erkennt der Täter seine Schuld an und zeigt tätige Reue, bleibt ihm bei kleineren Delikten meist das Gerichtsverfahren und eine mögliche Vorstrafe erspart. Kommt es trotzdem zur Hauptverhandlung, kann sich seine Bereitschaft zumindest strafmildernd auswirken.

(Nach: Dieter Lintz, Rechtsfrieden auch ohne Richter, in: Trierischer Volksfreund vom 28.07.05)

B Erziehung: Anti-Gewalt-Training

Als Michael 16 Jahre alt war, fing sein Abstieg an. [...] Michael fing an „zu gammeln", wie er das nennt – mit seinen neuen Freunden aus der rechten Szene. [...] Es gab Zeiten, da hat er jedes zweite Wochenende auf der Polizei-Wache verbracht. Heute sitzt er im Gefängnis. [...]

Viermal wurde er festgenommen, das letzte Mal wegen schwerer Körperverletzung. Seine Opfer schlug er krankenhausreif, mit Fäusten und Springerstiefeln. Im Gefängnis nahm er dann an einem Projekt teil, dem Projekt „Präventive Arbeit mit rechtsextremistisch beeinflussten Jugendlichen im Strafvollzug". Hinter dem sperrigen Namen verbirgt sich ein ungewöhnlicher Versuch: Jugendliche im Knast mit politischer Arbeit zu erreichen und sie von ihrer Gewalttätigkeit abzubringen. [...] In einer Gruppe von acht Häftlingen begann er, sich mit seinen Taten auseinanderzusetzen. Die Kursleiter (zwei Sozialarbeiter) hoffen, den jungen Männern ihre eigene Verantwortlichkeit klarzumachen. Für ihre Taten, für ihr Leben. Sie sollen über sich nachdenken, darüber reden – und die Gruppe hört dabei zu. Für viele Jugendliche eine ganz neue Erfahrung. Auch Michael hat nachgedacht. Auf dem „falschen Weg" sei er gewesen, sagt Michael heute – doch ob er es auf die lange Sicht schaffen wird, nicht mehr zu prügeln, weiß er nicht. Da gibt es immer noch die alten Kumpels, da gibt es immer noch den Alkohol.

(Aus: Susanne Sitzler, Gegen den Hass, in: Jenseits der Unschuld, fluter, hrsg. von der Bundeszentrale für politische Bildung, 09/03, S. 23)

1. Beschreibt die Maßnahmen, die beim Täter-Opfer-Ausgleich und beim Anti-Gewalt-Training ergriffen werden.

2. Wie reagieren die Täter darauf?

3. Wie schätzt ihr die Erfolgschancen der Projekte ein?

6. Wie wird die Durchsetzung der Menschenrechte in Deutschland gesichert?

Das deutsche Grundgesetz beginnt mit einer Auflistung der Menschenrechte, auf die jeder deutsche Bürger einen Rechtsanspruch hat. Die meisten dieser Rechte gelten sogar für alle Menschen, die sich in Deutschland aufhalten. Die Menschenrechte, die in der Verfassung schriftlich garantiert sind, werden als Grundrechte bezeichnet. Mithilfe der folgenden Beispiele könnt ihr herausfinden, wie der Staat ihre Durchsetzung gewährleistet.

Fall 1: Polizist droht mit Folter

Am 27. September 2002 lockte der 27 Jahre alte Jurastudent Markus Gäffgen den 11-jährigen Bankierssohn Jakob von Metzler unter einem Vorwand in seine Wohnung und hielt ihn dort fest. Seine Lösegeldforderung von einer Million Euro zahlt die Familie in der Hoffnung, dass ihr Sohn bald freigelassen werde. Wenige Tage später wurde Markus Gäffgen festgenommen. Während der stundenlangen Verhöre weigerte er sich hartnäckig, den Aufenthaltsort von Jakob zu benennen. Da die Polizei um das Leben des Kindes fürchtete, griff der Frankfurter Polizei-Vizepräsident Roland Daschner verzweifelt zum äußersten Mittel. Er drohte dem Verdächtigen große Schmerzen an, wenn er den Aufenthaltsort des Kindes nicht preisgebe. Erst nach dieser Gewaltandrohung gestand Gäffgen, dass der 11-Jährige tot sei, und führte die Polizei an den Fundort der Leiche. Später stellte sich heraus, dass er den Jungen bereits am 27. September erdrosselte. Mit der Androhung von Gewalt verstieß Roland Daschner gegen das Folterverbot in Artikel 104 des Grundgesetzes. Doch rechtfertigte er sein Vorgehen mit der akuten Lebensgefahr für das Kind. Er forderte, dass es in extremen Notsituationen erlaubt sein müsse, Folter anzudrohen. Damit löste er eine breite Diskussion in der Öffentlichkeit aus. Roland Daschner wurde wegen seines Verhaltens vom Dienst suspendiert und zu einer Geldstrafe verurteilt.

Fall 2: Kruzifixe in bayerischen Schulzimmern?

In jahrelangen Prozessen kämpfte eine bayerische Familie aus Reuting vor Gericht darum, dass die Kruzifixe aus den Klassenzimmern ihrer Kinder entfernt werden sollten. Sie beriefen sich darauf, dass das Anbringen von Kreuzen in staatlichen Schulen gegen die im Grundgesetz garantierte Religionsfreiheit (Artikel 4) verstoße und damit grundgesetzwidrig sei. Zu diesem Zeitpunkt schrieb die Schulordnung Bayerns für Volksschulen vor, dass in jedem Klassenzimmer ein Kreuz hängen müsse.

Erst ein Urteil des Bundesverfassungsgerichts brachte Klarheit. Mit einer Mehrheit entschieden die Verfassungsrichter, dass sich der Staat in religiösen Fragen grundsätzlich neutral gegenüber unterschiedlichen Religionen verhalten müsse und die Schüler deshalb nicht gezwungen werden könnten, „unter dem Kreuz zu lernen".

Seit 1995 dürfen in bayerischen Klassenzimmern nur dann Kruzifixe hän-

Markus Gäffgen wurde zu einer lebenslangen Freiheitsstrafe verurteilt.

gen, wenn Eltern, Lehrer und Schüler damit einverstanden sind.

Grundschulkinder blicken täglich auf den Gekreuzigten. Wurde hier ein Grundrecht verletzt?

Fall 3: Bundesnachrichtendienst bespitzelt Journalisten

Zwischen 1996 und 2005 bespitzelte der Bundesnachrichtendienst (BND) zahlreiche Journalisten und beschattete einige selbst in ihrer Freizeit. Er verstieß damit gegen die Pressefreiheit, die in Artikel 5 des Grundgesetzes garantiert wird. Ausgelöst wurde die Affäre 2005, als bekannt wurde, dass der Buchautor Erich Schmidt-Esenboom jahrelang wegen seiner kritischen Berichte über den BND beobachtet wurde. Für die Kontrolle der Geheimdienste ist das Parlamentarische Kontrollgremium zuständig. Es setzt sich aus Abgeordneten der im Bundestag vertretenen Parteien zusammen. Zunächst glaubte man noch an einen Einzelfall. Die Mitglieder des Parlamentarischen Kontrollgremiums beauftragten jedoch den ehemaligen Richter Gerhard Schäfer, als Sonderermittler die Praktiken des Bundesnachrichtendiensts zu untersuchen. Sein Bericht brachte neue, alarmierende Verstöße gegen die Pressefreiheit zutage. Danach bespitzelte der Nachrichtendienst über viele Jahre hinweg systematisch Reporter des Spiegel, des Focus und der Süddeutschen Zeitung, um herauszubekommen, ob Mitarbeiter des Nachrichtendiensts geheime Informationen über die Arbeit des BND an die Presse weiterleiteten. Nachdem der Bericht des Sonderermittlers in der Öffentlichkeit große Empörung ausgelöst hatte, gestand der BND Fehler ein und verbot seinen Mitarbeitern, künftig Journalisten als Informanten zu nutzen. Zudem sollen die Kompetenzen des Parlamentarischen Kontrollgremiums erweitert werden und damit die Kontrolle des Bundesnachrichtendiensts verstärkt werden.

Aus dem Grundgesetz

Artikel 1

(1) Die Würde des Menschen ist unantastbar. Sie zu achten und zu schützen ist Verpflichtung aller staatlichen Gewalt.

Artikel 2

(2) Jeder hat das Recht auf Leben und körperliche Unversehrtheit. Die Freiheit der Person ist unverletzlich. In diese Rechte darf nur aufgrund eines Gesetzes eingegriffen werden.

Artikel 4

(1) Die Freiheit des Glaubens, des Gewissens und die Freiheit des religiösen und weltanschaulichen Bekenntnisses sind unverletzlich.
(2) Die ungestörte Religionsausübung wird gewährleistet.

Artikel 5

(1) Jeder hat das Recht, seine Meinung in Wort, Schrift und Bild frei zu äußern und zu verbreiten und sich aus allgemein zugänglichen Quellen ungehindert zu unterrichten. Die Pressefreiheit und die Freiheit der Berichterstattung durch Rundfunk und Film werden gewährleistet. Eine Zensur findet nicht statt.

Artikel 104

(1) [...] Festgehaltene Personen dürfen weder seelisch noch körperlich misshandelt werden.

1. Bei der Untersuchung der Fälle könnt ihr arbeitsteilig vorgehen. Dabei könnt ihr euch an folgenden Fragen orientieren:
• Wer sind die Beteiligten?
• Was ist vorgefallen?
• Welche Grundrechte wurden verletzt?
• Welche Folgen hatten die Verstöße?

2. Wie bewertet ihr die Reaktion der staatlichen Organe auf die Grundrechtsverletzungen? Haltet ihr sie für angemessen? Diskutiert darüber in der Klasse.

INFORMATION lesen – bearbeiten – einprägen

Menschenrechte – Grundrechte

1. Was unterscheidet Menschenrechte und Grundrechte? Was haben sie gemeinsam?
2. Was können Bürger unternehmen, wenn sie sich in ihren Grundrechten verletzt fühlen?
3. Erkläre, was man unter dem „Recht auf informationelle Selbstbestimmung" versteht.

Menschenrechte

Die **Menschenrechte** stehen jedem Menschen von Geburt an zu. Dazu gehören unter anderem das Recht auf Leben, auf Freiheit und körperliche Unversehrtheit, das Recht auf Glaubens- und Meinungsfreiheit, die Gleichheit vor dem Gesetz sowie die Gleichberechtigung zwischen Mann und Frau. Persönliche Freiheit bedeutet, dass jeder Mensch arbeiten und leben kann, wo und wie er will. Körperliche Unversehrtheit bedeutet, dass Menschen von staatlichen Organen nicht geschlagen oder gefoltert werden dürfen.

Kein Mensch und auch keine Regierung dürfen einem Menschen diese Rechte absprechen. Sie sollen die Würde des Menschen schützen. Die Verfassungen vieler Staaten sichern ihren Bürgern die Menschenrechte zu. Trotzdem kommt es weltweit sehr häufig zu Menschenrechtsverletzungen.

Als **Grundrechte** werden Menschen- und Bürgerrechte bezeichnet, die jedem Bürger in Deutschland im Grundgesetz zugesichert sind. Das Grundgesetz ist die Verfassung der Bundesrepublik Deutschland. Es bestimmt unter anderem, welche Rechte jeder Bürger hat und welche Aufgaben und Befugnisse Regierung und Parlament haben.

Die meisten Grundrechte stehen allen Menschen, die in Deutschland leben, zu. Einige dieser Rechte stehen jedoch nur deutschen Bürgern zu. Das ist zum Beispiel das Recht, sich überall und ohne Anmeldung zu versammeln und zu demonstrieren, oder das Recht auf freie Berufswahl.

Die Grundrechte im Grundgesetz

Die Grundrechte schützen jeden einzelnen Menschen gegen Angriffe und Übergriffe der Staatsgewalt. Regierung, Parlament und alle Behörden sind in allen Handlungen und Entscheidungen an die Grundrechte gebunden.

Mit einer Verfassungsbeschwerde kann sich jeder Bürger an das **Bundesverfassungsgericht** wenden, wenn er glaubt durch einen Übergriff des Staates in seinen Grundrechten verletzt zu werden. Zuvor muss der Fall allerdings in allen zuständigen Gerichtsinstanzen behandelt worden sein. Das Bundesverfassungsgericht wacht über die Einhaltung der Grundrechte und der anderen Bestimmungen des Grundgesetzes. Daher wird es auch als „Hüter der Verfassung" bezeichnet. Das Bundesverfassungsgericht kann auch angerufen werden, wenn strittig ist, ob ein Gesetz den Regelungen im Grundgesetz entspricht.

Recht auf informationelle Selbstbestimmung

In unserer computerisierten Gesellschaft ist der rechtliche Schutz vor Datenmissbrauch zu einem immer wichtigeren Freiheitsrecht des Einzelnen geworden. Das hat auch das Bundesverfassungsgericht in seinem Urteil von 1983 so entschieden: Alle Bürgerinnen und Bürger haben das Recht, selbst zu entscheiden, welche persönlichen Daten sie wem zur Verfügung stellen. Das Bundesverfassungsgericht bezeichnet dies als Recht auf informationelle Selbstbestimmung. Weil es für die Lebensgestaltung und für die Freiheit und Unabhängigkeit jedes Menschen von höchster Bedeutung ist, hat das oberste deutsche Gericht diesem Recht den Rang eines Grundgesetzes zuerkannt.

Um den Datenschutz zu gewährleisten, gibt es ein Bundesdatenschutzgesetz. Darin lautet der erste Satz: „Zweck dieses Gesetzes ist es, den Einzelnen davor zu schützen, dass er durch den Umgang mit seinen personenbezogenen Daten in seinem Persönlichkeitsrecht beeinträchtigt wird." Die Länder haben eigene Datenschutzgesetze erlassen. Sie legen fest, dass eine staatliche Stelle nur solche Daten speichern darf, die zur Erfüllung einer Aufgabe unbedingt erforderlich sind. Jeder Bürger hat ein Auskunftsrecht, wo welche Daten über ihn gespeichert sind. Er kann verlangen, dass unrichtige Angaben über seine Person sofort gelöscht werden. Die Einhaltung der Datenschutzgesetze kontrollieren der Bundesbeauftragte für Datenschutz und die Datenschutzbeauftragten der Länder. Seit 2002 kann ein von Datenmissbrauch betroffener Bürger bis zu 130 000 Euro Schadensersatz einklagen.

TRAININGSPLATZ
Trainingsplatz

Menschenrechte – Menschenpflichten

Wir formulieren Regeln zur gegenseitigen Achtung von Menschenwürde

Jeder Mensch hat einen Anspruch auf Schutz seiner Menschenrechte. Es genügt aber nicht, dass wir diese Rechte nur für uns selbst beanspruchen. Wir müssen sie auch allen anderen Menschen zugestehen. Wer zum Beispiel für sich das Recht auf eine eigene Meinung beansprucht, übernimmt zugleich die Pflicht, auch andere Meinungen zu respektieren. Aus jedem individuellen Recht erwächst so auch eine allgemeine Verpflichtung.

- Notiert, welche Menschenpflichten sich aus den folgenden Menschenrechten ergeben.
- Ihr könnt daraus einen Katalog der Menschenpflichten erstellen, den ihr in der Klasse oder als Plakat im Schulgebäude zur Diskussion stellt.

Das sind unsere Rechte:	Daraus ergeben sich folgende Pflichten:
Ich habe das Recht ...	**Ich habe die Pflicht ...**
1. ... auf Leben und körperliche Unversehrtheit. (Artikel 2 des Grundgesetzes)	1. ..., die körperliche Unversehrtheit bei anderen zu achten und keine Gewalt anzuwenden.
2. ... auf die freie Entfaltung einer Persönlichkeit. (Artikel 2)	2. ...
3. ... auf Gleichberechtigung, egal, ob ich ein Mädchen oder ein Junge bin. (Artikel 3)	3. ...
4. ... auf die ungestörte Ausübung meiner Religion. (Artikel 4)	4. ...
5. ..., meine Meinung frei zu äußern. (Artikel 5)	5. ...
6. ..., an einer friedlichen Versammlung oder Demonstration unter freiem Himmel teilzunehmen. (Artikel 8)	6. ...
7. ..., mich in einem Verein meiner Wahl anzumelden (evtl. mit Zustimmung meiner Eltern). (Artikel 9)	7. ...
8. ..., Eigentum zu besitzen, das mir niemand wegnehmen darf. (Artikel 14)	8.

Im Original

Zur Situation der Menschenrechte in anderen Staaten
Beispiel Nigeria

Jedes Jahr veröffentlicht die Menschenrechtsorganisation amnesty international einen Bericht, in dem sie die Situation der Menschenrechte in fast allen Staaten der Welt, darunter auch Deutschland, darstellt. Der folgende Text ist dem Jahresbericht von 2006 entnommen und informiert über die Lage in Nigeria. Welche Menschenrechte werden in diesem Land verletzt?

Nigeria

Einwohner: 136.461 000 (2006)
Bevölkerung: 434 Ethnien (Völker)
Religion: 45% Muslime
49% Christen

Todesstrafe

Hinrichtungen fanden im Berichtsjahr nicht statt, doch verhängten Scharia-Gerichte im Norden Nigerias mindestens vier Todesurteile. [...] Im Juni wurden im Bundesstaat Katsina in Nordnigeria zwei Männer wegen „Unzucht" festgenommen und unter Anklage gestellt. Im Falle eines Schuldspruchs wären sie zu Tode gesteinigt worden, doch sprach am 6. Dezember ein Scharia-Gericht die beiden Männer mangels Beweisen frei. [...] Im März äußerte sich der UN-Sonderberichterstatter über Religions- und Meinungsfreiheit während einer Ermittlungsmission in Nigeria besorgt über die Einführung eines auf einer Religion basierenden Rechtssystems und religiös begründeter gesetzlicher Bestimmungen, die die Todesstrafe zwingend vorschreiben.

Öl, Unrecht und Gewalt

Die [...] Förderung von Öl führte in der Region Nigerdelta zur Verwüstung ganzer Landstriche und hatte Unrecht und Gewalt zur Folge. [...] Sicherheitskräfte konnten ungestraft Dörfer zerstören und Menschen töten. Engagierte Bürger der Region, die bei Protestdemonstrationen unter anderem gegen Ölfirmen ihre Rechte und Schadensersatz einforderten, mussten mit gewalttätigen Übergriffen und willkürlichen Verhaftungen rechnen. Die Sicherheitskräfte reagierten oft mit unangemessener, bisweilen auch tödlicher Gewalt. Ganze Dorfgemeinschaften wurden zur Zielscheibe solcher Operationen, weil sie angeblich die Ölförderung behinderten oder kriminellen Banden Unterschlupf boten.

Zur politischen Situation:
Ethnisch-religiöse Spannungen im Norden Nigerias und Auseinandersetzungen um eine gerechtere Verteilung der Erdöleinnahmen im Nigerdelta ließen das bevölkerungsreichste Land auf dem afrikanischen Kontinent nicht zur Ruhe kommen.
Kampf um Öl: Nachdem es in der Region um Port Harcourt [im Süden] wiederholt zu gewalttätigen Auseinandersetzungen zwischen militanten Gruppen und Sicherheitskräften gekommen war, bei denen vermutlich rund 500 Menschen getötet wurden, verstärkte die Regierung die Truppenpräsenz rund um die „Öl-Hauptstadt" im Nigerdelta. Die Rebellen fordern vor allem eine Beteiligung an den Erträgen aus dem Rohölgeschäft. [...]
Ethnisch-religiöse Konflikte: Mit der Veröffentlichung neuer Zahlen über die Opfer ethnisch-religiöser Auseinandersetzungen im Gliedstaat Plateau, die alle bisherigen Schätzungen übertrafen, zog die Regierung eine erschreckende Bilanz. Demnach starben in seit drei Jahren immer wieder aufflammenden Unruhen zwischen Christen und Moslems rund 53 000 Menschen, fast ein Drittel davon Frauen und Kinder. [...]
Scharia: Im Oktober 2004 teilte die Menschenrechtsorganisation Baobo mit, dass einige Wochen zuvor wieder zwei Frauen wegen Ehebruchs zum Tod durch Steinigung verurteilt worden waren. Im Berufungsverfahren wurden bisher alle Urteile wegen schwerwiegender Fehler in der ersten Instanz aufgehoben. [...] Die Scharia, das islamische Recht, wird zwar von der Bundesregierung für verfassungswidrig gehalten; gegen dessen Anwendung ist aber bisher nichts unternommen worden.

(Aus: Fischer Weltalmanach 2006, S. 338ff.)

lesen – verstehen – beurteilen

Gewalt gegen Frauen

Auch im Berichtsjahr wurden zahlreiche Frauen Opfer sexueller Gewalt, zum Beispiel in Form der Vergewaltigung durch Staatsbedienstete, ihren Arbeitgeber oder den eigenen Partner. In manchen Gemeinden kam es weiterhin zur Praxis der weiblichen Genitalverstümmelung und zur Zwangsverheiratung. Auch 2005 wurden viele Frauen vom eigenen Partner geschlagen, vergewaltigt oder getötet. [...] Diskriminierende Gesetze und Praktiken, die Gleichgültigkeit der Polizei, Probleme beim Zugang zu den Gerichten und fehlende Schutzvorkehrungen für die Opfer trugen dazu bei, dass Gewalt gegen Frauen weitgehend toleriert und darüber kaum berichtet wurde.

Straffreiheit

Nach Protesten gegen die Tötung von fünf Händlern aus der Bevölkerungsgruppe der Igbo und ihrer Begleiterin am 8. Juni in Abuja durch Polizeibeamte, die ihre Opfer angeblich für bewaffnete Räuber hielten, wurden Ermittlungen eingeleitet und acht Polizisten wegen Mordes angeklagt. In den meisten Fällen blieben Menschenrechtsverletzungen durch Angehörige der Sicherheitskräfte ungeahndet.

Bedrohung von Journalisten

Zeitungsherausgeber und Journalisten, die Kritik an der Zentralregierung übten, Korruptionsfälle aufdeckten oder über separatistische Bestrebungen beziehungsweise über die Aktivitäten bewaffneter oppositioneller Gruppen berichteten, wurden von der Sicherheitspolizei schikaniert und manchmal mehrere Tage lang ohne Kontakt zur Außenwelt festgehalten. Engagierte Bürger, die zur Umweltverschmutzung und zu den Menschenrechtsverletzungen im Nigerdelta recherchieren wollten, waren von Festnahmen und gewalttätigen Übergriffen bedroht. [...]

Die Sonderbeauftragte des UN-Generalsekretärs für Menschrechtsverteidiger erklärte nach einem Besuch in Nigeria im Mai, seit dem Ende der Militärherrschaft könnten Menschenrechtsverteidiger zwar freier agieren, weiterhin werde ihnen aber nur eingeschränkter Zugang zu amtlichen Dokumenten gestattet sowie zu sensiblen Orten, an denen es zum Beispiel zu gewaltsamen Vertreibungen, Öllecks oder Ausschreitungen zwischen ethnischen und religiösen Gruppen gekommen war.

Zwangsvertreibungen

Im Zuge von Zwangsvertreibungen mussten Tausende von Menschen ohne angemessene Vorwarnung ihre Häuser räumen. Sie erhielten weder eine andere Wohnung noch eine Entschädigung.
Im April wurden rund 3 000 Bewohner von Makoko, einer Slumsiedlung am Rand von Lagos, zwangsweise vertrieben. Die Verwaltung des Bundesstaats Lagos setzte auf diese Weise mit Polizeigewalt ein Gerichtsurteil um, demzufolge das Gebiet an seine Eigentümer zurückzugeben sei. Die dort lebenden Menschen wurden weder rechtzeitig über die Maßnahme informiert noch erhielten sie anderen Wohnraum. Berichten zufolge setzte die Polizei Tränengas ein und ging mit Schlägen und Fußtritten gegen die Slumbewohner – darunter auch fünf kleine Kinder – vor, um sie aus ihren Häusern zu vertreiben. Neben vielen anderen Gebäuden wurden auch eine Kirche und eine Gesundheitsstation zerstört.

(Aus: amnesty international, Jahresbericht 2006, S. 342ff.)

Rebellen im Süden des Landes entführten zahlreiche ausländische Mitarbeiter der Ölfirmen, um ihre Forderungen nach einem Anteil an den Öleinnahmen durchzusetzen. 2006 befand sich auch ein Deutscher unter den Opfern.

Memory-Station

Wichtiges Wissen

Station 1: Rechte und Pflichten von Jugendlichen kennen (Seite 264)

Markus hat sich in seinem Heft folgende Tabelle erstellt. Dabei hat er wohl vergessen, die rechte Spalte auszufüllen.

Rechte und Pflichten	Ab welchem Alter gilt das?
Ich darf in Begleitung meiner Eltern eine Gaststätte besuchen.	
Ich kann aus der Kirche austreten.	
Ich kann erben.	
Ich kann mich als Kandidat für eine Gemeinderatswahl aufstellen lassen.	
Ich darf mit Zustimmung meiner Eltern heiraten.	
Ich darf den Roller-Führerschein machen.	

Station 2: Silbenrätsel: Menschen- und Grundrechte (Seiten 282ff.)

1. So bezeichnen wir die Menschenrechte, die schriftlich im Grundgesetz für die Bundesrepublik Deutschland niedergelegt sind.

2. Dieses Menschenrecht bedeutet, dass niemand gefoltert, geschlagen oder misshandelt werden darf.

3. Das ist ein Grundrecht, das in der Demokratie besonders bedeutsam ist.

4. Jeder Mensch, gleichgültig welcher Staatangehörigkeit oder Rasse, besitzt sie.

5. Dieses Menschenrecht gilt für das Verhältnis zwischen Frauen und Männern.

6. Damit Christen, Juden, Moslems und andere Religionen friedlich zusammenleben können, ist dieses Grundrecht unerlässlich.

7. Das ist eine Bezeichnung für die Verfassung der Bundesrepublik Deutschland.

8. Sie ist in allen Handlungen an die Grundrechte gebunden.

Silben

be – che – frei – frei – ge – ge – gions – Gleich – Grund – Grund – gung – heit – heit – heit – li – li – kör – Mei – Men – nungs – per – Re – rech – rech – rech – schen – sehrt – setz – Staats – te – te – ti – Un – ver – walt

Recht und Rechtsprechung

Wichtige Fähigkeiten

 Station 3 Kriminalität: Ein Schaubild analysieren können (Seite 267)

Untersuche das Schaubild mithilfe folgender Fragen:

- Wovon handelt das Schaubild?
- Welche Aussage macht das Schaubild?
- Welche Informationen möchte ich mir langfristig merken?

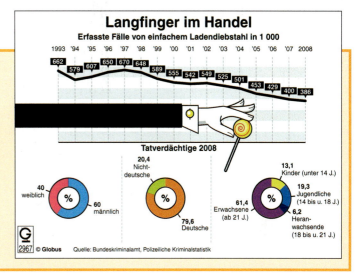

 Station 4 Führerschein mit 17: Überzeugend argumentieren (Seite 265)

Führerschein mit 17:

3 Argumente pro:

_____

_____

3 Argumente kontra:

_____

_____

Meine Meinung:

Ich bin der Ansicht, dass ..., weil ...

_____

_____

 Station 5 Schwierige Gesetzestexte verstehen und erklären (Seite 275)

Einmal angenommen, Julian möchte sich vor seinem Prozess über die Rechte von Angeklagten informieren. Kannst du ihm die folgenden Artikel im Grundgesetz in eigenen Worten so erklären, dass er sie versteht?

Artikel 103
Anspruch auf rechtliches Gehör; Verbot rückwirkender Strafgesetze und der Doppelbestrafung

(1) Vor Gericht hat jedermann Anspruch auf rechtliches Gehör.

(2) Eine Tat kann nur bestraft werden, wenn die Strafbarkeit gesetzlich bestimmt war, bevor die Tat begangen wurde.

(3) Niemand darf wegen derselben Tat aufgrund der allgemeinen Strafgesetze mehrmals bestraft werden.

+++ www.rechtliches.de +++ www.bundestag.de +++ www.amnesty.de +++

10 Europa – Die Bedeutung und Funktion der Europäischen Union

Das Foto zeigt einen Bus, der im Auftrag des Europäischen Parlaments durch das Land fährt und für die europäische Integration wirbt. Europa soll den Menschen nähergebracht werden, weil viele ein eher distanziertes Verhältnis zur europäischen Politik haben. Wie ist eure Meinung: Haltet ihr die Vereinigung der europäischen Staaten in der Europäischen Union für eine wichtige Sache oder eher nicht? Tauscht dazu eure Ansichten z. B. mithilfe einer Punktabfrage aus.

Die Vereinigung der europäischen Staaten in der EU halte ich für

sehr wichtig	einigermaßen wichtig	unwichtig
•••	••	•

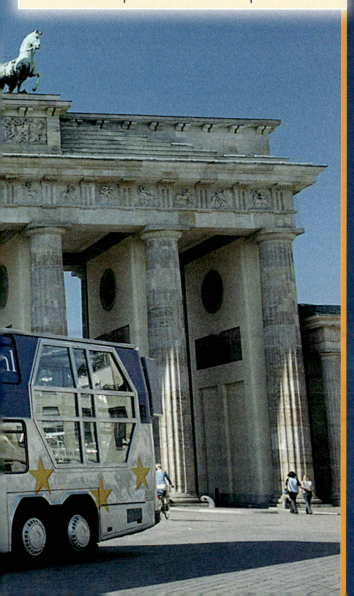

Heute kannst du mit deinen Eltern oder mit Freunden kreuz und quer durch Europa reisen, ohne durch Grenzkontrollen aufgehalten zu werden. Wenn du willst, kannst du Einkäufe machen, die du problemlos mit nach Hause bringen kannst, Bezahlt wird alles mit dem Euro, der seit 2002 gesetzliches Zahlungsmittel in vielen Ländern der Europäischen Union ist. Vielleicht wirst du später einmal in einem anderen europäischen Land eine Arbeitsstelle annehmen oder studieren, vielleicht sogar heiraten und dauerhaft dort leben. Alles ist möglich, aber ist es auch selbstverständlich? Wer vor etwas über 50 Jahren als Jugendlicher in Europa gelebt hat, würde wahrscheinlich ungläubig darüber staunen. Bis 1945 war Europa nämlich ein Kontinent der Feindschaften und der Kriege. Die schlimmsten Katastrophen des 20. Jahrhunderts waren der Erste und der Zweite Weltkrieg.

50 Jahre sind in der Geschichte der Menschheit eine sehr kurze Zeitspanne.

Die Europäer haben es geschafft, in dieser kurzen Zeit die Feindschaften in Freundschaften umzuformen. Mit der Europäischen Union schufen sie ein Bündnis, in dem alle Mitglieder friedlich und partnerschaftlich zusammenleben können.

Der europäische Einigungsprozess gilt als eine gewaltige Erfolgsgeschichte. Prozesse von dieser Größenordnung können aber nicht problemlos ablaufen. Immer wieder gab und gibt es Rückschläge, sogar Krisen.

Nicht alle Menschen sind begeistert, wenn sie an die europäische Politik denken. Viele stellen kritische Fragen:
Greift die Europäische Union zu stark in die Angelegenheiten der Mitgliedstaaten ein?
Ist sie demokratisch genug organisiert?
Macht es Sinn, noch weitere Mitglieder aufzunehmen?
Urteilsfähigkeit ist gefordert, wenn man an Europa und die Zukunft denkt.
Dazu sollte man auch wissen, wie die EU funktioniert und was sie leistet.

Wenn ihr das Kapitel bearbeitet, könnt ihr

- beschreiben, wie die EU in unseren Alltag hineinwirkt,
- den Weg des Einigungsprozesses am Beispiel der deutsch-französischen Aussöhnung darstellen,
- wichtige Merkmale der EU in Kurzvorträgen vorstellen,
- die Institutionen der Europäischen Union erklären und darstellen, wie in der EU Entscheidungen getroffen werden,
- das Pro und Kontra der Aufnahme weiterer Mitgliedstaaten am Beispiel der Türkei diskutieren.

1. Die Europäische Union und wir

Europäischer Alltag

Hier lernt ihr Herrn Kleinschmidt kennen. Er ist einer von denen, die denken, dass sie mit Europa und der Europäischen Union nichts zu tun haben. Wenn ihr den Text gelesen habt, könnt ihr erklären, warum das nicht stimmt.

Europa, das ist ein Thema für die Politiker. Wir kleinen Leute haben damit nichts zu tun.

Wenn Herr Kleinschmidt morgens das Licht anknipst, denkt er nicht an Europa, aber Europa kümmert sich um ihn. Eine Energiesparlampe erleuchtet ihm den Weg ins Bad, weil die EU das für alle Mitgliedstaaten ab 2009 so beschlossen hat. Im Bad scheint Europa weit weg zu sein. Aber das Wasser, mit dem er sich die Zähne putzt, muss der von der EU vorgeschriebenen „Qualität von Wasser für den menschlichen Gebrauch" entsprechen. So legt es die EU-Richtlinie fest, die seit dem 1. Januar 2003 in Deutschland Gesetz ist. Daran denkt Herr Kleinschmidt beim Duschen natürlich nicht, auch nicht daran, was mit dem Wasser geschieht, das in den Abfluss läuft. Eine EU-Richtlinie über die Behandlung kommunalen Abwassers schreibt vor, dass die Gemeinde, in der Herr Kleinschmidt lebt, an eine Kläranlage auf dem neuesten Stand der Technik angeschlossen sein muss. Herr Kleinschmidt mag Cornflakes und Joghurt zum Frühstück. Würde er sich die Mühe machen, das Kleingedruckte auf den Verpackungen zu lesen, käme er direkt mit Europa in Kontakt. E-Stoffe müssen mit einer Nummer auf den Packungen vermerkt sein. Das sind Konservierungs- und Beimischungsstoffe, die nicht typisch für ein Lebensmittel sind. Herr Kleinschmidt weiß nicht, dass das „E" bei den 305 kennzeichnungspflichtigen Zusatzstoffen für „Europa" steht. Dafür wissen es die Australier und die Neuseeländer. Die haben nämlich die einheitlichen Kennzeichnungen für ihre Länder übernommen. Auch die Kennzeichnungszahl auf Herrn Kleinschmidts Frühstücksei ist das Ergebnis eines europaweiten Beschlusses und verrät den Kennern, ob das Huhn, das es gelegt hat, artgerecht gehalten wurde. Orangensaft aus Portugal, Butter aus Österreich, Tomaten aus Spanien und Salami aus Tschechien gehören für Herrn Kleinschmidt zum selbstverständlichen täglichen Warenangebot. Da es den europäischen Binnenmarkt gibt, gibt es keine Handelshemmnisse und keine zeitlichen Verzögerungen an den Grenzen. So dauert es oft weniger als 24 Stunden, bis Waren aus allen Ländern der Union hier frisch angeboten werden können. Der unkomplizierte Warenverkehr wirkt sich auch auf die Preise aus. Wenn Herr Kleinschmidt Obst und Gemüse im Wert von 6 Euro einkauft, so müsste er – nach Berechnungen der Europäischen Kommission – im Nicht-EU-Land Schweiz für die gleiche Menge bis zu zehn Euro bezahlen, für Fleisch sogar das Doppelte. Dass Herrn Kleinschmidts neuer Kühlschrank eine Garantiezeit von zwei Jahren hat und dass dieser keine giftigen Stoffe an die Umwelt abgeben darf, hat auch die Europäische Union beschlossen. Steigt Herr Kleinschmidt in sein Auto ein, wird's ebenfalls europäisch. Europäisches Recht zwingt alle Automobilhersteller zum Katalysatoreinbau. Sollte Herr Kleinschmidt doch einmal ins europäische Ausland fahren, kann er sein neues Auto überall da kaufen und nach Hause mitnehmen, wo es am billigsten ist. Der Automobilhersteller muss sein Altauto kostenfrei zurücknehmen und recyceln. Aus dem Ausland nach Hause telefonieren kann er auch günstiger als in früheren Zeiten. Seit dem 1. Juli 2009 ist nämlich eine EU-Verordnung in Kraft, welche die Mobiltelefonanbieter zwingt, Handy- und SMS-Gebühren um bis zu 60 Prozent zu reduzieren.

So viele verschiedene Länderinteressen unter einen Hut zu bekommen, das ist viel zu schwierig. Soll doch jeder seine eigenen Sachen machen.

Ich lebe hier in meiner Heimat. Europa ist für mich weit weg.

1. Fasst zusammen, welche europäischen Regelungen in den Alltag von Herrn Kleinschmidt eingreifen.
2. Bewertet die Äußerungen der Comicfigur, indem ihr sie mit den Textaussagen vergleicht.

Wo Europa zu bestimmen hat – eine Auswahl

Die Europäische Union kann gesetzliche Bestimmungen erlassen, die in allen Mitgliedstaaten Gültigkeit haben. Über 50 Prozent aller Regeln, an die wir uns halten müssen, werden auf europäischer Ebene beschlossen. Tendenz steigend. Nicht immer sind alle Leute begeistert von dem, was in Brüssel festgelegt wird. Ihr findet hier eine kleine Auswahl neuerer Regelungen.
Beurteilt selbst, ob ihr sie für wichtig und vernünftig haltet oder eher nicht. Das könnt ihr tun, indem ihr Noten verteilt und eure Noten begründet.

Leitern

„Leitern müssen so gebaut werden, dass die Arbeitnehmer jederzeit sicher stehen und sich sicher festhalten können." Auch müssen sie so konstruiert sein, dass die Leitersprossen auch bei Belastungen in horizontaler Lage verbleiben. So legt es die neue EU-Arbeitsschutzrichtlinie verbindlich fest. Kritiker halten diese Regelung für ein besonders komisches Beispiel übertriebener Regelungswut der europäischen Politiker. Die Befürworter weisen darauf hin, dass jedes Jahr 1000 Menschen in Europa beim Sturz von einer Leiter sterben.

Deine Bewertung: 1 2 3 4 5 6 ?

Garantie

Wer einen neuen Toaster kauft, muss damit rechnen, dass dieser irgendwann kaputtgeht. Seit 2002 müssen die Händler europaweit allerdings zwei Jahre Garantie gewähren. Das gilt auch für alle anderen Gebrauchsartikel. Früher galten Garantiezeiten meist nur für ein Jahr. Die neue Regelung freut viele Verbraucher, begeistert aber die Hersteller nicht.

Deine Bewertung: 1 2 3 4 5 6 ?

Autohandel

Autohändler in Europa, die bisher nur eine Automarke im Angebot hatten, dürfen in Zukunft mehrere Marken nebeneinander verkaufen. Das soll die Konkurrenz erhöhen und Vorteile für die Kunden bringen. Kritiker befürchten, dass kleinere Händler damit überfordert sein werden.

Deine Bewertung: 1 2 3 4 5 6 ?

Mülltonnen

Damit die Müllmänner sich nicht den Rücken kaputtmachen, müssen schwere Tonnen in allen Ländern der EU Rollen haben – so sagt es die Richtlinie 90/269/EWG über die „Manuelle Handhabung von Lasten". Sie hatte z. B. zur Folge, dass allein im Landkreis Augsburg 60 000 Behälter durch größere mit Rollen ausgetauscht werden mussten. Was die Müllmänner begrüßten, lehnten manche Bürger ab. Die neuen Mülltonnen passten nicht mehr in die alten Unterstellhäuschen.

Deine Bewertung: 1 2 3 4 5 6 ?

TV-Werbung

Mehr als zwölf Minuten Werbung pro Stunde sind laut Brüsseler TV-Richtlinie verboten. Weil RTL, Sat 1 und Pro Sieben 2002 diese Grenzen überschritten haben, startete die EU im Oktober 2002 ein Verfahren gegen diese Privatsender. Was die Beschuldigten für eine übertrieben kleinliche Regelung halten, sehen die Kläger als eine wichtige Maßnahme zum Schutz der Fernsehzuschauer, besonders der Kinder und der Jugendlichen an.

Deine Bewertung: 1 2 3 4 5 6 ?

2. Wie entstand der Wunsch nach der Vereinigung der Staaten Europas?

Habt ihr schon einmal darüber nachgedacht, was der Name Europa bedeutet? Lest diese Seite und erzählt die Geschichte: „Wie der Kontinent zu seinem Namen kam."

Die Ursprünge: Ein Name voller Geheimnisse

„Fern von Griechenland, in Phönikien, wo König Agenor über die Städte Tyros und Sidon herrschte, wuchs die wunderschöne Europa heran. Niemand, so sagten alle Leute, war der Jungfrau an Schönheit gleich, und im Lande ringsum rühmte man die liebreiche Art, mit der sie jedermann begegnete. Wenn sie mit den Gespielinnen am Strande einherwandelte oder blumenbekränzt den Reigentanz der Mädchen anführte – stets war sie die Schönste, der sich alle willig unterordneten. Eines Tages schritt Europa wieder zum Spiel aus dem Palast des Vaters …"

So beginnt die antike Sage der Königstochter Europa. Göttervater Zeus hatte

sich in das Mädchen verliebt, und er wendete einen Trick an, um sie für sich zu gewinnen. In der Gestalt eines weißen Stieres landete Zeus am Strand Phönikiens und entführte die schöne Prinzessin auf die Mittelmeerinsel Kreta. Dort nahm er seine Göttergestalt wieder an, vermählte sich mit Europa und zeugte im Laufe der Zeit drei Söhne mit ihr. Europas Sohn Minos begründete auf Kreta eine der ersten blühenden Hochkulturen in Europa. Von diesem Ort im Mittelmeer ausgehend, nahm die kulturelle Entwicklung in Europa ihren Ausgang. Die alte Sage berichtet so von der Entstehung der abendländischen Kultur und der Namensgebung für den Kontinent Europa.

(Die Sage von der Prinzessin Europa kann man zu Ende lesen in: Gustav Schwab/Richard Carstensen, Griechische Sagen. Die schönsten Sagen des klassischen Altertums, dtv Junior, 17. Aufl. 1993. S. 23ff., © Ensslin und Laiblin Verlag)

Kulturelle Gemeinsamkeiten

Unter einer gemeinsamen Kultur der Europäer verstehen wir, dass es – trotz aller Vielfalt und Verschiedenartigkeit zwischen den Völkern und Staaten in Europa – eine Übereinstimmung in wichtigen geistigen, künstlerischen und religiösen Grundhaltungen gibt, die in der Vergangenheit entwickelt wurden. Dazu gehören die Idee der Demokratie, welche die Europäer bei den alten Griechen gelernt haben, die gemeinsame Tradition im Christentum, europäische Entwicklungen in der Kunst, der Architektur, der Wissenschaft, der Philosophie, der Technik. Die gemeinsamen Wurzeln und die Sage machen deutlich, dass Europa mehr ist als eine geografische Bezeichnung.

METHODENKARTE 13

Präsentation von Arbeitsergebnissen in Kurzvorträgen

Thema: Der Prozess der europäischen Einigung

Ergebnisse vor der Klasse präsentieren: Warum ist das wichtig?

Eine Präsentation hat immer zum Ziel, die anderen über das zu informieren, was man sich selbst erarbeitet hat. Damit dieses Ziel erreicht werden kann, muss sie in der Form ansprechend gestaltet und im Inhalt klar und verständlich sein. Die Fähigkeit, gut präsentieren zu können, nennt man **Präsentationskompetenz**.

Aus den folgenden drei Gründen ist sie besonders wichtig:

- Sich selbst und das Ergebnis einer Arbeit gut präsentieren zu können, zählt in der Arbeitswelt zu den wichtigsten Schlüsselqualifikationen überhaupt.
- Man prägt sich die erarbeiteten Informationen gut und für lange Zeit ein, wenn man sie vor einer Gruppe frei vorträgt.
- Die Zuhörerinnen und Zuhörer können von der Arbeit anderer profitieren.

Wie präsentiert man Arbeitsergebnisse wirkungsvoll vor der Klasse? Fünf Regeln:

Erstens: Gute Vorbereitung
Sie ist das wichtigste bei einer Präsentation, denn jeder Mensch, egal ob Lehrer oder Schüler, merkt sofort, ob die Personen, die vortragen, gut vorbereitet sind oder nicht.

Zweitens: Notizzettel herstellen
Wenn man sich alles aufschreibt, was man vortragen will, entsteht die Gefahr, dass man nur abliest und das Gelernte herunterleiert. Wenn man nichts aufschreibt, kann es passieren, dass man den Faden verliert. Verwendet deshalb Notizzettel als Merkhilfe. Eine Karteikarte, die man gut in der Hand halten kann, ist dafür am besten geeignet.

Drittens: Frei sprechen
Die Zuhörenden können einem Vortrag viel besser folgen, wenn die Vortragenden frei zu ihnen sprechen. Bemüht euch als Vortragende immer darum, das Publikum anzuschauen. Achtet darauf, dass ihr nicht nur die Lehrerin oder den Lehrer anschaut.

Viertens: Für Aufmerksamkeit sorgen
Man beginnt nicht sofort, sondern wartet ab, bis Ruhe herrscht. Falls nötig, stellt man mit einigen Worten Ruhe und Aufmerksamkeit her. Man setzt sich am Ende nicht sofort wieder auf seinen Platz, sondern wartet, ob es Fragen oder Anmerkungen gibt.

Fünftens: Wichtige Informationen visualisieren
Wer vorträgt, will, dass die Zuhörer sich die wichtigsten Informationen einprägen. Ihr solltet euch also in der Vorbereitung überlegen, welche Merkhilfen ihr verwenden könnt. Zum Beispiel könnt ihr die Tafel benutzen oder eine Folie beschriften.

Vortragsthemen
Im weiteren Verlauf dieses Kapitels werden mehrere Themen behandelt, die sich für eine Präsentation in Kurzvorträgen eignen:
- Deutschland und Frankreich: Von der Feindschaft zur Freundschaft
- Was ist die Europäische Union?
- Was waren wichtige Etappen auf dem Weg zur EU?
- Was ist der europäische Binnenmarkt?
- Wie funktioniert die Europäische Währungsunion?

Das Beispiel Deutschland und Frankreich: Von der Feindschaft zur Freundschaft

So könnt ihr einen Kurzvortrag gliedern:
1. Stationen der wechselvollen Geschichte nennen, die Deutschland und Frankreich verbindet,
2. eine Folie von der Fotoseite anfertigen und mithilfe der Fotos den Weg der Versöhnung aufzeigen (Fotos genau beschreiben),
3. weitere Informationen über Frankreich besorgen und das Land vorstellen (Internet, Lexika).

Junge Deutsche und Franzosen bei gemeinsamer Bergwanderung

Eine wechselvolle, tausendjährige Geschichte verbindet die Deutschen mit ihrem Nachbarland. Deutschland und Frankreich entstanden aus einem gemeinsamen Territorium, dem Frankenreich Karls des Großen, das von 800 bis 843 bestand. Erst nach dem Zerfall dieses Reiches bildeten sich Gebiete mit deutlich unterschiedenem Sprach- und Lebensraum heraus: im Westen ein überwiegend romanischer, im Osten ein vorwiegend germanischer. Deshalb urteilt der Historiker Karl Ferdinand Werner: „Wenn jemals in der Weltgeschichte, so kann man in diesem Fall von zwei großen Nachbarnationen sagen, sie seien ihrer Herkunft nach ‚Geschwister'." Die folgenden Jahrhunderte waren meist von friedlicher Nachbarschaft, von fruchtbarem kulturellem Austausch und von Kooperation, aber auch von Gegensätzen bestimmt. Vor allem im 19. und 20. Jahrhundert waren die Beziehungen oft durch Feindseligkeit, Konfrontation und drei mörderische Kriege – den deutsch-französischen Krieg 1870/71, den Ersten und Zweiten Weltkrieg – gekennzeichnet. Nach 1945 vollzog sich ein grundlegender Wandel. Es hat eine historisch einmalige und beispielhafte Bedeutung, wie zwei einstmals verfeindete Völker sich aussöhnen und zu einer engen politischen, wirtschaftlichen und kulturellen Partnerschaft in Europa finden konnten. „Die Vereinigung der europäischen Nationen erfordert, dass der jahrhundertealte Gegensatz zwischen Frankreich und Deutschland ausgelöscht wird", verlangte der französische Außenminister Robert Schuman 1950. Daraus entstand 1952 die Europäische Gemeinschaft für Kohle und Stahl (EGKS) als Vorläuferin der 1957 gegründeten EWG, der heutigen Europäischen Union.

Heute ist Frankreich unser wichtigstes Partnerland in Europa. Dies gilt für die intensiven wirtschaftlichen Beziehungen, für die enge politische Zusammenarbeit, aber auch für die kulturellen und gesellschaftlichen Kontakte: Nirgendwo gibt es ein derart dichtes Netz an Partnerschaften zwischen Gemeinden und Städten, Schulen und Hochschulen, Vereinen und Verbänden wie zwischen Frankreich und Deutschland, nirgendwo sonst umfasst dieses Netz viele tausende von Menschen, die diese Partnerschaft tagtäglich mit Leben erfüllen. [...]

(Aus: Henrik Uterwedde, Unser Nachbar Frankreich, in: Frankreich, Informationen zur politischen Bildung Nr. 285/2004, hrsg. von der Bundeszentrale für politische Bildung, Bonn 2004, S. 4)

Wichtige Wegmarken auf dem Weg zur Aussöhnung:

1946 *Verbitterung*
Der spätere französische Staatspräsident Charles de Gaulle erklärt, Deutschland dürfe nie mehr ein starker Staat sein, weil dieser immer eine Bedrohung für Frankreich wäre.

1950 *Ein erstes Signal*
Der französische Außenminister Robert Schuman fordert, dass die alte Erbfeindschaft beendet werden müsse.

1954 *Eine Enttäuschung*
Der Plan, eine gemeinsame europäische Armee von Deutschland, Frankreich, Italien, Belgien, Holland und Luxemburg aufzustellen, scheitert am Widerstand des französischen Parlaments.

1963 *Der Durchbruch*
Frankreich und Deutschland beschließen einen Vertrag über Zusammenarbeit und Freundschaft.

1984 *Endlich Freunde*
Der französische Staatspräsident François Mitterrand und der deutsche Bundeskanzler Helmut Kohl erklären gemeinsam: „Wir haben uns versöhnt. Wir haben uns verständigt. Wir sind Freunde geworden."

Fotos erzählen vom Wandel einer Beziehung

1

Juni 1916: Vor der französischen Stadt Verdun kämpfen Deutsche und Franzosen um jeden Meter Boden.

2

Juni 1940: Deutsche Soldaten marschieren über die Champs Elysées. Noch nicht ein Jahr nach Beginn des Zweiten Weltkriegs wird Paris von deutschen Einheiten besetzt.

3

September 1944: Nach der Befreiung Frankreichs wird eine kahl geschorene Französin bestraft, weil sie ein Verhältnis mit einem deutschen Soldaten hatte.

4

7. August 1950: Europabegeisterte junge Leute treffen sich an der deutsch-französischen Grenze und verbrennen die Grenzpfähle. Sie fordern Frieden zwischen den Völkern und ein vereintes Europa.

5

1954: Junge Deutsche und Franzosen treffen sich zur gemeinsamen Pflege eines französischen Soldatenfriedhofs. Das 1963 gegründete deutsch-französische Jugendwerk bringt immer mehr junge Leute aus beiden Ländern zusammen.

6

September 1984: Der französische Staatspräsident François Mitterand und der deutsche Bundeskanzler Helmut Kohl reichen sich an den Gräbern von Verdun zum Zeichen der Freundschaft die Hand. „Beide Völker haben unwiderruflich den Weg des Friedens und der freundschaftlichen Zusammenarbeit eingeschlagen", hieß es damals in einer gemeinsamen Erklärung.

3. Was ist das eigentlich: die Europäische Union?

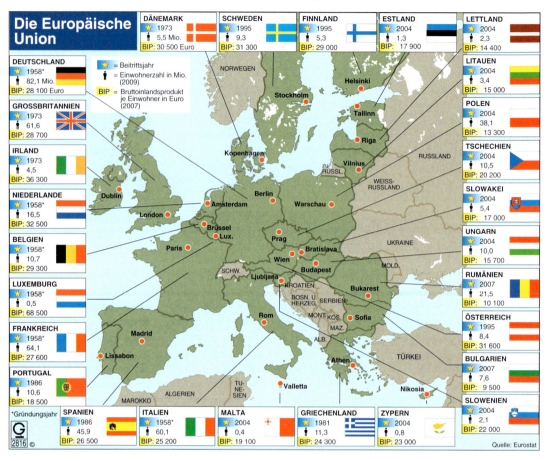

Tipp: Arbeitsteiliges Lernen an Stationen

Auf den folgenden Seiten werden in vier Lernstationen grundlegende Informationen zum Gesamtthema Europäische Union vorgestellt. Die Materialien wurden so angelegt, dass sie als einzelne Lernstationen angesehen werden können. Ihr könnt zum Beispiel vereinbaren, dass jeder von euch mindestens eine oder zwei der Stationen A, B, C oder D als Pflichtstationen bearbeitet und eventuell die freiwillige Station E.
Bei der arbeitsteiligen Vorgehensweise ist es immer wichtig, dass ihr die Ergebnisse euren Mitschülerinnen und Mitschülern so präsentiert, dass alle Kenntnis über alle Informationen aus den Stationen erhalten. Jeder von euch sollte zu mindestens einer Station einen Kurzvortrag vorbereiten. Bei der Vorbereitung und Beurteilung der Vorträge helfen euch die Methodenkarten auf den Seiten 295, 325. Natürlich können auch alle Stationen von allen bearbeitet werden.
Mit den Internetadressen auf den Seiten 316 und 317 könnt ihr euch zu allen Themenbereichen weiteres Informationsmaterial besorgen.

A: Was ist die Europäische Union?

In Vielfalt geeint

Die Europäische Union (EU) ist ein Zusammenschluss demokratischer europäischer Länder, die sich der Wahrung des Friedens und dem Streben nach Wohlstand verschrieben haben. Sie versteht sich nicht als ein neuer Staat, der an die Stelle bestehender Staaten tritt. Allerdings ist die Europäische Union auch mehr als alle sonstigen internationalen Organisationen. Die EU ist einzigartig. Die Mitgliedstaaten haben gemeinsame Organe eingerichtet, denen sie Teile ihrer einzelstaatlichen Souveränität übertragen haben, damit in bestimmten Angelegenheiten von gemeinsamem Interesse auf europäischer Ebene demokratische Entscheidungen getroffen werden können. Historisch gesehen war die Entstehung der heutigen Europäischen Union die Folge des Zweiten Weltkriegs. Das europäische Einigungswerk sollte verhindern, dass Europa jemals wieder von Krieg und Zerstörung heimgesucht wird. In den ersten Jahren beschränkte sich die Zusammenarbeit der sechs Gründerstaaten hauptsächlich auf Handel und Wirtschaft. Heute umfasst die EU 27 Mitgliedstaaten (inklusive Bulgarien und Rumänien) mit 450 Millionen Einwohnern und behandelt eine Vielfalt von Fragen, die sich unmittelbar auf unser tägliches Leben auswirken.

Europa ist ein Kontinent mit vielen unterschiedlichen Traditionen und Sprachen, aber auch mit gemeinsamen Werten wie Demokratie, Freiheit und soziale Gerechtigkeit. Die EU verteidigt diese Werte. Sie fördert die Zusammenarbeit der Völker Europas, indem sie die Einheit unter Wahrung der Vielfalt stärkt und sicherstellt, dass Entscheidungen möglichst bürgernah getroffen werden. In unserer zunehmend durch globale Verflechtungen gekennzeichneten Welt des 21. Jahrhunderts ist es für jeden europäischen Bürger immer wichtiger, mit Menschen aus anderen Ländern im Geist der Aufgeschlossenheit, Toleranz und Solidarität zusammenzuarbeiten.

(Aus: Die Europäische Union im Überblick, © Europäische Gemeinschaften, 1995-2006; http://www.europa.eu/abc/panorama/index_de.htm; letzter Zugriff 29.11.06, Mitgliederzahl aktualisiert)

Das Subsidiaritätsprinzip

Vertraglich festgelegt ist, dass Entscheidungen nach dem Subsidiaritätsprinzip erfolgen müssen. Das heißt auf Deutsch: immer auf der untersten Ebene. Also: Stadtpolitik soll weiter in den Städten gemacht werden, Regionalpolitik weiter in den Bundesländern, nationale Politik weiter in den einzelnen Parlamenten der Mitgliedstaaten. Europäisch soll nur da entschieden werden, wo es sinnvoll für die Gemeinschaft ist. Zu diesen Bereichen gehört heute schon unbestritten der Umweltschutz. 80 Prozent aller Umweltschutzentscheidungen sind mittlerweile europäische Rechtsakte.

Deutschland und die EU

Die Bundesrepublik Deutschland gehört zu den sechs Gründungsstaaten der Europäischen Union.

Die EU-Flagge zeigt einen Kreis aus zwölf Sternen vor nachtblauem Himmel. Die Flagge symbolisiert die Zusammengehörigkeit der Völker Europas. Die Zahl 12 steht nicht für die Zahl der Mitgliedstaaten, sondern als Zeichen für Harmonie und Einheit.

Im Artikel 23 des Grundgesetzes verpflichtet sich Deutschland dazu, an einer weiteren Verwirklichung eines vereinten Europas mitzuarbeiten. Diese Vereinigung muss auf den Prinzipien der Demokratie, der Rechtsstaatlichkeit, der sozialen Gerechtigkeit und des föderativen Aufbaus begründet sein. Letzteres bedeutet, dass die einzelnen Regionen, Bundesländer und Mitgliedstaaten in ihrer Vielfalt erhalten bleiben sollen. Auf keinen Fall soll das vereinte Europa ein zentraler Einheitsstaat werden, in dem die Unterschiedlichkeit der einzelnen Länder und Regionen verwischt werden. „In Vielfalt geeint" ist das Motto der EU.

So kannst du deine Ergebnisse präsentieren:

1. Erkläre, was die EU ist und was sie nicht ist.
2. In den Texten ist von gemeinsamen Werten und Zielen der EU und der Europäer die Rede. Stelle sie vor.
3. Der Begriff Subsidiarität klingt kompliziert. Finde eine anschauliche Erklärung.
4. Verdeutliche, was mit dem Motto: „In Vielfalt geeint" gemeint ist.

B: Was waren wichtige Etappen auf dem Weg zur EU?

Sehnsucht nach Frieden

Nach dem Ende des Zweiten Weltkrieges 1945 gab es überall in Europa eine große Sehnsucht nach Frieden. Es entstand eine „Europabewegung", die den friedlichen Zusammenschluss der Völker Europas forderte. Kurz nach Kriegsende legte der französische Außenminister Robert Schuman einen Plan vor, der die Europäer in einem Bündnis zusammenschließen sollte. Die Idee war, dass Nationen, die in einem Bündnis zusammenarbeiten, nicht mehr aufeinander schießen werden. 1951 gründeten Frankreich, Italien, Belgien, Luxemburg, die Niederlande und die Bundesrepublik Deutschland die *Europäische Gemeinschaft für Kohle und Stahl (EGKS)*. Schon sechs Jahre nach Kriegsende war damit ein erster Schritt zur Einigung Europas vollbracht.

Von der EWG 1957 …

Das Gründungsdatum der *Europäischen Gemeinschaft* ist der 25. März 1957. Mit der Unterzeichnung der „Römischen Verträge" schlossen sich sechs Gründernationen in der Hauptstadt Italiens zur Europäischen Wirtschaftsgemeinschaft zusammen (EWG). Von der Gründung an erlebte das Europa der Sechs einen starken wirtschaftlichen Aufschwung und wurde zunehmend für weitere Staaten attraktiv. Zwischen 1973 und 1995 traten weitere neun Staaten der Gemeinschaft bei.

… zur EU 1993

1991 beschlossen die Staats- und Regierungschefs der EG in Maastricht die Einrichtung des europäischen Binnenmarktes und die Einführung einer gemeinsamen europäischen Währung.

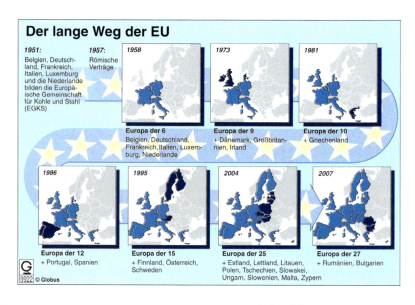

Der Binnenmarkt begann am 1. November 1993. Im allgemeinen Sprachgebrauch wurde die Abkürzung EG durch EU ersetzt. Die neue Bezeichnung *Europäische Union* drückt aus, dass die ehemalige Gemeinschaft nun zu einer „Vereinigung" mit vertraglich festgelegten politischen Zielen geworden ist.

Am 1. Januar 2002 wurde der Euro als Bargeld eingeführt. 2004 vollzog die EU ihre größte Erweiterung, indem sie zehn neue Mitgliedstaaten aufnahm. Bulgarien und Rumänien erweitern die EU auf 27 Mitgliedstaaten. Mit Kroatien und der Türkei wurden ab 2005 Beitrittsverhandlungen aufgenommen.

Rückschläge

Im Prozess der Einigung Europas hat es immer wieder Rückschläge gegeben. Hauptgrund dafür ist der ständige Konflikt zwischen Einzelinteressen und dem Gemeinschaftsinteresse. Immer wieder kommt es vor, dass Mitgliedstaaten ihre eigenen Interessen wichtiger sind. Als Symptom einer europäischen Krise gilt auch die Ablehnung der Europäischen Verfassung im Jahr 2005 durch die Mehrheit bei den Volksabstimmungen in Frankreich und den Niederlanden. Nach vielen Auseinandersetzungen trat Ende 2009 anstelle einer Verfassung der Vertrag über die Europäische Union in Kraft.

So kannst du deine Ergebnisse präsentieren:

1. Gib einen Überblick über die wichtigsten Ereignisse auf dem Weg zur heutigen EU.
2. Wähle von den Daten drei aus, die dir als besonders wichtig erscheinen und begründe, warum.
3. In einem Prozess der Entwicklung und Veränderung, wie ihn der europäische Einigungsprozess darstellt, gibt es immer auch Rückschläge, Krisen und Enttäuschungen. Suche nach einer Erklärung, warum das so ist.

C: Was ist der europäische Binnenmarkt?

Ein Binnenmarkt ist ein Gebiet ohne Grenzen für alles, was sich im wirtschaftlichen Geschehen von einem Ort zu einem anderen bewegen soll. Verkaufte Waren dürfen frei zirkulieren, Menschen dürfen im gesamten Binnenmarkt Arbeit suchen. Dienstleistungen können überall angeboten werden und Kapital kann frei fließen. Der europäische Binnenmarkt trat am 1. November 1993 in Kraft. Nach der Erweiterung der EU auf 27 Mitglieder im Jahr 2007 ist er mit fast 500 Millionen Menschen der Markt mit der größten Wirtschaftsleistung auf der ganzen Welt. Zwischen den Mitgliedstaaten eines Binnenmarktes gibt es nur noch Binnenhandel, keinen Außenhandel mehr. Verkaufte zum Beispiel eine deutsche Firma vor 1993 ein Produkt nach Frankreich, so war das Außenhandel. Jetzt ist es Binnenhandel. Damit dies möglich wurde, mussten die großen Unterschiede von Land zu Land in der Besteuerung oder in den Anforderungen zum Schutz von Verbrauchern und Umwelt einander angeglichen werden. Dieser Prozess ist noch nicht ganz abgeschlossen. Besonders in der Angleichung unterschiedlicher Steuersätze und in der gegenseitigen Anerkennung von Schul- und Berufsabschlüssen gibt es auch nach 2007 noch Probleme.

Bisher gilt der Binnenmarkt für die Mehrheit der Europäer als Erfolgsgeschichte:

Zehn Jahre Binnenmarkt sind eine Erfolgsgeschichte ohnegleichen. Für 450 Millionen Unionsbürger ist der Binnenmarkt heute ein „Raum der Freiheit". Sie können frei über alle Binnengrenzen reisen, können arbeiten und leben, wo sie wollen. Das Warenangebot ist bunter und vielfältiger geworden, der Wettbewerb hat die Preise vieler Güter gesenkt, viele Arbeitsplätze sind dem Binnenmarkt zu danken. Auch Norwegen, Island und Liechtenstein, die mit der EU den Europäischen Wirtschaftsraum (EWR) bilden, gehören dazu.

(Nach: Dr. Klaus Löffler, Europa 2003, hrsg. vom Europäischen Parlament, Informationsbüro für Deutschland, März 2003, S. 73)

Die verschärfte Konkurrenzsituation führt natürlich auch dazu, dass es bei den Unternehmen Gewinner und Verlierer gibt. Nicht wettbewerbsfähige Unternehmen sind auf der Strecke geblieben. Auch gibt es eine spürbare Tendenz zu einer verstärkten Unternehmenskonzentration in Europa. Diese Risiken können in dem um zehn Mitgliedstaaten erweiterten Markt zunehmen.

Übergangsregelungen für die Neuen

Für die neuen Mitgliedstaaten wurden eine Reihe von Sonderregelungen vereinbart, durch welche sie nach und nach an die Freiheiten des Binnenmarktes herangeführt werden. So wird ihnen z. B. die Aufenthalts- und Niederlassungsfreiheit noch nicht in vollem Umfang gewährt. Verhindert werden soll, dass in den Zeiten des Übergangs zu viele Arbeitskräfte aus den Beitrittsländern mit einheimischen Arbeitskräften konkurrieren. Andererseits besteht die Möglichkeit, dass Menschen aus Deutschland ihre Chance in den neuen Mitgliedsländern suchen werden. Für die Einführung des Euro gelten die gleichen strengen Aufnahmekriterien wie für alle anderen Mitgliedstaaten, sodass es noch einige Jahre dauern wird, bis die gemeinsame Währung für die neuen Länder selbstverständlich wird.

Der europäische Binnenmarkt

Freier Warenverkehr
- Wegfall der Warengrenzkontrollen
- Harmonisierung von Normen und Vorschriften
- Angleichung der Mehrwertsteuersätze

Freier Dienstleistungsverkehr
- Dienstleistungen können EU-weit angeboten werden
- Liberalisierung der Finanzdienstleistungen
- Öffnung der Transport- und Telekommunikationsmärkte

Freier Personenverkehr
- Beschäftigungs- und Niederlassungsfreiheit
- Anerkennung der Diplome
- Abschaffung der Personenkontrollen an den Binnengrenzen („Schengener-Abkommen")

Freier Kapitalverkehr
- Kapital fließt ungehindert
- Keine Beschränkung im Zahlungsverkehr
- Gemeinsame Bekämpfung von Steuerhinterziehung und Geldwäsche

EURO INFORMATIONEN

So kannst du deine Ergebnisse präsentieren:

1. Erkläre, was ein Binnenmarkt ist, und erläutere die vier Freiheiten mithilfe des Schaubildes.
2. Stelle die Risiken und die Chancen einander gegenüber.
3. Bietet der europäische Binnenmarkt mehr Chancen als Risiken? Nimm dazu Stellung und sprich mit den Mitschülerinnen und Mitschülern darüber.

D: Wie funktioniert die Europäische Währungsunion?

Eine Währungsunion ist der freiwillige Zusammenschluss mehrerer Staaten mit dem Ziel, ihre unterschiedlichen Währungen abzuschaffen und einen gemeinsamen Währungsraum zu bilden. Zu einer Währungsunion gehört die Bereitschaft der Teilnehmerstaaten zum Verzicht auf ihre eigene, von den übrigen Staaten isolierte Währungspolitik. Sie übergeben dieses ehemals nationale Recht an die Gemeinschaft.

In der EU begann die Währungsunion nach einer langen Vorbereitungszeit mit der Umstellung der nationalen Währungen auf den Euro am 1. Januar 1999. Als Bargeld kam der Euro am 1. Januar 2002 in Umlauf.

Nicht alle Mitgliedstaaten gehören automatisch der Währungsunion an. Der Grund dafür sind die strengen Kriterien, die über die Qualifikation eines Landes für die Eurozone entscheiden. Man nennt sie **Konvergenzkriterien** (Konvergenz bedeutet Übereinstimmung). Nach diesen Kriterien muss in einem Land, das der Eurozone beitreten will,

- relative Preisstabilität herrschen,
- die Zinsen müssen stabil sein,
- die Staatsverschuldung darf bestimmte Grenzen nicht überschreiten,
- der Wechselkurs der Währung gegenüber anderen EU-Währungen muss über einen Beobachtungszeitraum von zwei Jahren stabil geblieben sein.

In den osteuropäischen Mitgliedstaaten gilt der Beitritt zur Eurozone als attraktives Ziel. Anders sieht es in den EU-Mitgliedstaaten Großbritannien, Dänemark und Schweden aus. Hier sind es in erster Linie innenpolitische Widerstände, die bisher einen Beitritt verhindert haben. In allen drei Staaten sprechen sich in Umfragen immer noch Mehrheiten gegen die Einführung einer europäischen Währung aus.

Disziplin und „blaue Briefe"

Eurostaaten müssen strikte Haushaltsdisziplin wahren. Das haben die Staats- und Regierungschefs in einem sogenannten **Stabilitätspakt** vereinbart. Danach muss die öffentliche Hand zum Beispiel eine übermäßige Neuverschuldung vermeiden. Die Grenze liegt bei 3 Prozent des Bruttoinlandsproduktes. Das heißt, dass die jährliche Neuverschuldung zur Finanzierung des Staatshaushaltes nicht höher sein darf, als 3 Prozent des gesamten Wertes der im gleichen Jahr im Land produzierten Güter und Dienstleistungen. Hält ein Land den Stabilitätspakt nicht ein, droht zunächst eine Verwarnung in Form eines „blauen Briefes" und dann eine Geldstrafe (siehe Schaubild).

Die Europäische Zentralbank – Hüterin des Euro

1999 wurde der neu eingerichteten Europäischen Zentralbank (EZB) mit Sitz in Frankfurt a. M. die alleinige Verantwortung für die Geldpolitik in den Ländern der Währungsunion übertragen. Es gibt also keine deutsche oder französische Geldpolitik mehr. Die EZB ist in jeder Hinsicht unabhängig von Regierungen und Organen der EU. Niemand darf ihr Weisungen erteilen. Ihre wichtigste Aufgabe besteht darin, über die Stabilität des Euro zu wachen. Das Ziel der Preisstabilität hat Vorrang vor allen anderen Aufgaben.

Euro können nur auf Weisung der EZB gedruckt und in Umlauf gebracht werden. Sie darf den Regierungen keine Kredite zur Finanzierung von staatlichen Aufgaben geben.

Harte Strafen für Haushaltssünder
für Teilnehmerländer an der Europäischen Währungsunion gilt:

1 das Ziel
- dauerhaft starker Euro
- Vertrauen der Bürger, der Wirtschaft und der Finanzmärkte in den Euro

2 der Weg Haushaltsdisziplin
- Neuverschuldung eines Landes darf Grenze von 3% se[iner] Wirtschaftsleistun[g] (BIP) nicht überschreiten

3 die Sanktionen
bei höherer Neuverschuldung: Geldstrafen ...
- in Höhe von min. 0,2 % des BIP plus variabler Betrag je nach Überschreitung des Grenzwertes, max. 0,5 % des BIP
- zunächst als zinslose Einlage, nach 2 Jahren Umwandlung in Geldbuße, wenn Haushalt nicht saniert wurde

4 die Ausnahmen
bei Rückgang der Wirtschaftsleistung innerhalb eines Jahres ...
- zwischen –0,75 % –2 % kann ein Lan[d] Aussetzung der Sanktionen beantr[agen]
- von mehr als –2 % werden keine Sanktionen verhä[ngt]

Quelle: BMF 97 04 123

So kannst du deine Ergebnisse präsentieren:

1. Erkläre, was man unter einer Währungsunion versteht und welche Aufgaben die Europäische Zentralbank hat.

2. Stelle dar, warum nicht alle Mitgliedstaaten der EU automatisch auch Mitglieder in der Währungsunion sind.

3. Warum müssen die Eurostaaten strikte Haushaltsdisziplin halten, und was geschieht, wenn sie es nicht tun? Versuche eine Erklärung mithilfe des Schaubildes.

Zusatzstation E

„Mein Land" der Europäischen Union: Wir stellen ein Mitgliedsland der EU vor

- 27 Mitgliedstaaten hat die Europäische Union. Bald werden es vielleicht noch mehr sein. Da bietet es sich an, dass jede und jeder von euch sich zur Expertin oder zum Experten für einen der Mitgliedstaaten macht.
- Einzeln oder zu zweit könnt ihr euer Land auf verschiedene Arten präsentieren, z. B. mithilfe einer kleinen Wandzeitung, die in der Klasse aufgehängt wird. Auch solltet ihr in der Lage sein, euer Land in einem Kurzvortrag zu präsentieren.
- Für die Informationsbeschaffung bietet sich eine Internetrecherche an. Über die angegebenen Adressen findet ihr aktuelle Länderberichte zu allen Ländern der Europäischen Union. Ihr könnt aber auch Lexika und andere aktuelle Veröffentlichungen benutzen.
- Gliedert eure Länderpräsentation mithilfe der Übersicht.

Unter den folgenden Internetadressen findet ihr Länderberichte über alle Mitgliedstaaten der EU.

www.auswaertiges-amt.de
www.aktuell-lexikon.de
www.weltalmanach.de
www.europa.eu

Jeder Mitgliedstaat verfügt über eine eigene Homepage. Dort findet ihr auch Fotomaterial. Die Informationen sind aber oft nicht so klar strukturiert wie bei den Adressen oben.

Allgemeines Informationsmaterial zu allen Themen der EU findet ihr unter den folgenden Internetadressen:
www.europa.eu
www.europarl.de
www.europa-digital.de
www.auswaertiges-amt.de
www.bpb.de
www.eu-kommission.de
www.jugendfuereuropa.de
www.etwinning.de
(Etwinning informiert über Schulpartnerschaften in Europa)

Ich bin Expertin/Experte für das EU-Land: ...

A Allgemeines
1. Hauptstadt des Landes
2. Lage in Europa, Nachbarstaaten
3. Einwohnerzahl
4. Sprache(n), Religion(en)
5. Landesflagge
6. Angaben zur Geschichte des Landes
7. Besondere Sehenswürdigkeiten
8. Tourismus
9. Empfehlenswerte Besuchsziele

B Politik
10. Mitglied der EU, der Europäischen Währungsunion seit ...
11. Staatsform
12. Regierungschef(in)
13. Staatsoberhaupt
14. Parlament, Zahl der Parlamentssitze, Wahlen

C Wirtschaft
15. Pro-Kopf-Einkommen
16. Arbeitslosenquote
17. Inflationsrate
18. Wirtschaftswachstum in Prozent
19. Besondere Leistungen und Probleme

D Weitere Besonderheiten des Landes

4. Wie wird in Europa für Europa Politik gemacht?

Fünf wichtige Institutionen sollte man kennen, um zu verstehen, wie die Europäische Union funktioniert. Sie sind hier mit Fotos und erläuternden Texten vorgestellt. Es fehlt allerdings die Zuordnung des jeweiligen Textes zum passenden Bild. Die drei Beispiele auf der nächsten Seite geben euch einen Einblick in die Arbeit des Europäischen Parlaments.

Ordnet zunächst den Fotos die passenden Texte zu.

1 Alle Staats- und Regierungschefs der Mitgliedstaaten bilden zusammen den **Europäischen Rat**. Man trifft sich hier mindestens zweimal im Jahr zu sogenannten Gipfeltreffen. Die Sitzungen werden zukünftig von einem Präsidenten geleitet, der vom Rat für zweieinhalb Jahre gewählt wird. Im Europäischen Rat wird auf höchster Ebene über wichtige Zukunftsfragen der EU verhandelt. Das Foto entstand bei einem Gipfeltreffen 2006 in Brüssel.

2 Der **Rat** (auch **Ministerrat** genannt) ist zusammen mit dem Europäischen Parlament der Gesetzgeber der EU. Je nach anstehendem Thema treffen sich hier die Fachministerinnen und Minister eines jeden EU-Landes zur Beratung und Beschlussfassung. Seine Besetzung wechselt also. Seit dem Inkrafttreten des Vertrags von Lissabon werden die Treffen der Außenminister von dem Außenminister der EU geleitet. Er trägt den Titel „Hoher Beauftragter für Außen- und Sicherheitspolitik" und wird für die Dauer von fünf Jahren von den Regierungschefs bestellt. Auf dem Foto präsentieren sich die Umweltminister den Fotografen in Weimar.

3 Die **Europäische Kommission** hat das alleinige Recht, Vorschläge für neue europäische Gesetze zu machen (= Initiativrecht). Sie besteht aus 27 Kommissaren, die von den Regierungen der Mitgliedstaaten hierhin entsendet werden. Den Vorsitz führt der Kommissionspräsident, der auf Vorschlag der Staats- und Regierungschefs vom Europäischen Parlament für die Dauer von fünf Jahren gewählt wird. Das Foto zeigt die Kommissare bei der Arbeit in Brüssel.

4 In den **Europäischen Gerichtshof** entsendet jedes Mitgliedsland je eine Richterin bzw. einen Richter. Sie entscheiden bei europäischen Rechtsstreitigkeiten und überprüfen die Rechtmäßigkeit von Beschlüssen der anderen EU-Organe. Das Foto zeigt das Gericht bei einer Urteilsverkündung.

5 Das **Europäische Parlament** wird alle fünf Jahre von den Bürgerinnen und Bürgern in der EU gewählt. Gemeinsam mit dem Rat entscheidet es (mit einigen Ausnahmen) über die europäischen Gesetze. Zukünftig wird es aus 750 Mitgliedern plus Parlamentspräsident bestehen. Die Anzahl der Sitze pro Land hängt von der Einwohnerzahl ab. Deutschland stehen 96 Sitze zu. Das Foto zeigt den Plenarsaal des Parlaments in Straßburg. Zusätzliche Arbeitsorte sind Brüssel und Luxemburg.

Was tun eigentlich die Abgeordneten im Europäischen Parlament? Drei Beispiele

Blick auf das im Jahr 2000 neu eröffnete Parlamentsgebäude und die Büros der Abgeordneten des Europäischen Parlaments in Straßburg. Mit den Neubauten hat sich die EU auch räumlich auf weitere Mitgliedstaaten eingestellt.

A Schutz für Kinder vor gefährlichem Spielzeug

Das EP hat die neue Richtlinie über die Sicherheit von Spielzeug verabschiedet. Die Richtlinie muss in zwei Jahren angewendet werden und sieht strengere Sicherheitsauflagen bei der Herstellung von Kinderspielzeug vor. Die Sicherheitsanforderungen betreffen etwa enthaltene chemische Stoffe, physikalische und mechanische Eigenschaften, Entzündbarkeit sowie elektrische Eigenschaften. Die Richtlinie legt fest, welchen Sicherheitsanforderungen Spielzeug entsprechen muss, wenn es in der EU hergestellt und/oder verkauft werden soll. Sie gilt „für Produkte, die offensichtlich dazu bestimmt oder gestaltet sind, von Kindern unter 14 Jahren zum Spielen verwendet zu werden".

Abstimmung im EP am 18. Dezember 2008, 480 Abgeordnete stimmten für die Verordnung, 73 dagegen, 40 enthielten sich der Stimme.

(Texte im Originalwortlaut der Veröffentlichung des Europäischen Parlaments (gekürzt),
Quelle: www.europarl.europa.eu; Internetadresse des Europäischen Parlaments; Zugriff 02.11.2009)

B Autos sollen sicherer und umweltfreundlicher werden

Das EP hat eine neue Verordnung verabschiedet, mit der die Sicherheit und Umweltverträglichkeit von Autos verbessert werden soll. Vorgesehen sind u. a. die serienmäßige Einführung von Systemen zur Überwachung des Reifendrucks bei Pkws sowie erhöhte Anforderungen an das Reifendesign, etwa bei der Nasshaftung und beim Rollwiderstand. Als europaweite Serienausstattung wird die Einführung zusätzlicher Sicherheitssysteme bei Neuwagen, wie das Antiblockiersystem ESP, verbindlich vorgeschrieben. „Diese Verordnung ist ein Beispiel dafür, dass man Umwelt- und Verbraucherschutz miteinander vereinbaren kann", kommentierte Andreas Schwab (CDU), Berichterstatter des Europäischen Parlaments. Die geplanten Verbesserungen gingen zugunsten der Umwelt, verursachen aber keine höheren Kosten.

Abstimmung im EP am 10. März 2009, 610 Abgeordnete stimmten für die Verordnung, 34 dagegen, 20 enthielten sich der Stimme.

C Tierschutz: Verbot von Robbenerzeugnissen

Der Handel mit Robbenerzeugnissen in der EU wird verboten. Robben werden innerhalb und auch außerhalb der EU gejagt, um aus ihnen eine große Bandbreite an Erzeugnissen zu gewinnen: Fleisch, Öl, Organe und Felle. Die daraus hergestellten Produkte, wie unter anderem Textilien aus verarbeiteten Robbenhäuten und -fellen sowie Omega-3-Kapseln, werden auch auf dem Gemeinschaftsmarkt gehandelt, wobei es für Verbraucher schwierig oder gar unmöglich ist, sie von ähnlichen, nicht von Robben stammenden Produkten zu unterscheiden. Sofern gegen Vorschriften dieser Verordnung verstoßen wird, sollen Sanktionen verhängt werden, die wirksam, verhältnismäßig und abschreckend sind.

Abstimmung im EP am 5. Mai 2009, 550 Abgeordnete stimmten für die Verordnung, 49 dagegen, 41 enthielten sich der Stimme.

---

1. Notiere für die drei Beispiele:
  A Was will das Europäische Parlament erreichen?
  B Für wie wichtig hältst du das angesprochene Problem?
  C Ist es gut, diese Probleme auf europäischer Ebene zu behandeln, oder sollten das die einzelnen Mitgliedstaaten nur für sich tun? Tauscht eure Bewertungen aus.

Welche Aufgaben haben die europäischen Institutionen?
Wir vergleichen die EU mit einem Bus

In einem Buch mit dem Titel „Das neue Europa" finden wir folgenden Text:

Konferenzen, Verträge, Gremien, Gesetze – das klingt alles furchtbar abstrakt: Will man es genauer wissen und fragt, wie die EU praktisch funktioniert und womit sich die verschiedenen Organe konkret befassen, ist zunächst ein wenig Geduld gefordert. Um ein Beispiel zu geben: Auf Wunsch von Tierschutz- und Umweltverbänden erarbeitet die EU-Kommission eine Verordnung oder Richtlinie, die den Schutz wild lebender Tiere europaweit verbessern soll. Dieser Entwurf wird dann dem Ministerrat und dem Parlament vorgelegt. Dort wird er geprüft, man berät sich, diskutiert und verlangt in vielen Fällen Veränderungen. Erst, wenn Ministerrat und Parlament der Verordnung oder Richtlinie zustimmen, ist sie angenommen. Dann wird sie im „Amtsblatt der Europäischen Gemeinschaften" veröffentlicht und ist von da an gültig. Aber Moment! Kommission, Ministerrat, Parlament? Verordnung oder Richtlinie? Wie soll man sich damit zurechtfinden?

(Aus: Ingke Brodersen, Rüdiger Damman: Das neue Europa, Ravensburger Buchverlag, 2007, S. 94)

Lernhilfe Bilder

Ihr werdet euch in Zukunft zurechtfinden und erklären können, welches die wichtigsten Aufgaben der verschiedenen EU-Organe sind. Dazu solltet ihr euch das folgende Bild einprägen und die abstrakt wirkenden Bezeichnungen für die Institutionen der EU mit konkreten Teilen des Bildes verbinden.

Die wichtigsten Einrichtungen der EU sind:
- die Europäische Kommission in Brüssel,
- der Rat der Europäischen Union (auch Ministerrat genannt),
- das Europäische Parlament in Straßburg,
- der Europäische Gerichtshof in Luxemburg,
- der Europäische Rat der Staats- und Regierungschefs.

Um die Aufgaben und das Zusammenwirken dieser fünf Institutionen besser zu verstehen, können wir uns die Europäische Union als einen Bus vorstellen, der, besetzt mit Vertreterinnen und Vertretern aus allen Ländern der EU, in Richtung vereintes Europa fährt.

Busfahrer   Motor   Fahrgäste   Wegweiser   Polizei

In jedem Bus muss es einen Motor geben. Er hat die Aufgabe, das Fahrzeug anzutreiben und zu beschleunigen. Diese Aufgabe übernimmt die Europäische Kommission, weil nur sie das Initiativrecht besitzt. Das ist das Recht, Gesetzesvorschläge zu machen. Der Vorschlag für ein europäisches Tierschutzgesetz kommt also – wie alle anderen europäischen Gesetzesvorschläge auch – aus der Europäischen Kommission. Sie besteht aus Kommissaren, die von den Mitgliedsländern für fünf Jahre entsendet werden, und dem Kommissionspräsidenten. Die Europäische Kommission entscheidet nicht, aber sie treibt den Bus wie ein Motor voran.

1 Merke: Der Motor der EU ist die Europäische Kommission.

In jedem Fahrzeug trifft die Fahrerin bzw. der Fahrer die wichtigen Entscheidungen. Diese Aufgabe übernimmt der Rat der Europäischen Union. Oft nennt man ihn Ministerrat, manchmal auch nur Rat. Dieses Gremium ist – neben dem Europäischen Parlament – das wichtigste gesetzgebende Organ der EU. Das heißt, zusammen mit dem Parlament beschließt der Rat die für das gesamte EU-Gebiet geltenden Gesetze, also auch das Gesetz zum europäischen Tierschutz. Der Rat besteht aus je einem Minister bzw. einer Ministerin aus den Mitgliedsländern. Je nach anstehender Entscheidung sind es immer die dafür zuständigen Fachminister, also mal die Landwirtschaftsminister, dann wieder die Umwelt- oder die Finanzminister.

2 Merke: Der Fahrer des Busses ist der Rat der Europäischen Union.

In einem Bus, der zu einem Ziel fährt, sind die Fahrgäste besonders wichtig. In unserem Bild übernimmt die Rolle der Fahrgäste das Europäische Parlament. Es repräsentiert mit seinen gewählten Abgeordneten die Bevölkerung der gesamten EU. Nach und nach wurden seine Rechte erweitert. Mittlerweile entscheidet es gleichberechtigt mit dem Rat über die europäischen Gesetze. So kann das europäische Tierschutzgesetz erst in Kraft treten, nachdem es mit Mehrheit im Parlament angenommen ist. Man kann sagen, Fahrer und Fahrgäste entscheiden gemeinsam, wohin die Reise geht. Die Fahrgäste im Bus haben noch weitere Rechte. Sie kontrollieren den Lauf des Motors und verwalten die Reisekasse. Das bedeutet konkret: Das Europäische Parlament besitzt das Haushaltsrecht und kontrolliert die Europäische Kommission. Mit einer Zweidrittelmehrheit kann es den Kommissionspräsidenten austauschen und hat von dieser Möglichkeit auch schon Gebrauch gemacht. Es kann dann sozusagen den wichtigsten Teil des Motors austauschen.

3 Merke: Die Fahrgäste im Bus sind die gewählten Mitglieder des Europäischen Parlaments.

In verschiedenen Städten finden vierteljährlich gemeinsame Treffen aller Staats- und Regierungschefs der EU statt. Hinzu kommen auch die Außenminister und der Präsident der Europäischen Kommission. Dieses Gremium hat den Namen Europäischer Rat. Seine Zusammenkünfte werden als europäische Gipfeltreffen bezeichnet. Die Staats- und Regierungschefs sind nicht direkt an der europäischen Gesetzgebung beteiligt. Sie geben aber die große Richtung an und legen die Ziele für die weitere Entwicklung der EU fest. Zum Beispiel hat man hier vor vielen Jahren die Einfuhr des Euro beschlossen und es wird auch hier darüber entschieden, ob neue Mitgliedstaaten in die EU aufgenommen werden oder nicht. Der Europäische Rat der Regierungschefs ist also der Wegweiser für die Fahrt des Busses in Richtung Europa.

4 Merke: Der Wegweiser nach Europa ist der Rat der Staats- und Regierungschefs.

Zuletzt fehlt noch eine Polizei, die aufpasst, dass auf dem Weg in das vereinte Europa die Regeln nicht verletzt werden. Diese Rolle übernimmt der Europäische Gerichtshof in Luxemburg. Er besteht aus je einer Richterin bzw. einem Richter pro Mitgliedsland, die von den jeweiligen Regierungen für sechs Jahre ernannt werden. Mit seinen Entscheidungen kann der Europäische Gerichtshof die Mitgliedsländer zur Einhaltung und zur einheitlichen Auslegung der europäischen Gesetze zwingen.

5 Merke: Die Rolle der Polizei übernimmt in unserem Bild der Europäische Gerichtshof.

1. Mithilfe des Bildvergleichs könnt ihr nun nach und nach die Rolle der fünf wichtigen EU-Institutionen vorstellen.

Trainingsplatz

Die europäischen Institutionen

Wir ordnen zu: 1 + 1 + 1

In dieser Übung musst du die einzelnen Satzteile so zusammenfügen, dass fünf Merksätze über die europäischen Institutionen entstehen. Nach dem Lesen des Textes auf der vorangegangenen Doppelseite wird dir das nicht schwerfallen.
Tipp: Einzelarbeit – Schreibe deine Merksätze in dein Europaheft.

Je eine Institution …

- Das Europäische Parlament
- Die Europäische Kommission
- Der Ministerrat
- Der Rat der Staats- und Regierungschefs
- Der Europäische Gerichtshof

plus eine Aufgabe …

- entscheidet gemeinsam mit dem Ministerrat über die europäischen Gesetze, wählt den Präsidenten der Kommission und
- wacht über die Durchsetzung und Einhaltung des europäischen Rechts und
- legt in seinen Gipfeltreffen die grundlegende Richtung für die Weiterentwicklung der EU fest und
- trifft die wichtigen Entscheidungen, beschließt die Gesetze für die Europäische Union und
- erarbeitet Vorschläge für neue europäische Gesetze und

plus eine Zusammensetzung …

- besteht aus Kommissaren, die von den Regierungen der Mitgliedsländer ernannt werden, und dem Kommissionspräsidenten.
- besteht aus gewählten Abgeordneten, die alle fünf Jahre von den Bürgerinnen und Bürgern der EU gewählt werden.
- besteht aus Richtern, die von den Mitgliedsländern ernannt werden.
- besteht aus den Staats- und Regierungschefs der Mitgliedsländer und wird von dem für 5 Jahre gewählten Präsidenten geleitet.
- setzt sich aus den jeweiligen Fachministern der Regierungen aus allen Mitgliedstaaten zusammen.

passen zusammen.

INFORMATION lesen – bearbeiten – einprägen

Gesetzgebung in der EU

1. Erkläre den Unterschied zwischen einer Verordnung und einer Richtlinie.
2. Notiere wichtige Bereiche, in denen die EU verbindliche Rechtsentscheidungen für alle Unionsbürger trifft.
3. In Demokratien müssen die gesetzlichen Entscheidungen immer auf dem Willen des Volkes beruhen. Findest du heraus, warum bezüglich dieser Forderung für die EU noch von einem „Demokratiedefizit" die Rede ist?

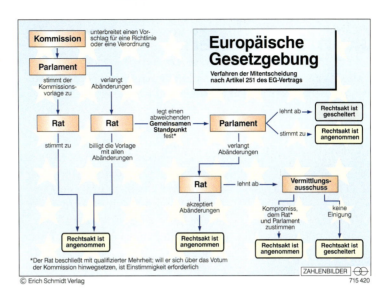

Arten von EU-Gesetzen

Die Europäische Union hat das vertraglich garantierte Recht, Entscheidungen zu treffen, die für alle Unionsbürger Gesetzeskraft haben. Dabei muss zwischen zwei Arten von EU-Gesetzen unterschieden werden: Richtlinien und Verordnungen. Verordnungen sind EU-Gesetze, die unmittelbar nach ihrer Verabschiedung in allen Mitgliedstaaten geltendes Recht sind. Das kann zum Beispiel eine Verordnung über die Höchstgrenzen von Schadstoffen in Benzin oder dergleichen sein. Verordnungen stehen im Rang über den nationalen Gesetzen. Richtlinien sind Gesetzesentscheidungen, die bestimmte Forderungen an die Mitgliedstaaten stellen. Sie sind nicht unmittelbar geltendes Recht, sondern müssen erst innerhalb einer vorgegebenen Frist von den nationalen Parlamenten der Mitgliedstaaten in ein Gesetz umgewandelt werden. Zusätzlich kann die EU noch Entscheidungen treffen, die für einzelne Mitgliedsländer verbindlich sind.

Wichtige Entscheidungsfelder

Für die meisten Politikbereiche, die auf europäischer Ebene entschieden werden, schreiben die Verträge das sogenannte „Mitentscheidungsverfahren" vor. An diesem Verfahren sind immer drei beteiligt: (1) die Europäische Kommission, weil sie allein das Vorschlagsrecht für Gesetze hat, (2) der Ministerrat sowie (3) das Europäische Parlament, weil sie beide über den Vorschlag der Kommission zu entscheiden haben. Das Recht, über die Gesetze mitzuentscheiden, hat das Parlament erst seit den Verträgen von Nizza aus dem Jahr 1997. Vorher entschied der Ministerrat allein, was der EU stets den Vorwurf mangelnder Demokratie einbrachte. Schließlich sind ja die Minister im Rat nicht vom Volk gewählt. Mit der Mitentscheidung schreitet die Demokratisierung der Gemeinschaft voran, ist aber noch nicht abgeschlossen. Einige wichtige Bereiche, in denen die Union für alle Unionsbürger Gesetze verabschiedet, sind:
- alle Fragen, die den Binnenmarkt betreffen,
- Datenschutz,
- Maßnahmen zur Entwicklungshilfe,
- die europäische Sozialpolitik, besonders die Armutsbekämpfung innerhalb der EU,
- der Umweltschutz,
- die Verkehrspolitik,
- Rahmenprogramme für Forschung und technologische Entwicklung.

Entstehung eines Gesetzes

Das Gesetzgebungsverfahren in der EU kann hier nur in vereinfachter Form wiedergegeben werden:
In der Regel erarbeitet die Kommission einen Vorschlag, der dann dem Parlament und dem Ministerrat zugeleitet wird. Stimmen Parlament und Ministerrat dem Gesetz zu, so kann es in Kraft treten. Der Rat kann aber auch Änderungen von der Kommission verlangen, dann wird das Gesetz überarbeitet und wiederum dem Ministerrat und dem Parlament vorgelegt. Gibt es keine Einigung, so wird ein Vermittlungsausschuss gebildet, der in gleicher Zahl aus Mitgliedern des Parlaments und des Ministerrates besteht. Findet dieser Ausschuss einen Kompromiss, ist das Gesetz angenommen. Gibt es hier keine Einigung, ist das Gesetzesvorhaben endgültig gescheitert.

309

5. Wie soll die Europäische Union in der Zukunft aussehen?

Sammelt zunächst die Gründe für das weitere Zusammenwachsen der Europäischen Union. Diskutiert dann, welche Chancen und Gefahren in der Erweiterung der EU stecken.

Sicherung des Friedens
Ganz allgemein:
Die Staaten der heutigen Europäischen Union haben früher viele Kriege gegeneinander geführt, nahezu jeder gegen jeden. Ein Krieg Preußens gegen Bayern ist seit Gründung des Deutschen Reichs undenkbar geworden, ein Krieg Deutschlands gegen Frankreich seit Gründung der EWG ebenso. Einigung schafft Frieden.
Und besonders für uns Deutsche:
Die Bundesrepublik Deutschland ist durch ihre Mitgliedschaft in den Europäischen Gemeinschaften und der NATO wieder gleichberechtigter Partner in Europa geworden. Die Einbindung Deutschlands in die Union hat es unseren Nachbarstaaten erleichtert, der Vereinigung beider deutscher Staaten (1990) zuzustimmen.

Schonung der Umwelt
Ganz allgemein:
Schadstoffe in Luft und Wasser machen an Grenzen nicht Halt. Wirksame Umweltpolitik in Europa ist national nicht mehr möglich.
Und besonders für uns Deutsche:
Deutschland ist heute weltweit führend im Umweltschutz. Unsere Erfahrungen können dazu beitragen, umweltfreundliche Vorschriften und umweltschonende Techniken europaweit einzuführen.

Entwicklung der Wirtschaft
Ganz allgemein:
Zollschranken störten nicht in einer Zeit, als Marktgebiete mit wenigen hunderttausend Menschen noch ausreichend groß waren für alle erdenklichen Unternehmungen. Heute sind Märkte mit hunderten von Millionen Menschen nötig, damit Produkte und Dienstleistungen preiswert angeboten, damit neue und zukunftssichere Produkte entwickelt werden können.
Und besonders für uns Deutsche:
Deutschland ist ein Industrieland, das auf Export von Fertigwaren und Import von Rohstoffen angewiesen ist.
Seit deutsche Waren zollfrei in europäische Länder gelangen, hat unser Export stark zugenommen. Das hat Millionen von Arbeitsplätzen gesichert und viele neue geschaffen.

(Presse- und Informationsamt der Bundesregierung [Hg.], Europa 2002 – Die Europäische Union und die Währungsunion, Omnia, Köln 2000, S. 30f.; Verf.: Claus D. Grupp)

Sicherheit im Innern
Ganz allgemein:
Das Asyl- und Einwanderungsrecht kann in Europa nur gemeinsam zufriedenstellend geregelt werden. Fremdenhass, illegaler Drogenhandel und internationale Kriminalität können nur gemeinsam wirksam bekämpft werden.
Und besonders für uns Deutsche:
Kein Staat in Europa hat so viele Grenznachbarn wie Deutschland: neun.

Sozialer Ausgleich
Ganz allgemein:
In Europa gibt es ärmere Regionen neben reichen. Den ärmeren Regionen muss geholfen werden, aber das ist nur möglich mithilfe der reichen Regionen, also mit gemeinsamer Politik aller Staaten der Union; so wird Solidarität auf eine vertragliche Basis gestellt.
Und besonders für uns Deutsche:
Die Union stellt seit 1991 Milliarden für den Aufbau in den neuen Bundesländern zur Verfügung, von 1994 bis 1999 26 Mrd. DM [entspricht ca. 13 Mrd. Euro]. Die neuen Bundesländer bleiben auch beim Eintritt ins neue Jahrtausend in der höchsten Förderstufe der EU.

Zur Diskussion: Sollen weitere Mitglieder in die EU aufgenommen werden?

2007 ist die Mitgliederzahl der EU auf 27 angewachsen. Beitrittsverhandlungen mit der Türkei und mit Kroatien haben im Oktober 2005 begonnen. Auch Albanien, Island, Mazedonien und Montenegro haben die Mitgliedschaft beantragt. Vor diesem Hintergrund kreist die Diskussion um die Zukunft der Europäischen Union ganz wesentlich um zwei Fragen:

- Soll die EU weitere Mitglieder aufnehmen, auch wenn es dadurch schwieriger wird, die Gemeinschaft zu organisieren und Entscheidungen zu treffen?
- Welche Vor- und Nachteile bringt die Erweiterung für die Menschen und die Staaten in Europa?

Die Beitrittsbedingungen

Grundsätzlich ist die Europäische Union kein geschlossener Club, sondern eine Gemeinschaft mit offenen Türen. Der EU-Vertrag schreibt fest, dass jeder europäische Staat beantragen kann, Mitglied der Union zu werden. Allerdings nur, wenn er die ebenfalls vertraglich verankerten Grundsätze der Europäischen Union achtet: die Grundsätze der Freiheit, der Demokratie, der Achtung der Menschenrechte und Grundfreiheiten sowie der Rechtsstaatlichkeit.

Maßgeblich bei der Bewertung von Beitrittsanträgen sind außerdem die sogenannten „Kopenhagener Kriterien", die auf dem EU-Gipfel in der dänischen Hauptstadt 1993 mit Blick auf die damals jungen Reformstaaten Mittel- und Osteuropas formuliert wurden. Ein Beitritt zur EU ist an die Bedingung geknüpft, das politische, wirtschaftliche und rechtliche System umzugestalten und an die EU-Standards anzugleichen. Die EU verlangt

- eine stabile Demokratie mit Garantien für rechtsstaatliche Ordnung, Wahrung der Menschenrechte und Schutz von Minderheiten,
- eine funktionsfähige Marktwirtschaft mit wettbewerbsfähigen Unternehmen, die den Marktkräften im europäischen Binnenmarkt standhalten,
- die Übernahme des EU-Rechts, um die Pflichten der EU-Mitgliedschaft zu erfüllen und die Ziele der Union zu unterstützen.

Darüber hinaus schreiben die Kopenhagener Kriterien aber auch eine Bedingung fest, die von Seiten der Union zu erfüllen ist:

- die Fähigkeit der Union, neue Mitglieder aufzunehmen, ohne dabei die Stoßkraft der europäischen Integration zu verlieren.

(Aus: Erweiterung der Europäischen Union, © Europäische Gemeinschaften, 1995–2006; www.europarl.de; letzter Zugriff 29.11.06)

Warum nimmt die EU weitere Mitglieder auf?

Mit der Erweiterung nach Osten bereitet sich die EU auf ihre zukünftige Rolle in der Welt des 21. Jahrhunderts vor. Erst wenn Europa zusammengewachsen ist, kann es seine Interessen in der Welt der Globalisierung angemessen vertreten.

[...] Die Europäische Union wird zum größten Binnenmarkt der Welt. Diese neuen Absatzmärkte und die wachsende Konkurrenz kommen uns allen zugute. Wo das Warenangebot steigt, werden auch die Preise eher fallen. Zugleich wachsen die Chancen europäischer Unternehmen – und gerade auch deutscher Betriebe. Denn unsere Wirtschaft ist auf den Export angewiesen. [...] Die Frage möglicher Arbeitsplatzverluste aufgrund der Erweiterung muss [...] differenziert betrachtet werden. Berechnungen [...] kommen zu dem Ergebnis, dass bisher vor allem der Maschinenbau und die Gummi- und Kunststoffindustrie in der EU Arbeitsplatzgewinne durch die intensivierten Verbindungen mit den EU-Kandidatenländern gemacht haben. Beschäftigungsverluste erlitten hingegen die Bekleidungsindustrie, das Holzgewerbe und die Metall verarbeitende Industrie.

(Aus: Die Europäische Union – Fragen zur Erweiterung, hrsg. vom Auswärtigen Amt, Berlin, April 2003, S. 6-7 und S. 32)

1. Erstellt eine Liste, die die Aufnahmekriterien für die EU enthält.

2. Diskutiert dann über die Meinungen der beiden Jugendlichen auf dieser Seite.

Im Original

Der Vertrag von Lissabon – eine neue Chance für Europa

Ein noch stärkeres Zusammenwachsen wollte die EU mit der Verabschiedung einer gemeinsamen Verfassung beurkunden. 16 Monate dauerte ihre Ausarbeitung und im Sommer 2004 wurde sie von den Staats- und Regierungschefs aller Mitgliedsländer unterschrieben. Doch dann 2005: Was für ein Schock! In Volksabstimmungen sagte die Mehrheit der Franzosen und der Niederländer „Nein" zur Verfassung. In der Folge geriet die EU in eine schwere Krise. Ohne ein neues Regelwerk drohte der Verlust der Handlungsfähigkeit. Als Ersatz für die abgelehnte Verfassung wurde nun der Vertrag von Lissabon ausgearbeitet und 2007 unterzeichnet – nicht mehr ganz so feierlich wie bei der Verfassungsunterzeichnung, aber vom Willen getragen, die EU der 27 fit für die Zukunft zu machen. Nach vielen Diskussionen und Überarbeitungen trat der Vertrag am 1. Dezember 2009 in Kraft. Hier könnt ihr euch mit wichtigen Neuerungen vertraut machen und nach der Bearbeitung in Form von Kurzvorträgen präsentieren.

27 Unterschritten bedeuten 27-mal Zustimmung der Staats- und Regierungschefs

---

Vertrag über die Europäische Union

Artikel 2
Die Werte, auf die sich die Union gründet, sind die Achtung der Menschenwürde, Freiheit, Demokratie, Gleichheit, Rechtsstaatlichkeit und die Wahrung der Menschenrechte einschließlich der Rechte der Personen, die Minderheiten angehören. Diese Werte sind allen Mitgliedstaaten in einer Gesellschaft gemeinsam, die sich durch Pluralismus, Nichtdiskriminierung, Toleranz, Gerechtigkeit, Solidarität und die Gleichheit von Frauen und Männern auszeichnet.

Artikel 3
(1) Ziel der Union ist es, den Frieden, ihre Werte und das Wohlergehen ihrer Völker zu fördern.

Welche Neuerungen bringt der Vertrag von Lissabon?

Charta gemeinsamer Grundrechte

Grundrechte waren bislang nicht Bestandteil der EU-Verträge. Das ändert sich mit dem Vertrag von Lissabon. Die Union erhält mit der EU-Charta der Grundrechte den modernsten Grundrechtekatalog der Welt. Durch die rechtsverbindliche Verankerung der Charta können die Bürgerinnen und Bürger beim Europäischen Gerichtshof klagen, wenn sie sich durch einen europäischen Rechtsakt in ihren Grundrechten verletzt fühlen.

Mitwirkung der Bürger

Künftig können Bürgerinnen und Bürger unmittelbar am europäischen Willensbildungsprozess mitwirken. Mit dem europäischen Volksbegehren wird zum ersten Mal ein Element der direkten Demokratie auf europäischer Ebene eingeführt. Mit einer Million Unterschriften […] kann die Europäische Kommission aufgefordert werden, einen Gesetzesvorschlag vorzulegen.

Stärkung des Europäischen Parlaments

Das Europäische Parlament erhält praktisch die volle Mitwirkung in der europäischen Gesetzgebung neben dem Rat. 95 % aller „EU-Gesetze" werden künftig gleichberechtigt vom Rat (den Ministern aller EU-Staaten) und dem Europäischen Parlament beschlossen. Zudem bekommt das Europäische Parlament zusätzliche politische Macht. Während es bisher an der Auswahl der Kommissare lediglich durch Anhörungen beteiligt war, wird künftig der Kommissionspräsident vom Europäischen Parlament gewählt (auf Vorschlag des Europäischen Rates). […]

Gemeinsamer Wertekatalog

Die Europäische Union zählt heute 27 Mitgliedstaaten und fast 500 Millionen Bürger. Sie vereint, in all ihrer Vielfalt, ein gemeinsamer fester Wertekatalog

lesen – verstehen – beurteilen

und ein unverwechselbares europäisches Lebensmodell. Der Reformvertrag fasst diese Werte, auf die sich die Europäische Union gründet, erstmals klar zusammen. Zu ihnen zählen vor allem: die Achtung der Menschenwürde, Freiheit, Demokratie, Rechtsstaatlichkeit, Menschenrechte.

Gemeinsame Ziele

Der Reformvertrag nennt auch die gemeinsamen Ziele, die die Europäische Union verfolgt. Dazu zählen beispielsweise

- die Förderung von Frieden, Werten und Wohlergehen der Völker der Union;
- die nachhaltige Entwicklung Europas auf der Grundlage eines ausgewogenen Wirtschaftswachstums und von Preisstabilität;
- eine wettbewerbsfähige soziale Marktwirtschaft, die auf Vollbeschäftigung und sozialen Fortschritt abzielt;
- der Umweltschutz;
- die Bekämpfung von sozialer Ausgrenzung;
- die Förderung sozialer Gerechtigkeit;
- die Solidarität zwischen den Mitgliedstaaten;
- der Schutz und die Entwicklung des kulturellen Erbes Europas

Klare Aufgabenverteilung

Durch den Reformvertrag wird zum ersten Mal die Verteilung von Aufgaben und Zuständigkeiten zwischen der Europäischen Union und ihren Mitgliedstaaten klar geregelt. Damit wird eindeutig festgelegt, wofür die EU zuständig ist und wofür nicht. Zu den ausschließlichen Zuständigkeiten der EU zählen etwa die Wettbewerbsregeln für das Funktionieren des Binnenmarkts, die Zollunion, die Handelspolitik oder die Währungspolitik für die Euro-Staaten.

Zu den zwischen der Union und den Mitgliedstaaten geteilten Zuständigkeiten zählen zum Beispiel Sozialpolitik, Landwirtschaft und Fischerei, Umwelt, Verbraucherschutz, Energie, Verkehr, Justiz und Inneres oder die öffentliche Gesundheit. Alle Kompetenzen, die nicht ausdrücklich der EU zugeordnet sind, bleiben bei den Mitgliedstaaten, etwa die nationale Sicherheit, die Einkommens- oder Erbschaftssteuern und die Rentenpolitik. Die Mitgliedstaaten sind die „Herrscher über die EU-Verträge": Sie können daher auch jederzeit beschließen, dass Zuständigkeiten von der EU wieder an sie zurück übertragen werden. Das hält der Reformvertrag ausdrücklich fest. Er stellt damit sicher, dass die europäische Integration keine Einbahnstraße ist und Europa auch loslassen lernt. [...]

Neu: Die EU mit Präsident und „Außenminister"

Die Union erhält mit dem Reformvertrag ein Gesicht und eine Stimme. Ein neuer für zweieinhalb Jahre gewählter Präsident bereitet künftig die Tagungen des Europäischen Rates vor und leitet sie. Der Europäische Rat trifft jährlich bis zu 4-mal zu regulären Sitzungen zusammen. Seine rechtsverbindlichen Beschlüsse unterliegen künftig der Kontrolle durch den Europäischen Gerichtshof. Bislang waren die außenpolitischen Kompetenzen

zwischen dem Rat und der Kommission zweigeteilt. Künftig wird der Hohe Vertreter (quasi ein „EU-Außenminister") die gemeinsame Außen- und Sicherheitspolitik der EU nach außen vertreten. Der Hohe Vertreter wird von einem Auswärtigen Dienst der EU unterstützt. Er wird den Ministerrat für Auswärtige Angelegenheiten leiten und zugleich der Kommission als Vizepräsident angehören. Der Vertrag schafft damit die Grundlage, dass Europa in der Welt mit einer Stimme sprechen kann.

(Aus: Dr. Gerhard Sabathil (verantwortlich für den Inhalt): Der Vertrag von Lissabon – Die EU-Reform 2008 im Überblick, hg. von der Vertretung der Europäischen Kommission in der Bundesrepublik Deutschland, Berlin 2008)

Diskussion und Entscheidung in der Klasse: Soll die Türkei in die EU aufgenommen werden?

Exemplarisch für die Aufnahme neuer Staaten in die EU wird hier die Situation der Türkei dargestellt. Die Aufnahme des Landes gilt aus der Sicht der türkischen Regierung als „der größte außenpolitische Wunsch der Türkei", aus der Sicht der EU-Mitgliedstaaten gilt sie als umstritten. Ihr sollt eine Entscheidung treffen. Dabei muss es nicht nur um die Frage gehen, ob das Land prinzipiell aufgenommen werden soll oder nicht, sondern auch, unter welchen Bedingungen und zu welchem Zeitpunkt. Stellt zunächst mithilfe des Materials Antworten auf die folgenden Fragen zusammen:

1. Warum möchte die Türkei Mitglied der EU werden?

2. Was spricht eher für die Aufnahme, was zurzeit eher dagegen?

- Ich bin für die möglichst schnelle Aufnahme der Türkei in die EU.
- Ich bin für die Aufnahme der Türkei zu einem späteren Zeitpunkt.
- Ich bin gegen die Aufnahme der Türkei in die EU.

Beginn von Beitrittsverhandlungen

Die Aufnahme der Türkei in die EU hat viele Befürworter, aber auch viele Gegner. Erstmals würde ein islamisches Land in die EU aufgenommen werden. Mit Spannung wurde deshalb der für den 6. Oktober 2004 angekündigte Bericht zum möglichen EU-Beitritt der Türkei erwartet. Die EU-Kommission hatte sich für die Aufnahme von Beitrittsverhandlungen mit der Türkei ausgesprochen. Dem Land werde aber eine Reihe von Bedingungen gestellt. Zudem soll es jederzeit die Möglichkeit geben, die Verhandlungen zu unterbrechen. Im 1963 geschlossenen Assoziierungsabkommen zwischen der Türkei und der EU war die Möglichkeit eines Beitritts der Türkei zur Union vorgesehen, und 1989 beantragte die Türkei ihre Aufnahme. [...]

Der Europäische Rat von Kopenhagen beschloss Ende 2002, dass die EU ihre Unterstützung für die Beitrittsvorbereitungen der Türkei weiter verstärken soll und dass die Kommission einen Bericht über die Fortschritte der Türkei Ende 2004 erstellen wird. Dieser Bericht soll festlegen, ob die Türkei ausreichend auf den Beitritt vorbereitet ist und daher mit den Beitrittsverhandlungen beginnen kann.

(Aus: www.lpb.bwue.de, 7.4.2005, aktualisiert, © LpB Baden-Württemberg; letzter Zugriff 29.11.06)

Ankara setzte alles auf eine Karte

Der Bericht gab grünes Licht für die Aufnahme der Beitrittsverhandlungen zwischen der Europäischen Union und der Türkei. Sie begannen am 3. Oktober 2005.
Seit Jahrzehnten befindet sich die Türkei auf dem Weg nach Europa – über Jahre hinweg wartete sie auf den Beginn von konkreten Verhandlungen über eine Mitgliedschaft. [...] Dass die Gespräche aber noch mindestens zehn Jahre dauern dürften, kümmert Erdogan und seine Landsleute wenig. Vielmehr wäre ein konkretes Datum aus Sicht der Türken ein klares Zeichen, dass ihr Land unwiderruflich zur europäischen Familie gehört – der ferne Beitritt ist daher unwichtiger als der Beginn der Verhandlungen selbst. [...] Ein westlicher Beobachter sagte, für die Türkei gehe es – im Gegensatz zu den anderen EU-Kandidatenstaaten – in erster Linie nicht um Subventionen aus Brüssel, sondern um das Gefühl, dazuzugehören.

(Aus: Tobias Daniel, Wird Europa überfordert, am 3. Oktober 2005 in: www.europa-digital.de, © Copyright 1999–2006 europa einfach e.V.; letzter Zugriff 29.11.06)

Zum Beginn der Verhandlungen wehen die Flaggen der EU und der Türkei vor der größten Moschee in Istanbul

Positionen zum Aufnahmeantrag

A Darum soll die Türkei (noch) nicht Mitglied der EU werden:

Führende Politikerinnen und Politiker der CDU und CSU haben geäußert, dass eine Aufnahme der Türkei zum jetzigen Zeitpunkt die Leistungsfähigkeit der EU überfordern würde, vor allem auch finanziell. Genannt wird auch, dass die kulturellen Unterschiede zu groß seien. 99,8 Prozent aller Türken bekennen sich zum Islam und die Türkei gehört geographisch nur zu einem winzigen Teil zu Europa. Man schließt eine Mitgliedschaft nicht für alle Zeiten aus, weil das ja Gegenstand der Beitrittsverhandlungen sei. Man tritt aber eher für eine besonders intensive Form der Partnerschaft ein.
Die große Mehrheit der Abgeordneten des Europäischen Parlaments sieht ohne tiefgreifende Reformen in der Türkei eine Aufnahme des Landes in die EU als „zurzeit nicht vorstellbar" an. Die christlichen Kirchen weisen darauf hin, dass für sie das Recht der freien Religionsausübung in der muslimischen Türkei bisher nur auf dem Papier bestünde.

Weitere Stimmen:

„Die Türkei war nicht Europa, ist es nicht und wird es nicht sein, weder geographisch, noch historisch, noch kulturell. In der Türkei wird immer noch gefoltert und selbst schwerste Menschenrechtsverletzungen sind an der Tagesordnung. Was ist denn das für eine Gesellschaft, deren eine Hälfte, die weibliche, so gut wie keine Rechte hat? Wo Väter ihre Töchter töten, weil sie, selbst nach einer Vergewaltigung, angeblich die Familienehre verletzt haben?" *Ralph Giordano, Schriftsteller*

„In Deutschland leben seit Jahrzehnten Millionen Türkinnen und Türken. [...] Längst sind wir mehr als Nachbarn. Immer öfter sind wir miteinander befreundet oder gar verheiratet. Trotzdem bin ich gegen einen Beitritt der Türkei zum jetzigen Zeitpunkt. Denn die zwischen Tradition und Moderne, zwischen Demokratie und Gottesstaat zerrissene Türkei muss sich zunächst einmal selber klarmachen, wohin sie tendiert ... Darum: Nein zum Beitritt – und Ja zur Freundschaft."
Alice Schwarzer, Journalistin

B Darum soll die Türkei Mitglied der EU werden:

Politikerinnen und Politiker der SPD und der Grünen begrüßen den Beitritt der Türkei und drücken ihre Hoffnung aus, dass die Verhandlungen zu einem erfolgreichen Abschluss kommen werden. Der Beitritt werde die Demokratie in der Türkei festigen und dabei helfen, die notwendigen Reformen mit Kraft voranzutreiben. Mit der Türkei als Mitglied habe die EU ein höheres Gewicht in der Weltpolitik. Ein islamisches Land, das sich zur Demokratie bekennt, sei ein stabilisierender Faktor in der Welt und könne sehr gut zur internationalen Friedenssicherung beitragen.
Befürworter der Beitritte im Europäischen Parlament betonen, es sei wünschenswert, dass die universellen Werte Europas wie Demokratie, Rechtsstaatlichkeit, Achtung der Menschen- und Minderheitenrechte sowie Religions- und Gewissensfreiheit auf ein Land mit vorwiegend islamischer Bevölkerung übertragen werde.

Weitere Stimmen:

„Der EU-Beitritt ist auch wichtig, um die Kluft zwischen ‚dem Westen' und der ‚muslimischen Welt' zu überwinden. Den Parolen islamischer Terroristen von einem islamfeindlichen Westen kann so entgegengewirkt werden. Dies bringt mehr Sicherheit in und für Europa. Eine fest in der EU verankerte Türkei ist gleichzeitig ein wichtiger Stabilitätsfaktor für die gesamte Nah-Mittelost-Region."
Claudia Roth, Bundestagsabgeordnete, Bündnis 90/DIE GRÜNEN

„Wir können der Türkei nicht 40 Jahre lang Hoffnung auf eine Mitgliedschaft machen und auf einmal sagen: April, April. Und es gibt ja auch gute Gründe für die Aufnahme. Wenn die Türkei dauerhaft stabilisiert wird, was Menschenrechte, soziale Standards, Gleichberechtigung angeht, ist das auch gut für die Integration der 2,5 Millionen türkischstämmigen Menschen in Deutschland. Außerdem hilft es langfristig unserer Wirtschaft, weil neue Absatzmärkte entstehen."
Michael Sommer, Chef des deutschen Gewerkschaftsbundes (DGB)

Memory-Station

Wichtiges Wissen

Station 1 Was ist das, die Europäische Union? (Seiten 298ff.)

3 Aussagen – 3 Teile: Hier musst du die Teile zu sinnvollen Gesamtaussagen zusammenfassen und als Merksätze notieren.

A Die Europäische Union ist …	… Währungen abzuschaffen und einen gemeinsamen Wirtschaftsraum zu bilden.	… der freiwillige Zusammenschluss mehrerer Staaten mit dem Ziel, ihre unterschiedlichen …
B Der europäische Binnenmarkt ist …	… sich der Wahrung des Friedens und dem Streben nach Wohlstand verschrieben haben.	… ein Gebiet mit freiem Waren-, Dienstleistungs-, Personen- und Kapitalverkehr ohne Grenzen für alles, was …
C Die Europäische Währungsunion ist …	… sich im wirtschaftlichen Geschehen von einem Ort zum anderen bewegen will.	… ein Zusammenschluss demokratischer europäischer Staaten, die …

Station 2 Die EU und wir (Seiten 292ff.)

Ich lebe hier in meiner Heimat. Europa ist für mich weit weg.

Weise Herrn Kleinschmidt an mindestens fünf Merkmalen nach, dass die Europäische Union doch in sein Alltagsleben hineinwirkt.

Station 3 Institutionen der EU (Seiten 304ff.)

5-mal richtig – 5-mal falsch
Finde die fünf richtigen Aussagen und notiere sie.

	richtig	falsch
1. Das Europäische Parlament wird alle fünf Jahre gewählt.	?	
2. Das Europäische Parlament hat das alleinige Recht, Gesetze vorzuschlagen.		?
3. Die Europäische Kommission entscheidet über die europäischen Gesetze.	?	
4. Die Europäische Kommission ist Motor bzw. Regierung der EU.		?
5. Der Ministerrat der EU besteht aus Kommissaren, die vom Volk gewählt werden.	?	
6. Im Ministerrat werden Entscheidungen getroffen, die Gesetzeskraft haben.		?
7. „Europäisches Gipfeltreffen" nennt man die öffentlichen Sitzungen des Parlaments der EU.	?	
8. Der Europäische Rat der Staats- und Regierungschefs ist der Wegweiser der EU.		?
9. Die Richter am Europäischen Gerichtshof werden von den Bürgern gewählt.	?	
10. Entscheidungen des Europäischen Gerichtshofs können die Mitgliedstaaten zu Einhaltung des europäischen Rechts zwingen.		?

www.europarl.de   +++   www.europa.eu   +++   www.mehr-europa.de

Europa – Die Bedeutung und Funktion der Europäischen Union

Wichtige Fähigkeiten

 Station 4 Europa: Die Symbolik in einer Karikatur erklären können (Seite 294)

 Station 5 Die Zukunft der EU: Eine Meinung überzeugend begründen können (Seiten 310ff.)

In zahlreichen Karikaturen, die sich mit der Europäischen Union beschäftigen, taucht ein Stier als Symbol für Europa auf. Wer die Ursprünge nicht kennt, kann mit diesem Stier (und der Figur auf dem Stier) nichts anfangen. Du kannst helfen.

- Erkläre, welche Ursprünge Europas die Karikatur aufgreift, und erzähle die Geschichte.
- Finde auch heraus, mit welchem Ereignis der jüngsten europäischen Geschichte sich der Karikaturist auseinandersetzt.

Pro und Kontra Aufnahme der Türkei

1. Fertige nach dem folgenden Schema eine sprachlich gut ausformulierte Argumentation über das Pro und Kontra eines Beitritts der Türkei in die Europäische Union an.
2. Begründe im Schlussteil deine eigene Meinung mit mindestens zwei Argumenten.

1. Warum möchte die Türkei in die EU?

2. Welche Argumente verwenden die Gegner ihrer Aufnahme?

3. Welche Argumente verwenden die Befürworter?

4. Wie ist meine Position?

+++ www.auswaertiges-amt.de +++ www.juparl.de +++ www.europa-digital.de

11 Friedenssicherung als Aufgabe internationaler Politik

Betrachtet eine Weile das Foto. Überlegt dabei, welches Ereignis in der Vergangenheit diese Szene so bedeutsam macht. Führt dann ein Brainstorming in der Klasse durch:

Zum Begriff „Frieden" fällt mir spontan ein ...

Jedes Jahr am 6. August läutet in Hiroshima die Friedensglocke. Sie erinnert die Menschen dieser Stadt an das unsägliche Leid, das der Abwurf der ersten Atombombe 1945 über die Stadt brachte. Nahezu 130 000 Menschen verloren in dem flammenden Inferno ihr Leben. Zugleich drückt sie die Sehnsucht vieler Menschen nach Frieden aus. Das Foto zeigt japanische Kinder und Mütter am 6. August in Hiroshima: Sie gedenken der Toten und bitten um Frieden auf der Welt, indem sie kleine Papierlaternen auf dem Wasser schwimmen lassen.

Für Jugendliche in Mitteleuropa ist Frieden etwas ganz Selbstverständliches – schließlich haben sie niemals einen Krieg erlebt. Für viele Jugendlichen in Asien oder Afrika ist Krieg normal – sie haben in ihrem jungen Leben wenig anderes als Leid, Entbehrung und Gewalt kennengelernt. Warum müssen Kinder und Jugendliche in Kriegen so leiden? Warum können sie nicht sicher und in Frieden leben wie Jugendliche in Deutschland? Warum gibt es immer wieder Kriege? Solche Gedanken sind euch vielleicht schon einmal durch den Kopf gegangen. Vielleicht habt ihr euch dann auch gefragt, was passieren müsste, damit unsere Welt friedlicher wird. Auf diese Frage überzeugende Antworten zu finden, ist zugleich eine der schwierigsten Aufgaben der internationalen Politik. Darum geht es auf den folgenden Seiten.

Wenn ihr dieses Kapitel bearbeitet, könnt ihr

- unterschiedliche Friedensbegriffe erläutern,
- darüber nachdenken, welchen Beitrag ihr selbst zur Friedenssicherung leisten wollt,
- darstellen und bewerten, was internationale Organisationen für die Friedenssicherung leisten,
- die Aufgaben der Bundeswehr erklären,
- darüber debattieren, ob die Wehrpflicht beibehalten oder abgeschafft werden soll.

1. Warum ist Friedenssicherung eine so schwierige Aufgabe?

Beispiel Kosovo: Der steinige Weg zum Frieden

Beim Wort „Krieg" denken viele spontan an Krieg zwischen Staaten. Diese sind allerdings inzwischen selten geworden. Viel öfter sind es die inneren Konflikte in einem Land, die zu Kriegen führen. Menschenrechtsverletzungen und die Unterdrückung ganzer Bevölkerungsgruppen stehen dabei an erster Stelle auf der Ursachenliste. In Europa brach aus diesen Gründen Ende der 1990er-Jahre auf dem Balkan im Kosovo ein Bürgerkrieg aus. Anhand der Materialien auf dieser Doppelseite könnt ihr euch darüber informieren, wie es Fort- und Rückschritte auf dem Weg zum Frieden gab, welche Maßnahmen zur Herstellung von Frieden ergriffen wurden und wie erfolgreich sie waren.

Worum ging es in dem Konflikt?

Vor 1990 gehörte der Kosovo zu Jugoslawien. In dem Vielvölkerstaat hatte der Kosovo eine ziemlich eigenständige Stellung. Rund 90% der Bevölkerung waren Kosovo-Albaner, rund 10% Serben, Montenegriner und andere Nationalitäten. Nach der Auflösung Jugoslawiens wurde der Kosovo in die serbische Republik eingegliedert. Der serbische Präsident Slobodan Milošević begann schon bald die Autonomie der Provinz einzuschränken und die Bevölkerungsmehrheit der Kosovo-Albaner systematisch zu unterdrücken. Anfang 1998 verschärfte sich der Konflikt, als die UÇK (= Unabhängigkeitsbewegung der Kosovo-Albaner) versuchte, mit Gewalt die Schaffung eines unabhängigen Kosovo durchzusetzen. Die Serben reagierten darauf mit der Vertreibung der Kosovo-Albaner aus ihren Dörfern. Er-

Zahlreiche Menschen flüchteten vor dem Krieg im Kosovo.

Der erste Kampfeinsatz deutscher Soldaten nach dem Zweiten Weltkrieg war in Deutschland sehr umstritten. Heute leisten die Soldaten der Bundeswehr hauptsächlich Hilfe beim Wiederaufbau des Landes.

klärtes Ziel war eine „ethnische Säuberung", das heißt, die Kosovo-Albaner sollten aus dem Kosovo vertrieben werden.
Im Laufe des Jahres nahm der Bürgerkrieg immer schrecklichere Formen an: Die serbische Armee verübte in den Dörfern brutale Massaker an der Zivilbevölkerung und auch die Guerillas der UCK „rächten" sich dafür mit Gräueltaten an Serben. Als Folge des Bürgerkrieges verließen Hunderttausende Menschen ihre Heimat.

Erste Strategie: Konfliktlösung durch Verhandlung

Angesichts der Zuspitzung des Konflikts forderte der Sicherheitsrat der UNO in einer Resolution die sofortige Einstellung der Kämpfe und den Rückzug der serbischen Milizen und der UCK. Diese Resolution drohte noch keine militärischen Konsequenzen an. Erst unter Druck der USA und europäischer Staaten einschließlich Russlands erklärten sich die Parteien zu Verhandlungen bereit. Der Friedensplan von Rambouillet (Februar 1999) sah eine weitgehend eigenständige Stellung des Kosovo innerhalb der Bundesrepublik Jugoslawien vor, zu der auch Serbien gehört, sowie die Gewährung von Minderheitenrechte für Kosovo-Albaner. Slobodan Milošević war nicht bereit, der Stationierung einer NATO-Friedenssicherungstruppe im Kosovo zuzustimmen. Die Verhandlungen scheiterten am 18. März 1999.

Zweite Strategie: Frieden gewaltsam erzwingen

Am 24. März 1999 begann die NATO unter Beteiligung der Bundeswehr mit Luftangriffen auf Serbien. Erstmals setzten die Bündnispartner ohne Ermächtigung durch die UNO militärische Mittel ein.

Der deutsche Bundestag beschloss mit großer Mehrheit, dass Einheiten der Bundeswehr an den Luftangriffen der NATO auf militärische Einrichtungen der Serben teilnehmen sollten. Der erste Kampfeinsatz der Bundeswehr nach dem Zweiten Weltkrieg war in Deutschland umstritten, zumal zunehmend auch Industrieanlagen und Infrastruktureinrichtungen bombardiert wurden und damit auch die serbische Zivilbevölkerung Ziel von NATO-Bomben war.
Die NATO konnte zudem nicht verhindern, dass am Ende des Krieges bis 1,5 Millionen Menschen innerhalb und außerhalb des Kosovo auf der Flucht waren.
Auch den Völkermord an Kosovo-Albanern konnte die NATO nicht verhindern. Rund 10 000 Kosovo-Albaner wurden in diesem Konflikt getötet.
Nach 11 Wochen Bombenkrieg lenkte Milošević ein. Er verpflichtete sich, alle Truppen aus dem Kosovo zurückzuziehen.

Dritte Strategie: Feindseligkeiten durch internationale Aufsicht beenden

Der Kosovo wurde unter die Aufsicht der UNO gestellt. Dort sind bis heute in ihrem Auftrag zeitlich nicht befristete NATO-Truppen (= Kosovo Forces, KFOR) stationiert, die Feindseligkeiten zwischen Serben und Kosovo-Albanern verhindern sollen – keine leichte Aufgabe, denn auf beiden Seiten herrschen noch viel Hass und Verbitterung. Auch Bundeswehrsoldaten sind im Kosovo stationiert. Sie helfen dort bei der Beseitigung der Kriegsschäden und beim Wiederaufbau des Landes. 2004 kam es erneut zu gewalttätigen Auseinandersetzungen zwischen dem serbischen und albanischen Bevölkerungsteil. Im Großen und Ganzen kann man sagen, dass die Waffen schweigen (Stand 2009). Doch kann niemand garantieren, dass es nicht erneut zu Ausbrüchen von Gewalt kommt.
Aber es wurde ein Zustand erreicht, der sich deutlich positiv von den Schrecknissen des Bürgerkrieges unterscheidet. Umstritten bleibt weiterhin, ob dieses Ergebnis ein solch massives militärisches Eingreifen rechtfertigen kann.

Russland beteiligt sich an der KFOR im Rahmen der „Partnership for Peace".

1. Wie kam es zum Krieg im Kosovo? Welche Ursachen hat der Konflikt?
2. Wie beurteilt ihr den Erfolg der militärischen Aktionen im Kosovo?
3. Wie ist die Situation heute?
4. Welche Schritte sind eurer Ansicht nach erforderlich, um den Frieden im Kosovo dauerhaft zu stabilisieren? Sammelt in der Klasse Vorschläge.

INFORMATION — lesen – bearbeiten – einprägen

1. Die Vorstellungen von Frieden haben sich in den letzten Jahren gewandelt. Erläutert, was sich verändert hat.
2. Was gehört zum Frieden? Erkläre die sechs Merkmale von Frieden in eigenen Worten.
3. Warum kann Frieden nicht nur mit militärischen Mitteln gesichert werden?

Frieden – was ist das eigentlich?

Die meisten Menschen haben eine sehr genaue Vorstellung davon, was Krieg heißt: Gewalt, Tod vieler, meist unschuldiger Menschen, Zerstörung, Vertreibung … Schließlich sehen wir fast täglich schreckliche Bilder im Fernsehen zu diesen Themen. Schwieriger wird es, wenn man beschreiben möchte, was Frieden bedeutet. Man könnte sagen, Frieden herrscht, wenn die Waffen schweigen. Und sicherlich ist es ein großer Fortschritt, wenn sich ehemals erbitterte Gegner einigen, auf Gewalt zu verzichten und einen Waffenstillstand zu beschließen. Doch ist das schon Frieden? Lange Zeit dachte man so. Doch dann kam man zu der Einsicht, dass Konflikte häufig soziale Ursachen haben, wenn zum Beispiel in einem Staat Minderheiten unterdrückt oder wirtschaftlich ausgebeutet werden. Darauf deutet auch die weltweit abnehmende Zahl von Kriegen zwischen Staaten und die zunehmende Zahl von Bürgerkriegen hin, in denen sich verfeindete Gruppen in einem Staat bekämpfen. In solchen Fällen wird die Gewalt nicht enden, bis die Ursachen beseitigt sind. Einige Forscher definieren deswegen Frieden als Zustand größtmöglicher sozialer Gerechtigkeit. Eine weitere wichtige Voraussetzung für Frieden ist, dass in einem Staat die Menschenrechte beachtet werden. Wo Menschen willkürlich verfolgt werden, wo gefoltert wird, wo keine Meinungsfreiheit garantiert wird, ist auch kein Frieden möglich. Dies ist zum Beispiel in Diktaturen der Fall. Dort tritt Willkürherrschaft an die Stelle von Recht und Gesetz. Deswegen sind Rechtsstaatlichkeit und Demokratie weitere wichtige Bedingungen für einen stabilen Frieden. Tatsächlich hat die Geschichte gezeigt, dass demokratische Staaten seltener von Bürgerkriegen betroffen sind und auch weniger Kriege mit anderen Staaten führen.

Frieden als Prozess

Der Politikwissenschaftler Dieter Senghaas erweiterte diese Vorstellungen und entwickelte ein Friedensmodell, das er „Zivilisatorisches Hexagon" (aus dem Griechischen = Sechseck) nennt. Er begreift darin Frieden als Prozess, in dem nach und nach die Ziele des Hexagons erfüllt werden. Sein Modell bezieht sich vorwiegend auf den inneren Frieden eines Landes.

Aufgaben von Friedens- und Sicherheitspolitik

Wenn man Frieden umfassend versteht, wird deutlich, dass Frieden nicht nur mit militärischen Mitteln gesichert werden kann. Friedenspolitik ist demnach auch Sozialpolitik, die das Ziel verfolgt, allen Gruppen in der Bevölkerung einen gerechten Anteil am wirtschaftlichen Wohlstand zu ermöglichen. Bildungspolitik kann ebenfalls Friedenspolitik sein, indem sie allen den Zugang zu Schulen und Bildungseinrichtungen ermöglicht und jeder Bürger soziale Aufstiegschancen wahrnehmen kann. Auch Entwicklungspolitik leistet einen wichtigen Beitrag zum Frieden. Sie mindert soziale Spannungen in Entwicklungsländern und

Gewaltmonopol: Nur der Staat darf Gewalt anwenden, um die Einhaltung von Gesetzen zu sichern.

versucht die Benachteiligung dieser Länder im Welthandel auszugleichen. Friedenspolitik auf internationaler Ebene bedeutet, dass Staaten untereinander Kontakte pflegen, bei Problemen miteinander verhandeln und sich politisch zusammenschließen. Frieden besteht am wahrscheinlichsten da, wo man sich kennt und einander vertraut. Das zeigt auch das Beispiel der Europäischen Union, die den Staaten in Mitteleuropa die längste Friedensperiode in ihrer Geschichte beschert hat.

TRAININGSPLATZ

Kann der Einzelne auch einen Beitrag für den Frieden leisten?

Wir befragen uns selbst

Nicht nur in der internationalen Politik, sondern gerade auch innerhalb unserer Gesellschaft begegnen wir täglich vielfältigen Formen von Aggression und Gewalt. Viele Friedensforscher sind der Ansicht, dass dauerhafter Frieden erst entstehen kann, wenn wir unser Verhalten ändern und lernen, Konflikte ohne Gewalt auszutragen. Der Erziehungswissenschaftler Hartmut von Hentig formulierte zehn Thesen zur Friedenserziehung, die unten sinngemäß wiedergegeben sind.

1. Welche der Forderungen fallen euch eher leicht, welche sind besonders schwierig zu verwirklichen? Entscheidet dies zunächst für euch alleine.
2. Nehmt euch anschließend in einer Kleingruppe die Punkte vor, die euch besonders schwerfallen, und diskutiert über die Gründe. Stellt dann die Ergebnisse in der Klasse vor.

Wir müssen lernen, …

1. uns einzumischen, wenn einem Menschen Unrecht geschieht,
2. Gewalt zu verachten,
3. zu verstehen, dass der nächste Weltkrieg der letzte wäre,
4. Rücksicht auf die Interessen und Bedürfnisse anderer Menschen zu nehmen,
5. Überheblichkeitsdenken gegenüber anderen abzulegen,
6. ungehorsam und mutig zu sein, wenn Skandale unter den Tisch gekehrt werden,
7. andere Meinungen zu akzeptieren, fair zu streiten und einen Streit zu beenden,
8. uns für Politik zu interessieren,
9. uns aktiv für soziale Gerechtigkeit und Frieden einzusetzen, z. B. indem wir ehrenamtlich in Projekten für sozial benachteiligte Menschen mitarbeiten,
10. uns für Menschen in Entwicklungsländern einzusetzen und sie mit Entwicklungshilfe zu unterstützen.

fällt mir leicht   **fällt mir schwer**

Kriege beginnen in den Köpfen der Menschen. Warum?

2. Welchen Beitrag leisten NATO, UNO und Bundeswehr zur Friedenssicherung?

Teil A   Die UNO

UNO-Blauhelmsoldaten im Kongo

Teil B   Die NATO

Weltweit im Einsatz für den Frieden ... NATO-Soldaten im Kosovo

Teil C   Die Bundeswehr

Bundeswehrsoldatin in Afrika

Im Auftrag internationaler Organisationen und der Bundeswehr sind weltweit Menschen in Krisengebieten für den Frieden tätig und riskieren dafür nicht selten sogar ihr Leben. Welche Aufgaben diese Organisationen haben und was sie für die Friedenssicherung leisten, ist das Thema dieser Einheit. Die Materialien sind so aufgebaut, dass ihr euch diese Themen selbstständig erarbeiten und in Kurzvorträgen präsentieren könnt.

1. Schritt: Themen aufteilen

Entscheidet euch für eines der Themen A, B oder C. Ihr könnt sie sowohl alleine als auch arbeitsteilig in Gruppen bearbeiten. Zu jedem Thema findet ihr im Folgenden drei Seiten mit Materialien. Auf der ersten Seite sind die Entwicklung und wichtige Aufgaben der Organisation dargestellt. Auf der zweiten Seite findet ihr konkrete Beispiele für die Friedensarbeit dieser Organisation. Auf der dritten Seite geht es um wichtige Zukunftsfragen, die die Organisationen in den nächsten Jahren lösen müssen.

2. Schritt: Vorträge vorbereiten

Bereits im letzten Kapitel habt ihr euch damit befasst, wie man einen Vortrag systematisch vorbereitet. Deshalb findet ihr auf den nächsten Seiten keine Arbeitshinweise. Anhand einer *Checkliste* am Ende des jeweiligen Themas könnt ihr jedoch herausfinden, ob ihr bei euren Notizen die wichtigsten Punkte berücksichtigt habt.
Checklisten wurden ursprünglich von Piloten entwickelt: Vor dem Start überprüfen sie mithilfe von Checklisten Punkt für Punkt, ob alle Geräte in Ordnung sind und ob der Flug gut vorbereitet ist. Heute werden Checklisten in vielen Bereichen eingesetzt, wenn man kontrollieren möchte, ob man an alles gedacht hat.

3. Schritt: Vorträge halten und auswerten

Ihr könnt eure Themen alleine oder als Team präsentieren. Nachdem ihr schon etwas Erfahrung im Präsentieren gesammelt habt, empfehlen wir euch, nun den Schwerpunkt besonders auf die Beurteilung der Kurzvorträge zu legen. Eure Rückmeldungen und Tipps können den Präsentierenden helfen, ihre Kompetenzen auf diesem Bereich zu verbessern. Hinweise, wie ihr dabei vorgehen könnt, gibt euch die Methodenkarte auf der nächsten Seite.

METHODENKARTE 14
Methodenkarte

Beurteilung von Kurzvorträgen

Thema: Friedenssicherung durch die UNO, die NATO und die Bundeswehr

Worum geht es?

Wenn ihr im Politikunterricht einige Routine in der Präsentation von Kurzvorträgen gewonnen habt, könnt ihr darangehen, eure Kurzvorträge zur Friedenssicherung einer genaueren Beurteilung zu unterziehen und den Vortragenden Rückmeldung über die Wirkung ihrer Vorträge geben. Das nennt man Feedback.

Wie könnt ihr vorgehen?

Den Fragebogen auf dieser Seite könnt ihr für alle Schülerinnen und Schüler kopieren, damit ihr eure Bewertungen eintragen könnt. Ihr vergebt Punkte für die einzelnen Bewertungsmerkmale und zählt am Ende eure Gesamtpunktzahl zusammen.

Was solltet ihr noch beachten?

Während des Vortrags sollte sich das Publikum auf das Zuhören und Zuschauen konzentrieren. Den Fragebogen könnt ihr im Anschluss daran ausfüllen. In der Phase der Besprechung der Vorträge sollte die gegenseitige Hilfestellung vor der gegenseitigen Kritik im Vordergrund stehen. Später in der Berufsausbildung könnt ihr davon ausgehen, dass solche Beurteilungsbögen als Grundlage für eine Leistungsbewertung herangezogen werden. Der Fragebogen auf dieser Seite wurde von Lehrern und Schülern gemeinsam erarbeitet.

	Beurteilungsbogen für Kurzvorträge	maximale Punktzahl	erreichte Punktzahl	Vortragende von A bis Z				
				A	B	C	D	E
A	**Die Sache**							
1.	Wurde zu Beginn des Vortrags das Thema deutlich benannt und erklärt?	0 – 2						
2.	War der Vortrag anschaulich und gut gegliedert?	0 – 4						
3.	Wie gut verständlich und wie lehrreich war er für die Zuhörerinnen und Zuhörer?	0 – 4						
4.	Enthielt der Vortrag eine angemessene Menge an Informationen, oder war er zu kurz oder zu lang?	0 – 3						
5.	Gab es am Ende eine Zusammenfassung und einen gut nachvollziehbaren Abschluss?	0 – 2						
		15 Punkte						
B	**Die Personen**							
6.	Haben die Vortragenden die Aufmerksamkeit der Klasse abgewartet und in Ruhe eröffnet?	0 – 2						
7.	Wurde Blickkontakt zum Publikum hergestellt und gehalten?	0 – 1						
8.	Wurde klar, laut und deutlich, frei und in angemessenem Tempo gesprochen?	0 – 2						
9.	War erkennbar, dass die Vortragenden sich gut vorbereitet haben?	0 – 3						
10.	War das äußere Erscheinungsbild der Vortragenden der Situation angemessen (Art des Auftretens, Körperhaltung etc.)?	0 – 2						
		10 Punkte						
C	**Sonderpunkte**							
11.	Können ein oder mehrere Zusatzpunkte für besondere Einfälle und Leistungen gegeben werden?	0 – 2						

A Die UNO

Welche Aufgaben hat sie?

Die UNO ist die größte und wichtigste internationale Organisation zur Sicherung des Friedens in der Welt. Ihr gehören heute 192 der 194 Staaten der Welt an. Sie stellt bereits den zweiten Versuch dar, den Weltfrieden durch eine internationale Organisation zu sichern. Nach den Erfahrungen des Ersten Weltkrieges wurde 1920 der Völkerbund gegründet. Er scheiterte, weil die Mitglieder nicht bereit waren, sich der Organisation unterzuordnen. Nach dem Zweiten Weltkrieg schlossen sich am 26. Juni 1945 51 Staaten zu den „United Nations Organisations (UNO)" zusammen. Deutschland gehört der UNO seit 1973 an. Die UNO hat zum Ziel,

- den Weltfrieden und die internationale Sicherheit zu wahren,
- weltweit die Achtung der Menschenrechte durchzusetzen,
- freundschaftliche Beziehungen zwischen den Nationen zu wahren und zu fördern. Es gilt dabei der Grundsatz der Gleichberechtigung.

Alle Mitglieder der UNO haben die „Charta der Vereinten Nationen" unterschrieben. Darin verpflichten sich diese,

- Streitigkeiten untereinander ausschließlich mit friedlichen Mitteln beizulegen,
- jede Androhung und Anwendung von Gewalt gegen die Unabhängigkeit oder das Territorium eines anderen Staates zu unterlassen,
- die Weltorganisation bei allen Maßnahmen zu unterstützen.

Die wichtigsten Organe der UNO

Die **Generalversammlung** besteht aus allen Mitgliedsländern der UNO. Jedes der 192 Länder hat eine Stimme. Auf der jährlichen Vollversammlung in New York, dem Hauptsitz der Weltorganisation, setzt sie sich für die Verwirklichung der Menschenrechte ein, lenkt die Aufmerksamkeit des Sicherheitsrats auf Situationen, die den Weltfrieden gefährden könnten, und erörtert Fragen der Abrüstung. Die Generalversammlung kann an Krisenherden Untersuchungen durchführen und Empfehlungen zur Konfliktregelung aussprechen.

Der **Sicherheitsrat** ist verantwortlich für die Wahrung des Weltfriedens und für die internationale Sicherheit. Er setzt sich aus fünf ständigen Mitgliedern (China, Frankreich, Großbritannien, Russland, USA) und zehn nichtständigen Mitgliedern zusammen. Diese werden von der Generalversammlung auf zwei Jahre gewählt. Der Sicherheitsrat kann Empfehlungen aussprechen, wie die streitenden Länder ihre Konflikte friedlich beilegen können. Als einziges Organ der UNO kann er verbindliche Beschlüsse fassen und auch Zwangsmaßnahmen gegen ein Mitglied anordnen. Gegen die Beschlüsse des Sicherheitsrats können die fünf ständigen Mitglieder von ihrem Vetorecht Gebrauch machen und damit mit einer einzigen Stimme einen Beschluss verhindern. Alle fünf Jahre wählt die Vollversammlung auf Empfehlung des Sicherheitsrats den **Generalsekretär**, den obersten Verwaltungsbeamten der UNO. Er reist in Krisengebiete, führt Gespräche mit Regierungen und macht Vorschläge zur Beilegung von Konflikten. An den Sitzungen des Sicherheitsrats nimmt er teil und lenkt dort die Aufmerksamkeit auf die Probleme der Welt. Jährlich erstattet er der Generalversammlung Bericht. Seit 2007 bekleidet der Südkoreaner Ban Ki Moon dieses Amt.

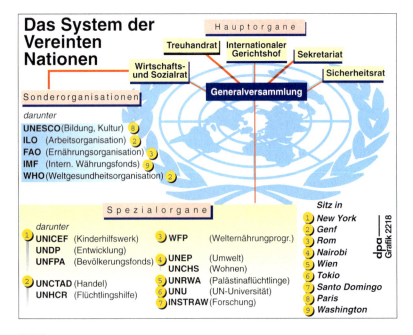

Was leisten die Blauhelmsoldaten?

Der Weltsicherheitsrat entscheidet über Friedensmissionen

Wenn sich ein Konflikt anbahnt oder die Sicherheit in einer Region gefährdet ist, wird der Sicherheitsrat zunächst versuchen, die verfeindeten Parteien mit friedlichen Mitteln, wie Untersuchungen und Verhandlungen, zum Einlenken zu bringen. Wenn diese Versuche erfolglos sind oder sich der Konflikt weiter verschärft, kann er Sanktionen (= Zwangsmaßnahmen) verhängen. Das können zum Beispiel Wirtschaftsembargos sein, bei denen der Handel mit den betroffenen Staaten untersagt wird, oder auch die Unterbrechung von Verkehrs- und Kommunikationswegen. Scheint kein anderer Ausweg möglich, kann der Sicherheitsrat den Einsatz militärischer Mittel anordnen. Dazu stehen ihm mehrere Möglichkeiten zur Verfügung.

Wie sehen UN-Friedenseinsätze aus?

Peacekeeping (Friedenssichernde Einsätze): Diese Form von Friedenssicherungseinsätzen existiert seit dem Kalten Krieg. Im Auftrag der UNO werden leicht bewaffnete Truppen, aber auch zivile Helfer aus verschiedenen Mitgliedstaaten der UNO in Konfliktgebieten eingesetzt. Nach der Farbe ihrer Kopfbedeckung werden die UNO-Soldaten Blauhelme genannt. Peacekeeper wurden zunächst nur eingesetzt, um einen Waffenstillstand zu überwachen und unter der Voraussetzung, dass alle Beteiligten damit einverstanden waren. Sie dürfen nur zur Selbstverteidigung zu den Waffen greifen.

Erweitertes Peacekeeping: Seit dem Ende des Kalten Krieges hat die Zahl der Missionen stark zugenommen, weil der Sicherheitsrat nicht mehr durch Vetos der Großmächte blockiert wurde. Gleichzeitig sind die Missionen schwieriger und umfangreicher geworden. Häufig übernehmen nun UNO-Truppen in den betroffenen Staaten zusätzlich auch zivile Aufgaben. So überwachen sie zum Beispiel Wahlen, sorgen für die Einhaltung von Menschenrechten und helfen beim Wiederaufbau der zerstörten Länder mit.

Peace Enforcement: Die meisten Einsätze werden von der UNO mit Truppen aus den Mitgliedsländern durchgeführt, die direkt unter dem Kommando der UNO stehen. Wenn eine Mission die Möglichkeiten der UNO übersteigt, kann sie auch Mitgliedstaaten oder Organisationen wie die NATO beauftragen. Das war bisher besonders bei friedenserzwingenden Maßnahmen (Peace Enforcement) der Fall. So beauftragte die UNO im Golfkrieg 1991 die USA, irakische Truppen, die Kuwait angegriffen und besetzt hatten, mit Waffengewalt zurückzudrängen.

Robustes Peacekeeping: In den 1990er-Jahren zeigte sich, dass die klassischen Blauhelmtruppen an ihre Grenzen stießen: So konnten Friedenstruppen der UNO 1994 in Ruanda einen Völkermord mit über 800 000 Opfern nicht verhindern. Auch mussten Blauhelmsoldaten hilflos zusehen, wie in Srebrenica Tausende bosnischer Männer niedergemetzelt wurden. Zunehmend wurden auch UN-Soldaten selbst zu Opfern von Gewalttaten. Daher erhielten Blauhelmtruppen in der Folgezeit das Recht, ihren Auftrag notfalls auch mit Waffengewalt zu verfolgen. Das bezeichnet man als robustes Peacekeeping. Diese Aufgaben können auch NATO-Truppen übertragen werden, wie dies zum Beispiel bei der Friedenssicherung und dem Wiederaufbau im Kosovo der Fall ist.

Die UNO im 21. Jahrhundert: Können Reformen die Krise der Weltorganisation beheben?

Im Irakkrieg 2003 konnte der Sicherheitsrat nicht verhindern, dass die USA und ihre Verbündeten ohne UN-Mandat den Irak bombardierten. Im Libanon-Konflikt 2006 konnte sich das Gremium wegen Meinungsverschiedenheiten nicht zu schnellem Handeln durchringen und sah tatenlos zu, wie zahllose Zivilisten sterben mussten. Vorfälle dieser Art häuften sich in den letzten Jahren. Kein Zweifel, die UNO befindet sich in der ernstesten Krise seit ihrer Gründung. Seit über zehn Jahren wird über Reformen diskutiert – doch scheiterten fast alle Reformversuche an der Uneinigkeit der Mitglieder. Wie kann es weitergehen?

„Wir, die Völker der Vereinten Nationen ..." – mit diesen Worten beginnt die Präambel der UN-Charta. Das klingt schön, ist aber nach Meinung vieler Beobachter pure Schönfärberei. Denn tatsächlich bestimmen Regierungen das Wohl und Wehe der Weltorganisation, Regierungen, von denen nur ein Teil auf demokratischem Weg gewählt ist. Diktatorische Regime fanden und finden sich selbst unter den Mächtigsten – den fünf ständigen Sicherheitsratsmitgliedern, die mit ihrem Vetorecht die UNO zur Untätigkeit verdammen können. [...] Der erste Satz der Präambel ist symptomatisch für die Widersprüche, unter denen die UNO seit ihrer Gründung vor 60 Jahren leidet. Während des Kalten Krieges hat der Sicherheitsrat selten die Aufgabe erfüllen können, die ihm zugedacht ist, nämlich für Frieden und Sicherheit in der Welt zu sorgen. Zwar haben Blauhelme sehr oft bei der Befriedung von Regionen nach einem bewaffneten Konflikt eine positive Rolle gespielt. Aber eben erst nachdem Konflikte bereits eskaliert waren.

Den Ausbruch von Kriegen konnte die UNO in den meisten Fällen nicht verhindern, weder in Korea noch in Vietnam. [...] Das jüngste Beispiel Irak zeigt, dass das höchste UN-Gremium nur dann einen Waffengang verhindern kann, wenn das alle ständigen Mitglieder wirklich wollen. Daran wird auch die Reform, die Generalsekretär Kofi Annan [Vorgänger von Ban Ki Moon] anstrebt, nichts ändern. Der Sicherheitsrat wird durch die geplante Erweiterung – egal, ob nun ständige Sitze hinzukommen oder nicht – keineswegs handlungsfähiger. Im Gegenteil: Beschlüsse zu fassen, ist mit den derzeitigen 15 Mitgliedern sicher weitaus einfacher als, wie anvisiert, mit 24 oder 25. Denn das eigentlich entscheidende Problem ist das Vetorecht – und selbst die größten Reform-Optimisten glauben nicht, dass daran nur ein Komma geändert wird. [...] Eine bescheidenere Sicht der Dinge käme der Wirklichkeit näher: Die UNO dient in Fragen des Weltfriedens in erster Linie als Forum zum Meinungsaustausch; in bestimmten Fällen werden dort konkrete Friedensmaßnahmen beschlossen; aber letztlich ist nicht die UNO dafür verantwortlich, dass Frieden in der Welt herrscht, sondern alle 191 Mitgliedstaaten.

(Aus: Klaus Dahmann, 60 Jahre UNO: Organisation der Widersprüche, www.dw-world.de vom 26.05.2005 © 2006 Deutsche Welle; letzter Zugriff 29.11.06)

Checkliste Vorbereitung

☑ Wir beschreiben die Ziele der UNO, die Pflichten ihrer Mitglieder und stellen anhand des Schaubildes die wichtigsten Organe vor.

☑ Wir erläutern, welche Auswirkungen das Vetorecht auf die Handlungsfähigkeit des Sicherheitsrats hat.

☑ Wir stellen dar, was der Weltsicherheitsrat in Krisensituationen tun kann.

☑ Wir grenzen die Instrumente zur militärischen Friedenssicherung voneinander ab und erklären, warum und wozu sie geschaffen wurden.

☑ Wir erklären anhand der Karikatur, warum sich die UNO zurzeit in einer schweren Krise befindet.

☑ Wir stellen dar, wie die künftige Rolle der UNO aussehen könnte, und nehmen Stellung dazu.

B Die NATO

Welche Aufgaben hat sie?

Die NATO im Ost-Westkonflikt

Die NATO ist ein Militärbündnis. Ihr gehören heute 28 Staaten an. Gegründet wurde das Bündnis im Jahr 1949 – wenige Jahre nach dem Zweiten Weltkrieg. Im NATO-Vertrag verpflichteten sich alle Mitglieder, einander im Verteidigungsfall militärisch beizustehen. 1955 entstand der Warschauer Pakt als östliches Militärbündnis.

Damit waren innerhalb weniger Jahre nach dem Zweiten Weltkrieg aus ehemaligen Verbündeten Gegner geworden, die zwar nicht direkt gegeneinander kämpften, sich aber mit ihren riesigen Waffenarsenalen bedrohten. Viele Jahre lang sicherte militärische Abschreckung den Frieden in Europa, das zu dieser Zeit in zwei Militärblöcke gespalten war. Die Angst vor einem Atomkrieg hatte zur Folge, dass ein Rüstungswettlauf zwischen den Militärbündnissen in Gang gesetzt wurde. Jede Seite strebte nach Überlegenheit und hatte Angst, der anderen Seite unterlegen zu sein.

Die NATO vergrößert sich

Nach dem Zerfall der kommunistischen Regime im Osten löste sich 1991 der Warschauer Pakt auf. Der ehemalige Feind existierte damit nicht mehr, doch entstanden in Ost- und Südosteuropa neue Sicherheitsrisiken durch wirtschaftlichen Niedergang, Korruption und politische Unsicherheit in diesen Staaten. Viele der ehemaligen Warschauer-Pakt-Staaten wollten sich militärisch an den Westen binden – auch aus Angst vor der russischen Übermacht. Die NATO war bereit, neue Mitglieder aus den ehemaligen Ostblockstaaten aufzunehmen. Zwischen 1999 und 2008 wurden insgesamt zwölf ehemalige Ostblockstaaten in das Bündnis aufgenommen.

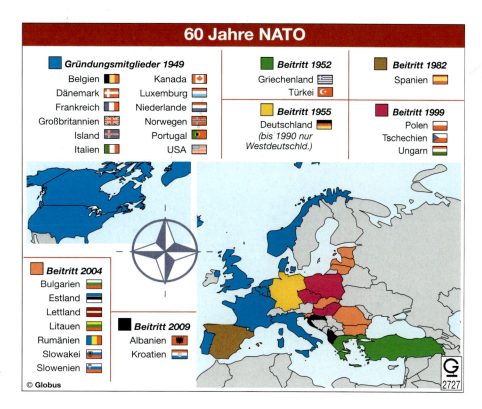

Neue Herausforderungen – neue Aufgaben

In den Neunzigerjahren nahm die NATO nicht nur neue Mitglieder auf, sie entwickelte 1999 auch ein neues strategisches Konzept, das auf die veränderten Verhältnisse in Europa zugeschnitten wurde: Danach gehören weltweite Kriseneinsätze mit und ohne Auftrag der UNO zu den neuen Aufgaben des Bündnisses. In Europa soll die NATO Frieden und Stabilität garantieren. Um dieses Ziel zu erreichen, wollen die europäischen NATO-Partner künftig verstärkt eine eigenständige, von den USA unabhängige Sicherheitspolitik innerhalb der EU betreiben. So baut die EU zurzeit eine eigene Eingreiftruppe auf, die dann eingesetzt werden soll, wenn die NATO als Ganzes nicht aktiv werden will.

Das neue strategische Konzept der NATO nahm außerdem die Bekämpfung von Terrorismus als weitere Aufgabe des Bündnisses auf: „Akte des Terrorismus" berühren die Sicherheitsinteressen des Bündnisses, heißt es dort. Nur wenig später löste der Terroranschlag vom 11. September 2001 auf das World Trade Center in New York erstmals in der Geschichte der NATO den Bündnisfall aus. Das bedeutet, dass die Mitglieder den Anschlag als Angriff auf den Verbündeten USA betrachten und nach dem NATO-Vertrag verpflichtet sind, der USA militärischen Beistand zu leisten. Trotzdem war die NATO an den Kriegen in Afghanistan und im Irak nicht beteiligt.

Was leistet die NATO für den Frieden?

Zahlreiche Nationen sind an dem Einsatz der KFOR im Kosovo beteiligt.

Die Streitkräfte der NATO sind für den Einsatz mit Waffen ausgebildet und bereit zu kämpfen, wenn keine andere Möglichkeit bleibt. Doch in den letzten Jahren kamen neue Aufgaben in der Friedenssicherung und -erhaltung hinzu. Zwei Beispiele sind auf dieser Seite dargestellt.

Beispiel 1: Die NATO-Sicherheitstruppe KFOR im Kosovo

Seit 1999 ist die internationale KFOR-Truppe der NATO im Kosovo stationiert. Ihr gehören auch Bundeswehrsoldaten an. Obwohl der Bürgerkrieg beendet ist, kam es immer wieder zu Zwischenfällen zwischen Serben und Kosovo-Albanern, zuletzt bei den März-Unruhen 2004. Seit 2008 ist der Kosovo ein unabhängiger Staat.

Der jüngste Staat Europas muss zwar wirtschaftlich und politisch noch viel aufholen. Doch anders als die serbische Bevölkerung hält die NATO die Sicherheitslage im Kosovo inzwischen für so stabil, dass sie an einer Art „Ausstiegsszenario" arbeitet. Natürlich hat der Schutz von Minderheiten weiter Priorität – aber mit weit weniger Aufwand als bisher. Von derzeit knapp 14 000 auf 2 200 Soldatinnen und Soldaten will die KFOR abspecken. [...]

Die KFOR fährt nach den Märzunruhen eine zweigleisige Strategie: Seit der Kosovo-Unabhängigkeit hilft sie aktiv mit bei der Ausbildung einer multi-ethnischen eigenen kosovarischen Armee. Daneben zeigen Soldaten nicht nur Präsenz, sondern sie machen sich nützlich bei vielen Entwicklungshilfeprojekten. [...] Sogenannte „vertrauensbildende Maßnahmen", erläutert ein Bundeswehrsoldat. „Es ist ruhig, weil wir hier sind. Es ist aber nicht so, dass sich die Lage nicht schnell ändern könnte. Und deshalb ist es wichtig, mit den Menschen hier auf der Straße und mit allen Behörden in Verbindung zu bleiben. Das ist der entscheidende Faktor, wenn man überhaupt eine Chance haben will, diese Stimmungsumschwünge rechtzeitig zu erkennen, um dann darauf reagieren zu können." [...] Dass der Einsatz angenehmer geworden ist, erläutert ein Soldat: „Ich war ein paar Monate nach Kriegsende im Land, damals war noch fast alles zerstört. Die Minenverdachtsflächen waren enorm. Man hat nichts Heiles mehr gesehen, nur Schrott, viel Müll. Als ich jetzt wiederkam, war ich erfreut überrascht, dass sich doch schon einiges verändert hat. Müll ist zwar immer noch da, aber das Gesamtbild hat sich verbessert ..."

(Nach: Andrea Mühlberger, „Wir machen hier vor allem Polizeiaufgaben", 12.06.2008, www.tagesschau.de, Zugriff: 30.7.2009)

Beispiel 2: Partnership for Peace (PfP)

Die Partnership for Peace wurde 1994 gegründet. Sie soll zum einen ehemalige Ostblockstaaten auf die Aufnahme in die NATO vorbereiten, zum anderen Staaten, für die eine Mitgliedschaft in der NATO nicht in Frage kommt, eine Zusammenarbeit mit der NATO in sicherheitspolitischen Fragen ermöglichen. Zurzeit gehören 23 Staaten der Partnerschaft an, darunter auch Russland, Tadschikistan, Turkmenistan und Usbekistan. Zwölf frühere Unterzeichnerstaaten aus dem früheren Ostblock sind inzwischen der NATO beigetreten. Der Vertrag sieht eine enge militärische Zusammenarbeit bei der Ausbildung der Streitkräfte, gemeinsame Manöver und die Teilnahme an friedenssichernden Einsätzen der NATO vor. So beteiligen sich Streitkräfte dieser Staaten auch am KFOR-Einsatz im Kosovo oder an humanitären Minenräumeinsätzen. Auch auf anderen Gebieten hat sich in den letzten Jahren die Zusammenarbeit intensiviert, zum Beispiel im Katastrophenschutz und bei der Terrorismus-Bekämpfung.

Zukunftsfrage: Wird die Nato zum globalen Sicherheitsdienstleister?

Natürlich weiß heute noch niemand mit Sicherheit, wie sich die NATO in den nächsten Jahren entwickeln wird. Doch deutet sich an, dass sich der rasante Wandel des Bündnisses wohl auch in Zukunft fortsetzen wird. Wann die NATO tätig werden kann, regelt der Nordatlantik-Vertrag in Artikel 5: Das Bündnis darf in einen bewaffneten Konflikt nur eingreifen, wenn eines seiner Mitglieder angegriffen wird. Doch wird in letzter Zeit angesichts der veränderten globalen Sicherheitslage diskutiert, ob die NATO zum weltweit tätigen Militärbündnis ausgebaut werden soll. Die beiden folgenden Texte stellen die unterschiedlichen Positionen dar.

Die NATO soll ein globales Militärbündnis werden

Diese Position vertreten vor allem die USA. Sie wollen neben den europäischen Partnern weitere Mitglieder in das Bündnis aufnehmen, zum Beispiel Australien, Neuseeland, Japan und Israel. Die USA verweisen darauf, dass die NATO bereits mit ihren Einsätzen im Kosovo und in Bosnien-Herzegowina ihr Bündnisgebiet überschritten habe, weil dieser Einsatz aus humanitären Gründen notwendig wurde.
Im Zeitalter der Globalisierung lassen sich Sicherheitsrisiken nicht regional eingrenzen. Die USA verweist darauf, dass sie seit dem 11. September 2001 mit über 70 000 Soldaten außerhalb der Bündnisgrenzen im Einsatz ist. Sie führt in Afghanistan Krieg, hat im Irak Truppen stationiert, schützt die Seeverbindungen im indischen Ozean. Von diesen Einsätzen profitieren auch die NATO-Mitglieder. Deshalb wünscht sie sich bei solchen Einsätzen vermehrt Unterstützung.

Die NATO soll ein regionales Militärbündnis bleiben

Vor allem die osteuropäischen Mitglieder des Bündnisses beobachten mit Sorge, dass seit 1999 die Konflikte mit Russland zugenommen haben. Das Bündnis soll sich vor allem darauf konzentrieren, die Sicherheit seiner Mitglieder zu gewährleisten. So fordern sie unter anderem, dass die NATO endlich für die neu aufgenommenen osteuropäischen Staaten Verteidigungspläne ausarbeitet, wie sie für die Altmitglieder bereits bestehen. Mit diesen Aufgaben wäre die NATO bereits voll ausgelastet, sie dürfe sich nicht überfordern. Auch die Bundesregierung hat Bedenken gegen ein globales Bündnis. Sie verweist darauf, dass das Bundesverfassungsgericht Auslandseinsätzen enge Grenzen setzt. Weltweite Einsätze in vermehrtem Umfang würden auch von der deutschen Bevölkerung nicht akzeptiert.

Artikel 5 Nordatlantik-Vertrag

Die Parteien vereinbaren, dass ein bewaffneter Angriff gegen eine oder mehrere von ihnen in Europa oder Nordamerika als ein Angriff gegen alle angesehen wird; sie vereinbaren daher, dass im Falle eines solchen bewaffneten Angriffs jede von ihnen […] Beistand leistet, indem jede von ihnen […] die Maßnahmen, einschließlich der Anwendung von Waffengewalt, trifft, die sie für erforderlich erachtet, um die Sicherheit des nordatlantischen Gebiets wiederherzustellen und zu erhalten.

Checkliste Vorbereitung

☑ Wir stellen dar, wie sich die Aufgaben der NATO von der Zeit des Ost-West-Konflikts bis heute gewandelt haben.

☑ Wir erklären, warum der Terroranschlag vom 11. September 2001 erstmals in der Geschichte der NATO den Bündnisfall auslöste.

☑ Wir stellen Ziele und Maßnahmen von KFOR und PfP vor und bewerten deren Erfolg.

☑ Wir erklären, inwiefern PfP den Frieden in Europa stabilisiert hat.

☑ Wir stellen zwei Möglichkeiten vor, wie sich die NATO in den nächsten Jahren entwickeln könnte.

☑ Wir interpretieren die Karikatur und stellen einen Bezug zur aktuellen Situation der NATO her.

C Die Bundeswehr

Welche Aufgaben hat sie?

Die Bundeswehr ist ein „Kind des Kalten Krieges": Sie entstand 1955, als in Mitteleuropa die Sorge vor einem möglichen Krieg zwischen den West- und Ostmächten immer größer wurde. Nach dem Grundgesetz darf die Armee nur zur Verteidigung eingesetzt werden. Man wollte damit nach den schlimmen Erfahrungen des Zweiten Weltkrieges sicherstellen, dass von deutschem Boden nie wieder ein Krieg ausgehen kann.

Seit sich 1991 der Warschauer Pakt aufgelöst hatte, war die Gefahr eines Atomkrieges in Deutschland, ja sogar in Europa praktisch ausgeschaltet. Die Bundeswehr konnte nun ihren Umfang erheblich verringern. 1990 gab es in Deutschland noch über 610 000 Soldaten (in der Bundeswehr und der Volksarmee der DDR); 2006 umfassten die Streitkräfte noch 254 000 Soldaten.

Neue Aufgaben

Mit dem Wegfall der Bedrohung stellte sich auch die Frage nach den künftigen Aufgaben einer deutschen Armee. In den Verteidigungspolitischen Richtlinien (2003) werden der Bundeswehr folgende Aufgaben zugewiesen:
- Internationale Konfliktverhütung und Krisenbewältigung – einschließlich des Kampfs gegen den internationalen Terrorismus;
- Unterstützung von Bündnispartnern bei der Verteidigung ihres Staatsgebiets. Dazu gehört auch die Unterstützung im Kampf gegen Terror sowie der Schutz der Bevölkerung und lebenswichtiger Infrastruktur;
- Landesverteidigung und Schutz der Bürgerinnen und Bürger sowie Schutz der Bevölkerung und der Infrastruktur vor terroristischen und sonstigen Bedrohungen;
- Rettung und Evakuierung von deutschen Staatsbürgern im Ausland (etwa zu Beginn eines Krieges);
- Unterstützung politischer Maßnahmen zur Vorbeugung und Nachsorge von Krisen und Konflikten in Zusammenarbeit mit anderen Staaten;
- Hilfeleistungen bei Naturkatastrophen und besonders schweren Unglücksfällen im Inland sowie humanitäre Hilfsaktionen im Ausland.

Auslandseinsätze

Zwar bleibt Landesverteidigung nach wie vor Aufgabe der Bundeswehr, doch sind heute internationale Einsätze zur Konfliktverhütung und Krisenbewältigung wesentlich wichtiger geworden. Solche Einsätze waren zunächst in Deutschland umstritten. 1994 entschied das Bundesverfassungsgericht, dass sogenannte „out of area"-Einsätze der Bundeswehr (Einsätze außerhalb des NATO-Gebiets) rechtlich unter bestimmten Bedingungen zulässig sind:
- wenn die Bundeswehr an friedenserhaltenden Maßnahmen im Auftrag der UNO oder NATO teilnimmt
- und wenn zuvor der Bundestag einer Teilnahme mehrheitlich zugestimmt hat.

Seither hat die Zahl der Bundeswehreinsätze im Ausland erheblich zugenommen. Sie sind auch gefährlicher für die Soldaten geworden. So wurde 1995 erstmals bei einer Aktion scharf geschossen: Bundeswehrsoldaten evakuierten in Tirana, Albanien, 120 bedrohte Europäer. Große innenpolitische Diskussionen löste 1999 die Beteiligung der deutschen Luftwaffe an Luftangriffen der NATO gegen Jugoslawien aus.

Aus dem Grundgesetz

Artikel 87
(1) Der Bund stellt Streitkräfte zur Verteidigung auf.
(2) Außer zur Verteidigung dürfen die Streitkräfte nur eingesetzt werden, soweit dies das Grundgesetz ausdrücklich zulässt.

Artikel 26
(1) Handlungen, die geeignet sind und in der Absicht vorgenommen werden, das friedliche Zusammenleben der Völker zu stören, sind verfassungswidrig und unter Strafe zu stellen.

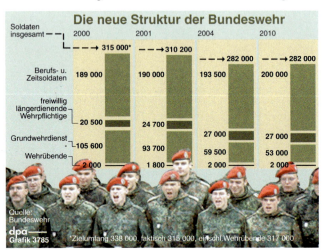

Die neue Struktur der Bundeswehr

Soldaten	2000	2001	2004	2010
insgesamt	315 000*	310 200	282 000	282 000
Berufs- u. Zeitsoldaten	189 000	190 000	193 500	200 000
freiwillig längerdienende Wehrpflichtige	20 500	24 700	27 000	27 000
Grundwehrdienst	105 600	93 700	59 500	53 000
Wehrübende	2 000	1 800	2 000	2 000

Quelle: Bundeswehr
*Zielumfang 338 000, faktisch 315 000, einschl. Wehrübende 317 000

Das Beispiel Afghanistan: Was leistet die Bundeswehr dort für den Frieden?

Seit über 25 Jahren herrscht in Afghanistan Krieg. 2001 beendete eine internationale Streitmacht unter Führung der USA mit militärischer Gewalt die Herrschaft der extremistischen Taliban, die den Terroristen des Al-Qaida-Netzwerks Zuflucht gewährt hatten. Im Auftrag der UNO soll die NATO-Friedenstruppe ISAF die afghanische Übergangsregierung unterstützen, der es bisher nicht gelang, das Land politisch und militärisch unter Kontrolle zu bringen. Deutsche Truppen sollen in der Hauptstadt Kabul und im Norden des Landes für Sicherheit sorgen. Die Resolution der UNO erlaubt ihnen die Anwendung militärischer Mittel.

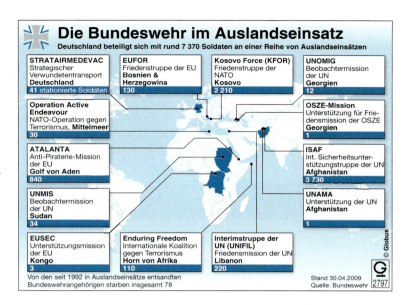

Unterwegs in Kabul

Die Patrouillen der deutschen Soldaten in der afghanischen Hauptstadt sind zur Routine geworden. „Auf das Verhalten bei Feindberührung brauche ich nicht mehr einzugehen", sagt Hauptfeldwebel L. bei der Befehlsausgabe im Feldlager „Warehouse", derzeit Heimat für die Soldaten der International Security Assistance Force, kurz ISAF. Routine bedeutet aber nicht, dass Vorsicht und Wachsamkeit nachlassen dürfen. Präsenz zeigen, für die eigene Sicherheit sorgen, aber die Bevölkerung nicht einschüchtern, das ist das Ziel. Die Fahrt geht durch das Botschaftsviertel in der Innenstadt heißt es dann: „Absitzen!" Während L. die Ladenbesitzer fragt, ob es irgendwelche Klagen über Einbrüche oder sonstige Kriminalität gibt, sichern zwei Soldaten mit Gewehren den Rundgang ab. „Wir versuchen immer wachsam zu bleiben, die Blicke schweifen zu lassen", sagt ein Hauptgefreiter. Knapp 30 Kilogramm schleppt er mit sich herum: Weste, Waffen und Funkausrüstung. Fast immer hat er Kinder um sich. Die Menschen in den Straßen Kabuls winken und fragen, woher er kommt.

(Aus: www.bundeswehr.de, zitiert nach: Frieden und Sicherheit, hg. von der Arbeitsgemeinschaft Jugend und Bildung e.V. Wiesbaden 2003, S. 23)

Risiken und Chancen des Einsatzes

Seit 2006 ist die Situation für die Bundeswehrsoldaten noch gefährlicher geworden. So wurden Patrouillen und das Camp Warehouse in Kabul mit Panzerfäusten beschossen. In einem Interview mit dem Spiegel äußert sich Bundesverteidigungsminister Jung zur Situation in Afghanistan:

Spiegel: Ist das Konzept der Wiederaufbauteams gescheitert?
Jung: Die Mehrzahl der Afghanen spürt, dass wir ins Land gekommen sind, um ihnen zu helfen, nicht nur mit der Bundeswehr, sondern auch mit zivilen Kräften. Wir sind auch keine Besatzungsmacht, deshalb gehen auch unsere Soldaten weiterhin auf Patrouille in den einzelnen Ortschaften, sie suchen den Kontakt zu Menschen, selbst wenn damit Risiken verbunden sind. Es ist notwendig, dass wir konkrete Projekte im Bereich der Entwicklung – von Wasser über Strom bis Schule – vorantreiben. Wir helfen zurzeit auch, ein Krankenhaus aufzubauen, damit die Bevölkerung sieht, dass sich etwas in ihrem Interesse bewegt.
Spiegel: Man könnte glauben, der Verteidigungsminister ist der eigentliche Entwicklungshilfeminister.
Jung: Nein. [...] Es wäre ein gravierender Fehler, nur militärisch auf die angewachsene Bedrohung zu reagieren. Das ist es doch, was die Terroristen wollen. Deshalb müssen wir gerade im Gegenteil einen noch stärkeren Akzent auf die zivile Hilfe legen. [...] Unser Ziel ist es, dass Afghanistan selbst in die Lage kommt, für seine Sicherheit und eine günstige wirtschaftliche und politische Entwicklung zu sorgen. Darin liegt auch ein klares deutsches Interesse. Das Land sich selbst zu überlassen, hieße doch, wir schauen dabei zu, wie aufs Neue ein Hort des Terrorismus entsteht.

(Aus: Dietmar Pieper, Alexander Szandar, Klares deutsches Interesse, in: Der Spiegel, 30/2006, S. 23)

Die Bundeswehr im 21. Jahrhundert: Soll die Wehrpflicht abgeschafft werden?

Die veränderten Aufgaben der Bundeswehr haben die Debatte um die Beibehaltung der Wehrpflicht neu entfacht. Sie wurde in Deutschland 1955 eingeführt. Dahinter stand die Auffassung, dass in einem demokratischen Staat Bürger nicht nur Rechte, sondern auch Pflichten haben. Dazu zählt die Bereitschaft, die freiheitliche Demokratie notfalls mit Waffen zu verteidigen. Nach Artikel 4 Absatz 3 des Grundgesetzes darf allerdings niemand zum Dienst mit der Waffe gezwungen werden. Deswegen besteht die Möglichkeit, den Wehrdienst aus Gewissensgründen zu verweigern und einen zivilen Ersatzdienst zu leisten.

Die Argumente der Gegner

Die Wehrpflicht ist nur zu rechtfertigen, wenn sie für die Landesverteidigung der Bundesrepublik zwingend erforderlich ist, da sie wichtige Grundrechte wie das Recht auf Freizügigkeit und die freie Berufswahl erheblich einschränkt. Da Deutschland keine Feinde hat, ist diese Voraussetzung nicht erfüllt.
Für Auslandseinsätze braucht die Bundeswehr eine professionelle, gut ausgebildete Armee, die flexibel und kurzfristig einsetzbar ist. Diese Aufgabe kann mit Berufssoldaten besser erfüllt werden als mit Wehrdienstleistenden, die in der kurzen Zeit nicht für komplexe Aufgaben ausgebildet werden können und im Ausland nur unter besonderen Umständen eingesetzt werden dürfen. Heute leistet nur noch ein Drittel der männlichen Jugendlichen Wehrdienst. Von einer allgemeinen Wehrpflicht kann daher nicht mehr die Rede sein. Die Zahl der Soldaten wurde in den letzten Jahren stetig verringert, die Bundeswehr braucht weniger Soldaten. Viele Jugendliche werden daher gar nicht mehr eingezogen. Das führt zu Ungerechtigkeiten. Wenn der Wehrdienst weiter verkürzt wird, hat die Bundeswehr von Wehrdienstleistenden wegen der kurzen Dienstzeit kaum noch Nutzen. Im Gegenteil: Ihre Ausbildung bindet Personal, das für Auslandseinsätze dringend benötigt wird.

Die Argumente der Befürworter

Jeder Auslandseinsatz erfordert Vorbereitung und Unterstützungsleistungen im Inland. Dabei übernehmen Grundwehrdienstleistende wichtige Aufgaben und ermöglichen so erst Auslandseinsätze. Der Grundwehrdienst erleichtert auch erheblich die Nachwuchsgewinnung für längerfristig Dienende. Rund 20 Prozent des Personals bei Auslandseinsätzen sind freiwillig länger Dienende. Deutschland hat bisher mit der Wehrpflicht gute Erfahrungen gemacht. Warum sollte man etwas ändern, das gut funktioniert? Weil jedes Jahr neue Wehrdienstleistende aus allen sozialen Schichten in die Kasernen strömen, ist die Bundeswehr eng mit der Gesellschaft verbunden und ist auch gezwungen, ihre Aufgaben und Ziele immer wieder vor jungen Menschen zu rechtfertigen. So wird verhindert, dass die Armee zu einem Staat im Staate werden kann, wie das in der Weimarer Republik der Fall war.
Wenn die Wehrpflicht abgeschafft wird, entfällt auch der Zivildienst. Das würde gravierende Auswirkungen auf unser ohnehin schon stark überlastetes Gesundheitssystem haben. Die Zivildienstleistenden sind zurzeit in Krankenhäusern und Altenheimen unverzichtbar.

Checkliste Vorbereitung

☑ Wir stellen dar, warum die Bundeswehr gegründet wurde und welche Aufgaben sie heute wahrnimmt.
☑ Wir erläutern, unter welchen Voraussetzungen ein Auslandseinsatz zulässig ist.
☑ Wir beschreiben, was die Bundeswehr in Afghanistan für die Friedenssicherung leistet und warum dieser Einsatz besonders gefährlich werden kann.
☑ Wir begründen, warum die Bundeswehr ihr Engagement in Afghanistan trotz Rückschlägen fortsetzen will.
☑ Wir erläutern, welche Auffassung hinter der Einführung der Wehrpflicht stand.
☑ Wir nennen jeweils drei Argumente pro und kontra Wehrpflicht und nehmen dazu Stellung.

3. Internationaler Terrorismus – eine neue Bedrohung für den Frieden?

Die Terroranschläge vom 11. September 2001 in New York töteten über 3 000 Menschen. Überall auf der Welt hat sich das Bild der einstürzenden Türme des World Trade Centers tief in das Gedächtnis der Menschen eingegraben. Seither verbreiten weitere Anschläge weltweit Angst und Schrecken. Ist etwa Terrorismus das neue Gesicht des Krieges im 21. Jahrhundert? Nach den Anschlägen erklärte der damalige amerikanische Präsident George Bush, dass sich Amerika im Krieg gegen die Terroristen befinde. Auch die UNO schloss sich dieser Auffassung an und ermächtigte die USA, sich gegen den Angriff zu verteidigen.
- Was geschah am 11. September 2001?
- Was war das Unfassbare?

New York, 11. September 2001

Der Tag, an dem der Krieg nach New York kam, beginnt mit viel Sonnenschein. [...] Es ist kurz vor neun, an einem Dienstag, der New York City und die Vereinigten Staaten für immer verändern wird. Die Maschine der American Airlines, Flug 11, auf dem Weg von Boston nach Los Angeles, hat sich mit 81 Passagieren und elf Crewmitgliedern in das World Trade Center gebohrt. Kaum 20 Minuten später steht der zweite Turm in Flammen: United Airlines Flug 175 von Boston nach Los Angeles, 65 Menschen an Bord. Flammen züngeln aus den Towers, Menschen springen panisch aus beschädigten Fenstern in den sicheren Tod. Fontänenhaft regnen eineinhalb Stunden später die gesamten 110 Stockwerke auf die Straßen.

Der Süden Manhattans sieht aus wie nach einem Schneesturm, nur ist das kein Schnee, sondern Staub.
Der internationale Terror hat die USA erreicht. Das ist die Wahrheit, die zunächst keiner glauben kann. [...] Nichts wird mehr so sein in New York wie vor diesem Tag, der auch für Rolf Schmidt-Holtz begann wie einer von vielen. Der [...] Bertelsmann-Manager sitzt im 24. Stock des Bertelsmann-Gebäudes am Times Square. Ein Turm des World Trade Centers brennt bereits. In dem Moment sieht er die zweite Maschine. Aber etwas stimmt nicht. Er ruft: „Die fliegt ja völlig falsch. Die fliegt ja viel zu tief." Sekunden später kracht das Flugzeug in den zweiten Turm. Die Bertelsmann-Angestellten, größtenteils Amerikaner, sind geschockt, fassungslos, ratlos. Schmidt-Holtz sieht in leere und verheulte Gesichter. „Die Leute haben den Traum von der Unverletzlichkeit Amerikas sterben sehen."

(Aus: Stern extra, Der Angriff 38f/2001, Das Inferno von New York, Autor: Michael Streck, S. 22)

Warum ist islamistischer Terrorismus so schwer zu bekämpfen?

Wer sind die Täter?
Die polizeilichen Ermittlungen führen bald nach der Tat zu 19 jungen Männern, die alle aus arabischen Staaten stammten. Mehrere von ihnen, darunter auch der Kopf der Truppe, Mohamed Atta, hatten jahrelang in Deutschland als sogenannte Schläfer gelebt. Das bedeutete, dass sie bis zum Zeitpunkt des Selbstmordattentats ein ganz und gar unauffälliges Leben geführt haben. So studierte Mohamed Atta an der Hamburger Universität Stadtplanung. Die Terroristen wurden von Al Qaida ausgebildet und finanziert – einem weltweit operierenden Netzwerk von Terroristen, dem auch zahlreiche Terroranschläge in der Folge des 11. September 2001 zugeschrieben werden.

Wie funktioniert Al Qaida?
Das Qaida-Netzwerk ist keine Terrororganisation im traditionellen Sinn, mehr eine Anlaufstelle, in der sich verschiedene Untergruppen Gelder, logistische Unterstützung, auch einmal militärische Ausbildungsmöglichkeiten beschaffen. [...] Der Chefterrorist macht sich selten die Hände schmutzig, seinen Zellen in den einzelnen Ländern lässt er viel Spielraum. [...] Und vor allem ist er der große Finanzier. Osama bin Laden hat als ehemaliger Top-Unternehmer noch immer hervorragende Kontakte zu Regierungs- und Geschäftskreisen in seiner alten Heimat und in den Golfstaaten. Über ein Business-Imperium von 60 Firmen handelt der Multimillionär mit Diamanten, Nüssen und Kamelen. [...] Der Saudi-Araber Bin Laden hätte sich als Erbe eines 80-Millionen-Dollar-Baugeschäfts ein unbeschwertes unpolitisches Wohlstandsleben leisten können. [...]

(Aus: Der Spiegel 39/2001, S. 16)

Weltweit verbreiten Terroristen Angst und Schrecken. 32 Menschen sterben bei Anschlägen in Istanbul im November 2003.

Wie gehen die Attentäter vor?
Auch nach dem 11. September setzte Al Qaida die Terrorserie fort. Die scheinbar unaufhaltsame Terroroffensive belegt einmal mehr, dass Al Qaida trotz der weltweiten Jagd auf ihre Mitglieder noch immer die erfolgreichste Terrororganisation ist, unter welcher die Welt je zu leiden hatte. [...]
Von Bin Ladens alter Führungsspitze, der sogenannten Tafelrunde, ist nicht mehr viel übrig. Von den ursprünglich 29 Mitgliedern sind 14 getötet oder gefangen genommen worden. Aber die einstige Hoffnung, dass die Ausschaltung der Kommandeure das Netzwerk lähmen und weitere Anschläge unmöglich machen würde, ist zerstoben. Bin Ladens Kämpfer haben sich aus Afghanistan abgesetzt und teilen ihr terroristisches Know-how jetzt mit neuen Rekruten für den Dschihad. Jeder kann dem Subunternehmen beitreten und morden, wo und wann er will. Die 14 Attentäter, die mit simplen Rucksackbomben am 16. Mai 2003 in Restaurants der marokkanischen Hafenstadt Casablanca eindrangen und sich dort wie palästinensische Selbstmordattentäter kurzerhand selbst in die Luft sprengten, stammten fast ausnahmslos aus den Armenvierteln der Stadt. Die Anschläge, davon sind die Geheimdienste überzeugt, seien von den einheimischen Tätern „relativ autonom" geplant worden – mit einer Ausnahme: In einem fortgeschrittenen Stadium sei ein Qaida-Mann aus dem Ausland angereist und habe mit Geld und Logistik geholfen.

(Aus: Der Spiegel, 48/2003, S. 132f.)

Was ist Terrorismus?
Unter Terrorismus (von lateinisch terror: „Furcht, Schrecken") sind Gewalt bzw. Gewaltaktionen (wie z. B. Entführungen, Attentate, Sprengstoffanschläge etc.) gegen eine politische Ordnung zu verstehen, um einen politischen Wandel herbeizuführen. Der Terror dient als Druckmittel und soll vor allem Unsicherheit und Schrecken verbreiten, daneben aber auch Sympathie und Unterstützungsbereitschaft erzeugen. [...]

(Aus: www.wikipedia.de, Stichwort Terrorismus)

Wie kann man Terrorismus bekämpfen?

Wie führt man einen Krieg gegen einen Feind, der im Verborgenen operiert? Darüber wird in fast allen Ländern der westlichen Welt seit dem Terrorangriff vom 11. September diskutiert.

Führt militärische Stärke zum Erfolg?

Bereits im Oktober 2001 startete die Operation „Enduring Freedom", der sich mehr als 70 Staaten anschlossen, darunter auch Deutschland. Ziel dieser Operation ist es, langfristig Führungs- und Ausbildungseinrichtungen für Terroristen auszuschalten, Terroristen gefangen zu nehmen und vor ein Gericht stellen zu lassen.

Im Rahmen des Kampfes gegen den Terror wurden bisher unter der Führung der USA zwei Kriege geführt: In Afghanistan stürzte im Herbst 2001 eine internationale Streitmacht das fundamentalistische Taliban-Regime, das den Terrorismus des Al-Qaida-Netzwerks unterstützte. Der führende Kopf der Organisation Osama bin Laden konnte allerdings bisher nicht aufgespürt werden (Stand 2009). Die Geheimdienste nehmen an, dass er sich weiterhin in Afghanistan versteckt hält. Im Irak marschierte im Frühjahr 2003 eine Streitmacht aus Verbündeten der USA ein, um den Diktator Saddam Hussein zu stürzen. Man vermutete, dass er über Massenvernichtungswaffen verfügte, die die USA bedrohten, und Al-Qaida unterstützte. Dieser Krieg war in der Weltöffentlichkeit sehr umstritten. Auch Deutschland sprach sich dagegen aus. Für viele Gegner des Krieges gab es keine überzeugenden Kriegsgründe, um das Leben von Tausenden Irakern durch einen Einmarsch im Land zu gefährden. Massenvernichtungswaffen wurden bis heute nicht gefunden. Der Krieg beseitigte zwar Saddams Regime, noch immer herrscht jedoch im Irak, wie auch in Afghanistan, kein Frieden.

Dank intensiver polizeilicher Ermittlungen konnten in Deutschland 2007 und 2008 zwei terroristische Anschläge in letzter Minute verhindert werden. Die Terroristen wurden vor Gericht gestellt.

Muss Terror vor allem an den Wurzeln bekämpft werden?

Der Entwicklungsexperte Franz Nuscheler in einem Interview mit der „Zeit":

Zeit: Professor Nuscheler, können Bomben den Terrorismus ausrotten?
Nuscheler: Nein, weil sie seine sozialen und politischen Ursachen nicht beseitigen. Sie tragen seinen Nährboden nicht ab.
Zeit: Woraus besteht dieser Nährboden?
Nuscheler: Aus Armut, aus Hoffnungslosigkeit, aus dem Gefühl der Ohnmacht. [...] Der strukturelle Hintergrund des Terrorismus ist eine ungerechte Welt. [...] Die Armen selbst rebellieren nicht, das haben sie nie getan. Sie neigen eher zur Selbstanklage und geben sich ihrem Schicksal hin. Die Geschichte zeigt, dass Terroristen meist aus der Mittel- oder Oberschicht kommen und als eine Art Hohepriester fungieren. Oft durchaus im wörtlichen Sinne: Es sind die Mullahs, die Ayatollahs oder auch christliche Priester wie bei den Guerillabewegungen in Lateinamerika. Diese Hohepriester fühlen sich durch die Armut, durch die von ihnen als ungerecht empfundene Welt provoziert. Sie sehen sich als die Sprecher der Sprachlosen. [...]

(Aus: Die Zeit, 41/2001, Autoren: Wolfgang Uchatius, Fritz Vorholz)

1. Obwohl inzwischen zahlreiche Top-Terroristen verhaftet wurden, ist Al Qaida weiterhin aktiv. Wie ist das zu erklären?
2. Fasst zusammen, welche militärischen Schritte zur Bekämpfung des Terrorismus bisher unternommen wurden. Wie beurteilt ihr den Erfolg der Maßnahmen?
3. Welche Auffassung vertritt Franz Nuscheler in dieser Frage?
4. Wie man den Terrorismus am besten bekämpfen sollte, ist umstritten. Vielfach herrscht sogar Ratlosigkeit. Wie denkt ihr über die Möglichkeiten?

Im Original

Warum verüben islamistische Terroristen Anschläge?

Der folgende Text ist einem Aufsatz von Kai Hirschmann über internationalen Terrorismus entnommen. Er informiert euch über die geistigen Wurzeln der Terroristen und über die Gründe, warum diese weltweit Anschläge verüben.

Was ist Dschihadismus?

Seit den 1980er-Jahren hat sich als neues terroristisches Phänomen die Gewaltideologie des „Dschihadismus" ausgebreitet, die ihre Wurzeln und Inspirationsquelle in der fundamentalistischen Bewegung des Islamismus hat. Die Weltreligion Islam darf nicht mit Islamismus oder Dschihadismus gleichgesetzt werden.
[...]
Das neue islamistische Denken begann in den 1920er-Jahren in Ägypten und Indien. Das Fundament der heutigen Gewaltideologie findet sich in den Schriften des ägyptischen Grundschullehrers Sayyid Qutb (1906 – 1966). Ihr zentraler Inhalt ist der Kampf gegen den Westen, die Ablehnung seiner Werte und der kulturellen Moderne. Den Grund für den „Niedergang" der muslimischen Zivilisation sieht Qutb darin, dass die muslimische Welt durch Übernahme westlicher Werte ihre religiöse Orientierung und damit ihre Entwicklungschance verloren habe. Das aber könne ein rechtgläubiger Muslim nicht dulden. Daher müsse die (religiöse) „Wiedererweckung" der islamischen Länder in einem „Dschihad" durch eine Bewegung zurück zu den Wurzeln betrieben werden. Der Glaubensbegriff des Dschihad geht auf koranische Suren zurück und wird oft falsch als „Heiliger Krieg" übersetzt. Vielmehr bedeutet er „Bemühung, Anstrengung, Streben". Traditionell wird zwischen dem „kleinen" und dem „großen Dschihad" unterschieden. Der große Dschihad bezeichnet eine individuelle Anstrengung im Glauben, während der kleine Dschihad für eine gemeinsame Anstrengung zur Verteidigung des eigenen Glaubens steht. Qutb, der den Dschihad-Begriff selektiv und missbräuchlich verwendet, sieht eine derartige Verteidigung mit Gewalt als erforderlich an. Sayyid Qutbs ideologische Grundlagen wurden nach seiner Hinrichtung in Ägypten 1966 unter anderem von Scheich Abdullah Azzam (1941 – 1989), einem Ideologen aus Palästina fortentwickelt und verfeinert. Azzam stimmt den Analysen und Schlussfolgerungen Qutbs zu, führt aber aus, dass nicht alle Muslime diese Verteidigungsanstrengung (Dschihad) gleichzeitig leisten können. Also müsse eine Vorhut von Aktivisten, die ihr Leben für den wahren Islam einsetzen und ein „starkes Fundament" (al qaeda al-sulbah) für die angestrebte Gesellschaft bilden sollen, voranschreiten. Diese Idee und Bezeichnung einer kleinen opferbereiten Elite bildet die ideologische Grundlage für das Selbstverständnis (und die Namengebung) des Terrornetzwerks „Al Qaida". [...]

Das „3-2-1-Modell"

Die Ideologie des gewaltsamen Dschihad lässt sich zu einem „3-2-1-Modell" zusammenfassen, das heute fast allen Terroranschlägen dieser Richtung zugrunde liegt. Es geht von drei Feinden, zwei Angriffsarten und dem „Dschihad" als Verteidigungsmaßnahme aus.

- Die Feinde sind: die „Kreuzfahrer" (westlich-christliche Staaten), „die Juden" (der Staat Israel) und die „Handlanger" (diejenigen muslimischen Regierungen, die Erfüllungsgehilfen westlicher Unterdrückung seien). Diese drei Feinde hätten die Unterlegenheit und Unterdrückung der muslimischen Welt zu verantworten. Darüber hinaus würden sie auch eine Gegenbewegung der „wahren Muslime" niemals zulassen, da dies ihren Interessen zuwiderlaufe.
- Den Feinden werden zwei Angriffsarten unterstellt: Zum einen besetzten sie mit ihren Soldaten muslimische Länder und unterdrückten damit deren einheimische Kultur (physischer Angriff). Zum andern übertrügen sie ihre Werte und Verhaltensmuster auf muslimische Staaten und unterdrückten damit deren einheimische Kultur (psychischer Angriff).
- Zur Verteidigung gegen die Feinde und ihre Angriffe sei eine gemeinsame Anstrengung (Dschihad) erforderlich: zum einen in den besetzten Gebieten, zum andern im Herzen der Feinde durch Anschläge („Nadelstichtaktik").

[...]
Der Dschihad-Kampf wird als Weg gesehen, an dessen Ende eine neue, fundamentalistische Politik-, Wirtschafts- und Gesellschaftsordnung stehen soll. Vorbilder einer derartigen Ordnung sind im religiösen Sinne die Ordnung zu Zeiten des Propheten Mohammed

lesen – verstehen – beurteilen

sowie in der heutigen Zeit das Regime der Taliban („Studierende des Islam") in Afghanistan in der zweiten Hälfte der 1990er-Jahre.
[...]

„Nadelstichtaktik"

Die Reaktion auf die „zweite Angriffsart der Feinde" ist (heute) ausgeprägter denn je: Terroranschläge auf symbolische Ziele des Feindes weltweit sollen ihn dazu veranlassen, seinen Export an Werten und Verhaltensmustern zu beenden. Inzwischen gibt es drei Generationen von Dschihad-Kämpfern. Die erste Generation der „Afghanistan-Veteranen" spielte in den 1990er-Jahren eine wichtige Rolle. Die zweite Generation sind die bis 2001 in den Dschihad-Trainingslagern in Afghanistan ausgebildeten Terrorkämpfer. Sie sind an ihre Wohnorte zurückgekehrt und damit weltweit verteilt. Sie halten untereinander engen Kontakt und sind auch über Grenzen und Regionen hinweg sehr mobil, was das Netzwerk äußerst flexibel macht. Dieser Generation sind neben vielen anderen die Anschläge von New York und Washington am 11. September 2001, auf deutsche Urlauber in Djerba/Tunesien am 11. April 2002, in Istanbul am 15. und 20. November 2003 und in Madrid am 11. März 2004 zuzurechnen.
Mittlerweile hat sich eine dritte Generation gebildet, die mit Internet-Propaganda und Anwerbern vor Ort für den Dschihad gewonnen wird und innerhalb weniger Wochen einsatzbereit ist. Es gibt keine gemeinsame Ausbildung und Schulung mehr; das ideologische Gerüst des Dschihad, verbreitet über moderne Kommunikationskanäle, ist das Stimulans, das aus normalen Jugendlichen Terroristen und Mörder macht. Ein Beispiel für das „Wirken" der dritten Generation sind die Anschläge von London am 7. und 21. Juli 2005.
Über mögliche Ziele gibt ein auch im Internet kursierendes „Terrorhandbuch der Al Qaida" Auskunft. Angegriffen werden sollen politische und wirtschaftliche Einrichtungen, Versorgung und Logistik, Touristen sowie „Stätten des Amüsements und der Unmoral".

Angehörige gedenken der Opfer eines Selbstmordattentats in Amman, der Hauptstadt Jordaniens.

[...]
Es ist wichtig zu sehen, dass alle islamistischen Terroristen heute eigentlich ein ideologisches Grundmodell teilen, das auf das Dschihad-Konzept von Qutb und Azzam zurückgeht. Auf der Grundlage dieser Ideologie wird der Kampf fortgesetzt werden.

(Aus: Kai Hirschmann, Internationaler Terrorismus, in: Informationen zur politischen Bildung Nr. 29/2006, S. 26ff.)

MEMORY-STATION

Memory-Station

Wichtiges Wissen

Station 1 — 4 richtig – 4 falsch
(Seiten 324ff.)

Entscheidet, welche Sätze richtig sind. Formuliert die falschen Sätze um und übertragt sie richtig in euer Heft.

	richtig	falsch

1. Die Bundeswehr darf an Auslandseinsätzen teilnehmen, wenn der Bundestag zugestimmt hat.
2. Der Weltsicherheitsrat kann Zwangsmaßnahmen verhängen, wenn zuvor alle anderen Mittel ausgeschöpft wurden.
3. Weil Auslandseinsätze sehr viel Personal erfordern, hat die Bundeswehr die Zahl der Soldaten in den letzten Jahren aufgestockt.
4. Blauhelmsoldaten dürfen grundsätzlich nicht zu Waffen greifen.
5. Die UN-Charta verpflichtet alle Mitglieder, Konflikte ausschließlich mit friedlichen Mitteln auszutragen.
6. Da Deutschland keine Feinde mehr hat, gehört die Landesverteidigung nicht mehr zu den Aufgaben der Bundeswehr.
7. Die Bundeswehr leistet Hilfe bei schweren Naturkatastrophen in Deutschland.
8. Wenn ein Mitglied des Weltsicherheitsrats von seinem Vetorecht Gebrauch macht, müssen alle Mitglieder des Gremiums über diese Frage nochmals abstimmen.

Station 2 — Lückentext: Friedenssicherung durch die UNO
(Seiten 326ff.)

Ersetzt in dem folgenden Text die Punkte durch passende Begriffe und übertragt den kompletten Text in euer Heft.

Die UNO ist heute mit ● die größte internationale Organisation. Sie wurde 1945 gegründet mit dem Ziel den ● zu wahren, weltweit die Achtung der Menschenrechte durchzusetzen und ● zwischen den Völkern der Welt zu fördern.
Alle Mitglieder verpflichten sich in der ●, jede ● von Gewalt zu unterlassen und die Weltorganisation bei allen Maßnahmen zu unterstützen.
Für die Sicherung des Friedens ist der ● zuständig. Er setzt sich aus fünf ständigen und zehn nichtständigen Mitgliedern zusammen. Wenn in einer Region der Frieden gefährdet ist, tritt der Rat zusammen und berät über geeignete Maßnahmen. Das können auch ● sein, zum Beispiel Peacekeeping, um die Einhaltung eines Waffenstillstandsabkommens zu überwachen, oder auch ●, das den UN-Soldaten erlaubt, ihr Mandat notfalls mit Waffengewalt zu verfolgen. Nach der Farbe ihrer Helme werden die UNO-Soldaten ● genannt. Die UNO kann auch andere Organisationen, z.B. die NATO, mit der Durchführung von Missionen beauftragen. Das war bisher vor allem beim ● der Fall.

Peace Enforcement, militärische Maßnahmen, Sicherheitsrat, Androhung, Blauhelme, robusten Peacekeeping, freundschaftliche Beziehungen, Weltfrieden, 192 Mitgliedern, UN-Charta

+++ www.auswaertiges-amt.de +++ www.unric.org +++ www.akuf.de +++ www.bundeswehr.de +++

Friedenssicherung als Aufgabe internationaler Politik

Wichtige Fähigkeiten

Station 3 Terrorismus: Einen Kurzvortrag vorbereiten (Seiten 335ff.)

Bereite einen Kurzvortrag zum Thema „Terrorismus" vor, in dem du folgende Aspekte berücksichtigst:

- Was ist Terrorismus?

- Welche Maßnahmen zur Bekämpfung von Terrorismus ergriff man nach dem Terroranschlag vom 11. September 2001?

- Was denkst du über die Möglichkeiten, den Terrorismus zu bekämpfen?

Station 4 Wehrpflicht in Deutschland: Politisch argumentieren (Seite 334)

Soll die Wehrpflicht in Deutschland abgeschafft werden?

3 Argumente pro Wehrpflicht:

_____
_____
_____

3 Argumente kontra Wehrpflicht:

_____
_____
_____

Meine Meinung:

_____
_____

Station 5 Was gehört zum Frieden?: Ein theoretisches Modell auf ein konkretes Beispiel anwenden (Seite 322)

6 Merkmale von Frieden: Gewaltmonopol, Bewusstsein, dass alle Menschen aufeinander angewiesen sind, Soziale Gerechtigkeit, Friedliche Konfliktlösungen, Demokratische Mitwirkung, Rechtsstaatlichkeit

Einmal angenommen, du arbeitest in einer Firma, die weltweit zahlreiche Niederlassungen hat. Gerade wird überlegt, ob man in einer gefährlichen Region eine weitere Filiale gründen soll. Das Land hat einen jahrzehntelangen Bürgerkrieg hinter sich.

Woran kann man erkennen, dass sich dort die Verhältnisse gebessert haben, dass sich das Land auf dem Weg zum Frieden befindet?

Erkläre mithilfe der Abbildung, welche Bedingungen in diesem Land nach und nach erfüllt werden sollten.

+++ www.zivildienst.de +++ www.hiik.de +++ www.weltalmanach.de +++ www.nato.int +++

Glossar

In diesem Glossar sind die Grundbegriffe erklärt, die zur Erarbeitung dieses Buches von besonderer Bedeutung sind. Definitionen, die ihr in besonderer Weise benötigt, könnt ihr verkürzt auf Karteikarten notieren, um euch die Erklärungen langfristig einzuprägen.

Arbeit
Darunter versteht man die Summe aller Tätigkeiten, die Menschen verrichten, um ihren Lebensunterhalt zu verdienen. Man kann zwischen bezahlter und unbezahlter Arbeit unterscheiden. Es fehlt hier und in anderen Ländern an bezahlter Arbeit. Die Beseitigung von Arbeitslosigkeit bzw. die Sicherung und Schaffung neuer Arbeitsplätze gilt als eine der wichtigsten Zukunftsaufgaben für die Politik.

Betrieb
In den Betrieben werden die Güter, die wir zum Leben brauchen, hergestellt und auf den Märkten angeboten. Das kann in einem Ein-Personen-Betrieb geschehen oder in einem Unternehmen, in dem Tausende von Mitarbeitern mit der Herstellung eines Produktes beschäftigt sind. Neben der Größe unterscheiden sich die vielen Betriebe nach der Art der Güter, die darin hergestellt werden und nach der Rechtsform. Zum Beispiel kann ein Betrieb eine Personengesellschaft sein mit einer Chefin oder einem Chef an der Spitze oder eine große Aktiengesellschaft. Zu einem Unternehmen können mehrere Betriebe gehören.

Betriebsrat
Er ist die gewählte Interessenvertretung der Arbeitnehmerinnen und Arbeitnehmer in einem Wirtschaftsbetrieb. Er wird in Betrieben mit einer Mindestzahl von fünf Personen alle vier Jahre gewählt. Die wichtigste Aufgabe des Betriebsrates besteht darin, alle Belange der Belegschaft gegenüber der Leitung des Betriebes zu vertreten. Seine Rechte sind im Betriebsverfassungsgesetz geregelt.

Bruttosozialprodukt
Den Wert aller in einer Volkswirtschaft erstellten Waren und Dienstleistungen in einem Jahr bezeichnet man als Bruttosozialprodukt. Dies wird in einer Geldsumme ausgedrückt. Die Höhe des Bruttosozialprodukts gilt als Maßstab für den Wohlstand und die wirtschaftliche Leistungsfähigkeit einer Gesellschaft. Nach wie vor ist eines der wichtigsten Ziele der Wirtschaftspolitik, ein hohes und gleichmäßiges Wachstum des Bruttosozialproduktes zu erreichen.

Bruttoinlandsprodukt
ist die Zusammenfassung aller in einem Jahr im Inland erbrachten Werte. Dabei werden die Leistungen der ausländischen und der inländischen Bewohner mitgerechnet.

Bundeskanzler
Er wird vom Bundestag gewählt und ist der mächtigste Politiker in der Bundesrepublik Deutschland. Der Bundeskanzler ist gegenüber dem Parlament für die Politik der gesamten Bundesregierung verantwortlich. Als Chef der Regierung bestimmt er die Richtlinien der Politik. Ihm steht das Recht zu, die Ministerinnen und Minister zu entlassen und neue zu berufen.

Bundespräsident
Er ist das Staatsoberhaupt der Bundesrepublik Deutschland. Zu seinen Aufgaben gehört, dass er Deutschland bei Staatsbesuchen im In- und Ausland vertritt. Er empfängt die Staatsgäste, unterzeichnet Bundesgesetze und internationale Verträge. Er wird von der Bundesversammlung für einen Zeitraum von fünf Jahren gewählt und kann sich einmal zur Wiederwahl stellen. Im Vergleich zum Bundeskanzler hat der Bundespräsident wenig direkte Macht. Zu den wirkungsvolls-

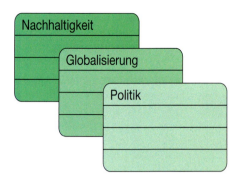

ten Mitteln, Einfluss auf die Politik zu nehmen, gehört die öffentliche Rede bei besonderen Anlässen.

Bundesrat
Er ist die politische Vertretung der 16 Bundesländer. Seine Mitglieder werden nicht vom Volk gewählt, sondern von den Landesregierungen der 16 Länder entsandt. Durch den Bundesrat wirken die Länder an der Gesetzgebung des Bundes mit. Alle Bundesgesetze, die die Interessen der Bundesländer betreffen, bedürfen der Zustimmung des Bundesrates, bevor sie in Kraft treten. Bundestag und Bundesrat bilden zusammen das Parlament der Bundesrepublik Deutschland.

Bundesregierung
Sie besteht aus dem Bundeskanzler bzw. der Bundeskanzlerin und den Bundesministern und -ministerinnen. Die Bundesregierung übt für den Zeitraum zwischen zwei Wahlen die politische Herrschaft im Staate aus. Sie berät und entscheidet darüber, was im eigenen Land geschehen soll. Sie regelt die Beziehungen zu anderen Staaten. Bei ihren Entscheidungen muss sich die Regierung an die Gesetze halten. Sie hat das Recht, Gesetzesvorschläge vorzubereiten und beim Parlament einzureichen.

Bundestag
Der Bundestag ist die gewählte Volksvertretung der Bundesrepublik Deutschland. Er gilt als wichtigste Bundeseinrichtung und

als „Herz der Demokratie". Die Abgeordneten zum Deutschen Bundestag werden alle vier Jahre in allgemeiner, unmittelbarer, freier, gleicher und geheimer Wahl gewählt. Zu den wichtigsten Aufgaben des Bundestags gehören die Wahl des Bundeskanzlers, die Überwachung der Bundesregierung, das Recht über die Einnahmen und die Ausgaben des Bundes zu beschließen und die Verabschiedung aller Bundesgesetze.

Bundesverfassungsgericht

Es ist das oberste deutsche Gericht und hat die Aufgabe zu entscheiden, ob das Grundgesetz verletzt worden ist. Das BVG wird als „Hüter der Verfassung" bezeichnet. Es kann ein Gesetz, das nach seinem Urteil gegen das Grundgesetz verstößt, außer Kraft setzen. Jeder Bürger der Bundesrepublik Deutschland hat die Möglichkeit, Verfassungsbeschwerde zu erheben, wenn er oder sie sich in den im Grundgesetz festgelegten Grundrechten verletzt fühlt.

Bundesversammlung

Sie tritt in der Regel nur einmal alle fünf Jahre zusammen und hat nur eine Aufgabe: die Wahl des Bundespräsidenten. Sie setzt sich zur Hälfte ihrer Mitglieder aus allen Abgeordneten des Bundestages zusammen und zur anderen Hälfte aus Bürgerinnen und Bürgern, die von den Landtagen in den Bundesländern gewählt werden. Von der Mitgliederzahl her gesehen ist die Bundesversammlung das größte Staatsorgan in Deutschland.

Bürgerbegehren/Bürgerentscheid

In den meisten Bundesländern in Deutschland sind Bürgerbegehren und Bürgerentscheide als eine Form direkter Demokratie auf der Ebene der Gemeindepolitik vorgesehen. Mit diesem Instrument können sich die Bürger für oder gegen ein Vorhaben einsetzen. Das Verfahren sieht immer zwei Stufen vor: Zunächst müssen die Bürger für ihr Vorhaben ein Begehren durchführen. Dazu müssen zwischen 6 und 10 Prozent der Stimmberechtigten unterschreiben. Lehnt der Rat das Begehren ab, kommt es zur zweiten Stufe: dem Bürgerentscheid. Er gilt als angenommen, wenn die Mehrheit dafür ist. In den meisten Bundesländern gibt es die Bedingung, dass ein bestimmter Prozentsatz der Stimmberechtigten an der Abstimmung teilgenommen haben muss (= Entscheidungsquorum). (siehe auch Volksbegehren, Volksentscheid)

Bürgerinitiative

Wenn man „initiativ" wird, unternimmt man etwas. Man wehrt sich zum Beispiel gegen eine politisch geplante Maßnahme. Eine Bürgerinitiative ist ein Zusammenschluss von Bürgern, die sich gegen bestimmte Maßnahmen wehren – zum Beispiel gegen den Ausbau von Flughäfen, den Bau von Straßen, Kernkraftwerken, Fabriken etc. Bürgerinitiativen setzen sich meist für den Schutz der Umwelt, die Verbesserung der Lebens- und Wohnverhältnisse und für die Gleichberechtigung von Frauen und Männern ein. Sie üben mit vielfältigen Mitteln Druck auf die Politiker, Parteien, Verbände und Wirtschaftsunternehmen aus. Sie sind eine Form spontaner und direkter politischer Aktivität und gelten in einer lebendigen Demokratie als erwünscht.

Bürgermeister

Eine Bürgermeisterin oder ein Bürgermeister ist Leiterin bzw. Leiter einer Gemeinde, ob haupt- oder ehrenamtlich, hängt von der Größe der Gemeinde ab. In kreisfreien Städten heißt der Bürgermeister Oberbürgermeister. Bürgermeister führen den Vorsitz in den Gemeinde- und Stadträten. Ihre Rechte und Pflichten sind in den Gemeindeordnungen festgeschrieben, die von Bundesland zu Bundesland unterschiedlich sind. Zum Beispiel werden die Bürgermeister in Nordrhein-Westfalen seit 1994 von der Bevölkerung direkt gewählt. In anderen Bundesländern gilt die Regelung, dass ein Bürgermeister vom Gemeinde- oder Stadtrat gewählt wird.

Clique

Im Wort „Clique" steckt das französische Verb „cliquer", was so viel wie „klatschen" oder „miteinander tratschen" bedeutet. Für Jugendliche spielt die Clique eine große Rolle. Hier trifft man sich, um zu reden und um etwas gemeinsam zu unternehmen. Meist gibt es bestimmte Verhaltensregeln, an die die Mitglieder der Clique sich halten müssen, weil sie sonst ausgeschlossen werden.

Demokratie

Wörtlich übersetzt heißt das aus der griechischen Sprache stammende Wort „Herrschaft des Volkes". Für unsere moderne Zeit bedeutet Demokratie, dass alle Herrschaft im Staat vom Volk ausgeht. Das Volk wählt seine Vertreter in die Gemeinderäte, die Landtage und in den Bundestag. Weil diese Vertreterinnen und Vertreter das Volk repräsentieren, nennt man unsere Demokratie auch repräsentative Demokratie. Der wichtigste Wert in einer Demokratie ist, dass die Menschen frei sind und gleiche Rechte haben.

Diktatur

ist das Gegenteil einer Demokratie. Hier sind die Menschen nicht frei. An der Spitze einer Diktatur steht ein Alleinherrscher oder eine Gruppe von Herrschenden, die alle Macht in Händen hält. Die Bevölkerung hat den Befehlen der Mächtigen zu gehorchen. Politisch Andersdenkende werden häufig verfolgt.

Emanzipation

Das Wort stammt aus der lateinischen Sprache und bedeutet ursprünglich, dass man sich als Sklave von seinen Fesseln befreit und in die Selbstständigkeit entlassen wird. Heute versteht man unter dem Begriff den Kampf der Frauen um Gleichberechtigung bzw. um die Beseitigung vielfältiger Benachteiligungen gegenüber den Männern.

Emissionen

Das ist die Bezeichnung für die Abgabe von festen, flüssigen oder gasförmigen Schadstoffen (z. B. Gase, Stäube), welche die Luft, das Wasser und den Boden verunreinigen, sowie für Geräusche, Erschütterungen und Strahlen, die die Umwelt belasten.

Entwicklungsländer

So werden die armen Länder der Erde genannt. Vor allem auf wirtschaftlichem Gebiet sind sie im Vergleich zu den hoch entwickelten Industrieländern „unterentwickelt". Mehr als drei Viertel der Menschen leben in diesen Staaten, die auch als Länder der „Dritten Welt" bezeichnet werden. Wichtige Merkmale der Armut sind: hohes Bevölkerungswachstum, mangelnde Ernährung, mangelhafte Infrastruktur und hohe Arbeitslosigkeit. Der Begriff „Entwicklungsländer" wird zunehmend als problematisch angesehen, weil er den Eindruck erweckt, als müssten sich alle Länder in Richtung der Ziele bewegen, die von den Wertvorstellungen und Kulturen der Industrieländer geprägt sind.

Europäische Union

Die neue Bezeichnung (vorher: Europäische Gemeinschaft) drückt aus, dass sich die Mitgliedstaaten zu einem festeren Bündnis zusammengeschlossen haben. Sie haben sich vertraglich verpflichtet, weite Bereiche der Politik gemeinsam zu gestalten und zu einem immer festeren wirtschaftlichen und politischen Bündnis zusammenzuwachsen. Dabei sollen die einzelnen Mitgliedstaaten ihre Selbstständigkeit behalten.

Europäischer Binnenmarkt

Ein Binnenmarkt ist ein Gebiet, in dem sich das gesamte wirtschaftliche Geschehen nach einheitlichen Regeln und gleichen Bedingungen abspielt. Der europäische Binnenmarkt umfasst die Mitgliedstaaten der Europäischen Union (EU).

Vier Freiheiten kennzeichnen den europäischen Binnenmarkt:

1. Waren können ungehindert in allen Mitgliedstaaten verkauft werden.
2. Personen eines Mitgliedslandes der EU können in jedem anderen EU-Land leben, arbeiten oder eine Ausbildung machen.
3. Dienstleistungen können von jedem EU-Bürger über die nationalen Grenzen hinweg erbracht werden.
4. Geld und Kapital kann von jedem Mitgliedsland in ein anderes frei bewegt werden.

Europäisches Parlament

Das Europäische Parlament wird alle fünf Jahre von den Bürgerinnen und Bürgern in der EU gewählt. Es setzt sich zusammen aus 750 Abgeordneten aus den Mitgliedstaaten und dem Parlamentspräsidenten. Die Anzahl der Sitze hängt von der Einwohnerzahl des Landes ab. Deutschland stehen 96 Sitze zu. Das Parlament teilt sich die Aufgabe der Gesetzgebung mit dem Ministerrat.

Es besitzt das Haushaltsrecht und unterscheidet mit über die Aufnahme neuer Mitgliedstaaten in die EU.

Familie

Die Familie ist die erste und wichtigste Gruppe, in die ein Mensch hineingeboren wird. Niemand kann sie sich aussuchen. Ihre Form kann sehr unterschiedlich sein. Oft verstehen wir darunter eine Gemeinschaft, die aus Eltern und einem oder mehreren Kindern besteht. Sie kann aber auch aus einer alleinerziehenden Mutter oder einem alleinerziehenden Vater bestehen. Die häufigste Form in Deutschland ist gegenwärtig das Ehepaar ohne Kinder.

Föderalismus

Das lateinische Wort „födus" heißt „Bund". Ein föderalistischer Staat ist ein Staat, in dem mehrere Teilstaaten zu einem Bund zusammengeschlossen sind. Dabei kann man zwischen einem Staatenbund und einem Bundesstaat unterscheiden. Die Bunderepublik Deutschland ist ein föderalistischer Bundesstaat.

Fraktion

ist die Gruppe der Abgeordneten in einem Parlament, die der gleichen Partei angehören. Geleitet wird die Fraktion von einer Fraktionssprecherin bzw. einem Fraktionssprecher.

Gemeinde

Sammelbegriff, der vom Dorf bis zur Großstadt reichen kann. Eine Gemeinde hat das Recht, sich selbst zu verwalten und ihre Angelegenheiten selbst zu regeln. Gemeinden sind sogenannte Gebietskörperschaften. Das heißt, dass sie für ihr Gebiet mit bestimmten Aufgaben, Rechten, Pflichten und Einrichtungen ausgestattet sind. Für Gemeinden verwendet man auch den Begriff Kommunen.

Gemeinderat ((siehe Stadtrat)

Gemeinwohl

Die Politik in einer Demokratie, ob in der Stadt, im Land oder im Bund, hat sich am Gemeinwohl zu orientieren, das bedeutet am allgemeinen Wohlergehen aller Menschen. Regierungen dürfen also nicht nur Gesetze beschließen, die bestimmten Gruppen nützen, sondern sie müssen versuchen, die Interessen und Bedürfnisse aller angemessen zu berücksichtigen. Die Orientierung am Gemeinwohl ist ein Ziel, das in politischen Auseinandersetzungen oft angezweifelt wird.

Gesetze

Gesetze sind die aufgeschriebenen und vom Parlament verabschiedeten Regeln, an die sich alle Menschen in einem Staat halten müssen. Damit die Gesetze eingehalten werden, gibt es Strafen für die Nichtbeachtung. In einem Rechtsstaat ist auch der Staat an die Einhaltung der Gesetze gebunden. Im Streitfall entscheiden die Gerichte frei und unabhängig im Rahmen der Gesetze.

Geschäftsfähigkeit

Die volle Geschäftsfähigkeit wird mit dem Eintritt der Volljährigkeit, also mit der Vollendung des 18. Lebensjahres erreicht und bedeutet, dass man uneingeschränkt Kaufverträge abschließen kann. Für Jugendliche unter 18 Jahren gilt die eingeschränkte Geschäftsfähigkeit. Bei größeren Anschaffungen ist ein Kaufvertrag nur wirksam, wenn die gesetzlichen Vertreter zustimmen.

Gewaltenteilung

Darunter versteht man die Aufteilung der Macht im Staat auf die drei Gewalten Legislative, Exekutive und Judikative. Die Legislative ist die gesetzgebende Gewalt. Sie wird vom Bundesparlament und den Landesparlamenten wahrgenommen. Die Exekutive ist die ausführende Gewalt, also diejenige, die die Politik für einen begrenzten Zeitraum macht. Diese Aufgabe wird von den Regierungen ausgeübt. Die dritte Staatsgewalt ist die Judikative, also die Rechtsprechung. Sie wird ausgeführt von den unabhängigen Gerichten. Die Staatsgewalten sind geteilt, damit sie sich gegenseitig kontrollieren. Die Teilung soll verhindern, dass zu viel Macht in einer Hand zusammenkommen kann.

Gewerkschaften

sind Vereinigungen von Arbeitnehmern, um deren Interessen gegenüber den Arbeitgebern und dem Staat zu vertreten. Sie haben viele Aufgaben, vor allem kümmern sie sich um die Verbesserung der Arbeitsbedingungen, die Sicherung und Erhöhung der Löhne, den Schutz bestehender und die Schaffung neuer Arbeitsplätze und um die Mitbestimmung der Arbeitnehmer in den Betrieben. Die ersten Gewerkschaften entstanden als Arbeitervereine zu Beginn des 19. Jahrhunderts. Über ein Drittel aller Arbeitnehmer sind in den 16 Einzelgewerkschaften des Deutschen Gewerkschaftsbundes (DGB) organisiert.

Gleichberechtigung

(siehe Emanzipation)

Globalisierung

Sie ist ein Prozess der weltweiten Vernetzung der wirtschaftlichen Abläufe und Abhängigkeiten, der technischen Möglichkeiten, der wissenschaftlichen Forschung, der kulturellen Angleichung der Lebensumstände, der Auswirkungen des Lebens auf die Umwelt, der politischen Möglichkeiten, Chancen und Probleme. Der vielschichtige Begriff wird einerseits zur Charakterisierung eines neuen Zeitalters nach dem Ende des Ost-West-Konfliktes verwendet und andererseits als Sammelbegriff für alle Megatrends, die in einem weltweiten Zusammenhang gesehen werden müssen.

Grundrechte

Sie sind die in der Verfassung niedergeschriebenen grundlegenden Menschenrechte. Zu ihnen zählen die Freiheits- und Gleichheitsrechte sowie soziale Grundrechte. Sie sind in erster Linie Schutzrechte des Einzelnen gegenüber dem Staat. In der Bundesrepublik Deutschland sind die Grundrechte im ersten Abschnitt des Grundgesetzes aufgeführt.

Haushaltsplan

Die Notwendigkeit, einen Haushaltsplan zu erstellen, besteht immer dann, wenn die Menschen versuchen müssen, mit ihren Einnahmen auszukommen. Das ist so in der Familie, in einer Jugendgruppe, die einen mehrtägigen Aufenthalt in einem Ferienlager selbstständig organisiert, aber auch in einem Staat. In einem Haushaltsplan werden die Einnahmen den Ausgaben gegenübergestellt. Mit seiner Hilfe lassen sich Ausgaben so planen, dass eine Verschuldung vermieden wird.

Inflation

heißt Geldentwertung. Von einer Inflation spricht man, wenn die Verbraucherinnen und Verbraucher für die gleiche Menge Geld weniger kaufen können, weil die Waren teurer geworden sind. Die Inflationsrate wird in der Regel mit einer Prozentzahl angegeben. Diese Zahl drückt aus, wie sich die Waren im Vergleich zum Vorjahr durchschnittlich verteuert haben.

Interessenverbände

Sie spielen in der parlamentarischen Demokratie eine große Rolle und sind auf die unterschiedlichsten Arten organisiert. Gemeinsam ist ihnen, dass sie Zusammenschlüsse von Menschen sind, um sich so wirkungsvoller gegenüber der Regierung oder gegenüber anderen Interessengruppen durchsetzen zu können. Interessengruppen versuchen, Druck auf die Politik auszuüben, um die Entscheidungen der Politiker in ihrem Sinne zu beeinflussen. Das ist rechtlich geregelt und legitim. Allerdings wird der Einfluss mächtiger Interessenverbände auf die politischen Entscheidungen auch häufig als zu groß kritisiert.

Jugendliche

Die Jugendphase ist die Zeit zwischen Kindheit und Erwachsensein, auch die Zeit der Ausbildung. Oft werden Leute bis zum Ende des zwanzigsten Lebensjahres als Jugendliche bezeichnet. Unter rechtlichen Gesichtspunkten ist man Jugendliche oder Jugendlicher im Alter zwischen 14 und 18 Jahren. Für diese Altersgruppe gelten in der Regel die Bestimmungen des Jugendrechts. Vor Gericht kann man auch bis 21 als Jugendlicher behandelt werden.

Jugendrecht

ist ein Sammelbegriff für alle Rechtsgrundsätze, die speziell für Jugendliche gelten. Dazu gehören das Jugendschutzgesetz, das Jugendarbeitsschutzgesetz und das Jugendstrafrecht. Die Gesetze zum Schutz der Jugend haben die Aufgabe, Jugendliche vor seelischen und körperlichen Gefährdungen zu bewahren und ihnen eine gesunde Entwicklung zu ermöglichen.

Kaufvertrag

Bei jedem Kauf kommt es zwischen dem Käufer und dem Verkäufer zum Abschluss eines Kaufvertrages, auch dann, wenn dieser Vertrag nicht schriftlich vereinbart wird. Der Vertrag kommt durch den Kaufantrag und die Antragsannahme zustande. Der Verkäufer verpflichtet sich darin, dem Käufer eine bestimmte Ware oder eine Dienstleistung zu einem bestimmten Preis zu übergeben. Der Käufer verpflichtet sich, den vereinbarten Preis zu zahlen und die gekaufte Sache anzunehmen.

Koalition

bedeutet Bündnis oder Zusammenschluss. In der parlamentarischen Demokratie versteht man darunter einen Zusammenschluss von zwei oder mehreren Parteien in einem Parlament zum Zwecke der Regierungsbildung. Koalitionen werden gebildet, wenn keine der in einem Parlament vertretenen Parteien allein in der Lage ist, eine Mehrheit zu bilden. Das gemeinsame Regierungsprogramm einer Koalitionsregierung wird in einem Koalitionsvertrag festgelegt.

Kommunalpolitik

Das ist die Politik, die in den Gemeinden gemacht wird, also in den Stadt- und Landgemeinden. „Kommunal" heißt, die Gemeinde betreffend; eine Kommune ist eine Gemeinde. Neben der Bundes- und der Landespolitik ist die Kommunalpolitik die dritte Ebene der nationalen Politik.

Kompromiss

Das lateinische Wort bedeutet „Übereinkunft" bzw. „Ausgleich". Der Kompromiss ist eine Art der Entscheidung zwischen Personen oder Gruppen, die unterschiedliche Interessen vertreten und unterschiedlicher Meinung sind, die sich aber irgendwie einigen müssen. In der Demokratie spielen Kompromisse eine große Rolle, weil es fast immer darum geht, verschiedene Interessen so unter einen Hut zu bringen, dass alle Beteiligten eine Entscheidung akzeptieren können. Kompromissfähigkeit gilt als eine Qualifikation, über die jeder demokratische Mensch verfügen sollte.

Konflikt

Das Wort bedeutet „Zusammenstoß". Es bezeichnet eine Auseinandersetzung, die entsteht, wenn Menschen oder Gruppen aufeinandertreffen, die unterschiedliche Interessen vertreten. Die streitenden Parteien versuchen dann mit Argumenten und mit Macht, den Streit siegreich zu beenden. Oft gelten Konflikte als unvermeidlich, zum Beispiel, wenn alljährlich die Vertreter der Arbeitgeber und Arbeitnehmer über die Höhe der Löhne streiten. In der Demokratie gilt der Konflikt nicht als etwas Schlechtes. Wichtig ist, dass die Konflikte mit friedlichen und fairen Mitteln zu einem vernünftigen Ausgleich gebracht werden.

Konsumverhalten

Konsum bedeutet Verbrauch. Konsumenten sind alle Menschen, die Güter und Leistungen zur Befriedigung ihrer Bedürfnisse einkaufen und verbrauchen. Mit dem Konsumverhalten wird ausgedrückt, wie es die Menschen mit dem Einkaufen von Waren halten, ob sie sich zum Beispiel eher zurückhalten und sparen oder ob sie ihr Geld zum Kaufen ausgeben und bereit sind, Schulden zu machen.

Kultur

Wenn Jugendliche überall im Land oder darüber hinaus in der Welt bestimmte gemeinsame Verhaltensweisen und Vorlieben für Mode, Musik, Schmuck, Ess- und Trinkgewohnheiten aufweisen, so spricht man von einer gemeinsamen Jugendkultur. Mit Kultur im Allgemeinen bezeichnet man die Summe der gemeinsamen Eigenschaften und Traditionen eines Volkes oder einer Völkergemeinschaft wie z. B. der Völker Europas.

Landtage

sind die von der wahlberechtigten Landesbevölkerung gewählten Parlamente in den Bundesländern. Ein Landtag beschließt die Landesgesetze, also diejenigen, die nur im eigenen Bundesland gelten. Dazu gehören zum Beispiel die Gesetze über das Schul- und das Polizeiwesen. Er wählt den Ministerpräsidenten und hat die Aufgabe, die Landesregierung zu kontrollieren. Da Deutschland aus 16 Bundesländern besteht, gibt es 16 Landesparlamente.

Massenmedien

Presse, Rundfunk und Fernsehen werden unter dem Oberbegriff „Massenmedien" zusammengefasst. Auch die als „neue Medien" bezeichneten Computer, die in einem Netzwerk, zum Beispiel im Internet, miteinander verbunden sind, gehören dazu. Sie sind allesamt technische Verbreitungsmittel, mit denen man eine unbegrenzte Zahl von Menschen gleichzeitig erreichen kann. Sie prägen und verändern das Leben der meisten Menschen in den modernen Gesellschaften. Massenmedien gelten einerseits als unverzichtbar und hilfreich, andererseits können von ihrem falschen Gebrauch auch Gefährdungen ausgehen.

Mehrheitswahl

Sie ist eine Form der politischen Wahl, bei der das Wahlgebiet in Wahlkreise eingeteilt wird. In den Wahlkreisen haben die Wähler die Möglichkeit, einen Kandidaten zu wählen. Gewählt ist, wer die Mehrheit der Stimmen auf sich vereinigt. In der Regel genügt die relative Mehrheit, also auch weniger als 50 Prozent. Die Stimmen für die unterlegenen Kandidaten fallen bei diesem Wahlrecht unter den Tisch. (siehe auch Verhältniswahl)

Menschenrechte

Das sind die grundlegenden Rechte, die jedem Menschen zustehen, und zwar unabhängig von seinem Geschlecht, seiner Sprache, seiner Heimat und Herkunft, seinem Glauben, seinem religiösen oder politischen Anschauungen. Sie gehören sozusagen zur Natur des Menschen und können von niemandem aberkannt werden. Einige Herrschaftssysteme, Staaten und Kulturen zweifeln allerdings den universalen Gültigkeitsanspruch der Menschenrechte an. (siehe auch Grundrechte)

Mitbestimmung

Für größere Wirtschaftsbetriebe bedeutet dieser Begriff, dass die Arbeitnehmerinnen und Arbeitnehmer an der Leitung des Betriebes mitbestimmend teilnehmen. Die Unternehmer können zum Beispiel nicht alleine darüber entscheiden, wer eingestellt und wer entlassen wird, wie der Betrieb gestaltet wird usw.

Nachhaltigkeit

Der Begriff wurde aus der Forstwirtschaft übernommen und bedeutete ursprünglich, dass man nicht mehr Holz einschlagen darf als nachwachsen kann. Heute gilt „nachhaltige Entwicklung" (sustainable development) in der Umweltpolitik als international eingeführtes Prinzip. Es bedeutet, dass Eingriffe des Menschen in die Natur die Lebensbedingungen künftiger Generationen nicht gefährden dürfen. Indirekt ist das Prinzip der Nachhaltigkeit unter der Überschrift „Schutz der natürlichen Lebensgrundlagen" in den neu formulierten Artikel 20a des Grundgesetzes aufgenommen worden.

NATO

Das ist die Abkürzung für „North Atlantic Treaty Organization", auch Nordatlantikpakt genannt. Die NATO wurde 1949 gegründet und ist ein Verteidigungsbündnis. Die 28 Mitgliedstaaten des Bündnisses haben sich zu gegenseitiger Hilfe verpflichtet, falls einer von ihnen mit Waffengewalt angegriffen wird. Seit der Auflösung des Ostblockes hat sich das Aufgabengebiet der NATO verändert. Von 1999 bis 2008 wurden 12 Mitgliedstaaten des ehemaligen Ostblocks in die Nato aufgenommen. Auf Bitten Albaniens griff die NATO 1999 im jugoslawischen Kosovo zum Schutz der Kosovo-Albaner mit militärischen Luftangriffen ein. Die NATO versteht diese Militäraktion nicht als Kriegseinsatz, sondern als einen Akt humanitärer Hilfe.

Ökologie

Das Wort stammt aus dem Griechischen. Es bezeichnet die Lehre von den Wechselbeziehungen zwischen Mensch und Umwelt. Wichtigstes Ziel der Ökologie ist es, die Zerstörung der Umwelt zu verhindern und das Gleichgewicht der verschiedenen Kräfte in der Natur zu erhalten. Damit leistet diese Wissenschaft einen wichtigen Beitrag zur Bewahrung der Lebensgrundlagen für die Menschheit.

Ökonomie (ökonomische Sachverhalte)

Der Begriff wird als Bezeichnung für die Wirtschaft in einer Gesellschaft, einem Staat oder einem Bündnis bezeichnet. Unter Ökonomie versteht man auch die Wissenschaft von der Wirtschaft. Ökonomische Sachverhalte sind alle diejenigen, die mit der wirtschaftlichen Versorgung der Menschen zu tun haben.

Opposition

Im Parlament besteht die Opposition aus allen Parteien, die nicht an der Regierung beteiligt sind. Das Wort bedeutet Widerspruch, Gegensatz. Die Opposition ist immer die Minderheit, die einer Mehrheit gegenübersteht und die darauf wartet, zum Beispiel bei der nächsten Wahl, zur Mehrheit zu werden. In der Demokratie hat die Opposition zwei entscheidende Aufgaben: Sie soll die Regierung überwachen und kritisieren. Sie soll eigene politische Pläne entwickeln, die eine Alternative zu denen der regierenden Mehrheit darstellen.

Parteien

In den Parteien finden sich Menschen mit gleichen oder ähnlichen politischen Interessen zusammen. Jede Partei versucht, so groß und einflussreich wie möglich zu werden, um alleine oder in Zusammenarbeit mit anderen Parteien Macht auszuüben und ihre Ziele durchzusetzen. Nach dem Grundgesetz der Bundesrepublik Deutschland haben die Parteien die Aufgabe, an der politischen Willensbildung der Bevölkerung mitzuwirken (Artikel 21). Jeder Bürger kann Mitglied einer Partei werden.
In der Regel werden Mitglieder von Parteien als Abgeordnete in die verschiedenen Parlamente geschickt. Die Parteien spielen im politischen Leben eine sehr große Rolle. Häufig kritisiert wird der übergroße Einfluss der Parteien und die Art der Parteienfinanzierung.

Politik

Hierin steckt das griechische Wort „Polis", das man sinngemäß mit „Gemeinschaft" übersetzen kann. Heute verstehen wir darunter alle Aufgaben und Zukunftsprobleme, die gelöst werden müssen, damit die Menschen im Staat friedlich, frei und in Sicherheit miteinander leben können. Politik wird von einzelnen Personen, vor allem aber auch von Parteien, Bürgerinitiativen und Interessenverbänden gemacht. Zum Wesen demokratischer Politik gehört, dass die Vorstellungen über die Lösung der Zukunftsaufgaben sehr unterschiedlich sein können.

Rechtsordnung

Darunter versteht man die Gesamtheit aller Regeln und Gesetze, die für die Menschen in einem Land verbindlich gelten. An die bestehende Rechtsordnung muss man sich halten, sonst droht Strafe. Grundlage der Rechtsordnung in der Bundesrepublik

347

Deutschland ist das am 23. Mai 1949 verabschiedete Grundgesetz.

Rechtsstaat

Im Rechtsstaat ist alles staatliche Handeln an die bestehenden Gesetze gebunden. Der Rechtsstaat schützt so die Bürger vor willkürlichen Übergriffen der Staatsgewalt. Kein Gesetz, keine Verordnung, kein Richterspruch darf den in der Verfassung festgelegten Rechtsgrundsätzen widersprechen. Die Aufgaben von Regierung und Parlament sind durch die Verfassung vorgeschrieben. Zur Rechtsstaatlichkeit gehören auch die Garantie der Grundrechte und die Teilung der Staatsgewalt.

Repräsentative Demokratie

Die Bundesrepublik Deutschland ist eine repräsentative Demokratie. Das bedeutet, dass die Staatsgewalt vom Volk ausgeht, dass sie aber nicht direkt vom Volk ausgeübt wird. Zur Ausübung der Staatsgewalt wählt das Volk seine Repräsentanten, die dann für die Dauer einer Wahlperiode die politischen Entscheidungen treffen. Den Repräsentanten, die auch als Abgeordnete bezeichnet werden, wird ein Entscheidungsspielraum zugestanden. Nach dem Grundgesetz sind sie „an Aufträge und Weisungen nicht gebunden und nur ihrem Gewissen verantwortlich" (Artikel 38, Abs. 1).

Rollenerwartung/Rollenkonflikt

Rollenerwartungen nennt man die Vorstellungen, die man vom Verhalten von Personen in bestimmten Lebenssituationen hat. Es gibt Erwartungen an einen guten Schüler, an einen guten Lehrer, an einen guten Arzt usw. Zu Rollenkonflikten kann es kommen, wenn Rollenerwartungen auf einen Menschen oder auf eine Gruppe von Menschen einströmen, die diese weder erfüllen wollen noch erfüllen können. Für Rollenerwartungen verwendet man auch den Begriff „soziale Erwartungen".

Schlüsselqualifikationen

Dieser Begriff aus der Arbeitswelt ist in den vergangenen Jahren mehr und mehr in Mode gekommen. Er bezeichnet die Gesamtheit aller Fähigkeiten eines Menschen, die ihm wie ein Schlüssel die Tür zu einem erfolgreichen Berufsleben öffnen können. Als wichtige Schlüsselqualifikationen unter vielen anderen gelten Selbstständigkeit, Teamgeist und die Fähigkeit, Verantwortung zu übernehmen.

Schülervertretung (SV)

Durch die SV wirken die Schüler an der Gestaltung des Schullebens mit. Die SV hat die Aufgabe, die Interessen der Schülerinnen und Schüler zu vertreten. Sie besteht aus den gewählten Sprecherinnen und Sprechern der Klassen- und Jahrgangsstufen und der Schülersprecherin/dem Schülersprecher (plus Stellvertreter). Die zentrale Einrichtung zur Wahrnehmung der Mitwirkungsrechte ist die Klassensprecherversammlung.

Soziale Marktwirtschaft

Nach dem Zweiten Weltkrieg wurde in der Bundesrepublik die soziale Marktwirtschaft eingeführt. In dieser Wirtschaftsordnung ist das Privateigentum auch an Produktionsmitteln garantiert. Die Preise bilden sich auf dem Markt nach Angebot und Nachfrage. Garantiert werden Produktions- und Berufsfreiheit sowie ein freier Kapitalverkehr. Neben diesen marktwirtschaftlichen Elementen erhält die soziale Marktwirtschaft auch sozialpolitische Elemente. Der Staat darf in das Wirtschaftsgeschehen eingreifen, um den Wettbewerb zu sichern. Er übernimmt aber auch eine Schutzfunktion gegenüber seinen Bürgern. Mit einer umfangreichen Sozialgesetzgebung schützt er die Arbeitnehmer und bewahrt den sozialen Frieden.

Sozialstaat

Einen Staat, der in seiner Verfassung das Ziel sozialer Gerechtigkeit anstrebt, bezeichnet man als Sozialstaat. Der Sozialstaat hat eine Fürsorgepflicht gegenüber den Schwachen in der Gesellschaft. Er setzt sich das Ziel, allen Bürgerinnen und Bürgern ein Leben zu ermöglichen, das mit der Würde des Menschen vereinbar ist. In der deutschen Geschichte wurde das Sozialstaatsprinzip erstmals im Grundgesetz für die Bundesrepublik Deutschland verankert. Nach Artikel 20 des Grundgesetzes ist die Bundesrepublik ein Sozialstaat. Erstmals haben damit die Bürger einen Rechtsanspruch auf eine soziale Mindestsicherung. Umgekehrt wird von den leistungsstarken Bürgern erwartet, dass sie durch das Bezahlen von Steuern und Sozialabgaben dazu beitragen, dass der Staat diese Aufgabe erfüllen kann.

Staat

Der Staat ist die Gesamtheit aller Bürgerinnen und Bürger, die zu einem Volk gehören. Wörtlich übersetzen kann man das Wort aus dem frühen Mittelalter mit „Lebensweise". Man versteht darunter auch die Organisation, die sich die Menschen in der Gesellschaft gegeben haben, damit sie geregelt und friedlich miteinander leben können. Der Staat fordert von den Menschen, dass sie einen nicht unerheblichen Teil ihres Einkommens in Form von Steuern und Abgaben an ihn entrichten. Er verteilt dieses Geld dann wieder, zum Beispiel an Familien in Form von Kindergeld und zum Bau von Straßen, Schienen, Flugplätzen, Krankenhäusern, Schulen, für die Bundeswehr und für vieles andere mehr.

Stadtrat

Der Stadtrat, auch Gemeinderat genannt, ist die gewählte politische Vertretung der Bürgerinnen und Bürger in einer Gemeinde bzw. Stadt. Er übt das Recht auf Selbstverwaltung einer Gemeinde aus. Nach Artikel 28 des Grundgesetzes haben die Gemeinden das Recht, „alle Angelegenheiten der örtlichen Gemeinschaft im Rahmen der Gesetze in eigener Verantwortung zu regeln". Die hierzu notwendigen Beschlüsse werden per Mehrheitsentscheidung in den Stadt- und Gemeinderäten getroffen.

Steuern

Steuern sind Abgaben, die die Bürger an den Staat zahlen. Es besteht Steuerpflicht. Wer sie nicht bezahlt, macht sich strafbar. Mit den Steuern bestreitet der Staat seine Ausgaben. Man unterscheidet direkte und indirekte Steuern. Direkte Steuern werden vom Lohn und Einkommen und dem Besitz der Bürger bezahlt. Indirekte Steuern werden auf Waren und Dienstleistungen aufgeschlagen. Von der Summe, die die Bürger für diese Produkte zahlen, wird ein Teil als Steuer an die Staatskasse abgeführt.

Tarifautonomie

Darunter versteht man das Recht der Vertretungen der Arbeitgeber (Arbeitgeberverbände) und der Vertretungen der Arbeitnehmer (Gewerkschaften), die Löhne, Arbeitszeiten und die übrigen Arbeitsbedingungen selbst, also autonom, auszuhandeln und in einem Tarifvertrag für eine bestimmte Zeit festzulegen (Tarif = Vereinbarung). Die Regierung darf sich grundsätzlich nicht in Tarifverhandlungen einmischen. Die Tarifpartner sind frei in ihren Entscheidungen und selbst dafür verantwortlich.

Überhangmandate

Sie entstehen bei Bundestagswahlen und bedeuten, dass eine Partei mehr Sitze im Parlament erhält als ihr nach der erreichten Prozentzahl der Stimmen eigentlich zusteht. Das ist der Fall, wenn in den Wahlkreisen eines Bundeslandes mehr Kandidaten einer Partei ihren Wahlkreis direkt gewinnen, als ihr nach den erreichten Zweitstimmen zustehen. Der Grund für Überhangmandate liegt in der Kombination des Wahlrechts von Mehrheits- und Verhältniswahl. Bei Überhangmandaten wird das Parlament vergrößert. 2008 hat das Bundesverfassungsgericht entschieden, dass Überhangmandate gegen das Prinzip der Stimmengleichheit verstoßen und in der bisher praktizierten Form abzuschaffen sind.

Unternehmen

Das sind alle die Einrichtungen, in denen Menschen arbeiten und die Güter und Dienstleistungen herstellen und zum Kauf anbieten. Unternehmen können ganz unterschiedliche Formen aufweisen. Sie reichen von der sogenannten „Ich-AG", die aus einer einzelnen Person besteht, bis zu großen Aktiengesellschaften mit Tausenden von Mitarbeitern. Ein Unternehmen kann aus mehreren Betrieben bestehen. (siehe auch Betrieb)

Verbraucherschutz

Alle gesetzlichen Maßnahmen, die den Käufer von Waren (= den Verbraucher) vor der oft übergroßen Macht der Firmen schützen sollen, werden als Verbraucherschutz bezeichnet. Dazu gehört zum Beispiel das Recht, innerhalb von bestimmten Fristen von einem Kaufvertrag zurückzutreten, oder das Recht, Schadensersatz für eine fehlerhafte Ware zu fordern und vieles andere mehr.

Vereinte Nationen (UNO)

Die englische Abkürzung steht für „United Nations Organization". Die Vereinten Nationen wurden 1945 nach dem Ende des Zweiten Weltkrieges gegründet. Ihre wichtigsten Ziele, die Sicherung des Weltfriedens, die Förderung der wirtschaftlichen und sozialen Entwicklung in den armen Ländern der Erde und die Durchsetzung der Menschenrechte sind in der „Charta der Vereinten Nationen" festgelegt. Neben der Generalversammlung ist der Weltsicherheitsrat die Einrichtung von großer weltpolitischer Bedeutung. Seine Hauptaufgabe besteht darin, Streitigkeiten zwischen den Staaten auf der Welt beizulegen. Im Jahr 2009 sind 192 Staaten Mitglied der Vereinten Nationen.

Verhältniswahl

Bei dieser Form der politischen Wahl erhalten die Parteien genau den Anteil an Sitzen im Parlament, der ihnen im Verhältnis zur erreichten Stimmenzahl zusteht. Alle Stimmen zählen gleich und haben den gleichen Erfolgswert. Bei Bundestagswahlen findet das System eine Einschränkung darin, dass eine Partei mindestens 5 Prozent der Stimmen erhalten muss, um überhaupt in das Parlament einziehen zu können (Fünf-Prozent-Hürde).

Volksbegehren/Volksentscheid

Viele Landesverfassungen haben das Mittel des Volksbegehrens und des Volksentscheids als Element direkter Demokratie aufgenommen. In einem Volksbegehren können die Bürgerinnen und Bürger eines Bundeslandes den Landtag dazu zwingen, einem bestimmten Gesetz innerhalb einer festgelegten Frist zuzustimmen. Das Begehren kommt zustande, wenn eine bestimmte Zahl der Wahlberechtigten (z. B. 15 Prozent) unterschreiben. Lehnt der Landtag mit seiner Mehrheit dieses Volksbegehren ab, so kommt es zu einem Volksentscheid. Der Landtag stellt dann dem Volk das Gesetz zur Abstimmung. Wenn die Mehrheit der Abstimmenden (mindestens aber eine bestimmte Prozentzahl aller Wahlberechtigten, z. B. ein Drittel) dem Gesetz zustimmt, ist der Volksentscheid angenommen. Bestimmte Themenbereiche wie z. B. finanzielle Angelegenheiten sind allerdings von diesen Möglichkeiten ausgenommen.

Wertvorstellungen

Das sind Grundsätze und Zielvorstellungen, die ein einzelner Mensch oder die gesamte Gesellschaft als erstrebenswert ansehen. Werte beziehen sich oft auf die Art und Weise des Umgangs mit anderen Menschen, zum Beispiel die Gerechtigkeit und die Hilfsbereitschaft. In einer Partnerschaft spielen Werte wie Liebe und Treue eine große Rolle. Eine Gesellschaft braucht ein gewisses Maß von gemeinsamen Werten, die alle Menschen teilen, weil sie sonst nicht funktionieren kann. Dazu gehören zum Beispiel die

Ablehnung von Gewalt, die Achtung vor den Gesetzen, die Toleranz gegenüber Andersdenkenden etc. Werte können sich im Laufe der Zeit verändern.

Wir-Gefühl

Das ist das Zusammengehörigkeitsgefühl, das zwischen den Mitgliedern einer Gruppe besteht. Das Wir-Gefühl führt dazu, dass man sich mit der eigenen Gruppe identifiziert, sich darin wohlfühlt usw. Es kann auch zur Folge haben, dass man sich ganz bewusst von anderen Gruppen abgrenzt. Das geschieht zum Beispiel zwischen verschiedenen Mannschaften im Sport, auch zwischen verschiedenen Schulklassen usw. Gefährlich wird das Wir-Gefühl, wenn es so weit geht, dass andere Gruppen als Feinde angesehen werden, zum Beispiel: „wir Deutschen" gegen „die Ausländer".

Wirtschaft

Unter Wirtschaft versteht man die Gesamtheit aller menschlichen Tätigkeiten, die sich auf die Produktion und den Verbrauch von Gütern und Dienstleistungen beziehen. Die Wirtschaft versorgt uns mit diesen Gütern (z. B. Lebensmittel, Kleidung, Autos, Computer) und Dienstleistungen (z. B. ärztliche Versorgung, Haarpflege, Krankenpflege, öffentliche Verwaltungen). In der Wirtschaft sind wir nicht nur Käufer und Verbraucher. In der beruflichen Tätigkeit erbringen wir Leistungen, erzielen dafür Einkommen und erstellen die verschiedensten Güter und Dienstleistungen, die wir als Verbraucher wieder kaufen. Daher sind wir alle Teile in einem großen volkswirtschaftlichen Kreislauf. (siehe auch Ökonomie)

Wirtschaftswachstum

Wirtschaftswachstum ist berechenbar und wird in einer Prozentzahl ausgedrückt. Beträgt das Wachstum der Wirtschaft zwei Prozent, so bedeutet dies, dass der Wert aller Güter und Dienstleistungen in diesem Jahr im Vergleich zum vorherigen Jahr um zwei Prozent gestiegen ist. Diese Zahl sagt jedoch nichts über eine sozial gerechte Verteilung des Wohlstands und erst recht nichts über die Umweltschäden aus. Deshalb ist das Ziel heute ein qualitatives Wirtschaftswachstum. Damit ist gemeint, dass Wachstum nur dann vertretbar ist, wenn es mit den Erfordernissen des Schutzes der Umwelt vereinbar ist.

Wirtschaftsordnungen

In einem großen Staatsgebilde muss es für den Bereich der Wirtschaft einen Ordnungsrahmen geben. Er hat die Aufgabe, die wirtschaftliche Versorgung der Menschen möglichst reibungslos zu garantieren. Dazu greift der Staat mithilfe von Gesetzen ordnend und gestaltend in das Wirtschaftsgeschehen ein. Die Wirtschaftsordnung in der Bundesrepublik Deutschland trägt die Bezeichnung soziale Marktwirtschaft.

Register

A

Arbeitslosigkeit 188ff.
Außenseiter 18

B

Bedürfnisse 132ff.
Berufswahl 150ff.
Betrieb 342
Betriebsrat 342
Bewerbung 164f.
Binnenmarkt, europäischer 301, 344
Bruttoinlandsprodukt 342
Bruttosozialprodukt 342
Bundeskanzler 237, 342
Bundespolitik 90ff.
Bundespräsident 247, 342
Bundesrat 95, 247, 342
Bundesregierung 246, 342
Bundesstaat 95
Bundestag 95, 246, 342
Bundestagswahl 234ff.
Bundesverfassungsgericht 248, 252, 343
Bundesversammlung 343
Bundeswehr 332ff.
Bürgerbegehren/Bürgerentscheid 343
Bürgerinitiative 343
Bürgermeister 76f., 343

C

Clique 18, 343

D

Demokratie 214ff., 343
Diktatur 250, 343

E

Emanzipation 343
Emissionen 343
Entwicklungsländer 343
Erziehung 44ff.
Europa 290ff.
Europäische Gesetzgebung 309
Europäische Union 298ff., 310ff., 344
Europäische Verfassung 312f.
Europäische Währungsunion 302
Europäischer Binnenmarkt 301, 344
Europäisches Parlament 305, 344
Europapolitik 304ff.
Extremismus 254f.

F

Familienbild 50ff.
Familienpolitik 58f.
Fernsehanstalten 108f.
Fernsehen 110f.
Föderalismus 96, 344
Fraktion 344
Freie Marktwirtschaft 177
Frieden 322
Friedenssicherung 318ff.

G

Gemeinde 344
Gemeindeaufgaben 70ff.
Gemeindepolitik 66ff.
Gemeinderat 76, 78, 344
Gemeinderatswahlen 80f.
Gemeindeverwaltung 76, 79
Gemeinwohl 344
Geschäftsfähigkeit 344
Gesetze 344
Gesetzgebung 238ff.
Gesetzgebung, europäische 309
Gewalt 118, 254f.
Gewaltenteilung 251, 344
Gewerkschaften 184f., 345
Gleichberechtigung 56f., 345
Globalisierung 198ff., 345
Grundgesetz 282ff.
Grundrechte 282ff., 345
Gruppe 18

H

Haushaltsplan 345
Hausordnung 24

I

Inflation 345
Interessenverbände 345
Internationale Politik 318ff.
Internet 112f.

J

Jugendgemeinderat 82
Jugendkriminalität 266ff.
Jugendrecht 262ff., 345

K

Kaufvertrag 147, 345
Klassensprecher 22f.
Koalition 345
Kommunale Selbstverwaltung 72
Kommunalpolitik 345
Kompromiss 346
Konflikt 346
Konsumverhalten 346
Kriminalität 266ff.

L

Landtage 346
Linksradikalismus 255

M

Machtkontrolle 250ff.
Manipulation 104ff., 125
Marktwirtschaft 174ff.
Massenmedien 98ff., 346
Mehrheitswahl 232f., 346
Menschenrechte 282ff., 346
Mitbestimmung 346
Mobbing 28f.

N

Nachhaltigkeit 346
NATO 329ff., 346
Neue Medien 112ff.

O

Ökologie 347
Ökonomie 347
Opposition 253, 347

P

Parteien 220ff., 347
Planwirtschaft 177
Politik 347
Pressefreiheit 124f.

R

Rechtsordnung 261, 347
Rechtsprechung 258ff.
Rechtsradikalismus 255
Rechtsstaat 261, 347
Regierungsbildung 237
Repräsentative Demokratie 347
Rollenerwartung 19, 347
Rollenkonflikt 19, 347
Rollenverteilung 56f.

S

Schlüsselqualifikationen 347
Schülersprecher 34
Schülervertretung 30ff., 348
Schülervollversammlung 34
Schulgesetz 32
Soziale Marktwirtschaft 177, 348
Sozialpolitik 179
Sozialstaat 178f., 348
Stadtrat 76, 78, 348
Steuern 348
Strafe 280f.
Strafprozess 270ff.

T

Tarifautonomie 186, 348
Tarifkonflikt 184f.
Terrorismus 335ff.

U

Überhangmandate 348
Umweltpolitik 192ff.
Umweltschutz 192ff.
UNO 326ff., 348
Unternehmen 348

V

Verbraucher 144ff.
Verbraucherschutz 348
Vereinte Nationen 326ff., 348
Verfassung, europäische 312f.
Verfassungsorgane 244ff.
Verhältniswahl 232f., 349
Verschuldung 142f.
Volksbegehren 349
Volksentscheid 242f., 349

W

Wahlen 35, 80f., 230ff.
Wahlrecht 232ff.
Währungsunion, europäische 301
Werbung 136f.
Wertvorstellungen 349
Wirtschaft 172ff., 349
Wirtschaftsordnungen 349
Wirtschaftspolitik 182f.
Wirtschaftswachstum 349

Z

Zivilprozess 270ff.

Bildquellenverzeichnis

action press/Michael Wallrath: S. 282 r. - action press/Thomas Knoop: S. 283 - Allensbacher Archiv, IfD-Umfragen, zuletzt 7090, Juni 2006: S. 200 - AP Photo: S. 105 o. - AP Photo/Eric Gay: S. 260 - AP Photo/Jerry Torrens: S. 335, 341 - AP Photo/Kudret Topcu: S. 336 - AP Photo/Mikhail Metzel: S. 112 o.r. - AP Photo/Nick Ut: S. 104 u. - AP Photo/POOL: S. 221, 236, 244 u.l., 246 l. - Archiv für Kunst und Geschichte, Berlin: S. 297 (1) - © ARD: S. 108 - argum/Falk Heller: S. 162 o. - © Christian Augustin/Action Press: S. 266 l. - Aus: Die Europäische Union - Fragen zur Erweiterung, hrsg. vom Auswärtigen Amt, Ref. Öffentlichkeitsarbeit, Berlin 2002, S. 29: S. 299 - © Avenue Images/Index Stock/Jacque Denzer Parker: S. 45, 64 o. - BARLAG werbe- und messeagentur GmbH, Osnabrück: S. 4 (2.v.u.), 150f. - VCL/Bavaria: S. 44 - TCL/Bavaria: S. 294 o. - Beck Verlag: S. 275 - Behrendt/CCC, www.c5.net: S. 205 o.r. - © Bildagentur-online: S. 132 o. - Bildarchiv IMZBw: S. 320 u. - © Bilderberg, Hans-Jürgen Burkhard: S. 199 - © Bilderberg, Stefan Enders: S. 282 l., 303 (D) - BWM Group: S. 156 r. - © Bongarts: S. 97 - Bongarts/Mark Sandten: S. 132 u. - Martin Brockhoff: S. 41 (H), 56 - Bundesbildstelle Berlin: S. 249 o., 250 r. - Bundesrat: S. 90 - Aus: fluter, Nr. 6, April 2003. Woher komme ich?, hrsg. von der Bundeszentrale für politische Bildung, S. 27: S. 64 u.r. - Aus: Horst Pötzsch, Die deutsche Demokratie, Bundeszentrale für politische Bildung 1995, Neuauflage 2003: S. 218 - Bündnis 90/Die Grünen: S. 223 l., 229 - Carl Bantzer Schule: S. 3 o., 20f. - CDU/CSU: S. 222 r., 229 - © Jürgen Christ: S. 79 - Das Internationale Jugendprogramm in Deutschland e.V.: S. 296 - Scott O'Dell: Insel der blauen Delphine. © für die Umschlagillustration von Dieter Wiesmüller: 2004 Deutscher Taschenbuch Verlag, München: S. 14 - © dpa: S. 72 o., 297 (4+6) - dpa (Witschel): S. 279 - © dpa-Bildarchiv/Frank Kleefeldt: S. 116 - © dpa-Fotoreport/Fotograf: B3514 Getty Platt: S. 105 u. - © dpa-Fotoreport/epa afp Cerles: S. 304 (A) - © dpa-Fotoreport/epa afp Yamanaka: S. 6, 318f. - © dpa-Fotoreport/Frank Mächler: S. 184 - © dpa-Fotoreport/Peer Grimm: S. 5 o., 214f. - © dpa-Report: S. 244 o.l., 246 r. - Eichborn Verlag: S. 162 u. - © e-plus: S. 136 u.r. - Klaus Espermüller/CCC, www.c5.net: S. 213 o.r. - © Rat der Europäischen Union: S. 303 (C) - © Europäische Gemeinschaften: S. 161 (Hintergrundbild) - Europäisches Parlament/Architektur Studio Europa: S. 305 l. - Europäisches Parlament: S. 305 r. - FADEP Don Bosco: S. 42 - Miguel Luis Fairbanks: S. 62 u.l.+r. - FDP: S. 223 r. - Fischer Verlag: S. 303 u.r. - © Foto Begsteier KEG/fotobegst: S. 41 (G), 53 - Andreas Frücht: S. 69 o.m. - © Ralf Gerard/JOKER: S. 41 (F) - Haitzinger/CCC, www.c5.net: S. 198, 205 u.l. - Walter Hanel/CCC, www.c5.net: S. 73, 226 - © Gerald Hänel/Agentur Focus: S. 112 u. - Harenberg Verlag: S. 303 u.l. - Haufe Verlag: S. 162 u. - Shawn G. Henry: S. 60 (alle) - images.de: S. 112 o.l. - © Intro/Rainer F. Steussloff: S. 59 - D. Jansen/BUND: S. 210 - Jugendrat Koblenz: S. 82 o.l. - Enno Kapitza: S. 3 m., 38f., 41 (I), 50 - © Michael Kappeler/ddp: S. 324 r. - © Keystone/Dominique Ecken: S. 4 (2.v.o.), 130f., 144 - © Keystone/DiAgentur: S. 41 (B), 53, 64 u.l. - © Keystone/Andreas Splett: S. 234 o. - LBS, Familienstudie 1/2000, S. 9, Abb. 4: S. 65 - © Matthias Lüdecke: S. 5 u., 290f. - © Stadt Mainz: S. 78 - © MÄURER + WIRTZ: S. 149 - Johann Mayr/CCC, www.c5.net: S. 43 - Peter Menzel: S. 62 - Gerhard Mester/CCC, www.c5.net: S. 192, 203, 205 o.l.+u.r. - © Miele: S. 166 - Mitropoulos/CCC, www.c5.net: S. 331 - Motorola: S. 136 l. - Felix Mussil/CCC, www.c5.net: S. 204 - © OKAPIA: S. 41 (D) - OKAPIA/Carsten Braun: S. 211 r. - © picture-alliance/Berliner Kurier: S. 174 l. - © picture-alliance/Bildagentur Huber: S. 3 u., 66f. - © picture-alliance/dpa: S. 4 o.+u., 5 m., 13 o., 58, 67 u.r., 69 o.l., 89, 92 o.+u., 98f., 106, 126, 127, 172 o.l., 173 o.+u., 174 r., 188, 211 l., 220 o.m., o.r., untere Reihe, 230, 237, 242, 244 o.r.+m., 247 r., 248, 252, 255, 258f., 261, 265, 266 r., 271, 278, 280, 287, 312, 314, 320 o., 324 l., 327, 330, 337, 339 - © picture-alliance/ZB: S. 12 o.+u., 13 u., 68, 93 o.+u., 118 r., 172 u.l., 220 o.l., 268f., 324 m. - © plainpicture/Fiets, B.: S. 41 (A) - Milen Radev/CCC, www.c5.net: S. 193 - Mario Ramos: S. 310 - Reuters: S. 107 - © Norbert Schaefer: S. 41 (E), 53 - © Schapowalow/Montag: S. 41 (C), 53 - Anne Schönharting/OSTKREUZ: S. 51 - Reiner Schwalme/CCC, www.c5.net: S. 317 - Siemens AG: S. 156 m. - © Sony Ericsson: S. 136 o.r. - SPD: S. 222 l., 229 - DER SPIEGEL 19/2002, S. 26: S. 115 - Stadtverwaltung Trier: S. 234 u. - Friedrich Stark: S. 281 - Anders, Gebhardt/STERN; © Camera Press (Niagara): S. 129 - © Stiftung Warentest: S. 145 (alle) - Karl Gerd Striepecke/CCC, www.c5.net: S. 113 - Klaus Stuttmann/CCC, www.c5.net: S. 328 - Bilderdienst Süddeutscher Verlag: S. 297 (3) - SV-Bilderdienst/U. Grabowsky: S. 54 - Leong Ka Tai, Hongkong: S. 61 (alle) - Stadt Taunusstein, Verlagsarchiv Schöningh/Günter Schlottmann: S. 76 - ullstein bild: S. 176, 250, 297 (2) - © ullstein bild/Becker & Bredel: S. 303 (E) - Nick Ut: S. 104 o. - vario-press/Ulrich Baumgarten: S. 244 u.r., 247 l. - Verlagsarchiv Schöningh/Susanne Baumann: S. 120 - Verlagsarchiv Schöningh/Karin Herzig: S. 262 - Verlagsarchiv Schöningh/Wolfgang Mattes: S. 15, 22, 63, 77, 114, 123, 133 o., 154, 216 l.+r., 217 u.r., 295, 303 o. - Verlagsarchiv Schöningh/Sandrine Mattes: S. 32 - Verlagsarchiv Schöningh/Andreas Müller: S. 40 - Verlagsarchiv Schöningh/Sören Pollmann: S. 72 u. - Verlagsarchiv Schöningh/Gerhard Sander, Borchen: S. 227 - Verlagsarchiv Schöningh/Günter Schlottmann: S. 19 (heide), 24 (alle), 55 (alle), 69 (untere Reihe), 70, 80, 100, 118 l., 133 u., 140, 142, 147, 148, 157, 158, 168/169 (alle), 216 m., 217 (5 Bilder) - © VISUM/Serge Attal: S. 202 - © vodafone: S. 137 - Volksbund Deutsche Kriegsgräberfürsorge: S. 297 (5) - © Manfred Vollmer/Das Fotoarchiv: S. 219 - Wacker-Chemie GmbH: S. 156 l. - © worldimages-digital.com: S. 95 - © ZB-Fotoreport/Wolfgang Thieme/dpa: S. 69 o.r. - © ZB-Fotoreport/Peter Endig: S. 238 - © ZB-Fotoreport/Ralf Hirschberger: S. 303 (B) - © ZDF: S. 108 - weitere Verlagsarchiv Schöningh

Sollte trotz aller Bemühungen um korrekte Urheberangaben ein Irrtum unterlaufen sein, bitten wir darum, sich mit dem Verlag in Verbindung zu setzen, damit wir eventuell notwendige Korrekturen vornehmen können.